DIREITOS
HUMANOS
E FUNDAMENTAIS
EM PERSPECTIVA

CLÁUDIO BRANDÃO
Coordenador

Aldacy Rachid Coutinho
Alexis Couto de Brito
André Felipe Canuto Coelho
António Pedro Barbas Homem
Aurélio Agostinho da Bôaviagem
Bruna Estima Borba
Carlos Eduardo de Abreu Boucault
Clarissa Marques da Cunha
Cláudio Brandão
Clóvis Falcão
Edilson Pereira Nobre Júnior
Francisco Cavalcanti
George Browne Rego
Graziela Bacchi Hora
Jacinto Nelson de Miranda Coutinho
João Maurício Adeodato
Leonardo Siqueira
Lucas Gontijo
Marcelo Lamy
Margarida Cantarelli
Maria Auxiliadora Minahim
Moaci Alves Carneiro
Nelson Saldanha
Oriana Stella Balestra
Ricardo Freitas
Ruth Maria Chittó Gauer
Sílvia Alves
Susan Lewis
Thales Cavalcanti Castro

DIREITOS HUMANOS E FUNDAMENTAIS EM PERSPECTIVA

SÃO PAULO
EDITORA ATLAS S.A. – 2014

© 2013 by Editora Atlas S.A.

Capa: Zenário A. de Oliveira
Composição: Entexto – Diagramação de textos

Dados Internacionais de Catalogação na Publicação (CIP)
(Câmara Brasileira do Livro, SP, Brasil)

Direitos humanos e fundamentais em perspectiva /
Cláudio Brandão, coordenador.
São Paulo: Atlas, 2014.

Vários autores.
Bibliografia.
ISBN 978-85-224-8832-2
ISBN 978-85-224-8833-9 (PDF)

1. Direitos fundamentais 2. Direitos humanos – Brasil
I. Brandão, Cláudio.

14-00567
CDU-342.7:347.98 (81)

Índice para catálogo sistemático:

1. Brasil: Direitos humanos fundamentais:
Direito   342.7:347.98 (81)

TODOS OS DIREITOS RESERVADOS – É proibida a reprodução total ou parcial, de qualquer forma ou por qualquer meio. A violação dos direitos de autor (Lei nº 9.610/98) é crime estabelecido pelo artigo 184 do Código Penal.

Depósito legal na Biblioteca Nacional conforme Lei nº 10.994, de 14 de dezembro de 2004.

Impresso no Brasil/*Printed in Brazil*

Editora Atlas S.A.
Rua Conselheiro Nébias, 1384
Campos Elísios
01203 904 São Paulo SP
011 3357 9144
atlas.com.br

Para *Ir. Miriam Vieira*.

Sumário

Prefácio, xi

Coordenador e Autores, xiii

Título I – Fundamentos do estudo dos direitos humanos, 1

1 Introdução ao estudo dos direitos humanos – Cláudio Brandão, 3

2 Conceito de direitos humanos – António Pedro Barbas Homem, 15

3 Retórica e a fundamentação ética dos direitos humanos – João Maurício Adeodato, 32

Título II – Historigrafia dos direitos humanos, 53

4 As raízes setecentistas dos direitos humanos – Sílvia Alves, 55

5 Modernidade, incursões no século XIX e direitos humanos – Ricardo Freitas, 77

Título III – O contexto internacional dos direitos humanos, 101

6 O trânsito da modernidade para a contemporaneidade e os direitos humanos – Ruth Maria Chittó Gauer, 103

7   Os direitos humanos na agenda internacional – Thales Castro, 111

8   Os tratados internacionais dos direitos humanos – Margarida Cantarelli, 127

9   A questão da universalidade dos direitos humanos e sua estruturação em conjunturas históricas – Lucas de Alvarenga Gontijo, 135

Título IV – Conceito dos direitos fundamentais, 149

10 O conceito de direitos fundamentais – Clarissa Marques, 151

11 Mensuração dos direitos fundamentais – André Felipe Canuto Coelho, 169

12 Historiografia da constituição e os direitos fundamentais – Nelson Saldanha, 185

13 Estrutura dos direitos fundamentais na Constituição de 1988 e a história dos direitos fundamentais nas constituições brasileiras – Edilson Pereira Nobre Júnior, 201

Título V – Apreciação crítica das gerações de direitos fundamentais, 237

14 Apreciação crítica aos direitos fundamentais de primeira geração à luz do direito de propriedade: da propriedade liberal à propriedade social – Francisco Cavalcanti, 239

15 Dos direitos sociais dos trabalhadores – Aldacy Rachid Coutinho e Oriana Stella Balestra, 262

16 Os direitos sociais e a sociedade contemporânea – Susan Lewis, 279

17 Direitos fundamentais de terceira geração – Marcelo Lamy, 288

Título VI – Eficácia dos direitos humanos e fundamentais nos direitos, 321

18 Direitos fundamentais e o direito tributário: da lei ao realismo jurídico – Bruna Estima Borba, 323

19 Institucionalização e Constitucionalização do Conselho Nacional de Justiça: a expressão de uma instância conflitiva no Poder Judiciário e seu reflexo na garantia ao princípio isonômico como exercício dos direitos individuais – Carlos Eduardo de Abreu Boucault, 354

20 Direitos econômicos e sociais e criminalidade dos donos do poder: o direito penal diante do desafio representado pela criminalidade dos poderosos – Ricardo Freitas, 375

21 Direitos fundamentais e culpabilidade: o livre-arbítrio e a interpretação material da reprovação pessoal – Leonardo Siqueira, 400

22 Direitos Humanos, Execução Penal e a afirmação do Estado Democrático de Direito – Alexis Couto de Brito, 424

23 O direito à nacionalidade – Aurélio Bôaviagem, 451

24 Direitos humanos e processo penal: prova ilícita – Jacinto Nelson de Miranda Coutinho, 481

25 Direitos humanos: notas de uma concepção interdisciplinar – George Browne, 496

26 O consenso coincidente e a fundamentação racional dos direitos humanos – Clóvis Falcão, 507

27 Partilha de recursos curativos: entre a proteção ao patrimônio (genético e intelectual) e a distribuição universal de benefícios – Maria Auxiliadora Minahim, 521

28 Desenvolvimento da hermenêutica constitucional na Alemanha a partir de Weimar e sua repercussão como flexibilização dos efeitos das decisões em sede de controle de constitucionalidade – Graziela Bacchi Hora, 532

29 Direito Fundamental à Educação – Moaci Alves Carneiro, 549

Prefácio

Fruto de grande responsabilidade e dedicação, as pesquisas geradas no Centro de Investigação em Perspectivas de Historicidade do Direito no Estado – CIHJur, mantido pela Faculdade Damas da Instrução Cristã, materializam-se no livro *Direitos humanos e fundamentais em perspectiva*.

A temática dos Direitos Humanos é, em sua substância, assunto de capital importância para a reflexão filosófica e científica, pois traduz valores que, não sem grande luta, serviram de norte para a afirmação da Dignidade da Pessoa Humana. Recordo, sobre a importância deste tema, as palavras do Papa João Paulo II, proferidas na Organização das Nações Unidas:

> "A Declaração Universal dos Direitos Humanos – com seu encadeamento de declarações e convenções sobre aspectos altamente importantes dos direitos humanos, em favor das crianças, das mulheres, da igualdade entre raças, e especialmente os dois acordos internacionais sobre direitos econômicos, sociais e culturais e direito civil e político – devem continuar a ser os valores básicos da Organização das Nações Unidas [...]. Se as verdades e princípios contidos nesse documento forem esquecidos ou ignorados e, deste modo, perderem a genuína auto-evidência que os distinguiu ao tempo que foram tão penosamente criados, então o nobre propósito da Organização das Nações Unidas pode deparar com a ameaça de sua destruição."

Assim, os valores que se consubstanciam nos Direitos Humanos fundamentam significativa parte de nosso contexto civilizatório atual. Porém, por conta das contínuas violações a esses valores, ainda há muito por fazer, há todo um importante cenário que clama por transformações.

Não se pode lutar para transformar uma realidade sem, por primeiro, conhecê-la. A realidade atual precisa, por conseguinte, ser conhecida! A observação mostra que hodiernamente há, nos quatro cantos do mundo, uma preocupação central: *o consumo*. Esta preocupação tem por consequência e como sua resultante outra preocupação, que dá a tônica para as ações daquele consumo: *o mercado*.

Pois bem, nessa lógica de *mercado e consumo*, a realidade atual substitui a preocupação com o **Ser Humano** pelo crescimento dos dados e fatores da Economia. Daí a individualidade do homem tende a se perder no "supraindividualismo", conceito construído para apontar as coletividades, que são conceituadas como desprovidas de personalidade.

O Direito não está imune a esta realidade! Por conta da citada lógica do mercado e do consumo, na linguagem jurídica se fala, com frequência e de maneira preocupante, até mesmo na relativização dos direitos humanos, sobretudo dos decorrentes da segunda geração, ligados ao trabalho.

Isto pode se tornar um paradoxo! Muito se lutou para que o Homem alcançasse o reconhecimento de sua individualidade e, como ser único e irrepetível, ser tido como detentor de um núcleo de valores que dão relevo a sua especial consideração e, com isto, constroem a sua Dignidade.

Assim, cabe a nós lutarmos para não permitir que o supraindividual anule e aniquile o Individual, o Indivíduo, isto é, a Pessoa Humana! Tal tendência de anulação às vezes se põe de modo muito sutil, vinculada, a maioria das vezes, a algumas palavras sem substância definida, como, por exemplo: "pós-modernidade", colocadas em prol do "crescimento do mercado" ou ainda "do crescimento do consumo". Urge estarmos atentos!

Neste panorama, a pesquisa sobre os *Direitos humanos e fundamentais em perspectiva* é alvissareira. Com efeito, na nossa realidade, esses direitos têm um papel único: eles possibilitam a crítica lúcida e consistente, pois colocam a pessoa humana com centro e destinatário do próprio Ordenamento Jurídico.

Felicito o CIHJur por mais uma grande conquista! Desejo que as pesquisas aqui postas ao lume deem muitos frutos, e que esses frutos sejam instrumentos de transformação!

Recife, verão de 2013

Ir. Maria Arcione Vieira
Diretora da Faculdade Damas da Instrução Cristã

Coordenador e Autores

Coordenador:

Cláudio Brandão

Professor Titular da Faculdade de Direito do Recife – UFPE (Graduação, Mestrado e Doutorado) e da Faculdade Damas da Instrução Cristã. Coordenador do Curso de Direito da Faculdade Damas da Instrução Cristã. Professor visitante da Faculdade de Direito da Universidade de Lisboa, da Faculdade de Direito da Universidade Católica Portuguesa (Escola de Lisboa) e do doutoramento em Altos Estudos Contemporâneos da Universidade de Coimbra.

Autores:

Aldacy Rachid Coutinho

Professora do Programa de Pós-graduação em Direito da Universidade Federal do Paraná. Doutora em Direito pela UFPr. Procuradora do Estado do Paraná e Advogada.

Alexis Couto de Brito

Professor da Universidade Mackenzie. Doutor em Direito pela USP e Pós-doutorado em Direito pela Universidade de Coimbra.

André Felipe Canuto Coelho

Professor Doutor da Faculdade Damas da Instrução Cristã. Doutor em Ciência Política pela UFPE. Auditor Fiscal da Receita Federal.

António Pedro Barbas Homem

Professor Catedrático da Faculdade de Direito da Universidade de Lisboa

Aurélio Agostinho da Bôaviagem

Professor Titular da Faculdade Damas da Instrução Cristã e Professor Adjunto da UFPE. Coordenador Geral de Graduação da Faculdade Damas da Instrução Cristã. Doutor pela UFPE.

Bruna Estima Borba

Professora Doutora da Faculdade Damas da Instrução Cristã. Auditora Fiscal do Tesouro Nacional. Doutora em Direito pela UFPE.

Carlos Eduardo de Abreu Boucault

Professor da UNESP e da FAAP. Doutor em Direito pela USP. Mestre em Direito pela UnB.

Clarissa Marques da Cunha

Professora Doutora da Faculdade Damas da Instrução Cristã. Doutora em Direito pela UFPE.

Cláudio Brandão

Professor Titular da Faculdade de Direito do Recife – UFPE (Graduação, Mestrado e Doutorado) e da Faculdade Damas da Instrução Cristã. Coordenador do Curso de Direito da Faculdade Damas da Instrução Cristã. Professor visitante da Faculdade de Direito da Universidades de Lisboa, da Faculdade de Direito da Universidade Católica Portuguesa (Escola de Lisboa) e do doutoramento em Altos Estudos Contemporâneos da Universidade de Coimbra.

Clóvis Falcão

Professor Doutor da Faculdade Damas da Instrução Cristã. Doutor em Direito pela UFPE.

Edilson Pereira Nobre Júnior

Professor Associado da Faculdade de Direito do Recife – UFPE. Doutor em Direito pela UFPE. Desembargador Federal do TRF 5ª Região.

Francisco Cavalcanti

Professor Titular da Faculdade de Direito do Recife – UFPE e da Faculdade Damas da Instrução Cristã. Doutor pela Universidade de Lisboa. Desembargador Federal do TRF 5ª Região.

George Browne Rego

Professor Titular UFPE e da Faculdade Damas da Instrução Cristã. Doutor pela Universidade de Tulaine – USA. Professor visitante da Universidade de Oxford. Membro do College of Preceptors – UK. Coordenador de Pesquisa da FACESF. Ex-Reitor da UFPE.

Graziela Bacchi Hora

Professora Doutora da Faculdade Damas da Instrução Cristã. Doutora em Direito pela UFPE. Pós-doutora em Direito pela Ernst-Moritz-Arndt-Universität Greifswald. Procuradora Jurídica da Assembleia Legislativa do Estado de Pernambuco.

Jacinto Nelson de Miranda Coutinho

Professor Titular de Direito Processual Penal na Faculdade de Direito da Universidade Federal do Paraná. Especialista em Filosofia do Direito (PUCPR), Mestre (UFPR); Doutor (Universidade de Roma "La Sapienza"). Chefe do Departamento de Direito Penal e Processual Penal da UFPR. Coordenador do Núcleo de Direito e Psicanálise do Programa de Pós-graduação em Direito da UFPR. Advogado. Procurador do Estado do Paraná. Membro da Comissão de Juristas do Senado Federal que elaborou o Anteprojeto de Reforma Global do CPP, hoje Projeto 156/2009-PLS.

João Maurício Adeodato

Professor Titular da Faculdade de Direito do Recife – UFPE e da Faculdade Damas da Instrução Cristã. Livre Docente pela Universidade de São Paulo. Pesquisador 1-A do CNPq. Pós-doutorado pela Universidade de Mainz (bolsista da Fundação Alexander von Humboldt). Professor do Programa de Pós-graduação em Direito da Faculdade de Direito de Vitória. Professor convidado nas Universidades de Mainz (1991), Freiburg-im-Breisgau (1995) e Heidelberg (2000, 2003, 2009 e 2011).

Leonardo Siqueira

Professor Doutor da Faculdade Damas da Instrução Cristã. Doutor em Direito pela UFPE. Coordenador Adjunto do Curso de Direito da Faculdade Damas da Instrução Cristã.

Lucas Gontijo

Professor do Programa de Pós-graduação em Direito da PUC-Minas e Professor da Faculdade Milton Campos. Doutor em Direito pela UFMG.

Marcelo Lamy

Professor do Programa de Pós-graduação em Direito da Universidade Católica de Santos. Doutor pela PUC/SP. Coordenador da Cátedra Sérgio Vieira de Mello (ACNUR-UniSantos). Diretor da Escola Superior de Direito Constitucional – ESDC. Conselheiro internacional e professor convidado do Instituto Jurídico Interdisciplinar – IJI da Faculdade de Direito da Universidade do Porto.

Margarida Cantarelli

Professora Doutora da Faculdade Damas da Instrução Cristã. Desembargadora Federal do TRF 5ª Região. Professora do Programa de Pós-graduação em Direito da UFPE. Doutora em Direito pela UFPE.

Maria Auxiliadora Minahim

Professora Associada da Universidade Federal da Bahia. Doutora em Direito pela UFRJ e pela UFPR.

Moaci Alves Carneiro

Professor Titular Aposentado da Universidade Federal da Paraíba. Doutor pela École des Hautes Études en Sciences Sociales – Paris. Ex-Reitor da Universidade Estadual da Paraíba.

Nelson Saldanha

Professor Titular da Faculdade Damas da Instrução Cristã e Professor Titular Aposentado da UFPE. Coordenador do grupo de pesquisa em História das Ideias Constitucionais da Faculdade Damas da Instrução Cristã. Doutor em Direito pela UFPE.

Oriana Stella Balestra

Mestre em Direito pela UFPr. Advogada.

Ricardo Freitas

Professor Titular da Faculdade Damas da Instrução Cristã e Professor Adjunto da Faculdade de Direito do Recife – UFPE (Graduação, Mestrado e Doutorado). Procurador do Ministério Público da União junto à Justiça Militar.

Ruth Chittó Gauer

Coordenadora do Programa de Pós-graduação em Ciências Criminais da PUC/RS e Professora do Programa de Pós-graduação em História da PUC/RS. Doutora em História e Teoria das Ideias pela Universidade de Coimbra.

Sílvia Alves

Doutora em Direito (Ciências Histórico-Jurídicas; História do Direito). Professora da Faculdade de Direito da Universidade de Lisboa.

Susan Lewis

Professora Doutora da Faculdade Damas da Instrução Cristã e Professora da Universidade de Pernambuco. Doutora em História pela UFPE.

Thales Cavalcanti Castro

Professor Doutor da Faculdade Damas da Instrução Cristã. Doutor em Ciência Política pela UFPE. Cônsul A.H. da República de Malta.

Título I

Fundamentos do estudo dos direitos humanos

1

Introdução ao estudo dos direitos humanos

Cláudio Brandão

Sumário: 1.1. Os contornos introdutórios da definição dos direitos humanos; 1.2. O nascimento conceitual dos direitos humanos; 1.3. As gerações dos direitos humanos; 1.4. Considerações conclusivas; Referências.

1.1 Os contornos introdutórios da definição dos direitos humanos

A definição de direitos humanos tem uma multiplicidade de tão diversos significados que já se afirmou que "quando falamos dos direitos humanos muitas vezes não se sabe sobre o que estamos falando".[1] A própria denominação desses direitos é variável, alguns o denominam de *direitos morais*, como o faz Eusebio Fernández,[2] outros os chamam de *direitos fundamentais*, como o faz Gregório Peces-Barba.[3] Porém, vários instrumentos normativos internacionais consagram a denominação *direitos humanos*, o que a torna preferível às demais. Além disso, tem-se que a afirmação histórica desses direitos derivou

---

[1] KLEIN, Eckart. Elf Bemerkungen zur Universalität der Menschenrechte. In: *Gelten Menschenrechte universal?* Begründungen und Infragestellungen (organizadores: Günter Nooke; Georg Lohmann; Georg Wahlers) Freiburg: Herder, 2008. p. 213.

[2] FERNÁNDEZ, Eusebio. Concepto de derechos humanos y problemas actuales. *Derecho y liberdades: Revista del Instituto Bartolomé de das Casas.* Madrid: Universidad Carlos III. Ano 1, nº 1, 1993. p. 47.

[3] PECES-BARBA MARTINEZ, Gregório. Sobre el puesto de la Historia en el concepto de los derechos fundamentales. *Anuario de derechos humanos.* Madri: Universidad Complutense, nº 4, 1986-1987. p. 220 ss.

da busca, dentro da cultura euro-americana,[4] dos *direitos universais do indivíduo*, assim entendido o ser enquanto portador de um feixe de direitos adquiridos pela sua pertença ao gênero humano.

Em que pese essa dificuldade inicial, pode-se reconhecer que a conceituação dos direitos humanos tem suas raízes fincadas nos campos da moral, da política e do direito.[5] O porquê dessa interdisciplinaridade pode ser extraído a partir da própria denominação dessa espécie de direito: são direitos reivindicáveis em face da *condição humana* e, por isso, pertencentes a todos os homens e a cada um deles. Ora, a *condição humana* e seus atributos – como a liberdade e a vontade, por exemplo – são tema desenvolvido pela filosofia moral, por isso se diz que eles correspondem "a necessidades humanas essenciais que se traduzem em exigências morais, as quais pretendem ser garantidas e reconhecidas pelo direito, gerando deveres".[6] Por sua vez, os reflexos dessa condição na limitação da ação do Estado são matéria tratada na política; a positivação desses limites no ordenamento jurídico dos Estados e no direito internacional, ao seu turno, é matéria do direito. Neste tríplice contexto, os Estados, através da política e do direito, não são somente instigadores dos direitos humanos, mas sim seus fiadores indispensáveis.[7]

O conteúdo dos direitos humanos, como dito, vincula-se à *condição humana*. Por conseguinte, são direitos humanos as exigências cuja satisfação é condição de possibilidade para que um ser seja reconhecido como homem pelo direito. É por isso que integram a sua condição.[8] Tais exigências não dependem do espaço físico ou do tempo, pois se pre-

---

[4] LOHMANN, Georg. Zur Verständigung über die Universalität der Menschenrechte: Eine Einführung. In: *Gelten Menschenrechte universal?* Begründungen und Infragestellungen (organizadores: Günter Nooke; Georg Lohmann; Georg Wahlers) Freiburg: Herder. 2008. p. 47.

[5] No mesmo sentido, CASCAJO: *"La compreensión de lo que podamos entender 'aquí y ahora' por derechos humanos hunde necesariamente sus raíces en este campo de las convicciones y dela moral. Se explica de este modo un enfoque estritamente jurídico sobre la matéria adolezca de un patente reducionismo. No es estraño, pues, que las relaciones entre Dercho, Moral y Política encuentren aqui ocasión y estímulo para un permanente y abierto replanteamiento"* (CASCAJO CASTRO, José Luis. Concepto de derechos humanos y problemas actuales. *Derecho y liberdades: Revista del Instituto Bartolomé de das Casas.* Madrid: Universidad Carlos III. Ano 1, nº 1, 1993. p. 34).

[6] FERNÁNDEZ, Eusebio. Concepto de derechos humanos y problemas actuales. *Derecho y liberdades: Revista del Instituto Bartolomé de das Casas.* Madrid: Universidad Carlos III. Ano 1, nº 1, 1993. p. 46.

[7] *"Staaten nicht nur die Gefährder der Menschenrechte sind, sondern zugleich deren letztlich unverzichtbare Garanten"* ["Os Estados não são somente os instigadores dos direitos humanos, mas sim seus fiadores indispensáveis"] (KLEIN, Eckart. Elf Bemerkungen zur Universalität der Menschenrechte. In: *Gelten Menschenrechte universal?* Begründungen und Infragestellungen. (organizadores: Günter Nooke; Georg Lohmann; Georg Wahlers) Freiburg: Herder. 2008. p. 215.

[8] *"Porque al hilo de la historia se han ido configurando como derechos humanos aquellas exigencias, cuya satisfacción es condición de possibilidad para hablar de 'hombres' com sentido, en la medida en que si alguien no quisera plantear tales exigencias dificilmente poderíamos reconocerle como hombre, y si alguien no respertará tales derechos en outro, también dificilmente podríamos reconocerle como hombre, ya que ambos, al actuar deste modo, obrarían en contra de su propria racionalidade"* (CORTINA,

tendem universais e se traduzem em predicados presentes em todos os seres com patrimônio genético compatível com o humano, independentemente de condição social, traços raciais, religiosos, culturais ou de qualquer outra ordem. Assim, *v.g.*, a vida, a liberdade, a possibilidade de aquisição de propriedade são direitos que se vinculam ao fato de o indivíduo ser reconhecido enquanto homem e, como tal, ser dotado de vontade, de consciência, percepção e de outras características que o tornam parte do gênero humano.

A partir dessa visão interdisciplinar, que perpassa o homem do mundo moderno e agrega um múltiplo feixe conceitual próprio da cultura dinâmica dos mundos da filosofia moral, da política e do direito, foi permanentemente reconstruído um núcleo conceitual dos direitos humanos. Porém esse núcleo não foi produto de uma criação abstrata, mas sim concreta, por ter sido vinculada às necessidades dos homens desde a Idade Moderna. Tais direitos foram consagrados em instrumentos internacionais, como o fundamento que torna o homem o centro e o destinatário de todo o direito, e se exprimem em (1) *direitos da personalidade,* pois o integram o direito à vida, à integridade corporal, à liberdade – que é tomada em sentido amplo, abrangendo tanto a liberdade de consciência, quanto as liberdades de pensamento, opinião e opção religiosa; (2) *direitos de participação política,* pois os homens devem concorrer para a formação dos poderes do Estado, neste sentido é indispensável para a legitimidade do poder a sua separação; (3) *garantias processuais,* as quais traduzem que o direito não pode deixar de reconhecer a dignidade de qualquer ser que pertença ao gênero humano, vez que ele tem uma série de mecanismos que possibilitam sua atuação frente à jurisdição estatal. Tais mecanismos são as garantias processuais, que embora tenham ganhado um destaque inicial na seara penal, foram reconstruídas para possibilitar e regulamentar a manifestação do homem nos processos jurídicos de qualquer natureza; (4) o *direito de adquirir propriedade,* que traduz a aptidão do homem para ser um sujeito ante o mecanismo de produção, circulação e distribuição de riquezas, de modo a ser irrenunciável a possibilidade de pertença a esse dito mecanismo.[9]

Há uma conexão entre os direitos humanos e os direitos fundamentais, pois eles têm a mesma substância. A diferença entre eles, portanto, é de forma, não de conteúdo. Enquanto os direitos humanos são institutos jurídicos do direito internacional, os direitos fundamentais são institutos jurídicos do direito interno, integrantes do sistema consti-

---

Adela. Concepto de derechos humanos y problemas actuales. *Derecho y liberdades: Revista del Instituto Bartolomé de das Casas.* Madrid: Universidad Carlos III. Ano 1, nº 1, 1993. p. 39).

[9] Neste sentido Peces-Barba: "*Será el punto de vista de los hombres del mundo moderno que irá, además, evolucionando desde el siglo XVI as XX, con su cultura, con las estructuras economicas, sociales y políticas en que viven, los que pensarán en el plano ético y formalizarán en el jurídico los derechos fundamentales. Así surgirán los derechos personalíssimos como la libertad de conciencia, de pensamiento y de opinion; así surgirán los derechos de participación política, y así surgirán finalmente, las garantias processales. Estos tres nucleos, junto con la revindicación del derecho de propriedad, formarán la formulación inicial*" (PECES-BARBA MARTINEZ, Gregório. Sobre el puesto de la Historia en el concepto de los derechos fundamentales. *Anuario de derechos humanos.* nº 4. Madrid: Universidad Complutense. 1986-1987. p. 233-234.

tucional de norma fundante do ordenamento jurídico interno. No gérmen do constitucionalismo do século XVIII, os revolucionários que firmaram a Declaração Universal dos Direitos do Homem e do Cidadão traduziram um ideal de Constituição: no décimo sexto artigo afirmava-se que a sociedade que não tivesse *a separação de poderes* e a *garantia de direitos* não tinha uma Constituição. Nesse panorama, essa *garantia de direitos*, bem como a *separação de poderes*, positivam no âmbito do direito interno o conteúdo dos direitos humanos, formalizando-os no âmbito do Estado e, pela forma, transformando-os em direitos fundamentais. Os direitos humanos propriamente ditos, por sua vez, em face de seu caráter internacional, são traduzidos concretamente – embora não se resumam a isso – em obrigações internacionais impostas aos Estados.[10]

1.2 O nascimento conceitual dos direitos humanos

A busca por direitos comuns de todos e cada um dos homens, atribuíveis a qualquer um que pertença ao gênero humano, não se verificou nem na Antiguidade nem na Idade Média. Foi apenas na Idade Moderna que essa espécie de direitos foi gestada enquanto tal, pois foi nesse período histórico que as mudanças advindas com o movimento intelectual conhecido como humanismo possibilitaram o deslinde desse novo conceito, pois elas criaram as condições necessárias para o seu nascimento. É por este motivo que se afirma que o conceito de direitos humanos é um produto histórico do mundo moderno.[11]

O século XVI foi o palco do nascimento e do desenvolvimento da filosofia humanista. Tal filosofia, ao contrário do que pode parecer, não representa um pensamento original, mas sim representa um reencontro com elementos da filosofia antiga, mormente da Antiguidade tardia, como o ceticismo, o epicurismo e, em alguma medida, o estoicismo, desprezados pela cultura medieval. Nesta toada, o humanismo representou o reencontro e a recompreensão da cultura clássica.[12] Na Idade Média, os clérigos monopolizavam as

---

[10] BRUNE, Guido. *Menschenrechte und Menschenrechtsethos*: zur Debatte um eine Ergänzung der Menschenrechte durch Menschenplifchten. Frankfurt: Capus Verlag, 2005. p. 58-59.

[11] PECES-BARBA MARTINEZ, Gregório; FERNANDEZ, Eusebio (diretores). *Historia de los derechos fundamentales*. Madrid: Dickson, 2003. p. 15.

[12] Sobre o tema, é magistral a síntese de Villey: "Precisamente, no século XVI, renasce uma cultura profana. Um novo campo de investigação se abre diante de todos nós: todo o humanismo, Rabelais, Montaigne, Erasmo, Vivès, Justo Lípsio; e à volta deles uma enorme quantidade de nomes mais ou menos esquecidos; e, por intermédio deles outros autores que eles fizeram reviver, pois o produto do esforço deles é um *Renascimento*. Mais que engendrar doutrinas originais, a obra do humanismo foi sobretudo a dos eruditos que reencontraram, dos filósofos que repensaram e revalorizaram filosofias antigas que a cultura medieval desprezara. Trata-se principalmente das doutrinas helenísticas, produtos tardios da Antiguidade, posteriores ao declínio de Atenas e às grandes conquistas de Alexandre, transmitidas pelos autores latinos – como o estoicismo, o ceticismo e o epicurismo. O pensamento da Europa moderna e o positivismo moderno têm certamente suas raízes em filosofias pagãs" (VILLEY, Michel. *A formação do pensamento jurídico moderno*. São Paulo: Martins Fontes, 2009. p. 435).

escolas e a produção cultural. Com o advento de uma nova classe social na modernidade, nomeadamente a *burguesia,* tal monopólio foi rompido e aquela classe, economicamente rica e, portanto, pródiga em recursos que lhe permitia os estudos, passou a representar uma nova elite culta, que tinha existência fora da Igreja, mais precisamente, paralela a ela. Não se pode deixar de mencionar que se juntaram aos burgueses nesta busca cultural os nobres libertos das obrigações militares, em face da progressiva queda do feudalismo, que cedia espaço ao novel Estado nacional.

A recompreensão do conhecimento antigo desprezado pelo mundo medieval foi uma decorrência dessa desvinculação e a sua consequência foi o nascimento de uma corrente de pensamento que se emancipou das tradições medievais. Os nobres e burgueses que desenvolveram dito pensamento têm preocupações práticas, ao contrário do que se verificava nas escolas medievais, cujo pensamento especulativo não raro se dissociava por completo da vida prática, deitando suas raízes na metafísica, como foi o caso, apenas para exemplificar, da polêmica sobre os universais. Como bem nos adverte Villey,

> os nobres e burgueses que concorreram para a sua formação têm preocupações bem diferentes das dos clérigos da universidade medieval: mais práticas, menos especulativas. Não demonstram nenhum gosto pelas áridas discussões da metafísica. Mais próximos da vida ativa do vulgo, adotam um estilo de vida mais concreto.[13]

Para a burguesia nascente, o ideal de busca dos direitos universais do homem era um ponto importante para a sua afirmação econômica. A sua atividade comercial, que estava na base dos primeiros tempos do capitalismo, pressupunha a circulação de produtos, o que mudou por completo a lógica feudal da autossubsistência da porção territorial do feudo. O Estado nacional, ao sobrepor-se ao sistema anterior, teve na sua classe burguesa o protagonista da circulação de produtos através de diferentes territórios.

Tal fenômeno, que, como dito, está na origem do capitalismo nascente, pressupõe que alguns direitos fossem reconhecidos como universais, pois os protagonistas da nova classe burguesa deveriam ser titulares dos mesmos direitos. Assim, "Para que a lógica do capitalismo funcionasse, sobretudo em seu período inicial, mercantilista, era preciso que um burguês de Amsterdã fosse concebido igual a um burguês de Lisboa."[14]

Neste panorama, foi o giro conceitual elaborado pela filosofia proposta por René Descartes que possibilitou a construção do referencial jurídico de direitos universais, que traduzissem um feixe de garantias e direitos subjetivos conferidos a todos os indivíduos pelo fato de eles pertencerem ao gênero humano.

---

[13] VILLEY, Michel. *A formação do pensamento jurídico moderno.* São Paulo: Martins Fontes, 2009. p. 437.

[14] GALUPPO, Marcelo. O que são os direitos fundamentais. In: *Jurisdição constitucional e os direitos fundamentais* (Coordenador: José Adércio Leite Sampaio). Belo Horizonte: Del Rey, 2003. p. 219.

Com efeito, o modelo de *lógica* proposto por Descartes quebrou o referencial aristotélico que dominou a filosofia durante toda a Idade Média. O Órganon de Aristóteles não desvincula da lógica a dialética, por isso a lógica aristotélica não é neutra aos valores, mas, ao contrário, é *valiosa*. Descartes, em sentido diferente do aristotélico, trata a lógica como uma forma de racionalidade que prescinde da dialética e, por este motivo, não é compatível com a valoração. Esta nova lógica possui leis universais e gerais; nesta toada, o conhecimento, para ser verdadeiro, precisará ser universalmente válido, isto é, não deverá variar de lugar para lugar e deve não encerrar contradições, tal como o conhecimento matemático,[15] pois a razão, através das ideias, pode, segundo ele, chegar a descobrir todas as verdades possíveis.

É desse novo modelo de lógica, que propõe um conhecimento universal, isto é, válido independentemente do espaço no qual ele é gerado, que surge a base teórica para o desenvolvimento dos direitos universais do homem. Tais direitos, assim como a nova lógica proposta pelo humanismo, a partir desta época foram engendrados, pretendendo ser válidos independentemente do espaço territorial do novel Estado nacional, também este último criado em face das necessidades do período moderno.

A filosofia cartesiana e a época moderna proporcionam

> uma nova mentalidade, impulsionada respectivamente pelos humanistas e pela reforma, que coincidem, sem embargo, com a defesa do individualismo, do racionalismo e do processo de secularização, que favorecerá a nova organização econômica, a classe ascendente [burguesia] e a nova estrutura do poder político, ao Estado.[16]

As referências diretas da época moderna aos direitos humanos se encontram nas obras voltadas ao direito natural racionalista, como por exemplo em Grotius e Pufendorf. Com efeito, o objetivo dessa filosofia humanista da modernidade foi converter o homem em centro do mundo e centralizar o homem no mundo e, nela, os direitos humanos seriam um instrumento de capital importância, porque aprofundariam, através do direito natural racionalista, em cada homem as dimensões de sua condição e generalizariam o mais possível essa dita condição, estendendo-a a toda a comunidade de seres humanos.

---

[15] "Agreguemos que a ciência moderna, herdeira do nominalismo, só percebe fatos singulares, não mais a harmonia dos conjuntos. Ela faz uso de uma lógica nova, de uma linguagem matemática, serve-se de indução e de dedução, mas não mais da antiga dialética, apta a raciocinar sobre os valores tais como a qualidade do justo" (VILLEY, Michel. *A formação do pensamento jurídico moderno*. São Paulo: Martins Fontes, 2009. p. 588).

[16] PECES-BARBA MARTINEZ, Gregório; FERNANDEZ, Eusebio (diretores). *Historia de los derechos fundamentales*. Madrid: Dickson, 2003. p. 22.

1.3   As gerações dos direitos humanos

Embora os direitos humanos tenham sido gestados dentro da corrente teórica do direito natural, tais direitos eram reflexos de necessidades práticas de proteção de todos e cada homem em face dos detentores do poder político. Afinal, não podemos esquecer que o panorama que serve de pano de fundo aos direitos humanos é o do Estado absolutista e a formalização de direitos e garantias processuais em face deste Estado é uma questão de capital importância prática para a época.

No século XVIII, a Declaração Universal dos Direitos do Homem e do Cidadão[17] traduziu essa reação ao Estado absolutista e deu corpo aos ideias dos direitos naturais do homem. Tal declaração é apontada como a primeira declaração compreensiva dos direi-

---

[17]   Eis o texto da Declaração dos revolucionários de 1789: "Art. 1º Os homens nascem e são livres e iguais em direitos. As destinações sociais só podem fundamentar-se na utilidade comum.
Art. 2º A finalidade de toda associação política é a conservação dos direitos naturais e imprescritíveis do homem. Esses direitos são a liberdade, a propriedade, a segurança e a resistência à opressão.
Art. 3º O princípio de toda a soberania reside, essencialmente, na nação. Nenhum corpo, nenhum indivíduo pode exercer autoridade que dela não emane expressamente.
Art. 4º A liberdade consiste em poder fazer tudo que não prejudique o próximo: assim, o exercício dos direitos naturais de cada homem não tem por limites senão aqueles que asseguram aos outros membros da sociedade o gozo dos mesmos direitos. Estes limites apenas podem ser determinados pela lei.
Art. 5º A lei proíbe senão as ações nocivas à sociedade. Tudo que não é vedado pela lei não pode ser obstado e ninguém pode ser constrangido a fazer o que ela não ordene.
Art. 6º A lei é a expressão da vontade geral. Todos os cidadãos têm o direito de concorrer, pessoalmente ou através de mandatários, para a sua formação. Ela deve ser a mesma para todos, seja para proteger, seja para punir. Todos os cidadãos são iguais a seus olhos e igualmente admissíveis a todas as dignidades, lugares e empregos públicos, segundo a sua capacidade e sem outra distinção que não seja a das suas virtudes e dos seus talentos.
Art. 7º Ninguém pode ser acusado, preso ou detido senão nos casos determinados pela lei e de acordo com as formas por esta prescritas. Os que solicitam, expedem, executam ou mandam executar ordens arbitrárias devem ser punidos; mas qualquer cidadão convocado ou detido em virtude da lei deve obedecer imediatamente, caso contrário torna-se culpado de resistência.
Art. 8º A lei apenas deve estabelecer penas estrita e evidentemente necessárias e ninguém pode ser punido senão por força de uma lei estabelecida e promulgada antes do delito e legalmente aplicada.
Art. 9º Todo acusado é considerado inocente até ser declarado culpado e, se julgar indispensável prendê-lo, todo o rigor desnecessário à guarda da sua pessoa deverá ser severamente reprimido pela lei.
Art. 10. Ninguém pode ser molestado por suas opiniões , incluindo opiniões religiosas, desde que sua manifestação não perturbe a ordem pública estabelecida pela lei.
Art. 11. A livre comunicação das ideias e das opiniões é um dos mais preciosos direitos do homem; todo cidadão pode, portanto, falar, escrever, imprimir livremente, respondendo, todavia, pelos abusos desta liberdade nos termos previstos na lei.
Art. 12. A garantia dos direitos do homem e do cidadão necessita de uma força pública; esta força é, pois, instituída para fruição por todos, e não para utilidade particular daqueles a quem é confiada.

tos humanos e fundamentais de todo o continente europeu,[18] pois consagrou ela todo o núcleo defendido pelo direito natural, constituindo-se através dela *a primeira geração* dos direitos humanos.

A Declaração Universal dos Direitos do Homem e do Cidadão estabelece os direitos da personalidade, com especial destaque conferido à liberdade, que foi definida tanto no artigo inicial da carta, que estabelecia que *os homens nascem livres*, no artigo subsequente (art. 2º), foi novamente citada como um direito que vem antes da propriedade, da segurança e da resistência à opressão e foi ainda definida, segundo os seguintes termos: *A liberdade consiste em poder fazer tudo que não prejudique o próximo* (art. 3º), além de ter sido pormenorizada nas formas de liberdade religiosa, de opinião e de liberdade de imprensa. Em segundo lugar estabelece os direitos de participação política, tratando da separação de poderes (art. 16), da fonte da soberania (art. 3º), da lei e do direito do homem de concorrer para a sua formação (art. 6º). Em terceiro lugar estabeleceu as garantias processuais, tanto no campo penal, como a presunção da inocência (art. 9º), e o princípio da legalidade penal e processual penal (arts. 7º e 8º). Em quarto lugar, conforma e define o direito de propriedade, estabelecendo que: *"Como a propriedade é um direito inviolável e sagrado, ninguém dela pode ser privado, a não ser quando a necessidade pública legalmente comprovada o exigir e sob condição de justa e prévia indenização"* (art. 17).

Em continuidade a este processo surgiram os direitos fundamentais, que depois serão chamados de segunda geração, os quais se referiam ao direito à educação e ao trabalho. Neste panorama, sem se afastar do núcleo que já tinha sido conquistado na geração inicial do conceito de direitos humanos, acrescentou-se no rol desses direitos uma nova perspectiva de direitos, que transcendiam a liberdade, tida como expressão da personalidade humana: a participação política e a possibilidade de aquisição de propriedade. Uma nova gama de direitos foi a partir de então desenvolvida, por isso conceitualmente têm-se os direitos humanos de segunda geração.

Reconheceu-se, no século XIX, como parte integrante dos direitos humanos a proteção do trabalho. Assim, desloca-se o eixo do conteúdo dos direitos humanos para a classe

---

Art. 13. Para a manutenção da força pública e para as despesas de administração é indispensável uma contribuição comum que deve ser dividida entre os cidadãos de acordo com suas possibilidades.
Art. 14. Todos os cidadãos têm direito de verificar, por si ou pelos seus representantes, da necessidade da contribuição pública, de consenti-la livremente, de observar o seu emprego e de lhe fixar a repartição, a colecta, a cobrança e a duração.
Art. 15. A sociedade tem o direito de pedir contas a todo agente público pela sua administração.
Art. 16. A sociedade em que não esteja assegurada a garantia dos direitos nem estabelecida a separação dos poderes não tem Constituição.
Art. 17. Como a propriedade é um direito inviolável e sagrado, ninguém dela pode ser privado, a não ser quando a necessidade pública legalmente comprovada o exigir e sob condição de justa e prévia indenização."
[18] BOROWSKI, Martin. *Die Glaubens- und Gewissensfreiheit des Grundgesetzes*. Tübingen: Mohr, 2006. p. 15.

que detém a mão de obra usada pela classe burguesa, por conseguinte reconhece-se que o trabalho é também parte integrante da própria pessoa humana, porquanto é condição do agir humano. Tem-se, neste panorama, sem se descurar da liberdade, a busca da igualdade, que foi apontada através de uma Encíclica do Papa Leão XIII, de 15 de maio de 1891, chamada *Das coisas nossas (Rerum Novarum)*, a qual sublinha que

> É necessário ainda prover de modo especial a que em nenhum tempo falte trabalho ao operário; e que haja um fundo de reserva destinado a fazer face, não somente aos acidentes súbitos e fortuitos inseparáveis do trabalho industrial, mas ainda à doença, à velhice e aos reveses da fortuna.[19]

Em um campo diametralmente oposto ao da Igreja Católica, Marx também produz um escrito em defesa dos trabalhadores, denominado *A questão judaica*, consignando que os direitos humanos eram tão somente destinados à afirmação da burguesia, que subordinavam tudo ao direito de propriedade, em seu próprio benefício, não tendo, pois, caráter universal. Posteriormente, com o *Manifesto comunista*, propôs uma mudança política para que o Estado controlasse os meios de produção, instalando-se o Estado Social.

No contexto posterior à Primeira Guerra Mundial, em 1919, surgiu como uma entidade internacional para a defesa desses direitos da classe trabalhadora a Organização Internacional do Trabalho (OIT) e, na Alemanha, que capitulou na grande guerra, também surgiu uma constituição que se voltou para a proteção desses ditos direitos dos trabalhadores: a Constituição de Weimar.

Com efeito. Os direitos humanos de primeira geração foram um marco do fim do século XVIII e produziram efeitos nos Estados, para além de estarem na base das Revoluções Francesa e Americana. O direito à igualdade fez com que todos fossem considerados formalmente iguais perante a lei. Por sua vez, a lei foi tida como o legítimo instrumento de uma sociedade unida por um contrato social, sua legitimidade estaria configurada porque todos deram o seu consentimento, pelo contrato social, para que ela operasse efeitos. Neste panorama, a lei afirmaria no plano ideal a igualdade de todos, já que todos integrariam o contrato social. Porém a igualdade e a legalidade, que se afirmaram teoricamente, não produziram no mundo real o que no plano das ideias era apregoado. Durante o período revolucionário que se contrapôs ao Antigo Regime, a igualdade serviu para suprimir os privilégios da nobreza em favor da burguesia. Porém, após a consolidação do poder político da classe burguesa, que até então somente detinha o poder econômico, a igualdade teve tão somente um significado retórico, dissociado de repercussões práticas. Para tanto, basta lembrar que após a Revolução Francesa os direitos políticos não foram estendidos a todos, pois se estabeleceu o voto censitário. Esse contexto sociopolítico produziu uma crise que se instalou a partir do século XIX. A liberdade apregoada na primeira geração dos direitos

---

[19] Disponível em: <http://www.vatican.va/holy_father/leo_xiii/encyclicals/documents/hf_l-xiii_enc_15051891_rerum-novarum_po.html>. Acesso em: 10 ago. 2013.

humanos, traduzida em liberdade de iniciativa econômica pela burguesia, agora também politicamente fortalecida, possibilitou um notável desenvolvimento industrial e econômico. Entretanto, os beneficiários desse desenvolvimento foram os próprios burgueses, os quais, aproveitando-se do poder político que agora dispunham, utilizavam-se do Direito e do aparato estatal para consolidar a exploração da população que necessitava vender a sua mão de obra. Neste panorama, os direitos humanos de primeira geração não se revelaram como suficientes para proteger o Homem em sua dignidade, que foi o motor de sua origem.

A crise gerada pela exploração da força de trabalho acarretou, não sem expressiva luta, a conquista de direitos relativos ao trabalho. Foi conseguida, primeiramente na Inglaterra, a liberdade de organização por parte daqueles que vendiam a sua mão de obra, com um ato especialmente destinado para este fim pelo Parlamento Inglês, em 1824. Essa liberdade de organização foi, ainda no século XIX, alcançada em muitos países da Europa e nos Estados Unidos, o que possibilitou outra luta por direitos, que afirmassem a igualdade no plano material, o que envolvia, sobretudo, a questão econômica. Esses novos direitos de segunda geração que conferiam dignidade àqueles que vendiam a sua mão de obra foram defendidos no século XIX em vários níveis e sob diversas perspectivas. Tais diretos humanos são chamados de Direitos Sociais.

Registre-se que os diretos humanos de segunda geração são extraídos tanto da referida Declaração Universal dos Direitos Humanos quanto no Pacto Internacional de Direitos Econômicos, Sociais e Culturais, de 1966, sendo sintetizados nos seguintes direitos: (a) direito ao trabalho; (b) direito a uma remuneração equitativa; (c) direito à previdência social; (d) direito às condições dignas de trabalho; (e) direito à organização sindical; (f) direito de greve; (g) direito à cultura e ao lazer; (h) direito à educação; (i) direito a um nível socioeconômico de uma vida digna; (j) direito à saúde. Todos esses direitos humanos de segunda geração são unidos pela igualdade, vista não no plano das ideias, mas sim no plano material.

Entretanto, a dinâmica das necessidades humanas apontou para o nascimento de outra geração de direitos, que representam uma síntese de muitos outros direitos, voltando-se não somente para as gerações presentes, mas também para as gerações futuras. Por isso, diz-se que a terceira geração dos direitos humanos se baseia na *solidariedade,* abarcando, dessarte, o Direito à Paz, o Direito ao Desenvolvimento, o Direito ao Patrimônio Cultural da Humanidade e o Direito ao Meio ambiente.

1.4 Considerações conclusivas

Os direitos do homem foram gestados na civilização euro-americana e, como regra, afirma-se que nos dias atuais eles integram as constituições ocidentais. Neste espeque, o direito natural serviu de base conceitual para a formação do direito ocidental, que no plano interno dos Estados foi transmudado nos direitos fundamentais, presentes, enfatize-se, nas cartas magnas destes países.

Os direitos humanos são institutos conectados diretamente com a vida em sociedade. Logo, eles não se enquadram em um quadro conceitual estático, mas sim no mundo dinâmico da cultura. Por isso, eles comportam gerações, que são sucetíveis de serem estudadas a partir do trinômio *liberdade*, *igualdade* e *solidariedade*. Com efeito, o homem dos séculos XVIII e XIX estava inserido em uma realidade histórica que o jungia à luta dos direitos referentes a sua liberdade, expressão da personalidade e da participação política, bem como pelos direitos relativos à manutenção do seu patrimônio, aí se constitui a primeira geração dos referidos direitos humanos. Recorde-se que o Estado absoluto era em princípio (salvo nos casos de alguns *despotismos esclarecidos*) incompatível com o reconhecimento desses direitos humanos. Ressalte-se, ainda, que tais direitos estavam na base da construção do capitalismo nascente, sobretudo porque protegiam a classe social protagonista deste modelo econômico, isto é, a burguesia. Isto significa que a função de proteção de todo o gênero humano em face do reconhecimento dos multirreferidos direitos humanos precisava de uma reconstrução, pois se é verdade que o conteúdo desses direitos beneficiava a elite econômica burguesa, também se mostrou verdade que tais direitos não tinham maior significação prática para a comunidade humana economicamente mais frágil, que emprestava a sua mão de obra para os burgueses. Por isso, a dinâmica da vida cultural apontou para a necessidade de afirmação da igualdade real, o que levou aos direitos humanos de segunda geração. A solidariedade, na mesma dinâmica cultural, apontou uma terceira geração de direitos humanos, que indicam para a própria proteção das gerações futuras e da continuidade da espécie humana.

Ressalte-se, ainda, que no plano internacional, os direitos humanos ainda continuam a produzir efeitos, tanto por conta dos tribunais internacionais quanto por conta do ordenamento internacional. Tais efeitos se consubstanciam em obrigações internacionais impostas à comunidade de Estados.

Referências

BOROWSKI, Martin. *Die Glaubens- und Gewissensfreiheit des Grundgesetzes*. Tübingen: Mohr, 2006.

BRUNE, Guido. *Menschenrechte und Menschenrechtsethos*: zur Debatte um eine Ergänzung der Menschenrechte durch Menschenplifchten. Frankfurt: Capus Verlag, 2005.

CASCAJO CASTRO, José Luis. Concepto de derechos humanos y problemas actuales. *Derecho y liberdades: Revista del Instituto Bartolomé de das Casas*. Madrid: Universidad Carlos III, Ano 1, nº 1, 1993.

CORTINA, Adela. Concepto de derechos humanos y problemas actuales. *Derecho y liberdades: Revista del Instituto Bartolomé de das Casas*. Madrid: Universidad Carlos III, Ano 1, nº 1, 1993.

FERNÁNDEZ, Eusebio. Concepto de derechos humanos y problemas actuales. *Derecho y liberdades: Revista del Instituto Bartolomé de das Casas*. Madrid: Universidad Carlos III, Ano 1, nº 1, 1993.

GALUPPO, Marcelo. O que são os direitos fundamentais. In: SAMPAIO, J. A. L. (Coord.). *Jurisdição constitucional e os direitos fundamentais*. Belo Horizonte: Del Rey, 2003.

KLEIN, Eckart. Elf Bemerkungen zur Universalität der Menschenrechte. In: NOOKE, G.; LOHMANN, G.; WAHLERS, G. (Orgs). *Gelten Menschenrechte universal? Begründungen und Infragestellungen*. Freiburg: Herder, 2008.

LEÃO XIII. *Encíclica Rerum novarum*. Disponível em: <http://www.vatican.va/holy_father/leo_xiii/encyclicals/documents/hf_l-xiii_enc_15051891_rerum-novarum_po.html>. Acesso em: 10 ago. 2013.

LOHMANN, Georg. Zur Verständigung über die Universalität der Menschenrechte: Eine Einführung. In: NOOKE, G.; LOHMANN, G.; WAHLERS, G. (Orgs). *Gelten Menschenrechte universal? Begründungen und Infragestellungen* Freiburg: Herder, 2008.

PECES-BARBA MARTINEZ, Gregório. Sobre el puesto de la Historia en el concepto de los derechos fundamentales. *Anuario de derechos humanos*, nº 4. Madri: Universidad Complutense, 1986-1987.

PECES-BARBA MARTINEZ, Gregório; FERNANDEZ, Eusebio (diretores). *Historia de los derechos fundamentales*. Madrid: Dickson, 2003.

VILLEY, Michel. *A formação do pensamento jurídico moderno*. São Paulo: Martins Fontes, 2009.

Conceito de direitos humanos

António Pedro Barbas Homem

Sumário: 2.1 § 1º Direitos do homem; 2.2 § 2º O direito internacional dos direitos do homem.

2.1 § 1º Direitos do homem

2.1.1 A era dos direitos

Um traço característico das ideias liberais expressas desde o final do século XVIII, sobretudo com a Revolução Americana e a Revolução Francesa, consistiu na proclamação e na defesa dos direitos naturais dos cidadãos.

Contraposto à concepção jusracionalista clássica, assente na existência de uma ordem natural, o liberalismo acredita que essa ordem jurídica anterior à existência do Estado é composta pelos direitos naturais do homem, e que esses direitos eram naturais por contraposição aos direitos positivos, ou seja, aos direitos que são criados e tutelados pelo Estado.

Para o pensamento liberal, a criação do Estado resultava de um acordo entre os homens para defesa desses mesmos direitos naturais, como o direito à liberdade e o direito à propriedade. O Estado era, portanto, criado pelo pacto social; a Constituição exprimia este mesmo pacto social e ato de criação do Estado e do poder político. Neste quadro referencial, compreende-se, como se lê no preâmbulo da Declaração de Virgínia (EUA), que os direitos do homem são as bases do Estado e que, como se dirá na Declaração dos

Direitos do Homem e do Cidadão de 1789, uma sociedade em que falte a sua garantia não tem Constituição.

Na estrutura clássica das Constituições do primeiro liberalismo encontramos dois tipos de matérias:

- Uma declaração dos direitos;
- A separação de poderes e a sua recíproca organização.

O primado da liberdade, da segurança e da propriedade individual exige a sua defesa pelo poder político.

A concretização dos direitos individuais passou pela definição legal do respectivo estatuto, através da codificação. A Europa conhece no século XIX uma primeira geração de codificações liberais, no domínio do direito civil, penal, comercial e administrativo, de que é exemplo pioneiro o Código Civil francês de 1804 (Código de Napoleão).

Desde o final da Segunda Guerra Mundial entramos na *era dos direitos*, escreveu Bobbio. Aponta-se a existência de três gerações de direitos, protegidos por diferentes textos, quer de direitos internacionais, quer de direito interno:

- Os direitos cívicos;
- Os direitos políticos;
- Os direitos económicos, sociais e culturais.

É importante não esquecer que a conquista destes direitos não foi uma etapa pacífica e calma na história da humanidade: houve revoluções, guerras sangrentas, genocídios. Hoje consideramos intolerável a escravatura, os maus-tratos, as penas corporais, a discriminação em função da raça, da religião ou da cor. Infelizmente, em muitas regiões do mundo, especialmente na África e na Ásia, muitas destas práticas permanecem na vida dos povos.

De outro lado, importa não interpretar a expressão geração de direitos no sentido cronológico. Efetivamente, na história da humanidade nos últimos dois séculos a consagração dos direitos nem sempre se fez de modo pacífico nem de acordo com a sequência acima referida. No século XIX europeu já se assistiu à consagração de alguns direitos sociais, como o direito à educação, mesmo em Estados não democráticos. E muitos dos Estados totalitários e autoritários do século XX, se não reconheciam direitos individuais no plano político, procuraram construir Estados sociais.

Por esta razão, devemos antes falar em dimensões de direitos, cuja concretização tem vindo a ser feita no plano social e cuja garantia se considera incumbir ao Estado. Por último, as novas questões que se suscitam na sociedade do conhecimento com a Internet e as novas descobertas da ciência, especialmente da biomedicina, levaram a uma nova dimensão de direitos, ditos de 4ª ou 5ª geração, relacionados com a proteção de dados pessoais, com a identidade genética e a proibição da clonagem humana.

2.1.2 Direitos de personalidade

Os direitos de personalidade são os mais importantes dos direitos. São aqueles através dos quais cada homem se afirma como pessoa e vive o peso da sua liberdade e da sua responsabilidade. Os direitos de personalidade devem ser respeitados pela sociedade e pelas autoridades políticas, dizendo-se inalienáveis porque não podem ser negados nem transferidos para outros e porque não representam uma concessão do Estado ou da sociedade: são inerentes a cada pessoa pelo simples fato de existir e pertencem-lhe desde a origem da vida. Assim, o respeito e a proteção da vida humana levam-nos à proibição da degradação do homem num objeto e no reconhecimento do direito que ele tem ao livre desenvolvimento. A doutrina jurídica oitocentista qualificava esses direitos como absolutos, porque, perante eles, a toda a comunidade e a cada um dos seus membros impende um dever geral de respeito.

Em primeiro lugar está o direito à vida.

Logo a seguir temos o direito à liberdade, à segurança e à integridade física e moral das pessoas, do que se segue como consequência, nomeadamente, a proibição da tortura e das penas cruéis, desumanas ou degradantes.

Sendo cada homem uma pessoa, existe um direito geral de personalidade, do qual faz parte o reconhecimento do direito ao desenvolvimento e ao respeito da personalidade como resultado da dignidade humana.

Atualmente, o avanço técnico e tecnológico suscita problemas complexos, face ao desenvolvimento da bioética, como a utilização de embriões humanos, e face ao problema da definição do início e do termo da vida, nomeadamente por causa do aborto e da eutanásia e da utilização de cadáveres e órgãos humanos para transplantes.

As restrições à capacidade civil e a privação da cidadania só podem efetuar-se nos casos e nas condições determinadas por lei.

Como já houve ocasião de se expor, a remissão para a lei exerce aqui uma função de garantia dos direitos fundamentais, impedindo que outras fontes de direito imponham restrições a tais direitos, ou que as autoridades administrativas, policiais ou judiciais intervenham sem lei prévia. A tutela constitucional desses direitos não coincide necessariamente com a extensão que deles trata o direito civil.

O dirieto civil consagra especial desenvolvimento aos direitos de personalidade. Aqui relevam:

- a tutela geral da personalidade;
- o direito ao nome, ao bom nome e à sua defesa;
- o direito à tutela do conteúdo de cartas confidenciais e memórias familiares;
- o direito à imagem;
- o direito à reserva sobre a intimidade da vida privada.

Os direitos à identidade pessoal, à capacidade civil, à cidadania, ao bom nome e reputação, à imagem, à palavra e à reserva de intimidade da vida privada e familiar são igualmente direitos pessoais, os quais garantem que ninguém deve sofrer intromissões arbitrárias na sua vida privada, na sua família, no seu domicílio ou na sua correspondência, nem ataques à sua honra e consideração.

O conteúdo da tutela geral da personalidade tem vindo a ser identificado com um direito geral de personalidade, no sentido de que deve incluir as faculdades que permitam a construção individual da personalidade, ainda que essas faculdades não estejam enumeradas em outras disposições da lei. A proteção da personalidade inclui assim muitas outras faculdades, designadamente a de não ser incomodado por ruídos, cheiros e outras perturbações que impeçam a vida e realização de cada um.

Outros direitos pessoais incluem a liberdade de circulação, incluindo a faculdade de escolher a residência e a de abandonar seu país, de que temos como aplicação o problema da emigração clandestina e do auxílio à emigração; o direito de casar e de constituir família, assente na liberdade do consentimento dos futuros esposos e na igualdade de direitos dos cônjuges; o direito de propriedade, incluindo o direito ao respeito pelos seus bens; a liberdade de pensamento, de consciência e de religião; a liberdade de reunião e de associação; a liberdade de opinião e de expressão, o que implica o direito de ninguém ser inquietado pelas suas opiniões e o de procurar, receber e difundir informações e ideias por qualquer meio de expressão.

Contudo, existem restrições à liberdade de expressão, porque este direito conhece os limites que podem ser impostos numa sociedade democrática, tendo em vista defender certos bens essenciais da democracia pluralista, como a segurança nacional, a integridade territorial e a segurança pública, a defesa da ordem e prevenção do crime, a proteção da saúde e da moral, a proteção da honra e dos direitos de outrem, para impedir a divulgação de informações confidenciais, ou para garantir a autoridade e imparcialidade do poder judicial.

A relevância moral da liberdade de consciência constitui um limite inultrapassável às decisões das maiorias. Com elegância, o preâmbulo da Declaração Universal dos Direitos do Homem apela para o "advento de um mundo em que os seres humanos sejam livres de falar e de crer, libertos do terror e da miséria".

2.1.3 Liberdades, direitos e garantias

Como referimos anteriormente, em matéria penal são direitos fundamentais a proibição da tortura, das penas cruéis, desumanas ou degradantes; a proibição de submeter uma pessoa a experiência médica ou científica sem o seu consentimento; a proibição de arbítrio na privação de liberdade, por prisão, detenção ou exílio, pelo que a privação de liberdade só é admitida nos casos e pelos motivos previstos por lei; o direito de cada pessoa a ser informada no momento da detenção das suas razões e da acusação que sobre ela impende; a obrigação de o arguido ser prontamente conduzido perante juiz ou autoridade judiciária; o direito a que o julgamento decorra em prazo razoável ou sem demora excessiva ou em curto prazo de tempo; o direito de os indivíduos detidos ou presos apresentarem recurso perante um tribunal.

É importante recordar a diferença entre os conceitos de prisão e de detenção, nomeadamente pela obrigação de os Estados manterem separadas as pessoas condenadas e aquelas que aguardam julgamento, bem como de separar nas prisões os jovens dos adultos.

Por essas razões de garantia da defesa, as audiências devem ser públicas e os arguidos devem dispor de tempo razoável e de facilidades para preparar a defesa, bem como do direito a estar presentes no processo e a nomearem um defensor da sua escolha ou a ser-lhes atribuído um defensor oficioso a título gratuito, se não tiverem meios para o remunerar.

O cumprimento desses direitos em matéria penal revela a "saúde" do Estado de Direito. O seu sistemático incumprimento é revelador de problemas graves.

Outro direito fundamental é a presunção de inocência (art. 32/2º da Constituição Portuguesa), mas mais do que apenas dizer que os arguidos gozam de uma presunção de inocência, devemos afirmar um direito à inocência. Efetivamente, presunção tem um primeiro sentido técnico-jurídico: o ônus ou dever de apresentar provas da culpabilidade dos arguidos cabe aos acusadores. Os réus não têm que apresentar provas da sua inocência. Este é, aliás, um princípio geral do Direito: é ao autor da ação que cabe o ônus de alegar e provar os fatos constitutivos da sua pretensão.

Para evitar que um inocente seja condenado, a sociedade tem de suportar todos os riscos, inclusivamente o de absolver uma pessoa culpada. De há muito que o princípio está estabelecido, mesmo quando é ignorado, em especial pela comunicação social ou pelo desejo social de vingança: "mais vale absolver um culpado do que condenar um inocente".

Isto significa que a ciência privada de cada pessoa não é maior do que as leis que consagram o direito à inocência.

Não podemos perder de vista a proibição de leis penais retroativas, o direito à compensação por prisão ou detenção ilegais ou por motivo de condenação por erro judiciário; a proibição de repetição de julgamento de pessoas absolvidas ou condenadas por sentença definitiva, exceto, neste último caso, se existirem fatos novos ou recentemente revelados ou um vício fundamental no processo anterior poder afetar o resultado do julgamento; a proibição de penas de prisão com o fundamento no incumprimento de obrigações contratuais; o direito à presença em julgamento, com a consequente proibição de julgamentos à revelia, ou seja, sem a presença do réu.

2.1.4 *Direitos políticos*

Outro tipo de direitos fundamentais são os direitos políticos, entre os quais encontramos o direito de participar na direção da vida política do país, o direito de acesso a funções públicas e a realização de eleições honestas a realizar periodicamente por sufrágio igual e universal, por voto secreto ou processo equivalente para os órgãos legislativo e outros, bem como a exigência de sufrágio universal assente na igualdade dos votos.

Pode mesmo indicar-se um direito à democracia, como somatório de todos esses direitos na esfera política, e uma democracia de qualidade, no sentido de uma ordem política efetivamente assente nos princípios da democracia representativa e da ampliação pela participação dos cidadãos na esfera da *Pólis*.

2.1.5 Direitos sociais

Para além deste tipo de direitos fundamentais, existem igualmente outros a que se dá a denominação de direitos sociais. Também aqui a enumeração é muito extensa. Entre estes podemos enumerar o direito à segurança social; o direito ao emprego e à livre escolha do trabalho, a condições equitativas e satisfatórias de trabalho e à protecção contra o desemprego; o direito dos trabalhadores a condições de trabalho seguras e higiênicas; o direito à remuneração equitativa e satisfatória; a exigência de salário igual para trabalho igual, o direito a fundar sindicatos e a filiar-se em sindicatos; o direito ao repouso e aos lazeres; o direito a um nível de vida suficiente, aqui abarcando o direito à segurança no desemprego, na doença e na velhice; o direito à ajuda na maternidade e na infância; a proteção especial das crianças e adolescentes com fixação de limites de idade interditos para o trabalho infantil e a proibição de trabalhos suscetíveis de prejudicar a moralidade ou a saúde ou capazes de ameaçar a vida ou o seu desenvolvimento; a igualdade das crianças nascidas dentro ou fora do casamento; a protecção da família especialmente quando esta tem a seu cargo a responsabilidade de criar e educar os filhos.

Também existem direitos sociais em matéria educativa e cultural, como o direito à educação, nomeadamente a gratuidade e a obrigatoriedade de frequência do ensino elementar ou o estabelecimento de condições de igualdade no acesso ao ensino superior em função do mérito.

A realização dos direitos sociais exige medidas positivas por parte do Estado. Assim, muitos destes direitos têm como estrutura característica a consagração de deveres específicos do Estado. Nesta medida, são direitos a prestações públicas, mas a medida do esforço exigido do Estado deve ser interpretada à luz das suas efetivas possibilidades. Possibilidades que decorrem do sistema fiscal e das condições técnicas.

Por isso, muitos entendem os direitos sociais não como direitos efetivos cujo cumprimento cada pessoa possa exigir do Estado, mas como meras declarações políticas, que justificam programas de ação dos governos. Contudo, é uma tarefa fundamental dos Estados promover a qualidade e bem-estar, em especial dos mais desfavorecidos, corrigindo as desigualdades e injustiças na distribuição da riqueza, em especial através dos impostos. Como veremos mais à frente, o entendimento contemporâneo do princípio da igualdade e de uma das suas concretizações – o princípio da igualdade de oportunidades – constitui hoje em dia o fundamento político e moral para políticas corretivas das desigualdades fáticas que existem na sociedade, decorrentes de situações que estão na disponibilidade das pessoas (desigualdades decorrentes do nascimento com problemas físicos ou psíquicos, da doença e outros fatores similares). Exige-se, assim, como um princípio dirigente da atividade do Estado na sua relação com as pessoas e a sociedade o princípio da justiça, com muitas consequências nos planos fiscal e da atividade da administração.

2.1.6 Direitos sociais e metodologia jurídica

Nas modernas democracias de direitos fundamentais, na expressão de Fikentsher, devemos reconhecer o valor essencial dos direitos. Mais ainda, devem identificar-se, ao lado dos direitos fundamentais, os princípios constitucionais, tais como os princípios da igualdade e o princípio da justiça.

Tarefas do governo previstas na Constituição e nos tratados internacionais têm sido interpretadas pelos tribunais constitucionais como direitos sociais, portanto como direitos das pessoas protegidos pelo sistema legal. Princípios constitucionais como o de igualdade têm sido entendidos como um critério para políticas concretas e, assim, a natureza e a estrutura dos direitos fundamentais são enriquecidas pela jurisprudência dos tribunais superiores através de diversos processos de argumentação.

São dois os processos metodológicos que importa considerar:

- de um direito expresso são retirados direitos implícitos;
- de um princípio constitucional são retirados direitos implícitos.

A questão está em determinar os limites dos direitos, quer aqueles que estão diretamente previstos quer aqueles que apenas mediatamente o estão, bem como o modo de resolver as situações de conflitos e de concorrência entre direitos.

Pode invocar-se uma expressão de Ronald Dworkin para descrever o critério do direito: "tomar os direitos a sério" é uma tarefa, não apenas dos parlamentos e governos, mas também dos juízes, dos professores e da administração.

Muitas vezes, como Ronald Dworkin observa, a implementação de direitos fundamentais e princípios constitucionais não é uma função para um homem comum, mas é antes, efetivamente, uma tarefa de Hércules, um juiz empenhado e que utiliza toda a sua força e perícia na aplicação dos princípios de um Estado de direito.

A concretização dos direitos fundamentais não pode esquecer os deveres fundamentais expressos na Constituição ou dela decorrentes, e implica uma tarefa metodológica de aplicação de todo o texto constitucional.

Isto significa:

1º Uma interpretação sistémica da Constituição, não uma leitura casuística de cada preceito: aplicar um preceito constitucional implica a aplicação de todo o sistema de valores, princípios e normas constitucionais.

2º A apreciação do conteúdo das disposições constitucionais que consagram direitos e princípios pode implicar:

- de um direito explícito retirar-se um direito apenas implícito;
- de um princípio declarado retirar-se uma concretização normativa.

2.1.7 Limites expressos e limites implícitos

O Direito não é constituído unicamente por direitos sem fim e sem limite. Os direitos das pessoas têm limites: uns, que estão previstos nos diplomas que os consagram, quer seja o direito internacional, a Constituição ou as leis; outros, que resultam da existência de deveres para com a comunidade.

No exercício dos direitos e das liberdades fundamentais, as pessoas só estão sujeitas às limitações estabelecidas por lei exclusivamente com o fim de promover o reconhecimento e o respeito dos direitos e liberdades dos outros e a fim de satisfazer as justas exigências da moral, da ordem pública e do bem-estar numa sociedade democrática.

Para descobrirmos o conteúdo essencial do Direito e procedermos à sua delimitação perante outras ordens normativas, como a moral, devemos igualmente pensar que a proteção de valores, direitos e interesses exige a responsabilidade criminal daqueles que os violam. A legislação penal prevê penas criminais para certo tipo de atos que atentem de modo muito grave contra certos bens cuja preservação é essencial à sociedade e às pessoas.

Para exprimir essa ideia de que a função das sanções criminais está fortemente limitada pelos valores socialmente aceitos, identifica-se o conceito de bem jurídico protegido pelo direito penal. Pretende-se evitar, como já aconteceu em outros momentos da história, que o legislador venha a tipificar como crime condutas que não tenham gravidade; de outro lado, exige-se, perante os valores próprios de uma sociedade democrática, que os fatos considerados como crime tenham relevância ética. Infelizmente, a história é um bom guia dessas situações, podendo referir-se como situação mais grave e inaceitável a utilização do direito penal pelos totalitarismos do século XX para punir os inimigos políticos ou como instrumento de uma política racial.

Existe uma hierarquia desses bens jurídicos e valores éticos protegidos pela legislação penal, que é fundamental para as penas serem proporcionais ao valor que lhes atribuímos. Embora não faltem situações de ambiguidade e de incerteza, já que a medida dos castigos ou penas não corresponde muitas vezes a essa hierarquia abstrata, temos os seguintes bens:

- a vida;
- a vida intrauterina;
- a integridade física;
- a liberdade pessoal;
- a liberdade sexual e a liberdade de autodeterminação sexual;
- a honra;
- a reserva da vida privada;
- o patrimônio;
- a defesa da paz e da humanidade;
- o respeito pela família, pelos sentimentos religiosos e pelos mortos;
- a autenticidade das declarações e dos bens;
- a segurança das telecomunicações;
- a proteção da tranquilidade pública, do Estado, da autoridade pública e da realização da justiça.

Quando os direitos entram em conflito com outros direitos é necessário harmonizá-los, para que cada um possa gozar o máximo da sua efetividade.

Tem de existir uma concordância prática entre os direitos. Essa exigência da paz social implica uma cedência mútua dos direitos e expectativas de que cada pessoa é titular, para que o egoísmo não dê lugar ao abuso dos direitos.

A proibição do abuso do direito e a exigência de concordância entre os direitos constituem uma dimensão essencial de uma sociedade bem organizada. Contudo, não podemos perder de vista que nem todos os direitos têm a mesma importância. Aqueles que são inerentes à dignidade de cada homem são naturalmente os mais importantes.

2.1.8 Colisão de direitos

Como solucionar as situações de conflito ou colisões de direitos que são conferidos por normas jurídicas, situação frequente na vida social?

O princípio básico do direito civil, controvertido para muitos constitucionalistas em relação aos direitos fundamentais acolhidos nas Constituições, assenta em duas operações dogmáticas:

1º A harmonização prática dos direitos iguais ou da mesma espécie.

2º A hierarquia dos direitos desiguais ou de espécie diferente.

No entanto, importa reter que as leis contêm soluções na especialidade para muitos problemas da vida cotidiana que vão para além destes critérios gerais. Por exemplo, prevendo uma situação típica de conflitos de vizinhança, o direito civil estabelece que o proprietário de um imóvel pode opor-se à emissão de fumo, fuligem, vapores, cheiros, calor ou ruídos, bem como à produção de trepidações provenientes de prédio vizinho, sempre que tais fatos importem um prejuízo substancial para o uso do imóvel ou não resultem da utilização normal do prédio de que emanam.

As pessoas que são titulares dos direitos podem renunciar a eles ou prescindir do seu exercício. As pessoas podem dar o consentimento a atos que ofendem os seus direitos. Quase todos os direitos admitem a renúncia ou restrição voluntária. No entanto, o direito à vida é sagrado e inviolável no sentido normativo. No plano factual, não impede que se possa reconhecer justificada uma conduta que provoque a morte de alguma pessoa em caso de necessidade ou de legítima defesa.

2.2 § 2º O direito internacional dos direitos do homem

2.2.1 Desde o final da Segunda Guerra Mundial que se tem vindo a construir o fenômeno da globalização dos direitos do homem.

Criada em 1945, a Organização das Nações Unidas cedo inscreveu a temática dos direitos dos homens e dos povos como uma das suas diretrizes de ação, tendo em vista a paz nas relações entre os Estados. O princípio da igualdade dos povos e do seu direito à autodeterminação abriu as portas ao processo de descolonização no continente africano e à independência progressiva dos seus Estados. A Carta das Nações Unidas também inscreveu os direitos e liberdades fundamentais como sua finalidade, ao apontar para a realização da cooperação internacional e resolução dos problemas internacionais de caráter econômico, social, cultural ou humanitário, promovendo e estimulando o respeito pelos direitos do homem e pelas liberdades fundamentais para todos, sem distinção de raça, sexo, língua ou religião (art. 1º/3).

A doutrina da soberania absoluta do Estado foi refutada, não apenas com a formulação de obrigações internacionais do Estado, mas também com a recepção das doutrinas de perfil jusnaturalista sobre a natureza do homem e dos seus direitos inalienáveis, mesmo para o Estado, e a sua relevância para o direito e para as relações internacionais.

Desde o início que os autores que prepararam os textos que deveriam solenemente declarar estes direitos utilizam a expressão *International Bill of Human Rights* (Carta Internacional de Direitos Humanos) para designar um conjunto de documentos consistentes em uma declaração, uma convenção (a ser denominada Pacto dos Direitos do Homem) e em medidas de implementação.

A Declaração Universal dos Direitos Humanos foi aprovada pela Assembleia Geral das Nações Unidas em 1948 como o primeiro desses documentos (DUDH).

A Declaração Universal tem vindo a ser explicitada e desenvolvida por diversos instrumentos de direito internacional, uns de âmbito universal e outros de âmbito regional. Estão no primeiro caso o Pacto das Nações Unidas sobre os Direitos Civis e Políticos e o Pacto das Nações Unidas sobre os Direitos Econômicos, Sociais e Culturais. Estão no segundo caso a Convenção Europeia dos Direitos do Homem, a Convenção Inter-Americana dos Direitos do Homem, e a Carta Africana dos Direitos do Homem e dos Povos (CADHP).

2.2.2 *O projeto inicial de uma Carta Internacional de Direitos Humanos, composta pela Declaração Universal e por um pacto internacional, este com natureza obrigatória para os Estados signatários, não se revelou viável face a divergências entre os blocos mundiais soviético e ocidental, tendo levado à adoção de dois tratados distintos. Assim, em 1966 são aprovados dois tratados separados, que entrariam em vigor em âmbito mundial em 1976*

- Pacto Internacional dos Direitos Civis e Políticos (PIDCP)
- Pacto Internacional dos Direitos Econômicos, Sociais e Culturais (PIDESC).

Esta dicotomia entre direitos não é absoluta. Mesmo no direito internacional, desde a Conferência Mundial realizada em Teerã, em 1968, em que se afirmou a indivisibilidade e a interdependência dos direitos humanos: "Como os direitos humanos e as liberdades fundamentais são indivisíveis, a realização dos direitos civis e políticos sem o gozo dos direitos econômicos, sociais e culturais torna-se impossível."

De acordo com o texto dos dois Pactos (art. 5º), a interpretação dos direitos expressos deve ser a mais ampliativa possível, voltada à eficácia máxima das suas previsões.

A adoção da Carta Africana dos Direitos dos Homens e dos Povos, em 1981, no âmbito da então Organização de Unidade Africana, veio dar corpo ao projeto de criação de um sistema regional africano de proteção destes direitos assente no reconhecimento de que os direitos fundamentais do ser humano se baseiam nos atributos da pessoa humana, o que justifica a sua proteção internacional, e de que a realidade e o respeito dos direitos dos povos devem necessariamente garantir os direitos do homem. A originalidade desse texto face aos já referidos consiste em tratar de modo unitário direitos dos povos e direitos dos homens.

Quais são esses direitos do homem previstos nesses documentos?

Já acima fizemos referência a alguns desses direitos, mas é instrutivo fazer uma descrição mais exata, não apenas dos direitos e liberdades reconhecidos pelos textos mais relevantes do direito internacional dos direitos do homem como localizá-los sistematicamente naqueles documentos.

2.2.3 Direitos pessoais

- Direito à vida, à liberdade e à segurança (DUDH 3; PIDCP 6; CADHP 4). A Constituição determina que em caso algum haverá pena de morte e que integridade física e moral das pessoas é inviolável, do que se segue como consequência, nomeadamente, a proibição de tortura e maus-tratos.
- Direito de personalidade jurídica (DUDH 6 e 22 e 26-2; CADHP 5).
- Igualdade perante a lei (DUDH 7; CADHP 3). Algumas aplicações: a proibição da escravatura e da servidão (DUDH 4; PI 8); a proibição de trabalho forçado (PI 8, com exceções: serviço militar e decisão judicial, designadamente).
- Nacionalidade (DUDH 15, não podendo ninguém ser arbitrariamente privado de nacionalidade, nem do direito de mudar de nacionalidade).
- Reserva de intimidade de vida privada: ninguém sofrerá intromissões arbitrárias na sua vida privada, na sua família, no seu domicílio ou na sua correspondência, nem ataques à sua honra e consideração (DUDH 12).
- Inviolabilidade do domicílio e da correspondência e direitos de defesa contra o tratamento informático de dados (DUDH 12; PI 17, que integra num conceito genérico de vida privada o direito à honra e à reputação).

Outros direitos pessoais:

- Liberdade de circulação, incluindo a liberdade de escolher a residência e a de abandonar o seu país (DUDH 13).
- Direito de asilo (DUDH 14).
- Direito de casar e de constituir família (DUDH 16; PIDCP 23; CADHP 18). A família é o elemento natural e fundamental da sociedade, com direito autônomo à proteção pela sociedade e pelo Estado (PIDCP 23); direitos das crianças: ao registo após o nascimento, ao nome, à nacionalidade (PIDCP 24). Assinala-se a proteção autônoma dos direitos das crianças (Convenção sobre os Direitos das Crianças).
- Direito de propriedade (DUDH 17; CADHP 14), com proibição da sua privação arbitrária; no caso europeu, a CE prefere a fórmula mais ampla de direito ao respeito pelos seus bens (PA1CE), proibindo a sua restrição exceto por motivo de utilidade pública e nos casos previstos pela lei e pelos princípios do direito internacional, e sem prejuízo da existência de leis sobre o uso dos bens e a as regras para assegurar o pagamento de impostos e outras contribuições, de acordo com o interesse geral.
- Liberdade de pensamento, de consciência e de religião (DUDH 18; CADHP 8), com garantia do direito a mudar de religião e a praticá-la, quer em público quer

em privado (DUDH 18; PIDCP 18, por meio do culto, do ensino, e da prática dos cultos).

– Liberdade de opinião e de expressão (DUDH 19), o que implica o direito de não ser inquietado pelas suas opiniões e o de procurar, receber e difundir informações e ideias por qualquer meio de expressão (PIDCP 19; cf. CADHP 9).

– Liberdade de reunião e de associação pacíficos (DUDH 20), com a consequência de ninguém poder ser obrigado a fazer parte de uma associação (PIDCP 21-22; CADHP 10); restrições a estes direitos podem ser impostas numa sociedade democrática quando necessárias e estejam previstas por lei para defesa da segurança nacional, integridade territorial e segurança pública, defesa da ordem e prevenção do crime, proteção da saúde e da moral, proteção da honra e dos direitos de outrem.

– Direito de acesso aos tribunais (CADHP 7). O direito de defesa inclui o de ser assistido por um defensor de sua escolha e a um processo equitativo.

2.2.4 Direitos em matéria penal

– Proibição de tortura, penas cruéis, desumanas ou degradantes (DUDH 5; PI 7; CADHP 5); proibição de submeter uma pessoa a experiência médica ou científica sem o seu consentimento (PI 7).

– Proibição de arbítrio na privação de liberdade, por prisão, detenção ou exílio (DUDH 9; PI 9; CADHP 6); privação de liberdade só é consentida nos casos e pelos motivos previstos por lei (PI 9/1; a CE enumera mais latamente as situações em que pode a lei prever a prisão e detenção no art. 5º/1); direito a ser informado no momento da detenção das suas razões e da acusação que sobre ele impende (PI 9/2; CE 5/2); obrigação de ser *prontamente* conduzido perante juiz ou autoridade judiciária (PI 9/2); a prisão preventiva das pessoas aguardando julgamento não deve ser regra geral, mas a libertação do acusado pode ser subordinada a condições que garantam a sua presença em julgamento (PI 9/3); direito a que o julgamento decorra em *prazo razoável* (PI 9/3) ou sem *demora excessiva* (PI 14/3/c); direito dos indivíduos detidos ou presos de apresentarem recurso perante um tribunal (PI 9/4); diferente conceito de prisão e de detenção nomeadamente pela obrigação dos Estados manterem separadas as pessoa condenadas e aquelas que aguardam julgamento (PI 10/2/a), bem como de separar os jovens dos adultos (PI10/2/b).

– Direito ao julgamento por tribunal independente e imparcial (DUDH10; CADHP 7; sobre o princípio do juiz legal ou natural, v. *supra*).

– Presunção de inocência (DUDH 11/1; PI 14/2; CADHP 7).

- Garantias de defesa (DUDH 11/1; CADHP 7); audiências devem ser públicas (PI 14/1), exceto no interesse público – ordem pública, bons costumes, segurança nacional, interesse da justiça – ou no interesse de protecção da vida privada das partes (PI 14/1); os arguidos devem dispor de tempo razoável e de facilidades para preparar a defesa e fazer-se acompanhar por advogado, bem como gozam do direito de estarem presentes no processo e de escolherem um defensor ou a ser-lhe atribuído um defensor oficioso a título gratuito se não tiverem meios para o remunerar (PI 14/3). As decisões judiciais devem ser públicas, salvo no caso de diferendos matrimoniais ou relativos à tutela de crianças ou de menores (PI 14/1).

- Proibição de leis penais retroactivas (DUDH 11/2; PI 15/1; CADHP 7), exceto no caso de atos criminosos segundo os princípios gerais de direito reconhecidos pela comunidade das nações (PI 15/2).

- Direito à compensação por prisão ou detenção ilegal (PI 9/5), bem como por motivo de condenação por erro judiciário (PI 14/6).

- Proibição de repetição de julgamento de pessoa absolvida ou condenada por sentença definitiva (PI 14/7; PA7CE 4, que prevê exceções: fatos novos ou recentemente revelados ou um vício fundamental no processo anterior poderem afetar o resultado do julgamento, 4/2).

- Proibição da existência de penas de prisão com o fundamento no incumprimento de obrigações contratuais (PI 11).

- Regime penitenciário deve contemplar a recuperação social dos reclusos (PI 10/3).

- Direito ao recurso no caso de condenações penais para uma jurisdição superior (PI 14/5; CADHP 7).

- Direito à presença em julgamento, que deriva do princípio do contraditório (CADHP 7).

2.2.5 Direitos políticos

- Direito de participar na direcção da vida política do país (DUDH 21/1; PIDCP 25).

- Direito de acesso a funções públicas do país (DUDH 21/2; PIDCP 25/c).

- Exigência de eleições honestas a realizar periodicamente por sufrágio igual e universal, por voto secreto ou processo equivalente (DUDH 21/3; PIDCP 25/b; PA1CE 3); sufrágio universal e igual: cada voto deve ter o mesmo valor.

2.2.6 Direitos sociais

Uma primeira garantia de proteção destes direitos encontra-se contemplada na DUDH (arts. 22º a 25º). O Pacto Internacional sobre os Direitos Econômicos, Sociais e Culturais (PIDESC), de 16 de dezembro de 1966, promoveu o alargamento do conteúdo da proteção internacional dos direitos do homem às matérias econômicas, sociais e culturais. A criação da OIT em 1948 e a Convenção respectiva completam essa primeira ordem de direitos relativos à liberdade sindical e à proteção do direito sindical.

- Direito à segurança social (DUDH 22).
- Direito a exigir a satisfação dos direitos econômicos, sociais e culturais indispensáveis (DUDH 22).
- Direito ao trabalho, à livre escolha do trabalho, a condições equitativas e satisfatórias do trabalho e à proteção contra o desemprego (DUDH 23/1); a imposição aos Estados de deveres de criação de programas de orientação técnica e profissional e a elaboração de políticas de pleno emprego (PIDESC 6); os trabalhadores têm direito a condições de trabalho seguras e higiênicas (PIDESC 7).
- Direito à remuneração equitativa e satisfatória e direito a salário igual para trabalho igual (DUDH 23/2 e 23/3; PIDESC 7; CADHP 15).
- Direito a fundar sindicatos e a filiar-se a sindicatos (DUDH 23/4; PIDESC 8 quanto aos poderes e direitos dos sindicatos); o PIDESC acrescenta o direito à greve, embora admitindo restrições legais para membros das forças armadas, da polícia ou autoridades da administração pública (PIDESC 8/1 e 8/2).
- Direito ao repouso e aos lazeres (DUDH 24), aqui abarcando o direito a férias periódicas pagas e a limitação razoável da duração do trabalho; limitação razoável das horas de trabalho e a remuneração dos dias de feriados públicos (PIDESC 7).
- Direito a um nível de vida suficiente, aqui abarcando o direito à segurança no desemprego, na doença, na velhice e outros casos (DUDH 25/1; direito a seguros sociais – PIDESC 9).
- Direito à ajuda no caso de maternidade e infância (DUDH 25/1); proteção especial às mães antes e após o parto, com direito a licença paga ou acompanhada (PIDESC 10/2); proteção especial das crianças e adolescentes com fixação de limites de idade interditos para o trabalho infantil, e proibição de trabalhos suscetíveis de prejudicar a moralidade ou a saúde ou capazes de ameaçar a vida ou o seu desenvolvimento (PIDESC 10/3).
- Igualdade das crianças nascidas dentro ou fora do matrimônio (DUDH 25/2).

- Proteção da família, especialmente quando esta tem a seu cargo a responsabilidade de criar e educar os filhos (PIDESC 10/1).

- O PIDESC introduz ainda diversos deveres aos Estados, nomeadamente no que concerne a uma política alimentar e a uma política de saúde pública e higiene, expressos na criação da UNESCO e na Organização Mundial de Saúde (PIDESC 12).

2.2.7 Direitos em matéria educativa e cultural

– Direito à educação (DUDH 26/1, que não formula um conceito de educação). Corolários previstos no mesmo artigo: a educação deve ser gratuita, pelo menos a correspondente ao "ensino elementar fundamental"; o PIDESC refere antes que o "ensino primário" deve ser obrigatório e gratuito (13/2/a). De outro lado, estabelece-se uma perspectiva teleológica da educação: expansão da personalidade humana e respeito dos direitos do homem e liberdades fundamentais, compreensão e tolerância entre as nações e grupos raciais ou religiosos (DUDH 26/2; PIDESC 13). Numa perspectiva programática, o PIDESC aponta para a necessidade de desenvolver a rede escolar, de criar um sistema adequado de bolsas e de melhorar de modo contínuo as condições materiais do pessoal docente (PIDESC 13/2/e; 14).

- Obrigatoriedade da frequência do ensino elementar; generalização do ensino técnico e profissional; o PIDESC refere antes que o ensino técnico e o ensino profissional devem ser generalizados e progressivamente gratuitos (13/2/b) e considera que o ensino recorrente de adultos deve ser intensificado (13/2/d).

- Condições de igualdade no acesso ao ensino superior, em função do mérito; o PIDESC postula que o ensino superior deve ser tornado acessível a todos em plena igualdade e em função da capacidade de cada um, nomeadamente pela instauração progressiva da educação gratuita (13/2/c).

- Direito dos pais a, com prioridade, escolherem o gênero de educação a dar aos filhos (DUDH 26/3; direito dos pais a assegurar aquela educação e ensino consoantes as suas convicções religiosas e filosóficas); direito estendido aos tutores (PIDESC 13/3); direito estendido também à liberdade de escolha de estabelecimentos de ensino diferentes dos do poder público (PIDESC 13/3); aí mesmo se consagra autonomamente o direito dos indivíduos e das pessoas morais de criar e de dirigir estabelecimentos de ensino, desde que esse ensino seja conforme às regras mínimas prescritas pelo Estado (PIDESC 13/4).

- Direito a tomar parte na vida cultural do país e à proteção dos interesses morais e materiais ligados a qualquer obra científica, literária ou artística de sua autoria (DUDH 27; PIDESC 15).

2.2.8 A doutrina discute o valor e a obrigatoriedade dos direitos previstos nas Convenções e Tratados Internacionais.

A Constituição Portuguesa contém uma solução expressa para essa questão, no seu art. 16º, que convém ter sempre presente:

> 1. Os direitos fundamentais consagrados na Constituição não excluem quaisquer outros constantes das leis e das regras aplicáveis de direito internacional. 2. Os preceitos constitucionais e legais relativos aos direitos fundamentais devem ser interpretados e integrados de harmonia com a Declaração Universal dos Direitos do Homem.

Fica agora mais clara a razão de ser da longa enumeração de direitos a que procedemos mais acima. O legislador, os órgãos da administração e os tribunais encontram-se obrigados aos direitos fundamentais, e as leis e os regulamentos devem ser interpretados à luz destes instrumentos de direito internacional vinculativos na ordem jurídica interna.

3

Retórica e a fundamentação ética dos direitos humanos

João Maurício Adeodato

> Sumário: 3.1 O problema da legitimidade em tempos de esvaziamento e pulverização éticos; 3.2 Ceticismo, humanismo e historicismo nas origens da filosofia do direito; 3.3 O problema da universalização dos direitos subjetivos.

3.1 O problema da legitimidade em tempos de esvaziamento e pulverização éticos

Este capítulo pretende analisar o problema da universalização dos direitos humanos como fundamento ético do direito positivo e ressaltar a contribuição da filosofia retórica e da retórica jurídica para o debate. Essa contribuição consiste numa ética da tolerância, informada pelas ideias de ceticismo, humanismo e historicismo como formas de conhecer e se portar no mundo.

O tema da resistência à opressão mediante a desobediência à lei injusta é milenar na cultura ocidental:

> [...] do ângulo dos governantes – classicamente preocupados com a ordem e a manutenção de seu poder – e dos filósofos – que na tradição do pensamento político, que remonta a Platão, querem ter a segurança necessária para a *vita contemplativa* –, a obrigação política traduz-se num *dever* dos súditos de obediência às leis emanadas do soberano. Já do ângulo dos governados, bem como dos escritores tradicionalmente preocupados com a liberdade, acentua-se, com-

preensivelmente, não o dever de obediência mas sim o *direito* de resistência à opressão.¹

Com a decisão, mas também ao longo de todo o processo de concretização da dogmática jurídica, aparece o quinto elemento da série de procedimentos: o constrangimento à fundamentação (*Begründungszwang*) e o problema da legitimidade do direito.²

Bem antes da obra clássica de Niklas Luhmann,³ Max Weber já procurara mostrar como o conceito de legitimidade evoluíra para o de legitimação e tornara-se procedimental, uma relação pela qual a violência pura e simples se transforma em poder legítimo.

Para Weber o direito é coercitivo, a tal ponto que o que se chama direito internacional (que garantiria a positivação universal dos direitos humanos) não merece esse nome:

> Desde logo, segundo a terminologia aqui escolhida (como conveniente), não se pode na realidade designar como direito uma ordem que só está garantida pelas expectativas da reprovação e das represálias daqueles que são lesados, quer dizer, convencionalmente e pela situação de interesses, e que careça de um quadro de pessoas especialmente destinado a impor seu cumprimento.⁴

Mas a possibilidade da coação é uma permanente ameaça, está sempre presente no horizonte de expectativas do transgressor, daí a conhecida distinção entre poder (*Macht*) e dominação (*Herrschaft*). E se distingue claramente da legitimidade, o monopólio legítimo da violência organizada pelos funcionários. Poder é um conceito "amorfo":

> *Poder* significa aquela probabilidade de impor a própria vontade, dentro de uma relação social, ainda que contra toda resistência e qualquer que seja o fundamento dessa probabilidade.
>
> *Dominação* deve ser entendida como a probabilidade de encontrar obediência a um comando de certo conteúdo entre determinadas pessoas; *disciplina* deve ser entendida como a probabilidade de encontrar obediência para um comando,

---

¹ LAFER, Celso. *A reconstrução dos direitos humanos* – um diálogo com o pensamento de Hannah Arendt. São Paulo: Companhia das Letras, 1988. p. 187.

² Não é possível detalhar esse processo de concretização aqui. Para tanto, ADEODATO, João Maurício. *Uma teoria retórica da norma jurídica e do direito subjetivo*. São Paulo: Noeses, 2011. *passim*.

³ LUHMANN, Niklas. *Legitimation durch Verfahren*. Frankfurt a. M.: Suhrkamp, 1983.

⁴ WEBER, Max. *Wirtschaft und Gesellschaft* – Grundriss der verstehenden Soziologie, Johannes Winckelmann (Hrsg.). Tübingen: Mohr-Siebeck, 1985, Kap. I, § 6, 2, p. 18: "*Für die hier (als zweckmäßig) gewählte Terminologie würde in der Tat eine Ordnung, die äußerlich lediglich durch Erwartungen der Mißbilligung und der Repressalien des Geschädigten, also konventionell und durch Interessenlage, garantiert ist, ohne daß ein Stab von Menschen existiert, dessen Handeln eigens auf ihre Innehaltung eingestellt ist, nicht als 'Recht' zu bezeichnen sein.*"

por parte de um conjunto de dadas pessoas, a qual, em virtude de convicções arraigadas, seja simples e automática.[5]

Essa distinção entre poder e dominação ou poder legítimo pode ser detalhada em três aspectos.

Em primeiro lugar, a dominação nem coincide, por um lado, com a obediência inteiramente consentida, persuasiva e sem ameaça de coação, nem tampouco consiste, por outro lado, no simples poder, isto é, na possibilidade de causar vantagem ou desvantagem a outrem. Em segundo lugar, isso ocorre porque a dominação levanta uma pretensão de legitimidade (*Richtigkeitsanspruch, Gerechtigkeitsanspruch*), uma espécie de crença na autoridade do comando, por conta de quem ele emana, independentemente de seu conteúdo. Finalmente, a dominação não pode ser casuística para merecer esse nome, precisa de certo grau de generalidade para conseguir controlar as expectativas quanto ao futuro.

Para classificar os tipos de dominação, Weber usa como critério o que denominou tipos ideais de pretensões de legitimidade, segundo sua metodologia dos *Idealtypen*, posto que a adesão obtida não precisa ser sincera, diferentemente do que ocorre na persuasão; o convencimento dos destinatários dos comandos jurídicos não é o mais relevante, diz ele, e os "fundamentos" do poder são multifacetados:

> A "legitimidade" de uma dominação deve naturalmente considerar-se apenas como uma probabilidade, a de ser tratada praticamente como tal e mantida em uma proporção relevante. Sabe-se amplamente que a obediência a uma dominação não está orientada primariamente (ou simplesmente: sempre) pela crença em sua legitimidade. A adesão pode fingir-se por indivíduos e grupos inteiros por razões de oportunidade, praticar-se efetivamente por causa de interesses materiais próprios, ou aceitar-se como algo irremediável em virtude de fraquezas individuais e desamparo. Isso, porém, não é decisivo para a classificação de uma dominação.[6]

---

[5] Idem, Kap. I, § 16, p. 28: "*Macht bedeutet jede Chance, innerhalb einer sozialen Beziehung, den eigenen Willen auch gegen Widerstreben durchzusetzen, gleichviel worauf diese Chance beruht. Herrschaft soll heißen die Chance, für einen Befehl bestimmten Inhalts bei angebbaren Personen Gehorsam zu finden; Disziplin soll heißen die Chance, kraft eingeübter Einstellung für einen Befehl prompten, automatischen und schematischen Gehorsam bei einer angebbaren Vielheit von Menschen zu finden.*"

[6] Idem, Kap. III, § 1º, 3, p. 123: "*Die 'Legitimität' einer Herrschaft darf natürlich auch nur als Chance, dafür in einem relevanten Maße gehalten und praktisch behandelt zu werden, angesehen werden. Es ist bei weitem nich an dem: daß jede Fügsamkeit gegenüber einer Herrschaft primär (oder auch nur: überhaupt immer) sich an diesem Glauben orientierte. Füfsamkeit kann vom Einzelnen oder von ganzen Gruppen rein aus Opportunitätsgründe geheuchelt, aus materiellem Eigeninteresse praktisch geübt, aus individueller Schwäche und Hilflosigkeit als unvermeidlich hingenommen werden. Das ist aber nicht maßgebend für die Klassifizierung einer Herrschaft.*"

Daí decorre a conhecida classificação que Weber faz do poder legítimo em três tipos ideais: dominação tradicional, carismática e burocrática ou legal-racional, cuja explicação não cabe aqui.[7]

Observe-se a novidade desse último tipo de legitimação, característico da modernidade ocidental na sociedade complexa, o qual não mais diz respeito a uma tradição, a qual preexiste em relação aos detentores do poder, nem aos atributos individuais de um líder. A legitimação legal-racional toma por base a formalização e a eficiência, isto é, não interessa muito o conteúdo ético da norma jurídica, as opções axiológicas que faz diante dos conflitos. O direito desse tipo de Estado apresenta-se como relativamente independente dos outros sistemas sociais e se legitima mediante normas supostamente impessoais e imparciais. Weber vem trazer a ideia de coação organizada que acompanha o monopólio estatal da violência legítima para o centro da sociologia do direito, acompanhando os passos de Kant.

Esse é o momento culminante do processo de diferenciação entre direito natural e direito positivo. A uma fase de indiferenciação, quando não há consciência da distinção, segue-se uma separação gradual, sempre com prevalência do direito natural sobre o positivo; no começo o direito natural é tido como suficiente para regular diretamente os conflitos sociais; depois, o direito positivo passa a ser visto como necessário para explicitar as diretrizes muito genéricas do direito natural. A seguir, o direito positivo se emancipa do direito natural e passa a ser regido por regras sobre competência e sobre ritos de elaboração. Os jusnaturalistas contemporâneos já admitem um direito natural de conteúdo historicamente variável, o que constitui uma espécie de positivação do direito natural.

Nas democracias contemporâneas desenvolvidas, esse esvaziamento de conteúdo ético provoca um fastio pela política (*Politikverdrossenheit*), denunciado pelos mais diversos autores e autoras, e uma situação existencial difícil, lamentada com um pessimismo especial sobre a política e o papel da ciência:

> A exemplo da criança autista, o homem contemporâneo, dedicado à experimentação total de si mesmo, dos outros e do mundo, se encontra, em sua via política, diante de uma muralha de fatos indiferenciados quanto ao seu valor de verdade, cada um deles tão objetivo quanto todos os outros para quem os pode verificar. Os cientistas não são capazes de diferenciar, em pleno mundo produzido pela ciência, entre os fatos que dizem o que há a se conhecer acerca do mundo e os fatos que são indiferentes na perspectiva desse conhecimento.[8]

---

[7] Para tanto, além do próprio Max Weber, dentre outros: DEUTSCH, Karl. *The nerves of government* – models of political communication and control (with a new introduction). New York; London: The Free Press; Collier-MacMillan, 1963. p. 45s.; KRONMAN, Anthony. *Max Weber*. Trad. John Milton e Paula Della Nina Esperança. São Paulo: Elsevier, 2009. p. 297s.

[8] POULAIN, Jacques. *La condition démocratique* – justice, exclusion et vérité. Paris: L'Harmattan, 1998, p. 58: "*Comme l'enfant autistique, l'homme contemporain, voué à l'expérimentation totale de*

Uma filosofia retórica não vai, porém, levar a qualquer pessimismo sobre a defesa dos direitos humanos, pois céticos e humanistas precisam estar atentos à história.

3.2 Ceticismo, humanismo e historicismo nas origens da filosofia do direito: advogados tornam-se filósofos

Os sofistas se transformam em filósofos, segundo uma das teses defendidas aqui, com o auxílio de três amplas concepções filosóficas.

Ceticismo, humanismo e historicismo são três das perspectivas filosóficas que ajudam na fundamentação ética do direito e no tratamento do abismo entre as diferenças de preferência axiológicas dos seres humanos. Claro que essas separações têm função expositiva: tanto não se podem cindir a fundamentação ética e a fundamentação gnoseológica, como ceticismo, humanismo e historicismo estão intrinsecamente ligados, pois "homens de convicção" hão de ser evitados.

> Que ninguém se deixe induzir em erro: grandes espíritos são céticos. Zaratustra é um cético. A força, a liberdade que vem da força e sobreforça do espírito prova-se pela *skepsis*. Homens de convicção, em tudo o que é fundamental quanto a valor e desvalor, nem entram em consideração. Convicções são prisões.[9]

Defende-se aqui uma forma de ceticismo para a qual a própria pergunta pela verdade é considerada sem sentido, vez que a retórica material é constitutiva da realidade, ou seja, um ceticismo *pirrônico*, nas palavras de Sextus Empiricus. Ela não se confunde com o ceticismo *dogmático*, que afirma que qualquer afirmação ou juízo sobre o mundo é necessariamente falsa. O ceticismo pirrônico é gnoseológico e ético, no sentido de que não considera o universo irracional em si, mas apenas incognoscível para os seres humanos, ao passo que o ceticismo dogmático pode ser dito ontológico, na medida em que diz respeito à própria constituição do universo. Assim evita-se a velha crítica de que "a verdade não existe", ponto de partida do cético dogmático, seria uma afirmação "verdadeira", consolidando a "contradição básica" do ceticismo.

---

lui-même, d'autrui et du monde, se retrouve dans sa vie politique devant un mur de faits indifférenciés quant à leur valeur de vérité, tous aussi objectifs les uns que les autres pour qui peut les vérifier. Les scientifiques ne peuvent différencier, en plein monde produit par la science, les faits qui disent ce qui est à connaître du monde et les faits qui sont indifférents à cette connaissance."

[9] NIETZSCHE, Friedrich Wilhelm. Der Antichrist – Fluch auf das Christenthum. In: COLLI, Giorgio; MONTINARI, Mazzino (Hrsg.). Friedrich Nietzsche, Kritische Studienausgabe — in fünfzehn Bände. Berlin: Walter de Gruyter s/a, v. 6. p. 236, § 54: *"Man lasse sich nicht irreführen: grosse Geister sind Skeptiker. Zarathustra ist ein Skeptiker. Die Stärke, die Freiheit aus der Kraft und Überkraft des Geistes beweist sich durch Skepsis. Menschen der Überzeugung kommen für alles Grundsätzliche von Werth und Unwerth gar nicht in Betracht. Überzeugungen sind Gefängnisse."*

O ceticismo pirrônico é gnoseológico e ético porque tem a mesma posição diante dos juízos prescritivos (ataraxia) e descritivos (isostenia). Aí não se confunde com a postura de Kant, por exemplo, que é cético quanto ao conhecimento, mas não o é quanto à ética, nem com a posição de Luhmann, que é cético quanto à possibilidade da verdade na ética, mas não quanto ao conhecimento. Uma quarta alternativa seria defender a existência de uma verdade tanto na gnoseologia quanto na axiologia, a opção mais completamente ontológica, como a de Nicolai Hartmann.

Por sua imprevisibilidade, o desenvolvimento histórico não admite certezas nem definições e pavimenta a mutabilidade do ambiente criado por essa liberdade humana. Daí a angústia diante do futuro, em que a razão força o ser humano a pensar. Nessa indefinição do futuro se constitui a dignidade do ser humano que vai ser defendida pelos primeiros humanistas, durante a Renascença. Sócrates já tinha dado uma primeira "virada humanística", ao colocar o ser humano e a ética no centro da filosofia, desviando-se da tradição anterior. Esse humanismo antigo é herdado por romanos como Scipio Aemilianus e Cícero.

Assim define Montaigne o ceticismo pirrônico:

> Suas formas de se exprimir são as seguintes: eu nada afirmo; as coisas não são mais assim do que de outro modo ou mais uma do que a outra; eu não compreendo isso; as aparências são as mesmas em toda parte; falar a favor ou falar contra, não faz nenhuma diferença; nada parece verdadeiro que não possa parecer falso.[10]

A dúvida ("igual força") e a imperturbabilidade, trazidas pelos céticos pirrônicos como Sextus Empiricus, sob a denominação de isostenia e ataraxia, respectivamente, constituem as estratégias aqui sugeridas para o problema do discernimento ético, conforme discutido em trabalhos anteriores.[11]

Se a isostenia é o caminho para o problema do conhecimento, a ataraxia é o caminho para o problema da ética:

> O caráter que os pirrônicos dão ao seu juízo – reto e inflexível, aceitando qualquer objeto sem o aceitar e sem se vincular a ele – os conduz à ataraxia, que é um modo de vida calmo, tranquilo, isento das agitações que devemos à opinião

---

[10] MONTAIGNE, Michel de. *L'apologie de Raymond Sebond*. Texte établi et annoté par Paul Porteau. Paris: Aubier, 1937, parágrafo 199: "*Leurs façons de s'exprimer sont celles-ci: Je n'affirme rien; les choses ne sont pas plus ainsi qu'autrement, ou que ni l'un ni l'autre; je ne comprends pas cela; les apparences sont les mêmes partout; parler pour ou contre, c'est tout comme; rien ne semble vrai qui ne puisse sembler faux.*"

[11] ADEODATO, João Maurício. Pirronismo, direito e senso comum – o ceticismo construtor da tolerância. In: ADEODATO, João Maurício. Ética e retórica – para uma teoria da dogmática jurídica. São Paulo: Saraiva, 2009. p. 381 s.

e ao conhecimento que pensamos ter das coisas; com efeito, é dessas agitações que nos vêm o medo, a cupidez, a inveja, os desejos desmedidos, a ambição, a vaidade, a superstição, o amor da novidade, a rebelião, a desobediência, a obstinação, e a maioria de nossos males corporais. E, de fato, eles evitam assim as rivalidades que a sua doutrina poderia suscitar. Pois seus debates são pouco animados, e eles não temem muito a contradição.[12]

O conceito de dignidade da pessoa humana, convicção que subjaz à pretensão de universalização dos direitos humanos, aparece como uma criação da Renascença, sobretudo a partir de seu centro de irradiação, a Itália da passagem do século XV para o XVI. Os humanistas passam a definir a dignidade humana como a capacidade de autodeterminação, tanto do indivíduo como da sociedade, ou seja, a liberdade de escolher constitui seu conteúdo. Quanto ao regime político, a dignidade é sempre republicana, mas pode assumir ou não a forma democrática.[13] Para os humanistas, essa dignidade sequer depende de reconhecimento por parte dos poderes constituídos, pois faz parte da própria "natureza espiritual" do ser humano.

A dignidade de todo ser humano é assim um corolário da liberdade. Não apenas uma liberdade "de" interferências externas (passiva), mas também uma liberdade "para" autodeterminar-se (positiva). É a dignidade humana dos humanistas renascentistas que vai se transformar na doutrina dos direitos subjetivos, resumidos no "direito a ter direitos" mencionado muito depois por Hannah Arendt.[14]

O humanismo não criou o conceito de dignidade humana, mas ampliou a concepção da Patrística e da Idade Média em geral, trazendo-a para o discurso político e retirando-a do ambiente privado para a esfera pública. Os humanistas platônicos da Renascença salientam também que a dignidade do ser humano mostra-se desde logo em sua capacidade para conhecer, na medida em que a criação divina não é apenas copiada e repetida, mas

---

[12] MONTAIGNE, Michel de. *L'apologie de Raymond Sebond*. Texte établi et annoté par Paul Porteau. Paris: Aubier, 1937, parágrafo 194: *"Le caractère donné à leur jugement par les Pyrhonniens: droit et inflexible, acceptant tout objet sans s'y attacher et sans l'accepter, les conduit vers l'ataraxie, qui est un mode de vie paisible, tranquille, exempt des agitations que nous devons à l'opinion et à la connaissance que nous pensons avoir des choses; c'est en effet de ces agitations que nous viennent la crainte, la cupidité, l'envie, les désirs immodérés, l'ambition, l'orgueil, la superstition, l'amour de la nouveauté, la rébellion, la désobéissance, l'obstination, et la plupart de nos maux corporels. Et de fait, ils évitent ainsi les rivalités que pourrait susciter leur doctrine. Car leurs débats sont peu animés, et ils ne craignent guère la contradiction."*

[13] KIRSTE, Stephan. Menschenwürde und die Freiheitsrechte des Status Activus – Renaissancehumanismus und gegenwärtige Verfassungsdiskussion. In: GRÖSCHNER, Rolf; KIRSTE, Stephan; LEMBCKE, Oliver W. (Hrsg.). Des Menschen Würde – entdeckt und erfunden im Humanismus der italienischen Renaissance. Tübingen: Mohr Siebeck, 2008, S. 187-214.

[14] ARENDT, Hannah. Es gibt nur ein einziges Menschenrecht. Die Wandlung, erstes Heft, vierter Jahrgang. Heidelberg: Carl Winter / Universitätsverlag, 1949, p. 755-770.

o ser humano lhe acrescenta algo, modifica o ambiente posto, se autodetermina e escolhe suas atitudes.

E aqui a interessante fundamentação dos humanistas para o maior grau de confiabilidade do conhecimento das hoje chamadas ciências humanas, em comparação com o conhecimento da natureza, bem diferente da visão cientificista moderna: o conhecimento daquilo que o próprio ser humano produz deve ser mais seguro do que o daqueles objetos que dele independem. Por isso, diz Salutati, o conhecimento do direito é mais seguro do que o da medicina, por exemplo.[15] A natureza é estranha e hostil ao ser humano, mas Deus, ao cuidar da criação, deixou uma parte do mundo para que o ser humano a determinasse, a criasse por força de sua liberdade de escolha e autodeterminação.

Na mesma direção vão Pico della Mirandola, Marcilio Ficino e Juan Luis Vives, concordando com a metáfora deste último, que compara o ser humano ao camaleão, numa antropologia em franco desacordo daquela defendida por Artistóteles, para quem a imutabilidade, e não seu contrário, aproximaria de Deus, o motor imóvel. O humanismo do Renascimento é o primeiro movimento intelectual a detectar a formação do ser humano como um Proteu da modernidade,[16] um mutante individualista. Fica então patente a contradição, já detectada pelos pensadores italianos, entre a dignidade e as muitas doenças da alma humana, tais como inveja, orgulho, ira, ambição de poder e crueldade.[17]

No século XVIII o humanismo continua forte na educação do Ocidente, inclusive do Brasil. Uma fonte importante de pesquisa na época foi a *Rhetorica ad Herennium*, que continua sendo publicada como de autoria de Cícero, ainda que muito contestada.[18] Frei Caneca, professor de retórica no Recife do início do século XIX, mostra a influência dessa obra e da fundamentação ética baseada no humanismo herdado do Renascimento.

As características tradicionais do humanismo foram fixadas pelos estudiosos da Renascença italiana já na era moderna e seriam principalmente quatro: individualismo, a redescoberta da Antiguidade Clássica, a atenção para com o mundo terreno e o cuidado para com o ser humano, o que lhe valeu a denominação. Essa visão foi questionada por historiadores do período medieval, para os quais a Idade Média não pode ser vista como

---

[15] SALUTATI, Coluccio. Vom Vorrang der Jurisprudenz oder der Medizin (De nobilitate legum et medicinae). Lateinisch-Deutsche Ausgabe übersetzt und kommentiert von P. M. Schenk. München: UTB, 1990. p. 184.

[16] ADEODATO, João Maurício. A retórica constitucional – sobre tolerância, direitos humanos e outros fundamentos éticos do direito positivo. São Paulo: Saraiva, 2010. p. 131-132.

[17] MANETTI, Giannozzo. Über die Würde and Erhabenheit des Menschen (De dignitate ed excellentia hominis), übersetzt von H. Leppin. Hamburg: 1990. p. 95.

[18] A obra continua sendo publicada integrando as de Marco Túlio Cícero. Retórica a Herennio. Obras Completas de Marco Tulio Cíceron (em 16 tomos). Madrid: Librería y Casa Editorial Hernando, 1928, tomo III.

uma "idade das trevas" que justificasse um "renascimento" da cultura e do humanismo.[19] De toda forma, parece claro que a sofística já apresentava essa característica, assim como a "virada socrática", na direção da ética e do agir humano, e que o humanismo tem feito parte importante da cultura ocidental.

Mas os sucessos da ciência e dos métodos cartesianos ameaçaram e preponderaram sobre o humanismo retórico, inclusive no que concerne ao direito e seu processo de dogmatização na modernidade ocidental, com a inusitada pretensão de uma "ciência do direito" (*Rechtswissenschaft*). Talvez a ojeriza à retórica se tenha tornado ainda mais forte sob a influência do novo racionalismo moderno do que na Europa da Idade Média, apesar de impregnada pelas críticas de Platão à Sofística e pelos textos ontológicos de Aristóteles. A retórica só vai começar a recuperar parte de seu prestígio no começo do século XX, com a chamada "virada linguística" (*linguistic turn*).

Para o mundo ocidental contemporâneo, direcionado pela tecnologia e pela especialização, parece no mínimo estranha a crítica feita por Francis Bacon, já no século XVI, no sentido de que a educação dos jovens seria excessivamente humanista, muito vinculada às artes retóricas, aconselhando uma reforma para maior dedicação às "ciências naturais", como chamava a física e a biologia, por exemplo.

Parte-se aqui da tese, já exposta alhures, de que a ligação entre retórica e ética não pode ser necessária, como queria Aristóteles, mas tampouco pode ser deixada de lado, pois é muito importante.

A retórica consiste, sim, no ornamento, na forma bela mesmo sem preocupação com a ética, no despertar e manipular emoções alheias, sem dúvida. *Ornatus* é uma qualidade que aquele que fala faz aderir a seu discurso, numa transliteração do sentido original de estar "ornado" – e não "ornamentado" – para a batalha, ou seja, munido dos devidos apetrechos de ataque e defesa.[20] Essa parte da retórica, ocupada das figuras de linguagem e do estudo formal e taxonômico do discurso, sempre foi extremamente relevante. Mas não esgota a retórica, que também precisa de conteúdo.

Este se expressa, na evolução histórica da retórica, na tópica ou teoria retórica da argumentação (lembre-se que não se deve confundir com a teoria da argumentação racionalista de Robert Alexy, por exemplo). A análise formal da teoria das figuras separa-se de seu conteúdo argumentativo apenas para efeitos didáticos. O humanismo é uma das maneiras de ver o mundo que traz conteúdo ético para a tópica argumentativa. Aristóteles colocou os catálogos de *topoi* como conjuntos de opiniões geralmente aceitas no ambiente, os quais compõem um dos fundamentos éticos do entimema, da mesma forma que os exemplos

---

[19] KRISTELLER, Paul Oskar. The moral thought of renaissance humanism. In: KRISTELLER, Paul Oskar. Renaissance thought II – papers on humanism and the arts. New York / Evanston / London: Harper Torchbooks / The Academy Library, 1965. p. 20-21.

[20] SKINNER, Quentin. Reason and rhetoric in the philosophy of Hobbes. Cambridge: Cambridge University Press, 1996. p. 49 s.

históricos e demais tipos de paradigmas, por exemplo. Aqui a tópica é tomada como a primeira grande subdivisão da retórica, ao lado da teoria das figuras, como dito. Para outros autores, porém, tópica é sinônimo de retórica e ambas se opõem ao conceito de filosofia.[21]

Ao lado do ceticismo e do humanismo, a fundamentação ética da perspectiva retórica traz o que aqui se denomina historicismo. A história é claramente tida como um tipo de conhecimento retórico na Grécia clássica; foi só na modernidade que passou a ser vista como a tentativa de "descobrir" um encadeamento causal de "fatos". Para o historicismo retórico, a história é constituída pelos relatos mais permanentes sobre percepções de eventos, relatos esses que propiciam exemplos para reforçar os argumentos, pois as pessoas tendem a dar mais crédito àquilo que creem ter efetivamente acontecido.

É preciso, porém, ter presente a advertência de Nietzsche, ao tratar dos limites daquilo que se pode aprender com a história: "Em que, então, é útil ao contemporâneo a consideração monumental do passado, o ocupar-se com os clássicos e os raros de tempos antigos?" Depois de louvar a grandeza dos clássicos, ressalta:

> Quantas diferenças é preciso aí negligenciar, para que ela [a comparação com o passado] faça aquele efeito fortificante, com que violência é preciso meter a individualidade do passado dentro de uma forma genérica e quebrá-la em todos os ângulos agudos e linhas [de sua individualidade] em prol do acordo![22]

A retórica da fundamentação ética é contrária a toda forma de solipsismo, uma vez que é uma filosofia da linguagem. Ainda que haja uma linguagem consigo mesmo – o pensamento –, sua única forma de controle público é quando ocorre a comunicação. E comunicação demanda necessariamente algum entendimento, exige tomar em consideração os demais seres humanos circunstantes, tratá-los como pessoas.

---

[21] VIEHWEG, Theodor. Topik und Jurisprudenz – Ein Beitrag zur rechtswissenschaftlichen Grundlagenforschung. München: C. H. Beck, 1974 (4. Aufl.). SCHLIEFFEN, Katharina von. Rhetorische Analyse des Rechts: Risiken, Gewinn und neue Einsichten. In: SOUDRY, Rouven (Hrsg.). Rhetorik – Eine interdisziplinäre Einführung in die rhetorische Praxis. Heidelberg: C. F. Muller Verlag, 2006. p. 42-64.

[22] NIETZSCHE, Friedrich. Unzeitgemässe Betrachtungen II. In: NIETZSCHE, Friedrich. Nachgelassene Schriften 1870-1873. In: COLLI, Giorgio – MONTINARI, Mazzino (*Hrsg.*): Friedrich Nietzsche, Kritische Studienausgabe — in fünfzehn Bände, vol. I. Berlin: Walter de Gruyter, § 2º, p. 260-261 (Von Nutzen und Nachteil der Historie für das Leben): "*Wodurch also nützt dem Gegenwärtigen die monumentalische Betrachtung der Vergangenheit, die Beschäftigung mit den Classischen und Seltenen früherer Zeiten?*" [...] "*Wie viel des Verschiedenen muss, wenn sie jene kräftigende Wirking thun soll, dabei übersehen, wie gewaltsam muss die Individualität des Vergangenen in eine allgemeine Form hineingezwängt und an allen scharfen Ecken und Linien zu Gunsten der Uebereinstimmung zerbrochen werden!*"

Nada indica que haja um padrão de "verdade" ou de "justiça" para avaliar essa comunicação, que é autoconstituída, oscilante, fluida, em suma: é retórica material.[23] Mas ela existe, ou seja, é o ambiente do ser humano, seu "mundo". E só nela, literalmente, ele existe. Mesmo quando em isolamento, esse diálogo consigo mesmo impede que perceba qualquer "coisa" além da linguagem. Quando em contato com outros seres humanos, a comunicação precisa ser controlada de alguma maneira e o direito é fator de suma importância nesse controle. A história dos relatos vencedores constitui assim o mundo.

A retórica da fundamentação ética é levada daí à tolerância, pois alia a necessidade de entendimento com o outro a um ceticismo diante não apenas das convicções dos demais seres humanos, mas inclusive no que se refere a suas percepções e seus "conhecimentos". Tal ceticismo pretende-se estritamente empírico: só por meio de uma atitude relativista é possível compreender o ser humano e o ambiente em que se acha inserido, pois são teses aqui que os seres humanos percebem diferentemente os eventos, que estes nunca se repetem e que essa percepção é que constrói os eventos por intermédio da linguagem.

Todo filósofo percebe que o senso comum pode se tornar grande adversário da filosofia. Se tomar como verdade o controle público da linguagem, que o senso comum expressa, vai-se chegar a uma espécie de adequação do sentido "correto", quando outros sentidos não são permitidos, numa arrogância gnoseológica que seria apenas tola se ficasse nisso, mas que se torna perigosa quando transplantada para a ética. Os critérios do conhecimento científico ou de qualquer forma de conhecimento não podem ser separados da questão ética, a não ser artificialmente, para fins metodológicos de estudo. A fundamentação ética não pode se referir a objetos idênticos da realidade, nem tampouco a unidades significativas autônomas, supostamente presentes em textos, pois não há essa identidade na percepção dos seres humanos que se comunicam. Por isso o terrorismo do conhecimento e o terrorismo da verdade[24] levam a consequências éticas nefastas.

O direito garante, na esfera pública, a liberdade e o mútuo reconhecimento. Como ambiente ético comum, o direito da sociedade complexa precisa propiciar a tolerância e reduzir os níveis de dominação de um ser humano por outro. Por isso Sextus Empiricus diz que o direito deve ser respeitado pelos céticos e, pela mesma razão, muito céticos tendem a uma postura conservadora, fazendo com que as regras do direito substituam as regras

---

[23] Para um detalhamento do conceito de retórica material: ADEODATO, João Maurício. Uma teoria retórica da norma jurídica e do direito subjetivo. São Paulo: Noeses, 2011. p. 18-22, 38-48, 58-61, 67-70 e 95-105.

[24] Expressões utilizadas por SCHMIDT, Siegfried J. Der radikale Konstruktivismus – ein neues Paradigma im interdisziplinären Diskurs. In: SCHMIDT, Siegfried J. (Hrsg.). Der Diskurs des radikalen Konstruktivismus. Frankfurt am Main: Suhrkamp, 1987. p. 11-88, p. 64. É preciso enfatizar que a concepção retórica aqui defendida não é "construtivista" no sentido de Schmidt, pois ele acha ter "superado" o ceticismo, que a retórica considera incontornável (p. 74).

da verdade.²⁵ Daí a importância da responsabilidade ética para o cético, pois a causalidade e seu corolário, o determinismo, são conceitos sem sentido para a filosofia retórica. Não é à toa que historicamente a jurisprudência nasce da retórica.

Claro que a concepção da relatividade enfraquece a fundamentação científica e a retórica analítica é o mais próximo que se pode chegar daquilo que se denomina "verdade", entendida como o controle público da linguagem. Apesar da importância que dá à ética, a retórica da tolerância não é uma ética ontológica, não é "a melhor". É apenas uma sugestão no nível da retórica estratégica, uma ética otimizadora e não descritiva, que pretende "racionalizar" e diminuir aborrecimentos e sofrimentos humanos em geral.

Por isso a retórica da fundamentação analítica da ética procura afastar-se de toda forma de paternalismo. Claro que há limites à tolerância, como se vê no debate sobre tolerar o intolerante (paradoxo da intolerância), mas esses limites são casuísticos e serão determinados pelas vias da participação e da responsabilidade. Se a concepção causal do direito não serve, se a norma é uma ideia que controla agora o futuro, uma promessa que pode ser cumprida ou não, então os seres humanos conformam seu futuro.²⁶ Por isso são necessárias participação e responsabilidade, ambas estratégias éticas que levam a uma visão democrática do meio ambiente social. A tradição da tolerância na civilização ocidental aparece claramente na luz pública somente a partir do século XVII, mas, da mesma forma que o humanismo, teve muitos precursores, como Nicolau de Cusa.²⁷ Desde esses humanistas o conceito de tolerância foi sempre complexo, com pelo menos três sentidos básicos: o de mera indiferença à presença do outro, o de suportar essa convivência e o de efetivo reconhecimento, já implicando igualdade de tratamento.

Portanto, tal como proposto aqui, no Estado democrático de direito atual a tolerância desempenha uma importante função de enfrentamento das desigualdades. Essas desigualdades podem ser classificadas em três tipos, segundo as vicissitudes da vida, chamadas popularmente de sorte e azar: a genética, a ambiental e a casuística. A tolerância imuniza contra esses azares, mas não se confunde com o perdão, pois é normativa, e como tal dirigida ao futuro, ao contrário do perdão, que é dirigido ao passado; mesmo assim, a tolerância para com ações futuras tende a ensejar o perdão para com ações passadas.

---

25   Respectivamente EMPIRICUS, Sextus. Selections from the Major Writings on Scepticism, Man & God. Edited with introduction and notes by Phillip P. Hallie, translated from the original Greek by Sanford G. Etheridge, new foreword and bibliography by Donald R. Morrison. Indianapolis-Cambridge: Hackett Publishing Co., 1985. p. 3-28. MARQUARD, Odo. Abschied vom Prinzipiellen. Stuttgart: Reclam, 1981.

26   Para esse conceito retórico de norma como promessa atual para controle atual de expectativas atuais sobre comportamentos futuros: ADEODATO, João Maurício. Uma teoria retórica da norma jurídica e do direito subjetivo. São Paulo: Noeses, 2011, *passim*.

27   BOCKEN, Inigo. Toleranz und Wahrheit bei Nikolaus von Kues. Philosophisches Jahrbuch, 105. Jahrgang/2, 1998. p. 242-266.

A desigualdade genética diz respeito às diferentes condições biológicas dos seres humanos: alguns têm resistência física, outros precisam de muito descanso; alguns são alegres e denodados, outros melancólicos e indolentes; para uns, qualquer problema intelectual é simples, outros têm dificuldade de compreensão; em alguns se manifestam as mais terríveis doenças, outros vivem em perfeita saúde.

A desigualdade ambiental ocorre em relação ao meio em que vive o indivíduo, isto é, se há condições de ter satisfeitos os constrangimentos de subsistência, saúde, abrigo, educação, estabilidade emocional etc. Como as respostas a esses constrangimentos variam em tempo e espaço da história da humanidade e de cada ser humano, o ambiente apresenta correspondente variação de oportunidades.[28]

A desigualdade casuística deve-se ao fato de que a retórica material se compõe de acontecimentos únicos, imprevisíveis, que dependem de mais variáveis do que as intempéries meteorológicas. Adquirir uma doença, ser vítima de agressão ou acidente, perder entes queridos, a lista de desgraças é interminável, assim como as possibilidades de sucesso.

Para combater essas vicissitudes é que surgem as ideias de tolerância, perdão e o humanismo que as acompanha desde que surgiram as primeiras noções de igualdade. Tolerar as diferenças compensa a desigualdade, repita-se. Sem contar que o privilegiado geneticamente pode ter azares casuísticos, assim como o menos bafejado pela sorte no dia a dia pode ter uma genética mais adequada, além de outras análises combinatórias entre essas três variáveis. Por isso a vaidade e a arrogância são indesejáveis de um ponto de vista ético.

O consenso que este texto refere é um consenso temporário, autorreferente, circunstancial. É diferente tanto do que falam Alexy e Habermas, ao procurar consensos universais, racionais, fruto de desenvolvimento histórico assim ou assado, como do consenso que Luhmann considera "recurso escasso". Em comum eles pensam em um consenso estável, duradouro, no caso de Habermas até um consenso escatológico.

A retórica da fundamentação ética coopera assim para a humanização do mundo, na medida em que entende que é impossível conhecer "o mundo", que não vem "dado" ontologicamente, mas é possível construir o papel que o ser humano tem a desempenhar nele.

---

[28] ADEODATO, João Maurício. A retórica constitucional – sobre tolerância, direitos humanos e outros fundamentos éticos do direito positivo. São Paulo: Saraiva, 2010. p. 124-125.

3.3 O problema da universalização de direitos subjetivos: direitos humanos e internacionalização do direito positivo.

O problema semântico nesta parte é definir como relacionar o conceito de positividade (positivação) aos conceitos, mais antigos nos debates da dogmática jurídica, de validade e efetividade. Que um direito válido e efetivo é positivo é comum acordo entre positivistas e até jusnaturalistas. Mas há um debate já tradicional entre os positivistas no sentido de que se pode chamar de direito positivo um direito apenas válido e, do outro lado, que se pode chamar de direito positivo um direito apenas efetivo.

Válido é o direito elaborado de acordo com as regras. Efetivo é o direito seguido ou aquele cuja sanção se transforma em coação em caso de desobediência, tudo em uma "razoável proporção" que não pode ser determinada. Aí aparece o problema de se há direitos subjetivos em si mesmos considerados ou se todo direito subjetivo – claro que incluídos os direitos humanos, que constituem sua espécie principal – é uma concessão do poder de dizer o direito que se expressa pelo direito objetivo. Em outras palavras, se os direitos humanos dependem da validade ou da efetividade das normas que os garantem.

Além da constitucionalização, no âmbito interno, a relevância ética dos direitos subjetivos mostra caráter específico no âmbito da internacionalização do direito. Como o direito internacional não possui um aparato dogmaticamente organizado para que se possa falar de um ordenamento jurídico com validade e efetividade, os direitos subjetivos que pretendem validade intrínseca, mas não são garantidos internacionalmente, tornam-se direitos humanos. Os direitos humanos devem não apenas prevalecer sobre os ordenamentos nacionais, mas também merecer reconhecimento universal.

Da perspectiva da retórica da fundamentação ética, a internacionalização traz pelo menos duas questões filosóficas.

A primeira é tema central de qualquer ética e trata de como fundamentar quais escolhas devem preponderar, se há opções éticas antagônicas, ou seja, se as escolhas de alguns governos nacionais devem ser estendidas a todos. Dentro dos Estados nacionais é exatamente isso que o direito dogmaticamente organizado propicia: ele positiva as escolhas éticas de uns em detrimento daquelas que seriam as escolhas dos demais. Por isso o direito dogmático precisa de um Leviatã que apareça como última instância para dizer o direito. Na prática política, é o problema de as alternativas da preferência de governos nacionais ou grupos internacionais mais fortes econômica e militarmente tornarem-se obrigatórias para todos. Esses governos dos Estados centrais, na geopolítica atual, não parecem exemplares de coerência quanto a suas opções éticas, como mostram os descasos para com o meio ambiente e os episódios de intervenções humanitárias com notórias violações a direitos humanos.

A segunda diz respeito à retórica da igualdade: é um problema fundamentar a ideia de que determinadas normas valham para uns e não para todos, como hoje as que se referem à proteção do ambiente ou à fabricação de armamentos de destruição em massa.

No que concerne à teoria do direito, esses dois problemas vão desembocar na globalização jurídica, isto é, na imposição dos padrões dogmáticos de organização do direito, desenvolvidos no Ocidente, a todos os Estados que participem da comunidade internacional. Ter organizado dogmaticamente seu direito passa a ser critério crucial para incluir ou excluir um Estado no mundo globalizado, um padrão para aferição do grau de civilização de uma sociedade, servindo como precondição inclusive para o comércio e a atração de investimentos. Aí se inter-relacionam questões econômicas e temas éticos, como o respeito aos direitos humanos. Compreender esses padrões de pensamento jurídico é útil, inclusive, para países cujo direito não é dogmático, seja porque pretendam dogmatizá-lo, como pode ser o caso do Brasil e da "periferia dogmática" ocidental, seja porque intencionem manter-se afastados disso, como parece ser o caso da periferia oriental.

Pode-se supor, por outro lado, que o Estado nacional se enfraquece contemporaneamente e que uma eventual globalização do direito virá eliminar essas formas de organização social sob as quais se vive hoje, dentre as quais se sobressai a dogmática jurídica. Mas também é possível supor que, ao contrário, a globalização econômica virá exigir cada vez mais uma globalização jurídica e que esta partirá, certamente, dos padrões da dogmática estabelecida nos países dominantes política e economicamente. Por tudo isso é importante, para o estudioso brasileiro, conhecer a dogmática jurídica.

Claro que o termo *globalização* deve aqui ser entendido fora dos contextos ideológicos que lhe pretendem impor o neoliberalismo da mídia e partidos políticos. O fato é que essa "sociedade global" ou "mundial" contemporânea coloca, se não uma ameaça de extinção, pelo menos um desafio concreto à democracia, constituída a partir de Estados nacionais oriundos (desde antes) da modernidade, pois, se nem todo Estado nacional contemporâneo é democrático, a experiência do Estado democrático de direito foi construída a partir de Estados nacionais. A modernização dogmática do direito exige pré-requisitos de toda ordem.

Como o direito permanece organizado em termos nacionais, a universalização dos direitos humanos passa por sua dogmatização constitucional, quer dizer, o problema tem que ser antes resolvido no âmbito interno. Só quando aceita pelo ordenamento nacional a regra internacional passa a valer. A constitucionalização dos direitos humanos em âmbito nacional, tornando-os direitos "fundamentais", positivados, é um bom indício do que pode acontecer com a universalização dos direitos humanos como estratégia de legitimação do direito internacional. Daí a procedência de observar a evolução da dogmática constitucional.

Num debate filosófico, ainda que dirigido ao direito constitucional, juristas discutem o conceito de direitos fundamentais diante dos critérios de matéria e forma sugeridos por Aristóteles. Para os formalistas, direitos fundamentais seriam todos aqueles direitos subjetivos insculpidos na Constituição, ou seja, que adquiriram forma constitucional. Em Estados como a Inglaterra e os Estados Unidos, nos quais a Constituição é elaborada paulatinamente pelos magistrados, não há uma forma constitucional específica e esse critério não se pode aplicar. Daí a tese de que é necessário um conceito material de direitos fundamentais, que se aplicaria a constituições legisladas e jurisprudenciais. Isso pode levar a apontar direitos fundamentais sem forma constitucional, assim como direitos que estão na Constituição, mas não têm o *status* de direitos fundamentais.

Ora, se certos direitos não precisam estar reconhecidos nas constituições para serem definidos como fundamentais, esse caráter vem de critérios superiores àqueles positivados pelos governos nacionais e assim esses direitos podem pretendem validade internacional. A noção de direitos inatos, oriundos unicamente da condição humana que caracteriza a todos, é uma revolução ideológica trazida pelos primeiros cristãos. Esse é o conteúdo básico do direito à igualdade. Os gregos e romanos falaram de direitos naturais acima da vontade dos governantes, mas estender os mesmos direitos a todos os seres humanos, incluindo pobres e mulheres, parece ser uma nova contribuição do cristianismo.

Passo importante no caminho dessa universalização dos direitos humanos, já na Idade Média, a Magna Carta aparece como uma das primeiras tentativas de positivar limites ao poder efetivo. A partir do Renascimento vão se formando o individualismo e o liberalismo, os quais, nos séculos XVII e XVIII, vão propiciar o constitucionalismo liberal que vai positivar, em textos constitucionais escritos, os primeiros direitos fundamentais, por isso mesmo chamados de direitos de primeira "geração", ou, dentro de uma controvérsia terminológica pouco substancial, de primeira "dimensão". Nessa primeira geração, os direitos apresentam a dimensão individualista dos revolucionários da época, inspirados, sobretudo, em John Locke, correspondendo ao que hoje a dogmática constitucional denomina direitos fundamentais individuais. No que diz respeito ao desenvolvimento do direito, essas novas concepções otimistas e iluministas correspondem ao legalismo exegético dos primeiros positivistas e ao princípio da separação de poderes que pretende fazer do direito um marco regulatório da política.

O século XIX europeu e ocidental já aparece com insatisfações diante da mão invisível do liberalismo e o romantismo atinge o otimismo iluminista em cheio. As misérias causadas pelo capitalismo sem freios (*laissez faire, laissez passer*) passam a clamar por algum intervencionismo do Estado, única instituição capaz de regular as relações sociais, dentre as quais aquelas entre capital e trabalho. É com esses ingredientes que são elaboradas constituições com textos mais extensos, e daí mais regulamentadores, com listas de direitos fundamentais que vão além dos individuais anteriormente declarados. Esses são os direitos sociais, de segunda geração, direitos com caráter tutelar cujo objetivo é proteger os mais fracos contra atividades predatórias. Eles caracterizam, por isso mesmo, o chamado Estado social.

Na primeira metade do século XX, duas guerras de proporções nunca vistas levam as mazelas europeias a todo o planeta. Os totalitarismos vêm trazer um novo conceito de crimes contra toda a humanidade, imprescritíveis e de punição retroativa, que demandam uma jurisdição supranacional. O rol dos direitos detalhadamente positivados nos ordenamentos jurídicos vai aumentar.

Os direitos de terceira geração são chamados difusos exatamente por buscarem proteger todos os seres humanos, não apenas o sujeito em sua dimensão individual, não apenas grupos sociais mais frágeis como trabalhadores ou enfermos. Eles precisam ser eficazes mesmo contra os interesses de Estados inteiros e passam a se vincular estreitamente ao direito internacional. É assim que o direito a um meio ambiente adequado deve estar acima dos interesses e direitos da propriedade individual e coletiva.

Depois das mútuas ameaças nucleares que marcaram a segunda metade do século XX com a chamada "Guerra Fria", começam a ser construídos os direitos de quarta geração, cujos propositores gostam de reportar-se à tese de Hannah Arendt para resumi-los: o direito a ter direitos. Eles compreendem os direitos à participação política e à informação, o que implica o direito fundamental a essa forma especial de democracia, além de abrangerem problemas decorrentes de desenvolvimentos científicos e tecnológicos, tais como inseminações artificiais, clonagem de alimentos e de seres humanos.

Essa breve digressão historicista teve como desiderato chamar atenção para a interferência da retórica estratégica, espelhada nas sucessivas doutrinas a respeito da fundamentação ética do direito pela via dos direitos humanos, sobre o conteúdo ético desses mesmos direitos, sua retórica material. Note-se também a importância dada à positivação, à crença de que insculpir direitos em textos legais vai ensejar sua efetividade.

A internacionalização do direito sempre trouxe consigo a questão da universalização dos direitos humanos. Isso é fácil de perceber, posto que as garantias dos direitos das pessoas, fundamentadas na retórica da igualdade, vêm das regras gerais do direito objetivo.

Bem antes de qualquer pretensão de igualdade, já no conceito romano de *jus gentium*, que Gaio proclamava como direito natural, válido para toda a ordem cósmica, os seres humanos deveriam ser juridicamente tratados como pessoas, reconhecia-se um substrato, uma "humanidade" universal. Essa pretensão de universalidade é herdada pelo direito canônico, sempre acompanhada por pleitos no sentido da igualdade. E é justamente o interesse de Grotius pelo direito internacional que o leva a um direito natural antropológico que dispensa qualquer intermediação da Igreja, já que Deus o fixara, mas nem Deus o poderia modificar ou ignorar.[29] A "reta razão" seria capaz de reconhecer a verdade e a justiça. Com base na universalidade, a igualdade se fortalece no espaço público.

O crescimento na importância política dessas novas formas de fundamentação do direito atendeu também a uma não menos urgente necessidade de desvincular o poder secular do poder da Igreja. Daí o apoio dado pelos governos a reformadores como Lutero, quando não foram os próprios governantes reformadores religiosos, como é o caso de Henrique VIII.

Em que pese o desenvolvimento de relações jurídicas internacionais no mundo contemporâneo, não se pode falar num predomínio do direito internacional sobre o nacional,

---

[29] GROTIUS, Hugo. O direito da guerra e da paz (*De Juri Belli ac Pacis*). Introdução de António Manuel Hespanha, trad. De Ciro Mioranza. Ijuí: Ed. Unijuí, 2004. vol. 1, p. 81.

isto é, sobre o direito dogmaticamente organizado e monopolizado pelo Estado moderno. Certamente que a globalização é um fenômeno inusitado. Antecedentes como o pan-helenismo de Alexandre, a *Pax Romana* ou a Igreja Católica internacionalista são muito diferentes, pois se deram antes da ascensão desse Estado nacional.

Há um debate na teoria do direito internacional e comparado, que envolve a globalização: um lado define o direito internacional como um direito essencialmente diferente, baseado na cooperação, contrapondo-se ao direito concentrado no conflito e na sanção, que seria o direito dogmático estatal. Não é esta a ideia de Kant, para quem só haverá um direito globalizado – ele diz "direito dos povos", *Völkerrecht* – se presentes três princípios: liberdade, igualdade e um tribunal que consiga se impor coercitivamente.[30]

O direito dogmático que caracteriza a modernidade tem estado sempre atrelado ao Estado Nacional. Como será a dogmática jurídica com a internacionalização do direito não se pode saber. A grande indagação é quem será a força catalizadora que garantirá este direito além das fronteiras do Estado nacional. É de se temer que seja o grande capital especulativo multinacional, o qual parece estar comandando, inclusive, a reforma do Estado nos países periféricos como os que compõem o Mercosul.

Ver no direito internacional uma ontologia diferente, um direito cooperativo ao invés de coercitivo, por exemplo, não parece ser a melhor solução. O crucial é observar que esses direitos subjetivos que devem limitar os direitos objetivos e a opressão das instituições sobre os seres humanos não estão ontologicamente fixados no "correto" ou no "justo". Quaisquer direitos, incluindo os "humanos", consistem de construções retóricas mais ou menos homogêneas e abrangentes, aceitos em determinado momento e lugar.

3.4 Retórica analítica como metódica jurídica. Os juristas como herdeiros dos sofistas e guardiães da democracia

As relações entre o primeiro nível da retórica, o nível material dos métodos, e o segundo nível da retórica, o nível estratégico das metodologias, é o objeto do terceiro nível da retórica, o nível analítico das metódicas. No caso do direito, a retórica metódica estuda as relações entre a prática jurídica, os diversos métodos pelos quais o direito se realiza, e a teoria dessa prática, a metodologia doutrinária que explica e molda e também faz parte desse primeiro nível retórico. Como também faz teoria, a metódica pode ser dita uma metateoria, uma descrição tentativamente neutra a valores das prescrições valorativas por intermédio das quais a doutrina tenta influir sobre as opções da retórica material, no sentido de melhorá-las, de otimizá-las.

---

[30] KANT, Immanuel. Zum ewigen Frieden – ein philosophischer Entwurf. In: WEISCHEDEL, Wilhelm (*Hrsg.*). Werkausgabe, in zwölf Bände (em 12 vols), vol. XI. Frankfurt a. M.: Suhrkamp, 1977. p. 191-251.

A palavra *metódica* quer ir além da metodologia e apontar para uma atitude gnoseológica que vai ter não apenas a dita "realidade jurídica" como objeto, mas também as metodologias que agem sobre ela; em termos de hoje, estudar não apenas o direito dogmaticamente organizado, mas também a doutrina dogmática, a ciência dogmática que tem esse direito por objeto. O caráter sedutor e mesmo enganador com que a tradição platônica vê a retórica é parte dessa retórica metodológica, de segundo nível. Mas reduzir toda a retórica a isso, como o fazem seus detratores, é o mesmo que reduzir o direito às opiniões dos juristas. A retórica analítica é descritiva, pelo menos tentativamente; na linguagem de Kelsen, expressa-se por proposições normativas e não por normas.

É atitude diferente da argumentação presente na retórica estratégica, notadamente normativa, isto é, que prescreve condutas que devem ocorrer. A estratégia vai sempre se respaldar em condições circunstanciais de distribuição de poder, podendo ir do acordo sincero à persuasão pela autoridade e até à concordância devida a uma ameaça de violência. Vem dessa faceta estratégica da retórica sua velha fama de falaz e enganadora, pois seu objetivo não seria a verdade ou a justiça, mas sim levar o auditório ao comportamento desejado pelo orador. Esse desiderato normativo é muito importante, mas não se pode olvidar a retórica material, constitutiva da "realidade" e também com caráter normativo, e a retórica analítica, que descreve as interações da retórica estratégica (metodológica) com a retórica material (dos métodos).

Com essa dimensão filosófica integrada, a retórica constrói uma atitude fecunda para a filosofia do direito. Aí se percebe claramente a dogmática material, a "realidade jurídica" e suas relações com a dogmática estratégica, a doutrina, as quais demandam o nível analítico da retórica.

Toda linguagem constitui seu "objeto". É assim que a filosofia retórica abandona a dicotomia sujeito – objeto. Há um sentido interno próprio da linguagem, que não é subjetiva, pois há o controle público, mas esse controle tem conteúdos inteiramente relativos. A retórica é cética, mas não é subjetivista, não defende um solipsismo nos significados linguísticos. Por outro lado, o fato de as pessoas concordarem sobre a existência de bruxos e duendes nada garante de "objetivo", mas a procura dessa objetividade não é considerada importante.

Isso vale para todas as esferas do conhecimento, mas é o direito que interessa aqui. O Sol girar em torno da Terra ou a Terra girar em torno do Sol é acordo de crença, sem dúvida. Mas se as pessoas acordam que ciganos ou homossexuais não são seres humanos, se o direito não os define como tal, eles não são seres humanos. É daí que a "realidade jurídica" depende do controle feito agora das expectativas também atuais sobre as incertezas do futuro, e é daí que a linguagem controla as incertezas; toda forma de linguagem, incluindo a jurídica, das ordálias e presságios até a dogmática jurídica.

Então todo direito faz necessariamente uma opção ética. Algumas opções triunfam diante de outras. As escolhas vencedoras são então impostas a todos, mesmo aqueles que com elas não concordam. Por isso que, diferentemente da moral, o direito vive às voltas com necessidades de legitimação.

Na perspectiva retórica aqui, analítica, não é pertinente dizer que a norma concreta é ou não é criada pelo magistrado ou pelo decididor do caso concreto, pois a decisão é constituída por um acordo linguístico (retórica material) que envolve partes, advogados, doutrinas, opiniões da mídia, acordo sobre a economia, sobre o momento histórico e um sem-número de fatores. Se o magistrado diz que decide conforme sua consciência, se diz que já tem notório saber e por isso não precisa estudar doutrina, se decide contra o sentido literal da lei e isso é confirmado pelo ambiente, então é isso mesmo.

Sendo analítica, a retórica não pode pretender uma pregação missionária pró ou contra o ativismo judicial. Não é uma filosofia prescritiva, mas sim descritiva. Dizer que uma argumentação é "correta" por ser "sincera e coerente" é prescrever, não descrever, e cada um que prescreve tem seus valores próprios.

A retórica jurídica é herdeira direta da retórica sofista e torna-se uma filosofia com a agregação de historicismo, ceticismo e humanismo, conforme mencionado acima. A relação dessa concepção filosófica com a ideia política de democracia é notória na era contemporânea, uma época em que a ideologia democrática passa a ser um imperativo e o problema é conciliar mutabilidade constante e necessidade de controle do próprio conceito de justiça.

O desprezo pela retórica e a busca da verdade implicam decadência da democracia, da mesma forma que aconteceu na Grécia. Não importam as boas intenções dos ontólogos, suas verdades sempre levarão à intolerância.

Título II

Historiografia dos direitos humanos

4

As raízes setecentistas dos direitos humanos

Sílvia Alves

Sumário: 4.1 O poder primeiro e os homens depois ou o homem primeiro e o poder depois?; 4.2 Locke – o defensor da liberdade e o "refúgio de Deus contra a força e a violência"; 4.3 Rousseau – ser livre é obedecer; 4.4 Thomas Paine – "senso comum" e contrassenso; 4.5 Nota final.

4.1 O poder primeiro e os homens depois ou o homem primeiro e o poder depois?

A) A Declaração dos Direitos do Homem e do Cidadão de 1789 marca, como observou Norberto Bobbio, o início de uma nova era.[1] Certamente resulta sedutor e até reconfortante procurar as raízes mais remotas dos direitos do homem. O *Digesto* (533) regista a opinião de Ulpiano: no que respeita ao direito natural, todos os homens são iguais.[2] Os exemplos poderiam multiplicar-se. Mas a aparente continuidade das fórmulas ou até das ideias não pode obnubilar as profundas diferenças quanto ao seu sentido e o abismo das circunstâncias históricas. A mesma frase começa deste modo: "Se, pelo direito civil, os escravos não são pessoas, não é assim segundo o direito natural"...[3]

---

[1] BOBBIO, Norberto. *A era dos direitos*. 10. reimpressão Rio de Janeiro: Elsevier, 2004. p. 103.
[2] D.50.17.32: "*Quod attinet ad ius civile, servi pro nullis habentur: non tamen et iure naturali, quia, quod ad ius naturale attinet, omnes homines aequales sunt.*"
[3] Simone Goyard-Fabre considera que a ideia dos "direitos do homem" não cabe no pensamento antigo, não se encontrando esboço do seu conceito no *Corpus Iuris Civilis*. Vd. *Os princípios filosóficos do direito político moderno*. São Paulo: Martins Fontes, 2002. p. 328.

Uma observação encontra contudo apoio histórico: a construção teórica do poder soberano como *majestas* absoluta atrai a reflexão sobre os seus limites, gerando de certo modo um paradoxo. Depois de Deus, não há ninguém na terra maior que os príncipes soberanos, escreve Jean Bodin (1530-1596), em *Os seis livros da República* (1576).[4] Mas Bodin, jurista e teólogo, não é, como Maquiavel, o *"homo levissimus"*[5] que, no Prefácio da sua obra maior, acusa de não ter posto os olhos nos bons autores. Ao mesmo tempo que constrói juridicamente o conceito de soberania, como um poder "absoluto e perpétuo", não deixa de definir as fronteiras de uma "república bem ordenada" (*"république bien ordonnée"*): o direito natural; as *"leges imperii"* ou leis fundamentais; o consentimento do povo para o levantamento de impostos; e uma esfera de direito privado que compreende os direitos sagrados da família e da propriedade. A família é a "verdadeira fonte e origem de toda a república" e a lei divina e natural exige que a propriedade dos bens seja respeitada. Quando se remove o direito de propriedade, quando se eliminam "estas duas palavras TEU e MEU",[6] arruínam-se os fundamentos das repúblicas, estabelecidas para atribuir a cada um aquilo que lhe é devido e proibir os furtos. A verdadeira liberdade popular não reside senão em impedir que se ofendam a honra e a vida, de cada um e da sua família, regra que os próprios ladrões se esforçam por observar...

Não existe contudo em Bodin vestígio de confiança na igualdade dos homens e na democracia ou "estado popular". Parece-lhe impossível ignorar que há homens com a capacidade de discernimento dos irracionais (*"bestes brutes"*). Bastaria atentar nas assembleias: os votos são contados e não pesados e o número de insensatos, velhacos e ignorantes é mil vezes maior que o das pessoas de bem...

B) Na angústia que tão dolorosamente carateriza as épocas de transição, a "pós-modernidade"[7] encontra nos "direitos humanos" um porto seguro, um lugar-comum que permite o regresso a uma filosofia do direito de conteúdo. Os direitos humanos parecem ser o direito natural da pós-modernidade.

---

[4] *Les six livres de la republique*. Paris: Jacques du Puys, 1576.

[5] A expressão *"homo levissimus ac nequissimus"* encontra-se no texto latino: *De Republica Libri Sex*, Paris: Jacques du Puys, 1586. p. 694 (Livro VI, Cap. IV).

[6] *Les six livres de la republique*. Paris: Jacques du Puys, 1576. p.682 (L.VI, Cap. IV): "*Ôtant la propriété des biens, on ruine les Républiques. Mais le plus grand inconvénient est qu'en ôtant ces deux mots TIEN et MIEN, on ruine les fondements de toutes Républiques, qui sont principalement éstablies pour rendre à chacun ce qui lui appartient, et défendre le larcin, comme il est porté par la loi de Dieu, qui a disertement voulu que la propriété des biens fût gardée à chacun.*"

[7] Provavelmente o nosso tempo conhecerá uma designação própria; por ora, a pós-modernidade parece-nos designar apenas essa angústia de transição para um tempo que ainda não chegou. Mas pouco ou nada esclarecedora. Como pouco nos diriam as expressões *pós-Antiguidade* ou *pós-Idade Média*... Para uma caracterização da pós-modernidade, vd. KAUFMANN, Arthur, *La Filosofía del Derecho en la Posmodernidad*. 3. ed. Bogotá: Editorial Temis, 2007.

No entanto, como observou Kaufmann, a universalização dos direitos humanos é em grande parte ilusória e mantém-se somente enquanto nos satisfazemos com fórmulas vazias de conteúdo.[8] De forma bem mais crítica, Michel Villey (1914-1988) viu neles, através dos seus trágicos "frutos" históricos, um "instrumento para tudo fazer" – "nunca se viu na história do homem que os direitos dos homens fossem exercidos em benefício de *todos*". Considera por isso fundada a crítica que Marx (1818-1883) lança na *Questão Judaica* (1844).[9] Mas, para Villey, a aparição dos direitos do homem testemunha ainda a decomposição do próprio conceito de direito e o colapso da ideia de justiça e da velha *"iurisprudentia"* como arte da justa repartição:

> Estes *não juristas* que foram os inventores dos direitos do homem sacrificaram a justiça, sacrificaram o direito. [...] Assim os filósofos modernos ofereceram-nos uma linguagem cujo resultado mais claro é um mergulho no nevoeiro. Linguagem imprecisa, perigosamente fluída, geradora de ilusões e de falsas reivindicações impossíveis de satisfazer. Se o seu triunfo é total no século XX, é porque a decadência da cultura é o reflexo do progresso técnico.[10]

A construção histórica dos direitos humanos teve sempre detratores mas em muitos é uma genuína preocupação com o homem que se encontra no centro das suas críticas.

C) A determinação da exata linhagem da Declaração dos Direitos do Homem e do Cidadão de 1789 conduziu a controvérsias,[11] como a que eclodiu no início do século XX, confrontando Georg Jellinek (1851-1911) e Émile Boutmy (1835-1906).

O professor de Heidelberg[12] pretendeu afastar a tese até então dominante, segundo a qual a Declaração francesa teria como inspiração principal o *Contrato Social* de Rousseau e

---

[8] Na sua *Filosofia do Direito*, encontramos a mesma ideia: os direitos humanos são "o núcleo fundamental da ética e do direito que se pode universalizar e que possui, de fato, validade universal" mas "são universais quando pensados de forma abstrata; quanto mais referidos a dados reais e mais concretizados, tanto mais contingentes e relativos se tornam" (KAUFMANN, Arthur, *Filosofia do direito*, 3. ed. Lisboa: Fundação Calouste Gulbenkian, 2009. p. 267-268).

[9] MARX, Karl, *Para a questão judaica*. Lisboa: Editorial Avante, 1997. p.85: "não são outra coisa senão os direitos do *membro da sociedade civil* [burguesa, *bürgerliche Gesellschaft*] i.e. do homem egoísta, do homem separado do homem e da comunidade." Escreve José Barata-Moura, na Introdução: "É, pois, a figura do proprietário burguês que se desenha e assoma em qualquer caso, se bem que revestida de uma putativa dimensão de generalidade principal que a própria prática social, no seu quotidiano económico *e político*, rotundamente se encarrega de contradizer" (p. 34).

[10] VILLEY, Michel, *Le droit et les droits de l'homme*. Paris: PUF, 2008. p. 154.

[11] Aludindo a esta polémica, GOYARD-FABRE, Simone, *Les embarras philosophiques du Droit Naturel*. Paris: Librairie Philosophique J. Vrin, 2002. maxime p. 323-328.

[12] *A Declaração dos Direitos do Homem e do Cidadão*: contribuição para a história do direito constitucional moderno é publicada em 1895 (*Die Erklärung der Menschen- und Bürgerrechte. Ein Beitrag zur modernen Verfassungsgeschichte*. Leipzig: Duncker and Humbolt, 1895) e a tradução

a Declaração de Independência dos 13 estados americanos (julho de 1776) como modelo. Admite uma certa influência do *Contrato Social* no estilo da Declaração de 1789, mas considera que a obra de Rousseau rejeita a hipótese de direitos originários que se possam configurar como limitações jurídicas do soberano (vontade geral). Procedendo a uma análise detalhada dos textos, conclui que a verdadeira inspiração francesa estaria nos "bills of rights" das colônias da América do Norte como a Declaração da Virgína (junho de 1776), modelo por sua vez das outras declarações de direitos. A Declaração de Independência não configurava um sistema de direitos e era a consequência lógica de uma lenta evolução, enquanto a Declaração francesa constituía um agente ativo de destruição do passado.

As Declarações americanas teriam por sua vez uma matriz inglesa: a Magna Carta (1215); o "Bill of Rights" (1689); o "Habeas Corpus" (1679); a "Petition of Right" (1627). Jellinek assinala, não obstante, que existe um abismo entre a Declaração da Virgínia e os textos ingleses. Enquanto estes reconhecem um direito ancestral, direitos antigos e incontestáveis do povo inglês, a Declaração da Virgínia pretende consagrar um direito natural e eterno. As leis inglesas consagram deveres para o governo e não (diretamente) direitos para os indivíduos. O saldo redunda na falta de originalidade da Declaração de 1789, apesar de Jellinek reconhecer que a influência durável dos princípios da Declaração da Virgínia na Europa se deve à redação francesa. Num caso e noutro, não estamos perante direitos concedidos aos cidadãos, mas perante direitos naturais do homem.

Continuando em demanda da raiz histórica das leis inglesas, Jellinek encontra-se desafiadoramente com a influência germânica, através da concepção medieval de poder, contrastante com a concepção romana favorecedora de um modelo absolutista. A matriz germânica estaria ainda na importância que assumiu a realização da liberdade religiosa nas colônias americanas (e através desta a reforma protestante), que teria levado à ideia de consagrar legislativamente os direitos do homem.

Não é difícil adivinhar a reação francesa e a "irritabilidade" de Boutmy, que conclui: a Declaração não nasceu mais de Rousseau do que de Locke, dos *"bills of rights"* americanos do que da Declaração de Independência; ela é o resultado de uma causa invisível, o grande movimento dos espíritos do século XVIII.[13] Cremos que Boutmy estava certo[14] e é esse "ar do tempo" que agora procuramos capturar através de três autores que nos per-

---

francesa em 1902 (*La Déclaration des Droits de l'Homme et du Citoyen*. Contribution à l'Histoire du Droit Constitutionnel Moderne. Paris: Albert Fontemoing Editeur, 1902).

[13] O texto de Boutmy, "La Déclaration des Droits de l'Homme et du Citoyen et M. Jellinek", foi publicado no mesmo ano da tradução do texto de Jellinek em *Annales des Sciences Politiques*, École libre des Sciences Politiques, Ano XVIII, p. 419 (p. 415-443). (IV. 15 julho 1902).

[14] No mesmo sentido: GOYARD-FABRE, Simone. *Os princípios filosóficos do direito político moderno*. São Paulo: Martins Fontes, 2002. p. 331: "Até na *Declaração* francesa de 1789 que, no entanto, é o texto mais nítido e mais incisivo, transparece a origem complexa e multívoca da ideia dos direitos do homem, na qual se cristalizam temas cuja conjunção provoca uma inevitável indecisão conceitual."

mitem demandar os fundamentos filosóficos dos direitos humanos no século XVIII. Todos aderem a uma visão consensualista ou pactuada do poder político.

D) O "contrato social" constitui indubitavelmente um dos tópicos mais presentes no pensamento das Luzes. Obsessivamente repetido e utilizado com resultados diametralmente opostos.[15] De acordo com o contratualismo setecentista, o Estado nasce em resultado de um pacto e o homem é titular de direitos que o antecedem. Os direitos do homem são "naturais" e as leis limitam-se por isso a proceder à sua "Declaração". O que explica o sucesso de uma ideia tão artificiosa? Que notícia existe de um estado de natureza? Os homens nascem iguais?!

Pascoal José de Mello Freire (1738-1798), autor do *Novo Código de Direito Público* (1789, publicado em 1844), não deixou dúvidas quanto à sua opinião sobre a ideia de um contrato social:

> E o chamado pacto social é um ente suposto, que só existe na cabeça e imaginação alambicada de alguns filósofos.[16]

Esta afirmação é produzida em plena disputa que opôs o lente de Coimbra ao canonista António Ribeiro dos Santos (1745-1818), conhecida como "Questão do Novo Código". Em 1783, Mello Freire fora encarregado de rever o Livro II das *Ordenações Filipinas*[17] e, no ano da Revolução Francesa, foi criada a Junta de Censura e Revisão, incumbida de apreciar trabalho realizado e integrada pelo seu antagonista. O *Novo Código de Direito Público* nunca chegaria a vigorar. Nesta polêmica jurídico-constitucional, Mello Freire representa o passado, através da defesa de uma "monarquia pura e absoluta", de acordo com a qual o reino de Portugal "não veio ao Rei por doação ou translação mas pelo direito de sangue e de conquista".[18] Os "direitos supostos dos vassalos" são "imaginários e quiméri-

---

[15] Um dos exemplos mais impressionantes da utilização reversível do contrato social é a pena de morte, cujo debate é agora verdadeiramente iniciado. Beccaria (1738-1794) recorre ao contrato social para defender a sua abolição: seria crível que os homens transferissem para o soberano o poder de os privar da vida? Ou como podem os homens alienar um direito de que não são detentores, uma vez que não podem privar-se da própria vida? Rousseau, pelo contrário, considera que a prática de certos crimes viola de tal modo o contrato social que o criminoso não pode beneficiar da sua proteção. Vd. ALVES, Sílvia. A pena de morte no pensamento setecentista. In: *História do direito e do pensamento jurídico em perspectiva*. São Paulo: Atlas, 2012. p. 413-458.

[16] *Notas ao plano do Novo Código de Direito Público de Portugal*. Coimbra: Imprensa da Universidade, 1844. A observação de Mello Freire encontra-se na sua "Resposta à Primeira Censura", p. 88.

[17] Cumprindo a incumbência que lhe fora atribuída, Mello Freire apresenta ainda um projeto de reforma do Livro V das *Ordenações*: *Ensaio do Código Criminal*. Lisboa: Typ. Maigrense, 1823; e *Código criminal, intentado*. Lisboa: Offic. de Simão Thaddeo Ferreira, 1823.

[18] *Notas ao Plano do Novo Código de Direito Público de Portugal*. Coimbra: Imprensa da Universidade, 1844. p. 66.

cos", "quando o rei não fez ajuste algum com os povos, nem deles houve o seu poder".[19] Para o censor régio, que anuncia o futuro através de um consensualismo protoliberal, as leis fundamentais incluíam, para além dos "direitos sagrados da majestade", os "direitos invioláveis da nação".[20] O manuscrito, com as suas "Primeiras Linhas da Lei Fundamental da Monarquia Portuguesa", identifica como forma de governo a "monarquia hereditária temperada" e entre os "direitos dos cidadãos" inclui a igualdade, a liberdade, a disposição livre da propriedade, a liberdade de imprensa e a segurança pessoal.[21]

O nascimento dos direitos do homem e do cidadão ocorre sob o signo do contratualismo.

E) A conceção do poder largamente dominante até ao século XVIII tem uma origem aristotélica (384 a.C.-322 a.C.): o homem é um animal social. Mas, como escreveria S. Tomás (1226-1274), isso não significa que os homens vivam como um conjunto de pedras. Vivem sob uma ordem ("*unitas ordinis*"). Política e jurídica. Ou seja, o homem é também um animal político e um animal jurídico. O homem implica a trilogia: sociedade, poder e direito.

Ao longo do "antigo regime", o poder está em primeiro lugar. Os homens vivem na sua sombra e os direitos dependem da graça e mercê do monarca.[22] O poder é natural; os direitos são artificiais. O homem é súdito.

---

[19] Idem, p. 88: "Não se podendo pois deduzir os direitos supostos dos vassalos, como corpo da nação, das leis e constituições do Estado, porque as não temos; nem de outros monumentos autênticos de menor autoridade, quando fossem bastantes, porque também os não temos; nem de factos históricos e exemplos, porque todos são em contrário: também se não podem deduzir da origem e fim da sociedade, e dos princípios, que a este respeito inculcam os escritores de direito público e universal, por serem diversos e desencontrados."

[20] Idem, p. 21-22.

[21] "Direitos dos Cidadãos
Igualdade perante as leis.
Liberdade para fazer tudo o que elas não proíbem.
Disposição livre da propriedade real e pessoal, conformando-se com a determinação da lei.
Liberdade de imprensa com restrições que evitem o abuso.
Segurança pessoal: não podendo ser presos sem culpa formada; excepto nos casos declarados pela lei".
O documento encontra-se disponível através da Biblioteca Digital da Faculdade de Direito da Universidade Nova de Lisboa: <http://www.fd.unl.pt/Anexos/Investigacao/1042.pdf>. (BIBLIOTECA NACIONAL/ANTT, MNE, Cx. 78. Mº 4, doc. 28).

[22] BOBBIO, Norberto. *A era dos direitos*. 10. reimpr. Rio de Janeiro: Elsevier, 2004, p. 108: "Que os homens nasçam livres e iguais é uma exigência da razão, não uma constatação de fato ou de um dado histórico. É uma hipótese que permite inverter radicalmente a conceção tradicional, segundo a qual o poder político – o poder sobre os homens chamado de *imperium* – procede de cima para baixo e não vice-versa. De acordo com o próprio Locke, essa hipótese devia servir para 'entender bem o poder político e derivá-lo de sua origem'. E tratava-se, claramente, de uma origem não histórica e sim ideal."

Na conceção setecentista, o Homem e os seus direitos (naturais) antecedem o poder, que não pode deixar de os reconhecer ou "declarar". Os direitos são naturais, o poder é artificial. É contratualizado e depende portanto da vontade ou do consenso dos homens. O homem é cidadão.

4.2 Locke – o defensor da liberdade e o "refúgio de Deus contra a força e a violência"

A) Locke (1632-1704) morreu nos primeiros anos do século a que pertenceu espiritualmente.[23] Na sua principal obra política, *Dois tratados sobre o governo* (1689),[24] que exerceu uma influência indelével na Europa e na América, os direitos do homem permanecerão intransponíveis pelo poder político. Defensor incondicional da liberdade[25] – "o fundamento de tudo o mais que um homem possa ser ou ter" (Cap. III, § 17) – não hesitará, coerentemente, na admissibilidade do direito de resistência.

O primeiro tratado, hoje considerado datado, tem como finalidade refutar o *Patriarca* (1680),[26] de Robert Filmer (1588-1653), e a tese segundo a qual Deus teria conferido a Adão o poder de governar assim como o direito de o transmitir pela via hereditária. Uma longa linha sucessória permitiria chegar aos monarcas contemporâneos. Em síntese, nessa perspetiva, todo o governo seria uma monarquia absoluta e nenhum homem nasceria livre (Cap. I, § 2). O segundo tratado constitui um ensaio sobre a origem, o alcance e a finalidade do governo civil. Foi considerado o fundamento ideológico da revolução norte-americana, inspiração da revolução francesa e da Declaração dos Direitos do Homem e do Cidadão.

B) Para Locke, o estado de natureza é pré-político mas não pré-jurídico. É jusnaturalístico ou governado por uma lei da natureza que a todos obriga e que não é mais do que a razão. Esta lei ensina que "todos os homens", "obra de um mesmo criador omnipotente",

---

[23] TRUYOL Y SERRA, António. *História da filosofia do direito e do Estado*. Do Renascimento a Kant. Lisboa: Instituto de Novas Profissões, 1990. v. II. p. 231.

[24] Recorremos ao texto da sexta edição inglesa, de 1764, preparada por Thomas Hollis com as correções do próprio Locke e do seu secretário, Pierre Coste, à terceira edição de 1698, uma vez que as primeiras edições foram consideradas pelo seu autor como insatisfatórias (LOCKE, John. *Two treatises of government*. Londres: A. Millar et al., 1764). A mesma edição encontra-se na base da tradução promovida pela Fundação Calouste Gulbenkian, aqui utilizada nas citações em português (LOCKE, John. *Segundo tratado do governo*. Lisboa: Fundação Calouste Gulbenkian, 2007).

[25] A sua defesa da liberdade religiosa, nas *Cartas sobre a tolerância* (1689, 1690 e 1692), se bem que tenha colocado as almas fora do alcance do Estado, revelou-se menos incondicional, uma vez que contemplava exclusões como os ateus e os católicos ou "papistas": *"That church can have no right to be tolerated by the magistrate, which is constituted upon such a bottom, that all those who enter into it, do thereby* ipso facto, *deliver themselves up to the protection and service of other prince"* (LOCKE, John. *Letters concerning Tolerancion*. Londres: A. Millar et al., 1765. p. 59).

[26] FILMER, Robert. *Patriarcha or the natural power of kings*. Londres: Robert Chiswell, 1680.

são "iguais e independentes"; "nenhum deve molestar qualquer outro na sua vida, na sua saúde, na sua liberdade, ou nos seus haveres" (Cap. II, § 6). O estado de natureza é assim um "estado de liberdade perfeita" e também um "estado de igualdade" (Cap. II, § 4). Os homens são, em suma, detentores de direitos individuais naturais – "livres, iguais e independentes" (Cap. VIII, § 95).

A liberdade lockiana pode ser perfeita, mas não é ilimitada. Não é um "estado de licenciosidade" (Cap. II, § 6). O seu limite encontra-se na lei natural racional. Deste modo, a liberdade consiste no "poder de fazer tudo aquilo que, no seu entender, for conveniente para a sua própria preservação, bem como para a dos demais, dentro dos limites estabelecidos pela lei da natureza" (Cap. IX, § 128).

C) A propriedade entra rapidamente em cena para assinalar que o homem não é apenas beneficiário da liberdade e que esta não desce sobre si como uma graça ou mercê. O homem é proprietário da sua liberdade. Se o homem é "proprietário da sua própria pessoa", isso significa que sobre ele "mais ninguém detém direito algum" (Cap. V, § 27). Proprietário de si próprio, é livre e independente. A ideia de propriedade é usada por Locke para definir o território soberano da liberdade individual.

A propriedade não é, contudo, somente uma manifestação de liberdade; na verdade, é um conceito que serve também a Locke para limitar a liberdade ou, mais exatamente, para distinguir a liberdade da licenciosidade. O homem é "propriedade" do seu Criador, infinitamente sábio. Carece de liberdade para se destruir a si próprio; está obrigado a preservar-se. E "sempre que a sua preservação não estiver em perigo, deve igualmente, e na medida do possível, preservar o resto da humanidade, não podendo retirar ou prejudicar, seja a vida dos outros, seja tudo aquilo que conduza à preservação da vida, da liberdade, da saúde, dos membros ou dos bens alheios" (Cap. II, § 6).

Os limites da liberdade têm um fundamento teológico, tal como os direitos do homem, e não implicam qualquer fragilização face ao poder. Porque todos são filhos de Deus, os homens são iguais. Porque são propriedade do seu Criador, ficam protegidos de si próprios e dos restantes homens.

A exaltação da propriedade não toca a proeminência atribuída por Locke à liberdade e à igualdade. É certo que algumas passagens do *Segundo tratado* parecem favorecer uma interpretação que permitiu a alguns considerá-lo como um precursor do liberalismo burguês ou do individualismo possessivo e um ideólogo do capitalismo moderno emergente: "não podemos esquecer que a única finalidade do governo se prende com a preservação da propriedade" (Cap. IX, § 94). Os homens reúnem-se em sociedades para garantir a preservação das suas propriedades: "A razão pela qual os homens se reúnem em sociedades, não é outra senão a preservação das suas propriedades" (Cap. XIX, § 221). Estaria assim em preparação uma sociedade de proprietários, excluindo "proletários" ou "sem terra". Nem todos os homens nem todos os direitos estariam na sua mente.

No entanto, Locke faz uso de um conceito amplo de propriedade.[27] O homem possui por natureza o poder de "preservar a sua propriedade, isto é, a sua vida, a sua liberdade e os seus bens" (Cap. VII, § 87). A sociedade política e o governo têm por fim a "preservação mútua das suas vidas, das suas liberdades e dos seus bens, a que me tenho vindo a referir com o nome genérico de propriedade" (Cap. IX, § 123). Quando densifica a ideia de propriedade, o patrimônio ou os "haveres" dos homens são mesmo relegados para o final da enumeração dos bens protegidos pela lei natural.

A propriedade tem ínsita, finalmente, o respeito pelo trabalho do homem "industrioso e racional" (Cap. V, § 34).

A preocupação omnipresente em proteger os homens do poder político, reduzindo o campo de ação dos governos, assim como o entendimento segundo o qual o poder e o direito se alicerçam no consentimento, permitem, isso sim, considerar Locke como fundador do liberalismo democrático. O homem que disse de si próprio ter vivido satisfeito com a mediania[28] não pensou nos proprietários mas em todos os homens.

D) A "sociedade política" tem a sua origem num "pacto originário" (Cap. VIII, § 97: "*original compact*"). Os homens renunciam à sua liberdade natural e abdicam da força – "entregam nas mãos da sociedade a igualdade, a liberdade e o poder executivo" (Cap. X, § 131) – para garantir a proteção eficaz dos seus direitos.

Ao contrário do que defendera Hobbes (1588-1679), a renúncia não é nem completa nem incondicional. Cada homem procede a uma renúncia parcial: "terá de renunciar a uma parcela da liberdade natural de cuidar de si mesmo que antes detinha, precisamente aquela parcela que vier a ser exigida pelo bem, pela prosperidade e pela segurança da sociedade" (Cap. IX, § 130). Pela paz, segurança e bem público do povo (§ 131).

Antevendo Rousseau, a alienação justifica-se porque todos procedem do mesmo modo: "Tudo isto é necessário, como é também é justo, uma vez que todos os outros membros da sociedade também o fazem" (§ 130). E "jamais se poderá supor que o poder da sociedade, ou do legislativo que ela venha a constituir, se possa estender para além do bem comum." (§ 131).

O Estado social providencia um ordenamento jurídico positivo, um padrão reconhecível e reconhecido para as condutas dos homens: "um sistema de direito estabelecido com firmeza e conhecido de todos, recebido e aceite por consentimento comum para servir de padrão do bem e do mal, medida comum para a decisão de todas as controvérsias que possam surgir entre os homens" (§ 124).

---

[27] Vd. FREITAS DO AMARAL, Diogo. Nota sobre o conceito de propriedade em Locke. In: *Estudos em homenagem ao Prof. Doutor Inocêncio Galvão Telles*. Coimbra: Almedina, 2002. v. I, p. 795-799.

[28] O epitáfio que escreveu para o seu túmulo começa deste modo: "*Siste viator. Hic juxta situs est Joannes Locke. Si qualis fuerit rogas, mediocritate sua contentum se vixisse respondet*" ("Viajante. Aqui repousa John Locke. Se perguntares como viveu, responderá que viveu satisfeito com a mediania").

O poder deve ser exercido "segundo as leis vigentes estabelecidas, promulgadas e conhecidas pelo povo" (§ 131). Adotadas por "aqueles a quem uma tal tarefa foi confiada pelo consentimento e nomeação popular" (§ 212), são os "laços da sociedade" que mantêm cada membro do corpo político no seu lugar e nas suas funções (§ 219), "quais guardiões e muralhas de proteção das propriedades de todos os membros da sociedade" (§ 222). Limitam o poder e moderam a capacidade de domínio de cada um dos seus membros (§ 222). Um "governo sem leis" é um autêntico "mistério político, inconcebível para as capacidades do homem, e incompatível com as sociedades humanas" (§ 219).

Os direitos do homem radicam no direito natural e alcançam uma proteção efetiva através do direito positivo. A frágil perspetiva subjetivada do estado de natureza é superada através de um processo de positivação e objetivação. Os direitos humanos tornam-se direitos fundamentais. Comparativamente, o estado de natureza afigura-se então uma "condição muito má": os homens procurarão "asilo debaixo da alçada das leis estabelecidas pelos governos" (§ 127).

Em suma, o direito positivo limita o poder e garante os direitos dos homens. Deste modo, Locke aponta o caminho do futuro: o Estado de direito.

E) Para Locke, a liberdade dos indivíduos permanece o alfa e o ômega do poder político. A subordinação não tem outro fundamento que não seja a proteção da liberdade.

O direito de resistência é provavelmente o tema em relação ao qual Locke faz prova de maior coerência e de maior coragem, levando até às últimas consequências a natureza consensual do poder. Refere-se a essa arma tão temida como o "refúgio de Deus".

O último capítulo do *Segundo tratado do governo* (Cap. XIX) é dedicado à "dissolução do governo", que pode ocorrer quando se "dissolve" a própria sociedade. A invasão e conquista por parte de uma força estrangeira é a maneira mais frequente de "dissolver esta união, para não dizer a única possível" (§ 211). Mas os governos podem também ser destruídos "a partir do interior". Em primeiro lugar, quando é alterado o legislativo, a "alma que enforma e que imprime vida e unidade a uma comunidade política" (§ 212). O governo dissolve-se também quando o legislativo ou o príncipe atuam ao arrepio do encargo que lhe foi confiado. Atraiçoando a confiança que neles foi depositada: quando é invadida a propriedade dos súditos ou quando alguém se eleva à condição de dono e senhor arbitrário "das liberdades ou dos bens do povo" (§ 221). É violado o mandato que lhe foi confiado.

As sociedades civis e os governos existem para proteger as liberdades e os direitos inatos e inalienáveis dos homens. Não podem portanto destruir precisamente aquilo que devem salvaguardar. Assim, quando se verificam "atentados contra as suas liberdades" (§ 230), o povo fica dispensado de qualquer dever de obediência (§ 222). Se os governos não respeitam a propriedade do povo ou o reduzem à escravidão; se, por ambição, medo, loucura ou corrupção, pretendem obter "um poder absoluto sobre as vidas, as liberdades e as propriedades do povo", colocam-se num estado de guerra perante toda a comunidade (§ 222).

Então, "todos os laços sociais se dissolvem, todos os direitos se desintegram, e cada homem passa a ter o direito de se defender a si próprio e de resistir ao agressor" (§ 232). O poder é de novo transferido para o povo, que reassume a sua liberdade original e readquire o "poder supremo" (§ 243). Cessa o dever de obediência e "terá plena liberdade para resistir à força de todos aqueles que, sem qualquer autoridade, lhes pretenderem impor o que quer que seja" (§ 212). É a guerra e o direito de resistência, "o refúgio comum que Deus concedeu a todos os homens contra a força e a violência" (§ 222: "*the common refuge, which God hath provided for all men, against force and violence*").

Locke não é complacente com fórmulas ambíguas que tentam compatibilizar a resistência com a "reverência", como havia proposto William Barclay (1546-1608), o "grande defensor da monarquia absoluta" (§ 239), autor do tratado *De regno et regali potestate* (1600), onde arremete contra os "monarcômacos" ou defensores da monarquia contratual e limitada: "quem for capaz de reconciliar pancadas com reverência merecerá uma boa tareia, civilizada e respeitosa, sempre que surja a oportunidade de lha administrar" (§ 235).

O povo tem o "poder de procurar continuamente a sua própria segurança" (§ 226). Tem o direito de escapar à tirania e, antes ainda, o direito de a impedir. Para que não seja tarde demais... De outro modo, seria o mesmo que pedir que se deixe escravizar antes de se tentar libertar (§ 220).

Locke recorda o grande argumento que era arremessado contra a doutrina que admitia o direito de resistência: era sediciosa porque atuava como "um fermento para rebeliões frequentes" (§ 224); estabelecia "um quadro de legitimação da rebelião", "um convite para guerras civis e para lutas intestinas" (§ 228). E, de fato, como condescende, existe "gente facciosa e de má disposição" (§ 240)...

Na verdade, este argumento tinha subjacente a falta de confiança na capacidade do povo ajuizar cabalmente sobre a forma como o poder era exercido. A ironia das palavras acusa mesmo nessas críticas um certo desprezo: "alicerçar os governos no povo, ignorante e sempre insatisfeito, na sua opinião inconstante e nos seus humores incertos, equivaleria a expô-lo à ruína" (§ 223).

Locke responde a esta desconfiança com otimismo e respeito pelas características do povo inglês. A experiência da história demonstrava uma preferência pelo poder, ainda que pelo mau poder. Porque pior que uma tirania era a ausência de poder: "as pessoas não abandonam as suas velhas formas de governo com facilidade" (§ 223). O apreço pela tradição e um certo conservadorismo manifestavam-se através dessa "lentidão" e "aversão que o povo evidencia, quando se trata de abandonar a sua velha constituição, que nos tem mantido unidos". Com paciência e abnegação, os povos suportam "erros graves dos seus dirigentes, muitas leis iníquas e inconvenientes, bem como todos os deslizes de que a fragilidade humana é capaz, sem motim, sem murmúrio" (§ 224). O povo dispõe-se a resistir somente em situações extremas: "é mais disposto a sofrer do que fazer justiça" (§ 230).

De acordo com a tradição, a resistência configura-se para Locke como o último recurso face a uma tirania intolerável. As "revoluções" não resultam de um "desgoverno menor" mas de "uma cadeia longa de abusos, prevaricações e artifícios" (§ 225). Se o povo vive tão mal ou pior do que no "estado dissoluto de natureza" (§ 221) ou de "anarquia pura" (§ 225); se é "atirado para a miséria e exposto aos abusos do poder arbitrário" (§ 224) a resistência torna-se inevitável.

> Por isso, *os legisladores que tentarem violar ou assenhorear-se da propriedade do povo*, ou reduzi-lo à escravidão sob um poder arbitrário, estarão a colocar-se num estado de guerra perante toda a comunidade. E, numa tal circunstância, o povo fica dispensado de qualquer dever de obediência, restando-lhe o refúgio comum que Deus concedeu a todos os homens contra a força e a violência. Assim, sempre que o *legislativo* transgredir esta regra fundamental da sociedade, e levado pela ambição, pelo medo, pela loucura ou pela corrupção, *procurar obter, para si próprio ou para outros, um poder absoluto* sobre as vidas, as liberdades e as propriedades do povo, estará a violar o mandato que lhe foi confiado. (§ 222)[29]

Finalmente, a admissibilidade do direito de resistência atuava como a "melhor defesa contra a rebelião" (§ 226); prevenia os abusos porque advertia sobre os perigos em que incorrem aqueles que cedem à tentação...

Locke vira o jogo da sedição contra os seus adversários. A rebelião é uma oposição à "autoridade, que se situa exclusivamente na constituição e nas leis de um governo" (§ 226). Rebeldes são assim aqueles que abusam da confiança neles depositada (§ 226 e 227). Não é a desobediência que conduz à desordem mas a opressão (§ 230).

Uma questão sobrevivia ainda: quem será o "juiz" (§ 240) deste momentoso problema? Quem determinará se existe realmente um "abuso de confiança" (§ 222: *"breach of trust"*) do príncipe ou do legislativo? O povo, enquanto corpo (§ 242).

Se esta arbitragem terrestre fracassa, é a guerra. Cada homem julgará por si, cada homem será juiz de si próprio... Bem podem todos entregar-se aos céus... Afinal, Deus "é o único juiz de direito" (§ 241). Locke mantém-se fiel à defesa da liberdade individual. Mesmo quando se entregam ao céu, os homens não deixam de agir na terra.

---

[29] LOCKE, John. *Two Treatises of Government*. Londres: A. Millar et al., 1764, p. 392-393: "[...] *whenever the legislators endeavour to take away, and destroy the property of the people, or to reduce them to slavery under arbitrary power, they put themselves into a state of war with the people, who are thereupon absolved from any farther obedience, and are left to the common refuge, which God hath provided for all men, against force and violence. Whensoever therefore the legislative shall transgress this fundamental rule of society; and either by ambition, fear, folly or corruption, endeavour to grasp themselves, or put into the hands of any other, an absolute power over the lives, liberties, and estates of the people; by this breach of trust they forfeit the power the people had put into their hands* [...]".

4.3 Rousseau – ser livre é obedecer

A) Nunca será demais assinalar o impacto e a sedutora complexidade do *Contrato Social* (1762): o *Evangelho da Revolução Francesa*, "uma das obras mais notáveis da história das ideias políticas" e talvez a "mais enigmática e contraditória de todos os tempos".[30]

Rousseau (1712-1778) revela uma conceção do homem que levou a considerá-lo como um "otimista-mor da Criação".[31] A antropologia rousseauniana seria a antítese do pessimismo cristão, quando este identifica uma natureza humana corrompida pelo pecado original. O homem é bom por natureza. Com efeito, na carta (1763) dirigida ao Arcebispo de Paris, Christophe de Beaumont, depois da condenação do *Émile* (1762), escreve: "o homem é um ser naturalmente bom", ama "a justiça e a ordem" e não existe "perversidade original no coração humano".[32] Nos seus tardios *Diálogos* (1772-1776), evoca a "bondade original do homem" – "a natureza fez o homem feliz e bom"[33].

Incomparavelmente menos otimista é a visão da história apresentada pelo genebrino. O homem pode ser naturalmente bom, mas a sociedade o corrompe. A história do homem é por isso a história de um tempo em que o homem não é feliz nem livre. O *Discurso sobre a origem e os fundamentos da desigualdade entre os homens* (1755) evidencia este contraste de saldo desalentador: "Os homens são maus; uma triste e contínua experiência dispensa da prova; contudo o homem é naturalmente bom, creio que o demonstrei".[34]

Enfim, o "homem nasceu livre" mas não é livre: "por todo o lado se encontra a ferros".[35] Dificilmente se poderá ver aqui um verdadeiro otimismo, mas o problema principal fica então colocado e é um problema de natureza política: como pode o homem voltar a ser livre e feliz? Como pode o homem regressar a essa origem tão remota e indeterminada?

---

[30] CABRAL DE MONCADA, Luís. *Filosofia do Direito e do Estado*. Parte Histórica. Reimpressão da 2. ed. de 1955. Coimbra: Coimbra Editora, 2006. v. I, p. 229; 242.

[31] Idem, p. 229.

[32] ROUSSEAU, Jean-Jacques. *Jean Jacques Rousseau, Citoyen de Genève, a Christophe de Beaumont*. Amesterdã: Marc Michel Rey, 1763. p. 15-16: "*Le principe fondamental de toute morale, sur lequel j'ai raisonné dans tous mes Ecrits, & que j'ai développé dans ce dernier avec toute la clarté dont j'étois capable est, que l'homme est un être naturellement bon, aimant la justice & l'ordre; qu'il n'y a point de perversité originelle dans le coeur humain, & que les premiers mouvements de la nature sont toujours droits.*"

[33] ROUSSEAU, Jean-Jacques. *Rousseau, Juge de Jean-Jacques*. Dialogues, Tomo II, Londres: 1782. p. 223-224: "*Dans cette seconde lecture, mieux ordonnée & plus réfléchie que la première, suivant de mon mieux le fil de ses méditations, j'y vis par-tout le développement de son grand principe, que la nature a fait l'homme heureux & bon, mais que la société le déprave & le rend misérable. L'Émile, en particulier, ce livre tant lu, si peu entendu & si mal apprécié, n'est qu'un traité à montrer comment le vice & l'erreur, étrangers à sa constitution, s'introduisent du dehors, & l'altèrent insensiblement.*"

[34] ROUSSEAU, Jean-Jacques. *Discours sur l'origine et les fondements de l'inégalité parmi les hommes*. Amesterdã: Marc Michel Rey, 1755. p. 205: "*Les hommes sont méchants; une triste & continuelle experience dispense de la prevue; cependant l'homme est naturellement bon, je crois l'avoir démontré [...].*"

[35] ROUSSEAU, Jean-Jacques. *Du Contrat Social*. Amesterdã: Marc Michel Rey, 1762. p. 3.

Através do *Contrato social*, Rousseau procura conceber um modelo político que realize um regresso à beatitude original, ou seja, que permita ao homem preservar a sua liberdade no estado social.

> "Encontrar uma forma de associação que defenda e proteja de toda a força comum a pessoa e os bens de cada associado e pela qual cada um, unindo-se a todos, não obedeça contudo senão a si mesmo e permaneça tão livre como antes." Este é o problema fundamental a que o contrato social dá solução (L. I, Cap. 6).[36]

B) A ideia de um contrato social não é certamente original mas, daqui em diante, o contrato não cessará de ganhar importância. As relações entre os homens serão explicadas através do consenso, no domínio público e no domínio privado. As convenções constituem a "base de toda a autoridade legítima entre os homens" (L. I, Cap. 4).

Ao contrário de Hobbes, Rousseau não parece configurar através da celebração do contrato social uma alienação total. Há liberdades e direitos não alienáveis sob pena de o homem perder a sua qualidade de homem ou a sua própria humanidade. A convenção que estipula uma autoridade absoluta e uma obediência sem limites será "vã e contraditória" (L. I, Cap. 4).

> Renunciar à sua liberdade é renunciar à sua qualidade de homem, aos direitos de humanidade, mesmo aos seus deveres (L. I, Cap. 4).[37]

Contudo, ao definir o pacto social, Rousseau formula a única cláusula do contrato social: os homens, todos os homens, alienam, sem reservas, todos os seus direitos a favor de todos.

> Essas cláusulas bem entendidas reduzem-se a uma única, a saber, a alienação total de cada associado com todos os seus direitos a toda a comunidade (L. I, Cap. 6).[38]

Nessa alienação de todos a favor de todos o que se perde é igual ao que se ganha. Ou, na realidade, cada um acaba por adquirir mais força – "ganhamos o equivalente a tudo o que perdemos e mais força para conservar o que temos" (L. I, Cap. 6).

---

[36] Idem, p. 27: "'Trouver une forme d'association qui defende & protege de toute la force commune la personne & les biens de chaque associé, & par laquelle chacun s'unissant à tous n'obéisse pourtant qu'à lui-même & reste assi libre qu'auparavant?' Tel est le problème fondamental dont le contract social donne la solution."

[37] Idem, p. 16: "Renoncer à sa liberté c'est renoncer à sa qualité d'homme, aux droits d'humanité, même à ses devoirs."

[38] Idem, p. 28: "Ces clauses bien entendues se réduisent toutes à une seule, savoir l'aliénation totale de chaque associé avec tous ses droits à toute la communauté [...]."

O contrato social realiza uma estranha alquimia, que transfigura o homem e a liberdade. O homem natural transforma-se em homem civil. Sem esboçar qualquer nostalgia em relação ao estado de natureza e sem deixar qualquer dúvida quanto às vantagens do estado social, Rousseau afirma que o animal estúpido e limitado cede o lugar a um ser inteligente, ao próprio homem (L. I, Cap. 8). Participará na autoridade soberana enquanto cidadão; estará sujeito às leis enquanto súdito; e com os restantes "associados" integrará o povo. Pode perder um direito ilimitado a tudo o que tentava e podia alcançar, mas converte-se em proprietário (L. I, Cap. 8).

A liberdade natural transforma-se em liberdade política, "convencional" ou "civil" (L. I, Cap. 6 e 8). E em liberdade "moral", a única que verdadeiramente torna o homem senhor de si mesmo (L. I, Cap. 8). A liberdade sofre ainda com o contrato social outra transmutação. Deixa de ser pensada somente na sua face negativa, enquanto oposição face ao Estado ou espaço que não se deixa invadir. A liberdade de Rousseau é sobretudo uma liberdade positiva; significa integração e colaboração no todo, no Estado, na vontade geral.

A relação entre liberdade e obediência não deixará de causar perplexidades. O homem é livre quando obedece à vontade geral. Ser livre é portanto obedecer. Se a vontade geral usa a força, ela estará somente a obrigar o homem a ser livre.

> Para que não seja uma fórmula vã, o pacto social encerra tacitamente este compromisso que confere força aos restantes: quem recusar obedecer à vontade geral será a isso obrigado por todo o corpo, o que não significa outra coisa senão que será forçado a ser livre [...] (L. I, Cap. 7).[39]

C) Original é a ideia de "vontade geral", que tenta realizar a harmonização da vontade de cada um com o bem comum. A expressão ecoará para muito além do século XVIII. Mas a vontade geral é também um enigma. Rousseau não a define com clareza e sem ambiguidade – "daí todo o mal e todo o equívoco".[40]

A vontade geral é a vontade soberana; a República; o Estado; um "corpo político", "moral e coletivo" (L. I, Cap. 6). Indestrutível, constante, inalterável e pura (L. IV, Cap. 1), a sua característica mais impressionante é, sem dúvida, a infalibilidade. Ela é sempre reta e justa. Porque ninguém dispõe contra si próprio. Aliás, "o soberano, pelo mero fato de o ser, é sempre tudo o que deve ser" (L. I, Cap. 7). Não obstante, Rousseau observa: o povo nunca se corrompe mas é frequentemente enganado (L. II, Cap. 3)…

---

[39] Idem, p. 36: "*Afin donc que le pacte social ne soit pas un vain formulaire, il renferme tacitement cet engagement qui seul peut donner de la force aux autres, que quiconque refusera d'obéir à la volonté générale y sera contraente par tout le corps: ce qui ne signifie autre chose sinon qu'on le forcera d'être libre* [...]."

[40] CABRAL DE MONCADA, Luís. *Filosofia do Direito e do Estado*. Parte Histórica. Reimpressão da 2. ed. de 1955. Coimbra: Coimbra Editora, 2006. v. I, p. 238.

O direito será de ora em diante a expressão da vontade geral. E o direito, no século do progresso e do reformismo, do "espírito das leis" (Montesquieu, 1748) e da "ciência da legislação" (Filangieri, 1780-1788), será a lei. Nela se depositarão todas as esperanças. Sem surpresa, a Declaração dos Direitos do Homem e do Cidadão de 1789 define a lei como a expressão da vontade geral.[41]

> Compreendemos imediatamente que não é necessário perguntar a quem pertence fazer as leis, já que elas são atos da vontade geral; nem se o Príncipe está acima das leis, uma vez que é membro do Estado; nem se a lei pode ser injusta, uma vez que ninguém é injusto para consigo mesmo; nem como se é livre e submetido às leis, uma vez que elas não são mais do que a expressão das nossas vontades (L. II, Cap. 6).[42]

D) A soberania, poder absoluto dirigido pela vontade geral, é inalienável (L. II, Cap. 1) e indivisível (L. II, Cap. 2). E insuscetível de representação (L. III, Cap. 15). O sistema inglês é por isso olhado por Rousseau como um sistema de escravos. Os ingleses são livres apenas durante a eleição dos membros do parlamento. E não resiste a uma ironia cáustica: o uso que fazem desse breve momento faz merecer que a percam...

Rousseau não deixa de assinalar os limites do poder soberano: os direitos do homem e do cidadão. Mas esses direitos tornam-se alienáveis na medida em que for útil e necessário ao bem comum. Quem será o juiz desse cálculo de utilidade e de necessidade? Somente o soberano!

> Trata-se portanto de bem distinguir os direitos respetivos dos Cidadãos e do Soberano, e os deveres daqueles na qualidade de súbditos, do direito natural de que devem gozar na qualidade de homens.
>
> Consideramos que tudo o que cada um aliene através do pacto social, do seu poder, dos seus bens, da sua liberdade, seja somente a parte que importe à comunidade; mas é necessário também convir que só o Soberano é juiz dessa importância (L. II, Cap. 4).[43]

---

[41] Art. 6º: "*La Loi est l'expression de la volonté générale. Tous les Citoyens ont droit de concourir personnellement, ou par leurs Représentants, à sa formation. [...]*."

[42] ROUSSEAU, Jean-Jacques. *Du Contrat Social*. Amesterdã: Marc Michel Rey, 1762. p. 78: "*Sur cette idée on voit à l'instant qu'il ne faut plus demander à qui il appartient de faire des lois, puisqu'elles sont des actes de la volonté générale; ni si le Prince est au dessus des lois, puisqu'il est membre de l'Etat; ni si la loi peut être injuste, puisque nul n'est injuste envers lui-même; ni comment on est libre & soumis aux lois, puisqu'elles ne sont que des registres de nos volontés.*"

[43] Idem, p. 61: "*Il s'agit donc de bien distinguer les droits respectifs des Citoyens & du Souverain, & les devoirs qu'ont à remplir les premiers en qualité de sujets, du droit naturel dont ils doivent jouir en qualité d'hommes. On convient que tout ce que chacun aliene par le pacte social de sa puissance, de ses*

Eis que, na obra do "menos coerente e harmônico de todos os homens",[44] o ponto de partida liberal e individualista se converte num ponto de chegada que se parece demais com um autoritarismo totalitário.

Para o campeão da vontade geral, a democracia (L. III, Cap. 4) não existe nem nunca existirá; ela é própria dos deuses – "um governo tão perfeito não convém aos homens" ...

4.4 Thomas Paine – "senso comum" e contrassenso

A) O progressismo assume na obra do inglês Thomas Paine (1737-1809) uma feição cosmopolita, revolucionária e panfletária. A sua obra e a sua turbulenta existência encontram-se vinculadas à defesa da independência dos Estados Unidos e da Revolução Francesa. Provavelmente a mais notável contribuição deste cidadão honorário da França (1792), naturalizado americano (1794), reside na percursora defesa dos direitos econômicos e sociais e no anúncio do Estado Social. As suas preocupações sociais resultarão, não obstante, difíceis de conciliar com o seu claro pendor liberal e com a profunda desconfiança que manifestou em relação aos governos.

B) Na sua obra *Senso comum* (1776), oportunamente publicada no ano da independência americana, de que chegou a ser considerada causa próxima, Thomas Paine abre uma distinção, que é também um significativo abismo, entre sociedade e governo.[45] Nesta diferenciação encontramos uma certa proximidade com o jesuíta Francisco Suárez (1548-1617), cujo contratualismo de matriz tomista se desdobra num pacto de união ("*pactum unionis*"), que dá origem à sociedade, e num pacto de sujeição ("*pactum subjectionis*"), que transfere o poder para os governantes.

A sociedade e a civilização são sempre um bem ("*a blessing*") e geram felicidade. O governo, ao invés, é causa de infelicidade. Na melhor das hipóteses, um "mal necessário" ("*necessary evil*"). Na pior, um mal "intolerável".[46] Se, para Paine, a vida social é naturalmente boa e harmônica, o governo, pelo contrário, é artificial e perigoso. Se a sociedade é o resultado das nossas necessidades, o governo procede da nossa perversidade. A sociedade protege; o governo reprime os vícios e pune.

---

biens, de sa liberté, c'est seulement la partie de tout cela dont l'usage importe à la communauté, mais il faut convenir que le Souverain seul est juge de cette importance."

[44] CABRAL DE MONCADA, Luís. *Filosofia do Direito e do Estado*. Parte Histórica. Reimpr. da 2. ed. de 1955. Coimbra: Coimbra Editora, 2006. v. I, p. 239.

[45] PAINE, Thomas. *Common Sense*. Filadélfia: R. Bell, 1776. No frontispício da obra, o nome do autor é omitido, aparecendo apenas: "*Written by a Englisman*."

[46] Idem, p. 1: "*Some writers have so confounded society with government [...] Society in every state is a blessing, but Government even in its best state is but a necessary evil; in its worst state an intolerable one [...].*"

Nos *Direitos do homem* (1791 e 1792),[47] que escreve como resposta às *Reflexões sobre a Revolução Francesa* (1790), de Edmund Burke (1729-1797),[48] encontramos a mesma perspetiva: o homem bem pode ser uma criatura social (*"is so naturally a creature of society"*) mas terá todas as razões para recear os governos, que encerram em si mesmos o perigo da perturbação de uma pacífica ordem social natural. Assim sucedia com os excessos e as desigualdades na tributação, causas tão compreensíveis da infelicidade pública. A competência do governo é, por isso, escassa e meramente residual; quanto mais perfeita for a civilização mais se governará a si própria.[49]

> No momento em que o governo formal é abolido, a sociedade começa a agir. Uma associação geral tem lugar e o interesse comum produz a segurança geral.[50]

Os Estados norte-americanos justificavam todo o seu otimismo: governo justo, poucos impostos, felicidade geral. E, apesar da diversidade da sua população, a guerra não impedira a prevalência da ordem e da harmonia. Em suma, o bom exemplo era representado por um governo conforme aos princípios da sociedade.[51]

C) Também para Thomas Paine o poder e o próprio direito encontram o seu fundamento no consentimento. Contudo, não se satisfaz com a ideia segundo a qual o governo resulta de um pacto (*"compact"*) entre os governantes e os governados. Na sua opinião, a fórmula contratualista coloca a consequência antes da causa. Os homens existem antes dos governos. Há um momento em que existem homens, mas não governos. Foram os próprios indivíduos que, exercendo o seu direito pessoal e soberano (*"personal and sovereight right"*), contrataram uns com os outros para criar um governo.[52]

---

[47] PAINE, Thomas. *Rights of Man*. Parte segunda. Londres: J. S. Jordan, 1792. p. 8-9: *"No one man is capable, without the aid of society, of supplying his own wants; and those wants, acting upon every individual, impel the whole of them into society, as naturally as gravitation acts to a center. [...] his propensity to society [...] In short, man is so naturally a creature of society, that it is almost impossible to put him out of it."*

[48] FERNÁNDEZ GARCÍA, Eusebio. La polémica Burke-Paine. In: PECES-BARBA MARTÍNEZ, Gregorio (et al.). *Historia de los Derechos Fundamentales*. Madrid: Dykinson, 2010. Tomo II, Volume II, p. 369-416.

[49] *Rights of Man*. Parte segunda. Londres: J. S. Jordan, 1792. p. 10: *"The more perfect civilization is, the less occasion has it for government, because the more does it regulate its own affairs, and govern itself [...]."*

[50] Idem, p. 9: *"The instant formal government is abolished, society begins to act. A general association takes place, and common interest produces common security."*

[51] Idem, p. 14: *"That government is nothing more than a national association adding on the principles of society."*

[52] *Rights of Man*. Londres: J. S. Jordan, 1791. p. 55-56: *"The fact therefore must be, that the individuals themselves, each in his own personal sovereign right, entered into a compact, with each*

A constituição não é assim um acto do governo: anterior a este, é o ato do povo e o governo é a "criatura" da constituição.

> A constituição é *anterior* ao governo e o governo é apenas a criatura de uma constituição. A constituição de um país não é o ato do seu governo mas do povo constituindo um governo.[53]

O consentimento permanece "*in continuum*" como o fundamento do poder, que transporta a tradição mas igualmente o inalienável direito a conformar o futuro.[54] O homem não pode ser proprietário de outro homem, nem as gerações passadas poderão capturar as gerações futuras. Cada geração é igual em direito pela mesma razão que todo o homem nasce igual em direitos, independentemente do momento histórico. Com ironia, Paine considera a vaidade e a presunção de governar para além do túmulo como as mais ridículas e as mais insuportáveis de todas as tiranias. Pretende defender os direitos dos vivos e impedir que sejam alienados ou diminuídos pela autoridade usurpada dos mortos. Os parlamentos não o podem fazer e todas as determinações nesse sentido são nulas. As circunstâncias do mundo mudam continuamente e o mesmo sucede com as opiniões dos homens. Ao contrário do que afirmaria Comte, os mortos não governariam os vivos; os governos seriam para os vivos.

O direito natural autoriza todos os povos a que se governem a si próprios:

> Ter um governo próprio é nosso direito natural.[55]

Paine chega deste modo à defesa universal do direito à autodeterminação ("*doctrine of separation and independence*")[56] e do direito à revolução. A causa da América, para a qual se propõe oferecer "simples factos, argumentos chãos e senso comum",[57] é por isso a causa de toda a humanidade.[58] E a causa do povo francês é a causa não apenas de toda a Europa mas do mundo inteiro.[59]

---

other to produce a government: and this is the only mode in which governments have a right to arise, and the only principle on which they have a right to exist."

[53] Idem, p. 56: "*A constitution is a thing antecedent to a government, and a government is only the creature of a constitution. The constitution of a country is not the act of its government, but of the people constituting a government.*"

[54] Idem, maxime p. 11,12, 16 e 49.

[55] *Common Sense*. Filadélfia: R. Bell, 1776. p. 58: "*A government of our own is our natural right.*"

[56] Idem, p. 45.

[57] Idem, p. 29: "*nothing more than simple facts, plain arguments, and common sense.*"

[58] Idem, Introdução, *in fine*.

[59] A afirmação encontra-se no prefácio da edição francesa dos *Direitos do Homem* (*Droits de l'Homme*. Paris: F. Buisson, 1791 (p. vii); *Droits de l'Homme*. Parte segunda. Paris: Buisson, 1792).

D) A desconfiança em relação aos governos não tem somente uma expressão liberal; anda por vezes próxima de uma visão institucionalista, em que a sociedade permanece dotada de autopilotagem, no plano político e no plano jurídico.[60]

O agricultor, o artesão, o comerciante e em geral todos os profissionais prosperam pela ajuda que recebem de cada um e de todos ("*by the aid which each receives from the other, and from the whole*"). O interesse comum regula os seus negócios e produz espontaneamente o direito.

Quanto mais perfeita é a civilização menos necessário é o governo porque mais preparados estão os homens para conduzir os seus negócios e governarem-se a si próprios. A sociedade faz praticamente tudo aquilo que é atribuído ao governo. A um poder mínimo corresponderia também um direito mínimo: o Estado social e civilizado não precisa senão de um pequeno número de leis. E todas as grandes leis da sociedade são leis da natureza. Ao invés, a ampliação dos poderes dos governos seria própria dos governos "antigos" ou absolutos.

Thomas Paine faz prova de um incontestável otimismo em relação ao Estado social que, antes e independentemente de qualquer governo, gera a harmonia e a paz. As leis produzidas pelo uso comum ("*common usage*"), como as que regulam o comércio, têm mais influência do que as leis do governo. Expressam um interesse "mútuo e recíproco" e, por consequência, todos terão interesse em obedecer-lhes.

Apesar de defender o direito de revolução, rejeita o direito de resistir pela força a uma lei má. De acordo com o princípio secular, uma má lei é preferível à ausência de lei. No século em que nasce a opinião pública, confia no debate como forma de expor os defeitos das leis, incluindo as constituições, e dos governos, impulsionando a sua reforma ou regeneração. Os defeitos do governo e da constituição devem ser objeto de discussão. Tal como a lei injusta. Mas desobedecer à lei fragiliza a lei. Todas as leis; mesmo as boas leis.

> Sempre fui de opinião (e dela fiz a minha prática) de que é melhor obedecer a uma má lei, fazendo uso de todos os argumentos para mostrar os seus erros e conseguir a sua revogação, do que violá-la pela força; porque o precedente de violar a má lei pode quebrar a força e conduzir à discricionária violação daquelas que são boas.[61]

---

[60] *Rights of Man*. Parte segunda. Londres: J. S. Jordan, 1792, maxime p. 7, 10-11.
[61] Idem, Prefácio, p. xi: "*If a law be bad it is one thing to oppose the practice of it, but it is quite a different thing to expose its errors, to reason on its defects, and to show cause why it should be repealed, or why another ought to be substituted in its place. I have always held it an opinion (making it also my practice) that it is better to obey a bad law, making use at the same time of every argument to show its errors and procure its repeal, than forcibly to violate it; because the precedent of breaking a bad law might weaken the force, and lead to a discretionary violation, of those which are good.*"

O governo é, também para Paine, um governo pelas leis. Afinal, nas monarquias absolutas, o rei é lei. Mas, nos países livres, a lei reina.[62]

E) De acordo com um princípio iluminado e divino ("*illuminating and divine principle*"),[63] todos os homens nascem iguais e são naturalmente iguais em direitos.[64] A sociedade não concede ao homem direito algum ("*society* grants *him nothing*")[65] e por isso uma declaração de direitos não é uma "criação" ou "doação".[66]

Thomas Paine distingue os direitos naturais ("*natural rights of man*") dos direitos civis do homem ("*civil rights of man*").[67] Os direitos naturais pertencem ao homem pela simples razão da sua existência. Incluem os direitos intelectuais ou do espírito, como a liberdade de religião, e todos os direitos que lhe permitem agir livremente, para a sua própria satisfação e felicidade, na condição de não ofender os direitos naturais de outrem.

Os direitos civis pertencem ao homem enquanto membro da sociedade e derivam invariavelmente de um direito natural que necessita de segurança e proteção.

O poder civil resulta da reunião dos direitos naturais cujo gozo os indivíduos por si não conseguem assegurar; e tal poder não pode ser exercido de modo a invadir os direitos naturais do homem que não são alienados.

Quando reflete sobre as fontes do poder – a força, a superstição e a razão – considera que a "dignidade natural do homem" exige que não seja governado pela força ou pela fraude.[68] A monarquia hereditária havia coberto de sangue e de cinzas não apenas a Inglaterra, mas toda a humanidade.[69] No prefácio da edição francesa dos *Direitos do Homem*, perspectiva mesmo que a monarquia e a aristocracia não durariam mais de sete anos nos

---

[62] *Common sense*. Filadélfia: R. Bell, 1776. p. 57: "*For as in absolute governments the king is law, so in free countries the law ought to be king; and there ought to be no other.*"

[63] *Rights of Man*. Londres: J. S. Jordan, 1791. p. 49.

[64] Idem, p. 49: "*Every history of the creation, and every traditionary account, whether from the lettered or unlettered world, however they may vary in their opinion or belief of certain particulars, all agree in establishing one point*, the unity of man; *by which I mean that men are all of* one degree, *and consequently that all men are born equal, and with equal natural right* [...]."

[65] Idem, p. 53.

[66] *Dissertation on First Principles of Government*. Londres: Daniel Isaac Eaton, 1795. p. 27. Nas "Observações" à Declaração dos Direitos do Homem e do Cidadão de 1789, considera que os três primeiros artigos encerram o essencial. Quanto ao fato de não se encontrar acompanhada de uma declaração de deveres, questão que havia sido agitada na Assembleia Nacional, entende que uma declaração de direitos é também uma declaração de deveres recíprocos. O meu direito é também o direito de outro homem e é portanto meu dever garantir o seu direito, tal como o meu (Vd. *Rights of Man*. Londres: J. S. Jordan, 1791. p. 120).

[67] *Rights of Man*. Londres: J. S. Jordan, 1791. p. 51-52.

[68] Idem, p. 55.

[69] *Common sense*. Filadélfia: R. Bell, 1776. p. 27.

países iluminados.⁷⁰ O atributo do poder fundado na razão é precisamente a realização do interesse comum da nação e o respeito pelos direitos do homem.⁷¹

As preocupações sociais de Paine determinaram um largo conjunto de propostas que antecipam o Estado Social: a educação universal e gratuita; uma reforma fiscal (com a abolição das *"poor rates"* ou "taxas dos pobres" e a criação de um imposto progressivo); a proteção dos mais pobres e dos idosos; a criação de empregos públicos; o apoio aos novos casais e subsídio de maternidade... Um problema contudo terá ficado por resolver: como concretizar um programa de reforma social com governos mínimos...

4.5 Nota final

No século das Luzes, os direitos deixam de cair sobre os súbditos como uma mercê dos monarcas. O "grande movimento dos espíritos" desenvolve uma fundamentação filosófica dos direitos humanos ainda hoje atuante, incluindo nas antinomias que se anunciam quanto à relação da liberdade com o poder. Para John Locke, incondicional defensor da liberdade, o governo existe para proteger os direitos inalienáveis dos homens, permanecendo o direito de resistência como um "refúgio de Deus". Para um nostálgico da liberdade natural como Jean-Jacques Rousseau, que é também um crente na infalibilidade da vontade geral, ser livre será simplesmente obedecer. Através de Thomas Paine, percebemos o advento dos direitos sociais. E, imediatamente, um dilema: terão os homens que ceder uma parte da sua liberdade para realizar a igualdade?

---

[70] *Droits de l'Homme*. Parte segunda. Paris: Buisson, 1792. p. 11.
[71] PAINE, Thomas. *Rights of Man*. Londres: J. S. Jordan, 1791. p. 54: *"In casting our eyes over the world, it is extremely easy to distinguish the governments which have arisen out of society, or out of the social compact, from those which have not; but to place this in a clearer light than what a single glance may afford, it will be proper to take a review of the several sources from which governments have arisen and on which they have been founded.*
They may be all comprehended under three heads. First, Superstition. Secondly, Power. Thirdly, The common interest of society and the common rights of man.
The first was a government of priestcraft, the second of conquerors, and the third of reason."

5

Modernidade, incursões no século XIX e direitos humanos

Ricardo Freitas

Sumário: Introdução: modernidade e construção do discurso dos direitos humanos; 5.1 O alvorecer da modernidade na Europa Ocidental; 5.2 Direitos humanos: a contribuição clássica e judaico-cristã; 5.3 Direitos humanos: o universo pré-moderno; 5.4 Formulações doutrinárias acerca dos direitos humanos: a complementaridade entre as liberdades clássicas e os direitos econômicos e sociais; 5.5 Os direitos humanos e a "traição" da modernidade; 5.6 Conclusão: a modernidade entre o paraíso e o inferno; Referências.

Introdução: modernidade e construção do discurso dos direitos humanos

O discurso dos direitos humanos é de aparição relativamente recente na história. Em geral, considera-se que a sua emergência associa-se ao advento da modernidade, palavra que, para os fins perseguidos neste texto, não se refere ao novo, ao contemporâneo, mas diz respeito especificamente ao modelo de organização social e ao estilo de vida surgido no século XVII, no Ocidente europeu, que posteriormente se expandiu para outras partes do mundo.

Há, portanto, um vínculo estreito entre modernidade e direitos do homem, a despeito da tensão existente entre ambos, sobretudo no mundo contemporâneo.

Este capítulo pretende, primeiramente, esboçar as características da modernidade de maneira a permitir a compreensão de sua natureza e de suas relações com os direitos humanos. Em seguida, examina as razões pelas quais os direitos humanos não poderiam ter sido concebidos e posteriormente positivados senão no ambiente moderno. Na sequência, aprofunda a discussão acerca da problemática do conteúdo e do significado político dos direitos humanos, verificando algumas reflexões a tal respeito. Por último, menciona alguns focos de tensão que cercam a relação entre modernidade e direitos humanos.

5.1 O alvorecer da modernidade na Europa Ocidental

No século XVI, a Europa Ocidental "reinventa" radicalmente as instituições sociais, fazendo com que se diferenciem claramente das instituições tradicionais ou pré-modernas. É praticamente consensual o entendimento de que "os modos de vida produzidos pela modernidade nos desvencilharam de *todos* os tipos tradicionais de ordem social, de uma maneira que não tem precedentes".[1] A modernidade rompe com a tradição em todos os aspectos da vida social. Cronologicamente, ela se situa no período histórico imediatamente posterior ao medieval e estende-se até os nossos dias, tendo revolucionado inteiramente todas as dimensões da vida humana, para o bem e para o mal, sob os mais diversos aspectos.

A modernidade relaciona-se ao advento do Estado nacional, reconhecidamente uma forma inteiramente nova de organização política da sociedade europeia ocidental. Por sua vez, o Estado moderno vincula-se à progressiva consolidação da burguesia como classe social econômica e politicamente dominante, ao incremento do intercâmbio entre os povos proporcionado pelas grandes navegações, ao desenvolvimento do sistema econômico capitalista, ao progresso da ciência e também às primeiras fundamentações teóricas acerca dos direitos humanos, bem como à sua positivação e expansão.

Na primeira das etapas de seu desenvolvimento histórico, o Estado nacional ou Estado moderno é o modelo de organização política da sociedade no qual o poder político encontra-se concentrado na pessoa do monarca. Nele, o governante centraliza – progressivamente e sem deixar de fazer certas concessões indispensáveis ao seu sucesso – o poder militar, o poder jurisdicional e o poder de tributar, esvaziando assim, em maior ou menor medida, os poderes locais e particularizados então exercidos por uma nobreza fundiária ciosa de seus privilégios ancestrais ou por uma burguesia citadina dedicada, sobretudo, às atividades financeira e mercantil.

A modernidade depende, em considerável medida, da monopolização dos recursos destinados ao exercício da violência punitiva pelo Estado centralizado. No mundo pré-moderno, tais recursos, essenciais ao exercício eficiente do poder, distribuem-se por diversos polos muitas vezes interdependentes e rivais. No Estado moderno, o poder monárquico condiciona e ajusta sua programação política aos interesses particulares de seus colaboradores/competidores. Se, no mundo pré-moderno, a política de alianças entre monarca e senhores locais é de fundamental importância, na medida em que dela dependem, em última análise, a estabilidade e a conservação da independência do país em relação aos

---

[1] GIDDENS, Anthony. *As consequências da modernidade*. São Paulo: Editora UNESP, 1991. p. 14.

seus competidores, no mundo moderno, pelo contrário, muito embora a nobreza continue a apoiar o governo monárquico, a ele se submete progressivamente em decorrência da anteriormente mencionada concentração dos recursos destinados ao exercício da coerção. Em suma, portanto, mostra-se inteiramente correta a afirmação de que "o monopólio bem-sucedido dos meios de violência dentro das fronteiras territoriais precisas é específico do Estado moderno".[2] A centralidade de tal característica do Estado moderno pode ser facilmente perceptível não apenas pela sua durabilidade, mas também pelo fato de constatação trivial de que a perda do monopólio da violência conduz à completa desagregação da comunidade política em casos extremos.

Progressivamente, como resultado dos embates políticos e das mudanças ocorridas na esfera socioeconômica e cultural, o Estado moderno despótico transforma-se, tornando-se Estado de direito, modelo jurídico-político de Estado explicitamente comprometido com o reconhecimento e a promoção dos direitos fundamentais. Com efeito, no Estado moderno despótico o governante atua por intermédio da lei, mas não se encontra completamente submetido a ela, posto que, embora admita determinados privilégios a certa categoria de súditos, não reconhece legalmente a existência de direitos fundamentais. Enquanto no Estado despótico existem apenas direitos privados ou privilégios, mas não direitos do homem, no Estado de direito, diferentemente, o súdito torna-se cidadão, sendo-lhe reconhecidos direitos públicos oponíveis, inclusive, ao próprio Estado.[3]

Afirmamos anteriormente que, em suas linhas principais, o modelo de sociedade moderna se contrapõe ao modelo de sociedade tradicional característica do período medieval. Por conseguinte, a sociedade moderna organiza-se politicamente sob a forma de Estado moderno ou, em outras palavras, de Estado nacional monárquico absolutista. Porém, talvez a principal característica da sociedade moderna seja o seu compromisso com a racionalidade, compromisso este jamais abandonado ao longo de seu longevo percurso histórico.

A sociedade moderna organiza-se e é impulsionada pela completa racionalização de todos os âmbitos da existência humana, a exemplo da economia, da administração e da ciência. Em outras palavras: a modernidade pressupõe a racionalização de todos os aspectos relevantes da vida social. O processo de modernização social aprofunda-se através dos séculos, avançando e englobando completamente as esferas da economia, da política, do direito, das artes, enfim, todos os campos da vida social. Afirmar que uma sociedade é moderna equivale a dizer que ela se encontra subordinada ao ideal de racionalização expresso no comprometimento com a avaliação de cada uma das diversas atividades sociais e com a fixação dos meios mais eficientes para alcançar os fins por elas perseguidos. Por conseguinte, a formação social moderna favorece a emergência de aparatos burocráticos, além de valorizar e proporcionar o desenvolvimento da ciência e da técnica.

---

2   GIDDENS, Anthony. *As consequências...*, Op. cit.,. p. 64.
3   Cf. neste sentido: BOBBIO, Norberto. *A era dos direitos*. Rio de Janeiro: Campus, 1982. p. 61.

Na modernidade, por exemplo, a ciência incorpora o ideal da racionalidade já a partir do século XVI no que diz respeito às ciências naturais. No século XIX, todavia, tal ideal encontra-se plenamente consolidado no âmbito das recentes ciências sociais. A partir de então podemos nos referir à existência de um modelo de racionalidade que diz respeito a toda forma de conhecimento científico e que, ademais, fundamenta-se numa distinção radical entre o saber científico e o saber não científico (senso comum), e até mesmo numa diferenciação entre a ciência e os estudos humanísticos, a exemplo da literatura, do direito e da história. Resumidamente, portanto, podemos afirmar que o paradigma dominante racionalista em matéria de ciência "nega o caráter racional a todas as formas de conhecimento que se não pautarem pelos seus princípios epistemológicos e pelas suas regras metodológicas".[4]

Além disso, trata-se de um paradigma perfeitamente adequado às necessidades de dominação de classe da burguesia ascendente. A ciência moderna expressa nada mais nada menos que a "ideologia burguesa e a sua vontade de dominar o mundo e controlar o meio ambiente", tornando-se um instrumento eficiente não somente para que tal classe social possa prevalecer politicamente sobre os demais estratos sociais, mas também para dominar economicamente o próprio planeta por intermédio da política colonial.[5]

No plano econômico, a primeira expressão da modernidade é o capitalismo que, na sua primeira fase, ainda incipiente, fundamenta-se mais na atividade mercantil que na industrial. Além disso, trata-se de um capitalismo monopolista que se desenvolve sob os olhares vigilantes do Estado, de um sistema econômico cuja doutrina econômica é o chamado mercantilismo. Posteriormente, muito embora conservando a sua essência, o capitalismo experimenta profundas mudanças até alcançar sua fase contemporânea, denominada por muitos de pós-industrial.

O sistema econômico capitalista é, para os autores influenciados pelo marxismo, o responsável pelo dinamismo do universo moderno. A economia capitalista movimenta-se a partir do investimento que, por sua vez, produz o lucro. Este, por sua vez, torna-se novamente objeto do investimento que, combinado com a propensão para a redução da taxa de lucro, impõe uma necessária e continuada expansão do próprio sistema em questão.[6] Explica-se, assim, por que a dinamicidade das estruturas da sociedade moderna é uma consequência direta do funcionamento do sistema capitalista de produção.

No âmbito da filosofia do direito, a modernidade relaciona-se inicialmente à doutrina do direito natural, cuja principal característica talvez resida na sua pretensão de propor um critério absoluto do justo com a finalidade de estabelecer o conteúdo ideal do direito.

---

[4] Cf. SANTOS, Boaventura de Sousa. *Um discurso sobre as ciências*. 13. ed. Porto: Afrontamento, 2002. p. 10.

[5] Cf. FOUREZ, Gérard. *A construção das ciências*: introdução à filosofia e a ética das ciências. São Paulo: Editora UNESP, 1995. p. 163.

[6] Cf. GIDDENS, Anthony. *As consequências...* Op. cit., p. 20.

Consequentemente, de acordo com a doutrina do direito natural, este, sendo direito justo, não apenas se distingue, mas é superior ao direito positivo. Evidentemente, embora saibamos que a doutrina do direito natural não nasce com a modernidade, nela assume a forma, pelo menos numa etapa inicial, de direito natural racional, desligado de motivações religiosas.

De acordo com a doutrina do direito natural racional, cumpre ao direito natural determinar o conteúdo da matéria passível de ser regulada pelo direito positivo, concebido este último como uma criação do legislador.[7] Trata-se de uma concepção de direito natural que nega qualquer papel relevante à divindade no que diz respeito à fixação do seu conteúdo. Resumidamente, podemos dizer que o direito natural da modernidade é direito secularizado no qual os juízos de valor racionais prevalecem sobre as leis positivas que lhe são contrárias.[8] Enfim, nos termos da doutrina do direito natural racionalista, nem todo direito é direito natural, mas, por definição, o direito natural é o único direito justo em todos os casos.

No percurso da modernidade, ainda sob o Estado monárquico absoluto, vários pensadores advogam a existência de um direito natural de bases puramente racionais, permitindo dessa maneira, num segundo momento, a aparição das primeiras doutrinas dos direitos humanos. Em 1625, GROTIUS conceitua o direito natural como sendo aquele "ditado pela reta razão que nos leva a conhecer que uma ação, dependendo se é ou não conforme a natureza racional é afetada por deformidade moral ou por necessidade moral e que, em decorrência, Deus, o autor da natureza, proíbe ou ordena".[9] Manifestando-se acerca das relações entre a divindade e o direito natural de maneira que seria impensável ao homem medieval, o referido autor assinala que "o direito natural é tão imutável que não pode ser mudado nem pelo próprio Deus", e isto acontece, no seu modo de ver, porque "por mais imenso que seja o poder de Deus, podemos dizer que há coisas que ele não abrange, porque aquelas da que fazemos alusão não podem ser senão enunciadas, mas não possuem nenhum sentido que exprima uma realidade e são contraditórias entre si". Exemplificando, ele nos diz que, da mesma maneira que "Deus não poderia fazer com que dois mais dois não fossem quatro, de igual modo ele não pode impedir que aquilo que é essencialmente mau não seja mau".[10]

Em termos análogos, fundamentados na doutrina do direito natural, inúmeros outros pensadores da modernidade terminam por influenciar o nascimento da doutrina dos direitos humanos, contribuindo para a eclosão das grandes revoluções liberais. Estas, por seu turno, consagram a existência dos direitos humanos a partir da crítica ao direito do Antigo Regime, arquitetada pela doutrina do direito natural de conteúdo racional, for-

---

[7] Cf. BOBBIO, Norberto. *Giusnaturalismo e positivismo giuridico*. Milano: Edizioni di Comunità, 1977, p. 127-130.
[8] Cf. KAUFMANN, Arthur. *Filosofia do direito*. Lisboa: Fundação Calouste Gulbekian, 2004, p. 37.
[9] GROTIUS, Hugo. *Do direito da guerra e da paz*. Ijuí: Unijuí, 2004. p. 79.
[10] GROTIUS, Hugo. *Do direito da guerra e da paz*. Op. cti., p. 81.

mulada pelos pensadores iluministas. As revoluções liberais também não perdem tempo em positivar constitucionalmente os direitos humanos, transformando-os num dos pilares do constitucionalismo. Direitos humanos, constitucionalismo e Estado de direito são três aspectos indissociáveis de uma mesma e única realidade que traduz as dimensões políticas da modernidade.

A ideia de direitos humanos também é produto da modernidade, como deixaremos claro de modo mais detalhado nos capítulos seguintes. O Estado moderno permite com o passar do tempo uma inversão na maneira de se enxergarem as relações entre o indivíduo e o governo. Se antes da formação do Estado moderno predomina a noção organicista de que os direitos privados ou os privilégios do súdito subordinam-se aos interesses do Estado, paulatinamente as lutas políticas travadas contra o despotismo consolidam o entendimento produto do individualismo de que o direito do cidadão é superior ao interesse do Estado. Em consequência, as relações políticas deixam de ser visualizadas sob a ótica do Estado e passam a sê-lo sob a perspectiva do cidadão, que passa a ser sujeito de direitos a serem assegurados não somente pelo Estado, mas até mesmo diante do Estado. Evidentemente, tal processo é fundamentado na teoria política liberal, que corporifica os interesses das forças sociais em luta contra o despotismo, as quais desejam reconhecimento, no âmbito do direito positivo, daquilo que consideraram suas liberdades e direitos naturais.[11]

A perspectiva racionalista dos pensadores modernos permite o surgimento de um número considerável de concepções doutrinárias acerca dos direitos humanos. Ao mesmo tempo, fundamenta em bases suficientemente adequadas a sua positivação de maneira que, com o passar do tempo, faz nascer o conceito de Estado de direito. De fato, não se pode conceber a existência de um Estado de direito que não reconheça e assegure os direitos fundamentais. É correto afirmar, inclusive, que "quanto mais intensa se revela a operacionalidade do Estado de Direito, maior é o nível de tutela dos direitos fundamentais".[12] De fato, acredita-se, atualmente, que "os direitos fundamentais constituem a principal garantia com que contam os cidadãos de um Estado de direito de que o sistema jurídico e político em seu conjunto orientar-se-á na direção do respeito e promoção da pessoa humana; em sua estrita dimensão individual (Estado liberal de Direito) ou conjugando esta com a exigência de solidariedade, corolário da componente social e coletiva da vida humana (Estado social de direito)".[13]

Tal panorama – exclusivo da modernidade – impede o reconhecimento da existência de direitos humanos na Antiguidade e no período medieval tanto no plano puramente doutrinário como no jurídico.

---

[11] Cf. BOBBIO, Norberto. *A era dos direitos*. Op. cit., p. 3-5.
[12] PÉREZ LUÑO, Antonio E. *Los derechos fundamentales*. Madrid: Tecnos, 2004. p. 26.
[13] Idem, p. 20.

5.2 Direitos humanos: a contribuição clássica e judaico-cristã

Há direitos humanos anteriores à modernidade? Em outras palavras, podemos nos referir à existência de direitos humanos no mundo antigo e medieval?

A problemática gera controvérsia. No entanto, como quase sempre ocorre, a resposta depende do sentido exato emprestado à pergunta. Com efeito, uma coisa é indagar acerca da existência de direitos reconhecidos como tais; outra, bem diferente, é verificar a existência da ideia de direitos humanos, ou seja, da existência de formulações teóricas a seu respeito. Na sequência, abordaremos paralelamente ambos os aspectos da questão.

É inegável que em algumas sociedades da Antiguidade e do período medieval certas classes de pessoas em determinados lugares possuem direitos privados e privilégios, restando saber, no entanto, se tais direitos e privilégios são ou não concebidos em termos idênticos aos direitos humanos produzidos pela modernidade.

Por outro lado, talvez seja bem mais trabalhosa ou mesmo inviável a identificação de qualquer construção teórica a respeito dos direitos humanos em termos semelhantes aos que foram formulados pelos modernos na filosofia política da Antiguidade. Em linhas gerais, predomina o entendimento essencialmente correto de que "ao tratarmos de evocar a trajetória histórica dos direitos humanos, não podemos prescindir de um dado inicial que muitas vezes não reparamos, a saber: que a consciência clara e universal de tais direitos é própria dos tempos modernos".[14]

Todavia, mesmo inexistindo fontes doutrinárias dos direitos humanos na Antiguidade, parece-nos razoável admitir que as fundações do pensamento filosófico em matéria de direitos humanos já se fazem presentes no estoicismo e no cristianismo. Neste sentido, afirma-se que "a ideia de que existem direitos do indivíduo fora do Estado tem suas raízes na filosofia helênica dos estoicos: a lei natural, a razão, a igualdade e a dignidade do homem são valores que estão acima do Estado e fora de seu alcance".[15] De fato, em Cícero pode ser encontrada a afirmação de que os homens são criados à semelhança de Deus. O pensador romano nos fala da existência de leis eternas, universais, imutáveis, anteriores e superiores às leis dos homens. Além disso, ele também se dedica a elaborar determinados princípios de direito natural que, mais tarde, contribuirão para a crença na existência de uma igualdade natural entre os homens.[16]

Da mesma maneira, insistimos neste ponto, não se pode esquecer a contribuição do cristianismo, doutrina que não apenas reconheceu "o valor do indivíduo como um ser de fins absolutos", mas, além disso, "exaltou desde seus primeiros momentos, o sentimento da dignidade da pessoa humana e proclamou e até hoje proclama energicamente a neces-

---

[14] TRUYOL Y SERRA, Antonio. *Los derechos humanos*. Madrid: Tecnos, 1977. p. 12.
[15] LOEWENSTEIN, Karl. *Teoría de la Constitución*. Barcelona: Ariel, 1982. p. 393.
[16] Cf. VILLEY, Michel. *Le droit et les droits de l'homme*. Paris: Presses Universitaires de France, 1983. p. 106.

sidade de que a sociedade organize-se de forma tal que permita à pessoa desenvolver-se integralmente, realizar-se perfeitamente e afirmar sua personalidade, sem prejuízo do bem comum e cooperando com ele".[17] No entendimento de Villey, "a noção moderna dos direitos do homem tem raízes teológicas", na medida em que, em seu sentir, a revolução teológica judaico-cristã "exalta a dignidade do homem de maneira mais marcante que os filósofos gregos".[18] Em suma: se não existem teóricos dos direitos humanos na Antiguidade, nem por isso deixam de existir certas correntes do pensamento que favorecem a construção posterior de doutrinas que pregam a existência de direitos naturais, absolutos e imprescritíveis do ser humano.

5.3 Direitos humanos: o universo pré-moderno

É problemático admitir a existência de direitos individuais na Antiguidade e no período medieval. Em tais períodos históricos, as possibilidades de a pessoa portar-se autonomamente contra o interesse da comunidade política são consideravelmente reduzidas, para não dizer inexistentes. Mesmo no ambiente republicano romano ou no universo ateniense democrático, a sociedade prevalece sobre o indivíduo. É imoral e indigno alguém acreditar que possa ser titular de liberdades superiores aos interesses da coletividade.[19] Tanto em Roma como em Atenas, a pessoa do indivíduo simplesmente se dissolve na do cidadão. Em síntese: a noção da existência de direitos individuais oponíveis ao interesse da comunidade politicamente organizada não é conhecida, por exemplo, pelos gregos e pelos romanos, mesmo na fase predominantemente democrática do passado grego e no período republicano da história romana. De fato, os pensadores políticos gregos "acreditaram firmemente que a personalidade humana somente poderia se desenvolver de maneira integrada e subordina ao Estado onipotente, e os pragmáticos políticos de Roma compartilharam tal concepção".[20] Resumidamente, então, podemos concluir que "a Antiguidade clássica não percebeu bem a existência do sujeito, com significação ética e jurídica, fora do Estado".[21]

Evidentemente, a situação era muito pior fora do espaço grego e romano. Nas teocracias da Antiguidade oriental, o monarca detém uma gama de consideráveis poderes exclusivos de natureza divina ou, alternativamente, diretamente transmitidos a sua pessoa pela própria divindade, encontrando-se municiando com poderes o exercício do governo. Consequentemente, em tais comunidades políticas os direitos humanos não poderiam existir.

A realidade ateniense e das demais cidades que adotaram a democracia é realmente bastante diversa daquela presente nos Estados teocráticos orientais. Nelas, o cidadão, mes-

---

[17] CASTÁN TOBEÑAS, José. *Los derechos del hombre*. Madrid: Reus, 1976. p. 39-40.
[18] VILLEY, Michel. *Le droit et les droits de l'homme*. Op. cit., p. 105.
[19] Cf. SCHMITT, Carl. *Teoría de la Constitución*. México: Nacional, 1981, p. 183.
[20] LOEWENSTEIN, Karl. *Teoría de la Constitución*. Op. cit., p. 392-393.
[21] CASTÁN TOBEÑAS, José. *Los derechos del hombre*. Op. cit., p. 40.

mo não sendo sujeito de direito, é um elemento indispensável à conservação da liberdade da *pólis* e, de maneira mais geral, à reprodução da vida social. No entanto, mesmo em tais cidades é completa a simbiose entre Estado e cidadão.

A democracia ateniense, firmemente estabelecida sobre as bases da tolerância e da participação popular, é certamente o exemplo mais eloquente de que, mesmo podendo interferir na condução dos negócios públicos, o cidadão não possui direitos enquanto indivíduo. A liberdade de participar, discutir e votar livremente nas assembleias, de integrar as magistraturas, dentre outros, são justificados com fundamento no interesse da comunidade, e não no indivíduo. Explica-se, assim, em larga medida, a exclusividade da cidadania desfrutada pelos atenienses livres. Escravos, estrangeiros e mulheres não têm qualquer ingerência ativa na vida política da cidade-Estado. Os direitos políticos exercitados nas cidades democráticas restringem a participação popular aos indivíduos livres, aos indivíduos do sexo masculino e aos filhos de seus cidadãos, excluindo-se, portanto, a maioria da população.

Em pior situação que os gregos encontram-se os plebeus romanos, desde sempre sob a hegemonia do patriciado. Nem mesmo a promulgação da Lei das XII Tábuas que assegura igualdade civil e outros direitos à plebe é suficiente para equilibrar o poder entre esta camada social e o patriciado, a despeito das conquistas obtidas por determinados setores politicamente inferiorizados da sociedade romana, como ocorre, por exemplo, quando da concessão da cidadania aos homens livres do Império em 212 d.C. e por ocasião da proclamação da liberdade de culto religioso (Édito de Milão, 313 d.C.).

Em síntese: a forma específica de relacionamento entre Estado e indivíduo na *pólis* democrática tem o condão de excluir toda e qualquer possibilidade de reconhecimento da existência de direitos humanos na comunidade grega. Por outro lado, não obstante o reconhecimento de determinados direitos aos seus cidadãos, o Estado romano nega-se a permitir o exercício de direitos políticos semelhantes aos admitidos em cidades-Estados gregas democráticas. Dentre outros fatores impeditivos do reconhecimento dos direitos humanos na Antiguidade clássica, o modo de produção escravagista gera sociedades que, a despeito de diferenciarem-se entre si em diversos aspectos, não reúnem as condições necessárias para que o ser humano possa ser considerado portador de direitos anteriores e superiores à formação da própria comunidade política à qual pertence. Em decorrência de tal característica, o indivíduo somente pode ser livre enquanto partícipe na formação da vontade de sua comunidade, ou seja, dentro de sua comunidade, mas nunca fora dela ou contra ela.

Embora o período histórico conhecido como Idade Média caracterize-se, como não poderia deixar de ser, por variadas realidades consideravelmente heterogêneas, vale recordar a existência do instituto jurídico da servidão como elemento desfavorável ao surgimento da noção de direitos humanos.

No período medieval, os servos da gleba, não obstante estarem atrelados por rígidos laços de dependência ao senhor feudal, se encontram em um patamar jurídico mais elevado que o do escravo, na medida em que, diferentemente deste, têm personalidade reconhecida, podendo possuir bens móveis e ter direitos eminentemente privados sobre sua esposa e seus filhos. Apesar disso, o servo subordina-se ao senhor feudal mediante uma série de deveres jurídicos, além de não usufruir de direitos políticos e de estar submetido, sem direito de apelação, aos julgamentos dos tribunais senhoriais. Como se não bastasse, não é reconhecido ao servo o direito de casar-se ou de testar sem o consentimento do senhor. Tal realidade é expressa com perfeição e resumida no dito de espírito senhorial merecedor de transcrição integral: "entre meu servo e eu o único juiz é Deus".[22]

A rigidez social característica da sociedade feudal contribui de maneira expressiva para que as desigualdades jurídicas entre as classes se perpetuem. Tais desigualdades são favorecidas pelo domínio exclusivo da terra pelos senhores feudais, tendo em vista que, diferenciando-se neste aspecto do modo escravagista de produção, o feudalismo não se fundamenta na exploração da mão de obra escrava, mas no monopólio fundiário, considerando-se ser a terra o principal meio de produção.

Tal conjuntura, naturalmente, é completamente desfavorável ao reconhecimento e ao exercício dos direitos do homem. Contudo, a ruptura provocada pela modernidade abre espaço ao surgimento das primeiras formulações teóricas acerca dos direitos do homem, permitindo a sua progressiva positivação e expansão no curso de transformações que lhe são favoráveis.

5.4 Formulações doutrinárias acerca dos direitos humanos: a complementaridade entre as liberdades clássicas e os direitos econômicos e sociais

Os direitos do homem são produto de combates políticos seculares. Em sua dimensão propriamente histórica, o discurso dos direitos humanos é construído pouco a pouco a partir de determinadas demandas com pretensão de legitimidade. Com a modernidade nasce uma concepção acerca das relações entre indivíduo e poder político inteiramente diferente daquela prevalecente no passado. Já não se trata de subordinar os interesses do cidadão aos da comunidade a qual ele pertence, mas sim de reconhecer, em sentido inverso, que a comunidade existe em função do cidadão e, por isso mesmo, torna-se necessário admitir a existência de direitos individuais e de fundamentá-los em bases suficientemente sólidas para que não venham a ser contestados. Abandona-se, portanto, lentamente, no curso de um processo de transformação modernizadora que percorre os séculos e se distribui desigualmente através das diversas regiões do mundo ocidental, a concepção organicista da sociedade que fora característica tanto da Antiguidade como do medievo, adotando-se,

---

[22] Cf. LIONS, Monique. Derechos humanos en la historia y en la doctrina. In: _____. *Veinte años de evolución de los derechos humanos*. México: Instituto de Investigaciones Jurídicas – Universidad Autónoma de México, 1974. p. 482-483.

em seu lugar, uma concepção individualista.[23] Assim sendo, o pensamento político em torno dos direitos humanos contribui, ao mesmo tempo, para justificá-lo de maneira a permitir as transformações sociais e para estabilizá-las em um momento posterior a tais transformações.

O processo histórico que permite a emergência dos direitos humanos e a formulação das principais concepções teóricas a seu respeito tem seu ponto de partida, como vimos anteriormente, no alvorecer da modernidade, mas prolonga-se nos séculos seguintes. A ascensão política da burguesia associada à expansão do capitalismo industrial contribui decisivamente para que a ideia da existência dos direitos inerentes ao ser humano seja acolhida progressivamente em todo o Ocidente, merecendo registro, nesse processo, o esforço empreendido por alguns dos mais marcantes pensadores políticos de todos os tempos. Contudo, tal esforço dificilmente teria resultado na positivação dos direitos fundamentais se determinadas condições objetivas não estivessem presentes. Como nos recorda a doutrina, os direitos humanos "nascem quando devem ou podem nascer", vale dizer, "os direitos do homem, por mais fundamentais que sejam, são direitos históricos, ou seja, nascidos em certas circunstâncias, caracterizadas por lutas em defesa de novas liberdades contra velhos poderes, e nascidos de modo gradual, não todos de uma vez e nem de uma vez por todas".[24] Significa afirmar que, por mais importantes que sejam os esforços despendidos pelos intelectuais visando à formulação de doutrinas, elas não têm condições de prosperar enquanto não exista um conjunto de pressupostos objetivos, isto é, de determinados requisitos exteriores à pura vontade humana.[25]

Metodologicamente, os filósofos da política, perseguindo o conceito de direito justo, deduzem os direitos do homem da própria natureza humana. Direitos humanos seriam, assim, direitos "naturais" do homem por estarem em consonância com a razão humana. Por sua vez, racionalmente concebido como produto do consenso entre indivíduos que vivem sem lei no estado de natureza, o contrato social é a hipótese teórica que justifica a existência de ordens jurídicas integralmente comprometidas com o reconhecimento dos direitos fundamentais e da necessidade da previsão legal de instrumentos de proteção destinados a garanti-los contra eventuais usurpadores.[26]

Dentre os direitos do homem, o direito à propriedade é praticamente reconhecido e assegurado por todos os ordenamentos jurídicos nacionais. No entendimento de Locke, que expressa uma visão tipicamente liberal-burguesa dos direitos humanos, a principal

---

[23] Cf. BOBBIO, Norberto. *A era dos direitos*. Op. cit., p. 4-5; 60.

[24] Idem, p. 5.

[25] Tal afirmação, fundamentalmente correta, não deve levar ao entendimento de que as ideias possuem importância reduzida diante das estruturas materiais da sociedade. Por exemplo: para o surgimento dos direitos do homem não se deve excluir como desimportante o papel desempenhado pela doutrina do direito natural nesse processo, muito pelo contrário. As ideais e as estruturas sociais somam-se no sentido de determinar a realidade social.

[26] Cf. KAUFMANN, Arthur. *Filosofia do direito*. Lisboa: Fundação Calouste Gulbekian, 2004. p. 37.

finalidade da "união dos homens em comunidade" sob a tutela de um governo "é a preservação da propriedade".[27] Tal ponto de vista, como é dado a perceber, altera radicalmente os termos da relação entre os súditos e o soberano. É o governo que existe para preservar o direito individual e não o indivíduo que deve sacrificar seus direitos em benefício do governo. Aquele existe em função deste e não o contrário. Esta tese expressa notavelmente o posicionamento político antiabsolutista então hegemônico na Inglaterra na época de sua formulação por Locke. Percebamos, inclusive, que o autor inglês não defende a existência da propriedade privada como um privilégio restrito a determinadas classes sociais. De seu ponto de vista, tal direito há de ser reconhecido indistintamente a todo cidadão inglês. A propriedade é um direito do homem e não um privilégio a ser desfrutado pela aristocracia ou mesmo pela burguesia. Compreende-se, assim, por que a expressão "direitos humanos" percorre toda a sua obra do início ao fim.[28] Ela reflete a necessidade de preservação, na Inglaterra pós-revolucionária, de uma série de conquistas obtidas pelo Parlamento em detrimento do poder monárquico.

Locke, defensor da doutrina do contrato social, aduz que a formação da comunidade política resulta da vontade livre de indivíduos que se encontram no estado de natureza. Tal estado natural é aquela situação na qual todos os indivíduos, iguais por nascimento e nas suas faculdades, podem, por tal razão, exercer idêntico poder e jurisdição sobre os demais.[29] Embora os indivíduos desfrutem de liberdade natural, eles terminam por se associar para enfrentar determinados problemas comuns contra os quais não teriam êxito caso permanecessem isolados, o que, segundo Locke, explica a quase inexistência de pessoas vivendo em tal condição. Em suas palavras, "os inconvenientes a que estão expostos pelo exercício irregular e incerto do poder que todo homem tem de castigar as transgressões dos outros os obriga a se protegerem sob as leis estabelecidas de governo e aí buscarem a preservação da propriedade", sendo esta a razão pela qual abandonam voluntariamente "o poder isolado de castigar, para que este passe a ser exercido por uma só pessoa escolhida para isso entre eles; e por intermédio das regras que a comunidade ou aqueles por ela autorizados, com ela concordem em fixar".[30]

Portanto, resta claro que, para Locke, a finalidade última do Estado é a tutela dos direitos humanos, dentre os quais emerge visivelmente como um dos mais importantes o direito à propriedade. É a necessidade de preservação do direito de propriedade que justifica, por exemplo, a existência do poder de punir que, na sociedade civil, passa a ser monopolizado pelo Estado. Em suma, o pensador inglês defende o ponto de vista de que a sociedade existe em função da necessidade de preservação do direito de propriedade. Ademais, a formulação de leis de proteção à propriedade é a principal tarefa do poder legislativo. O direito de propriedade concebido como direito fundamental mostra-se essen-

---

[27] LOCKE. *Two treatises on government*. London: R. Butler, 1821. p. 294.
[28] Cf. Neste sentido: VILLEY, Michel. *Le droit et les droits de l'homme*. Op. cit., p. 143.
[29] Cf. LOCKE. *Two treatises on government*. London: R. Butler, 1821. p. 189-190.
[30] LOCKE. *Two treatises on government*. London: R. Butler, 1821. p. 296-297.

cial à preservação dos demais direitos do homem, servindo como anteparo protetor contra quaisquer tentativas de limitar o poder dos consorciados em benefício do poder de um só. A finalidade da organização política é a defesa da propriedade. É a garantia do direito à propriedade contra seus potenciais usurpadores que justifica toda a atividade legislativa. Tal atividade, por seu turno, tendo sacrificado a liberdade natural consistente em "estar livre de qualquer poder superior na Terra", há de expressar o consentimento da sociedade política formada a partir do contrato social.[31]

É necessário registrar que, na filosofia política de Locke, a propriedade não é a única liberdade tutelada pelas leis formuladas por um legislativo representativo do interesse dos consorciados e independente do soberano. Existem igualmente outras liberdades, a exemplo da liberdade de consciência e, em particular, de crença religiosa.

Por outro lado, como deve agir a sociedade diante da ameaça de usurpação de suas liberdades? Primeiramente, mediante o castigo legal contra os seus inimigos, porém, se o perigo provém do próprio soberano, pode não existir outro remédio que não o direito de resistência. O governante que desconhece o direito de propriedade de seus súditos descumpre uma das cláusulas do contrato social, a bem da verdade, a principal, o que justifica a resistência empreendida contra a sua pessoa. Em consequência, diante da agressão perpetrada pelo governo, os consorciados podem dissolver o contrato em vigor para estabelecer um novo, na medida em que "quem quer que empregue a força sem direito, como faz aquele que atua ilegalmente, coloca-se em *estado de guerra* contra aqueles contra os quais assim a emprega; e nesse estado todos os laços formais são cancelados e cessam todos os outros direitos, e qualquer um tem o direito de defender-se e de *resistir ao agressor*".[32]

Em nosso entendimento, a concepção de Locke acerca dos direitos do homem pode ser definida como individualista, além de liberal e burguesa. É individualista porque o contrato social é produto exclusivo do acordo entre vontades individuais e, além disso, porque persegue a proteção de direitos individuais. É liberal na medida em que o contrato social resulta na formação de um governo cujos poderes não somente são limitados pelo direito, mas pretendem, igualmente, preservar direitos individuais. É burguesa porque o seu modelo de contrato social corresponde à fórmula característica dos pactos civis e comerciais celebrados entre os homens de negócio, ou seja, entre aqueles que detêm os meios de produção. De resto, também é burguesa porque estabelece uma conexão indissolúvel entre o direito de propriedade e os demais direitos do homem na qual a preserva-

---

[31] É importante observarmos que, enquanto Hobbes concebe o estado de natureza como uma situação de permanente conflito entre os homens, Locke o enxerga sob um ângulo bastante favorável, embora sem deixar de perceber os seus inconvenientes. Mas é marcante a diferença entre ambos no que diz respeito às consequências do pacto social com o consequente abandono do estado de natureza. Enquanto a fórmula de Hobbes redunda no absolutismo monárquico, a de Locke resulta no governo constitucional, produto do consentimento.

[32] LOCKE. *Two treatises on government*. Op. cit., p. 388.

ção destes últimos depende da conservação do primeiro. Em outras palavras: sem direito à propriedade não podem existir direitos humanos.

No âmbito do iluminismo continental, Rousseau também pressupõe a existência de um estado de natureza originário no qual os seres humanos viviam em estado de liberdade e de igualdade. Contudo, Rousseau manifesta seu incômodo com o fato dos indivíduos continuarem oprimidos apesar de terem celebrado livremente um contrato social visando à formação da comunidade política.[33]

De maneira semelhante a Locke, Rousseau afirma que, mediante o contrato social, o indivíduo perde "a liberdade natural e um direito ilimitado a tudo aquilo que ele deseja e pretende alcançar", adquirindo em troca, ao mesmo tempo, "a liberdade civil e a propriedade de tudo aquilo que ele possui".[34] Quanto à igualdade natural, Rousseau afirma que ela é transformada numa igualdade moralmente legítima, assegurando que todos os indivíduos sejam tratados igualmente pelo direito a despeito da desigualdade de força ou de talento efetivamente existente entre eles.

Rousseau formula um conceito desconhecido de Locke: o conceito de vontade geral. Tal conceito condiciona o funcionamento da sociedade política, além de justificar a subordinação do indivíduo aos interesses da maioria. O autor genebrino sustenta que o Estado é legítimo somente quando atua nos limites estabelecidos pelo direito que, por sua vez, é expressão da vontade geral. Em consequência, o direito destina-se, sobretudo, a impedir que os governantes possam cometer abusos contra os governados. Apenas quando o direito é formulado por autoridade legítima, isto é, aquela convencionada pelos indivíduos, pode-se falar em direito, caso contrário, estamos diante do domínio da força pura e simples que não possui legitimidade para obrigar quem quer que seja.[35] Assim sendo, o governante encontra-se limitado pelo direito legitimado pela vontade geral preocupada com a proteção do indivíduo contra o arbítrio.

Em Rousseau, a liberdade encontra-se umbilicalmente ligada à igualdade jurídica. Sem esta, não pode existir aquela e vice-versa. Em seu sentir, "se desejarmos entender no que consiste precisamente o maior bem de todos e que deve ser a finalidade de todo sistema de legislação, descobriremos que ele se reduz a dois objetos principais: a liberdade e a igualdade". A liberdade precisa ser preservada porque "toda dependência particular é forçosamente extraída do Estado; a igualdade, porque a liberdade não pode subsistir sem ela".

Rousseau também nos diz que "no que concerne à igualdade, não devemos entender por esta palavra que os níveis de poder e de riqueza seja absolutamente os mesmos, mas que, quanto ao poder, ela se sobreponha a toda e qualquer violência e que não se exerça jamais senão com fundamento na ordem e nas leis".[36] Por conseguinte, em que

---

[33] Cf. ROUSSEAU. *Du contrat social*. Paris: Librairie Générale Française, 1996. p. 45.
[34] Cf. Idem, p. 57.
[35] Cf. Idem, p. 48.
[36] Idem, p. 60.

pese a vinculação por ele estabelecida entre a liberdade e a igualdade, esta é concebida como sendo puramente jurídica (igualdade diante da lei ou igualdade formal) e não como igualdade material.

Embora a concepção dos direitos do homem formulada por Rousseau permaneça no interior da tradição liberal, não resta dúvida de que ela se esforça para incluir um elemento democrático a partir do conceito de vontade geral, em que pese o resultado incerto de tal empreendimento.

O pensamento político de Rousseau encontra-se inserido no ambiente iluminista de sua época, então intensamente influenciado pela doutrina do direito natural. Tal conjunto de ideias proporcionou alguns dos fundamentos das declarações dos direitos do homem e das cartas constitucionais de considerável parcela dos países europeus e americanos.

Acolhendo as exigências do iluminismo, a Declaração dos Direitos do Homem e do Cidadão proclama serem direitos naturais, inalienáveis e inerentes a todo e qualquer indivíduo: a liberdade de expressão, o direito à propriedade e o direito de resistência. Não há em seu texto, todavia, a mais leve referência à liberdade de religião e à liberdade de associação.[37] A Declaração estabelece que a titularidade da soberania encontra-se na nação, acolhendo também o princípio da separação de poderes e o da igualdade diante da lei.

Sobre tais liberdades e direitos, não podemos esquecer a importância desempenhada pela tese proveniente da doutrina do direito natural de que o ser humano é o titular de direitos fundamentais anteriores e superiores ao Estado.[38] Em consequência desta tese, podemos constatar que a Declaração dos Direitos do Homem e do Cidadão não formula propriamente direitos do homem, mas simplesmente constata sua existência.[39]

No curso do século XIX, as Declarações de Direitos do Homem abandonam pouco a pouco o tom filosófico e passam a perseguir também a sua concretização com o objetivo de conferir aos direitos e liberdades "uma realização jurídica não abstrata, mas concreta e vinculante, acompanhada das garantias indispensáveis para conceder-lhes eficácia".[40]

Ao expressar os ideais mais representativos da modernidade e ao compartilhar entre si idênticos pressupostos ideológicos, as primeiras Declarações de Direitos do Homem representam um inegável avanço no processo de reconhecimento e consolidação dos direitos

---

[37] A Declaração dos Direitos do Homem e do Cidadão influencia profundamente as posteriores que são formuladas não somente na França, mas em outros países durante o século XIX. Também exerce tal influência sobre inúmeras Constituições. Ainda no século XVIII, a Constituição francesa de 1793 acolhe a Declaração de 1789 e amplia seu conteúdo, incorporando direitos sociais de proteção do trabalhador contra a pobreza e a falta de instrução, ainda que a Declaração dos Direitos e Deveres do Homem e do Cidadão silencie a respeito.

[38] Cf. BURDEAU, Georges. *Droit constitutionnel et institutions politiques*. 19. ed., Paris: Librairie Générale de Droit et de Jurisprudence, 1980. p. 297.

[39] Cf. BURDEAU, Georges. *O liberalismo*. Póvoa de Varzim: Europa-América, s.d. p. 32.

[40] CASTÁN TOBEÑAS, José. *Los derechos del hombre*. Op. cit., p. 100.

humanos ao sistematizá-los de maneira inédita, ao proclamar sua universalidade e, por fim, ao limitar o poder político de maneira a favorecer a expansão da cidadania e o surgimento do Estado de direito.

Contrastando com os pensadores anteriormente mencionados, um autor do século XIX posiciona-se de maneira diametralmente oposta ao individualismo que se encontra na base dos direitos do homem, manifestando-se ainda contra sua índole marcadamente liberal, posicionamento que não se coaduna com a noção de Estado democrático de direito.

A concepção de Marx sobre os direitos humanos, que pode ser adequadamente chamada de crítico-materialista, também se encontra solidamente ancorada na noção tipicamente moderna e racionalista de progresso. O pensador alemão acredita que os graves problemas característicos da modernidade seriam superados mediante a luta de classes e a destruição do capitalismo. Tal concepção escatológica do progresso faz com que o discurso dos direitos humanos careça completamente de sentido na sociedade sem classes do futuro.

Inicialmente, é necessário registrar que o pensamento de Marx acerca dos direitos do homem caracteriza-se frequentemente pela ambiguidade. Seu entendimento acerca dos direitos humanos modifica-se a depender da fase específica da produção teórica. De toda sorte, precisamos recordar que, durante toda a sua existência, Marx sempre se mostrou um exacerbado crítico do direito. Por conseguinte, suas formulações acerca dos direitos humanos representam, na realidade, uma crítica aos direitos de inspiração liberal-burguesa.

Em sua fase juvenil tardia, Marx apresenta uma visão positiva dos direitos humanos, adotando um posicionamento liberal radical a seu respeito. Nesse período, Marx é um entusiasmado defensor das liberdades clássicas, a exemplo da liberdade de opinião, liberdade de imprensa, liberdade de crença, igualdade diante da lei, dentre outras, então desrespeitadas pelo Estado prussiano. Faz-se necessário, então, empreender uma crítica do Estado em defesa dos direitos e garantias individuais que traduzem o programa de ação da burguesia liberal nos países europeus que ainda resistem a reconhecê-los.

Após a crítica da filosofia do direito de Hegel, Marx afasta-se da concepção liberal dos direitos humanos. Já não se trata de denunciar o Estado pelo desrespeito aos direitos do homem, mas de contrapor-se às concepções liberais dos direitos fundamentais. Num pequeno texto escrito em 1844, Marx sintetiza o seu ponto de vista acerca do problema ao sustentar que a Declaração dos Direitos do Homem de 1791 consagra a liberdade definida pelo direito positivo como "o direito de fazer e empreender tudo aquilo que não prejudique aos demais", o que, em seu sentir, nada mais representa que a liberdade do homem isolado e egoísta. Por conseguinte, segundo ele, "o direito humano a liberdade não descansa sobre a união do homem com o homem, mas baseia-se, pelo contrário, na separação entre os homens".[41] Ele também enfatiza que o direito de propriedade, vale dizer, o direito de "desfrutar de seu patrimônio livre e voluntariamente, sem se preocupar com os

---

41   MARX, Carlos; ENGELS, Frederico. Sobre la cuestión judía. In: _____. *Marx*: Escritos de juventud. Obras fundamentales. México: Fondo de Cultura Económica, 1982. T. 1, p. 478.

demais, independentemente da sociedade", nada mais é que "o direito do interesse pessoal", ao passo que a igualdade em sentido jurídico, da mesma maneira que a liberdade acima definida, não passa do "direito de todo homem de se considerar como um átomo isolado, um diminuto organismo que não depende de ninguém". Por último, para o pensador alemão, a segurança, "supremo conceito social da sociedade burguesa", resume-se à noção de polícia, "segundo o qual a sociedade existe unicamente para garantir a todos e a cada um de seus membros a conservação de sua pessoa, de seus direitos e de sua propriedade". A segurança nada mais faz do que assegurar o egoísmo humano.[42] Em síntese, segundo o pensador, "nenhum dos direitos do homem ultrapassa os do homem egoísta, do homem considerado como membro da sociedade burguesa; ou seja, do indivíduo voltado para si mesmo, em seu interesse privado e no seu arbítrio individual e dissociado da comunidade".[43]

Em Marx, os direitos humanos inscritos nas Declarações de Direitos e nas Cartas Constitucionais são direitos não do homem "verdadeiro e autêntico", mas do burguês, que concebe o indivíduo como um membro da sociedade burguesa e não na condição de "homem como ser genérico", isto é, como indivíduo destinado a sua emancipação numa sociedade não organizada sob a forma de Estado, na qual a própria existência dos direitos humanos já não faria o mínimo sentido. Consequentemente, para Marx, direitos humanos são "ideias ou representações deformadas da realidade que, ao mesmo tempo, cumprem a função de justificar dita realidade".[44] Em outras palavras, apresentando-se como universais e anteriores ao Estado, os direitos humanos são meramente direitos "burgueses", direitos instrumentalizados pela burguesia visando à conservação de seus interesses e da reprodução de seu domínio sobre as demais classes sociais.

Tal concepção, jamais abandonada posteriormente por Karl Marx, não nega que os direitos humanos sejam politicamente importantes do ponto de vista tático. Os direitos de associação e de greve, por exemplo, podem e devem ser utilizados eficientemente pelo proletariado no combate contra a classe social dominante. Ao mesmo tempo que o autor alemão despreza por completo determinados direitos humanos, a exemplo da propriedade privada dos meios de produção, ele defende a instrumentalização dos direitos humanos com objetivos políticos revolucionários. Em resumo, a defesa feita por Marx dos direitos humanos não ocorre "por motivos éticos, mas políticos: os direitos humanos são meios, não fins em si mesmos". Apenas para ilustrar, observemos o ponto de vista do filósofo alemão acerca do direito de voto.

Analisando o contexto da disputa política francesa na década de 1840, Marx afirma que o sufrágio universal possui o mérito de "desencadear a luta de classes, de fazer com que os diversos estratos médios da sociedade burguesa vivenciassem rapidamente suas ilusões e frustrações, de arremessar todas as facções da classe exploradora de um só golpe

---

[42] Idem, p. 479.
[43] Idem, p. 480.
[44] ATIENZA, Manuel. *Marx y los derechos humanos*. Madrid: Mezquita, 1983. p. 108-109.

no cenário político e de arrancar-lhes, assim, a máscara fraudulenta, ao passo que a monarquia, com o seu sistema censitário, fazia com que somente certas facções da burguesia se comprometessem, mantendo as demais escondidas nos bastidores e envolvendo-as com a aura de santidade de uma oposição comum".[45] Ou seja, para ele o sufrágio universal não é um instrumento valioso em si mesmo. Paradoxalmente, sua importância consiste precisamente em, desnudando a sua natureza classista, demonstrar a ausência de sua relevância para a emancipação do ser humano, além de revelar as contradições existentes entre os interesses da classe social dominante e os das classes sociais dominadas, o que o voto censitário não permite.

O pensamento de Marx sobre os direitos humanos contribui, ainda que indiretamente, ao lado de outros fatores, para a progressiva organização da classe operária e, mais amplamente, das camadas subalternas da sociedade, assim como para o surgimento e a consolidação dos direitos econômicos e sociais que caracterizam a modernidade tardia. Lamentavelmente, porém, também consolidou a crença das pessoas e dos movimentos e organizações políticas situadas no campo da "esquerda" de que as liberdades individuais e políticas comumente definidas como direitos humanos de primeira geração têm um valor puramente instrumental, seja no plano tático ou no estratégico, no sentido de que contribuem para a organização e a conscientização do proletariado e, assim, para abreviar a dominação exercida pelas classes dominantes da sociedade. Os direitos econômicos e sociais, pelo contrário, seriam os únicos a contribuir para a igualdade material entre os seres humanos.

Costuma-se afirmar que os direitos civis e políticos expressam a concepção burguesa dos direitos humanos, ao passo que os direitos econômicos e sociais resultam das lutas operárias. Realmente, o passado revela que as lutas travadas em torno destes últimos tiveram no operariado seu principal sujeito histórico. Em outras palavras: não há dúvida de que, influenciadas pela pregação socialista, as massas trabalhadoras foram os principais arquitetos dos direitos econômicos e sociais. Para elas, as liberdades civis não pareciam – e de fato não eram – suficientes. Então, ao mesmo tempo que lutavam pelas liberdades civis, passaram a reivindicar direito a salários justos pelo seu trabalho, previdência social, cuidados médicos e educação escolar, além de direitos políticos até então não reconhecidos como tais, com a finalidade de ampliar a sua participação da formação da vontade estatal.[46] Porém, tal realidade histórica provoca certos equívocos no que tange à relevância dos direitos humanos, dentre os quais o entendimento de que os direitos individuais e, em certa medida, os direitos políticos, possuem uma dimensão meramente formal ou jurídica, além de exprimirem os interesses exclusivos das classes dominantes. Em comparação com os direitos individuais – direitos burgueses por excelência – os direitos econômicos e sociais são direitos substanciais capazes de contribuir positivamente para a emancipação

---

[45] MARX, Karl. *As lutas de classes na França de 1848 a 1850*. São Paulo: Boitempo, 2012. p. 59.

[46] Cf. HOBSBAWM, Eric J. O operariado e os direitos humanos. In: _____. *Mundos do trabalho*. Rio de Janeiro: Paz e Terra, 1987. p. 417-423.

da humanidade. Nasce assim, a partir de uma confusão entre uma "questão de fato" (os direitos humanos de primeira geração são produto das lutas políticas lideradas pela burguesia) e uma "questão de princípio" (os direitos humanos de primeira geração encerram valores universais), o entendimento de que as liberdades individuais, expressando valores liberais, constituem um entrave aos direitos econômicos e sociais, os quais são os únicos capazes de traduzir o interesse das camadas desfavorecidas da sociedade.[47]

Tal posicionamento encerra um evidente equívoco, sobretudo quando conhecemos as dificuldades enfrentadas pelos mais pobres em ter seus direitos respeitados e protegidos. É o indivíduo integrante das camadas mais desfavorecidas da sociedade que mais sofre, no cotidiano, atentados contra sua vida, integridade física e liberdades, inclusive desferidos pelo próprio aparelho repressivo estatal. Segurança pessoal, liberdade de expressão, liberdade de locomoção, dentre outras, claramente interessam não apenas às camadas privilegiadas da sociedade, mas a todos, como aprenderam na prática muitos perseguidos políticos. Há, portanto, uma conexão necessária entre direitos civis, direitos políticos, por um lado, e direitos econômicos e sociais, por outro. Os direitos humanos são indivisíveis, uns servindo de apoio aos outros. Nas palavras abalizadas de HABA: "Existe certa unidade e influência recíprocas entre o respeito por certos direitos políticos e certos direitos econômicos", de maneira que "assim como os direitos políticos e civis são 'vazios' sem os econômicos, os segundos são 'cegos' sem aqueles".[48]

Naturalmente, por outro lado, admitir "o reconhecimento dos denominados 'direitos econômicos, sociais e culturais', não implica na anulação da liberdade individual, mas tão somente em assegurar, da melhor maneira possível, a consolidação dos fundamentos necessários ao pleno desenvolvimento da subjetividade humana, que exige conjugar, a um só tempo, suas dimensões pessoal e coletiva".[49] Nas palavras exatas de LÓPEZ CALERA: "Os direitos individuais necessitam dos direitos coletivos". Eles "não são imagináveis nem realizáveis sem imaginar e realizar certos direitos coletivos".[50]

Na realidade, a sobrevivência e a expansão da própria democracia contemporânea dependem da convergência entre as "liberdades clássicas" e os "direitos de crédito", não obstantes as diferenças existentes nos processos que originaram cada uma destas espécies de direitos humanos. Defendendo tal ponto de vista, LAFER salienta que as duas primeiras gerações de direitos humanos "baseiam-se na intuição da irredutibilidade do ser humano ao todo do seu meio social, e no pressuposto de que a sua dignidade se afirmará com a existência de mais liberdade e menos privilégios".[51] Por conseguinte, isolar os direitos

---

47 Cf. a respeito: BOBBIO, Norberto. *A era dos direitos*. Op. cit., p. 99.
48 HABA, Enrique P. *Tratado básico de derechos* humanos. San José: Juricentro, 1986. v. 2, p. 909-910.
49 PEREZ LUÑO, Antonio. *Los derechos fundamentales*. Madrid: Tecnos, 2004. p. 25.
50 LÓPEZ CALERA, Nicolás. *Hay derechos colectivos?* Barcelona: Ariel, 2000. p. 35.
51 LAFER, Celso. *A reconstrução dos direitos humanos*. São Paulo: Companhia das Letras, 1988. p. 130.

humanos civis e políticos dos direitos econômicos e sociais representa um grave erro que provoca consequências indesejáveis. As duas gerações de direitos humanos são produto da modernidade e patrimônio comum de toda a humanidade, mostrando-se essenciais à existência e à preservação de sociedades liberais, democráticas e solidárias, nas quais a dignidade do ser humano é integralmente respeitada.

Referindo-se às liberdades civis ao discorrer sobre o tema dos direitos humanos, HOBSBAWM, insuspeito e celebrado historiador marxista, admite que "eles tiveram nítida influência que ultrapassou os limites de apoio ao liberalismo burguês" e que "muitos dos direitos formulados no contexto do final do século XVIII ainda correspondem ao que a maioria das pessoas nas sociedades modernas deseja e precisa".[52] Concordando com o autor, acreditamos que tal afirmação vale tanto para os despossuídos do mundo ocidental na atualidade como, no passado, para os perseguidos políticos da falecida URSS. Direitos individuais e direitos políticos não são um luxo usufruído pelos setores dominantes da sociedade, mas um requisito para a existência de sociedades pluralistas, abertas e solidárias comprometidas com o bem comum.

5.5 Os direitos humanos e a "traição" da modernidade

Reconhece-se, acertadamente, que a despeito da criação das instituições sociais modernas e do seu posterior desenvolvimento e expansão em nível mundial terem criado "oportunidades bem maiores para os seres humanos gozarem de uma existência segura e gratificante que qualquer tipo de sistema pré-moderno", a modernidade possui um lado sombrio.[53]

A despeito de todos os problemas característicos da modernidade, é induvidoso que o homem moderno viveu e ainda vive em melhor situação que o homem medieval ou o homem antigo. O reconhecimento da existência dos direitos do homem, tanto no plano das ideias como no âmbito do direito positivo, representa um evidente sinal da aceitação mais ou menos generalizada de que sua dignidade deve ser preservada, mesmo que, no plano prático, a sua fruição ocorra de maneira desigual. Contudo, paradoxalmente, a mesma modernidade que contribuiu para a emergência da ideia dos direitos humanos e para a sua positivação, também fragilizou a sua existência. Após décadas de crença otimista no progresso e no aperfeiçoamento humano, o mundo europeu mergulhou na Primeira Guerra Mundial, conflito travado numa dimensão e numa escala de destruição e ferocidade até então desconhecidos. Ao longo do conflito, toda a ciência e a técnica características da modernidade foram disponibilizadas aos contendores. Por sua vez, o homem comum, mas também os intelectuais, pelo menos antes das primeiras batalhas, demonstraram inusitados entusiasmo e energia guerreira chauvinista. Em contraste, raríssimas vozes moderadas

---

[52] HOBSBAWM, Eric J. O operariado e os direitos humanos. Op. cit., p. 415.
[53] GIDDENS, Anthony. *As consequências da modernidade*. São Paulo: EditoraUNESP, 1991. p. 16.

pediram paz e respeito aos direitos do homem. Findo o conflito, a confiança da sociedade ocidental no ideal de progresso da humanidade associado à modernidade, ideal este que tinha justamente na civilização europeia um de seus mais sólidos alicerces, encontrava-se seriamente abalado. Se, por um lado, a evidente relação entre o militarismo belicista e o desenvolvimento tecnológico provém de tempos imemoriais, por outro, não há dúvida de que a Grande Guerra sepultou definitivamente a ilusão tipicamente moderna de que, pelo menos no solo europeu, o progresso acarretaria um estado de paz permanente entre os povos, sentimento reforçado em razão da ausência de conflitos armados no continente desde o início da década de 1870.

O fato é que o século passado tornou-se o cemitério do otimismo pacifista. Os avanços técnico-científicos característicos da modernidade tardia terminaram por contribuir decisivamente para a eclosão de conflitos militares numa escala até então desconhecida. A extensão do número de vítimas justifica plenamente a afirmação de que as guerras do século XX revelaram o "lado sombrio" da modernidade e de que "o mundo em que vivemos hoje é um mundo carregado e perigoso".[54] Tal afirmação, cuja correção é inegável, adquire contornos sobremaneira dramáticos quando recordamos o episódio do holocausto.

Seguramente um dos traços mais impressionantes do holocausto é a sua adequação a determinadas características essenciais da modernidade, a exemplo do funcionamento da máquina burocrática nazista dedicada ao extermínio dos inimigos do Reich. Tal atividade assassina, realizada a partir de um setor do aparelho governamental hitleriano inacreditavelmente denominado de "Seção de Administração e Economia", caracteriza-se por pautar suas ações pelos mesmos princípios adotados por qualquer outro setor da administração pública alemã. Ambicionando atuar de maneira perfeitamente racional, pautando-se pela eficiência, pelo princípio da divisão do trabalho, pela impessoalidade, pelo desenvolvimento coordenado de suas ações, pelo cálculo de meios e fins e pelo equilíbrio orçamentário, a Seção de Administração e Economia funcionava da mesma maneira que qualquer outro aparato burocrático da administração moderna. Isto significa que o holocausto não pode ser considerado simplesmente como expressão da irracionalidade da política totalitária nazista, muito pelo contrário. Segundo BAUMAN, "a 'solução final' não se chocou em nenhum estágio com a busca racional da eficiência, da otimização na consecução do objetivo", mas, pelo contrário, "resultou de uma preocupação autenticamente racional que foi gerada pela burocracia fiel a sua forma e propósito".[55] A máquina de extermínio nazista constitui a mais lúgubre advertência de que a modernidade apresenta uma dupla dimensão, muitas vezes entrelaçada, a apontar tanto para a emancipação do ser humano como para a sua degradação.

Os exemplos mencionados nos parágrafos anteriores, supostas "traições" cometidas pela modernidade ao ideal dos direitos humanos, agregam-se a muitos outros que caracterizam o tempo presente. Sabemos, por exemplo, que apenas uma minoria de países pode

---

[54] Idem, p. 19.
[55] BAUMAN, Zygmunt. *Modernidade e holocausto*. Rio de Janeiro: Zahar, 1998. p. 37.

ser considerada verdadeiramente democrática. Também não desconhecemos que os valores liberais estão distantes de serem assimilados ou mesmo tolerados em vastas partes do mundo. Além disso, a exclusão social amplia-se nos países centrais e a fome permanece endêmica em várias regiões do planeta. Enfim, a humanidade enfrenta a ameaça de sua própria extinção em decorrência da ausência de cuidados com a proteção do meio ambiente. Entende-se, assim, por que as pessoas que mais se preocupam com os direitos humanos encontram-se não somente perplexas, mas também atemorizadas por perceberem que o progresso característico da modernidade se faz acompanhar por diversas ameaças às suas liberdades e à sua própria sobrevivência.[56] Tal característica ao mesmo tempo benfazeja e nociva da modernidade aponta para a necessidade de o ser humano redimensionar por completo as formas tradicionais de seu relacionamento com os de sua espécie, mas também com o meio ambiente.

5.6 Conclusão: a modernidade entre o paraíso e o inferno

A modernidade apresenta uma série de características notáveis. Na fase pré-moderna do passado humano não fazia sentido falar em direitos humanos no sentido estrito da expressão e tampouco em constitucionalismo ou Estado de direito. Por outro lado, não é por acidente que a modernidade esteve inicialmente conectada com o capitalismo, ainda que, posteriormente, tenham existido sociedades modernas do tipo socialista que, assim como as capitalistas, estiveram firmemente comprometidas com o ideal racionalista do progresso técnico e científico. Os direitos humanos, inicialmente concebidos como direitos naturais, foram progressivamente positivados, dentre outras razões, para permitir a permanente expansão das forças produtivas e o sepultamento das relações de produção pré-capitalistas, tratando-se, assim, de uma das expressões características do progresso.

Os efeitos positivos da modernidade produzidos paulatinamente em graus variados – muito embora apresentando descontinuidades – sobre significativa parte da humanidade são realmente notáveis, merecendo destaque, dentre outros, o extraordinário salto nas condições de vida e de bem-estar da população e uma expansão dos direitos individuais e políticos em todos os níveis da existência humana. Ao mesmo tempo, porém, a modernidade revelou uma face cruel e desumana seguramente não imaginada pelos filósofos iluministas, crentes no progresso e na força da razão. É certo que pensadores do século XIX, a exemplo de Marx, chegaram a manifestar desconforto em relação a determinados aspectos centrais e nocivos da modernidade, mas não os perceberam nem poderiam tê-los percebido em toda a sua extensão e gravidade. O fato é que algumas armadilhas modernas só vieram a ser plenamente compreendidas – muito embora estejam longe de serem desmontadas – no século anterior. Atualmente, parece-nos suficientemente claro que a modernidade possui características antinômicas que favorecem, dificultam ou mesmo

---

56 Cf. PÉREZ LUÑO, Antonio E. *Los derechos fundamentales*. Op. cit., p. 28.

impedem o pleno desenvolvimento da personalidade humana, restando-nos o desafio militante de saber identificá-las em toda a sua extensão, para que possamos estimulá-las ou combatê-las em defesa dos direitos fundamentais, algo que, de resto, representa um gigantesco desafio para a humanidade.

Referências

ATIENZA, Manuel. *Marx y los derechos humanos*. Madrid: Mezquita, 1983.

BAUMAN, Zygmunt. *Modernidade e holocausto*. Tradução de Marcus Penchel. Rio de Janeiro: Zahar, 1998.

BOBBIO, Norberto. *Giusnaturalismo e positivismo giuridico*. 3. ed. Milano: Edizioni di Comunità, 1977.

_____. *A era dos direitos*. Tradução de Carlos Nélson Coutinho. Rio de Janeiro: Campus, 1982.

BURDEAU, Georges. *Droit constitutionnel et institutions politiques*. 19. ed. Paris : Librairie Générale de Droit et de Jurisprudence, 1980.

_____. *O liberalismo*. Póvoa de Varzim: Europa-América, s.d.

CASTÁN TOBEÑAS, José. *Los derechos del hombre*. Madrid: Reus, 1976.

FOUREZ, Gérard. *A construção das ciências*: introdução à filosofia e à ética das ciências. Tradução de Luiz Paulo Rouanet. São Paulo: UNESP, 1995.

GIDDENS, Anthony. *As consequências da modernidade*. Tradução de Raul Fiker. São Paulo: Editora UNESP, 1991.

GROTIUS, Hugo. *Do direito da guerra e da paz*. Tradução de Ciro Mioranza. Ijuí: Unijuí, 2004. T. 1.

HABA, Enrique P. *Tratado básico de derechos humanos*. San José: Juricentro, 1986. v. 2.

HOBSBAWM, Eric J. O operariado e os direitos humanos. In: *Mundos do trabalho*. Rio de Janeiro: Paz e Terra, 1987.

KAUFMANN, Arthur. *Filosofia do direito*. Tradução de António Ulisses Cortês. Lisboa: Fundação Calouste Gulbekian, 2004.

LAFER, Celso. *A reconstrução dos direitos humanos*: um diálogo com o pensamento de Hannah Arendt. São Paulo: Companhia das Letras, 1988.

LIONS, Monique. Derechos humanos en la historia y en la doctrina. In: *Veinte años de evolución de los derechos humanos*. México: Instituto de Investigaciones Jurídicas – Universidad Autónoma de México, 1974. p. 479-501.

LOCKE. *Two treatises on government*. London: R. Butler, 1821.

LOEWENSTEIN, Karl. *Teoría de la Constitución*. Barcelona: Ariel, 1982.

LÓPEZ CALERA, Nicolás. *Hay derechos colectivos?* Individualidad y sociabilidad en la teoría de los derechos. Barcelona: Ariel, 2000.

MARX, Karl. *As lutas de classes na França de 1848 a 1850*. Tradução de Nélio Schneider. São Paulo: Boitempo, 2012.

MARX, Carlos; ENGELS, Frederico. Sobre la cuestión judía. In: _____. *Marx*: Escritos de juventud. Obras fundamentales. Tradução de Wenceslao Roces. México: Fondo de Cultura Económica, 1982. T. 1, p. 463-490.

PÉREZ LUÑO, Antonio E. *Los derechos fundamentales*. 8. ed. Madrid: Tecnos, 2004.

ROUSSEAU. *Du contrat social*. Paris: Librairie Générale Française, 1996.

SANTOS, Boaventura de Sousa. *Um discurso sobre as ciências*. 13. ed. Porto: Afrontamento, 2002.

SCHMITT, Carl. *Teoría de la Constitución*. México: Nacional, 1981.

TRUYOL Y SERRA, Antonio. *Los derechos humanos*. Madrid: Tecnos, 1977.

VILLEY, Michel. *Le droit et les droits de l'homme*. Paris: Presses Universitaires de France, 1983.

Título III

O contexto internacional dos direitos humanos

O trânsito da modernidade para a contemporaneidade e os direitos humanos

Ruth Maria Chittó Gauer

Sumário: 6.1 Introdução; 6.2 A contribuição da modernidade e o trânsito para a contemporaneidade; 6.3 Apreciação final; Referências.

6.1 Introdução: o contexto dos direitos humanos e fundamentais

Os direitos humanos tiveram seu ápice no final do século XVIII, foram um produto da modernidade vinculado ao idealismo e ao progresso. No século XX, houve um período em que o seu retorno teve uma ênfase especial; isso ocorreu durante o período das Guerras e, principalmente após a Segunda Guerra Mundial, com fundação da Liga dos Direitos Humanos. Atualmente, estão instalados e reconhecidos, tanto que é este um dos temas mais publicados no Ocidente, superando, em alguns períodos, os escritos sobre Freud, Marx, Durkheim e de temas como o do feminismo, entre outros. Não por acaso, a história dos direitos humanos caminhou em simultâneo à história das democracias no Ocidente.

No final do século XVIII, as declarações dos Direitos do Homem e do Cidadão marcaram o processo de transformação que resultou na Revolução Francesa, e o *Bill of Rights* da Virgínia marcou a posição norte-americana acerca dos Direitos Humanos. Ambos os movimentos explicitaram uma grande revolução léxica e, sobretudo, semântica. Os eventos citados são um bom exemplo para analisar as diferentes expressões que inovaram o vocabulário utilizado durante esse período marcado pelos processos revolucionários e de independência.

Antes mesmo da declaração da Virgínia, de 1776, outros estados americanos haviam reconhecido os direitos humanos pelo pacto estabelecido pelos famosos Peregrinos do Mayflower, em 1620. Outros ainda foram mais longe, em 1647, ao acentuarem os direitos do homem como homem, e, sobretudo, o direito à liberdade religiosa. Esse direito foi introduzido desde cedo em várias colônias americanas: o exemplo mais conhecido foi o da Carolina do Norte, por ter adotado uma Constituição democrática que foi redigida por Locke. A liberdade de consciência foi o direito essencial, o núcleo ao redor do qual os direitos do homem iriam constituir-se mediante a integração de outras liberdades e outros direitos. A liberdade religiosa, nascida da reforma e das lutas subsequentes, foi o grande agente da transformação das especulações do direito natural em uma realidade política.

O matemático e filósofo Condorcet, entretanto, destacou que a Declaração de 1789 era inferior à Constituição francesa, pois ao passo que esta reconhecia a igualdade de direitos como seu único e supremo princípio, naquela a igualdade é invocada (no art. 1º) contra as "distinções sociais" hereditárias, mas não figura na lista dos direitos substantivos (no art. 2º), que eram a liberdade, a propriedade, a segurança e a resistência à opressão. Em todas as Declarações subsequentes, a igualdade toma lugar ao lado da liberdade entre aqueles direitos.

Tanto a Revolução Francesa como o *Bill of Rights* da Virgínia são exemplos do triunfo do constitucionalismo iniciado em 1776 com a matriz americana, seguida da Constituição francesa, de 1791. Esses eventos espalharam-se rapidamente pela Europa, chegando ainda nos finais do século XVIII à América. Se, por um lado, as bases dos direitos humanos se encontram da ideia de igualdade, o direito natural se fundamentou na propriedade de cada um sobre si mesmo, cada um é proprietário de seu corpo. Cada indivíduo molda a sua vida. Nenhum direito básico pode ser violado em favor do maior bem-estar de todos. O postulado da igualdade, expressão de uma conquista social, foi defendido por muitos filósofos. John Stuart Mill atribuiu a Benthan o imperativo: "cada um conta por um, ninguém conta por mais de um". Esta máxima está fundamentada na crença de que uma pessoa é tão importante como qualquer outra.

A nova linguagem unificou o pensamento político ocidental em torno das ideias ligadas ao liberalismo, aos direitos humanos, políticos e civis, à democracia, expressas pelos movimentos constitucionalistas ocorridos desde o século XVIII, na Europa, e emancipatórios, na América de língua inglesa assim como de língua espanhola e portuguesa, no século XIX. Na nova linguagem, os direitos humanos de inspiração jusnaturalista e humanista eram vistos como direitos inatos e tidos como verdades evidentes. A positivação que se iniciou no século XVIII aparece nas constituições; eles almejavam, segundo preceitos teóricos, uma dimensão permanente e segura.

Esses movimentos, com suas especificidades locais, se constituíram na estrutura universalista do pensamento liberal de matriz iluminista. Não por acaso, Tocqueville, adepto da democracia, ficou profundamente impressionado pelo infeliz desenvolvimento da democracia na França e foi à América do Norte para estudar comparativamente as condições que permitiram aos Estados Unidos democráticos conhecer a paz. Tocqueville foi quem, em nosso entender, melhor percebeu naquele período o movimento de todos os segmentos sociais livres no processo de desenvolvimento da igualdade de condições quando refere: "[...] Este fenômeno não é exclusivamente francês. A qualquer parte em que dirijamos nossa observação veremos a mesma revolução que avança em todo o universo cristão" (TOCQUEVILLE, 1987, p. 37). É evidente que Tocqueville estava em busca de uma democracia perfeita, no entanto o modelo americano deixava visível a diferença entre a Revolução Francesa e o processo de independência dos Estados Unidos.

6.2 A contribuição da modernidade e o trânsito para a contemporaneidade

Uma das promessas normativas das primeiras democracias modernas foi a de que os cidadãos teriam respeitados os seus direitos, o que pressupõe a presença de uma comunidade politicamente organizada e normatizada institucionalmente pelo Estado. A ideia de cidadania está ligada ao pertencimento de uma entidade política territorial, tal compreensão remonta à cidade-Estado grega, onde, após o século VI a. C., os cidadãos tinham o direito e o dever de participar da vida política. Na Grécia clássica, o termo *cidadão* designava os direitos relativos aos cidadãos que viviam nas cidades. Os exemplos servem para pensar sobre como a referência grega em certa medida permitiu elevar os valores de um sistema social, o qual influenciou a democracia na Grécia de forma a se perpetuar, enquanto referência, um primeiro modelo.

Na modernidade, a invenção do sujeito moderno com base na igualdade, assim como os direitos individuais, as garantias constitucionais passaram a ser incluídos no conceito de cidadania, além de serem vinculados ao de nacionalidade. A questão da cidadania reforçou o postulado do indivíduo como sujeito de direitos.[1] A invenção do indivíduo moderno personifica a liberdade, objeto da abdicação coletiva promovida pelo pacto social. A renúncia comum à liberdade natural constitui o próprio movimento coletivo que o realiza.

A "Declaração dos Direitos do Homem e do Cidadão", de 1789, marca o triunfo do Indivíduo, trazendo para o plano da lei positiva os preceitos e ficções do direito natural. A liberdade de consciência foi o direito essencial a partir do qual o direito do homem iria constituir-se, sendo que a liberdade religiosa, nascida da Reforma Religiosa e das lutas subsequentes, foi o agente transformador das especulações de direito natural em uma dada realidade política. Embora a declaração Americana tenha precedido a francesa, foi na França que se adotou como fundamento da constituição, imposta a um monarca e proposta como exemplo para a Europa e o mundo liberal. Foi criticada por Bentham, mesmo assim exerceu uma ação poderosa, na verdade irresistível durante todo o século XIX e se estendeu durante o século XX. Ao abordar o tema do individualismo, Dumont busca sua

---

[1] *Individua* do latim, o que não se divide. Modernamente *átomo* indivisível. Para Simmel, individualidade é a afirmação singular de atributos idiossincráticos e, consequentemente, só pode ser pensado por sua marca diferencial (SOUZA, 1998). Para Dumont, foi com o calvinismo que o indivíduo entrou definitivamente no mundo, e o valor individualista passou a reinar sem restrições nem limitações (DUMONT, 1985, p. 35).

origem nos primórdios do cristianismo, partindo da ideia de que algo do individualismo moderno estava presente nos primeiros cristãos e no mundo que os cercava, embora de forma radicalmente diversa daquela conhecida na modernidade. Em uma concepção teocêntrica o indivíduo foi concebido vivendo "fora do mundo". Na modernidade a concepção antropocêntrica vê o "indivíduo no mundo". Segundo Dumont, quando falamos de indivíduo, designamos duas coisas ao mesmo tempo: um objeto fora de nós e um valor. A comparação obriga-nos a distinguir analiticamente esses dois aspectos: de um lado, o sujeito *empírico* que fala, pensa e quer, ou seja, a amostra individual da espécie humana, tal qual a encontramos em todas as sociedades; do outro, o *ser moral* independente, autônomo e, por conseguinte, essencialmente não social portador dos nossos valores supremos, e que se encontra em primeiro lugar em nossa ideologia (cultura) moderna do homem e da sociedade (DUMONT, 1985, p. 35).

Desvendar a origem do individualismo implica descobrir a partir de que momento, no tipo geral das sociedades holísticas, o indivíduo passou a constituir o valor supremo. Nessa busca, o autor faz uma comparação com a Índia, onde há dois tipos de indivíduo: aquele que vive numa interdependência estreita com a sociedade e o renunciante a esse modelo, a quem é permitida a plena independência e que é responsável por todas as inovações religiosas que a Índia conheceu (DUMONT, 1985, p. 35). O pensamento do renunciante, que se basta a si mesmo, é semelhante ao do indivíduo moderno, mas com a diferença de que este vive no mundo social, e aquele vive fora dele. Para Dumont o renunciante indiano é um "indivíduo fora do mundo", comparativamente a nós, "indivíduos no mundo", indivíduos mundanos (DUMONT, 1985, p. 38). Ao aparecer, em oposição à sociedade holista, tradicional, o individualismo surgirá como uma espécie de "indivíduo fora do mundo", suplementando-a, pois o caminho da libertação pressupõe o abandono do mundo social, de cujo distanciamento é condição para o desenvolvimento espiritual individual. O homem teocêntrico, que se caracteriza como um *"indivíduo em relação com Deus"*, é essencialmente um "indivíduo fora do mundo". O indivíduo como valor era alguém situado no exterior da organização social e política estava fora e acima dela. Esse é o individualismo oferecido pelo cristianismo no mundo helenístico. No processo de transição para o individualismo moderno, que acontece nas relações entre a Igreja e o Estado, o "indivíduo fora do mundo" subordina o holismo tradicional e torna-se "indivíduo no mundo". A dominação da Igreja era fundamentada no poder espiritual em detrimento do poder temporal.

Em um primeiro momento, o estoicismo, laço ideológico do helenismo, contribui para uma adaptação do indivíduo ao mundo. Os estoicos de Roma voltaram ao mundo e exerceram importantes cargos, mas mantiveram o divórcio original: *o indivíduo que se basta a si mesmo continua sendo o princípio, mesmo quando age no mundo*. Os estoicos influenciaram o pensamento helenístico e as monarquias, tentando fazer dos reis também sábios, mas sua volta ao mundo foi apenas uma adaptação secundária, pois no fundo ainda se definiam como indivíduos estranhos ao mundo. Segundo Dumont, Platão e Aristóteles, depois de Sócrates, souberam reconhecer que o homem é essencialmente um ser social. O que seus sucessores helenísticos fizeram foi, no fundo, postular como ideal superior o do sábio desprendido da vida social. A vida no mundo e os mandamentos sociais passaram a se articular com a verdade e os valores absolutos através da ética e da moralidade subjetiva (DUMONT, 1985, p. 41).

Após, o pensamento político ocidental em torno das ideias ligadas ao liberalismo, aos direitos políticos e civis, à democracia, expressos pelos movimentos constitucionalistas com base nos ditos direitos humanos, foram vistos como direitos inatos e tidos como verdades evidentes estruturadas na ideia de igualdade e liberdade, encerradas na própria Declaração de Direitos Humanos do Homem e do Cidadão.

Na opinião de Dumont "não bastaria ver na Declaração o coroamento das doutrinas modernas do direito natural porque o ponto essencial é o transporte dos preceitos e ficções do direito natural para o plano da lei positiva: a Declaração foi concebida como a base solene de uma Constituição escrita, ela mesma julgada e sentida como necessária do ponto de vista da racionalidade artificial. Tratava-se de fundar exclusivamente na base do consenso dos cidadãos um novo Estado e de colocá-lo fora do alcance da própria autoridade política" (DUMONT, 1985, p. 110). A declaração proclamava os princípios solenes que a constituição deveria programar e implementar. Ao mesmo tempo, ia-se buscar conscientemente à América a fonte de inspiração. Assim, um relatório endereçado à Assembleia de 27 de julho de 1789 aprovou "essa nobre ideia, nascida em outro hemisfério", e o fato está amplamente documentado; mais do que à Declaração de Independência de 1776, é necessário nos remetermos, como fonte particular, aos *Bills of Rights* adotados em alguns estados americanos, sobretudo na Virgínia, de 1776, conhecido na França antes de 1789. Como compatibilizar o apregoado ao liberalismo que é liberal na economia, mas não na política e no jurídico? (FERRAJOLI, 2000, p. 83).

Registre-se que Kant considerou o século XVIII uma época crítica, em que o construtivo desta crítica era sempre o mais importante para se chegar ao Iluminismo. O autor definiu muito bem a ambição da emancipação do homem que viveu na época do Iluminismo. Para isto considerava-se um iluminado, vivente em uma época iluminada onde era permitido fazer uso público da razão "[...] *até então severamente restringido pela autoridade e pelo dogma*" (KANT, 1988, p. 11). Kant, teve como objetivo antes de mais uma pedagogia da razão crítica nas categorias éticas. Considerou *o iluminismo como a saída do homem da sua menoridade de que ele próprio era culpado* (TOUCHARD, 1959, p. 59). Baumer argumenta analisando Diderot, E. Troeltsch, Hume, Becker, entre outros, que existem diferentes facetas caracterizando o Iluminismo. A maneira como Diderot percebeu a época das Luzes foi como um tempo onde a filosofia faria uma "revolução" nos espíritos, já que, os homens buscavam e empregavam leis da razão na "natureza" (BAUMER, 1990, p. 183).

Dentro deste controle está a Felicidade (obsessão da época, principalmente até a metade do século) e que vai contra o ultramundanismo cristão. Podemos considerar o Iluminismo como a passagem do sobrenaturalístico mítico autoritário para o naturalístico científico individualista, que, tendo peculiaridades em cada país, deu um grande impulso no pensamento do século, já que era complexo, crivado de dúvidas e divisões internas. O individualismo floresceu entre os liberais ingleses. Rejeitando como abstrações todos os ideais. O homem individual devia deixar de alienar a si próprio e tomar seu lugar na realidade única, o seu próprio e único ego, libertando-se de toda a autoridade, incluindo a sociedade. Esse modo de socialização inédito embasa o ideal moderno de subordinação do indivíduo às regras racionais, impessoais e coletivas criando condições para que o mesmo se tornasse inseparável de uma sociedade que se ergueu sobre o indivíduo livre como valor e um fim em si mesmo (LIPOVETSKY, 2002, p. 7). De acordo com Bentham, somente o indivíduo era real, sendo o estado "um corpo fictício". "Então qual é o interesse da comunidade? A conclusão era a soma dos interesses dos vários membros que a compõem." A interpretação de Foucault sobre Bentham com relação ao Panóptico é que o mesmo pode ser descrito como uma máquina, afirma o autor: "O Panóptico é uma máquina maravilhosa que, a partir dos desejos mais diversos, fabrica efeitos homogêneos de poder." É comprovada a multiplicação das instituições de disciplina, com sua rede que começa a cobrir uma superfície cada vez mais ampla, e principalmente a ocupar um lugar cada vez menos marginal. Foucault aponta que nos poucos anos depois de Benthan, Julius redigia a certidão de nascimento dessa sociedade, diz Foucault. "O autor faz uma abordagem mostrando que o século XVII inventou técnicas da disciplina e o exame, um pouco sem dúvida como a Idade Média inventou o inquérito judiciário. Mas por vias totalmente diversas" (FOUCAULT, 2004, p. 180).

Bentham deixou lugar para alterações por parte dos legisladores, para obter uma "identidade artificial" de interesses individuais. Todavia, este aspecto foi anulado durante o reinado da "filosofia de Manchester", que resultou a "identidade natural" de interesses de Adam Smith e o total *laissez-faire*. Muitos franceses tomaram partido do Estado contra a Igreja e tentaram forjar "a sociedade laica". O Estado só é real quando assume uma existência concreta, individual e histórica. Contudo, ele tinha também uma metafísica da política. O Estado é a "força Espiritual", em um sentido que se precede e absorve o individual e tem uma grande finalidade moral e civilizadora (POLANYI, 1964, p. 137).

Esta revolução do pensamento levou a um novo mundo introduzido pela Revolução Francesa e Industrial. Nos séculos XVIII e XIX, a história foi escrita como se a Europa fosse o centro do mundo conhecido, onde as ideias novas e criativas se originavam. Tal é a "explicação global" do retorno geral que se discerne, do otimismo para o pessimismo, do racionalismo para o positivismo, da democracia abstrata para a investigação da "organização", da acentuação política para a ênfase econômica e social, do ateísmo ou de um vago teísmo para a busca de uma religião real, da razão para o sentimento, enfim, da independência para a comunhão. Hegel, Comte e Tocqueville assumiram a tarefa, na filosofia do direito, de redimir os ideais da Revolução da condenação que a história pronunciava contra eles, ou de construir uma teoria política e social que os retomasse sob uma forma viável. Hegel critica a ideia puramente negativa e destrutiva da liberdade nos revolucionários franceses: *a lei não é somente dada em oposição à liberdade do indivíduo; ela também é racional, como a mais profunda expressão da liberdade do homem* (DUMONT, 1985, p. 115).

6.3 Apreciação final

Os modernos opuseram ao Estado a figura dos "direitos humanos", tirada da filosofia da Escola de Direito Natural, cujo desaparecimento muitos teóricos do século XIX erradamente anunciaram. Paralelamente à produção dos Códigos dos grandes Estados modernos, depois à proliferação de textos cada vez mais técnicos, nasceu outra espécie de literatura jurídica: a *Declaração Universal das Nações Unidas de 1948,* à qual deram seguimento a *Convenção Europeia dos Direitos Humanos de 1950* e uma série de preâmbulos constitucionais ou tratados a ela referentes. Eles foram uma arma defensiva, em 1789, contra o absolutismo da monarquia capetiana (não é seguro que ela merecesse esse qualificativo); ou, em 1948, contra o fantasma de Hitler: contra todas as ditaduras de todos os tipos. Geralmente um remédio para a desumanidade de um direito que rompeu suas amarras com a justiça.

Nos 64 anos da Declaração Universal dos Direitos Humanos (ONU, 1948) e dos 44 anos da Conferência Mundial dos Direitos Humanos em Viena, 14 da (OIT, 1998) podemos afirmar que esses direitos continuam a ser reivindicados por um enorme conjunto de indivíduos cujos direitos ainda não foram conquistados. Superar as barreiras entre o consenso discursivo em torno dos direitos humanos e fundamentais e das práticas de diversos atores sociais apresenta-se como algo bastante difícil. Mais difícil ainda é a transformação destes direitos em práticas sociais e governamentais.

Ao longo da segunda metade do século passado vimos acontecer inúmeros eventos que visavam debater a questão dos direitos humanos e dos direitos fundamentais. Optou-se por criar várias dimensões para os direitos humanos e fundamentais:

1ª – dimensão da igualdade formal perante a lei, garantias do cidadão perante a força do Estado;

2ª – englobam os direitos sociais buscando inserir o cidadão no contexto social;

3ª – direitos transindividuais, difusos ou coletivos como, por exemplo: proteção ao consumidor, ao meio ambiente, importantes para a coletividade como a repressão ao abuso econômico.

A Constituição Federal de 1988, inspirada na mudança da realidade brasileira, previu a integração das normas do Direito Internacional dos Direitos Humanos à legislação interna (art. 5º, § 2º). Não só a reiteração dos deveres constitucionalmente assegurados, mas a geração de nossos direitos civis e políticos, e, sobretudo, econômicos, sociais e culturais.

Na segunda metade do século XX, as democracias se apresentaram como o triunfo histórico de engajamento das Constituições aos diretos humanos. Nelas, as políticas de tolerância tornaram-se uma das bases que conduziram as políticas públicas. Há autores como Michel Villey que afirmam ser os direitos humanos um ideal (VILLEY, 2007, p. 5-6).

Deste panorama, extraímos as seguintes reflexões:

Primeiro: devemos ter presente que nenhum direito dado por uma declaração ou constituição garante a sua eficácia e que a tentativa de universalizar mostrou-se há mais de dois séculos ineficaz.

Segundo: os direitos humanos só podem se compreendidos no pensamento idealizado como um ideal a ser buscado.

Terceiro: os direitos humanos são etnocêntricos, a sua universalização é uma violência, pois partem da igualdade jurídica, não reconhecendo as diferenças culturais e históricas.

Quarto: Os direitos humanos não chegaram aos Condenados da Terra (populações pobres do Brasil, da América, da África e da Europa). Esses condenados habitam territórios denominados de favelas, subúrbios, babados das cidades, dentre outros, para além de regiões desabitadas.

Referências

BAUMER, Franklin Le Van. *O pensamento europeu moderno*. Lisboa: Edições 70, 1990. v. I.

DUMONT, Louis. *O individualismo*. Uma perspectiva antropológica da ideologia moderna. Rio de Janeiro: Rocco, 1985.

FERRAJOLI, Luigi. *El garantismo y la filosofía del derecho*. Bogotá: Universidad Externado de Colombia, 2000.

FOUCAULT, Michel. *Vigiar e punir*. Petrópolis: Vozes, 2004.

KANT, Emanuel. *A Paz Perpétua e outros opúsculos*. Lisboa: Edições 70, 1988.

LIPOVETSKY, Gilles. *La era del vacío*. Ensayos sobre el individualismo contemporáneo. Barcelona: Editorial Anagrama, 2002.

LOCKE, John. *Segundo Tratado sobre Governo*. São Paulo: Abril Cultural, 1973.

POLANYI, Karl. *A grande transformação*. As origens da nossa época. 3. ed. Rio de Janeiro: Campus, 1964.

SOUZA, Jessé; OËLZE, Berthold. (Orgs.). *Simmel e a Modernidade*. Brasília: Editora da UNB, 1998.

TOCQUEVILLE, Aléxis de. *A democracia na América*. São Paulo: Editora da Universidade de São Paulo, 1987.

TOUCHARD, Jean. *História das ideias políticas*. Lisboa: Europa-América, 1959. v. III.

VILLEY, Michel. *O direito e os direitos humanos*. São Paulo: Martins Fontes, 2007.

7

Os direitos humanos na agenda internacional

Thales Castro

> Sumário: 7.1 Considerações introdutórias: teorias do estado e práxis dos direitos humanos; 7.2 Estados falidos, "quase Estados" e os direitos humanos; 7.3 Revisitando o debate entre governança democrática mundial e direitos humanos; 7.4 O conselho de segurança da ONU e os tribunais internacionais *ad hoc* na antiga Iugoslávia e para Ruanda; 7.5 Conclusões e perspectivas; Referências.

7.1 Considerações introdutórias: teorias do estado e práxis dos direitos humanos

A academia da Ciência Política e das Relações Internacionais (RI), bem como do Direito Internacional, tem se debruçado, recentemente, na introdução de temas muito provocativos – e interessantes de toda maneira – sobre a natureza do Estado no plano de sua capacidade de governança em temas substanciais na agenda dos direitos humanos.[1] Não está se avaliando aqui a mera formalidade dos elementos constitutivos de Estado (fator intrínseco) e do seu reconhecimento por terceiros (fator extrínseco), e sim sua real, efetiva e eficaz capacidade governativa, especialmente no campo de manutenção da ordem pública, da estabilidade jurídica interna e da coesão do eixo político-social. Recorrendo ao clássico conceito weberiano do Estado como monopolizador do uso legítimo da violência, nestes casos de falência ou de "quase Estados", o aparelho burocrático nacional passa a não

---

[1] LYONS, Gene; MASTANDUNO, M. (Org.). *Beyond Westphalia?* State sovereignty and international intervention. Baltimore: Johns Hopkins University Press, 1995. p. 261-265.

ser, reconhecidamente, o único a usar e ter legitimidade e legalidade sobre o monopólio da violência, permitindo que outras forças subnacionais (grupos étnicos, facções rivais, agentes politicamente organizados e articulados, clãs armadas) usem de tal expediente.

Tanto os Estados quanto a práxis dos direitos humanos são constructos históricos. Assim, ambos são mutáveis e plásticos a partir de determinadas caracterizações do contexto histórico ou do *locus* de análise desta inter-relação. Com tal assertiva, evidencia-se que o Estado é o principal componente do amplo fenômeno personificado da interação internacional e o principal eixo de preservação dos direitos humanos mesmo diante dos extensos relativismos da pós-modernidade. Como peça-chave na relação sujeito-objeto, o Estado tem centralidade e prerrogativas unívocas que o distinguem, de forma pontual, de outros atores internacionais.[2] Não se pode conceber o estudo do Estado (estatologia), sem sua relação direta com o poder (cratologia), que será analisado no próximo capítulo. Na verdade, Estado e poder se confundem em sua lógica própria e intrínseca de cientificidade da política e jurídica internacional. O Estado é meio e fim; o Estado é agente e paciente dos objetos complexos da vida externa e interna, em especial, a manutenção dos direitos humanos de primeira, segunda e terceira gerações.[3]

O Estado nacional é criação relativamente recente no amplo dínamo histórico da humanidade, considerando, naturalmente, a perspectiva dos longos ciclos de Kondratief. O Estado foi forjado na violência e, como tal, representa *a priori* a lógica de manifestação e materialização das forças sociais de profundo e longo alcance.[4] Ora, como o Estado, então, forjado na força e na violência pode ser o ente de manutenção dos direitos humanos ao longo dos séculos após o Iluminismo, com suas grandes revoluções (Americana de 1776 e Francesa de 1789)? Essa pergunta, à guisa de provocação introdutória, leva-nos a algumas reflexões correlatas que seguem ainda nesta primeira parte deste capítulo.

O Estado nacional é o ente principal e norteador em termos de estática e dinâmica das Relações Internacionais e é produto de um largo momento de transição do medievalismo para o renascimento humanista dos séculos XVI e XVII. Teve como marco a secularização das relações políticas internacionais a partir de Westphalia (1648), cujo jogo de poder revelava o aprofundamento do fosso entre o poder temporal e o poder espiritual após a Guerra dos Trinta Anos, formando o conceito do Estado soberano e estruturado em dinâ-

---

[2] O Leviatã hobbesiano ou o *Stato* no texto de Maquiavel pode se enquadrar tanto como sujeito ou como objeto de fenomenologia do saber internacional Essa simultaneidade permite análise diversa e mutante sobre seus fundamentos, papel e dilemas na esfera externa.

[3] Dessa forma, a esteira lógico-dedutiva dos argumentos apresentados se funde nas teorias mais recentes sobre a formalidade (primeira geração) e a substancialidade (segunda geração) sobre o Estado moderno. O Estado contemporâneo é, portanto, sujeito e objeto do fenômeno complexo das Relações Internacionais.

[4] MORAES, Emanuel de. *A origem e as transformações do Estado.* Rio de Janeiro: Imago, 1997. p. 159-165.

micas internas de formação nacional.⁵ A questão religiosa, no esteio das forças políticas dos Habsburgos e da malha de rivalidades dinásticas e questões territoriais e econômico-comerciais subjacentes, tem papel importante na análise causal histórica, cujo produto final será a criação da entidade estatal (estatocentrismo). A externalidade (positiva) das grandes guerras religiosas dessa época foi, portanto, a criação da primazia da estatalidade e da personalidade jurídica no âmbito interno e externo como fruto de largo processo social, político, histórico e cultural.⁶

Não foi no século XVII, porém, que a soberania estatal, representando o pilar do Tratado de Westphalia, teve sua origem. Na verdade, a *summa potestas* já inicia sua lenta maturação, anteriormente, com o ideário do *cujus regio ejus religio* – cada região politicamente organizada tem autonomia para determinar sua religiosidade – da Paz de Augsburgo de 1555. Uma revolução nada silenciosa estava ocorrendo: por um lado, a força da ideia da soberania estatal que brotava à época, passando pelo período chamado de Guerra dos Oitenta Anos (1568-1648) das revoluções de independência dos Países Baixos, e, por outro lado, o declínio luso-espanhol vão consolidar a mais expressiva mudança sistêmica das Relações Internacionais, assumindo o formato da política internacional moderna. A partir daí, foram-se consagrando os limites entre política interna (soberania interna) e política externa (soberania exterior) dos Estados nacionais, com suas identidades e limites. Neste contexto, o nascimento da concepção do Estado contemporâneo como cerne da conjuntura internacional gerou, por seu turno, a formatação (naturalmente delineada ou artificialmente forjada) do ideal de nação, de nacionalidade, de identidade cultural e de vínculo territorial.

O primeiro uso do termo na literatura específica ocidental encontra-se em Maquiavel, que generalizou sua qualificação na forma de diversas potestades civis e eclesiásticas: "Todos os Estados, todos os governos que tiveram e têm autoridade sobre os homens são Estados e são ou repúblicas ou principados."⁷ O Estado representa rótulo concedido, de acordo com uma tradição jurídica ocidental que, posteriormente, foi-se exportando ao globo, a um conjunto específico de entidades, política e juridicamente organizadas com o reconhecimento anterior por outros Estados, com seus pressupostos formais e materiais,

---

⁵ O Absolutismo que se enraizou e se desenvolveu no contexto do estilo cultural e artístico barroco-rococó do século XVII esteve posicionado entre o *momentuum* do renascimento humanista, à época das grandes navegações com os empreendimentos ultramarinos (séc. XVI), e a iluminação enciclopedista, com as revoluções norte-americana e francesa (séc. XVIII). O processo histórico do Absolutismo representa momento ímpar para as Relações Internacionais em razão do apogeu do poder do Estado e do amadurecimento das principais instituições políticas no Ocidente com seus desdobramentos para a formatação legal dos direitos humanos.

⁶ CASTRO, Thales. *Teoria das Relações Internacionais*. Brasília: Ministério das Relações Exteriores/FUNAG, 2012. p. 99-112.

⁷ Esta é a primeira alusão ao termo *Estado* no seu texto, embora, em diversas outras passagens, Maquiavel torne a usá-lo de forma instrumental. MAQUIAVEL, Nicolau. *O príncipe*. São Paulo: Paz e Terra, 1996. p. 13.

que aqui são entendidos como elementos constitutivos. Passemos, pois, ao estudo, neste capítulo, dos diferentes formatos que mais complexamente geram desafios para a preservação dos direitos humanos na atual conjuntura; as fraturas endógenas com os Estados falidos e as debilidades institucionais dos "quase Estados".

7.2 Estados falidos, "quase Estados" e os direitos humanos: estudos de caso na pós-bipolaridade

O tema aqui suscitado revela o eixo de diálogo entre estatalidade e operacionalidade dos direitos humanos no pós-guerra fria – ou também denominada pós-bipolaridade. Convém mencionar que, de acordo com Haas, um Estado falido não possui uma autoridade central que possa agir como governo coeso de âmbito nacional. Complementa Hass, afirmando que, em tais casos, vários grupos competem entre si de maneira violenta com diferentes graus de controle em diferentes partes do país. Nesse momento, há a ampla disseminação de violência, o caos, o sofrimento populacional e a total rejeição aos direitos humanos básicos da população.[8] Ainda utilizando os conceitos de Haas, existem duas maneiras de lidar e minorar os problemas resultantes dos Estados falidos: o uso de intervenções humanitárias de âmbito mais de curto e médio prazo; e as intervenções visando à reconstrução do país e de suas instituições (*nation-building*) de longo prazo.[9]

Juridicamente não se poderia falar, em tese, em falência do aparelho estatal, no entanto, a expressão *Estado falido* (*failed state*), originada no mundo acadêmico anglo-saxão tem sido muito utilizada para explanar acerca da completa desagregação do Estado no campo da segurança pública e da manutenção da ordem civil, humanitária e política. Ou seja, há Estados em que não é possível articular qualquer forma de governança e estabilidade, gerando, por seu turno, anarquia, fome em massa e, frequentemente, maciças violações de direitos civis e liberdades individuais. Vale salientar que tais consequências quase sempre trazem problemas transfronteiriços com a fuga de grandes contingentes populacionais para áreas vizinhas, na forma de refúgios, em busca de manutenção primária como alimentação, moradia e segurança básica.

À luz da reflexão de Natsios, deve haver, necessariamente, a evidência fática de completo rompimento da autoridade do poder de polícia e da manutenção da ordem pública

---

[8] HAAS, Richard. *Intervention*: the use of American military force in the post-cold war world. Washington: Carnegie Endowment Book, 1994. p. 84.

[9] Ainda na mesma tônica das premissas do liberalismo democrático-republicano na composição e formação do Estado e dos direitos humanos, haveria interesse coletivo de os Estados se unirem contra os atos agressivos e o interesse privado de um único Estado – pilar da segurança coletiva – no contexto do século XX. A autodeterminação dos povos, posteriormente incorporada à Declaração Universal dos Direitos Humanos de dezembro de 1948, dos pequenos Estados-nações ficaria igualmente protegida das mudanças sistêmicas, mediante uma garantia legal supranacional.

do Estado no que tange aos direitos humanos, além de crise econômico-financeira severa, insegurança alimentar generalizada e grande êxodo para países vizinhos para assim se caracterizar como crise humanitária no Estado falido.[10] Esses fatores apresentam-se como elementos constitutivos da falência operativa do *Leviatã* contemporâneo. Assim, a crítica sobre as chamadas intervenções humanitárias nos Estados falidos, especialmente ao longo da década de 1990 até início dos anos 2000, tem, em Chandler, importante canal de reflexões sobre a ausência de consensos em seu entorno e também sobre como é necessário articular o sentido de legitimidade internacional, partilha, ética e moralidade transnacionais em prol da causa humanitária:

> *The concept of humanitarian intervention has not won long-term international legitimacy because it has failed to convince the majority of the world's governments, who fear that their sovereignty will be threatened, and has provoked resistance from European allies concerned that their international standing will be undermined by US unilateralism. [...] There is no international consensus on any new international framework or amendment to the UN Charter restrictions on the use of force because both Western and non-Western states recognize that the blurring of domestic and international responsibilities could be fundamentally destabilizing.*[11]

Dois casos de Estados falidos serão apresentados como exemplos ilustrativos da discussão em foco. O primeiro caso é o da Somália, como materialização do conceito de *failed state* com sérias consequências para o domínio das Relações Internacionais e da própria estatologia. O segundo é da Libéria com suas muitas repercussões externas.

A Somália estava, desde finais de 1991, vivendo em estado de natureza hobbesiano, sem governo próprio e fraturada em clãs de guerra na disputa pelo poder local. Após as milícias cristalizadas na Frente Democrática de Salvação da Somália (FDSS), no Movimento Nacional Somali (MNS) e no Movimento Patriótico da Somália (MPS) tomarem a capital, em janeiro de 1991, ocorreu a queda do presidente Siad Barre. Nesse momento, o abandono de Barre ocasionou preocupação generalizada pelo caos humanitário que resultou logo em seguida. O motivo oficial da beligerância no Estado falido da Somália à época era uma intervenção internacional em prol de questões humanitárias à primeira vista, em razão da fome em massa por causa de uma guerra civil encabeçada pelo líder, Mohamed Aideed, demonstrando uma total incapacidade de eficácia e efetividade de governo por parte do aparelho central.[12] Percebera-se o total esfacelamento do Estado somaliano. As milícias de Ali Mahdi e de Mohamem Farah iniciaram uma guerra civil no vácuo de poder na falência do aparelho público-estatal (anarquia hobbesiana), gerando um dínamo de

---

[10] NATSIOS, Andrew. NGO, the UN, and humanitarian emergencies. In: DIEHL, Paul. (Org.). *The politics of global governance*. Boulder: Rienner, 1997. p. 287-289.

[11] CHANDLER, David. *Constructing global civil society*: morality and power in international relations. London: Palgrave Macmillan, 2004. p. 71-72.

[12] PALMOWSKI, Jan. *Oxford dictionary of twentieth-century world history*. Op. cit., p. 566.

disputas territoriais, políticas e de guerrilha. Na intervenção norte-americana na Somália, por exemplo, com um mandato interventivo por parte do Conselho de Segurança da ONU, os Estados Unidos utilizaram a tese idealista – ou também denominada de globalista ou normativista-kantiana – de assistência humanitária àquele país destroçado pela desordem e pela desagregação de líderes guerrilheiros locais como fora o caso de Mohammed Farah Aidid com claros interesses políticos de sensibilização do eleitorado norte-americano com a mesma exitosa fórmula da Guerra do Golfo (1991) para a reeleição do presidente Bush. O fato é que a intervenção na Somália resultou em fracasso nas duas vertentes: a militar--estratégica e a eleitoreira norte-americana, ao provocar uma guinada eleitoral com a vitória do democrata Bill Clinton sobre o republicano Bush.[13]

Outro caso de falência estatal ocorreu com a Libéria, país da costa ocidental africana. Ironicamente, a Libéria é membro da ONU desde 2 de novembro de 1945 e contribui com 0,01% do orçamento regular da Organização (a menor cota disponível). Segundo dados do *World Factbook* da CIA, a capital Monróvia representa importante centro de trocas comerciais e é o maior conglomerado urbano do país. A língua oficial é o inglês, e esse país obteve independência em 26 de julho de 1847 por ter sido uma área de refúgio para escravos recém-libertados no eixo atlântico. No caso da Libéria, as hostilidades foram também resultantes do ódio étnico e tiveram sua escalada a partir de meados de 1990, demonstrando total incapacidade de governança nacional. Liderada por Charles Taylor, a National Patriotic Front of Liberia (NPFL) teve papel importante na deterioração dos conflitos. Em 1992, o Conselho de Segurança da ONU (CSNU) aprovou um embargo de armas para todo o país, que provou ser de pouco impacto na melhora da situação de guerra civil e faxina étnica nesse pequeno país da costa ocidental africana. Demorou muito tempo para a formação de uma força multinacional de paz, que só ocorreria pela aprovação da S/RES 1503, de 19 de setembro de 2003. A política do CSNU para esse país foi a de manter reduzido interesse durante certo momento por conta da pouca motivação dos P-5 em agir e contribuir, de forma coesa e plena, como efetivos militares. Antes da autorização da UNMIL (United Nations Mission to Liberia – Missão das Nações Unidas para a Libéria), o CSNU foi unânime em sugerir a criação de uma missão de promoção da reconciliação nacional com vistas às eleições nacionais e à implementação de uma paz mais sólida entre as facções. A UNMIL foi reforçada com a missão de construção da paz pós-conflito (*peace-buildingmission*), United Nations Support Office in Liberia (Escritório da ONU de Apoio à Libéria).[14]

---

[13] Dois artigos importantes abordam, com precisão, os fatores de oscilação do comportamento eleitoral norte-americano pelo uso de intervenções sob a tese humanitária no *Journal of Politics* em sua edição de agosto de 1998: ABRAMOWITZ, Alan; SAUNDERS, Kyle. Ideological realignment in the US electorate. *Journal of Politics*. Austin, University of Texas Press, agosto de 1998. REGAN, Patrick. Choosing to intervene: Outside interventions in internal conflicts. *Journal of Politics*. Austin, University of Texas Press, agosto de 1998.

[14] CASTRO, Thales. *Conselho de Segurança da ONU*: unipolaridade, consensos e tendências. Curitiba: Juruá, 2007. p. 210-218.

Além dos já citados casos de falência do Estado, tanto na teoria como na práxis internacional dos direitos humanos, os "quase Estados" (*Quasi-States*) estão muito presentes na agenda das Relações Internacionais contemporâneas. Os "quase Estados" representam a existência da formalidade dos elementos constitutivos e do seu reconhecimento, sem haver a total e plena eficácia e efetividade de governo. Diferentemente de Ruanda, no genocídio entre abril a junho de 1994, na Somália e na Libéria no início da década de 1990, o Sudão, como o maior país em área física da África, apresenta sinais de pouca efetividade e eficácia de governança após o genocídio em região do Darfur. As profundas e inconciliáveis clivagens sociais atreladas à crise social, econômica e separatismo no Sudão geraram, em meados da primeira década de 2000, o genocídio nessa região. Além da incapacidade de manter a lei, a ordem e a estabilidade por parte do governo central sudanês, as clivagens exacerbadas trouxeram àquela região fraturas quase inconciliáveis no sistema político e no tecido social, revelando um fraco desempenho das funções exclusivas de Estado. Em fevereiro de 2009, o presidente sudanês Omar al-Bashir expulsou 13 agências humanitárias que trabalhavam no território sudanês em razão de ter recebido mandado de prisão determinado pela Corte Penal Internacional por crimes contra a humanidade, crimes de guerra e genocídio. Organizações humanitárias como Oxfam e CARE International, especializadas nas áreas de saúde pública e saneamento básico, distribuição de água e alimentos, além de filiais dos Médicos sem Fronteiras, que já receberam o prêmio Nobel da Paz, foram expulsas do Sudão em represália. Sem o trabalho essencial das agências humanitárias pode acontecer uma tragédia ainda maior, pois quase um milhão de pessoas não receberiam alimentação a partir do mês de maio de 2009. A crise humanitária acentua a necessidade de que o devido processo legal internacional seja cumprido e que tenham efetividade suas sanções penais e o cumprimento de seus mandados. Os problemas enfrentados são muitos pelo fato de que o Sudão não assinou nem ratificou o texto do Estatuto de Roma, que é a base normativa do Tribunal Penal Internacional criado em 2002 e com sede em Haia. Em 2011, após décadas de guerra civil alimentada pelo separatismo, o Sudão do Sul foi reconhecido e ingressa na ONU como o país-membro de número 193.

Em síntese, a diferença primordial entre os Estados falidos e os "quase Estados" é quanto ao grau de funcionamento e operacionalidade de suas instituições e de seu aparelho público do ponto de vista da eficácia e efetividade. Quando não há efetividade e eficácia, então se pode denominar Estado falido; enquanto a efetividade e a eficácia forem baixas ou quase nulas, causando, no curto prazo, rupturas do tecido social e político nacional, sem, contudo, demonstrar falência do aparato nacional, então se pode denominar tal situação de "quase Estado". Os "quase Estados" são vulneráveis a forças externas de manipulação e também de intervenção e ingerência, como também podem estimular o surgimento de ditadores e regimes totalitários.

7.3 Revisitando o debate entre governança democrática mundial e direitos humanos

Há uma correlação científica e estatisticamente provada entre democracia e preservação dos direitos humanos tanto na agenda internacional, como também na esfera doméstica. Na vasta bibliografia a respeito, encontramos autores da esfera jurídica e política que articulam ideias que mostram como as transformações históricas levam ao gradativo amadurecimento institucional, limitando o poder no sentido montesquiano e consolidando o liberalismo.

Muito se tem comentado acerca desses dois polos temáticos, com evidências bastante coesas acerca de associação entre um e outro. A forma democrática direta plena se assemelha à prática de governo ateniense durante o período clássico de Péricles, enquanto a democracia representativa indireta, bem mais recente, origina-se no sufrágio eleitoral e na representação política por meio de mandatos.[15] Há, contudo, institutos específicos de democracia direta nos Estados contemporâneos, como é o caso do direito dos cidadãos à petição, do instituto do referendo, do plebiscito e da iniciativa popular. Nas concepções contemporâneas da Ciência Política e das Relações Internacionais, podem-se classificar em regimes democráticos e autoritários, embora a corrente intermediária defenda a existência de uma semidemocracia em Estados periféricos e semiperiféricos, como seria o caso do Brasil.

A democracia como governo de uma maioria, de acordo com a visão aristotélica, é assim descrita por Delgado de Carvalho: "governo de um povo por ele próprio. É a expressão da comunidade posta em prática. Cada homem, como fazendo parte da coletividade, é membro do governo, mas como indivíduo é súdito ou cidadão".[16]

O regime democrático pressupõe a institucionalização de regras erigidas em legislação constitucional, infraconstitucional e também por meio de compromissos internacionalmente assumidos, o que não somente garante o exercício do sufrágio geral, inclusivo, secreto e periódico, mas também estipula regras claras do jogo de alternância de poder público-estatal. O compromisso eleitoral para formação de coalizão de vontades da população é outro ponto importante no processo de análise dos arranjos institucionais em uma democracia. Além disso, em um regime democrático, se observa o *rule of law* (império da lei, Estado democrático de direito) e não somente o *rule by law*. Democracia não deve ser confundida com a mera ditadura dos números, das quantidades de apoio ao regime vigente. Outra característica importante de uma democracia é a garantia plena de direitos individuais e coletivos consagrados em instrumentos legais internacionais, tais como a Declaração Universal de Direitos Humanos de dezembro de 1948.

---

15 LIMA, Alceu. *Política*. 4. ed. Petrópolis, Vozes, 1999. p. 81-99.
16 CARVALHO, Delgado de. *Relações internacionais*. Rio de Janeiro: Bibliex, 1972. p. 23.

Em regimes democráticos, os partidos políticos operam uma função crucial para o Estado e sua oxigenação na alternância de poder: aglomeram iniciativas e ideários comuns no entorno de determinados projetos estatais e plataformas políticas. Para Duverger, todo partido político deseja conquistar o poder político e exercê-lo em consonância com seus ideais.[17] Contudo, em sistemas autoritários, há, geralmente, regimes de forte censura ao livre exercício partidário ou ainda regimes de partido único. O sufocamento da livre-iniciativa de associação e de vinculação partidário em regimes autoritários leva a rebeliões e guerras civis, visando à modificação do *status quo*.

Em regimes autoritários, há a incapacidade de questionamento ou significativa dificuldade burocrática de cobrança, por parte da sociedade civil, acerca dos atos do governo nacional. A limitação do exercício livre da imprensa bem como da atuação dos sindicatos e de demais entidades não governamentais de monitoramento do *accountability* do Estado são outros exemplos de tipificação dos autoritarismos. Em casos outros, a prática da prisão arbitrária com suspensão do *habeas corpus* e do uso da tortura, do exílio forçado e de assassinatos, como no caso em várias ditaduras na América Latina (Chile, Argentina, Brasil), é exemplo do autoritarismo praticado com a previsão legal ou sem a devida previsão legal, pois em muitos casos, há uma postura velada não reconhecer tais práticas.

Deve-se enfatizar que a democratização tardia (*late democratization*) não deve ser confundida, necessariamente, com semidemocracia. Há Estados que concluíram, como a Espanha pós-Franco, de forma exitosa, o processo de constitucionalizar civilmente vários eixos da esfera pública sem controles e tutelas do braço armado do Estado. O processo de democratização requer amadurecimento das instituições, sobretudo, despersonalizando-as de maneira a operar uma eficaz ficalização das atividades dos poderes entre si e também com relação aos seus desdobramentos para o tecido social, com forte papel de vigilância por parte da sociedade civil organizada.

7.4 O conselho de segurança da ONU e os tribunais internacionais *ad hoc* na antiga Iugoslávia e para Ruanda

A comprovação fática dos limites práticos e operacionais ao ativismo dos direitos humanos impresso pela renovação otimista do papel do CSNU iria causar ponto de inflexão em seu comportamento político-decisório durante os anos 1990 e boa parte do início do século XXI. A inflexão vai incluir a revisão de postura do CSNU no que concerne às futuras operações de paz e à reação política dada com criação de dois tribunais criminais internacionais *ad hoc*, até então somente utilizados em Nuremberg para os nazistas alemães e em Tóquio para o Sudeste Asiático, após a Segunda Guerra Mundial.[18] O principal papel

---

17   DUVERGER, Maurice. *Os partidos políticos*. Rio de Janeiro: Zahar Editores, 1970. p. 19-22.

18   SORENSEN, Max (Org.). *Manual de derecho internacional público*. 6. ed. Ciudad de México: FCE, 1998. p. 356; 457-460.

jurídico desses tribunais é estabelecer o *rule of law* quando há ruptura massiva da dignidade humana em meio aos interesses políticos subjacentes.

Três são as causas principais que evidenciam esse ponto de inflexão à luz da extensa análise documental do período que vai das atividades fracassadas da Somália com a UNOSOM I e II, passando pela antiga Iugoslávia até o genocídio em Ruanda. Primeiro, a manutenção da paz e da segurança internacionais por meio de envio rápido de operações de paz e da prática da diplomacia preventiva da *Agenda para a Paz* até então nunca tinha tido experiência de uma avassaladora força nacionalista com viés de faxina étnica causando, consequentemente, mudança de postura do CSNU.

Segundo, as novas correlações de forças políticas internas dos P-5 no período, especialmente com a eleição do presidente democrata Bill Clinton, depois de três sucessivas gestões republicanas de tendências conservadoras e de expansionismo bélico-armamentista com Reagan (1981-1989) e Bush (1989-1993), e com a guinada do socialismo de Mitterand após a eleição do gaulista Chirac, em 1995, vão realinhar o ativismo do CSNU com uma postura mais reativa, precavida e conservadora. Como enfatiza Sorensen sobre a guinada política interna francesa e suas repercussões no plano da segurança internacional:

> *Chirac debutó con una reafirmación neogaullista en la política exterior francesa, sobre la que proyectó su acusada personalidad. El 13 de junio de 1995 anunció la reanudación, con carácter temporal, de las pruebas nucleares en el Pacífico Sur, generando un notable revuelo internacional que daño su popularidad dentro y fuera de Francia (...) Asimismo, en julio de 1995 endureció la postura ante los serbios de Bosnia con el envío de una Fuerza de Reacción Rápida para la defensa de los efectivos de la ONU, y a finales de agosto con la participación de la aviación francesa en los bombardeos de la OTAN que precipitaron el final de la guerra civil en la antigua república yugoslava.*[19]

E, em terceiro ponto, era necessário reavaliar o papel e as funções do CSNU em meio aos elevados custos de manutenção dos patamares de resposta militar proposta para a ONU com Boutros-Ghali, particularmente quando as temáticas não afetam, diretamente, os interesses *high politics* dos P-5. Nesse sentido, a opção legalista com os dois tribunais criados em 1993 e 1994, respectivamente, vai ter apoio dos P-5 pelos baixos custos operacionais empreendidos e pela força legitimadora procedimentalista. A instauração de dois tribunais internacionais teria expressivo apoio da opinião pública europeia e internacional, com custos financeiros, políticos e diplomáticos bem menores que as operações de paz, e se inseriria no plano da *low politics* do CSNU.

---

[19] CENTRO DE INVESTIGACIÓN, DOCENCIA, DOCUMENTACIÓN Y DIVULGACIÓN DE RELACIONES INTERNACIONALES Y DESARROLLO. Disponível em: <http://www.cidob.org/bios/castellano/lideres/c-017.htm>. Acesso em: jun. 2012.

Pode-se afirmar que o CSNU utilizou, essencialmente, sua vertente jurídica para gerenciar as severas crises nos Bálcãs e em Ruanda. Por meio de relatos internacionais, tanto de ONGs quanto de observadores sob os auspícios do CSNU, havia a comprovação de campos de extermínio e de assassinatos sistemáticos tipificados, notadamente, nos crimes cometidos contra a paz, nos crimes de genocídio e nos crimes de guerra nas minorias étnicas destes respectivos países.

Da mesma forma como a opinião pública acolheu positivamente a criação de ambos os tribunais, é importante salientar que, em várias academias jurídicas internacionais, criticava-se o fato de que a criação de um tribunal como o de Haia e o de Arusha não pudesse ter ocorrido por via de resolução do CSNU.[20] Ou seja, a corrente de crítica desses tribunais se fundamenta no fato de que deveria ter havido uma ampla conferência mundial, com a presença dos países-membros da ONU, para apreciar a minuta de um possível tribunal para os dois países.[21] Essa minuta, posteriormente convertida em estatuto do tribunal internacional, deveria ter sido apreciada pelos parlamentos dos países, ratificando seu texto, exatamente como ocorrera com o Estatuto de Roma em julho de 1998. A reunião de Plenipotenciários em Roma, em julho de 1998, lançou o texto do futuro Estatuto do Tribunal Penal Internacional. É importante salientar que a criação do Tribunal Penal Internacional que só vai ocorrer, efetivamente, anos depois, em 1º de julho de 2002, com sede também em Haia. Nossa interpretação é de que o fator tempo era importante para organização, preparação e criação dos dois tribunais, dispondo para tanto, da base jurídica dos artigos 24 e 25 da Carta da ONU, nos quais há o firme compromisso de todos os países da ONU em cumprir, integralmente, as medidas tomadas pelo CSNU em nome da paz e segurança internacionais, com uma clara tônica de preservação dos direitos humanos.

Acerca da correlação entre direitos humanos, a práxis política, jurídica e diplomática da ONU e a instauração, por parte do CSNU, dos tribunais ad hoc para a Iugoslávia e Ruanda, Cançado Trindade têm o seguinte posicionamento:

---

[20] Tais críticas se fundamentam em diferentes correntes doutrinárias da hermenêutica jurídica contemporânea, segundo as quais seria necessário um procedimento jurídico-legislativo mais ampliado para a criação dos dois tribunais, sob pena de serem considerados tribunais de exceção. A permanência (perenidade) destes e de outros tribunais internacionais, juntamente com a imparcialidade dos magistrados, representam pontos importantes para a validade, eficácia legítima e plenitude jurisdicional reconhecida dos mesmos.

[21] Em oposição a tais críticas, é citado o caso Tadic (Promotoria *versus* Tadic) julgado (*res judicata*) pelo ICTFY em 1996, em que se determinou, pela amplitude do princípio do contraditório na teoria geral do processo criminal do ICTFY, que o CSNU tem legitimidade e legalidade de instaurar tribunais internacionais para fazer cumprir seu mandato contido nos Capítulos V, VI e VII da Carta da ONU e demais legislações internacionais em vigor (CASENOTES LEGAL BRIEFS: *international law* – keyed to Damrosch, Henkin, Pugh, Schachter and Smith's International Law: cases and materials. New York: Aspen Law & Business, 2002. p. 29).

Os tratados de direitos humanos das Nações Unidas têm, com efeito, constituído espinha dorsal do sistema universal de proteção dos direitos humanos, devendo ser abordados não de forma isolada, mas relacionados uns aos outros. [...] A despeito da aceitação virtualmente universal do livro da indivisibilidade dos direitos humanos, persiste a disparidade entre os métodos de implementação internacional dos direitos civis e políticos, e dos direitos econômicos, sociais e culturais.[22]

Como resposta às severas críticas da opinião pública pela postura de negligência na antiga Iugoslávia, especialmente na Bósnia e na Croácia, como também em Ruanda, o CSNU vai criar, por via de resolução, dois tribunais criminais internacionais *ad hoc*, quais sejam: o "Tribunal Internacional para a Investigação de Pessoas Responsáveis por Sérias Violações do Direito Internacional Humanitário Cometidas no Território da Ex-Iugoslávia desde 1991" (ICTFY pelo uso corrente da sigla inglesa) e o "Tribunal Criminal Internacional para a Investigação de Pessoas Responsáveis por Genocídio e Outras Sérias Violações do Direito Internacional Humanitário Cometidos no Território de Ruanda e de Cidadãos Ruandeses Responsáveis por Genocídio e Outras Violações Cometidas no Território de Estados Vizinhos entre 1º de Janeiro de 1994 e 31 de Dezembro de 1994" (doravante ICTR também pelo uso corrente da sigla nos termos da ONU, em inglês).[23]

O primeiro tribunal criminal para a antiga Iugoslávia foi criado pelo CSNU conforme S/RES 827, de 25 de maio de 1993, aprovada pela votação de 15x00x00 novamente. A fabricação de consensos no processo decisório do CSNU, como defendemos, se repete como forma de expressar a força política de influência do comportamento dos EUA nos demais países-membros do CSNU. A sede do Tribunal para antiga Iugoslávia é a capital do Reino dos Países Baixos, Haia – mesma cidade da Corte Internacional de Justiça da ONU.[24]

O posterior tribunal criado para julgar crimes em Ruanda (ICTR) foi criado pelo CSNU por meio da S/RES 955, de 8 de novembro de 1994, pela votação de 13x01x01. A RPC vota em abstenção e Ruanda, como E-10 vota negativamente à instalação do ICTR. Embora a sede do Tribunal para Ruanda seja em Arusha, na Tanzânia, há sedes menores de investigação criminal da promotoria na capital ruandesa, Kigali, e em Haia. Os tribunais internacionais continuam, com sua jurisdição penal *post facto*, exercendo papel importante em ambas as regiões do mundo.[25]

---

[22] TRINDADE, Antônio Augusto C. *A proteção internacional dos direitos humanos e o Brasil*. 2. ed. Brasília: Editora da UnB, 2000. p. 149-150.

[23] YEARBOOK OF THE UNITED NATIONS. New York: Department of Public Information, 1994. v. 47, p. 203-205.

[24] CASTRO, Thales. *O Conselho de Segurança da ONU*. Op. cit., p. 45-53.

[25] No caso do ICTFY, merece atenção o caso julgado contra Ivica Rajic e Vikton Andric em 13 de setembro de 1996, sendo ambos responsabilizados por crimes contra os direitos humanos. Na sentença condenatória, assevera que o CSNU seria informado de tais desobediências durante os procedimentos judiciais (CASTRO, Thales. *O Conselho de Segurança da ONU*. Op. cit., p. 65-77).

7.5 Conclusões e perspectivas

Tanto o Estado nacional quanto a práxis dos direitos humanos são constructos históricos, como já foi externado e defendido aqui. Como são objetos históricos, os mesmos possuem nuances e variações pontuais acerca de suas transmutações, revelando as gerações atreladas aos direitos humanos e suas correlações com as mudanças no interior do Estado nacional. Não se pode olvidar a importância que a agenda internacional – leia-se agenda multilateral – para a defesa e ampliação dos direitos humanos, mesmo em contextos de falência do Estado ou ainda na conjuntura dos "quase Estados".

À guisa de conclusão, pode-se enfatizar que o próprio art. 1º da Carta contribui de forma positiva e produtiva com a Organização das Nações Unidas a conseguir pela via multilateral: "cooperação internacional para resolver os problemas internacionais de caráter econômico, social, cultural ou humanitário, e para promover e estimular o respeito aos direitos humanos e às liberdades fundamentais para todos, sem distinção de raça, sexo, língua e religião". As várias agências e programas especializados, bem como as organizações internacionais com finalidades específicas, também chamadas de organizações regionais, dependendo de seu âmbito de abrangência geográfica, vinculam-se às Nações Unidas através também do relacionamento orgânico com o Conselho Econômico e Social (ECOSOC – Economic and Social Council) além do próprio CSNU, que solicita e aprecia uma série de relatórios (*reports*) anuais sobre o andamento dos programas da ONU (Arts. 63 e 64 da Carta da ONU). A articulação política com ONGs, em crescente presença no campo externo atualmente, está prevista por meio do art. 71 da Carta da ONU. Considerou-se, assim, que a ampla rede institucional da ONU, tanto interna no âmbito do Conselho de Segurança, como externa, com várias agências e organizações atreladas, também estaria inserida no contexto *low politicsi*, já que lida com assuntos de pouca densidade política e relativa baixa consistência hegemônica internacional, embora tenha atuação de fundamental importância para as áreas mais carentes do mundo. Essa é, portanto, a grande defesa e luta coletiva no sentido de transformar o eixo de *low politics* em um contexto de *high politics*, associando a temática dos direitos humanos à manutenção da paz, da segurança e da estabilidade internacionais indivisivelmente.

Referências

A CARTA DA ONU E O ESTATUTO DA CORTE INTERNACIONAL DE JUSTIÇA. Nova Iorque, Departamento de Informações Públicas, 1993.

A MORE SECURE WORLD: *Our shared responsibility*: Report of the Secretary-General´s high level panel on threats, challenges and change. New York: Department of Public Information, 2004.

A PALAVRA DO BRASIL NAS NAÇÕES UNIDAS (1945-1995). Brasília: FUNAG, 1995.

ABRAMOWITZ, Alan; SAUNDERS, Kyle. Ideological realignment in the US electorate. *Journal of Politics*. Austin, University of Texas Press, Aug. 1998.

ANNAN, Kofi. *Annual Report of the Secretary-General on the Work of the Organization*. New York: Department of Public Information, 1997.

_____. *In larger freedom*: towards development, security and human rights for all. New York: Department of Public Information, 2005.

_____. *Prevention of armed conflict: report of the Secretary-General*. New York: Departamento de Informações Públicas, 2001.

_____. *We the peoples*: the Role of The United Nations in the 21st Century. New York: Departament of Public Information, 2001.

CARVALHO, Delgado de. *Relações internacionais*. Rio de Janeiro, Bibliex, 1972.

CASENOTES LEGAL BRIEFS. *International Law* – keyed to Damrosch, Henkin, Pugh, Scachter and Smit's International Law: cases and materials. New York: Aspen Law & Business, 2002.

CASTRO, Thales. *Elementos de política internacional:* redefinições e perspectivas. Curitiba: Juruá, 2005.

_____. *Conselho de Segurança da ONU*: unipolaridade, consensos e tendências. Curitiba: Juruá, 2007.

_____. *Debates políticos e econômicos contemporâneos*: a interdependência local-global. Recife: Livro Rápido, 2009.

_____. Entre direito e política internacional: para a formação teórica do semidireito internacional. In: DINIZ, Eugênio (Org.). *Estados Unidos*: política externa e atuação na política internacional contemporânea. Belo Horizonte: PUC-Minas, 2009.

CHANDLER, David. *Constructing global civil society*: morality and power in international relations. London: Palgrave Macmillan, 2004.

CENTRO DE INVESTIGACIÓN, DOCENCIA, DOCUMENTACIÓN Y DIVULGACIÓN DE RELACIONES INTERNACIONALES Y DESARROLLO. Disponível em: <http://www.cidob.org/bios/castellano/lideres/c-017.htm>. Acesso em: jun. 2012.

ESTATÍSTICAS: OUTUBRO DE 2008. Brasília: FUNAG, 2008.

HAAS, Richard. *Intervention*: the use of American military force in the post-cold war world. Washington: Carnegie Endowment Book, 1994.

LAMAZIÈRE, Georges. *Ordem, Hegemonia e Transgressão*: a resolução 687 (1991) do Conselho de Segurança das Nações Unidas, a Comissão Especial das Nações Unidas (UNSCOM) e o regime internacional de não proliferação de armas de destruição em massa. Brasília: IRBr/FUNAG, 1998.

LAMPRÉIA, Luiz Felipe. *Diplomacia Brasileira*: palavras, contextos e razões. Rio de Janeiro: Lacerda, 1999.

LANG JR., Anthony. Morgenthau, Agency and Aristotle. In: WILLIAMS, Michael (Org.). *Realism Reconsidered*: the Legacy of Hans Morgenthau in International Relations. Oxford: Oxford University Press, 2007.

LASSWELL, Harold. *Política*: quem ganha o que, quando e como. Brasília: Editora da UnB, 1984.

LEBOW, Richard. *The tragic vision of politics*: ethics, interests and orders. Cambridge: Cambridge University Press, 2003.

LEECH, Noyes; OLIVER, Covey, SWEENEY, Joseph. *The International Legal System*: cases and materials – documentary supplement. New York: The Foundation Press, 1973.

LEVY, Jack. History, political science and the study of International Relations. *International Security*. Boston, MIT Press, Summer 1997.

_____. Reflections on the scientific study of war. In: VASQUEZ, John (Org.). *What do we know about war?* Lanham, Rowan & Littlefield Publishers, 2000.

LIJPHART, Arend. *Democracy in plural societies*. New Haven: Yale University Press, 1977.

LIMA, Alceu. *Política*. 4. ed. Petrópolis: Vozes, 1999.

LYONS, Gene; MASTANDUNO, M. (Org.). *Beyond Westphalia?* State sovereignty and international intervention. Baltimore, Johns Hopkins University Press, 1995. p. 261-265.

MAQUIAVEL, Nicolau. *O príncipe*. São Paulo: Paz e Terra, 1996.

MARCUSE, Herbert. *O fim da utopia*. Rio de Janeiro: Paz e Terra, 1969.

MELLO, Celso. *Curso de direito internacional público*. 14. ed. Rio de Janeiro: Renovar, 2002.

MELLO, Celso. *Direitos humanos e conflitos armados*. Rio de Janeiro: Renovar, 1997.

_____. *Direito Internacional Público*: tratados e convenções. 5. ed. Rio de Janeiro: Renovar, 1997.

_____. *Guerra interna e direito internacional*. Rio de Janeiro: Renovar, 1985.

MORAES, Emanuel de. *A origem e as transformações do Estado*. Rio de Janeiro: Imago, 1997.

NATSIOS, Andrew. NGO, the UN, and humanitarian emergencies. In: DIEHL, Paul (Org.). *The politics of global governance*. Boulder: Rienner, 1997. p. 287-289.

REGAN, Patrick. Choosing to intervene: Outside interventions in internal conflicts. *Journal of Politics*, Austin, University of Texas Press, Aug. 1998.

SORENSEN, Max (Org.). *Manual de derecho internacional público*. 6. ed. Ciudad de México: FCE, 1998. p. 356; 457-460.

TRINDADE, Antônio Augusto C. *A proteção internacional dos direitos humanos e o Brasil*. 2. ed. Brasília: Editora da UnB, 2000.

_____. *Direito das Organizações Internacionais*. 2. ed. Belo Horizonte: Del Rey, 2002.

TRINDADE, Antônio Augusto C. *Tratado de Direito Internacional dos Direitos Humanos*. Porto Alegre: Fabris, 1997.

UNITED NATIONS HANDBOOK – 2005. Wellington: New Zealand Ministry of Foreign Affairs and Trade, 2005.

UNITED NATIONS STATISTICAL YEARBOOK. 52. ed. New York: Department of Economic and Social Affairs (DESA), 2008.

Os tratados internacionais dos direitos humanos

Margarida Cantarelli

> Sumário: 8.1 Introdução; 8.2 Os Tratados Internacionais e o Direito Internacional; 8.3 O Direito Internacional e a Sociedade de Estados; 8.4 Declaração da Virgínia (1776) e Declaração de Direitos do Homem e do Cidadão (1789); 8.5 Congresso de Viena de 1815 e antecedentes; 8.6 Proteção à vida humana no mar; 8.7 As minorias; 8.8 Organização Internacional do Trabalho e a Cruz Vermelha Internacional; 8.9 O Pós-Segunda Guerra Mundial e o Sistema Internacional dos Direitos Humanos; 8.10 Conclusão; Referências.

8.1 Introdução

Costuma-se afirmar que a História dos Tratados Internacionais dos Direitos Humanos é muito recente, identificando alguns autores[1] o seu início no período pós-Segunda Guerra Mundial; outros entendem que foi uma decorrência do processo da globalização econômica, chegando ao ponto de serem chamados por estes de Direitos Humanos Globais.[2] Na realidade, nos períodos apontados, iniciou-se uma nova fase da internacionalização dos Direitos Humanos, que exigiu uma profunda reconstrução, após os horrores que o segundo conflito mundial impingiu à humanidade. O sistema das Nações Unidas, a partir da Declaração Universal de 1948, tem impulsionado tanto os tratados de alcance

---

[1] PIOVESAN, Flávia. Direitos Humanos Globais, Justiça Internacional. In: *Arquivos de Direitos Humanos*. Rio de Janeiro: Renovar, 1999. p. 73-75.
[2] Idem.

geral como específicos. Mas, podem-se encontrar em momentos anteriores alguns tratados que cuidam da pessoa ou de grupo de pessoas e que têm conotação evidente de Direitos Humanos, mesmo que não recebam tal denominação.

8.2 Os Tratados Internacionais e o Direito Internacional

O Direito Internacional tem, dentre as suas fontes imediatas, isto é, as formas como as normas internacionais se manifestam: os costumes e os tratados internacionais. Na Antiguidade, embora as relações entre os povos fossem esparsas em razão de uma natural desconfiança dos estrangeiros, das guerras frequentes, das distâncias e das dificuldades de comunicação, foi possível, principalmente através do comércio, o estabelecimento de regras que permitiam a sua realização. Essas regras se formavam pela reiteração de práticas, até que fosse adquirida a consciência da obrigatoriedade, surgindo então a norma costumeira. O costume internacional foi a fonte mais importante do Direito Internacional até meados do século XIX. A dificuldade de transformar tais costumes em normas convencionais escritas, todavia, não impediu que, ao longo da História, muitos tratados tenham sido firmados, especialmente quando visavam à paz e às alianças entre diferentes povos.

Os tratados mais remotos que a História registra datam de mais de XII séculos a. C., celebrados na Mesopotâmia, com claras cláusulas sobre demarcação de fronteiras, outros relativos a alianças, amizade, entrega de criminosos etc. No Egito, o faraó Ramsés II e o rei dos Hititas celebraram um tratado de paz que pôs fim à guerra da Síria.[3]

A celebração de tratados foi se intensificando à medida que os povos, por seus governantes, sentiam a necessidade de um relacionamento mais estável e exigível entre eles.

8.3 O Direito Internacional e a Sociedade de Estados

Para o Direito Internacional clássico, somente o Estado poderia ser sujeito ou pessoa internacional. Os direitos e as obrigações eram inerentes ao Estado soberano. Por óbvio, os indivíduos, os seres humanos não sendo sujeitos, não eram destinatários das normas internacionais. Logo, as normas internacionais não lhes diziam respeito diretamente, ficando adstritas ao âmbito interno dos Estados.

O reconhecimento do indivíduo como sujeito do Direito Internacional é bem recente e ainda há autores que não aceitam tal assertiva.

O tratado internacional hoje é entendido como um ato jurídico internacional consequente de um acordo de vontades entre duas ou mais pessoas internacionais.[4] Embora

---

[3] STADTMÜLLER, Georg. *História Del Derecho Internacional Publico*. Madrid: Aguilar, 1961. p. 15.
[4] CANTARELLI, Margarida. *Tratados Internacionais*. Recife: UNICAP, 1970. p. 3.

atualmente um tratado possa ser celebrado entre diferentes pessoas internacionais, como, por exemplo, entre Estados de um lado e Organizações Internacionais do outro, ainda a maioria dos tratados é celebrada entre Estados.

A sociedade internacional continua prevalentemente formada por Estados soberanos, mesmo que o número de organizações internacionais, quer universais, quer regionais, ultrapasse o dos Estados.

Essa situação fez com que ao longo do tempo o indivíduo tenha ficado ausente ou pouco referenciado nos tratados internacionais.

Por influência do cristianismo, muitos institutos foram estabelecidos e por sua natureza receberam um alcance internacional, representando uma proteção aos indivíduos como A Paz de Deus, que fazia a distinção entre beligerantes e não beligerantes, impunha respeito aos camponeses, às mulheres, aos peregrinos e aos seus bens. Proibia destruição de colheitas, instrumentos agrícolas. A Trégua de Deus proibia a guerra da nona hora do sábado até a primeira hora da segunda-feira, para permitir o cumprimento do dever dominical, e estendeu-se às festas dos principais santos e à Quaresma.

8.4 Declaração da Virgínia (1776) e Declaração de Direitos do Homem e do Cidadão (1789)

As duas declarações, da Virgínia de 1776 e a francesa de 1789, são da máxima relevância como manifestação dos Direitos Humanos políticos e civis e de suas garantias. Podem, sem dúvida, ser consideradas como as matrizes das declarações posteriores e dos atuais Direitos Fundamentais expressos nas Constituições modernas de diferentes países, como também de tratados internacionais. Todavia são documentos nacionais que inspiraram, mas não obrigavam aos outros Estados.

8.5 Congresso de Viena de 1815 e antecedentes

No Congresso de Viena, os plenipotenciários das potências signatárias do Tratado de Paris, de 30 de maio de 1914, elaboraram no Anexo XV, como parte integrante dos seus Acordos, uma Declaração sobre o tráfico de africanos escravizados, datada de 2 de fevereiro de 1815. Consideravam como contrário aos princípios da humanidade e da Moral universal e que a abolição do tráfico era uma providência merecedora de todo o empenho de cada Parte signatária, disposta a empregar todos os meios até a sua completa cessação.

Embora as razões da proposta inglesa não tenham sido tão humanitárias quanto desejavam aparentar, permitiram que sobrevivesse o primeiro de vários Acordos Internacionais condenando o tráfico de escravos. O Segundo Tratado de Paris, de 20 de outubro de 1815, contém idêntica declaração que foi repetida nos grandes congressos da época: Aquisgrana, de 1818, e Verona, de 1822. No Tratado das Cinco Potências, de 20 de dezembro de 1841, também referente ao tráfico, ficou estabelecido o "direito de visita recíproca" aos navios suspeitos de transportarem escravos em alto mar; seguido do Ato Geral da Conferência de Berlim sobre a África Ocidental, de 26 de fevereiro de 1885, e do Ato Geral da Conferência Antiescravagista de Bruxelas, de 2 de julho de 1890.

Ao final da Primeira Guerra Mundial, o Tratado de Saint-Germain, de 1919, revoga os tratados anteriores e os Estados dele signatários se obrigam a pôr fim à escravidão e ao tráfico de escravos. Outra Convenção, já sob os auspícios da Liga das Nações, em 1926, retomou o tema que também está presente no Código de Bustamante, de 1928.

Depois da Segunda Guerra Mundial, não só a Declaração Universal dos Direitos Humanos de 1948 (art. 23) escoima o trabalho escravo, como todos os Tratados sobre Direito do Mar: da Convenção de Genebra de 1958 sobre Alto Mar (arts. 13 e 22), inclusive admitindo o direito de visita, à Convenção de Direito do Mar de Montego Bay, de 1982 (arts. 99 e 110).

8.6 Proteção à Vida Humana no Mar

O mar sempre foi um meio de ligação entre povos e a navegação marítima utilizada para os mais diversos fins, sendo o comércio uma das principais finalidades. Nos tempos mais passados a precariedade de naus, caravelas, navios, como a falta de previsão meteorológica, levavam a frequentes naufrágios e avarias nas embarcações. A proteção à vida humana no mar era tema de preocupação internacional e igualmente a assistência a pessoas e navios em desgraça vista como um dever humanitário.

No Concílio de Latrão, no século XII, a Igreja católica solicita às populações costeiras que deem assistência às vítimas de acidentes marítimos.

Em 1910, a Convenção de Bruxelas torna o dever moral em dever jurídico dos capitães dos navios privados de prestarem socorro para o salvamento das vítimas. A partir daí, diversas convenções foram assinadas para a salvaguarda da vida humana no mar (1914, 1929, 1938, 1948, 1960, 1974). Hoje, a Organização Intergovernamental Marítima Consultiva, com sede em Londres, tem entre as suas atribuições desenvolver a proteção da vida humana no mar através da segurança da navegação.

A atual Convenção de Direito do Mar de Montego Bay, de 1982, nos arts. 12 e 98, trata das obrigações relativas ao socorro das pessoas no mar.

8.7 As Minorias

Após a Segunda Guerra Mundial, pensou-se que a proteção internacional dos Direitos Humanos abarcaria as minorias. Todavia, isto não aconteceu. Notou-se a permanência do problema com mais agudeza na década de 1990, depois da simbólica "queda do muro de Berlim", com os posteriores desmembramentos de Estados até então "unificados", como os gravíssimos problemas ocorridos na ex-Iugoslávia.

Após a Reforma, que quebra a unidade religiosa europeia, a questão das minorias se torna mais evidente. Em diversos tratados de paz (1606, Tratado de Paz de Viena; 1660, Tratado de Oliva) como também em tratados de delimitação de fronteiras (1881, entre o Império Otomano e a Grécia; 1872, entre o Império Austro-Húngaro e a Turquia) constam cláusulas sobre a garantia do respeito às minorias religiosas.

Na Paz de Westfália (1648), considerada como o nascimento do Direito Internacional moderno, é reconhecida a proteção às minorias religiosas, e no Tratado de Varsóvia (1773), às minorias étnicas.

Quanto às minorias étnicas, o Congresso de Viena (1815) estabelece que Áustria, Rússia e Prússia garantirão à Polônia uma representação e instituições nacionais.

É marcadamente a partir de 1850 que passam a surgir as reivindicações de nacionalidades, como direitos iguais sem discriminações e uso do idioma próprio. Em 1878, no Tratado de Berlim, os signatários garantiam a igualdade sem discriminação em razão de raça e religião.

Durante a Primeira Guerra Mundial, vários movimentos procuraram chamar atenção para que os Estados garantissem às nacionalidades compreendidas em seus territórios: liberdade civil, religiosa e o livre uso de sua língua. Quando se fala em nacionalidades não se está utilizando o termo no sentido jurídico, mas no de grupo de pessoas de uma mesma nação. Apesar desses esforços, no Pacto da Liga das Nações não há qualquer dispositivo sobre minorias.

Entende-se por minorias "grupos de população não dominantes que possuem e desejam conservar tradições, características étnicas, religiosas ou linguística estáveis se diferenciando claramente do resto da população".[5]

Várias cláusulas sobre minorias aparecem em diversos tratados pós-Primeira Guerra Mundial, em 1919, como no de Saint-Germain (arts. 62 a 69); de Neuilly (arts. 49 a 57); de Sèvres (arts. 54 a 60) e em 1923 no de Lausanne (arts. 37 a 45).

O Pacto de Direitos Políticos e Civis da ONU (art. 27), de 1966, menciona as "minorias étnicas, religiosas e linguísticas".

No ano de 1992, a Assembleia Geral das Nações Unidas aprovou uma Declaração sobre os direitos das minorias. E o Conselho da Europa a Carta das Línguas Regionais ou Minoritárias, reconhecendo-as como expressão da riqueza cultural.

---

5   MELLO, Celso de Albuquerque. *Curso de Direito Internacional Público*. 15. ed. Rio de Janeiro: Renovar, 2004. p. 957, v. II.

8.8 Organização Internacional do Trabalho e a Cruz Vermelha Internacional

A ideia de se criar uma proteção internacional do trabalho manifestou-se desde o século XIX em diversas tentativas de reuniões, congressos e conferências.[6] A Organização Internacional do Trabalho foi criada em 1919, pelo Tratado de Versalhes, parte XIII, como um organismo autônomo da Liga das Nações. Os membros da Liga tornavam-se automaticamente membros da OIT, que poderia ter também membros que não pertencessem à Liga, como ocorreu em relação aos Estados Unidos. A OIT, ao cuidar das relações de trabalho, estava promovendo o respeito ao trabalhador através das suas Recomendações e Convenções.

Em 1946, a OIT se transformou num organismo especializado da ONU, continuando com a sua sede em Genebra, na Suíça, e mantém uma estrutura diferente das organizações internacionais intergovernamentais, posto que admite a presença da classe trabalhadora através das suas instituições representativas, como sindicatos.

Embora a Cruz Vermelha Internacional não seja uma organização internacional, é reconhecida a sua personalidade internacional como coletividade não estatal. O trabalho desenvolvido desde 1863 – quando foi criado o Comitê Internacional e Permanente de Socorro dos Feridos Militares, a Cruz Vermelha dando assistência aos necessitados tanto durante os conflitos armados como também em tempo de paz – angariou para a instituição a maior respeitabilidade internacional. Os Direitos Humanitários, ramo dos Direitos Humanos, têm sido o seu objetivo, e o seu desempenho merece todo o respeito da sociedade internacional.

8.9 O Pós-Segunda Guerra Mundial e o Sistema Internacional dos Direitos Humanos.

A criação da Organização das Nações Unidas por si representou mais um esforço da humanidade no desejo de ver concretizada a paz e a segurança internacionais. Os acontecimentos durante a Segunda Guerra Mundial mostraram a necessidade de um esforço conjunto, especialmente no que diz respeito aos Direitos Humanos, que deveriam ser promovidos internacional e sistematizadamente.

Embora a Carta da ONU não tenha um capítulo específico sobre Direitos Humanos, no seu Preâmbulo e dentre os seus Propósitos e Princípios estabelecidos no art. 1º, 3, está

---

[6] Em 1890, o Kaiser Guilherme II promoveu uma Conferência com a participação de representantes de 12 Estados; todavia, limitou-se a fazer recomendações.

expresso o respeito aos direitos fundamentais do ser humano.[7] Ainda há referências nos arts. 13, b; art. 55, a, b, c; art. 56; art. 62, 2; art. 68; art. 73, a, b e art. 76, b, c.

O primeiro grande documento referencial dos direitos humanos é, sem dúvida, a Declaração Universal dos Direitos do Homem, adotada e proclamada pela Resolução 217, durante a Terceira Assembleia Geral das Nações Unidas, em 10 de dezembro de 1948.

Também de relevância, do mesmo ano, é a Convenção para a Prevenção e Repressão do Crime de Genocídio. Seguiram-se a esta as Convenções de Genebra sobre Direito Internacional Humanitário de 1949 e a Convenção Relativa ao Estatuto dos Refugiados de 1951.

O sistema das Nações Unidas desenvolveu-se em dois ramos, o dos instrumentos de proteção geral e o de proteção específica ou particularizada. No primeiro grupo estão, entre outros: o Pacto Internacional de Direitos Políticos e Civis e o Pacto de Direitos Econômicos, ambos de 1996; a Convenção contra a Tortura e Outros Tratamentos ou Penas Cruéis, Desumanos ou Degradantes, de 1984; e a Convenção sobre o Direito da Criança, de 1989.

Dentre os instrumentos de proteção específica podem-se citar aqueles voltados à eliminação de discriminação – racial, de 1965; contra a mulher, de 1979; religião ou crença, de 1982

No âmbito regional, destaca-se o sistema interamericano, com a Convenção Americana de Direitos Humanos (o Pacto de San José da Costa Rica) de 1969; Convenção Interamericana para Prevenir e Punir a Tortura, de 1985 e a Convenção Interamericana para Prevenir, Punir e Erradicar a Violência contra a Mulher (Convenção de Belém do Pará), de 1994.

O sistema europeu, o mais avançado dentre todos, partiu da Convenção para a Proteção dos Direitos Humanos e das Liberdades Fundamentais, de 1950, com subsequentes Protocolos que a aperfeiçoavam permanentemente. Hoje, a Carta dos Direitos Fundamentais da União Europeia, aprovada no Congresso de Nice, de 2000, é o texto mais completo vigente na ordem internacional.

Mas não bastam os Tratados e Convenções sobre a matéria, é preciso laborar no sistema de garantias. As Cortes Europeia e Americana estão desempenhando um papel da máxima importância e já dispõem de jurisprudência vasta e rica.

---

[7] Preâmbulo da Carta da ONU: "Nós, os povos das Nações Unidas resolvidos a preservar as gerações futuras do flagelo da guerra, que, por duas vezes, no espaço da nossa vida trouxe sofrimentos indizíveis à humanidade, e a reafirmar a fé nos direitos fundamentais do homem, na dignidade e no valor do ser humano, na igualdade de direitos dos homens e das mulheres, assim como das nações grandes e pequenas...". Os Propósitos e Princípios: art. 1º 3. Conseguir uma cooperação internacional para resolver os problemas internacionais de caráter econômico, social, cultural ou humanitário, e para promover e estimular o respeito aos direitos humanos e às liberdades fundamentais para todos, sem distinção de raça, sexo, língua e religião.

8.10 Conclusão

O caminho para o reconhecimento internacional dos Direitos Humanos e sua garantia tem sido intenso e podem-se colher resultados importantes em algumas partes do mundo. Sabemos, entretanto, que ainda há um longo caminho a percorrer. O século XXI tem o papel da consolidação desses Direitos e da sua extensão aos rincões onde ainda hoje a liberdade não passa de uma utopia.

Referências

CANTARELLI, Margarida. *Tratados internacionais*. Recife: Universidade Católica de Pernambuco, 1970.

COLLIARD, Claude Albert. *Droit international et histoire diplomatique*. Paris: Montchrestien, 1954

DE LA GUARDIA, Ernesto. *Derecho de los tratados internacionales*. Buenos Aires: Ábaco de Rodolfo Depalma, 2004.

GAURIER, Dominique. *Histoire du droit international*. Rennes: Presse Universitaire, 2005.

GEMMA, Scipione. *História dos tratados*. Rio: Livraria Freitas Bastos, 1954.

LOPES, José Alberto Azevedo. *Textos históricos do direito e das relações internacionais*. Porto: Ed. Universidade Católica Portuguesa, 1999.

MARTIN, Claudia. *Derecho internacional de los derechos humanos*. Ciudad de México: Ed. Universidad Iberoamericana, 2004.

MELLO, Celso de Albuquerque. *Curso de direito internacional público*. 15. ed. Rio de Janeiro: Renovar, 2004.

SALCEDO, Juan Antonio Carrillo. *El derecho internacional en perspectiva histórica*. Madrid: Tecnos, 1991.

STADTMÜLLER, Georg. *Historia del derecho internacional público*. Madrid: Aguilar, 1961.

TRINDADE, Antonio Augusto Cançado. *A proteção internacional dos direitos humanos*. São Paulo: Saraiva, 1991.

TRUYOL Y SERRA, Antonio. *História do direito internacional público*. Lisboa: Coleção Estudo Geral ISNP, 1996.

9

A questão da universalidade dos direitos humanos e sua estruturação em conjunturas históricas

Lucas de Alvarenga Gontijo

> Sumário: 9.1 A pretensão de validade universal e a historicidade dos direitos humanos; 9.2 Os três momentos conjunturais dos direitos humanos; 9.3 Três formas de racionalidade que justificariam a luta pelos direitos humanos; 9.4 Por uma narrativa contemporânea dos direitos humanos; Referências.

9.1 A pretensão de validade universal e a historicidade dos direitos humanos

Convicto de que não é possível reconstruir conexões históricas de longa duração, suponho não ser possível conectar o discurso do direito natural estoico ou do cristianismo como fontes remotas do que hoje se entende por direitos humanos. A mais remota fonte do que vem a ser direitos humanos se forma no contexto liberal em que surgiram os *direitos de primeira geração* ou *direitos liberais* de cunho personalíssimo como os proclamados na Bill of Rights, de 1689, ou na Déclaration des Droits de l'Homme et du Citoyen, de 1789. Mas é preciso compreender que tais declarações não esgotam mais a complexidade do que hoje se pretende sob a expressão vocabular *direitos humanos*. Não longe, o momento genealógico liberal dos direitos humanos foi sucedido por uma carga ideológica originária nos textos de Karl Marx que suscitaram, em um número considerável de influentes atores, uma revisão do que se entendeu por tais direitos. Mas nem as declarações liberais, nem os manifestos populares que seguiram os movimentos de massa do final do século XIX e início do XX dão conta de esgotar o que a contemporaneidade tem a dizer sobre este tema. Isto é, nem as declarações liberais, nem as revoluções sociais de cunho coletivista podem se confundir sem restrições com a conjuntura política e ideológica que propiciou, em 1948, a Declaração Universal dos Direitos Humanos, adotada pela Organização das Nações Unidas ou, mais recentemente, com o Pacto de San José da Costa Rica, em 1969, que firmou um elenco de valores humanos exigíveis por todos os povos americanos. Estas últimas declarações, pelo seu caráter situacional, pela sua perspectiva história e conjuntural compõem a ideia e o contexto em que os direitos humanos têm se elaborado, concepção que seria objeto da abordagem destes escritos que seguem. A gênese da Declaração Universal dos Direitos Humanos ou o Pacto de San José da Costa Rica é efeito de uma narrativa discursiva em prol de direitos que deveriam ser efetivados em decorrência de uma experiência histórica de desrespeitos à humanidade, eles se fizeram como respostas contingenciais, como assentamento de valores aceitos, justificados por uma narrativa racional.

Por outro lado, o que se entende por direitos humanos não é estanque ou mesmo encontra-se pronto. Tanto a definição quando o elenco de tais direitos mudam constantemente. Direitos, sejam de qualquer ordem, estão em processo de permanente reelaboração como bem dispôs Hannah Arendt, nos capítulos 34 e 35 de seu *A condição humana* (ARENDT, 1991). Creio que a conjunção de sintagmas *direitos humanos*, como qualquer conceito linguístico, não se apreende estático no tempo. Todo e qualquer signo, como filho do seu tempo e do pensamento humano, está em transformação e vem expandindo, perdendo ou transformando sua significação. Muito mais ênfase observa-se em conceitos como os que representam limites da percepção humana sobre si mesma, sobre o que lhe é atribuível ou exigível em termos de autonormalização. Afinal de contas, o que se entende por direitos humanos é o que se entende por *ser humano* em última instância.

Não posso admitir, por consequência, que se defina em termos o que vem a ser *humano*. Basta-me pensar que não *somos* e tão simplesmente *estamos*, já que nossa concepção de vida decorre da capacidade de se reconhecer em uma dimensão situacional. É possível especular, então, sob o viés do pragmatismo, acerca desta condição efêmera e profunda que é a condição humana existencial, no seu delicado e preciso curso dentro do universo. Este texto não se propõe dentro do campo da filosofia contemplativa, porém. Mas sim a partir de uma teoria social aplicada a definir os desafios para que se respeitem e se efetivem os direitos que todos os seres humanos têm como normas morais, e isso implica pretensão de validade universal. Em outras palavras, o objetivo deste texto não é dispor sobre a concepção do que são direitos humanos, mas como esses direitos são justificados e efetivados nos embates políticos e jurídicos práticos em âmbito global. Ou mais precisamente, resumo: estudar a luta pela efetivação e reconhecimento de normas morais.

Enfim, se a proposta deste texto, encomendado pelo estimado colega e professor Cláudio Cintra Brandão, investiga a capacidade de nossas sociedades explicitarem inferências capazes de fazer respeitados e efetivos direitos humanos sob uma ótica racional, a primeira tarefa consiste definir que tipo de racionalidade se usará para tal empreitada. Adianto que após criticar as bases da racionalidade metafísica fundada na filosofia da consciência, nos séculos XVII e XVIII, e da racionalidade da ação comunicativa instaurada pela filosofia dialógica do século XX, sustentarei as vantagens da racionalidade narrativa, fundada no pragmatismo.

Sustento ainda que direitos humanos, embora sejam valores históricos e contingenciais, ainda assim são princípios morais e, portanto, devem ser afirmados e defendidos em âmbito global. Não há contradição performativa nesta proposta, porque a racionalidade tem e sempre terá uma perspectiva. A perspectiva do narrador é condição inarredável de qualquer proposição racional e não obstante pode se projetar entre parceiros de uma interação (pragmativamente), entre membros de um grupo específico (eticamente) e para a humanidade como um todo, como regra válida, justificável (moralmente). Valores como os de preservação da integridade física e moral da pessoa, respeito à dignidade humana, por exemplo, têm se efetivado como um valor construído num momento histórico, mas com pretensão de validade universal. O que não se pode aceitar é o relativismo sociológico ou filosófico que joga para debaixo do tapete violências e barbáries de culturas estanques em si mesmas. Não discordo de que as culturas isoladas devam ser preservadas pelo direito internacional e que lhes devem ser asseguradas a autonomia e a preservação de seus valores históricos. Mas isto não se confunde com o argumento leviano e até mesmo positivista do relativismo cultural que pode perpetrar humanos vivendo sob condição de maus-tratos. A pretensão de universalidade dos direitos humanos se sustenta por meio de sua autojustificação racional narrativa e, portanto, produtora de legitimidade. Os direitos humanos não se confundem com direitos naturais nem mesmo são meras convenções – eles são históricos, construídos racionalmente, mutáveis e necessários nas sociedades hipercomplexas como as que vivemos.

9.2 Os três momentos conjunturais dos direitos humanos

Para se pensar a trajetória dos direitos humanos, será necessária a análise dos contextos políticos e ideológicos que se seguiram desde quando esse discurso se organizou, nos séculos XVII e XVIII, sob os auspícios do Iluminismo. Daí para frente, é possível e devido contextualizar a crítica de Karl Marx aos direitos humanos, o que inaugura, por si só, uma nova fase e desloca o pêndulo de entendimento desses direitos ao seu extremo contrário. Esta segunda fase se estende de textos publicados por Marx a partir de 1848, como *A questão judia* (1971a) ou a *Crítica à filosofia do direito de Hegel* (1971b) até mais de um século depois de sua morte, no final da Guerra Fria, no final do século XX. Contudo, não é, ainda, o contexto atual em que os direitos humanos encontram-se enredados atualmente. Hoje, vivemos a era pós-industrial, de capitalismo globalizado. É neste contexto que se deve entender, em última analise, o discurso de justificação e luta pela efetivação dos direitos humanos.

É preciso notar que a cada momento perpassado pelo discurso dos direitos humanos, se reelaborou o confronto de forças políticas e há, portanto, uma redefinição dos jogos de poder que, por sua vez, tanto engendraram os discursos de justificação dos direitos humanos como também alinham seus novos desafios e opositores.

Propomos, então, seguir três momentos na Modernidade que merecem ser distinguidos para que se possa compreender a transformação dos direitos humanos no tempo. A primeira vai da instauração do liberalismo, no século XVII, até meados do século XIX, com a insurreição da perspectiva dos direitos coletivos. A segunda vai dessa insurreição, isto é, da disseminação dos discursos marxistas, até o fim da Guerra Fria. Por fim, teríamos o período do pós-desmoronamento do bloco soviético, isto é, a era contemporânea ou era do neocapitalismo.[1]

9.2.1 Período da fundação dos direitos humanos

O discurso fundante dos direitos humanos se dá a partir das declarações dos direitos personalíssimos que emergem da tensão entre os ideais liberais revolucionários e a derrocada do Antigo Regime. Isto posto, as primeiras manifestações vívidas que podem ser entendidas como direitos humanos são a Bill of Rights e a Déclaration des Droits de l'Homme et du Citoyen de 1789. Há ainda, por certo, um caráter declaratório com pretensão de validade universal na Constituição dos Estados Unidos da América de 1779, assim como na Constituição do Império do Brasil de 1824, eivadas da ideologia afirmativa liberal. Quase todas as manifestações codificadas deste período revelam a ideologia iluminista, expressiva de direitos manifestos através da codificação e em tom de declaração de direitos naturais.

Essa primeira forma de justificação racional dos direitos humanos se estruturou a partir dos paradigmas das ciências naturais e exatas, com maior influência da astronomia, da matemática e da física (BACHELARD, 1991). Isto é, a racionalidade que fundará os pri-

---

[1] Apenas por apreço à história dos conceitos, eu gostaria de deixar escrito que a temática dos direitos humanos nunca fora abordada com tanta ênfase como se fez nas últimas duas ou três décadas. É possível afirmar que direitos humanos propriamente ditos, embora tenham rastros históricos que remontam os direitos dos cidadãos nas revoluções liberais, são tematizados como tais somente depois dos anos 60 e 70 do século XX. No Brasil, por exemplo, direitos humanos só se tornaram uma temática de estudos muito recentemente, depois de 1980. A primeira comissão de direitos humanos de uma universidade foi a da Universidade Federal da Paraíba, em 1989, o primeiro curso de especialização só apareceu em 1994 e os primeiros mestrados são de 2004 (TOSI, 2010, p. 55). Isso se explica porque, durante a Guerra Fria, a discussão sobre direitos humanos ficou congelada em termos globais e, com muito mais intensidade, nos países latinos-americanos submetidos à regimes de exceção. Este assunto, durante o período de censura ditatorial, era entendido como típica militância de esquerda, crítica ou subversiva ao regime ditatorial. A Declaração Universal dos Direitos Humanos ou o Pacto de San José da Costa Rica foram ações heroicas, relativamente isoladas e sem muita repercussão ou consequência fática frente à truculência e à arbitrariedade dos governos autoritários escorados pela lógica utilitarista da *Razão de Estado*. Foi somente depois da queda do muro de Berlim e, sobretudo depois da Conferência de Viena de 1993 que os tribunais internacionais iniciaram suas gestões de combate ao desrespeito dos direitos humanos.

meiros direitos de pretensão universal na Modernidade estava baseada na convicção de que assim como os cientistas haviam descoberto leis físicas intrínsecas à natureza, os cientistas sociais haveriam de descobrir e, assim, revelar as leis que regulariam a vida moral. De forma mais exemplificativa, esse pensamento poderia ser posto nos seguintes termos: Isaac Newton havia descoberto as leis da física mecânica, logo, o cientista social haveria de perscrutar as leis do mundo moral e restar-lhe-ia, tão somente, a perspicácia de revelá-las.

Isto posto, estes cientistas sociais, iluministas, que por sua vez estavam engajados nos combates ideológicos do Antigo Regime, são precursores da ideologia qual hoje se tem nominadamente por direitos humanos. Suas teorias surtiram como centelhas da tensão instaurada entre suas crenças liberal-revolucionárias e dogmática que suportavam o Antigo Regime. Logo, o nascimento dos direitos humanos teve e conserva até hoje caráter declarativo. Havia, por assim dizer, necessidade de deixar manifesto, constatável, um catálogo de direitos de pretensão universal, que se dirigisse a todo e qualquer ser humano.

Essa forma de racionalidade estava respaldada na capacidade de discernimento interior do indivíduo, no que se convencionou nominar *filosofia da consciência*. Os três maiores expoentes ou representantes desse tipo de racionalidade são Descartes, Locke e Kant. Segundo essa visão da capacidade intelectiva humana, o homem, ser autônomo, epistêmico, possuiria a capacidade de definir sua natureza através de suas faculdades racionais solipsistas, independentemente da percepção ou do complemento dialético do outro.[2]

Não resta dúvida de que a pretensão desses discursos consistia em afirmar uma natureza humana fundada numa racionalidade transcendental. Direitos humanos no entendimento contemporâneo majoritário não se confundem com direitos naturais, mas compartilham a concepção de que haveria direitos mínimos a serem preservados universalmente, pela simples condição de serem atribuídos à condição existencial humana. Ralph Bannell dispõe acerca dessa racionalidade transcendental e liberal ao afirmar que "esse elenco de direitos naturais é, obviamente, restrito em relação à concepção contemporânea de direitos humanos, mas poderia ser considerada a origem do conceito corrente. O que é importante frisar é a ênfase dada à liberdade, no sentido negativo de não sofrer impedimentos a sua ação de outrem, e o direito a propriedade privada" (BANNELL, 2010, p. 91). É inegável que havia nas declarações liberais uma perspectiva personalíssima. A liberdade, mais precisamente a autonomia, constituíra o fundamento principal dessa perspectiva de natureza humana.

---

[2] Esta visão filosófica só seria superada pelo jovem Hegel, quando de seus escritos em Jena. A então filosofia dialética, por sua vez, inspirou Marx para sua crítica à filosofia da consciência.

9.2.2 Período de crítica aos ideais burgueses e aos fundamentos transcendentais dos direitos humanos

A crise da fundamentação transcendental e liberal da declaração dos direitos humanos foi instaurada, sobretudo, a partir da crítica elabora por Karl Marx, embora não se devam esquecer autores da Escola Histórica, como Savigny e Gustavo Hugo, ou mesmo a crítica do inglês Edmund Burke, já haviam antecipado em grande parte suas observações. Contudo, a crítica dos historicistas e mesmo a de Burke se concentrava na inconsistência filosófica dos argumentos transcendentais e universais do discurso iluminista, sem apresentar uma nova proposta ideológica que os substituísse. Suas críticas – digo, as de Burke e as dos historicistas – resultaram numa espécie de dessacralização do direito natural, como dispôs Norberto Bobbio (1995), deixando o campo aberto para a ascensão do direito positivo.

Foram Marx e seus seguidores, entretanto, que fundaram uma nova concepção de direitos humanos, a partir de um novo projeto ideológico para a humanidade. Antes de esmiuçar, mesmo que superficialmente, a proposta desconstrutivista marxiana acerca da concepção burguesa de direitos humanos, vale a pena projetar uma moldura histórico-temporal desse período que se vê marcado por um ideal coletivista de direitos.

O período que chamamos de coletivista é pautado pelo embate ideológico entre duas formas de entendimento sobre os direitos humanos, quais são: o liberal afirmativo e o crítico desconstrutivo originado nos textos de Marx. Estes discursos acabaram por polarizar o debate sobre direitos humanos de meados do século XIX até o desmantelamento da URSS ou simbolicamente na mítica queda do Muro de Berlim, em 1989.

Hoje em dia, é muito comum criar cronogramas historiográficos que dispõem a Segunda Guerra Mundial como divisor de períodos históricos. É quase unânime falar em antes e pós-Segunda Guerra Mundial. Mas pela ótica da polarização liberais/comunistas, a guerra se revelaria como mero interregno no conflito que a antecipara e a sucedera, isto é, o conflito ideológico entre uma proposta de mundo liberal, de cunho privatista e um socialista, de cunho coletivista. Os regimes nazista e fascista não teriam sido mais do que um colchão entre a URSS e os países ocidentais capitalistas. Há indícios levantados por Hobsbawm (1995), no sentido de que governos como os da França e da Inglaterra até chegaram a apoiar a ascensão dos regimes nazifascistas ao poder na Alemanha e na Itália, num primeiro momento, porque acreditavam que conteriam o avanço russo sobre a Europa em caso de conflito bélico. Com o esmagamento do Eixo, o dia "D" não representará o fim da Segunda Guerra Mundial, mas o início da Guerra Fria explicitada.

Havia, no contexto da Guerra Fria, um inimigo definido, porque nesse período havia o Estado posicionado, opressivo, mas identificável. Lutava-se por direitos humanos para que o Estado autoritário respeitasse a integridade física e moral de seus opositores-cidadãos. Nesse período derradeiro da era coletivista, a luta por direitos humanos consistia em fazer valer direitos civis, bem próximos aos defendidos na primeira geração dos direitos do homem, por Beccaria, por exemplo. Mas respeitar direitos humanos era uma consequência da brutalidade que contornava a disputa ideológica: enquanto os liberais acreditavam numa matriz fundada na propriedade e na autonomia do sujeito de direitos individualizado, os comunistas acreditavam na socialização dos bens de produção, em um sujeito de direitos que só poderia ser pensando sob a ótica do coletivo.

Mas que fixemos alguns aspectos da crítica marxiana que orientou a crítica aos direitos humano de fundamentação liberal. Críticos de Marx, desatentos ou influenciados por uma tendenciosa interpretação dos textos marxianos, apontam que sua obra teria desprezado ou até mesmo se oposto aos direitos humanos. Esta posição cai em erro porque de Marx se apreende, em acuro, que sua crítica ao capitalismo se pauta por uma busca radical da dignidade humana e do direito de igualdade pleno. Contudo, é certo que Marx desacreditou nos direitos humanos enquanto emanados do direito natural, abstratos e aí sim, em sua visão, a declaração dos direitos humanos constituiu uma forma de dominação ideológica perniciosa. Há que se lembrar de que, para Marx, o direito, como um todo, é uma forma de dominação (MARX, 1971b).

O primeiro texto de Marx dedicado à crítica dos direitos humanos prolatados na Revolução Francesa talvez tenha sido *A questão judia* (MARX, 1971a). Neste texto, o jovem Marx já interpreta que a superação do Antigo Regime resultou numa postura atomizada de se entenderem direitos, além de se propagar a criação de um cidadão universal e abstrato, isto é, irreal. Desta forma, não haveria de emergir um cidadão pleno, mas apenas levar a cabo os interesses egoístas da sociedade burguesa que, sob a sombra de uma igualdade formal (contratual) escondia a desigualdade real.

Para Marx, o direito humano à igualdade explicita a desigualdade, o direto humano à liberdade se traduz numa regra negativa de direitos, e o direito é o meio ideológico de dominação e conformação do homem real que, iludido pelos direitos burgueses abstratos e egoístas, se vê impedido de formar a verdadeira sociedade solidária e integral. Enfim, Marx deixa claro que embora os direitos humanos fossem apresentados como reveladores da essência humana e, por consequência, universais e atemporais, eles seriam criações da história, sendo construtos ideológicos. Douzinas resume este apanhado da seguinte forma:

> Depois da crítica de Marx, ficou claro que, embora os direitos humanos fossem apresentados como eternos, eles são criações da modernidade, embora passassem por naturais, eles são construtos sociais e legais, embora fossem apresentados como absolutos, eles são os instrumentos limitados e limitadores do Direito; embora fossem concebidos acima da política, eles são o produto da política do seu tempo. Finalmente, embora fossem apresentados como racionais, eles são resultado da razão do capital e não da razão pública da sociedade. Todas essas inversões entre o fenômeno e a realidade significavam que, para Marx, os direitos humanos representavam o principal exemplo da ideologia de seu tempo (DOUZINAS, 2009, p. 174-175).

As ideias de Marx acabaram por construir uma das maiores correntes ideológicas que a modernidade conheceu. E a luta ideológica acabou por adentrar o embate político chegando até à luta armada, como se sabe.[3] Neste contexto, diferentes concepções de direitos humanos irradiaram, trazendo a discussão sobre os direitos humanos a uma complexidade filosófica muito superior. Hoje, as marcas da violência dos Estados em repressão aos militantes pró-comunismo e contra comunismo constituem uma das mais vigorosas bandeiras de luta pelos direitos humanos.

9.2.3 Período pós-industrial ou neocapitalismo

Eu diria, de forma bem direta, que os direitos humanos hoje devem ser entendidos no contexto do capitalismo pós-industrial, das sociedades de consumo e sob a conjuntura do desmantelamento dos Estados-nação. Nesse cenário, pós-queda do Muro de Berlim, redefiniram-se os desafios dos direitos humanos e tornaram patente que as concepções de luta por tais direitos são mutantes e precisam se reinventar a todo tempo.

Por detrás de uma aparente tranquilidade e cumprimento dos direitos humanos, tem-se a existência um homem médio oprimido, escravizado por jornadas de trabalho infindáveis, que se caracteriza pela condição de consumidor-produtor de bens e serviços. Atomizado, deixou de projetar-se como um ser político para contentar-se com as "benesses" do consumo. Esta nova ordem usa do discurso dos direitos humanos para neutralizar os descontentamentos e arrefecer os movimentos sociais.

Com o desmantelamento do Estado-nação, uma nova ordem mundial se apresentou, fundada na competitividade, na produtividade e na concentração de capital em esfera global. Mas o que chama atenção para esse fenômeno é que ele se funda numa nova ideologia de direitos humanos, ou seja, a nova ordem dos mercados internacionais se aninha exatamente numa visão errada, senão cínica, dos que são direitos humanos hoje. É exatamente o que Ivete Kiel lamenta porque, para a autora da Unisinos, "isso não passa de uma miragem neoliberal na qual os direitos humanos são propagados (mas não efetivados) como valores e práticas éticas indiscutíveis" (KIEL, 2002, p. 82).

Haveria, portanto, uma "esperteza" das democracias-mercado, que reduzem os homens à vida de pastagem, "como os porcos". Keil evoca Châtelet em passagem que aqui reproduzo:

> Hoje, a grande questão que se coloca é o aparecimento dos direitos humanos como razão central de ações e intervenções planetárias guerreiras, legitimando guerras, violências e profundas injustiças sociais. Na realidade, os direitos huma-

---

[3] A Guerra Fria só foi "fria" entre EUA e URSS/China. A Guerra do Vietnã, as ditaduras militares na América Latina e África, a Guerra Civil de Angola, a repressão nos países da cortina de ferro do Leste Europeu revelaram um lado sangrento dessa guerra ideológica.

nos alimentam a mão invisível do mercado mundial, por um lado produzindo um imaginário de igualdade e paz universal, por outro, contribuindo para compor a perversa equação contemporânea qual fala Gilles Châtelet, ao reclamar uma filosofia do combate em seu virulento *Vivre et penser comme des porcs*, isto é, a equação: mercado = democracia = homem médio (KEIL, 2002, p. 83).

Há, portanto, que se refletir sobre esta crítica desconstrutivista, que compreende os direitos humanos como instrumento de pacificação dos movimentos de insurreição ou contestação para dar lugar ao consumismo obediente e à acomodação ou estagnação das filosofias revolucionárias. Constitui uma espécie de posição tópica que os direitos humanos hodiernamente servem como justificativa para invasões e bloqueios econômicos a países não dóceis ao alinhamento capitalista ocidental, seja sob a alegação de que seriam ameaças potenciais ou sob o argumento de que agem em defesa da segurança nacional [guerra contra o terrorismo]. As democracias-mercado, estas sim detentoras dos "direitos humanos" e da "democracia", garantiriam o então humano pleno de seus direitos: produzir e consumir. Neste sentido, eu ouso afirmar que os direitos humanos não passaram de um discurso cínico, estratégico, pernicioso e que impede a emancipação. Aqui, mais uma vez, cabe-nos lembrar do destino trágico prescrito por Arendt ao descrever esta sociedade como aquela condenada a ser *gado cognitivo*.

Então, os Direitos Humanos entendidos e defendidos no contexto da denominada "nova ordem mundial", de fundamentação capitalista, pós-industrial, redefinem o próprio conceito de "humano", como objeto de manobra do mercado internacional. Aí se têm direitos humanos impotentes, "demasiadamente ornamentais" (KEIL, 2002, p. 84), passíveis de crítica como faremos na conclusão deste escrito.

9.3 Três formas de racionalidade que justificariam a luta pelos direitos humanos

O discurso que, tanto quanto a própria definição, legitima o que vêm a ser direitos humanos se transforma na história. Esse é um efeito necessário de sua dimensão discursiva, como ideário humano. Em outras palavras, é possível dizer que o militante de direitos humanos tem sua perspectiva deslocada conforme se reconstroem as conjunturas ideológicas e políticas de cada tempo.

O que é direito hoje não necessariamente deixará de ser no futuro, embora isso aconteça também. Os discursos que movimentam as bandeiras dos direitos humanos têm, usualmente, continuidade dos mesmos sintagmas, mas com diferentes significações. O que significava liberdade no contexto do final do século XVIII não é o que significava no final do século XIX, sob a interferência cognitiva do coletivismo. O conceito de autonomia concebido por Kant, como princípio que condiciona a própria essência humana, hoje tem significação relacionada às condições de possibilidade de se exercer a cidadania, implicando um leque de direitos não visualizados por Kant, ao seu tempo. Usar as mesmas palavras não significa dizer as mesmas coisas, se se as diz em tempos diferentes (KOSELLECK, 2006). Assim, as formas de racionalidade devem ser compreendidas em diferentes contextos, que por sua vez estão alinhavados a diferentes objetivos e, desta forma, implicam defesas de direitos humanos específicos. Tratarei de três formas básicas de racionalidade, que, conforme o périplo histórico que foi exposto acima, se encaixa com as pretensões de cada era e, dialeticamente com elas, evoluiu para a concepção de uma racionalidade adaptada à idade contemporânea, a racionalidade narrativa.

A seguir, farei breve exposição da racionalidade metafísica que insuflou e sustentou as declarações de direitos dos homens de primeira geração. Depois, exponho a racionalidade defendida pela teoria do agir comunicativo, que apareceu com a compreensão da racionalidade dialógica, que decorre da dialética hegeliana/marxiana, embora ela tenha sido consubstanciada apenas no final do século XX e, por fim, traço breves considerações sobre a racionalidade narrativa, que nos habilita a justificar os direitos humanos no período pós-industrial, de globalização.

a) Racionalidade segundo a filosofia da consciência

Não havia, para esta concepção de racionalidade, vínculo entre razão e linguagem. Para Locke, por exemplo, a linguagem era designativa, isto é, é usada para representar o mundo e não para conhecê-lo. Esta posição filosófica ajuda a explicar como os filósofos dos séculos XVII e XVIII entendiam o mundo: eles se colocam fora dele para explicá-lo. O homem intentava prescrever normas para si mesmo, acreditando que poderia fazê-lo a partir de uma posição neutra ou onisciente.

A fragmentação entre sujeito e objeto definia a natureza humana de fora, isto é, a natureza humana se torna objeto do saber. A então filosofia da consciência, solipsista, não precisa de interação (exigência da racionalidade comunicativa, que se verá a seguir) e não está inserida num contexto, numa perspectiva (exigência da racionalidade narrativa, como ser verá no final deste seguimento). O jusracionalismo tem uma perspectiva indefinida, pois crê que seria capaz se observar a natureza humana de modo imparcial. Assim se firmaram as bases da racionalidade em que o sujeito conhecedor observava seu objeto de conhecimento, a si mesmo e, assim, prescrevia seus direitos e deveres.

Como dispôs Ralph Bannel, "um aspecto central à concepção moderna de racionalidade, seja teórica ou prática, é que é monológica, ou seja, é uma faculdade interior a cada indivíduo que não precisa nada fora dela para funcionar e produzir conhecimento científico e moral" (BANNEL, 2010, p. 87).

Revela, pois, ênfase num princípio contratualista alicerçado na autonomia da decisão, da escolha. É por isso que Kant prescreve uma metafísica da subjetividade, independente de qualquer contingência ou inclinação pessoal. Como dito acima, a autonomia para Kant é a condição humana por excelência. Ora, esta posição tão segura de si mesma e tão sozinha não consegue mais, em pleno século XXI, convencer ou mesmo justificar a legitimidade de se cumprirem direitos humanos. A crença numa visão monológica da natureza humana se desfez com a crescente complexidade do mundo contemporâneo, com a pluralidade e subjetividade de perspectivas que se acumulam dia a dia.

b) Racionalidade segundo a teoria do agir comunicativo

Depois de um longo período de desconstrução da condição de possibilidade de se proporem direitos humanos, porque não se encontrava uma teoria consistente que superasse a dogmática metafísica e, ao mesmo tempo, pudesse fundamentar uma proposta convincente de alicerce para proposição de direitos, eis que aparece, a partir da publicação em 1979 do texto *Que é pragmática universal?* (HABERMAS, 1996), primeiro *insight* da teoria que seria levada à edição no ano de 1981 sob o nome de *Theorie des Kommunikativen Handelns* (*Teoria do Agir Comunicativo*) (HABERMAS, 1984).

O fundamento de tal teoria se dá pela capacidade de dialogicidade do ser humano, de modo a superar a perspectiva atomista da filosofia da consciência. Os direitos em geral, como efeito de um espaço público de discussão de agentes interativos, poderiam se validar e legitimar pelo consenso.

Habermas se funda na capacidade humana de articular linguisticamente valores sociais que podem ser transformados em consensos. Isso seria possível graças à condição de vida intersubjetivamente compartilhada e pela capacidade de construir consensos linguísticos por meio da pragmática formal. Esses consensos podem evoluir para construção de normas morais, com pretensão de validade universal.

O espaço público é, então, o *locus* em que se dão as condições ideais de diálogo em que seres falantes, por meio de um processo dialógico e condicionado de repeito recíproco podem, racionalmente, eleger suas normas de comportamento social, redefinir valores e construir, legitimamente, normas válidas.

Contudo, toda sua teoria se baseia em pressupostos pragmáticos de comunicação linguística, aquilo que chama de teoria pragmática universal, isto é, pragmática formal. A validade das proposições fundadas parte de um discurso moral-prático, que por sua vez é contrafático. Isto é, existirem um consenso ideal e uma situação ideal de diálogo para que o consenso possa ser conquistado é uma ideia quase transcendental. Ou Jürgen Habermas pressupõe uma sociedade de pares iguais e não afetados psicologicamente e culturalmente, com mesmas condições de argumentação, disposição e compreensão dos mesmos signos linguísticos, ou Habermas subestimou a complexidade psíquica humana, ingenuamente.

Ora, qualquer consenso é falível. E isto se dá por condições que escapam às possibilidades ideais de fala, como as condições psíquicas, a diversidade de significação sobre signos ou mesmo as paixões envolvidas. O espaço público proposto por Habermas é apenas ideal, não real. O mundo real é permeado por atores com disposições dissonantes, condições culturais díspares, além de ser linguisticamente fragmentado.

Como posso pressupor que os direitos humanos serão firmados por consenso? Não critico o esforço para que se construa consenso – o que seria um bom exercício de compreensão e reconhecimento do outro –, mas se esperarmos que os direitos humanos adquiram validade universal por disposição ao diálogo, não estaremos falando de normas de evento global, sequer de vizinhos de bairro.

c) Racionalidade segundo a perspectiva narrativa

A racionalidade narrativa é proposta por uma miríade de filósofos e jusfilósos contemporâneos que levam em conta dois aspectos básicos para compreender a racionalidade humana: sua historicidade e sua perspectiva para compreender problemas. Não obstante, a teoria da racionalidade narrativa fundamenta sua proposta na capacidade de produzir argumentos situados no tempo, exatamente por se encontrar em conjunturas e condições temporais específicas, produzir razoabilidade e solucionar impasses e crises.

Os autores que, de uma forma ou de outra têm plantado esta proposta são, *grosso modo*, Reinhart Koselleck (1999; 2006), Hans-Georg Gadamer (1997), Charles Taylor (1989) e, no direito, Ronald Dworkin.

A teoria da racionalidade narrativa contempla a dimensão transitória do saber humano, sua constante modificação no tempo e a condição inarredável da perspectiva do intérprete. Desta forma, os direitos humanos passam por um processo de validação intersubjetiva, por serem, sempre, historicamente situados. A deliberação contínua sobre os valores a serem respeitados, momento de efetivação de discursos moral-práticos, demanda respostas pela rearticulação das crenças que redefinem, a todo tempo, o que somos e que regras orientam a ação humana.

Enfim, o modelo narrativo reconhece a dinâmica do conflito, busca assim a resolução de crises com uma decisão situada no tempo e capaz de perceber contingências. Não vem de consensos (como a racionalidade do agir comunicativo), mas da construção racional de discursos que podem perceber novas subjetividades, identificar grupos sob opressão, reconhecer condições humanas que, no curso da história estão sob ameaça e dependem da afirmação e de efetividade de direitos.

9.4 Por uma narrativa contemporânea dos direitos humanos

Ainda há antigas demandas de efetividade dos direitos humanos e, a cada dia, aparecem outras que exigem novas perspectivações de seus conteúdos e suas condições de efetividade. Condições degradantes de trabalho, disparidade social, alta criminalidade, novas formas de racismo, segregação e guetização de populações, novos já imprescindíveis direitos como o de informação e o de conectividade, enfim, direito à inserção tecnológica e outros desafios recém-instaurados, como os permeados pela discussão bioética etc. Somam-se a isso, contemporaneamente, a percepção de mais gêneros humanos e de mais subjetividades humanas (outras formas de minorias) e mais formas de opressão.

Essas novas subjetividades, como, por exemplo, a força de trabalho flutuante e móvel dos empregados de multinacionais, exigem um contínuo processo de reinvenção dos direitos humanos. Se enfrentamos hoje, numa economia-mundo, caracterizada pela grande concentração de renda em pequenos grupos empresariais e a transnacionalização do capital, os direitos humanos precisam se reinventar dentro de um novo cenário global, capaz de contenção da exploração sutil, quase invisível, gerada pela novas formas de capitalismo.

Bauman alerta para a perspicaz dinamicidade do capitalismo, que elabora mutantes mecanismos de dominação com rapidez jamais experimentada antes (BAUMAN, 2010). O capitalismo, segundo ele configurado hoje como capitalismo parasitário, se nutre do endividamento, do incentivo ao crédito-consumo, dos efeitos de uma modernidade líquida (BAUMAN, 2008).

Os operadores do direito têm o dever de promover respostas, de enfrentar os inimigos da humanidade de modo a prover dignidade aos povos em êxodo – o que jamais foi tão intenso na história da humanidade como agora –, às novas formas de *Homo sacers*, às novas formas de *vida nua* (AGAMBEN, 2002). Creio que isso só é possível se os cultores dos direitos humanos estiveram atentos para tecer novas narrativas sobre seu tempo e sobre a condição humana.

Há sim um uso estratégico dos direitos humanos, o que pode ser denotado pela perniciosa "ocidentalização do mundo", impondo valores pseudodemocráticos em nome do imperialismo cultural e econômico dos países ocidentais centrais. Contudo, não é possível aceitar o relativismo de que povos humanos possam se submeter a irracionalidades e sofrimento sob a justificativa de que se deve respeitar a cultura. Os direitos humanos são normas morais e com pretensão de validade universal, pois afinal de contas vivemos em um mundo globalizado.

Referências

AGAMBEN, Giorgio. *Homo sacer*: o poder soberano e a vida nua I. Tradução Henrique Burigo. Belo Horizonte: Editora UFMG, 2002.

ARENDT, Hannah. *A condição humana*. Tradução de Roberto Raposo. 5. ed. Rio de Janeiro: Forense Universitária, 1991.

BACHELARD, Gaton. *Le nouvel esprit scientifique*. 4. ed. Paris: Quadrige, 1991.

BOBBIO, Norberto. *O positivismo jurídico*: lições de filosofia do direito. Tradução e notas Márcio Pugliesi, Edson Bini e Carlos E. Rodrigues. São Paulo: Ícone, 1995.

BANNELL, Ralph Ings. O problema da racionalidade os direitos humanos. In: FERRERIA, Lúcia de Fátima Guerra; ZENAIDE, Maria de Nazaré Tavares. (Org.). *Direitos Humanos na Educação Superior*: subsídios para a educação em direitos humanos na filosofia. João Pessoa: Editora Universitária da UFPB, 2010.

BAUMAN, Zygmunt. *O mal-estar da pós-modernidade*. Tradução Mauro Gama, Cláudia Martinelli Gama. Rio de Janeiro: Jorge Zahar, 1998. 272p.

_____. *Vida para consumo*: a transformação das pessoas em mercadoria. Tradução de Carlos Alberto Medeiros. Rio de Janeiro: Zahar, 2008.

_____. *Capitalismo parasitário*: e outros temas contemporâneos, tradução de Eliana Aguiar. Rio de Janeiro: Zahar, 2010.

DOUZINAS, Costas. *O fim dos direitos humanos*. Tradução de Luiza Araújo. São Leopoldo: Unisinos, 2009.

GADAMER, Hans-Georg. *Verdade e método*: traços fundamentais de uma hermenêutica filosófica. Tradução de Flávio Maulo Meurer. Petrópolis: Vozes, 1997.

HABERMAS, Jürgen. *The Theory of Communicative Action*. Translated by Thomas McCarthy. Boston: Beacon Press, 1984.

HABERMAS, Jürgen. *Racionalidade e comunicação*. Tradução de Paulo Rodrigues. Lisboa: Edições 70, 1996.

HOBSBAWM, Eric. *Era dos extremos*: o breve século XX – 1914/1991. Trad. de Marcos Santarrita. São Paulo: Companhia das Letras, 1995.

KEIL, Ivete Leocádia Manetzeder. O paradoxo dos direitos humanos no capitalismo contemporâneo. In: KEIL, Ivete Leocádia Manetzeder; ALBUQUERQUE, Paulo; VIOLA, Sólon (Orgs.). *Direitos Humanos*: Alternativas de justiça social na América Latina. São Leopoldo: Editora da Universidade do Vale do Rio dos Sinos, 2002.

KOSELLECK, Reinhart. *Futuro passado*: contribuição à semântica dos tempos históricos. Tradução do original em alemão de Wilma Patrícia Maas e Carlos Almeida Pereira, Rio de Janeiro: Contraponto: Ed. PUC Rio, 2006.

_____. *Crítica e crise*: uma contribuição a patogênese do mundo burguês. Tradução do original em alemão de Luciana Villas-Boas Castelo-Branco. Rio de Janeiro: EDUERJ: Contraponto, 1999.

MARX, Karl. *On the Jewish Question* (in Early texts). Translated by D. McLellan. Oxford: Backwell, 1971a.

MARX, Karl. *Critique of Hegel´s philosophy of Right* (in Early texts). Translated by D. McLellan. Oxford: Backwell, 1971b.

TAYLOR, Charles. *Sources of the self*. Cambridge: Cambridge University Press, 1989.

Título IV

Conceito dos direitos fundamentais

10

O conceito de direitos fundamentais

Clarissa Marques

Sumário: 10.1 Introdução: Ordem e Valores em Nelson Saldanha; 10.2 A liberdade fundamental ao conceito; 10.3 Para além da liberdade: a igualdade na Ordem; 10.4 A Ordem de direitos fundamentais e a transindividualidade solidária; Conclusões.

10.1 Introdução: Ordem e Valores em Nelson Saldanha

O conceito de direitos fundamentais tem sido visualizado das mais diversas formas, indicando os pensamentos dominantes em cada época. Seguindo esse entendimento, o presente capítulo parte da proposta construída pelo Professor Nelson Saldanha sobre *Ordem e Valores*[1] para assumir os direitos fundamentais enquanto *Ordem* permeada por valores os quais indicam os desejos, anseios e até mesmo princípios éticos historicamente situados.

Assim, o desafio de conceituar os direitos fundamentais será aqui enfrentado partindo do pressuposto que quando as sociedades amadurecem, as pautas até então teológicas passam a ser pautas racionais,[2] ou seja, no que diz respeito aos direitos fundamentais, as garantias, que até então provinham de uma visão mítica, passam a ser produto da racionalidade.

---

[1] *Ordem e hermenêutica*. Rio de Janeiro: Renovar, 2003.
[2] SALDANHA, Nelson. *Ordem e hermenêutica*. Rio de Janeiro: Renovar, 2003, p. 128.

Conforme nos ensina o Professor Nelson, nenhuma ordem é capaz de ser entendida apenas enquanto forma, mas sim sempre em função de valores, responsáveis pela sua fundação, até mesmo pelo seu significado.[3] Assim, entendidos os direitos fundamentais enquanto *Ordem*, seu conceito passa necessariamente pela compreensão dos valores que a fundaram. Eis o desafio aqui lançado: compreender os valores que acompanharam a formação dos direitos fundamentais para assim alcançar o significado destes.

Por que será que alguns são fundamentais e outros não? Vários são os caminhos teóricos para tentar responder a esse questionamento. Entretanto, a escolha aqui realizada é a da formação histórica. Ou seja, o presente artigo tenta explorar o conceito de direitos fundamentais a partir de algumas condicionantes históricas.

Difícil imaginar o que seria o constitucionalismo atual sem os direitos fundamentais. Essa simples constatação já nos apresenta um pouco da sua fundamentalidade, da sua importância e função para o que chamamos de Estado de Direito.

Mais do que conceituá-los, o propósito do texto é colaborar para a compreensão da chamada teoria dos direitos fundamentais, o que se inicia com a percepção de alguns elementos que se apresentam de forma correlacionada.

Nesse sentido, o trabalho propõe uma análise não exaustiva sobre a formação histórica dos direitos fundamentais, incluída a ressalva quanto à utilização da expressão *dimensões de direitos*, o esclarecimento de que o que define um direito como fundamental não é a sua localização constitucional, além de uma breve apresentação das perspectivas objetiva e subjetiva.

10.2 A liberdade fundamental ao conceito

Aproximar-se do conceito de direitos fundamentais requer assumir que boa parte dessa fundamentalidade encontra-se nas implicações trazidas por sua formação histórica. Ou seja, são dados e elementos históricos que nos permitem compreender por que alguns direitos surgiram e foram consagrados como fundamentais. Para acompanhar esse percurso histórico, a doutrina construiu uma categorização dos direitos fundamentais em *dimensões*, o que em um primeiro momento foi realizado a partir da expressão *gerações de direitos*.

Assim, a primeira observação a ser feita é a utilização do termo *dimensão* de direitos fundamentais em detrimento do termo *geração*, tendo em vista que a ideia não é a de substituição de direitos, o que sugere esta última terminologia, pois, se assim fosse, o

---

[3] "Os valores são sempre fundantes desde que tomados como pontos de referências sobre os quais assentam atos e formas. Os valores (mesmo quando mencionados sob o nome de princípios) são pensáveis inclusive como correlatos do ser, e afetam a preferibilidade das formas (e dos atos) num sentido latentemente universal, embora sendo histórico-culturalmente situados." SALDANHA, Nelson. *Ordem e hermenêutica*. Rio de Janeiro: Renovar, 2003, p. 130.

espaço de uma primeira geração passaria a ser ocupado por uma segunda, na medida em que a função da primeira estaria cumprida, mesmo considerando que suas marcas permaneceriam ao longo do tempo. Bonavides afirma, inclusive, que o termo *geração* induz ao entendimento de que a posterior causaria a caducidade da(s) anterior(es).[4]

Assim, na medida em que o surgimento dos direitos fundamentais ocorreu em etapas, que ao longo do tempo somaram-se e não se substituíram, a expressão *dimensão* parece mais apropriada, permitindo, dessa forma, o entendimento de que as várias dimensões coexistem, não ocorrendo, portanto, uma superação entre elas.[5]

Todavia, é válido perceber que a expressão *dimensão*, ao ser utilizada no intuito de não delimitar fronteiras entre os três momentos dos direitos fundamentais, talvez provoque, também, um condicionamento entre os direitos. Ou seja, além de superar a ideia de substituição, sugerida pela terminologia *geração*, o termo *dimensão* propõe uma visão conjunta dos direitos fundamentais, na qual tais direitos encontram-se juntos e condicionados, provocando, assim, uma relação de reciprocidade.

Nesse sentido, a primeira dessas dimensões consagrou as chamadas liberdades civis ou negativas, pois exigia a ausência de impedimentos ou de obrigações,[6] uma postura de abstenção por parte do Estado e respeito à autonomia individual. Isso lhe rendeu o dever de consagrar e respeitar as liberdades, sem, contudo, interferir nestes direitos.[7]

Tal postura reflete a necessidade da consagração da individualidade, própria da modernidade, como resposta à experiência medieval, na qual os sujeitos eram detentores de direitos de acordo com critérios referentes ao nascimento e/ou a propriedade.[8] Situação esta que se tornou incompatível com a concepção moderna de liberdade, baseada na livre expressão da vontade[9] que terminou contaminando a própria concepção de direitos fundamentais.

---

[4]   *Curso de direito constitucional*. São Paulo: Malheiros, 1998, p. 525.

[5]   Nesse sentido, v. *A eficácia dos direitos fundamentais*. Porto Alegre: Livraria do Advogado, 2003, p. 50.

[6]   FIORAVANTI, Maurizio. *Los derechos fundamentales*. Apuntes de historia de las constituciones. Madri: Trotta, 1998, p. 26.

[7]   É válido salientar que nesta primeira dimensão de direitos fundamentais encontram-se, também, direitos que dependem da atuação estatal, como por exemplo, os direitos políticos e as garantias do processo penal. MIRANDA, Jorge. Os direitos fundamentais – sua dimensão individual e social. *Cadernos de direito constitucional e ciência política*, nº 1, out./dez. 1992, p. 202. Ressalta-se, ainda, que mesmo as garantias de certas liberdades, como a liberdade de imprensa, exigem uma prestação positiva do Estado. MIRANDA, Jorge. Direitos fundamentais na ordem constitucional portuguesa. *Revista de direito público*, nº 82, 1987, p. 12.

[8]   FIORAVANTI, Maurizio. *Los derechos fundamentales*. Apuntes de historia de las constituciones. Madri: Trotta, 1998, p. 31.

[9]   Manoel Gonçalves Ferreira Filho, comentando a concepção de liberdade na antiguidade e na modernidade, afirma que, entre os romanos e os gregos, liberdade era a possibilidade de participar

Fala-se numa interdependência funcional entre o Estado de Direito e os direitos fundamentais. Enquanto o primeiro, para ser considerado como tal, exige o cumprimento dos direitos fundamentais, estes, para alcançarem efetivação, exigem a presença daquele.[10] Assim, difícil seria imaginar um Estado de Direito que não respeita as liberdades, o que afrontaria a concepção de direitos fundamentais construída a partir do Estado moderno, o que aqui estamos considerando como a *Ordem* dos direitos fundamentais.

Exigia-se o reconhecimento da autonomia dos indivíduos, significando a não intervenção do Estado nas escolhas e liberdades individuais, e o reconhecimento, também, dos sujeitos de direitos, independentemente da legitimação pela propriedade privada, mesmo tendo sido esta um dos maiores pilares da revolução francesa.[11]

Poder e liberdade eram duas forças que competiam. Consequentemente, Estado e indivíduo detentor de liberdade colocavam-se em situação de disputa; o primeiro em defesa do poder e o segundo em nome de sua liberdade.[12] Sendo assim, a primeira noção de Estado de Direito é reflexo da relação entre absolutismo (poder) e liberdade individual, tendo adquirido como principal função a defesa da liberdade.[13]

Apesar do Estado liberal[14] precisar exercer seu poder, precisava, também, respeitar as liberdades. Nesse sentido, difícil também seria afastar a importância que tem a defesa da liberdade para o conceito dos direitos fundamentais.

Dessa forma, é possível afirmar que os direitos fundamentais passaram a ser consagrados pelas constituições como produto do pensamento liberal-burguês do século XVIII,

---

das decisões que produziam efeitos na esfera pública, enquanto na modernidade liberdade é a autonomia da conduta individual. A cultura dos direitos fundamentais. In: SAMPAIO, José Adércio Leite. *Jurisdição constitucional e direitos fundamentais*. Belo Horizonte: Del Rey, 2003, p. 246.

[10] LUÑO, Antonio Perez. *Los derechos fundamentales*. Madri: Tecnos, 1998, p. 19.

[11] A propriedade como *direito inviolável e sagrado* (artigo 17 da declaração de direitos do homem e do cidadão de 1789) rendeu à revolução francesa o título de revolução burguesa. V. BOBBIO, Norberto. *A era dos direitos*. Rio de Janeiro: Campus, 1992, p. 94.

[12] BONAVIDES, Paulo. *Do Estado liberal ao Estado social*. São Paulo: Malheiros, 2001, p. 40.

[13] BONAVIDES, Paulo. *Do Estado liberal ao Estado social*. São Paulo: Malheiros, 2001, p. 41. Nesse sentido, afirmou Daniel Sarmento que "era necessário proteger o indivíduo do despotismo do Estado, garantindo-lhe um espaço de liberdade inexpugnável". *Direitos fundamentais e relações privadas*. Rio de janeiro: Lumen Juris, 2004, p. 21.

[14] Segundo Jorge Miranda, "duas características identificadoras da ordem liberal: a postura individualista abstrata, de (no dizer de Radbruch) um 'indivíduo sem individualidade'; e o primado da liberdade, da segurança e da propriedade, complementadas pela resistência à opressão". Os direitos fundamentais – sua dimensão individual e social. *Cadernos de direito constitucional e ciência política*, nº 1, out./dez. 1992, p. 198.

contaminados, portanto, pelo exacerbado espírito individual-subjetivista da época, apresentando-se como direitos individuais frente ao Estado.[15]

Podemos compreender a dimensão de liberdade e autonomia, característica desse primeiro grupo de direitos identificados como fundamentais, se analisarmos a chamada liberdade de iniciativa.

A consagração constitucional de tal direito representa, primeiramente, a recepção da liberdade individual para, então, representar um instrumento de desenvolvimento econômico. Este, parece ser o foco da livre-iniciativa: o poder de liberdade[16] do indivíduo. A liberdade de optar, dentre as inúmeras possibilidades, pela forma de investimento e desenvolvimento que mais lhe agrada, isento de interferências por parte do Estado na sua liberdade de escolha. A liberdade como realização.

A recepção da livre-iniciativa pelo direito brasileiro demonstra a preocupação constitucional de defesa da liberdade individual, mesmo tendo sido este previsto pela Ordem Econômica da Constituição de 1988, em seu art. 170, e não pelo rol dos direitos individuais do art. 5º. Essa constatação torna necessária a observação do conceito material dos direitos fundamentais,[17] que representa uma das ressalvas teóricas capazes de auxiliar a aproximação quanto ao conceito de direitos fundamentais.

O conteúdo e a importância dos direitos fundamentais não são definidos de acordo com sua localização constitucional. Ou seja, a existência de um catálogo de direitos fundamentais, como é o caso do nosso art. 5º, não exaure a existência de todos os direitos fundamentais da Constituição brasileira.[18] A formulação de tal rol representa um instrumento formal de organização das normas. Isto não implica dizer que os direitos, essencialmente fundamentais, como é o caso da liberdade de iniciativa, os quais estejam previstos fora do respectivo catálogo, não devam ter seu aspecto de fundamentalidade reconhecido. Signi-

---

[15] SARLET, Ingo Wolfgang. *A eficácia dos direitos fundamentais*. Porto Alegre: Livraria do Advogado, 2003, p. 51.

[16] O poder de liberdade individual foi mencionado por Nietzsche: "o indivíduo soberano, igual apenas a si mesmo, novamente liberado da moralidade do costume, indivíduo autônomo supramoral (pois 'autônomo' e 'moral' se excluem), em suma, o homem da vontade própria, duradouro e independente, o que pode fazer promessas – e nele encontramos, vibrante em cada músculo, uma orgulhosa consciência do que foi finalmente alcançado e está nele encarnado, uma verdadeira consciência de poder e liberdade, um sentimento de realização". *Genealogia da moral. Uma polêmica*. São Paulo: Companhia das Letras, 2004, p. 49.

[17] Segundo Ingo Sarlet, "para além do conceito formal de Constituição (e de direitos fundamentais), há um conceito material, no sentido de existirem direitos que, por seu conteúdo, por sua substância, pertencem ao corpo fundamental da Constituição de um Estado, mesmo não constando no catálogo". *A eficácia dos direitos fundamentais*. Porto Alegre: Livraria do Advogado, 2003, p. 86.

[18] O próprio art. 5º, em seu parágrafo segundo, prevê a existência de outros direitos fundamentais ao longo da Constituição ao expressar que "os direitos e garantias expressos nesta Constituição não excluem outros decorrentes do regime e dos princípios por ela adotados [...]".

fica também que o conceito de direitos fundamentais não se limita à uma localização de direitos em determinadas partes do texto constitucional.

Convém lembrar a posição da doutrina portuguesa quanto ao conceito material de direitos fundamentais. Para esta, aqueles representam direitos decorrentes do direito internacional.[19] Entretanto, os direitos consagrados pela Constituição portuguesa, por meio de normas que não pertencem ao catálogo dos direitos fundamentais,[20] são, como todos os que formam o referido catálogo, direitos, também, fundamentais em sentido formal.

Nesse sentido, a liberdade de iniciativa é um exemplo do conceito material de direito fundamental, na medida em que, apesar de não pertencer ao rol formal, seu conteúdo e importância não negam sua natureza fundamental. Assim sendo, o fato de estar previsto no art. 170 como fundamento da Ordem Econômica, apesar de não estar previsto dentre os direitos fundamentais individuais, justifica, por um lado, sua inclusão no âmbito dos direitos fundamentais e não nega, por outro lado, seu aspecto de direito fundamental individual de primeira dimensão.

10.2 Para além da liberdade: a igualdade na Ordem

A Constituição de Weimar[21] parece ser o marco histórico na previsão constitucional-democrática dos chamados direitos fundamentais econômicos e sociais.[22] Formulada no primeiro pós-guerra, sob o manto do Estado da Democracia Social, a Constituição alemã de 1919 pretendia a defesa da dignidade humana, prevendo direitos civis e políticos, e direitos econômicos e sociais.[23]

Cabe lembrar que a revolução industrial trouxe, juntamente ao desenvolvimento econômico, a agressão à dignidade da pessoa humana.[24] As condições de trabalho nas indústrias as quais eram submetidos os trabalhadores eram desumanas, possibilitando a tomada

---

[19] MIRANDA, Jorge. *Manual de direito constitucional*. Tomo IV, Coimbra: Coimbra Editora, 1993, p. 130.

[20] "Não se depara, pois, no texto constitucional um elenco taxativo de direitos fundamentais. Pelo contrário, a enumeração (embora sem ser, em rigor, exemplificativa) é uma enumeração aberta, sempre pronta a ser preenchida ou completada através de novas faculdades para lá daquelas que se encontrem definidas ou especificadas em cada momento." MIRANDA, Jorge. *Manual de direito constitucional*. Tomo IV, Coimbra: Coimbra Editora, 1993, p. 152.

[21] A obra de Imre Kertész demonstra bem o sentimento de agressão moral vivido em Weimar, quando finalizada a primeira guerra mundial, o que rendeu um capítulo intitulado: *A Weimar visível e a Weimar invisível. A língua exilada*. São Paulo: Companhia das Letras, 2004, p. 95-99.

[22] LUÑO, Antonio E. Perez. *Los derechos fundamentales*. Madri: Tecnos, 1998, p. 183.

[23] COMPARATO, Fábio Konder. *A afirmação histórica dos direitos humanos*. São Paulo: Saraiva, 2003, p. 189.

[24] "A industrialização, realizada sob o signo do *laissez faire, laissez passer*, acentuara o quadro de exploração do homem pelo homem, problema que o Estado liberal absenteísta não tinha como

de consciência sobre a necessidade de previsão de direitos sociais e econômicos, pautados na igualdade: o desejo por uma *Ordem* de direitos para além da liberdade.

Nesse sentido, as reivindicações deixam de ser pela abstenção do Estado e passam a ser pela atuação do Estado. Torna-se necessário, portanto, que o Estado intervenha, de modo a prover o bem-estar social.[25] É o chamado Estado Providência[26] responsável pela superação, pelo menos em parte, do distanciamento estatal existente no período liberal, o que Manuel Afonso Vaz chamou de "divórcio, tipicamente liberal, entre a Sociedade e o Estado".[27]

É válido salientar que a exigência por uma atuação estatal positiva[28] ocorreu de forma coletiva. No entanto, tratou-se de uma conquista de direitos individuais,[29] principalmente no que diz respeito aos direitos dos trabalhadores, os quais representam conquistas individuais das categorias.

A colocação do cidadão como integrante de um grupo social de fato ocorreu, porém, a previsão constitucional de direitos de cunho social destina-se, ainda, ao indivíduo e não à coletividade. Assim, apesar da denominação social, os direitos da segunda dimensão destinam-se não à sociedade entendida como grupo, mas sim a indivíduos.

Nesse sentido, apesar de não se pretender exaurir o tema, cabe aqui uma crítica ao enfoque individual até hoje presente nos debates em torno dos direitos fundamentais sociais ocorridos no Brasil. Ocorre que tais direitos ainda sofrem uma certa crise de efetividade,

---

resolver." SARMENTO, Daniel. *Direitos fundamentais e relações privadas*. Rio de Janeiro: Lumen Juris, 2004, p. 31.

[25] É válido ressaltar a postura de Lênio Streck, pois afirma não ter havido no Brasil a experiência do Estado Social, estando o país, ainda, com dívidas da modernidade. Nesse sentido, o Brasil seria um país de modernidade tardia. V. *Hermenêutica e(m) crise*. Uma exploração hermenêutica da construção do Direito. Porto Alegre: Livraria do Advogado, 1999, p. 19-30.

[26] Surgido na virada para o século XX, também chamado de Estado do Bem-Estar Social, representou a "passagem do chamado Estado Mínimo [...] para o Estado Social de caráter intervencionista [...]". MORAIS, José Luis Bolzan de. *As crises do Estado e da constituição e a transformação espacial dos direitos humanos*. Porto Alegre: Livraria do Advogado, 2002, p. 35.

[27] VAZ, Manuel Afonso. *Direito econômico*. A ordem econômica portuguesa. Coimbra: Coimbra Editora, 1998, p. 87.

[28] "O conteúdo do direito à igualdade consiste sempre num comportamento positivo, *num facere ou num dare.*" MIRANDA, Jorge. Os direitos fundamentais – sua dimensão individual e social. *Cadernos de direito constitucional e ciência política*, nº 1, out./dez. 1992, p. 200.

[29] Segundo Ingo Sarlet, apesar da denominação direitos sociais, trata-se de direitos individuais, não devendo ser confundidos com os direitos coletivos e difusos de terceira dimensão. *A eficácia dos direitos fundamentais*. Porto Alegre: Livraria do Advogado, 2003, p. 53. Nesse mesmo sentido afirma Jorge Miranda que "os direitos econômicos, sociais e culturais se apresentam, de regra, como direitos de titularidade individual e só se designam por sociais por estarem implicados com a 'questão social' e assentarem numa ideia de igualdade social e de solidariedade". Direitos fundamentais na ordem constitucional portuguesa. *Revista de direito público*, nº 82, 1987, p. 12.

pois a doutrina de sua natureza programática parece não ter sido completamente superada, como é de se desejar.[30] E um dos argumentos utilizados com frequência na defesa da eficácia imediata desses direitos é que eles representam direitos subjetivos individuais.[31]

No entanto, lutar pelo reconhecimento individual de direitos sociais, pautado na teoria do direito subjetivo, é afastar-se, de certo modo, de seu princípio norteador: a igualdade. Ou seja, exigir que os direitos fundamentais sociais sejam cumpridos[32] não deveria ser a luta por direitos individuais, mas sim por direitos coletivos, efetivadores da igualdade material.

Sendo assim, deixadas as últimas considerações de lado, enquanto os direitos de liberdade, consagrados na dimensão liberal,[33] exigem uma posição negativa do Estado, ou seja, uma postura absenteísta, os direitos econômicos e sociais exigem do Estado uma atitude positiva, prestacional e, em certa medida, intervencionista.

Eis o principal motivo pelo qual o direito à liberdade de iniciativa, apesar de previsto na Ordem Econômica da Constituição, deve ser reconhecido como direito fundamental de primeira dimensão. Ou seja, o direito à livre-iniciativa não comporta a exigência de não abstenção por parte do Estado. Na verdade, liberdade de iniciativa significa não interferência, daí porque ser chamada de liberdade.[34]

---

[30] "A doutrina do constitucionalismo já não pode ser somente doutrina do governo limitado senão também doutrina dos deveres do governo, como é o caso dos direitos sociais em relação ao valor constitucional de igualdade a promover e realizar." STRECK, Lênio Luiz. *Jurisdição constitucional e hermenêutica*. Uma nova crítica do direito. Rio de Janeiro: Forense, 2004, p. 99-100.

[31] Canotilho, ao analisar a previsão portuguesa e espanhola dos direitos econômicos, sociais e culturais, indica quatro possibilidades de positivação de tais direitos: "1) positivação dos direitos econômicos, sociais e culturais sob a forma de *normas programáticas* [...]; 2) positivação dos direitos econômicos, sociais e culturais na qualidade de *normas de organização* [...]; 3) positivação dos 'direitos sociais' através da consagração constitucional de *garantias institucionais* [...]; 4) positivação dos direitos sociais como direitos subjectivos públicos." *Estudos sobre direitos fundamentais*. Coimbra: Coimbra Editora, 2004, p. 37-38.

[32] "A primeira regra específica dos direitos econômicos, sociais e culturais prende-se com a 'tarefa fundamental', de caráter geral, do Estado de promover a efectivação dos direitos econômicos, sociais e culturais." MIRANDA, Jorge. *Manual de direito constitucional*. Tomo IV, Coimbra: Coimbra Editora, 1993, p. 342.

[33] No período liberal tivemos o surgimento das chamadas liberdades públicas, as quais "delimitam espaços da esfera individual que não podem, a princípio e por princípio, ser invadidos pelo Estado". BARROSO, Luís Roberto. *Eficácia e efetividade do direito à liberdade*. Temas de direito constitucional. Rio de Janeiro: Renovar, 2001, p. 87.

[34] Jorge Miranda comentando a iniciativa privada e a iniciativa cooperativa afirma que "são direitos de liberdade; revelam autonomia de pessoas e de grupos formados na sociedade civil frente ao Estado; o cerne da sua estrutura está na actividade dessas pessoas e desses grupos, não na actividade do Estado". *Manual de direito constitucional*. Tomo IV, Coimbra: Coimbra Editora, 1993, p. 454.

A problemática quanto à colocação dimensional de direitos fundamentais faz lembrar o exemplo da propriedade privada.³⁵ Problemática porque, mesmo estando previsto dentre os direitos individuais da Constituição brasileira, o direito à propriedade privada também aparece na Ordem Econômica, o que poderia levar a uma interpretação formal que concluísse pela dupla dimensão do referido direito.

No entanto, esta segunda previsão não abala a natureza individual do direito à propriedade, nem tampouco, portanto, seu caráter de primeira dimensão. Apenas faz reforçar a necessidade de uma interpretação harmônica entre os diversos direitos fundamentais, tendo em vista que o direito à propriedade vem relacionado no art. 170 ao próprio direito à liberdade de iniciativa.

Enquanto os direitos sociais pretendem o bem-estar dos indivíduos por meio de direitos como educação, saúde, moradia e alimentação, os direitos econômicos rezam pela definição do sistema econômico, fixando regras e metas de funcionamento e formas de atuação dos sujeitos econômicos.³⁶

No entanto, como bem afirmou Jorge Miranda,

> para a Constituição não importa qualquer efectivação dos direitos econômicos, sociais e culturais. Importa, por coerência com os princípios fundamentais da liberdade, do pluralismo e da participação, uma efectivação não autoritária e não estatizante, aberta à promoção pelos próprios interessados e às iniciativas vindas da sociedade civil.³⁷

O termo *efetivação não autoritária,* citado acima, demonstra bem a necessidade de harmonizar a efetivação dos direitos fundamentais, evitando possíveis arbitrariedades no exercício de alguns direitos.

No caso específico da liberdade de iniciativa, direito tomado aqui como exemplo para as observações realizadas ao longo do texto, sua inclusão na Ordem Econômica da Constituição brasileira não afasta sua natureza liberal, típica da primeira dimensão dos direitos fundamentais,³⁸ e a exigência de um exercício da livre-iniciativa de forma não

---

[35] Segundo Perez Luño, "de todos os direitos fundamentais, com imediata repercussão na estrutura e funcionamento da atividade econômica, possui importância prioritária o direito à propriedade privada". *Los derechos fundamentales*. Madri: Tecnos, 1998, p. 188.

[36] LUÑO, Antonio E. Perez. *Los derechos fundamentales*. Madri: Tecnos, 1998, p. 188.

[37] MIRANDA, Jorge. *Manual de direito constitucional*. Tomo IV, Coimbra: Coimbra Editora, 1993, p. 346.

[38] "A contraposição entre direitos, liberdades e garantias e direitos econômicos, sociais e culturais, com raízes históricas e significado jurídico importante, embora difícil de explicar dogmaticamente por entre os direitos econômicos, sociais e culturais haver direitos com estrutura de direitos liberdades e garantias." MIRANDA, Jorge. *Manual de direito constitucional*. Tomo I, Coimbra: Coimbra Editora, 1990, p. 352.

autoritária torna-se uma necessidade, ou seja, de forma harmônica em relação a outros direitos também fundamentais.

Ressalta-se, contudo, que a rejeição do autoritarismo, na efetivação de direitos econômicos, sociais e culturais, referido pelo autor português, não deve ser interpretada apenas como o combate à centralização de poder pelo Estado. Uma atitude autoritária no exercício de tais direitos poderá partir tanto da atuação estatal como também da atuação privada, talvez até mais facilmente, pelo menos no que diz respeito à livre-iniciativa.

10.4 A Ordem de direitos fundamentais e a transindividualidade solidária

A perspectiva comunitária dos direitos fundamentais torna-se mais evidente quando em análise os direitos de terceira dimensão, representados pela indeterminação do sujeito[39] em razão de sua transindividualidade. Tal dimensão difusa surge após a experiência de duas guerras mundiais, instituindo-se o debate acerca da solidariedade presente no âmbito de certos direitos fundamentais, como o direito à proteção do meio ambiente, tendo em vista a necessária atuação cooperada (inclusive internacionalmente),[40] para que os valores fundantes dos referidos direitos alcancem a consagração desejada.

Aqui temos portanto a inclusão de novos valores àquilo que estamos chamando de *Ordem* dos direitos fundamentais. Para além da marca da liberdade e da busca pela igualdade, a historicidade dos direitos fundamentais nos traz também o desejo pela solidariedade, pela cooperação. O conceito assim amplia-se. Marcado agora por direitos que exigem um dever solidário, ou seja, não apenas direitos, mas também deveres por parte dos titulares que integram a *Ordem* dos direitos fundamentais.

Eis por que falar em solidariedade. A ação isolada deixa de ser suficiente e as circunstâncias passam a exigir um agir solidário[41] por meio de atos e decisões comunitárias[42] e um comportamento ético também solidário. Isso se dá em razão de que os efeitos da pro-

---

[39] SARLET, Ingo Wolfgang. *A eficácia dos direitos fundamentais*. Porto Alegre: Livraria do Advogado, 2003, p. 54.

[40] Para Boaventura, "os perigos cada vez mais verossímeis da catástrofe ecológica ou da guerra nuclear fazem-nos temer que o século XXI termine antes de começar". SANTOS, Boaventura de Sousa. *Um discurso sobre as ciências*. Porto: Afrontamento, 2002, p. 6.

[41] Convém destacar a previsão da Constituição espanhola que em seu artigo 45 dispõe: "1. Todos tienen el derecho a disfrutar de um medio ambiente adecuado para el desarrollo de la persona, así como el deber de conservalo. 2. Los poderes públicos velarán por la utilización racional de todos los recursos naturales, con el fin de proteger e mejorar la calidad de la vida y defender y restaurar el medio ambiente, *apoyándose en la indispensable solidaridad colectiva*" (grifo nosso).

[42] LUÑO, Antonio E. Perez. *Derechos humanos, estado de derecho y constitución*. Madri: Tecnos, 1999, p. 467.

moção, ou não, dos direitos difusos também serão sentidos por um número indeterminado de pessoas, incluindo-se dentre estas, no caso do direito ao meio ambiente, as que ainda estão para existir, as futuras gerações.

Somada a isso, com a emergência de novos direitos, a noção de cidadania sofre uma ampliação. Percebe-se que nas últimas décadas a cidadania voltou-se com maior atenção para a conquista dos direitos relacionados a interesses coletivos e difusos, chamados por alguns de direitos de terceira dimensão.[43]

Assim,

> a ideia de solidariedade não é, ou não é só, uma moda dos tempos que correm. Ela é efectivamente um valor que suporta uma nova dimensão da cidadania nesta sociedade e neste tempo em que nos é dado viver – a cidadania solidária ou cidadania responsavelmente solidária. Uma cidadania que acresce assim à cidadania passiva do estado liberal, à cidadania política (activa) do estado democrático e à cidadania social do estado social.[44]

Aqui convém mais uma observação quanto à *Ordem* dos direitos fundamentais. O valor da liberdade reforçou a titularidade individual própria do liberalismo; por sua vez, a consagração dos direitos sociais trouxe a possibilidade de uma titularidade coletiva e, num terceiro momento, a titularidade assume uma dimensão transindividual. Perceba-se que não se trata de uma substituição de sujeitos de direitos, e sim de uma adequação da figura do sujeito às condições históricas.

A mudança passa a ser ainda maior se percebermos que, antes tínhamos a prevalência da ideia de que *a pessoa* era portadora de direitos – consequência direta da construção liberal-individual-subjetivista, de influência jusnaturalista – e a partir das influências positivistas passamos a lidar com um novo paradigma: *direitos* que precedem às pessoas.

A relação jurídica passa a ser definida "não como relação entre o sujeito do dever e sujeito do direito, mas como a relação entre um dever jurídico e o direito reflexo que lhe corresponde".[45] Nesse sentido, Longchamps, analisando o posicionamento de Kelsen sobre a teoria do direito subjetivo, afirma que o direito subjetivo não é considerado nem como vontade, nem como interesse, nem como bem e sim como prescrição jurídica.[46]

---

[43] NEVES, Marcelo. *Entre Têmis e o Leviatã*: uma relação difícil. O Estado democrático de direito a partir e além de Luhmann e Habermas. São Paulo: Martins Fontes, 2006, p. 177.

[44] NABAIS, José Casalta. *Por uma liberdade com responsabilidade*. Estudos sobre direitos e deveres fundamentais. Coimbra: Coimbra Editora, 2007, p. 159.

[45] KELSEN, Hans. *Teoria pura do direito*. São Paulo: Martins Fontes, 2006, p. 185.

[46] Quelques observations sur la notion de droit subjectif dans la doctrine. *Archives de philosophie du droit*. Le droit subjectif en question. Tome IX. Paris: Sirey, 1964, p. 63.

Já Villey ressalta que o entendimento predominante acerca do direito subjetivo defende que o mesmo emana da pessoa, é inerente a ela, é um atributo da pessoa, uma qualidade do sujeito, uma de suas faculdades. Seria portanto uma liberdade, uma possibilidade de agir, evocaria, assim, um direito ao mesmo tempo subjetivista e individualista na medida em que deduz-se da natureza do homem individual, fundado, essencialmente, na liberdade.[47]

Apesar de o século XX ter despertado para a existência de direitos que não concebem mais uma postura focada no indivíduo isoladamente, suspeita-se que a efetivação das garantias e direitos fundamentais permanece acompanhada por uma dimensão individual. Esta seria resquício do comportamento de resistência do indivíduo ao Estado e suas interferências, provocando, naturalmente, uma outra forma de resistência: aquela, mesmo que inconsciente, da comunidade jurídica em reconhecer que a *Ordem* de direitos fundamentais permite que alguns não exijam a identificação do(s) sujeito(s) para que sua efetivação possa se dar.

É a realização soberana e individual, a necessidade de afirmação do homem como detentor de poder que parece atuar na órbita dos direitos fundamentais, mesmo em sua dimensão social, e posteriormente em sua dimensão difusa, contribuindo para o afastamento da ideia comunitária destes direitos. Consequentemente, essa postura de poder diante dos direitos torna mais difícil o fortalecimento da solidariedade como fundamento dos direitos de terceira dimensão e em especial do direito ao meio ambiente.

A recepção do valor solidariedade pela *Ordem* de direitos fundamentais deu-se acompanhada pela condição histórica do segundo pós-guerra, a qual exigia além de esperança, o desejo de cooperação e fraternidade entre os povos. Muitos são os tratados internacionais dessa época em que a defesa dos direitos humanos passa pelo dever dos povos de respeito à solidariedade. Contaminadas pelo discurso internacional humanitário, várias constituições assumiram em suas respectivas Ordens de direitos fundamentais o valor da solidariedade.

Entretanto, por outro lado, deve-se reconhecer que a consagração dos direitos sociais terminou por provocar uma mudança quanto à titularidade: antes tida exclusivamente como individual, passa a ser da sociedade como um todo, o que se aplica também à concepção dos direitos difusos.

José Rubens Morato e Patryck Ayala quando analisam o princípio da equidade intergeracional no âmbito do direito ao meio ambiente destacam que:

> Pode ser localizado um quadro privilegiado das conflituosidades e dificuldades enfrentadas atualmente pela teoria jurídica contemporânea, na busca de fundamentos adequados de justificação do conteúdo dos novos direitos e pre-

---

[47] La Gènese du droit subjectif chez Guillaume d'Occam. *Archives de philosophie du droit*. Le droit subjectif en question. Tome IX. Paris: Sirey, 1964, p. 101. DABIN, Jean. Droit subjectif et subjectivisme juridique. *Archives de philosophie du droit*. Le droit subjectif en question. Tome IX. Paris: Sirey, 1964, p. 17.

tensões jurídicas, ao mesmo tempo em que revela a falência e as deficiências do modelo liberal-individualista de estruturação dos processos de atribuição e proteção de direitos.[48]

Seria necessário, portanto, superar a filosofia do sujeito e compreender o povo como sujeito histórico.[49]

Porém, para parte da doutrina, romper com a filosofia do sujeito no âmbito dos direitos fundamentais implicaria aceitar a existência de uma ordem objetiva de valores e não, apenas, o aspecto subjetivo dos mesmos.

Ressalte-se que o termo *ordem objetiva de valores* passou a ser utilizado com mais frequência a partir da sentença Lüth dada pelo Tribunal Constitucional alemão em 1958. Na ocasião a Corte afirmou a necessidade das decisões voltarem-se aos direitos fundamentais como valores ou juízos de valor objetivos afastando-se da tradição subjetivista dos direitos fundamentais.[50]

Em termos mais precisos, a noção de direitos fundamentais pertencentes a uma ordem objetiva de valores surgiu juntamente com a Constituição de Weimar, compreendendo os direitos fundamentais como "um sistema cultural de bens e valores".[51] Os direitos fundamentais seriam valores constitucionalmente protegidos, não se tratando mais de posições jurídicas subjetivas, mas sim de princípios objetivos que expressam valores culturais.

Andreas Krell ressalta que,

> na verdade, a aplicação prática do Direito bem como a dogmática sempre vão se basear em grande medida num pensamento 'orientado a valores', fato de que muitos operadores não têm clara consciência, pois equiparam o pensamento jurídico com a subsunção ou com as deduções lógicas e não consideram como suscetíveis de fundamentação racional os juízos de valor.[52]

Convém ainda destacar a proposta de Peter Haberle: uma concepção de Constituição como cultura. Sua primeira observação é que não se trata de Constituição *e* cultura, mas sim *como* cultura. Para o autor, a Constituição não deve ser tida apenas como um sistema

---

48 *Direito ambiental na sociedade de risco*. Rio de Janeiro: Forense Universitária, 2002, p. 83.

49 STRECK, Lênio Luiz. *Jurisdição constitucional e hermenêutica*. Uma nova crítica do direito. Rio de Janeiro: Forense, 2004, p. 123.

50 ALEXY, Robert. Los derechos fundamentales em el Estado constitucional democrático. In: CARBONELL, Miguel (Org.). *Neoconstitucionalismo(s)*. Madrid: Trotta, 2003, p. 34.

51 ANDRADE, José Carlos Vieira de. *Os direitos fundamentais na constituição portuguesa de 1976*. Coimbra: Almedina, 1998, p. 62.

52 *Direitos sociais e controle judicial no Brasil e na Alemanha*. Os (des)caminhos de um direito constitucional "comparado". Porto Alegre: Sergio Fabris, 2002, p. 81.

voltado para juristas, pois exerce uma função extremamente importante para aqueles que não são juristas: os cidadãos.

Além de um texto normativo as normas constitucionais representam a expressão do desenvolvimento cultural, um mecanismo de representação de heranças culturais e de novas esperanças de um povo.[53] Nesse sentido, a referida teoria protege os ideais do passado na qualidade de herança cultural e preserva as esperanças para o futuro, o que se encaixa com a proposta dos direitos fundamentais enquanto *Ordem* aqui assumida.

O autor inclusive destaca o princípio da dignidade humana em relação com a união entre gerações. Nesse sentido, a perspectiva supraindividual de gerações incumbe a comunidade de responsabilidade da qual o indivíduo não pode eximir-se. "Nos textos constitucionais de positivação mais recente, apresenta-se, cada vez de forma mais consciente, a perspectiva geracional, a preocupação com o futuro e a dignidade humana".[54]

Ao lado dos elementos da Teoria do Estado (povo, poder e território), Haberle propõe incorporar a cultura e como instrumento para essa perspectiva culturalista indica a Constituição. Um exemplo desse constitucionalismo cultural seriam as chamadas constituições andinas, as quais fazem referência aos valores ambientais por meio de significados próprios da cultura da região.

O preâmbulo da Constituição do Equador de 2008 anuncia: "Celebrando a natureza, la *Pacha Mama*, da qual somos parte e que é vital para nossa existência, decidiu construir: uma nova forma de convivência cidadã, na diversidade e harmonia com a natureza, para alcançar o bem viver, *el sumak kawsay*."

O Capítulo VII da Constituição de Montecristi refere-se aos *Direitos da Natureza*, reconhecendo esta como titular de direitos. Nesse sentido, o art. 71 estabelece:

> A natureza ou Pachamama, onde se reproduz e realiza-se a vida, tem direito a que se respeite integralmente sua existência e a manutenção e regeneração de seus ciclos vitais, estrutura, funções e processos evolutivos. Toda pessoa, comunidade ou povo poderá exigir à autoridade pública o cumprimentos dos direitos da natureza. Para aplicar e interpretar estes direitos serão observados os princípios estabelecidos pela Constituição. O Estado incentivará as pessoas naturais e jurídicas, e a coletividade, a proteger a natureza e promoverá o respeito a todos os elementos que formam um ecossistema.

O preâmbulo da Constituição da Bolívia, submetida ao voto popular em 2009, afirma: "Cumprindo com o mandato de nossos povos, com a fortaleza da nossa Pachamama e graças a Deus, refundamos a Bolívia."

---

[53] *Constitución como cultura*. Bogotá: Instituto de Estudios Constitucionales Carlos Restrepo Piedrahita, 2002, p. 71-72.

[54] *Constitución como cultura*. Bogotá: Instituto de Estudios Constitucionales Carlos Restrepo Piedrahita, 2002, p. 23.

A *Pachamama* é uma espécie de divindade protetora – não criadora – cujo significado nas línguas originárias seria *Terra*, no sentido de *mundo*. Dessa forma, numa dimensão cultural representa a *Mãe Terra*, cuja condição de sujeito é identificada expressamente na Constituição equatoriana e implicitamente na boliviana.[55]

O constitucionalismo andino assumiu uma espécie de ecologismo constitucional. Utilizou como um dos instrumentos a invocação à *Pachamama*, acompanhada da regra ética do *sumak kawsay* – expressão quechua que significa *bem viver*, ou seja, a ética necessária para reger a ação do Estado para com a natureza, bem como das pessoas individuais entre si. Entretanto, convém destacar que não se trata do chamado *bem comum* limitado aos seres humanos, mas sim de todo ser vivo.[56]

A *Pachamama* e o *sumak kawsay* contribuem para a demonstração de como as constituições de povos de cultura ancestral e que sobreviveram às contingências para reafirmar sua resistência cultural representam a posição do ser humano na natureza a partir de uma postura de convivência e harmonia. Dessa forma, não se admitiu excluir dos textos legais elementos essenciais ao modo como essas culturas regem a relação humana com a natureza.[57] Aqui, a *Ordem* dos direitos fundamentais ressaltou a natureza (*Pachamama*) como valor.

O entendimento acerca da significação axiológica-objetiva dos direitos fundamentais propõe a sistematização do conteúdo axiológico do ordenamento democrático. Os direitos deixariam de ser meros instrumentos de limitação do poder e assumiriam a função de um conjunto de valores e fins para uma ação positiva dos poderes públicos.[58] Questionar o entendimento de que os direitos fundamentais representam direitos subjetivos e passar a considerar seu aspecto valorativo independente da subjetividade individualista, eis o desafio. Ou seja, significa abdicar do sentimento de realização trazido pelo poder e pela liberdade individual em nome da responsabilidade comunitária, em nome de uma *Ordem* de valores.

Essa perspectiva tornou-se possível com a construção dos direitos fundamentais sociais, pois se observou que a necessidade não era apenas proteger o indivíduo, mas também os próprios direitos objetivamente considerados, surgindo, assim, as garantias institucionais[59] e junto a elas os debates em torno das limitações aos direitos fundamentais.

---

[55] ZAFFARONI, Eugenio Raúl. *La Pachamama y el humano*. Buenos Aires: Madres de Plaza de Mayo, 2011, p. 108-111.

[56] ZAFFARONI, Eugenio Raúl. *La Pachamama y el humano*. Buenos Aires: Madres de Plaza de Mayo, 2011, p. 111.

[57] ZAFFARONI, Eugenio Raúl. *La Pachamama y el humano*. Buenos Aires: Madres de Plaza de Mayo, 2011, p. 117.

[58] LUÑO, Antonio E. Perez. *Los derechos fundamentales*. Madri: Tecnos, 1998, p. 21.

[59] BONAVIDES, Paulo. *Curso de direito constitucional*. São Paulo: Malheiros, 1997, p. 519-522.

Entretanto, parece que essa perspectiva permaneceu sendo apenas um desafio, na medida em que os direitos sociais são, ainda, interpretados a partir da necessidade do sujeito individual e não das garantias que representam para os indivíduos coletivamente considerados.

O referido "costume interpretativo" teria contribuído para inadequação dos instrumentos dogmáticos até então utilizados na prática jurídica no que diz respeito aos direitos difusos e principalmente no que concerne ao direito ao meio ambiente.

A ressalva a este último direito se dá em razão da sua peculiaridade transgeracional. Ou seja, a postura hermenêutica que costuma operar a partir de categorias como direito individual e direito subjetivo não permite considerar a perspectiva difusa do direito ao meio ambiente, nem tampouco permite a admissibilidade de riscos difusos e futuros como elemento intrínseco a este.

O direito ao meio ambiente estaria, portanto, passando pela mudança de uma prática hermenêutica pautada em postulados subjetivistas para uma postura solidária provocada, principalmente, pelo reconhecimento da dimensão futura e prospectiva da responsabilidade. Um tempo de transição.

Essa transição poderia ser mais suave caso, ao interpretarmos as questões constitucionais, atentássemos para a importância que tem o art. 3º da Constituição Brasileira de 1988 diante da aqui considerara *Ordem* de direitos fundamentais.

Ao tratar dos objetivos da República, a Constituição brasileira terminou por indicar quais os problemas que o Estado Democrático de Direito no Brasil deve empenhar-se em superar, ou, em outras palavras, a Constituição identificou os fins do sistema.[60] Na medida em que se identifica aonde se pretende chegar ou o que se pretende alcançar estamos apresentando algumas das finalidades do Estado brasileiro e, consequentemente, algumas das finalidades[61] constitucionais, que valem inclusive para a *Ordem* de direito fundamentais.

Assim, a identificação de tais problemas deveria atuar como uma espécie de contorno diante da atuação do Estado, propiciando um limite as suas ações, promovendo a realização constante de tais objetivos. Dentre tais ações inclui-se, por exemplo, as atividades desenvolvidas pela jurisdição constitucional, as quais deveriam, tendo em vista o dever constitucional de zelar pela supremacia constitucional, decidir de acordo com a previsão acerca dos objetivos da República e promover a permanência constitucional.

"A permanência de uma Constituição depende em primeira linha da medida em que ela for adequada à missão integradora que lhe cabe face à comunidade que ela mesma

---

[60] GRAU, Eros Roberto. *A ordem econômica na Constituição de 1988*. São Paulo: Malheiros, 2003, p. 146.

[61] De acordo com Gilberto Bercovici, o art. 3º é um dos princípios fundamentais da Constituição, informando as opções político-constitucionais, tendo em vista seu caráter teleológico. *Desigualdades regionais, Estado e Constituição*. São Paulo: Max Limonad, 2003, p. 292.

constituiu".⁶² Os objetivos previstos no art. 3º da Constituição brasileira informam a missão constitucional da República Federativa do Brasil, promovendo, assim, a integração entre o que se tem e o que se deseja ter como realidade. Constitui, portanto, uma "cláusula transformadora"⁶³ na medida em que, se interpretada como um limite constitucional, permite a transformação⁶⁴ daquilo que se tem naquilo que se deseja ter.

Conclusões

Quando dizemos que algo é fundamental estamos chamando a atenção para sua importância, estamos identificando esse algo como essencial. Assim, conceituar os direitos fundamentais, além de uma difícil tarefa, é a tentativa de tornar mais clara a identificação de alguns direitos como essenciais, como fundamentais, mesmo considerando que todos os outros que assim não são chamados também são importantes.

Por outro lado, a dificuldade teórica em conceituar os direitos fundamentais nos leva a realizar essa missão por meio da observação de alguns aspectos que a doutrina costuma destacar e que teriam a possibilidade de nos auxiliar no entendimento sobre o que vem a ser tais direitos. Alguns dos referidos aspectos foram apresentados ao longo do texto e por fim convém ainda destacar:

- A postura negativa do Estado diante da liberdade, sua não interferência no âmbito da autonomia privada, o respeito à propriedade privada, a consagração da vontade individual e a superação da força pela força da liberdade parecem representar bem a essência dos direitos fundamentais de primeira dimensão. Todavia, a referida essência não limita a concepção de direitos fundamentais à esfera individual de direitos;

---

⁶² BACHOF, Otto. *Normas constitucionais inconstitucionais?* Coimbra: Almedina, 1994, p. 11.

⁶³ Pablo Lucas Verdu, apud BERCOVICI, Gilberto. *Desigualdades regionais, Estado e Constituição*. São Paulo: Max Limonad, 2003, p. 294.

⁶⁴ Gilberto Bercovici levanta o questionamento "se os Estados que buscam terminar sua construção nacional, como o Brasil, acabam adotando a ideia da constituição como um plano de transformações sociais e do Estado, fundada na visão de um projeto nacional de desenvolvimento". Complementa o autor que "esta hipótese poderia explicar a concepção de constituição dirigente adotada pela Assembleia Nacional Constituinte de 1987-1988. E o corolário disto seria a visão de que a crise constituinte brasileira seria superada com o cumprimento do projeto constitucional de 1988, que concluiria a construção da Nação". O poder constituinte do povo no Brasil: um roteiro de pesquisa sobre a crise constituinte. In: COUTINHO, Jacinto Nelson de Miranda, LIMA, Martonio Mont'Alverne Barreto. *Diálogos Constitucionais*: direitos, neoliberalismo e desenvolvimento em países periféricos. Rio de Janeiro: Renovar, 2006, p. 222-223.

- A formação histórica dos direitos fundamentais nos mostra outras dimensões para além do individualismo, as quais integram também os valores capazes de conceituar os direitos fundamentais;
- Enquanto os anseios legais na primeira dimensão eram focados no direito à liberdade, na segunda dimensão, o desejo era a conquista da igualdade materialmente considerada, principalmente por meio do respeito aos direitos sociais. A *Ordem* de direitos fundamentais abraça-se ao valor igualdade;
- A consagração dos chamados direitos difusos, fundamentais de terceira dimensão, depare-se com a mudança paradigmática no que diz respeito ao sujeito de direito, cuja maior contribuição foi instituir que o titular de tais direitos não precisa ser individualizado como era de costume até então e o valor solidariedade surge como dever intrínseco à *Ordem* dos direitos fundamentais;
- Realizar um interpretação de direitos fundamentais à luz dos objetivos da República representa uma forma de densificar a jurisdição constitucional brasileira e nos traz a garantia de que os efeitos advindos das decisões que envolvem a *Ordem* de direitos fundamentais estarão em harmonia com os referidos objetivos. Promover-se-á, portanto, o diálogo entre a jurisdição constitucional e os fins do Estado brasileiro. Em outras palavras, provocam-se o fortalecimento e a permanência constitucional.

Mensuração dos direitos fundamentais

André Felipe Canuto Coelho

Sumário: 11.1 Introdução; 11.2 O que são esses indicadores? 11.3 Indicadores dos direitos fundamentais; 11.4 Indicadores de desenvolvimento; 11.5 Indicadores de *governance*; Referências.

11.1 Introdução

Vamos discorrer no presente capítulo sobre a importância dos indicadores estatísticos para monitoramento dos direitos fundamentais. Esses indicadores, ou índices, estão se espalhando rapidamente como instrumentos bastante precisos para avaliarem e promoverem tanto a justiça social como reformas estratégicas em todo o mundo. Há indicadores para o *rule of law*, indicadores para a violência contra crianças, indicadores para avaliar o nível educacional de um grupo social e muitos outros. Amplamente utilizados em escala nacional, estão ganhando cada vez mais aplicabilidade e robustez em escala global.[1]

Inicialmente abordaremos uma definição para esses indicadores. Em seguida, apresentaremos uma síntese da problemática tratada envolvendo os índices para os direitos fundamentais e de como eles poderiam ser captados pelos indicadores de desenvolvimento. Alcançaremos os indicadores de qualidade institucional ou, simplesmente, índices de *governance*. Examinaremos os diversos índices institucionais, realizando uma síntese de sua classificação.

---

[1] MERRY, Sally Engle. Measuring the world. Indicators, human rights and global governance. *Current Anthropology*, v. 53, nº S3, April 2011, p. 83.

Na conclusão, apontamos qual conjunto desses indicadores poderia mais aproximar-se de uma avaliação imparcial de uma boa qualidade institucional, apta a possibilitar uma avaliação acerca da disponibilização e do usufruto de vários direitos fundamentais.

11.2 O que são esses indicadores?

Os indicadores apresentam-se como medidas estatísticas usadas para consolidar dados complexos num único número ou num *ranking*, prontos para serem utilizados pelos formuladores de políticas públicas. Um indicador deverá apresentar de forma clara as mais relevantes características acerca de uma questão para quem vai decidir.[2] Haveria uma tendência, no entanto, de eles ignorarem as especificidades individuais e o contexto, em favor de uma padronização do saber, ainda que superficial.

Nas palavras da Divisão para o Progresso das Mulheres do Departamento Econômico e Social das Nações Unidas:[3]

> Os indicadores são parte do conhecimento necessário para auxiliar os formuladores de políticas e os tomadores de decisão. Eles são uma peça fundamental para uma melhor percepção de uma determinada questão. Eles, juntamente com as referências a que se associam, contribuem para monitorar o progresso, na consecução de certos objetivos, e também na avaliação das políticas públicas. Possibilitam uma comparação factual das tendências temporais, seja dentro de um mesmo país seja entre países distintos.

11.3 Indicadores dos direitos fundamentais

Malgrado a literatura de direitos fundamentais não utilizar de forma usual a linguagem dos indicadores, o acompanhamento e o monitoramento dos direitos civis e políticos são, na realidade, lastreados por uma série de dados estatísticos. Nesse sentido, a simples contagem do número dos incidentes envolvendo tortura seria, *exempli gratia*, um indicador apropriado para mensurar as violações à Convenção contra a Tortura e Outras Penas ou Tratamentos Cruéis.

Esses dados estatísticos revelam-se, na verdade, como um poderoso instrumento na consolidação dos direitos fundamentais. Eles tornam possível a identificação, pelas pessoas e pelas organizações, dos principais atores desse processo, implicando uma maior responsabilização de todos. Trabalhando unidos, governos, ativistas, advogados, estatísticos e

---

[2] MERRY, Sally Engle. Op. cit., p. 86
[3] UN Statistical Division Indicators to Measure Violence against Women. UN Economic Commission for Europe. *Indicators to Measure Violence against Women*. Geneva: Switzerland, October, 2007.

especialistas em desenvolvimento podem trilhar novos caminhos ao usar essas estatísticas para pressionar por mudanças na formulação de políticas públicas e nas suas execuções.

O Programa das Nações Unidas para o Desenvolvimento[4] já assentiu que os indicadores podem ser úteis, entre outros fins, para: proporcionar melhores políticas e monitorar o progresso; identificar impactos não esperados de normas; identificar que atores estão tendo um maior papel na realização de certos direitos e se as obrigações desses atores estão sendo observadas; proporcionar um consenso social em torno dos *trade-offs* advindos das restrições orçamentárias; e também alertar para iminentes violações.

Entrementes, há grandes problemas e desafios metodológicos nos chamados indicadores estatísticos para os eventos ligados aos direitos fundamentais. Os problemas mais recentes envolvem justamente a decisão de que evento indicar quando se está diante de um fato social que envolve vários outros, como no caso de prisão, sequestro e cárcere privado de uma mesma pessoa. Nas primeiras iniciativas de monitoramento, a tendência era escolher a violação mais grave e classificar o evento como uma única violação.[5] Em contrapartida, muitos casos isolados de violência envolvem numerosas vítimas e/ou numerosas violações, o que leva a dificuldades em seus registros e também problemas posteriores para se verificarem as frequências da incidência de violência política.

Sublinhamos, por outro lado, que há uma tendência marcante em se enfatizar a violação de alguns direitos civis, como tortura. Não obstante, parece ser igualmente plausível e desejável mensurar as violações aos direitos políticos (como pressão para votar num certo candidato). De mais a mais, apesar de as dificuldades metodológicas iniciais tenham sido solucionadas, os dados ainda não estão no momento disponíveis para vários conjuntos de países, nem para aqueles países que estão passando por graves violações de direitos humanos.

Acrescente-se que, malgrado o consenso em torno da ideia de todos os direitos fundamentais são indivisíveis e igualmente prioritários, as iniciativas pioneiras ilustram que muito maior progresso tem sido feito para promover indicadores aptos a mensurar os direitos civis e políticos no lugar dos econômicos, sociais e culturais.

Esta constatação refletia a tendência geral, no início da monitoração dos direitos fundamentais, em se favorecerem os primeiros justamente pela falta de precisão em torno da exata dimensão das obrigações estatais e do conteúdo central dos direitos econômicos, sociais e culturais. No extenso trabalho realizado por Dueck, Guzman e Verstappen, há um relato pormenorizado dessas tendências e dificuldades.[6]

---

[4] UNDP. Using Indicators for Human Rights Accountability. *UN Human Development Report*. Chapter 5, New York, 2000.

[5] DUECK, Judith; GUZMAN, Manuel; VERSTAPPEN, Bert. *Formats standard HURIDOCS pour les événements*: un Outil pour la documentation sur les violations des droits de l'homme. Versoix: HURIDOCS, 2001, p. 9.

[6] DUECK, Judith; GUZMAN, Manuel; VERSTAPPEN, Bert. Op. cit.

11.4 Indicadores de desenvolvimento

Nos últimos anos, como já prenotou Sen em sua memorável obra, *Desenvolvimento como liberdade*,[7] o campo dos direitos fundamentais e do desenvolvimento humano vem apresentando laços bastante próximos, possibilitando avanços quantitativos e qualitativos nas técnicas estatísticas.

Nas palavras bastante concisas do Relatório do PNUD,[8] os indicadores de desenvolvimento humano e de direitos fundamentais apresentariam três características em comum. De primeiro, ambos descortinam indicativos úteis para se avaliarem as liberdades humanas, ao investigar se as pessoas estão livres da pobreza, do medo e da discriminação. Estão fundados em medidas de insumos – *inputs* –, e de resultados – *outcomes* –, como no caso da razão entre professor e estudante e do percentual das pessoas imunizadas. Por fim, adotam mensurações médias e desagregadas, tanto globais como locais, habilitando-os a proporcionar as mais variadas informações.

Haveria, por outro lado, profundas diferenças. Enquanto os indicadores de desenvolvimento avaliam a expansão das capacidades humanas, os índices de direitos fundamentais estão mais preocupados com o fato de as pessoas estarem vivendo com liberdade e dignidade e também se aqueles encarregados de proporcionar tais direitos estão cumprindo seu papel. Ademais, os primeiros enfatizam sobremaneira a questão das disparidades entre grupos sociais, enquanto os índices de direitos fundamentais não deixam de revelar que políticas estão em execução e se elas estão corretas ou não.

Todavia, o que mais chama a atenção em se utilizarem os indicadores de desenvolvimento como indicadores de direitos humanos reporta-se à questão de sua validade. Fazer uso, por exemplo, das taxas de alfabetismo, do acesso ao ensino superior, do acesso à educação formal por gênero e do montante de investimentos em escolas apenas anunciam as condições de educação bastante específicas de um país num dado momento, mas pouco nos diz acerca da liberdade à não discriminação no acesso à educação, seja por gênero, idade, raça ou cor.[9]

Como alternativa aos problemas apresentados, passou-se, a partir da última década, a utilizar-se um outro conjunto de medidores para o desenvolvimento, agora associados à qualidade das instituições, ou simplesmente, *governance*.

---

[7] SEN, Amartya. *Desenvolvimento como liberdade*. São Paulo: Companhia das Letras, 2000.

[8] UNDP. Op. cit., p. 91, tradução nossa.

[9] LANDMAN, Todd; HÄUSERMANN, Julia. *Map-making and Analysis of the Main International Initiatives on Developing Indicators on Democracy and Good Governance*. University of Essex – Human Rights Centre: Colchester, 2003.

11.5 Indicadores de *governance*

Para North,[10] as pessoas interagem a partir de regras, e somente com o surgimento destas seria possível entender a organização das sociedades. Uma regra ou norma que se interpõe à interação entre indivíduos pode ter infinitos significados. Para entendermos esse conceito, devemos reduzir seu nível de abstração, tal qual North fez quando tratou da intermediação de interações econômicas entre agentes.

A partir daí, entende-se que as instituições seriam uma restrição a mais para os agentes ao conduzir suas transações econômicas. As instituições, por sua vez, seriam formais e informais. Entre as primeiras estariam as leis e constituições positivadas, geralmente impostas por um ente com poder coercitivo,[11] e as segundas, regras de conduta, convenções, originadas em geral no seio da própria sociedade.[12]

Seriam as instituições as regras do jogo, como já expuseram Aguilar Filho e Fonseca:[13]

> Ao superar a simplicidade do mundo descrita pela teoria neoclássica, North firma o entendimento de que as instituições desempenham o papel de elo entre o individual e o coletivo, ou mais explicitamente como as regras do jogo, ao restringir e limitar o comportamento humano em uma sociedade, reduzindo as incertezas.

Em relação aos fatores institucionais ligados à *governance*, é necessário buscar a própria definição de forma mais ampla, como faz Keefer,[14] para quem a *governance* está associada a dois conjuntos de fatores. O primeiro conjunto está ligado às reações de resposta perante os cidadãos e à capacidade de provê-los com certos serviços básicos como segurança aos direitos de propriedade e, mais genericamente, com regras da legislação, ou segurança jurídica (*rule of law*).

O segundo está associado a instituições e processos que forneçam aos tomadores de decisão governamentais incentivos para gerar respostas eficientes para as demandas dos cidadãos e estão relacionados com as medidas de democracia, voz da sociedade (*voice*) e transparência (*accountability*).

Note-se que o primeiro conjunto representa resultados, isto é, corrupção e ineficiência burocrática são indicadores diretos da falta de resposta adequada às demandas sociais, e

---

[10] NORTH, Douglas. *Institutions, Institutional Change and Economic performance*. Cambridge: Cambridge University Press, 1990.

[11] Idem, p. 36.

[12] Idem, loc. cit.

[13] AGUILAR FILHO, Hélio Afonso de; FONSECA, Pedro Cezar Dutra. Instituições e cooperação social em Douglass North e nos intérpretes weberianos do atraso brasileiro. *Estudos Econômicos*. São Paulo, v. 41, n. 3, Sept. 2011, p. 551-571, p. 552.

[14] KEEFER, Philip. A review of the political economy of governance: from property rights to voice. *Policy Research Working Paper Series* 3315. The World Bank, 2004, p. 3.

somente indicadores indiretos da falta de incentivos governamentais para que essas respostas sejam fornecidas. Já o segundo conjunto representa conceitos ligados à causalidade, revelando-se mais importante.[15]

Outro ponto a ser ressaltado é a existência de duas correntes que se apresentam com ideias relativas ao processo de aprimoramento da *governance*. A primeira, ao acentuar as falhas no aparato estatal, expõe a questão da corrupção, demanda reformas na administração pública, intensificações de auditorias e ações do Ministério Público, ou reformas no gerenciamento financeiro do Estado. Tudo isso para tentar corrigir os problemas. A segunda corrente considera que as falhas estão mais enraizadas nos incentivos dos atores políticos. As reformas teriam de ser mais estruturais, não significando, evidentemente, que não possam e devam ser realizadas.[16]

Após as tentativas de conceituação de instituições e de *governance*, verificaremos como os indicadores de qualidade institucional podem ser utilizados como boas estatísticas não viesadas para os direitos fundamentais. Para isso, precisamos analisar os diversos indicadores de *governance*, para chegarmos àqueles que mais se adequariam ao nosso objetivo.

11.5.1 Os vários indicadores

A operacionalização de um conceito tão geral e abarcador como a qualidade institucional é um desafio que tem sido enfrentado de diversas maneiras e, de fato, os distintos indicadores disponíveis podem ser classificados em função de três critérios primários: (i) o nível de agregação; (ii) se avalia a mera existência de medidas legais existentes ou sua vigência e eficácia; e (iii) o método de geração dos dados e da fonte de informação.

11.5.1.1 Classificação de acordo com o nível de agregação

O nível de agregação dos indicadores refere-se ao grau de especificidade em que são utilizados para operacionalizar o conceito que está sendo examinado (neste caso, a qualidade institucional). Em função deste critério, podem ser identificados três grandes grupos de indicadores de qualidade.[17, 18]

---

[15] KEEFER, Philip. Op. cit.
[16] Idem.
[17] UNDP. *Governance for sustainable human development*: a discussion paper. NY, UNDP, 2006.
[18] EUROSTAT NEW CRONOS. *Documentation 2008*. Disponível em: <http://www.esds.ac.uk/international/support/user_guides/eurostat/cronos.asp>. Acesso em: 15 mar. 2009.

11.5.1.1.1 Os indicadores de resultados

Os indicadores de resultados ou de desempenho institucional proporcionam avaliações gerais da qualidade institucional ou de alguma de suas dimensões. Geralmente são construídos mediante a agregação de vários indicadores conceitualmente vinculados às distintas dimensões da qualidade institucional, como a estabilidade política, a corrupção, as taxas de delito ou a efetividade do governo.

A princípio, o vínculo desse tipo de indicador com as distintas dimensões da qualidade institucional aparece como pouco problemático. Outra vantagem é que costumam correlacionar-se positiva e significativamente com indicadores de desenvolvimento, tais como a taxa de pobreza, o alfabetismo ou a mortalidade infantil.[19]

A limitação principal dessas ferramentas é que são de escasso valor operacional, já que as pontuações por elas geradas não estão associadas a nenhum dispositivo institucional específico. Por exemplo, o índice de percepção de corrupção da *Transparency International* reflete o nível de corrupção percebido pela comunidade de negócios num determinado país, mas não discrimina entre os distintos ramos do governo, nem aponta para instituições específicas ou para processos que pudessem se dar internamente.

Desse tipo de indicadores, podem-se distinguir dois grupos: os indicadores compostos e os indicadores agregados. Os indicadores compostos são aqueles que combinam dados correspondentes a distintos aspectos da qualidade institucional *ad instar* o Índice de Desenvolvimento Humano do PNUD.[20] Esse indicador mede o desempenho do país em três dimensões básicas do conceito de desenvolvimento humano: (i) vida sã e saudável; (ii) educação; e (iii) nível de vida digno. Porém nada nos diz sobre o vínculo desse tipo de resultado com as qualidades de uma instituição específica .

Outro exemplo desse tipo de ferramenta é o sistema de *rating* da empresa International Country Risk Guide. O *rating* é um único indicador composto que integra três elementos: o risco financeiro, o risco econômico e o risco político. O risco político é gerado por uma pesquisa de percepções destinada a avaliar a estabilidade política mas, novamente, a pontuação não está conceitualmente associada a nenhuma instituição ou processo específico.

Os indicadores agregados são aqueles que combinam diferentes medidas do mesmo fenômeno ou de fenômenos do mesmo tipo para gerar uma única medida. O exemplo clássico são os Worldwide Governance Indicators do Banco Mundial, que combinam indicadores provenientes de 37 fontes distintas em seis indicadores agregados de "voz e prestação de contas", "estabilidade política e ausência de violência", "efetividade do governo", "qualidade regulatória", "império da lei" e "controle da corrupção".

---

[19] KAUFMANN, D.; KRAAY, A. Governance Indicators: Where Are We, Where Should We Be Going? *Policy Research Working Paper* 4370, Washington, DC, 2006.

[20] PNUD. *Relatório de Desenvolvimento Humano 1999*. Disponível em: <http://www.pnud.org.br/rdh/rdh99/index.php>. Acesso em: 18 ago. 2012.

11.5.1.1.2 Os indicadores de produto

Os indicadores de produto mensuram a produção efetiva de determinadas instituições (por exemplo, a demora para a solução de casos judiciais). Esse tipo de indicador pode se vincular conceitualmente com medidas mais agregadas de qualidade institucional, mas os resultados específicos de uma instituição determinada apenas representam uma fração mínima do desempenho de um país em alguma das dimensões da qualidade institucional. Para seguir com o mesmo exemplo, a taxa que afere a demora da justiça é apenas um entre múltiplos aspectos envolvidos no amplo conceito de vigência do Estado de Direito.

Alguns indicadores chegam a avaliar os dispositivos institucionais específicos que, acredita-se, condicionam (mediante a geração de uma estrutura determinada de incentivos para os atores envolvidos) o desempenho macro. Esses indicadores capturam informação que descreve soluções institucionais específicas, por exemplo, se o recrutamento do serviço público se baseia no mérito, se o órgão de auditoria independente conta com financiamento regular e suficiente para exercer sua função ou se existe, no parlamento, uma comissão específica para controlar a execução do orçamento. Como são mais específicos no sentido de que se referem a instituições determinadas, esses indicadores podem ser úteis para diagnosticar problemas concretos, identificar espaços de reforma e para o desenho e implementação de processos de mudança.

Por um lado, devido a sua especificidade, essas ferramentas não se mostram tão úteis para realizar comparações entre países.[21] Mesmo assim, a vinculação desse tipo de indicador com produtos institucionais ou com medidas de desempenho não se mostra muito clara, uma vez que qualquer situação específica somente pode ser responsável por uma porção mínima do desempenho geral do sistema. Ademais, os desenvolvimentos teóricos que buscam vincular dispositivos institucionais específicos com medidas de desempenho estão ainda em seu estágio inicial e não podem exibir um respaldo empírico.

11.5.1.2 Indicadores da forma legal ou da sua eficácia

Quando tratamos de avaliar os dispositivos institucionais, entram em jogo dois tipos de ferramentas: indicadores que avaliam a qualidade do marco legal (*de jure*); e indicadores que buscam determinar a vigência efetiva dessas normas e soluções institucionais na prática.

Os indicadores *de jure* estão desenhados para capturar a presença ou ausência de um marco normativo que proporcione as bases legais para um governo dotado de legitimidade democrática, responsável no tocante à cidadania e que opere sob o império da lei. Esses indicadores apresentam a vantagem de deixar pouco espaço para a arbitrariedade,

---

[21] MALIK, A. *State of the Art in Governance Indicators. Occasional Paper*. Human Development Report Office, 2002. Disponível em: <http://hdr.undp.org/docs/publications/background_papers/2002/Malik_2002.pdf>. Acesso em: 14 abr. 2012.

mas apresentam grande limitação de não nos dizer nada sobre o que ocorre na prática, ou seja, sobre a efetiva vigência desse marco legal.

Os indicadores desenhados para capturar o que ocorre na prática apresentam, por outro lado, a limitação de estarem baseados, em grande parte, num critério pessoal de um especialista ou de um grupo de especialistas. O mais interessante é que a combinação dos dois tipos de indicadores pode oferecer uma potente ferramenta para realizar diagnósticos, identificar pontos de entrada para empreender processos de reforma e desenhar soluções específicas para um caso determinado, tal como faz a entidade Global Integrity.

11.5.1.3 Classificação de acordo com a geração dos dados e a fonte de informação

A questão da "rigorosidade" dos indicadores de qualidade institucional também pode vincular-se com o tipo de informação em que estão baseados. Neste sentido, é comum se fazer uma distinção entre indicadores "subjetivos" e indicadores "objetivos" em função do método de geração de dados que utilizam.

Os indicadores chamados "subjetivos" são aqueles baseados em percepções capturadas através de pesquisas a grupos de especialistas, informantes-chave, ou ao público em geral. Os primeiros e mais difundidos indicadores de qualidade institucional estão baseados em percepções, pois esse tipo de ferramenta permite evitar os problemas gerados pela falta de informação e pela brecha que costuma separar as instituições formais das práticas reais.[22]

Ademais, os indicadores utilizados em consultas a especialistas apresentam, potencialmente, maior validade conceitual, no sentido de que as perguntas dirigidas a um especialista podem ajustar-se mais estreitamente ao conceito de qualidade institucional e aos atributos que se busca avaliar. A grande debilidade dos indicadores baseados em percepções advém do fato de não poderem ser replicados, o que afeta sua confiabilidade.

No caso das consultas a especialistas, a transparência é fundamental para a confiabilidade dos dados. Isto implica não apenas a publicação dos nomes dos especialistas, mas também a metodologia, o questionário, os critérios utilizados para aferir a pontuação e as fontes de informação utilizadas. Esta é uma boa forma de não criar falsas expectativas quanto ao alcance e à profundidade do exercício que se faz: o que se mede, o critério com que se mede, quem o mede e quem demanda, assim como os controles de qualidade da informação, tudo está disponível para ser consultado pelos eventuais usuários dos dados.

As pesquisas de opinião, por sua vez, devem estar baseadas em amostras rigorosamente construídas e respeitadas e, ainda que se cumpra esse requisito, deve-se considerar que a

---

[22] ARNDT, C.; OMAN, C. *Uses and Abuses of Governance Indicators*. OECD Development Centre, 2006. Disponível em: <http://www.oecd.org/document/25/0,3343 en_2649_33935_37081881_1_1_1_1,00. html>. Acesso em: 14 nov. 2009.

opinião pública é um fenômeno muito dinâmico, que varia com o tempo e em função dos temas que os meios de comunicação divulgam.

Como forma de descrever a realidade da qualidade institucional, as pesquisas de opinião pública não apresentam muito valor, a menos que os pesquisados tenham experiência direta que envolva o resultado que se busca avaliar (por exemplo, um empresário que tenha iniciado seu negócio recentemente pode nos fornecer informação valiosa sobre as facilidades ou dificuldades para a instalação da empresa). Geralmente isso não ocorre, e quem responde as pesquisas costuma basear seus juízos em impressões muito superficiais.

Os indicadores habitualmente considerados objetivos estão baseados em feitos ou dados quantificáveis. Nesse grupo se encontram os indicadores *de jure*, que são gerados a partir de eventos (por exemplo, casos denunciados de violações a direitos humanos ou assassinatos de jornalistas) e os que medem o produto de uma instituição ou conjunto de instituições. Estes costumam ser mais transparentes, replicáveis e politicamente aceitáveis que os subjetivos. No entanto, não estão isentos de certa dose de subjetividade, já que todo indicador de qualidade institucional implica suposta valoração subjacente que se expressa pela sua codificação e que determina se a presença (ou ausência) de algo é bom (ou ruim) para a qualidade institucional.[23],[24]

Esses instrumentos não estão, todavia, livres de debilidades: as normas nos dizem pouco ou nada sobre o que ocorre na prática, e os eventos registrados (delitos, por exemplo) costumam ser muito menos daquilo que efetivamente ocorreu.

Outro problema enfrentado é sua questionável capacidade de expressar de maneira representativa o amplo conceito de qualidade institucional em qualquer de suas dimensões. Normalmente, um indicador objetivo é a medida de uma variável que se supõe estar vinculada com o conceito de qualidade institucional por uma teoria que postula alguma relação de causalidade. Mas, geralmente, esse vínculo é difícil de validar já que os indicadores baseados em fatos ou dados quantificáveis são muito específicos para explicar o desempenho geral de um conjunto de instituições, ou mesmo de uma instituição.

Os especialistas parecem concordar com a ideia de que os indicadores baseados em percepções e os indicadores baseados em fatos, longe de serem opções mutuamente excludentes, oferecem diferentes tipos de informação que podem adaptar-se melhor ou pior a diferentes usos e que, em muitos casos, podem se combinar muito bem.[25]

O importante é conhecer os indicadores antes de utilizá-los e saber exatamente o que mensuram e para que podem ser usados. Nesse sentido, é importante respeitar as advertências dos produtores de dados quanto às possibilidades e aos limites para a utilização dessas ferramentas.

---

[23] KAUFMANN, D.; KRAAY, A. Op. cit.
[24] EUROSTAT NEW CRONOS. Op. cit.
[25] ARNDT, C.; OMAN, C. Op. cit.

11.5.1.4 Que tipo de índice para a *governance* melhor refletiria os direitos fundamentais?

Uma questão-chave para se trabalhar da melhor maneira a relação empírica entre *governance* e os direitos fundamentais está relacionada com a desagregação do conceito de *governance*. Nesse sentido, os trabalhos Governance Matters,[26] Governance Matters II[27] e Governance Matters III,[28] IV,[29] V,[30] VI,[31] VII,[32] VIII[33] apresentam grandes contribuições ao apontar a *governance* não como um conceito único, mas um conjunto de variáveis que devem ser consideradas em seu conjunto.

São, na verdade, seis dimensões de *governance*: voz e responsabilidade; estabilidade política e ausência de violência; eficiência governamental; qualidade da regulação; segurança jurídica (*rule of law*) e controle da corrupção. Cobrem 212 países e territórios para 1996, 1998, 2000 e anualmente entre 2002-2011. Tais indicadores estão baseados em algumas centenas de variáveis individuais que mensuram a percepção de *governance*, retiradas de 37 fontes de dados separadas, construídas por 33 diferentes organizações de todo o mundo.[34]

É importante observar que, muitas vezes, os países têm desempenhos diferentes em relação aos itens relacionados acima. Dessa forma, por exemplo, podemos constatar que a maioria dos países da América Latina vem melhorando (comparativamente a países com renda per capita semelhantes) seus resultados em relação às questões relacionadas a voz

---

[26] KAUFMANN, D.; KRAAY, A.; ZOIDO-LOBATÓN, P. *Governance Matters*. World Bank Policy Research Working Paper Nº 2196, Washington, D.C, 1999.

[27] KAUFMANN, D.; KRAAY, A.; ZOIDO-LOBATÓN, P. Governance Matters II – Updated Indicators for 2000/01. *World Bank Policy Research Working Paper* Nº 2772, Washington, D.C, 2002.

[28] KAUFMANN, D.; KRAAY, A.; MASTRUZZI, M. Governance Matters III: Governance Indicators for 1996, 1998, 2000, and 2002. *World Bank Economic Review*, nº 18, 253-287, 2004.

[29] KAUFMANN, D.; KRAAY, A.; MASTRUZZI, M. Governance Matters IV: Governance Indicators for 1996-2004. *World Bank Policy Research Working Paper* Nº 3630. Washington, D.C, 2005.

[30] KAUFMANN, D.; KRAAY, A.; MASTRUZZI, M. Aggregate and Individual Governance Indicators for 1996-2005. *World Bank Policy Research Working Paper* Nº 4012. Washington, D.C, 2006.

[31] KAUFMANN, D.; KRAAY, A.; MASTRUZZI, M. Governance Matters VI: Aggregate and Individual Governance Indicators for 1996-2006. *World Bank Policy Research Working Paper* Nº 4280. Washington, D.C, 2007.

[32] KAUFMANN, D.; KRAAY, A.; MASTRUZZI, M. Governance Matters VII: Aggregate and Individual Governance Indicators for 1996-2007. *World Bank Policy Research Working Paper* Nº 4654. Washington, D.C, 2008.

[33] KAUFMANN, D.; KRAAY, A.; MASTRUZZI, M. Governance Matters VIII. Aggregate and Individual Governance Indicators for 1996–2008. *World Bank Policy Research Working Paper* Nº 4978. Washington, D.C, 2009.

[34] KAUFMANN, D.; KRAAY, A.; MASTRUZZI, M. Op. Cit.

e transparência, estabilidade política e eficiência governamental, enquanto tem piorado em relação à qualidade de regulação, segurança jurídica e controle da corrupção.

Como mencionamos, os indicadores cobrem seis dimensões de *governance*, e para os dados mais recentes do Governance Matters incluem informações sobre 212 países. Esses seis conjuntos de indicadores procuram mostrar os processos pelos quais a autoridade em cada país é exercida e são agrupados da seguinte forma:

A) Indicadores dos processos pelos quais aqueles com autoridade pública são selecionados e substituídos, ou seja, indicadores relacionados ao que a literatura se refere como voz e transparência (*voice e accountability*) e estabilidade política e ausência de violência.

B) Indicadores da capacidade do governo de formular e implementar políticas, ou seja, geralmente reconhecidos como indicadores de efetividade governamental e qualidade de regulação.

C) Indicadores de respeito que os cidadãos e o Estado têm pelas instituições que governam as interações entre eles, refletindo as variáveis associadas com a segurança jurídica e o controle da corrupção.

Os dados são fornecidos por diversas fontes, públicas e privadas, que podem ser agrupadas em:

1) questionários feitos em vários países, com dirigentes de suas respectivas firmas (World Business Environmental Survey e Global Competitiveness Survey, por exemplo);

2) questionários feitos como membros da população (Gallup International Voice of the People, Latinobarômetro e Afrobarometer, por exemplo);

3) informações de especialistas das agências de análise de risco (World Markets Online e Merchant International Group, por exemplo);

4) informações de especialistas das Organizações não Governamentais (ONGs) e de grandes centros de formação de dados (Think Tanks), como as Universidades de Brown e Columbia, a Anistia International e a Freedom House;

5) informações de especialistas dos governos dos países e dos organismos multilaterais, como o próprio Banco Mundial.

Os questionários aplicados nas diversas pesquisas contêm perguntas relacionadas com os seis conjuntos de indicadores. Podemos exemplificar com algumas questões, feitas para especialistas sobre diversos aspectos, no trabalho Governance Matters VIII:[35]

A) O governo interfere nos investimentos privados? (pergunta associada com a qualidade da regulação)

---

[35] KAUFMANN, D.; KRAAY, A.; MASTRUZZI, M. Op. cit.

B) Quão transparente e justo é o sistema legal? (pergunta associada com as segurança jurídica, *rule of law*)

C) Qual é o risco de golpe de Estado, guerra civil, organizações criminosas ou terroristas abalarem a estabilidade política, através do uso de violência? (pergunta associada com a estabilidade política e ausência de violência)

D) Quão atuante é a burocracia governamental ao tratar das questões que envolvem o setor privado? (pergunta relacionada com a qualidade da regulação)

E) Qual é o risco de perda de investimentos externos diretos por conta da corrupção? (pergunta relacionada ao controle da corrupção)

F) Quais são os níveis de liberdade de imprensa, de associação e de expressão? (pergunta associada ao nível de voz e transparência, *voice* and *accountability*)

G) Qual é o percentual de suborno necessário para "ter as coisas resolvidas"? (pergunta associada ao controle de corrupção)

H) Qual é o nível de transparência das informações dadas pelo governo? (pergunta associada à efetividade do governo)

I) Quais são os níveis de facilidade e qual é a qualidade dos serviços públicos? (pergunta associada à efetividade do governo)

Baseadas em perguntas, como as exemplificadas acima, são construídos os seis conjuntos de indicadores agregados: (1) voz e transparência (*voice* and *accountability*); (2) estabilidade política e violência (*political stability and violence*); (3) qualidade da regulação (*regulatory quality*); (4) controle da corrupção; (5) efetividade governamental (*government effectiveness*); e (6) segurança jurídica (*rule of law*).

Os autores mostram que esses indicadores, tendo sido construídos com vários bancos de dados, são mais informativos do que os indicadores que utilizam fontes individuais. Não obstante, reconhecem que mensurar quantitativamente os indicadores de *governance* é uma tarefa muito difícil e sujeita a muitas imprecisões.

É importante ressaltar que as dificuldades de mensuração dos indicadores de *governance* ocorrem porque os dados precisam muitas vezes mostrar informações difíceis de serem obtidas por meio de medidas objetivas e quantificáveis. Para apresentar um exemplo, podemos pensar nas dificuldades que as firmas encontram para entrar nos mercados dos países, ou a carga tributária que terão de pagar para atuar nesses mercados. Não são apenas os arcabouços legais que determinam as regras de entrada das firmas nos mercados, nem as legislações tributárias que são consideradas unicamente pelos empresários.

Na realidade, as firmas consideram o grau de corrupção do país quando vão tomar suas decisões, conscientes de que não apenas as regras formais da lei importam, mas também o ambiente institucional no qual essas regras são aplicadas. Desta forma, qualquer que seja o conjunto de dados utilizado para verificar o clima para atrair investimentos, terá ele que usar informações obtidas com os agentes econômicos que participam de perto do processo, para fazer uma análise que compreenda o que está ocorrendo com a *governance* e as mudanças institucionais. Contudo, ainda assim, poderá haver níveis elevados de subjetividade nas informações fornecidas.

Os indicadores mencionados são de grande importância para os formuladores de políticas públicas, uma vez que estão sempre interessados em avaliar a qualidade institucional. Infelizmente, entretanto, como estamos tentando mostrar, as dificuldades de mensurar quantitativamente os indicadores de *governance* levam, normalmente, à formação de erros. Mesmo assim, os dados fornecidos pelo conjunto de indicadores do mais recente Government Matters podem apresentar informações relevantes.

Para o período 1996-2008, por exemplo, um número substancial de países mostrou mudanças significativas na *governance*. Nesse período, para cada um dos seis indicadores, em média 9% dos países apresentaram mudanças substanciais (com nível de confiança estatístico de 90%). Tendo em vista os seis indicadores, 35% dos países experimentaram mudanças significativa em pelo menos um dos seis indicadores nesse período, tanto com melhorias quanto com pioras.[36]

Se o nível de significância for reduzido para 75%, o trabalho conclui que cerca de 20% dos países experimentaram mudança significativa em cada um dos indicadores em média, e 59% deles tiveram mudanças apreciáveis em pelo menos um dos indicadores.[37]

Também é importante observar que, no trabalho, fica evidenciado que alguns países pioram ou melhoram de forma drástica seus indicadores de *governance*, mesmo considerando que o período compreendido a partir de 1998 é relativamente curto. Isso mostra que, apesar de a regra geral indicar que as mudanças institucionais nos países ocorrem lentamente, podem existir exceções.

Os indicadores de *governance* do Banco Mundial, ao agregar conjuntos de informações retiradas de vários bancos de dados, apresentam margem de erro menor do que os indicadores obtidos individualmente pelos países.

No entanto, os próprios autores reconhecem que esses indicadores mais específicos, fornecidos mediante estudos mais profundos, realizados dentro das famílias, empresas e serviços públicos dos países, devem se associar aos indicadores agregados do Banco Mundial para que se possa avançar ainda mais na mensuração de variáveis tão complexas como as relacionadas com a *governance*.

Esse conjunto de informações pode permitir até mesmo que reformas mais específicas nas variáveis relacionadas com a *governance* possam ser implementadas nos países mais deficientes em boa qualidade institucional.

As reformas mencionadas tratariam de aspectos relacionados à transparência no sistema político, por exemplo, demonstrações claras e fidedignas dos ativos políticos, dos resultados das votações nos parlamentos, contribuições de campanhas políticas e informa-

---

[36] KAUFMANN, D.; KRAAY, A.; MASTRUZZI, M. Op. cit.
[37] KAUFMANN, D.; KRAAY, A.; MASTRUZZI, M. Op. cit.

ções sobre as situações fiscais. Também deveriam procurar criar incentivos institucionais para que ações preventivas tivessem mais prioridade em relação às ações judiciais, assim como buscar interagir com setores fora do setor público, notadamente o setor privado, normalmente bastante negligenciado.

Referências

AGUILAR FILHO, Hélio Afonso de; FONSECA, Pedro Cezar Dutra. Instituições e cooperação social em Douglass North e nos intérpretes weberianos do atraso brasileiro. *Estudos Econômicos*. São Paulo, v. 41, nº 3, p. 551-571. Sept. 2011.

ARNDT, C.; OMAN, C. *Uses and Abuses of Governance Indicators*. OECD Development Centre, 2006. Disponível em: <http://www.oecd.org/document/25/0,3343 en_2649_33935_370 81881_1_1_1_1,00.html>. Acesso em: 14 nov. 2009.

DUECK, Judith; GUZMAN, Manuel; VERSTAPPEN, Bert. *Formats standard HURIDOCS pour les événements*: un Outil pour la documentation sur les violations des droits de l'homme. Versoix: HURIDOCS, 2001.

EUROSTAT NEW CRONOS. *Documentation 2008*. Disponível em: <http://www.esds.ac.uk/international/support/user_guides/eurostat/cronos.asp>. Acesso em: 15 mar. 2009.

KAUFMANN, D.; KRAAY, A. Governance Indicators: Where Are We, Where Should We Be Going? *Policy Research Working Paper* 4370, Washington, DC, 2006.

KAUFMANN, D.; KRAAY, A.; MASTRUZZI, M. Aggregate and Individual Governance Indicators for 1996-2005. *World Bank Policy Research Working Paper* Nº 4012. Washington, D.C, 2006.

_____. Governance Matters III: Governance Indicators for 1996, 1998, 2000, and 2002. *World Bank Economic Review*, nº 18, p. 253-287, 2004.

_____. Governance Matters IV: Governance Indicators for 1996-2004. *World Bank Policy Research Working Paper* Nº 3630. Washington, D.C, 2005.

_____. Governance Matters VI: Aggregate and Individual Governance Indicators for 1996-2006. *World Bank Policy Research Working Paper* Nº 4280. Washington, D.C, 2007.

_____. Governance Matters VII: Aggregate and Individual Governance Indicators for 1996-2007. *World Bank Policy Research Working Paper* Nº 4654. Washington, D.C, 2008.

_____. Governance Matters VIII. Aggregate and Individual Governance Indicators for 1996–2008. *World Bank Policy Research Working Paper* Nº 4978. Washington, D.C, 2009.

_____. Governance Matters II – Updated Indicators for 2000/01. *World Bank Policy Research Working Paper* Nº 2772, Washington, D.C, 2002.

_____. Governance Matters. *World Bank Policy Research Working Paper* Nº 2196, Washington, D.C, 1999.

KEEFER, Philip. A review of the political economy of governance : from property rights to voice. *Policy Research Working Paper Series*, v. 3315, p. 3, 2004.

LANDMAN, Todd; HÄUSERMANN, Julia. *Map-making and Analysis of the Main International Initiatives on Developing Indicators on Democracy and Good Governance*. University of Essex - Human Rights Centre: Colchester, 2003.

MALIK, A. *State of the Art in Governance Indicators. Occasional Paper*. Human Development Report Office, 2002. Disponível em: <http://hdr.undp.org/docs/publications/background_papers/2002/Malik_2002.pdf>. Acesso em: 14 abr. 2012.

MERRY, Sally Engle. Measuring the world. Indicators, human rights and global governance. *Current Anthropology, 53, S3, April 2011.*

NORTH, Douglas. *Institutions, Institutional Change and Economic performance*. Cambridge: Cambridge University Press, 1990.

OECD. *Measuring the progress of societies*: what is the relevance for Asia and the Pacific. Paper to UN ECOSOC, Economic and Social Commission for Asia and the Pacific, 2009.

PNUD. *Relatório de Desenvolvimento Humano 1999*. Disponível em: <http://www.pnud.org.br/rdh/rdh99/index.php>. Acesso em: 18 ago. 2012.

SEN, Amartya. *Desenvolvimento como liberdade*. São Paulo: Companhia das Letras, 2000.

UN Statistical Division Indicators to Measure Violence against Women. UN Economic Commission for Europe. *Indicators to Measure Violence against Women*. Geneva: Switzerland, October, 2007.

UNDP. Using Indicators for Human Rights Accountability. *UN Human Development Report*. Chapter 5, New York, 2000.

_____. *Governance for sustainable human development*: a discussion paper. NY, UNDP, 2006.

12

Historiografia da constituição e os direitos fundamentais

Nelson Saldanha

> Sumário: 12.1 Reexame da noção de constituição em suas etapas "anteriores"; 12.2 A noção moderna de constituição e os "tipos" de pensamento que se definem em face dela; 12.3 A noção formal-liberal de constituição; 12.4 Momentos formativos desta noção; 12.5 Surgimento e embasamento do conceito contemporâneo de "direito constitucional"; 12.6 Legalismo e conceito de Constituição; 12.7 Repercussão sobre alguns temas fundamentais; 12.8 Tendência ao estatismo; 12.9 As peculiaridades inglesas; 12.10 Constituição e separação de poderes.

12.1 Reexame da noção de constituição em suas etapas "anteriores"

Embora os direitos fundamentais somente sejam considerados como alicerces da Constituição e do próprio direito após uma imagem construída a partir da Revolução Francesa, não se pode afirmar que a noção de Constituição é um conceito retirado *ab ovo* daquele momento histórico. Os direitos fundamentais, naquela época, foram um recurso indispensável, porém não inteiramente completo, de que lançaram mão os pensadores europeus, notadamente franceses e ingleses, para que não ficassem sem uma explicação racional as indagações sobre o direito "legítimo" e as suas respectivas respostas.

Evidentemente o pensamento constitucional em suas fases iniciais, anteriores aos séculos ditos modernos e contemporâneos, não girou em torno dessas preocupações conceituais ou metodológicas. Não houve, na literatura política grega e romana, como tampouco na medieval, um empenho específico em situar e nominar categorias fundamentais.

Como ficou dito, a ideia de um "pensamento constitucional" corresponde a experiências modernas e contemporâneas, e o termo *Constituição*, de uso tão corrente nos séculos mais recentes, encontra como seus antecessores na Antiguidade vocábulos que tinham acepção algo diferente.

Assim, conforme foi visto, o prestigioso vocábulo *politeia*, usado pelos principais pensadores gregos, correspondia neutramente à ideia de uma "organização da *pólis*". Significava portanto "ordem política", ou "regime" (num certo sentido desta palavra); pode-se daí trazer a extensão para a moderna noção de "Constituição em sentido amplo". Em certos usos clássicos, com efeito, até o século XVIII, a ideia de Constituição foi tomada como equivalente de "estrutura política"; e por trás desses usos clássicos se encontram alusões ao grego *politeia* e ao latim *res publica*.

Em certas passagens de Aristóteles, encontra-se aliás a ideia de uma oposição entre *politeia* e tirania; a *politeia* existe sempre como um equilíbrio, podendo apresentar-se como monarquia, aristocracia ou democracia. A *politeia*, como ordenação, limita o poder e previne o arbítrio. Portanto, já um sistema de controles; mas ainda não no sentido moderno. Este aspecto porém não foi propriamente advertido durante toda a Idade Moderna; ele apenas desponta em certas influências e em certos textos.[1]

Res publica foi, não propriamente a tradução de *politeia*, mas um seu substituto. Na tradição doxográfica e bibliográfica, ficou-se usando o termo latino para dar conta da obra de Platão (isto é, de seu diálogo mais famoso), enquanto "política" ficou fixado para traduzir o título da de Aristóteles. Enquanto, porém, *politeia* alude à *pólis* e à sua ordenação, *res publica* não menciona a urbe nem o império, nem nenhum corpo político concreto territorialmente situado: menciona um plano ou nível de realidades sociopolíticas, correspondentes ao que é "do povo" ou "de todos" e que como tal se corporifica. Os romanos utilizaram também *constitutio*, mas o termo designou (conforme foi visto) determinadas providências legislativas, do período imperial, caracterizadas sobretudo pelo alcance administrativo.

Na Idade Média, houve no plano teórico momentos de grande importância, no sentido de valorizar a limitação do poder. No plano da vida política, apareceram as *Cartas*, cujo exemplo maior foram as cartas inglesas – maximamente a "Magna Carta", de 1215. Conforme observou Holt, a situação histórico-jurídica da carta se entende em face do problema das relações entre inovação e costume: a carta não vinha apenas, ou não vinha propriamente, para assegurar reformas, mas para declarar direito; entendia-se direito em função de vigências velhas, e isto foi estudado modelarmente por Fritz Kern em ensaios sempre

---

[1] Sobre a vigência de Aristóteles na Idade Média, W. Dilthey, *Le Monde de l'Esprit* (*Die geistige Welt*), trad. Rémy, Ed. Aubier. Paris, 1947, tomo I, p. 57; e também Ortega y Gasset, *La Idea de principio em Leibniz*, Rev. De Ocidente/Emecé, Buenos Aires, 1952, passim. Cf. também as anotações de Plummer em sua edição de Fortescue, *The Governance of England* (Oxford, reimpressão, 1962), p. 186 ss. Sobre as traduções medievais do termo *pólis*, Passerin D' Entrèves, *The notion of the State*, Oxford, 1967, p. 29.

citados.² Dentro de contextos basicamente estáticos – em face dos hábitos modernos, ao menos –, as *Cartas* não apareciam para modificar estruturas, mas para estabilizar relações ou para garantir velhas franquias ameaçadas de rompimento. Assim se repetiram, durante certo tempo, na monarquia inglesa. Na mesma Inglaterra, a revolução republicana de Cromwell pôs em uso certas medidas gerais, marcadamente o Instrument of Government de 1654 (Loewenstein considerou como "primeira constituição escrita válida do Estado Moderno", mencionando também, como imediato antecedente, a Regeringsform sueca de 1634). Aqui nos achamos, já, em época moderna, com a presença da burguesia como fonte de tendências e padrões sociais, e com a ideia do direito escrito preponderando aos poucos por toda a parte.

Esta ideia do direito escrito se tornaria na experiência contemporânea molde da própria ideia do direito em sentido objetivo; e isto se encontra, já, na *Politica Metodice Digesta*, de Althusius, que afirmou que o governo da comunidade não é mais do que a execução da lei.³ É verdade que havia em sua afirmativa um alicerce clássico, que incluía a ideia de Aristóteles de que as leis é que perfazem a comunidade; e lei aí tinha um sentido um tanto especial. Mas era sintomático.

No início da época moderna, a noção de *lei fundamental*, oriunda da Idade Média, revalida seu sentido político em face da consolidação dos "reinos" em Estados. Mas como os novos Estados são em geral monarquias absolutas, tendem a fundir-se os conceitos de *lei do rei* e de *lei do reino*. Com isso, a passagem da ideia de lei fundamental à ideia de Constituição (em sentido específico) se vê retardada. Continua a usar-se o termo *Constituição* no sentido de "estrutura política", do mesmo modo que o termo *república* continuou a ser empregado no sentido de comunidade, corpo político ou Estado, até que a teoria das formas de governo lhe deu o sentido de forma oposta à monarquia. Em Fortescue, no século XV, encontramos as ideias de Constituição e de governo, como intercambiáveis; em Maquiavel, no século XVI, a famosa alusão aos modos de ser dos Estados (no capítulo inicial do *Príncipe*) põe por primeira vez a oposição entre república e monarquia.⁴

Mesmo durante o século XVIII, persistiu a noção de constituição como "compleição", como estrutura ou regime político. O próprio Rousseau usa o termo neste sentido: nas *Car-*

---

2   J. Holt, *The making of Magna Carta*, University of Virginia, 1965, p. 41; Fritz Kern, *Derechos del Rey y Derechos del Pueblo* (*Gottesgnadentum und Widerstandsrecht in frueheren Mittelalters*) trad. Lopez--Amo, Ed. Rialp, Madrid, 1955. Falta nesta edição a parte de notas que há na edição original, como falta também na tradução inglesa, de Chrimes (*Kingship and Law in the Middle Ages*, Ed. Blackwell, Oxford, 4. impressão, 1968 – juntamente com o ensaio *Law and Constitution in the middle ages*). Há que notar porém que o estudo de Kern se refere especialmente ao mundo germânico.

3   Cf. A. J. Carlyle, *La Libertad Política*. Op. cit., p. 76-77. Para Althusius, a supremacia das leis era a supremacia de Deus; a supremacia de um homem seria a de um animal.

4   Em Fortescue temos dois tipos de Monarquia ("*ij kyndes off Kingdomes*"); em Maquiavel, dois tipos de Estado. A respeito deste último, *Rivista Internazionale di Filosofia Del Diritto*, série IV, nº 4, 1973, p. 723 ss.

tas da Montanha diz, por exemplo, que as religiões nacionais "fazem parte da constituição". Em Montesquieu o sentido ainda é em princípio o mesmo, embora às vezes apareça nele a acepção romana, e já um pouco da moderna.[5] E na França revolucionária encontra-se ainda este sentido no próprio texto da Déclaration des droits, de setembro de 1791: ali, a expressão *"maintien de la constitution"*, nas considerações que antecedem o artigo primeiro, parece-me referir-se à constituição como estrutura, como construção política, mais do que como documento legal, como norma positiva. A passagem ao sentido realmente contemporâneo, escrito-legalista-positivo, na Europa, se dá a meu ver na Constituição francesa que se seguiu àquela declaração: seu título primeiro fala das "disposições fundamentais garantidas pela Constituição", e menciona "direitos" que a Constituição assegura. Em Hegel, também temos a Constituição como estrutura política: tal é, ainda, o significado do termo no seu ensaio de 1802 sobre a *Verfassung Deutschlands*.

12.2 A noção moderna de Constituição e os "tipos" de pensamento que se definem em face dela

Como se sabe, a experiência política e as ideologias modernas fixaram a noção formal-escrita de Constituição como uma lei caracterizada por ser fundamental, emanada de um poder específico (o poder constituinte), destinada a estabelecer a estrutura jurídica do Estado e a regular suas relações com os súditos. Esta noção corresponde, em verdade, às pretensões burguesas e ao racionalismo político militante do século XVIII, bem como ao correlativo liberalismo e às revoluções respectivas e está embasada no direito fundamental à participação política. A trajetória desse liberalismo e dessas revoluções, nos países que eram politicamente dominantes nos séculos XVIII e XIX, ensejou a formação de umas tantas posições, que se definiram como favoráveis, desfavoráveis ou semifavoráveis ao padrão constitucional liberal vitorioso modernamente na Revolução Francesa. Ressalte-se que referidas experiência política e ideologias têm uma conexão substancial com o que era defendido pelo direito natural, a ponto de se constatar que se o direito privado contemporâneo tem sua semente extraída do direito romano, o direito público tem o seu embasamento no direito natural.

Em seu notável e bastante conhecido *Direito Constitucional Comparado*, o professor Garcia-Pelayo distingue três *tipos de conceitos* de Constituição, caracterizados – em termos de *Wissenssoziologie* – em função da moderna experiência constitucional. São eles: o conceito histórico-tradicionalista; o racional-normativo; e o sociológico. O primeiro se

---

[5] J. J. Rousseau, *Lettres écrites de La Montagnes*, junto com outras obras, Ed. Garnier, Paris, 1949, p. 131. Aparece também numa obra do começo do século passado, ainda: o livro de F. Ancillon, *De l'Esprit des Constitutions politiques ET de son influence sur La legíslation* (cf. Ed. Dehomme, Paris, 1850). Também D' Aguesseau, com seu *Essai d'une institution ou droit public*, nem sequer cogitado do sentido da palavra *Constituição* (há uma reedição deste livro, sucinta e confusa, pela Ed. Sirey, Paris, 1955).

ligou ao conservadorismo, que via a Constituição como um todo orgânico, dotado de evolução natural; o segundo se ligou ao liberalismo, à estimação da lei escrita e à ideia de uma lei constitucional especial, formalmente elaborada; o terceiro, cuja formulação mais ostensiva ficou sendo talvez a de Lassalle (também se exprimiu muito caracteristicamente em Sismondi), provém do sociologismo que no século XIX absorveu em parte os estudos políticos.[6]

12.3 A noção formal-liberal de constituição

Das discussões dos séculos XVI e XVII resultaram temas tornados essenciais para o debate político, tais como a competência do Parlamento e do Judiciário, a validade das leis e da autoridade obtida através do consentimento do povo, a Constituição como um sistema de poderes em equilíbrio. Das discussões francesas, basicamente as do século XVIII, tomaram corpo outros temas, como sejam, a Constituição como um sistema de poderes divididos, o poder constituinte como atributo do povo, a soberania nacional como alicerce de todos os poderes. Certamente todas as questões estavam alimentadas por ideias fundamentais, uma delas a do contrato social. A própria noção de Constituição se alimentou da imagem de um contrato que dava coesão ao povo e que vinculava o exercício dos poderes a um compromisso com as vontades dos súditos.

Na experiência francesa, o célebre parágrafo 16 da primeira declaração de direitos colocou os requisitos para a existência de uma Constituição, num Estado (haver garantia de direitos, haver divisão de poderes). Postos tais requisitos, era como se supusesse que a Constituição só poderia ser liberal, em seu conteúdo. Daí que não prosperasse uma preocupação maior com o conteúdo. A mentalidade burguesa pedia o ordenamento escrito; pedia a classificação verbal das relações possíveis entre poder e poder, entre poderes do povo, entre autoridades e sujeitos; dava-se por sentado que o conteúdo – sendo racional e "esclarecido" – serviria a todos. Daí que a noção do jurídico tendesse agora ao *formal*, como a ética tenderia também (e modelarmente, nas mãos de Kant). Daí que a Constituição se entendesse como *lei*; como lei dada por tal poder, com tal finalidade, com tal alcance. Como o credo liberal envolvia a imagem de um Estado reduzido ao mínimo, introduzindo-se o mínimo possível nas atividades "concretas" da sociedade, o conteúdo da Constituição era principalmente o teor das garantias: salvaguarda do cidadão, com sua liberdade, seus direitos, sua dinâmica pessoal, sua participação no progresso e nas luzes.

Ao mesmo tempo, entretanto, o modelo não estatista do liberalismo iria tender e conceder crescentemente ao estatismo. O direito natural (como teoria dos direitos naturais) havia nutrido as reformulações constitucionais, mas aos poucos se punha o problema de serem, as "liberdades naturais", algo estranho ao jurídico. Note-se que esta ideia se encontra também em Rousseau, que foi nisto, de algum modo e talvez paradoxalmente, um pre-

---

[6] *Derecho Constitucional Comparado*. 2. ed. Madrid: Revista de Occidente, 1951. Parte I, cap. 2.

cursor do juspositivismo. Sendo as liberdades naturais algo próprio do estado pré-social ou de "natureza", o homem no estado social e político tem de ter outra espécie de liberdade, posta e entendida no e pelo ordenamento civil e político. Ser livre é ser livre segundo as leis, e isto significa ser dentro delas, com elas, sob elas: as leis do Estado.[7]

Portanto, na medida em que a "Constituição" deixava de aludir à estrutura vigente, ou ao regime, para significar texto legal específico, aumentava a distinção entre Estado e sociedade; correlativamente crescia o caráter estatal (positivo) da noção de lei, e tornava-se precária a admissão de liberdades "naturais", senão mesmo dos próprios direitos naturais.

12.4 Momentos formativos desta noção

O conceito de Constituição, como não podia deixar de acontecer, serviu aos entusiasmos revolucionários e à ideologia racional ilustrada; encontrou refração e remodelação, depois, por parte dos conservadores.

Como momentos da formação do conceito contemporâneo de Constituição, cabe especialmente lembrar as expressões passionalmente veiculadas na Revolução Francesa, quer ao reivindicar-se uma Assembleia Constituinte, quer ao exigir-se uma Constituição nacional (uma Constituição que superasse as diferenças regionais, que eram franquias provinciais, em favor de uma mais larga imagem legislativa e administrativa da França). Conflitos internos que não existiram na Inglaterra de 1688 criaram, no caso francês, um vocabulário diferente, onde o jusnaturalismo eclodia como uma fé primaveril. Por outro lado, a unidade nacional era um dado, não um projeto discutível como no caso norte-americano; de sorte que o termo *Constituição*, agora utilizado em sentido legislativo, acentuava o esquema político em sua transparência cartesiana e em sua vibratilidade trágica.[8]

---

[7] Poder-se-ia tentar uma diferenciação entre a ideia de legalidade do liberalismo, que correspondia a um valor intrínseco, cossubstancial e inerente à própria ordem política em sua fundamental conveniência, e a legalidade como mera estratégia revolucionária, que sobretudo nas revoluções do século ocorrente tem-se apresentado como algo extrínseco aos valores dos movimentos vitoriosos. O apego à forma, no liberalismo clássico, era um apego à eticidade e à garantia; isto se nota no elogio da forma em Ihering. Posteriormente, a forma e o apego a ela se tornaram frequentemente sintomas de conservadorismo e se estadearam inclusive em regimes totalitários. Em todo o caso, não cabe generalizar demais e dizer que o formalismo é sempre reacionário ou sempre progressista (como não cabe a respeito do jusnaturalismo, conforme demonstra Norberto Bobbio, *El problema del positivismo jurídico*, Ed. Eudeba, Buenos Aires, 1965, Introdução e cap. I).

[8] Entretanto, antes de Sieyès, Vattel havia estabelecido a noção de Constituição escrita como lei fundamental, inclusive invulnerável para o legislador ordinário: cf. Sanchez Viamont, *El poder constituyente – orígenes y formación del constitucionalismo*, Ed. Bibliográfica Argentina, Buenos Aires, 1957, p. 234 ss. Mas Vattel ainda pensava numa "lei fundamental" que "formasse a Constituição" (organização) do Estado, e falava na Constituição (organização) "e suas leis". Também em Burlamaqui, que foi da época de Rousseau, aparece o tema das leis fundamentais (R. Derathé, *J. J. Rousseau ET La Science Politique de son Temps*, cit.; p. 329); mas o termo *Constituição* não surge para acolher e

Em 1733, porém, Lord Bolingbroke ainda utilizava o conceito tradicional de Constituição como estrutura global, ao distinguir entre governo e Constituição: esta sendo um "conjunto de leis, instituições e costumes" que regem a comunidade, aquele sendo a administração conduzida segundo a constituição. Considerando a opinião de Bolingbroke como típica da mentalidade tradicional, o historiador Mac Ilwain lhe opõe a de Thomas Paine, para quem somente merecia o nome de Constituição a Constituição *escrita*, que provém de um ato popular e com isso dá fundamento a um governo.[9] A posição conservadora, diante da nova concepção liberal, se expressou depois por voz de Arthur Young, que em 1792 fez a sua crítica comparando-a ironicamente a uma receita de pudim que servisse para ser copiada e usada por qualquer pessoa; tanto quanto – e com mais eco – pela de Edmond Burke.[10]

De certo modo, a posição racionalista correspondia à versão francesa. Os ingleses, apesar de terem feito sua revolução liberal cem anos antes, e de terem dado ao constitucionalismo uma contribuição fundamental, permaneceram dominantemente empiristas e em princípio não acompanharam o desenvolvimento (dito por eles metafísico e idealista) que o movimento constitucionalista assumiu do outro lado da Mancha. O racionalismo, que tinha dado um Hobbes, parecia algo perigoso aos britânicos; o próprio ideário de Locke, que em terras francesas frutificou em moldes largamente teóricos, restringiu-se na Inglaterra a algumas ressonâncias no utilitarismo e a um forte influxo positivo e *prático* dentro do sistema.[11] Quanto à experiência norte-americana, é em torno a ela que se entendem historicamente as expressões de Thomas Paine; mas naquele tempo a relevância dos Estados Unidos não era grande o bastante para pesar nas conceituações europeias, e além disso o que pareceu mais observável na Constituição norte-americana foi o modelo federal de governo, conjugado à solução presidencialista.

Portanto, no que toca à noção de Constituição, foi o figurino *francês* que realmente decidiu, para quase todo o ocidente contemporâneo. O tom dramático, que ressumava dos textos vindos de Paris, não deve esconder o fino traço cartesiano que delineia a noção, quando ela desponta dentro da declaração de 1791. E foi a aura da cultura francesa, gozando então de um prestígio internacional que se diria absoluto, que deu à noção liberal-

---

expressar a ideia. Em Sieyès, o termo designa ainda a organização do corpo político – no sentido de compleição, ordenação das partes; ou, de outro modo, designa o "conjunto e a separação dos poderes" (Sanchez Viamonte, Op. cit.; p. 241 e 252). No sentido, portanto, do parágrafo 16 da Declaração de 1791.

[9] C. H. Mac IIwain, *Constitutionalism, ancient and modern*, Cornell University Press, 1940, cap. I, p. 3 ss. Cf. também K. C. Wheare, *Modern Constitutions*, Oxford, 1956 (reimpressão), cap. I.

[10] Cf. trecho de Blackstone em *The Eighteenth Century Constitution* – documents and Commentary, compilação de E. N. Williams, Cambridge Univ. Press, 1965, p. 74.

[11] Cf. observação de Mario Losano, *Sistema e Struttura nel diritto*, vol. I (Dalle origini alla scuola storica), Ed. Giappichelli, Turim, 1968, p. 90. Sobre Hobbes, N. Bobbio, *De Hobbes a Marx*, Ed. Morano, Nápoles, 1965; e também, com opiniões discutíveis embora sempre bastante sérias, Leo Strauss, *Que es la filosofia política?*, trad. Esp., Guadarrama, Madrid, 1970 (por exemplo p. 233).

-burguesa de Constituição, como Constituição escrita, um sentido abstrato e "universal", aceito e recebido dentro da aceitação e da recepção do próprio classicismo francês como classicismo *tout court*.[12]

Assim se teve (para tomar por um momento dois termos do vocabulário orteguiano) a Constituição como "ideia" e a Constituição como "crença": povo civilizado, povo com Constituição escrita. Pôs-se em prática, aos poucos, o que tacitamente recomendava o parágrafo 16 da declaração de 1791: que todo Estado deve ter Constituição. Do mesmo modo, partia-se para esquemas evolutivos onde se demonstrava a "chegada" dos povos esclarecidos à solução constitucional. E, por outro lado, robustecia-se a ideia de que a Constituição não é apenas incluidora de garantias: ela mesma é garantia, ou sistema de garantias. Ideia por sinal bastante francesa, que teria em Maurice Haurion, nos fins dos oitocentos, um de seus expositores maiores e mais consequentes.

12.5 Surgimento e embasamento do conceito contemporâneo de "direito constitucional"

O Ocidente pós-renascentista herdou, da cultura antiga – isto é, grega e romana –, um corpo de problemas girando em torno de *politeia* e de *res publica*, com ideias sobre forma de governo, vontade popular, magistratura, legislação etc. Herdou da Idade Média ideias e termos referentes a distinção de poderes, limitação de poder, competências, justiça, política etc. Durante as lutas dos séculos XVII e XVIII, discutiu-se intensamente sobre contrato social, soberania, democracia, liberdade, vontade geral, organização constitucional. Entretanto não se teve, até o século XIX, noção de um direito constitucional como matéria ou como campo específico de estudos. Nem se teve o nome. Na Antiguidade, a reflexão sobre bases e princípios, em temas de política e direito, ficava e cabia dentro da *philosophia* em geral. Na Idade Média, tais temas cabiam nos *Des legibus*, nos *De Monarchia* ou nos livros sobre "governo", sobre "cidade" e sobre "potestade". Nos séculos modernos, falou-se de república, de leis de Estado, de governo. Rousseau subintitularia de "princípios de direito político" seu livro sobre o contrato social: era a influência dos autores da transição (Vattel, Barbeirac e outros). As expressões *direito público* e *direito privado* existiam desde os romanos; *direito constitucional*, porém, não existiu, nem adquiriu existência senão após as revoluções americana e francesa. Somente o advento, de fins do século XVIII para o XIX, de vigências constitucionais em sentido novo, expressa e intencionalmente novo, possibilitaria a criação de uma área de estudos chamada *direito constitucional*. Esta área de estudos se tornaria distinta da teoria política, do direito público geral e da história consti-

---

[12] Sobre a extensão e a "universalização" da notação de Constituição escrita, Karl Loewenstein, *Teoría de La Constitución*, Op. cit., p. 159 ss.). Sobre a "genealogia" das constituições contemporâneas na Europa, e sobre os "ciclos" constitucionais a partir de 1789, cf. Biscaretti Di Ruffia e S. Rozmaryn, Turim-Paris (Giappichelli – LGDJ), 1966, Parte I, cap. 2.

tucional (esta com grande tradição na Inglaterra), embora ligando-se a cada uma dessas disciplinas. E somente no século XX se haveria de formar uma *teoria da Constituição*, quer no sentido nominal – tornado corrente a partir, sobretudo, do grande livro de Schmitt –, quer no substancial, correspondente a uma integração efetiva de temas metodológicos, históricos e dogmáticos ou sistemáticos. O modelo mais fecundo e mais operante da teoria constitucional, em nosso século, seria justamente o metodológica e tematicamente integrativo, equivalente a trabalhos do tipo dos de Schmitt e também dos de Herman Heller, abrangentes e superadores de unilateralismos – vendo-se aqui como unilateralismos o normativismo formalizante do tipo kelseniano e de outros e o sociologismo em todos os seus subtipos.[13] É este modelo da teoria constitucional, abrangedor e histórico-sistemático (não propriamente didático nem anodinamente eclético) que parece convir às necessidades atuais. Inclusive para os países do chamado terceiro mundo: mas isto é outra história.

12.6 Legalismo e conceito de constituição

O aparecimento do Estado moderno, e de seu conceito, coincidiu mais ou menos com o advento do *direito escrito* como forma dominante das nações europeias. O direito escrito, suplantado aos poucos a "velha" ordem consuetudinária, e correspondendo ao racionalismo burguês laico e racional, condicionou realmente uma nova experiência do jurídico. O direito e o Estado foram objeto de uma nova concepção. Enquanto no localismo medieval, tradicionalista e religioso, o *direito* se entendia em função da divindade e da comunidade, e o *Estado* era uma ordem teoricamente limitada embora podendo ser eventualmente esmagadora, os Estados nacionais modernos puseram como direito ordenações escritas, entendendo-se o direito como lei escrita e como comando provindo de vontades humanas determinadas: a do soberano, a da coletividade. Claro que isto vai dito num plano esquemático, pois a diferenciação é paulatina e sempre cabe encontrar pontos semelhantes, bem como antecipações e permanências.

---

[13] A respeito, Kurt Sontheimer, *Ciencia política y teoría jurídica del Estado*, Ed. Eudeba, B. Aires, 1971, caps. III e IV. Em Heller, retomou-se o conceito de Constituição "real", abarcando normalidade e normatividade; em Schmitt, desdobraram-se os diversos conceitos de constituição, distintos entre si por critérios históricos e políticos, mas reentendidos em totalidade maior pela reflexão abrangente. Segundo Sontheimer, hoje é realmente necessário aceitar uma teoria jurídica do Estado como ciência de normas, mas sem cair no normativismo da velha escola positivista (p. 36). E mais: para ele, uma teoria jurídica do Estado, entendida como ciência puramente normativa implicaria completamente uma ciência política sem nenhuma jurisdição epistemológica sobre qualquer aspecto jurídico; mas nem a ciência política deve contentar-se "secamente" com o tema do poder, nem a teoria jurídica do Estado deve cuidar apenas do sistema de normas (p. 40). De todo modo vale anotar, aqui, que já no século XIX Bluntschli havia editado uma *Teoria do Estado* e um *Direito Público Geral*, obras todas oportunamente transferidas para o francês por A. de Riedmatten.

O próprio jusnaturalismo se alterou, passando do padrão medieval, teológico, vinculado a uma vivência simultaneamente localista e universalista, ao padrão moderno, secular-racional, ligado a um direito nacionalizado e unificado. O Estado passa a ser encarado como uma coisa a ser delimitada pelo direito, e a atuação da "vontade" estatal se concebe como cabendo à representação política – fundada na lei. O jusnaturalismo medieval, encaixado numa visão estática e hierárquica do mundo, servia neste sentido de *apoio* à aceitação do poder vigente, e das estruturas operantes.[14] O jusnaturalismo moderno, que se une ao nascente liberalismo, concorda com este em ver o direito como condição para as liberdades, no sentido de Locke e de Kant. Diderot, no artigo sobre "Autorité Politique" incluído na *Encyclopédie*, dizia que as leis da natureza e as leis do Estado eram condições que definiam a submissão dos súditos ao príncipe – submissão sempre relativa. Transfigurava-se agora, porém, a noção mesma de lei: com a Revolução Francesa, a lei se torna endeusada como infalível, mas ao mesmo tempo a analogia entre lei da natureza e direito natural se revela aos poucos insustentável. A consolidação das experiências legislativas durante o século XIX tornaria possível a eclosão de um positivismo jurídico (como aquele que Bergbohm estadeava no fim do século) que não tinha sido possível nos tempos de Hobbes e de Spinoza.[15]

Destarte o *Rechtstaat*, ou Estado de Direito, se torna *Verfassungstaat* ou Estado Constitucional. Não bastou pensar que o poder estatal se funda sobre normas gerais e sobre liberdades aquiescentes; foi preciso que uma lei escrita completa e sistemática, para cada Estado, dissesse isso. Em torno deste fato histórico gravitam as variantes doutrinárias e terminológicas que p problema tem apresentado, como o falar-se num "Estado judicial", ou o distinguir-se entre Estado de Direito e Estado de Cultura, ou mencionar-se um Estado de Justiça. Do lado histórico filosófico o tema se encontra com o ideal hegeliano de um Estado ético, absorvedor e promovedor de valores, para cujos fins a constitucionalidade e a juridicidade seriam tão somente meio e instrumento. Do lado técnico, sempre se poderá falar de um Estado administrativo, carregado e encarregado de "serviços" como Dugit entreviu e Forsthoff tem analisado;[16] bem como, repita-se, de um Estado "judicial", qual fez, em livro verdadeiramente monumental, o professor austríaco René Marcic.[17]

---

[14] A respeito, Ernst Troeltsch, *Le dottrine sosiali delle chiese e dei gruppi cristiani*, trad. G. sanna, v. I, Florença, 1949 (2. ed.), parte II, cap. 9. Cf. também seu *El protestantismo y el mundo moderno*, trad. E. Imaz, Ed. FCE, México, 1958, passim.

[15] Contraditando o legalismo, disse Triepel em 1923 que o Direito é que é sagrado, não a lei. Observa Schmitt, na mesma ordem de ideias, que o contraste a considerar não é bem entre Direito e lei, "e sim entre um adequado conceito de lei, e um desesperado formalismo que toma como lei tudo o que surge no procedimento prescrito para a legislação" (*Teoría de La constitución*, Op. cit., p. 165). Sobre o tema, veja-se ainda M. Garcia-Pelayo, *Derecho Constitucional Comparado*. Op. cit., p. 51 ss.

[16] Ernst Forsthoff, *Problemas actuales del Estado Social de Derecho em Alemania*, trad.; Madrid, 1966. M. Garcia- Pelayo, *El Estado social y sus implicaciones*, Univ. de México, 1975. Paulo Bonavides, *Do Estado Liberal ao Estado Social*, reediçãoo, São Paulo, Saraiva, 1961.

[17] René Marcic, *Vom Gesetzstaat zum Richtersstaat*, Viena, Springer Verlag, 1957.

12.7 Repercussão sobre alguns temas fundamentais

A concepção legalista da Constituição, que correspondeu ao otimismo racionalista-liberal e consagrou a ideia de que o Estado *tinha* de se fundar necessariamente numa lei "maior" específica, acarretou consequências em diversos setores da teoria política, bem como em diversos temas da filosofia social e do direito público. A ideia de que o homem possui direitos intrínsecos, vinda de outras épocas, torna-se mais consciente, e se desdobra na concepção de que tais direitos precisam ser consagrados em termos legislativos. Georg Jellinek incumbiu-se de acentuar o compromisso desta concepção com o individualismo reformista (particularmente o puritano), tanto quanto com o contratualismo ilustrado.[18]

Como peça fundamental para o plano de aplicação do direito, firmou-se com o Estado liberal o chamado *princípio da legalidade*, muito caro ao legalismo codificador e constitucionalista. De certo modo tal princípio, ligado doutrinariamente ao jusnaturalismo ilustrado, serviu de liame entre este e o positivismo jurídico, particularmente na França, influindo sobre o modo de entender o direito, as funções estatais e a relação entre norma e administração.[19]

Tomando em consideração o papel da lei como princípio e fronteira de todo o direito positivo, resulta inclusive que o Estado elabora o direito ("direito" como sendo direito positivo); e toda a problemática do *jurídico* tem de caber na órbita da experiência *legal*. A teoria das fontes, construída ou reconstruída durante o século XIX sob o grande prestígio da noção de lei e em termos marcadamente privatistas, deu prioridade "hierárquica" à lei, vista como fonte propriamente dita do direito, em função das quais se admitem e se enfileiram as demais "fontes": costume, jurisprudência, doutrina. Do mesmo modo a noção de interpretação, vinculada ao tema das fontes, se desenvolveu sob prisma privatístico e sempre em face do enorme e dominante prestígio da ideia de lei.[20] Pouca repercussão tiveram, durante certo tempo, estas noções sobre o pensamento *constitucional*: sobretudo até que os juristas alemães da linha de Gerber-Laband tentassem dar ao direito público um tratamento claramente mais formal e pretendidamente mais jurídico. Por outro lado, a noção de *ordenamento*, que viria a ter tanta importância no século XX, foi também gerada em contato com o posicionamento legalista. Realmente não se conceberia, no sentido histórico, que a ideia de ordenamento nascesse sob regime consuetudinário, nem na vigência das redações de costumes ou das ordenações e recopilações da época barroca. Formando o conceito de ordenamento, considerou-se que a Constituição teria de ser sua "base" (ou o seu *cimo*, conforme o ângulo das analogias geométricas), e isto obviamente por se tratar de um sistema de normas legais: simétricas, coerentes, organizadas, tendo clarezas verbais, conexões expressas e disponibilidade gráfica, podendo ter "base", "cimo", escalões etc.

---

[18] *La declaration des droits de l'homme et du citoyen*, trad. G. Fardis, Ed. Fontemoing, Paris, 1902.

[19] Maxime Leoy, *La loi – essai sur la théorice de l' authorité dans la démocratie*: Paris, Ed. Giard et Brière, 1908; R. Carré de Malberg, *La loi, expression de la volonté générale*. Ed. Sirey, Paris, 1931.

[20] Nelson Saldanha, *Legalismo e Ciência do Direito*, Op. cit.

Esmein, em seus clássicos e magníficos *Elementos*, demonstrou magistralmente que a moderna concepção das constituições escritas envolve essencialmente a distinção entre leis constitucionais e leis ordinárias, oriunda da teoria política do século XVIII: sendo anteriores e superiores às ordinárias, as leis constitucionais se impõem ao próprio poder Legislativo, pondo limites e condições à atividade legislativa comum.[21] As leis constitucionais, como se sabe, correspondem à ação do poder constituinte, que Sieyès situou, coerente e nitidamente, acima do poder legislativo ordinário.[22]

Na época clássica, em que a convivência prática e as confluências teóricas elaboraram o conceito liberal-legalista de Constituição, algumas noções e distinções anteriormente existentes tomaram novo sentido. Assim, como já foi visto, a ideia de "leis fundamentais" se transfigura e reaparece na noção mesma de "lei suprema" (*Paramount Law* nos Estados Unidos), bem como na distinção entre norma constitucional e norma ordinária. Começa a esboçar-se a diferença entre Constituição em *sentido material* e Constituição em *sentido formal*. Em Emmanuel Sieyès, por exemplo, encontra-se a opinião de que o que define a Constituição não é propriamente o conteúdo material, mas antes a *autoridade especial* através da qual se impõem aos órgãos do Estado certas regras: o número e a consistência de tais regras são variáveis, mas elas não são tocáveis nem muito menos alteráveis por aqueles órgãos.[23] Uma geração ou duas depois, Benjamin Constant, numa página aliás pouco clara, observava que "não faz parte da Constituição" o que não for referente aos poderes (seus limites e atribuições), aos direitos políticos e aos direitos individuais.[24] Eco, evidentemente, do sempre recorrente artigo 16 da Declaração de 1791. À época, porém, a teoria constitucional não estava madura para colocar e desenvolver o problema, que apareceria ainda e apenas como uma espécie de advertência técnica em plano de política legislativa. Constant aduzia, caracteristicamente, que "as instituições devem estar em proporção com as ideias", e que por isso as tendências à mudança e à reforma devem encontrar textos constitucionais *sóbrios* e despojados.

Ao mesmo tempo que o legalismo tendia a identificar o direito com a lei, convertendo esta em forma principal do direito positivo (e objeto) e em modo fundamental de existência da própria realidade jurídica, o constitucionalismo tendia a identificar o Estado com a *Constituição*. Por uma espécie de "redução" de base metodológica, mas cheia de pretensões e implicações práticas, passou-se a dizer que "o Estado é o que a Constituição

---

[21] A. Esmein, *Eléments de Droit Constitutionnel français et comparé*, 4. ed. Sirey, Paris, 1906 – Parte I, título II, cap. 5: " Teoria das Constituições escritas".

[22] Cf. Sanchez Viamonte, *El poder constituyente*, Op. cit., p. 242.

[23] Cf. Paul Bastid, *Sieyès et sa pensée*, Ed. Hachette, Paris, 1939. Destarte, como acrescenta Bastid, a relação entre poder constituinte e poderes constituídos se torna um problema equivalente ao da separação entre Legislativo, Executivo e Judiciário (Parte III, cap. IV, p. 579). Como observa Viamonte (p. 243), foi preciso o advento das ideias de Sieyès para que a Declaração de Direitos passasse a ser considerada ato constituinte, não mais meramente legislativo.

[24] Benjamin Constant, *Cours de Politique Constitutionelle*, 2. ed., tomo I, Paris, Ed. Guilhaumin, 1872, p. 265. O texto corresponde aos comentários do escritor ao seu próprio "esboço de Constituição".

diz o que ele é". Esta assertiva foi assumida inclusive (e muito caracteristicamente) pelos publicistas norte-americanos. Historicamente, o que se havia vista fora uma passagem do Estado à Constituição (ou por outra, da experiência política do Estado à criação política de uma Constituição); ou ainda, da nação à Constituição. Do fato "nação" ao resultado "Constituição", tal tinha sido o esquema pensado e vivido por Sieyès e seus contemporâneos: a unidade nacional, como preliminar da obra constitucional, se realizava nesta, e a criação da arquitetura constitucional partia das prerrogativas nacionais, fundamentais e livres, historicamente condicionadas mas juridicamente livres, ilimitadas, substancialmente criadoras. Agora porém o movimento, no plano conceitual e como pretendida efetividade *jurídica*, era este: da Constituição ao Estado. Como que numa nova formulação do *cogito* cartesiano: tem Constituição (expressa), logo existe. Como Estado. E no fundo esta formulação se tornava possível graças à permanência, no espírito ocidental, do princípio clássico de paralelismo entre o ideial e o real, que Spinoza já havia expressado na proposição VII do livro II da Ética: *"ordo et connexio idearum idem est, ac ordo et connexion rerum"*.

12.8 Tendência ao estatismo

Enquanto o credo liberal postulava uma diminuição da presença do Estado na vida nacional (e isto se entende como reação ao absolutismo), o culto da lei, ínsito contudo naquele credo, supervalorizava a atividade legiferante, e atirava para a organização das funções governamentais (vale dizer, estatais), a responsabilidade pela normatização da coletividade, e portanto, pelos valores, pelas formas, pelas técnicas, pelas certezas, pelas eficácias. Toda a experiência jurídica, tendo como pressuposto a presença da lei, teria, portanto, de caber na órbita da experiência estatal.

Como disse incisivamente Carl Schmitt, o Estado de Direito liberal-burguês seguiu sendo um *Estado*, carregado de conteúdo político, ao lado dos específicos componentes de juridicidade.

A própria relação conceitual, acima exposta, "da Constituição do Estado", conferia à estatalidade um ponderável reforço. Como na linguagem jurídica moderna "constituir" ficou significando formar, criar (constituir uma sociedade), a ideia de que o ato constituinte *constitui* o Estado resultava juridicamente significativa. A criação do Estado pela decisão política – para aproveitar a palavra *Entscheidung*, cara a Carl Schmitt – seria então um "constituir" jurídico, de cuja forma derivaria como forma a "natureza jurídica" do Estado produzido. Vários aspectos doutrinários passaram a decorrer desta concepção, e também o entendimento jurisprudencial de diversos problemas concretos esteve desde então influído por ela. Também a ideia de um "viver com seus deveres debaixo da lei" carregou seu lado de estatismo, e com tal ideia se ligou, precisamente, momento clássico do conceito de *cidadão*.[25]

---

[25] Aqui, justamente, a junção da "sociedade civil" e da "sociedade política": o *Bürger* desdobrando-se no *Staatsbürger*, através de uma pertinência do indivíduo ao Estado que foi entendida antes de

12.9 As peculiaridades inglesas

Conforme se sabe, uma certa estabilização havia sido alcançada pela Inglaterra, já nos séculos ditos medievais, em termos de combinação entre monarquia nacional e feudalismo. E dessa estabilização, que se antecipou à maioria das outras nações ocidentais, resultou que as instituições inglesas de certo modo permaneceram "medievais" (como permaneceram *mixed*) até nosso século, com pompas arcaicas convivendo teimosamente com notórias flexibilidades e com uma grande articulação interna dentro do modelo político. Como o liberalismo econômico cedo amadureceu entre os ingleses, com teorias exemplares inclusive, e como a revolução parlamentarizante de 1688 ficou servindo de modelo em muitas coisas, o Ocidente continuou falando da Constituição inglesa em constante tom de admiração: era o equilíbrio, era a simetria, eram as raízes históricas, era a liberdade. Mas esta *Constituição* inglesa era em verdade algo distinto do que se começou a designar como Constituição depois do século XVIII: não era uma lei especial. Além disso, a experiência inglesa diferia da do "continente" em vários pontos, pois nela faltava o poder constituinte, faltava a ideia de "lei maior", faltava a fratura entre direito público e direito privado. Para os juristas europeus do século XIX, a Constituição inglesa representou um anacronismo e um caso à parte.

Deste modo, quando se esboçaram as "classificações" de Constituições, a britânica teve de ser colocada em categorias especiais. Desde logo na diferenciação entre Constituições "escritas" e "não escritas", o exemplo praticamente único e solitário destas últimas ficou sendo a inglesa (o Iêmen seria também um caso, mas bem menos notado). Do mesmo modo, ao falar-se de Constituição "em sentido amplo" e "em sentido estrito", a explicação do que se entende pelo sentido amplo – recurso didático transformado em categoria científica – aplica-se sempre, em realidade, aos elementos que compõem a *British Constitution*. Quando Bryce, em 1884, distinguiu em famoso ensaio as Constituições rígidas das flexíveis, seu conceito de Constituição "flexível" visava, em verdade, ajudar a entender e avaliar dois sistemas político-jurídicos cuja analogia lhe parecia historicamente relevante: o romano e o inglês. É verdade que a distinção incluía um critério técnico: ter ou não ter, a Constituição, dispositivo concernente à reforma, como as Constituição "rígidas" do continente europeu passaram em geral a ter; mas a flexibilidade no sentido de Bryce era bem mais do que isso, e correspondia a toda uma estrutura política. Ao opor ao tipo rígido (e decorrente de um "poder constituinte") o tipo flexível de Constituição, Bryce estava, britanicamente, retomando em termos novos a velha oposição de Burke ao modelo racionalista e "idealista" do legislativismo constitucional Francês.[26]

---

tudo como obra da lei Cf. P. L. Weinacht, "Staatsbürger: zur Geschichte und Kritik eines politischen Begriffs", em *Der Staat*, 1969, vol. 8, fac. 1.

[26] James Bryce, "Flexible and rigid constitutions", em *Studies in History and Jurisprudence*, vol. I (New York, Oxford Univ. Press – American branch, 1901). A respeito, Nelson Saldanha, "Que é mesmo a constituição inglesa?", em *Velha e Nova Ciência do Direito*, Ed. UFPE, Recife, 1974.

12.10 Constituição e separação de poderes

A noção de poder, embora não seja um conceito metafísico, pode ser tratada como tal. Ao ser tratado como um conceito metafísico, o poder é passível de uma pluralização, e essa conversão ao plural possibilita ao homem, no plano empírico, a tomada de parte na sua formação e no seu desenvolvimento. Tal participação nesse poder político plural está na raiz dos direitos fundamentais. Na origem da concepção liberal-formal-escrita de Constituição estavam, como se sabe, debates sobre governo, poder, poderes, limitações, garantias. Os problemas atinentes à limitação do poder, em sentido genérico, e à legitimação constitucional do poder, tiveram como *pendant* as questões referentes à desconcentração funcional do poder, à sua divisão ou separação (somente depois surgiria a preocupação com a gradação entre "separar" e "dividir": ela não existiu em Monstesquieu). A tal ponto a ideia de semelhante divisão se incorporou ao modo de pensar dos expositores, que Thomas Cooley, em 1880, dizia ser uma "máxima" da ciência política a classificação dos poderes governamentais de acordo com sua *natureza*, e considerava como *natural* a classificação dos poderes em legislativo, executivo e judicial. [27]

Por outro lado, a ideia dos "poderes" girou quase sempre em torno da imagem da *lei*, como ponto de referência: o Legislativo sendo o poder de fazer as *leis,* o Executivo o de "executá-las" (ou cumpri-las), o Judiciário o de "aplicá-las". Na Convenção Federal norte-americana de 1787 esta era a noção dominante, e de certa forma implícita.[28] E como o credo constitucionalista, nos séculos XVIII e XIX sobretudo, constituiu um modo de "evitar o absolutismo", um de seus cernes doutrinários constituiu logicamente na afirmação da desconcentração do poder, forma ostensiva e programática de negar o personalismo das monarquias absolutas.

A ideia de equilíbrio desempenhou um papel muito importante no pensamento político dos séculos XVIII e XIX: no direito internacional se pensou sempre num equilíbrio entre as nações; na ordem interna, o equilíbrio (que os ingleses tomaram dinamicamente como "pesagem", *balance*) entre poderes constitui um ideal constante. Na Revolução Fran-

---

[27] Thomas Cooley, *The General Principles of Constitutional Law in the United States of America*, Boston, Little Brown & Company, 1880, p. 43. Para outros aspectos, A. Saint Girons, *Essai sur la separation des pouvoirs*, Ed. Larose, Paris, 1881, com uma extensa "Introdução histórica". E também Esmein, Op. cit., Parte I, tit. II, cap. 3.

[28] O governador Morris, em Sessão de 21 de julho de 1787, falava dos três poderes nestes termos: "*one [...] the Power of making, another of executing, and [...] of judging, the laws*" (*The debates in the Federal Convention of 1787 which framed the Constitution of the United States of America*, International Edition, Oxford Univ. Press, American Branch, 1920, p. 299). Na Inglaterra, em 1649, no seu Rights of the Kingdom, John Sadler havia escrito que "se a execução é consonante com o julgamento, e este com a lei, então haverá uma doce harmonia; uma espécie de unidade sacra, em uma trindade" (apud W. B. Gwyn, *The meaning of the Separation of Powers*, Nova Orleans, Tulance University, 1965, p. 54-55). Cf. ainda M. J. C. Vile, *Constitutionalism and the separation of powers*, Oxford, Clarendon Press, 1967, Passim.

cesa, um orador termidoriano de esquerda, Billaud-Varenne, falava em "*balancement*" e em "*température*", no sentido de controle e equilíbrio, enchendo de retórica o esquema anteriormente mais simples.[29] Destes tempos data, por sinal, o problema da opção – não apenas verbal mas em verdade técnica e também ideológica – entre "distinção" e "separação" entre os poderes. Segundo Schmitt, a Constituição do ano 1791, na França, teria sido a primeira a falar em *séparation*. Trata-se em verdade de um problema organizativo a que o Estado de Direito liberal (ou do tipo liberal) ocidental não poderia escapar.

Por outro lado, como observou Burdeau, a Constituição foi, historicamente (no Ocidente), um instrumento de limitação do poder. Esteve ligada, em sua concepção clássica, a um ideal de democracia que não sobreviveu até hoje – e contudo sobrevive, entre dificuldades, a noção de Constituição.[30] Entretanto, o ideal de democracia que correspondeu ao constitucionalismo clássico, ao ser "colocado em crise" pelas situações novas vividas pelos povos, colocou o problema (para a teoria constitucional) de rever os conceitos que o cercaram: liberdade, igualdade, divisão de poderes, garantias aos direitos. As alterações políticas, que têm violentado o ideal democrático e o têm obrigado a reformulações penosas, trouxeram afinal advertências válidas, que a reconsideração dos valores humanos pode incorporar. A Constituição deixou de ser hoje um ideal, um símbolo semissagrado – ao menos em muitos países. Mas no meio da geral descanonização, as revisões históricas se fazem mais apropriadas.

---

[29] A. Aulard, *Les Orateurs de la Revolution* – La Legislative et la Convention.
Nova edição, Paris, Ed. Cornely, 1907; tomo II, p. 489. Pode-se dizer, portanto, que a necessidade de "fixar" a divisão dos poderes (incluindo nisso o "arranjo" de suas relações recíprocas) incidiu decisivamente sobre a ideia de uma Constituição escrita, ou seja, posta por escrito. Isto foi, sem maiores indagações, tomado como algo evidente pelos publicistas do fim do século passado, notadamente os franceses: cf. por exemplo A. Saint Girons, *Manuel de Droit Constitutionnel*, 2. ed. Paris (Larose ET Forcel), 1885, p. 33.

[30] Georges Burdeau, "Une Survivance: la notion de constitution", em *L'evolution du droit public* – etudes offertes à Achille Mestre, Ed. Sirey, Paris, 1956.

13

Estrutura dos direitos fundamentais na Constituição de 1988 e a história dos direitos fundamentais nas constituições brasileiras

Edilson Pereira Nobre Júnior

Sumário: 13.1 O plano do trabalho; 13.2 A nossa primeira experiência; 13.3 Os direitos fundamentais no alvorecer da República; 13.4 O constitucionalismo da década de 1930; 13.5 A Constituição de 1946; 13.6 As constituições da ditadura militar; 13.7 A estrutura dos direitos fundamentais na Constituição cidadã; Referências.

13.1 O plano do trabalho

O ponto de partida deste escrito provém do reconhecimento de que os direitos fundamentais constituem, antes de tudo, uma categoria histórica. Eis, assim, uma convicção doutrinária inabalável.

Não por outra razão foi que Bobbio[1] assinalou, com clareza, que os direitos do homem, por mais fundamentais que possam parecer, são direitos históricos, derivados das lutas em defesa da liberdade frente velhos poderes, de modo que o seu nascimento sucede de forma paulatina.

---

[1] *A era dos direitos.* Tradução de Carlos Nelson Coutinho. Rio de Janeiro: Campus, 1992. p. 5.

Embora com antecedentes mais remotos,[2] a afirmação dos direitos em análise teve como fator decisivo a irrupção das revoluções liberais dos séculos XVII e XVIII,[3] conforme é possível vislumbrar das declarações de direitos que gravitaram em redor de tais movimentos.[4]

O nosso contato com a teoria dos direitos fundamentais, sem dúvida, sofreu a influência dessas declarações. Necessário observar, porém, que o constitucionalismo brasileiro praticamente veio à tona com a Constituição Imperial de 25 de março de 1824.

O retraso em se converter num Estado soberano, em confronto com os demais países do continente sul-americano, fez com que o Brasil, ao se inserir no constitucionalismo formal, viesse a se defrontar com um padrão de Constituição já um pouco diferente do purismo liberal, o que decorreu do fortalecimento da monarquia na Europa, ao depois da queda de Napoleão em 1814.

Por isso, afigura-se prudente, no tratamento do tema, proceder-se a um paralelo entre os textos magnos brasileiros e os modelos constitucionais predominantes nas diferentes fases evolutivas do constitucionalismo.

No particular, será observada, pelo seu didatismo e substância, classificação da dinâmica das constituições até os dias atuais e que é alvitrada por Eliseo Aja,[5] agrupando-as em cinco categorias, a saber: (a) constituições liberais censitárias; (b) constituições outorgadas ou pactuadas; (c) constituições que iniciam a democracia e o fortalecimento do parlamentarismo; (d) constituições da democracia instável; (e) constituições da democracia política e social.

---

[2] Aí se pode mencionar a Magna Carta (1215) outorgada, na Inglaterra, pelo rei João Sem Terra aos seus nobres. Idem os Foros de Aragão, concedidos por D. Pedro III às Cortes de Zaragoza, os quais inseriram uma série de liberdades e garantias criminais.

[3] Numa observação prévia à abordagem acerca das Revoluções Francesa (1789) e Americana (1776), Maurizio Fioravanti (*Los derechos fundamentales – apuntes de historia de las constituciones*. Tradução de Manuel Martinez Neira 4. ed. Madrid: Trotta, 2003. p. 55.) expõe que tais movimentos assinalaram, de modo distinto e com particular intensidade, o instante no qual o centro do ordenamento jurídico se põe em favor do indivíduo como sujeito único de direito, procurando afastar as discriminações velhas dos estamentos.

[4] Sem embargo das constituições serem o instrumento adequado para a positivação dos direitos fundamentais, não cabe esquecer que àquelas precederam declarações enunciativas de direitos naturais e inalienáveis dos seres humanos, tal como aconteceu com a Declaração de Direitos do Bom Povo da Virgínia, de 12 de junho de 1776, a Declaração de Independência dos Estados Unidos, de 4 de julho de 1776, e a Declaração de Direitos do Homem e do Cidadão, de 26 de agosto de 1789, perante as Constituições de Virgínia, de 26 de junho de 1776, dos Estados Unidos da América, de 17 de setembro de 1787, e da França, de 3 de setembro de 1791.

[5] Prólogo à obra de Ferdinand Lassalle (*Qué es una Constitución?* Tradução de Wenceslao Roces Barcelona: Ariel, 2012. p. 12-23.).

Mas não é só. Preciso igualmente que não seja desprezada, o quanto possível, a correspondência entre as diversas disciplinas constitucionais adotadas entre nós e a realidade prática, aspecto essencial para se aferir o grau de normatividade dos textos examinados.

Na descrição das modalidades nas quais são agrupáveis os direitos fundamentais, não se olvidará a distinção entre direitos e garantias.[6] Da mesma forma, no último tópico, reservado à estrutura perfilhada pelo constituinte de 1988, destacar-se-ão algumas transformações incidentes sobre alguns direitos, como é o caso da igualdade e da liberdade de expressão.

13.2 A nossa primeira experiência

Ao contrário dos Estados Unidos da América, em cujas ex-colônias se estabeleceram precedentemente cartas coloniais, cuja vigência era tolerada pela metrópole e que asseguravam direitos aos indivíduos,[7] propiciando, assim, uma cultura de limitação do poder, no Brasil o primeiro contato com um constitucionalismo próprio, como há pouco referido, sucedeu com a Carta outorgada por D. Pedro I.[8]

Desse modo, não compartilhamos com Cezar Saldanha Souza Júnior[9], para quem o Regimento de 17 de dezembro de 1548, contendo 48 artigos, e que criava o Estado do Brasil, poderia ser perfeitamente considerado como nossa primeira Constituição. É certo que tal diploma para a colônia estabelecia uma organização funcional e territorial do poder, além da disciplina de matérias outras, tais como a concessão de sesmarias, comércio, tratamento a ser dispensado aos indígenas e corsários. Ressentia-se, no entanto, do reconhecimento de direitos em favor dos indivíduos, capazes de legar a nota da limitação do poder.

Portanto, salvo algumas tentativas que não obtiveram sucesso, nossa primeira manifestação constitucional residiu, inegavelmente, na Constituição Política do Império. Não

---

[6] A distinção entre direitos e garantias foi bem enfocada por Rui Barbosa, para quem, no texto constitucional, há "disposições meramente declaratórias, que são as que imprimem existência legal aos direitos reconhecidos, e as disposições assecuratórias, que são as que, em defesa dos direitos, limitam o poder", sendo que "aquelas instituem os direitos; estas, as garantias" (*Atos inconstitucionais*. 2. ed. Campinas: Russel, 2004. p. 157).

[7] Exemplos marcantes de tais instrumentos foram as Cartas de Connecticut, de 1639, e de Rhode Island, de 1663, as quais consagravam a liberdade de expressão e a liberdade religiosa.

[8] Bonavides (Constitucionalismo Luso-Brasileiro: influxos recíprocos. In: MIRANDA, Jorge (Org.). *Perspectivas constitucionais nos 20 anos da Constituição de 1976*. Coimbra: Coimbra Editora, 1996. v. I, p. 19-20.) indica que o primeiro documento constitucional brasileiro recaiu em 1817, consistente em projeto elaborado por Antônio Carlos de Andrada aos artífices da Revolução Pernambucana de 1817, os quais foram às armas pela independência do jugo lusitano, e que, a pretexto de organizar o Governo Provisório da República de Pernambuco, contendo 28 bases, a dispor sobre regra de governo, de organização e competência dos três poderes, bem como assegurava a liberdade de imprensa.

[9] *Constituições do Brasil*. Porto Alegre: Sagra Luzzatto, 2002. p. 15-16.

há dúvida de que a sua elaboração contou com a influência das ideias do liberalismo – e que, por isso, representou uma aproximação à tendência de limitação do poder –, mas, igualmente, não se pode obscurecer que o instante no qual veio à tona coincidiu com o fortalecimento da monarquia europeia, o que ocorreu com a volta da dinastia Bourbon ao trono francês.

As constituições de então, apesar de manterem algumas das conquistas liberais, tidas como concessões resultantes da magnanimidade real ao seu povo, reforçaram o papel do rei frente ao parlamento. O modelo mais representativo foi o da Carta francesa de 1814, seguida pelas constituições de vários Estados italianos e alemães, pelas Constituições portuguesas de 1822 e 1826, pelo Estatuto Real espanhol de 1834 e pela Constituição dos Países Baixos de 1815.

O Brasil seguiu esse modelo, ao fortalecer a monarquia pelo reconhecimento, além do Poder Executivo, do Poder Moderador, que lhe permitia, dentre outros atributos, o de escolher integralmente os membros de uma das casas legislativas, qual seja o Senado (art. 101, I).

Os direitos reconhecidos aos cidadãos pelas constituições de então, sejam as do modelo liberal originário, ou as pactuadas com a monarquia, eram de caráter essencialmente civis, atinentes à tutela da liberdade e da propriedade, e políticos, embora com fortes limitações quanto ao direito ao sufrágio.

Assim, continha Constituição de 1824 um Título 8º, o qual, além de se referir às suas disposições gerais, versava também sobre as garantias dos direitos civis e políticos dos cidadãos brasileiros. Tinham as disposições gerais, compostas dos arts. 173 a 178, o préstimo de regrar a forma de alteração de seu texto. No mais, enunciava no seu art. 179, *caput*, a inviolabilidade dos direitos civis e políticos dos cidadãos brasileiros, que se baseavam na liberdade, segurança individual e propriedade para, logo após, nos seus incisos I a XXXIII, trazer a lume o correspondente rol.

Comentando o texto sobranceiro, Pimenta Bueno[10] expôs que, em relação às pessoas, os direitos poderiam ser classificados em três classes, a saber: (a) os direitos individuais, os quais também poderiam ser denominados naturais, primitivos, absolutos, primordiais ou pessoais, consistiam em prerrogativas ou faculdades morais que concedeu a natureza – e não as leis positivas – ao homem, sendo criações de Deus e, portanto, inalienáveis e imprescritíveis; (b) os direitos civis, compreendendo tanto os direitos reconhecidos nas

---

[10] Direito público brasileiro e a análise da Constituição do Império. In: *Marquês de São Vicente*. São Paulo: Editora 34, 2002. p. 468-471. Décadas após, já no início do século passado, a concepção restritiva dos direitos fundamentais foi realçada por Carl Schmitt (*Teoría de la constitución*. Tradução de Francisco Ayala. Madrid: Alianza Editorial, 2011, p. 224.), ao reportar-se que, para o Estado burguês de Direito, são direitos fundamentais apenas aqueles que podem valer como anteriores e superiores ao Estado e, portanto, não são outorgados mediante lei. Um pouco mais adiante, o autor os qualifica como direitos fundamentais absolutos, pois o seu conteúdo não resulta da lei, aparecendo a ingerência do legislador como exceção limitada em princípio e mensurada em termos gerais.

leis civis quando os inerentes à nacionalidade; (c) os direitos políticos, contidos nas leis e constituições políticas, resultando de conveniências destas e não como faculdades naturais.

Percebe-se, de logo, uma restrição dos direitos resultantes da condição humana apenas à primeira categoria, a qual gravitava em torno da liberdade, igualdade, propriedade e segurança.

Diante disso, pode-se notar que a Carta Constitucional pôs em relevo o anseio, tão em voga à época, da tutela da liberdade, cuja materialização foi confiada à lei, cuja elaboração é compartilhada entre o Legislativo e o Imperador, este com posição de preeminência derivada do acúmulo dos Poderes Executivo e Moderador.

Daí a enunciação de que a atividade do cidadão somente poderia ser restringida mediante lei, especificando-se que esta sempre deveria ser estabelecida com lastro na utilidade pública e com a proibição de efeito retroativo (art. 179, I a III).

A importância da lei se justificava, assim, por configurar o limite a demarcar a ação do governo frente às atividades e liberdades dos indivíduos. Com isso, procurava-se moldar atuação daquele pelo corpo legislativo, composto de representantes eleitos, conforme mostravam os autores da época. Nesse sentido, Avelar Brotero afirmou: "O poder legislativo deve dirigir o poder executivo esclarecendo-o nas suas livres determinações, prevenindo, fixando-lhe os meios, enunciando e determinando o resultado das relações internas e externas e criando e aperfeiçoando. O poder executivo deve excitar a ação do poder legislativo, fazendo-lhe sentir o estado das relações internas e externas, suas necessidades e pretensões; deve lhe patentear livremente quais os desejos na marcha política".[11]

Da mesma forma, não foram esquecidas as liberdades de expressão e de religião, que ostentaram um papel de pioneirismo no reconhecimento dos direitos fundamentais e cuja luta pelo seu triunfo constituiu peça indispensável para que se assentasse a ideia de limitação do poder político.

Assim, o art. 179, IV, explicitou que todos poderiam comunicar os seus pensamentos por palavras e escritos, podendo publicá-los pela imprensa sem censura prévia. A parte final do dispositivo, por seu turno, mencionava não se encontrar excluída a responsabilidade por abusos, na forma determinada em lei.

Já o art. 179, V, vedava que alguém fosse perseguido por motivo de religião, desde que respeitasse a oficial, que era a Igreja Católica Apostólica Romana (art. 5º) e não ofendesse a moral pública. É preciso dizer que a garantia da liberdade religiosa encontrava contenção no art. 5º, segunda parte, pois, para os seguidores de outras religiões, facultava-se apenas o culto doméstico, ou em casa particular para tanto destinada, sem alguma forma exterior de templo.[12]

---

[11] *A filosofia do direito constitucional*. São Paulo: Malheiros, 2007. p. 43.

[12] Mais ampla, a Base 23 do Governo Provisório da República de Pernambuco que, nesse tema, assegurava a liberdade de cultos a todas as seitas cristãs de qualquer denominação.

É de se registrar destaque para a proteção da liberdade de ir e vir. Basta ver que restou previsto a enunciação de que: (a) todos poderiam se conservar ou sair do Império, desde que respeitados os regulamentos policiais e salvo prejuízo de terceiro (art. 179, VI); (b) ninguém poderia ser preso sem culpa formada, exceto nas situações previstas em lei, devendo o juiz, no prazo de 24 horas, nas localidades próximas de sua residência, ou em intervalo razoável de tempo, nos lugares remotos, cientificar o réu do motivo de sua prisão, os nomes dos seus acusadores e das testemunhas (art. 179, VIII); (c) mesmo com culpa formada, ninguém será levado à prisão, ou conservado nesta, nos casos onde couber fiança, assegurando-se àquele que for acusado de crime cuja pena não ultrapasse mais de seis meses de prisão, ou desterro para fora da comarca, o direito de livrar-se solto (art. 179, IX); (d) salvo flagrante delito, a prisão não poderia ser executada senão por ordem escrita de autoridade competente, responsabilizando-se esta em caso de determinação arbitrária (art. 179, X). Expressamente, a segunda parte deste preceito ressalvou o caráter específico das ordenanças militares, necessárias à disciplina e ao recrutamento do Exército, bem como as situações não criminais em que a lei determina a prisão de pessoa por desobedecer aos mandados da justiça, ou não cumprir obrigação dentro de determinado prazo.

Destaque foi conferido à propriedade, a qual o art. 179, XXII, mencionava se encontrar tutelada em toda sua plenitude, de modo que somente em situação de bem público, especificado em lei, poderia o cidadão ser dela privado e, mesmo assim, mediante prévia indenização. Nessa linha, restou assegurado aos inventores a propriedade de suas descobertas, ou das suas produções, podendo-lhes, no entanto, a lei estabelecer um privilégio exclusivo temporário, ou lhes assegurar um ressarcimento em caso de perda, resultante de sua vulgarização (art. 179, XXVI).

A liberdade de iniciativa, típica do período, não restou desprestigiada. O art. 179, XXIV, previu que nenhum gênero de trabalho, de cultura, ou indústria poderia ser proibido, contanto que não contrariasse os costumes públicos, a segurança e a saúde dos cidadãos, restando abolidas as corporações de ofício (art. 179, XXV). Assim, não mais precisava se encontrar o cidadão vinculado ou associado a alguma delas para que pudesse exercer o seu trabalho. Salienta Pimenta Bueno[13] que de tal direito, bem como do de propriedade, resultava possível a visualização da liberdade de contratar e de associar-se.

O direito individual à segurança era assinalado por variados aspectos. Tais eram: (a) o direito à inviolabilidade domiciliar, de maneira que ninguém poderia ingressar no domicílio de outrem à noite senão com o consentimento do cidadão, ou para defendê-lo de incêndio ou inundação e, durante o dia, nos casos e pela maneira prevista em lei (art. 179, VII); (b) a impossibilidade de condenação senão pela autoridade competente, por fato tipificado em lei anterior, e na forma desta (art. 179, XI), não se admitindo juízos de exceção (art. 179, XVII); (c) a independência do Poder Judiciário, não podendo nenhuma autoridade avocar causas pendentes, sustá-las ou reiniciar processos findos (art. 179,

---

[13] Direito público brasileiro e a análise da Constituição do Império. In: *Marquês de São Vicente*. São Paulo: Editora 34, 2002. p. 484 e 486.

XII);[14] (d) a promulgação de um Código Civil e de um Código Criminal elaborado com sólido embasamento na justiça e equidade (art. 179, XVII);[15] (e) a abolição das penas cruéis (art. 179, XIX); (f) a individualização da pena, não havendo que se cogitar de confisco de bens, nem a infâmia do réu deverá ser transmitida aos seus parentes, qualquer que seja o grau de parentesco (art. 179, XX); (g) o direito a que as cadeias sejam seguras, limpas, ou bem arejadas, havendo diversas casas para separação dos réus, conforme as suas circunstâncias e natureza dos seus crimes (art. 179, XXI).

Houve, embora sem maior relevo, menção a alguns direitos sociais, tendo a Constituição, sem compromisso com a organização de sistema previdenciário, reportado, no art. 179, XXXI, que seriam garantidos os socorros públicos (assistência social). Por sua vez, o art. 179, XXXII, aludiu à instrução primária e gratuita para todos os cidadãos.

Isso expressava que a afirmação de tais direitos ainda não se tornara um aspecto de preocupação saliente para a grande maioria dos textos constitucionais promulgados até o primeiro quartel do século XIX, haja vista prevalecer, no tratamento da igualdade, a concepção burguesa de que esta deveria enfocar, principalmente, o direito à participação política, de modo a assegurar que todos, sem distinção, a não ser segundo os seus talentos, pudessem ascender aos postos públicos, os quais, conforme a sua maior relevância, eram

---

[14] O direito a um julgamento por juiz independente era relativizado pela possibilidade de o Imperador, no desempenho do Poder Moderador, poder suspender magistrados do exercício de suas funções em caso de queixas contra eles feitas (arts. 100, VII, e 154). A prática demonstrou que, muitas vezes, a independência judicial foi posta em xeque. Podem ser mencionados exemplos expressivos, tendo um deles recaído no episódio conhecido como "desembarque de Serinhaem", durante o Ministério da Conciliação, presidido pelo Marquês de Paraná. Consistiu na aposentadoria de dois juízes e na transferência de um magistrado da Relação de Pernambuco, por terem, em julgamento no qual se discutia possível infração à Lei de 1850, que proibia o tráfico de escravos, absolvido réus importantes da Província de Pernambuco que o Governo apontava como culpados por conivência e omissão com relação a um desembarque clandestino de africanos na costa pernambucana. Outra ocasião foi a decisão do então Ministro da Justiça, Cansanção de Sinimbu, que, em 30 de dezembro de 1863, investiu contra o Supremo Tribunal de Justiça, aposentando vários de seus membros. A verdade é que a afirmação de independência do Judiciário, como garantia do cidadão, mostrava-se sem eficácia diante da não previsão das garantias da vitaliciedade, inamovibilidade e da irredutibilidade de vencimentos, como se tem desde a Constituição de 1934 (art. 64). Esse cenário é alvo de descrição por Octaciano Nogueira: "Isso mostra que o Executivo não só se arrogava o direito de discutir a justiça das decisões do Judiciário, como também estava disposto a punir todos aqueles que, no seu exclusivo juízo, agissem em desacordo com suas crenças. Não se pode dizer, ante tal realidade e ante o poder expressamente concedido ao Imperador, pela própria Constituição, de decretar aposentadorias compulsórias e transferências de magistrados vitalícios, que o Judiciário do Império fosse efetivamente um poder independente" (*A Constituição de 1824*. Brasília: Senado Federal, 2001. p. 36-37).

[15] O Código Criminal teve logo sua elaboração pela Lei de 16 de dezembro de 1850, enquanto o Código Civil somente foi promulgado durante a República, com a Lei nº 3.071, de 1 de janeiro de 1916.

reservados, durante o Antigo Regime, à nobreza. A tônica era a enunciada pela Constituição de 3 de setembro de 1791 (art. 1º) e pela Carta Constitucional de 4 de junho de 1814 (arts. 1º e 3º). Havia exceções, conforme se pode vislumbrar de passagens da Constituição de 24 de junho de 1793, de inspiração jacobina, que aludiam às garantias sociais e ao dever do Estado, e a Constituição da Monarquia Espanhola, de 19 de março de 1812, a qual atribuía às prefeituras o dever de cuidar das escolas de primeiras letras, bem assim dos demais estabelecimentos de educação mantidos com os fundos comuns, e dos hospitais, hospícios, orfanatos e demais estabelecimentos de beneficência (arts. 321, quinto e sexto).

Quanto ao exercício dos direitos políticos, mais precisamente os inerentes à cidadania ativa, prevalecia a concepção de que não se cuidava de direito natural do ser humano, estando entregue às conveniências do direito positivo, constitucional ou legal.

A ideia de igualdade para a participação na escolha dos governantes, mais uma vez dominada por uma visão burguesa, que se viu ratificada pela monarquia, manifestava-se apenas sob o prisma formal, segundo o qual não se poderia cogitar de castas ou segmentos privilegiados. A igualdade, que consistia em ninguém ser tratado de maneira não diferente diante do preceito genérico da lei, não impediria – frisou Avellar Brotero[16] – a exigência de idade, propriedade territorial, rendimento, residência, saber ler e escrever, dentre outras condições, para a concessão da cidadania ativa. Assim, estavam excluídos do direito de escolha dos deputados, senadores e membros dos conselhos de província os que não tivessem renda líquida anual de duzentos mil réis por bens de raiz, indústria, comércio ou emprego, nos termos do art. 94, I, da Constituição Imperial.

No plano das garantias, restou previsto o direito de petição (art. 179, XXX) tanto ao Legislativo quanto ao Executivo, mediante o qual o cidadão poderia apresentar denúncias, queixas ou petições, expondo, se fosse o caso, infrações à Constituição, bem como requerendo perante a autoridade competente a responsabilidade dos infratores.

De notar que, à época, os litígios nos quais eram partes os administrados e o Poder Público não eram suscetíveis de solução perante o Judiciário, restrito à solução de conflitos de interesses entre particulares, mas a contencioso administrativo, que não alcançou salutar desenvolvimento.

Não se pode esquecer que a nossa primeira Constituição foi cautelosa em disciplinar a suspensão dos direitos individuais em situações de crise. Dizia o art. 179, XXIV, que os Poderes Constitucionais não poderiam sustar a incidência das normas definidoras de tais direitos, ressalvando as hipóteses especificadas no inciso seguinte, quais sejam as de rebelião, invasão inimiga, onde assim requeresse a segurança do Estado.

Tais circunstâncias justificavam apenas a suspensão, por tempo determinado, de algumas formalidades asseguradoras da liberdade individual, o que deveria emanar de ato especial do Poder Legislativo. Não se achando a Assembleia Geral em funcionamento, e se encontrando a pátria em perigo iminente, poderia o Governo exercer referida provi-

---

[16] *A filosofia do direito constitucional*. São Paulo: Malheiros, 2007. p. 73.

dência provisoriamente, submetendo-a ao plácito do Parlamento. Em qualquer das situações, deveriam as autoridades encaminhar à Assembleia Geral uma relação motivada das prisões e de outras medidas de prevenção tomadas.

13.3 Os direitos fundamentais no alvorecer da República

Entre nós, a substituição da monarquia pelo modelo republicano veio a suceder durante o período no qual, desde 1830, no continente europeu se encontrava em efervescência movimento em favor de constituições que contivessem maior apelo à democracia e ao fortalecimento dos parlamentos, constituindo um dos destaques a luta pelo sufrágio universal.

Pode-se notar, não somente pela República, mas, sobretudo, pela federação, que o modelo de inspiração seguido pela Constituição de 24 de fevereiro de 1891 se assemelhou bastante ao estadunidense.

Inseriu-se, no Título IV, uma Seção II, à qual se denominou de declaração de direitos, cujo art. 72, *caput*, ampliava, pelo menos em termos semânticos, o universo dos seus destinatários, substituindo a locução "cidadãos brasileiros" pela menção aos brasileiros e estrangeiros residentes no país. A ampliação, sob o prisma prático, auferiu importância quando se considera que a Constituição de 1891 trouxe a lume o fenômeno que se denominou de "grande naturalização", conforme o seu art. 69, nº 4º e nº 5º.

Ratificando o contido na ordem jurídica anterior, ao reconhecer que o principal fim da organização estatal estaria em assegurar a manutenção da liberdade e a proteção dos direitos dos indivíduos, proclamou-se direito geral à liberdade, segundo o qual aqueles não podem ser obrigados a fazer ou deixar de fazer alguma coisa senão em virtude de lei (art. 72, § 1º), a qual não poderia ser retroativa (art. 11, nº 3º). A legalidade, assim, tornou-se pressuposto para o exercício da ação estatal tendente à restrição de direitos.

Logo em seguida, no § 2º, repete-se o realce à igualdade, com a adição de que a República não aceita privilégios de nascimento, bem como desconhece foros de nobreza, extinguindo todas as ordens honoríficas existentes e todas as suas regalias e títulos.

A igualdade aqui enunciada não possuía os contornos com os quais é visualizada na atualidade. Visava-se, ainda nesse instante, atender ao anseio burguês de reação a privilégios de classe, de que usufruíram, sob os mais variados aspectos, a nobreza e o clero. Propugnava que todos se encontrassem submetidos a um mesmo estatuto jurídico, ou seja, às mesmas regras jurídicas, vedando-se que alguém, senão pelo seu mérito, pudesse ser beneficiário de tratamento jurídico especial.

Uma especificação dessa isonomia estava retratada no art. 73 da Constituição de 1891, ao mencionar que os cargos públicos, civis ou militares, eram acessíveis a todos os brasileiros, desde que fossem respeitadas as condições de capacidade impostas pela lei.

Assim vislumbrou Barbalho,[17] ao apontar que a competência do legislador para estabelecer requisitos de capacidade se justificaria pela circunstância de que os postos no serviço público devem ser confiados a pessoas idôneas e habilitadas para tanto. Ao fazê-lo, o legislador não feriria a igualdade, contanto que as condições especificadas fossem daquelas que todos poderiam, querendo, adquirir.

Dentre as diversas espécies de liberdade, prestígio destacado foi conferido à liberdade religiosa, em decorrência da separação entre Igreja Católica e o Estado brasileiro. O aparato estatal se tornou laico, não lhe competindo o controle do pensamento das pessoas.[18]

Numa mudança radical em face da Constituição anterior, tal direito foi reconhecido de forma mais ampla possível e com minudência. Inicialmente, o art. 72, § 3º, acentuou que todos os indivíduos e confissões religiosas poderiam exercer de forma livre e pública o seu culto, sendo-lhes permitido associar-se para tal fim e adquirir bens, nos termos do direito civil, desde que necessários para assegurar o exercício de sua atividade. Em reforço, aditou que: (a) o casamento reconhecido pelo Estado é unicamente o civil, sendo gratuita a sua celebração (art. 72, § 4º); (b) os cemitérios terão caráter secular e serão administrados pelos Municípios, ficando o seu espaço livre a todos os cultos religiosos, à prática de seus ritos ou sacramentos, contanto que não sejam ofensivos à moral pública e as leis (art. 72, § 5º); (c) será leigo o ensino ministrado nos estabelecimentos públicos (art. 72, § 6º); (d) nenhum culto ou igreja será beneficiário de subvenções oficiais, ou manterá relações de dependência ou aliança com o governo da União ou dos Estados (art. 72, § 7º); (e) nenhum cidadão brasileiro poderá ser privado de direitos civis ou políticos por motivo de crença ou de função religiosa (art. 72, § 28), não obstante pudesse perder os direitos políticos quando invocar crença religiosa para se escusar do cumprimento de deveres impostos pelas leis genericamente (art. 72, § 29).

Liberdade correlata, a de expressão não restou esquecida. Tanto foi assim que o art. 72, § 12, afirmou ser livre a manifestação do pensamento pela imprensa, ou pela tribuna popular. Proscreveu a censura prévia, de maneira que as publicações não necessitavam, para a

---

[17] *Constituição Federal brasileira, 1891*. Rio de Janeiro: Typographia da Companhia Litho-Typographia, 1902. p. 339. Edição fac-similar. Brasília: Senado Federal, Conselho Editorial, 2002. Coleção história constitucional brasileira.

[18] Incisivo o comentário de Barbalho: "A fé e piedade religiosa, apanagio da consciencia individual, escapa inteiramente á ingerencia do estado. Em nome de principio algum póde a autoridade publica impôr ou prohibir crenças e praticas relativas a este objecto. Fôra violentar a liberdade espiritual e o protegel-a, bem como ás outras liberdades, está na missão d'elle. Leis que a restrinjam, estão fôra da sua competencia e são sempre parciaes e damnosas. E' certo que nenhuma poderá jámais invadir o dominio do pensamento; esse libra-se ácima de todos os obstaculos com que se pretenda tolhel-o. Mas as regiliões não são cousa meramente especulativa e, si seo assento e refugio é o recinto íntimo da consciencia, têm tambem preceitos a cumprir, praticas externas a observar, não menos dignas de respeito que a crença de que são resultado, ou a que andam annexos" (*Constituição Federal brasileira, 1891*. Rio de Janeiro: Typographia da Companhia Litho-Typographia, 1902. p. 305. Edição fac-similar. Brasília: Senado Federal, 2002. Coleção história constitucional brasileira).

sua veiculação, de autorização do Poder Público. Manteve-se, na parte final do dispositivo, admoestação que constava do art. 179, IV, da Constituição de 1824, no sentido de que o exercício de tal direito não afastaria a responsabilidade por eventuais abusos, nos casos e pela forma que a lei determinar.

Outra inovação, perante a Carta de 1824, foi a de prever a liberdade de associação e de reunião pacífica, sem armas (art. 72, § 8º). Somente caberia, no particular, a intervenção da polícia caso houvesse necessidade de manutenção da ordem pública. O desenvolvimento infraconstitucional de tal direito contou com a tipificação, por parte do Decreto nº 30, de 8 de janeiro de 1892 (art. 27), de crime de responsabilidade, consistente em impedir que o povo se reúna pacificamente nas praças públicas ou em edifícios particulares para representar sobre os negócios públicos, perturbar a reunião, ou dissolvê-la fora dos casos permitidos em lei ou em desacordo com as formalidades por esta prescrita.

Proclamou a liberdade de locomoção no território brasileiro em tempo de paz (art. 72, § 10). Não obstante – e contra o voto, brilhantíssimo, do Min. Alberto Torres – o Supremo Tribunal Federal denegou, em julgamento concluído em 29 de maio de 1907, *habeas corpus* impetrado pelo Dr. José da Silva Costa em favor de D. Luiz de Orleans e Bragança,[19] ex--Príncipe da Casa Imperial do Brasil que, a bordo do paquete Amazone, fora proibido de desembarcar no Porto do Rio de Janeiro.

Prevaleceu o entendimento de que o direito à liberdade de locomoção estaria sujeito à limitação natural das leis ordinárias, não se podendo cogitar, por isso, de infração à igualdade. Da mesma forma, ressaltou-se que não poderia o paciente se socorrer do art. 72, § 20, da Constituição de 1891, porquanto este dispositivo apenas proscreve o banimento judicial, que é uma pena, não alcançando o imposto àquele, que tem sua configuração como ato político, situando-se fora das normas constitucionais traçadas para o futuro.

Em reforço à tutela contra a prisão, a Constituição de 1891 ainda ressaltou que: (a) excetuadas as hipóteses de flagrante delito, medida prisional não poderá ser executada senão depois da pronúncia do indiciado, salvo as hipóteses previstas em lei e, mesmo assim, mediante ordem escrita da autoridade competente (art. 72, § 13); (b) ninguém poderá ser mantido preso sem culpa formada, salvo as exceções especificadas em lei, nem levado à prisão, ou nela detido, se prestar fiança nos casos legalmente admitidos (art. 72, § 14).

A segurança individual se encontrava inicialmente protegida pela confirmação, no art. 72, § 11, de que a casa é o asilo inviolável do indivíduo, de maneira que ninguém nela poderia penetrar, de noite, sem consentimento do morador, a não ser para auxiliar a vítimas de crime, ou desastre, nem durante o dia, salvo nos casos previstos em lei.[20] De modo idêntico, preservou-se a inviolabilidade das correspondências (art. 72, § 18).

---

[19] Tratou-se do HC 2437, relatado pelo Min. Lúcio de Mendonça, cuja íntegra do acórdão se acha disponível em <www.stf.jus.br>, na parte relacionada a julgamentos históricos.

[20] A esse respeito, interessante o deliberado no RHC 2.244 (rel. Min. Hermínio Espírito Santo, julgamento em 31.1.1905. Disponível em: <www.stf.jus.br>. Acesso em: 9 abr. 2013), onde se

De outro lado, manteve-se o direito do indivíduo ser julgado apenas pela autoridade competente (art. 72, § 15), propiciando, assim, a inadmissibilidade de julgamento por pessoas ou colegiados estranhos ao Judiciário, ou que, mesmo integrantes deste, atuassem fora da competência que lhe é atribuída pela ordem jurídica. Inovou-se com a vedação de supressão da instituição do júri (art. 72, § 31), omitindo-se quanto à delimitação de sua competência.

De forma embrionária, o art. 72, § 16, ao se referir como direito dos acusados a mais ampla defesa, na forma da lei, com todos os recursos e meios a ela essenciais, abriu a iniciativa para a exigibilidade do devido processo legal, tornando inadmissíveis, segundo Barbalho, "os processos secretos, inquisitoriaes, as devassas, a queixa ou o depoimento de inimigo capital, o julgamento de crimes inafiançáveis na ausencia do accusado ou tendo-se dado a producção das testemunhas de acusacção sem ao accusado se permitir reinquiril-as, a incommunicabilidade depois da denuncia, o juramento do réo, o interrogatorio d'elle sob coacção de qualquer natureza, por perguntas suggestivas ou capiciosas".[21]

Igualmente, não houve afastamento de baliza seguida pela Lei Magna anterior, enfatizando-se a individualização da pena (art. 72, § 19), que terá sua aplicação unicamente dirigida à pessoa do infrator. Atentou-se ainda para a abolição das penas de galés, de banimento e de morte, salientando-se, quanto a esta, a ressalva de sua previsão pela legislação castrense em tempo de guerra (art. 72, § 20 e 21).

O ainda expressivo cariz liberal da primeira Constituição republicana fez com que não se ofuscasse o realce à propriedade (art. 72, § 17), que estaria protegida de forma plena, somente podendo ser suprimida mediante desapropriação por necessidade ou utilidade pública e, mesmo assim, mediante indenização prévia.[22] O mesmo sucedeu com a mantença da liberdade profissional no rol dos direitos individuais (art. 72, § 24).

A preocupação com o patrimônio fez com que se lançasse atenção aos direitos dos contribuintes, iniciando a inserção no plano sobranceiro das limitações ao poder de tributar. Daí a previsão do art. 72, § 30, ao princípio de que a instituição de imposto haverá de decorrer de lei.

À semelhança da Emenda IX à Constituição americana de 1787, o art. 78 da Constituição de 1891 reconheceu a elasticidade conatural aos direitos fundamentais, explicitando

---

compreendeu ser indevido o ingresso dos agentes sanitários em residência, para fins de desinfecção do mosquito causador da febre amarela, tendo em vista que o lastro normativo para tanto era norma regulamentar (art. 172 do Anexo do Decreto nº 5.156, de março de 1904) quando, ao invés, deveria constar de lei formal, a teor do art. 72, § 11, parte final, da Constituição então vigorante.

[21] *Constituição Federal brasileira, 1891*. Rio de Janeiro: Typographia da Companhia Litho-Typographia, 1902. Edição fac-similar. Brasília: Senado Federal, 2002. p. 323. Coleção história constitucional brasileira

[22] Não foi descurado do respeito à propriedade industrial (art. 72, § 25 e 27) e à propriedade literária e artística (art. 72, § 26).

que a enumeração que ora levou a cabo não esgota o seu elenco, de forma a ser admitida a existência de outros que decorram da forma de governo e dos princípios adotados.[23]

No plano das garantias individuais, verificou-se mudança diante do regime antecedente, ocasionada principalmente pela substituição do contencioso administrativo pelo controle judicial das decisões administrativas.[24]

Nesse cenário, chamou atenção o emprego salutar do *habeas corpus* como mecanismo de pronta reação às posturas das autoridades públicas, mesmo quando não limitativas exclusivamente da liberdade de locomoção, como sucedeu, dentre outras hipóteses, no HC 2.990,[25] o qual culminou com o deferimento da ordem para assegurar aos impetrantes o direito ao ingresso no edifício da Câmara Municipal do Distrito Federal, a fim de exercerem suas atribuições até o término dos respectivos mandatos.

Ao que tudo indica, tal decorreu da insuficiência da tutela proporcionada pela ação sumária especial, pois o art. 13, § 7º,[26] da Lei nº 221, de 1894, excluía a competência judicial para suspensão do ato estatal impugnado, sendo embrionária a percepção em prol da admissão dum poder geral da cautela por parte do Judiciário, o que provocou divisão da doutrina. Carlos Maximiliano[27] se inclinou pela visão restritiva do emprego do remédio jurídico, compreendendo-o idôneo apenas para o amparo da liberdade de locomoção. Pedro Lessa,[28] por sua vez, sustentava entendimento intermediário, admitindo a impetração do *writ* quando o exercício de direito individual diverso estivesse conexo à liberdade de ir e vir.

A amplitude acerca da utilização da garantia individual foi, finalmente, suprimida pela Emenda Constitucional de 3 de setembro de 1926 que, alterando a redação do art. 72, § 22, da Constituição, circunscreveu, às explícitas, ao combate a prisões ou constrangimentos ilegais emanados de atentados à liberdade de locomoção.[29]

---

[23] A aceitação de direitos fundamentais implícitos persistiu incólume nas Constituições que se seguiram (art. 114, CF de 1934; art. 123, CF de 1937; art. 144, CF de 1946; art. 150, § 35, da Constituição de 1967; art. 153, § 36, CF de 1969; art. 5º, § 2º, da CF vigente).

[24] Manteve-se – é importante assinalar – o direito de petição aos poderes públicos (art. 72, § 9º), para fins de denúncia de abusos pelas autoridades públicas e pela promoção da responsabilidade dos culpados.

[25] Análise do emprego da garantia constitucional, com descrição de vários casos, consta de trabalho de nossa autoria (Controle judicial de constitucionalidade: o contributo da Constituição de 1891. *Direito Federal: Revista da Associação dos Juízes Federais do Brasil*, v. 25, nº 92, p. 197-219, 2012).

[26] Eis o preceito: "A requerimento do autor, a autoridade administrativa que expediu o acto ou medida em questão suspenderá a sua execução, si a isso não se oppuzerem razões de ordem pública."

[27] *Comentários à Constituição Brasileira de 1891*. Rio de Janeiro: Ribeiro dos Santos, 1918. Edição fac-similar do Senado Federal, 2005, p. 734. Coleção história constitucional brasileira.

[28] *Do Poder Judiciário*. Rio de Janeiro: Livraria Francisco Alves, 1915. Edição fac-similar do Senado Federal, 2003. p. 286.

[29] Pode-se afirmar que a mencionada emenda inseriu no art. 72 os § 32 a 34 de cunho não declaratório, mas restritivo de direitos, para assentar que: (a) a irredutibilidade de vencimentos dos

O mérito maior do que se denominou de doutrina do *habeas corpus* foi o de fornecer os primeiros passos ao controle de constitucionalidade, surgido entre nós da resistência dos cidadãos contra os atos estatais atentatórios de direitos fundamentais.

E não é só. O uso do *habeas corpus*, de que foi artífice Rui Barbosa, serviu ainda para quebrantar a pretensão de dogmatizar a imunidade ao controle judicial dos atos ditos políticos.

Traçou o autor[30] uma distinção importante, salientando que, quando se cogita da imunidade jurisdicional dos atos políticos, quer-se visar ao exercício da competência que a Constituição diretamente submete à discrição dos atores políticos por excelência, que são o Legislativo e o Executivo. Por não se tolerar o arbítrio, quando, durante a execução dessas prerrogativas, houver lesão de direito individual, não se concebe o afastamento da atuação corretiva do Judiciário.[31] Assim, o que escaparia ao controle concreto dos tribunais é o exame da discricionariedade do ato político em si, mas não de sua aplicação, a fim de que seja possível examinar se desta resultou ofensa a direito individual.[32]

No campo dos direitos políticos, notou-se avanço em relação ao texto precedente. O art. 70, *caput*, da Constituição de 1891 abandonou, procurando se sintonizar com as aspirações ao sufrágio universal, o modelo do voto censitário, dispondo que são eleitores todos os cidadãos brasileiros maiores de 21 anos que, na forma da lei, vierem a se alistar.

Excluiu, no seu § 1º, os mendigos, analfabetos, praças de pré, excetuados os alunos das escolas militares de ensino superior, e religiosos de ordens monásticas, companhias, congregações ou comunidades de qualquer denominação, sujeitos a voto de obediência, regra ou estatuto que importe a renúncia da liberdade individual.

A submissão do direito ao alistamento aos moldes legais – que, no caso, seriam elaborados pelos Estados, no exercício da sua competência residual (art. 62, nº 2)[33] – permitiu

---

funcionários públicos não exime a sujeição aos impostos gerais; (b) ser permitido ao Poder Executivo expulsar do território nacional os súditos estrangeiros perigosos à ordem pública ou nocivos aos interesses da República; (c) ser proibida a criação de emprego, ou de vencimento, a não ser por lei ordinária especial. Igualmente, acrescentou-se parte final ao art. 72, § 7º, explicitando ser possível a mantença de representação diplomática do Brasil junto à Santa Sé, sem que tal negasse a separação entre Estado e Igreja.

[30] *Atos inconstitucionais*. 2. ed. Campinas: Russel, 2004. p. 110-119. Trata-se de razões apresentadas perante a Justiça Federal de primeiro grau em data de 31 de março de 1893.

[31] Interessante a transcrição da passagem seguinte: "A violação de garantias individuais, perpetrada à sombra de funções políticas, não é imune à ação dos tribunais. A estes compete sempre verificar se a atribuição política, invocada pelo excepcionante, abrange em seus limites a faculdade exercida" (loc. cit., p. 118-119).

[32] Atualmente, com o avanço do campo da fiscalização abstrata de constitucionalidade, já se caminha paulatinamente para a ruptura da inviolabilidade do ato político.

[33] O vasto rol das atribuições do Congresso Nacional, estatuído no art. 34, não contemplava a legislação sobre matéria eleitoral.

que a cidadania ativa (e também passiva) pudesse ser estendida às mulheres antes mesmo do movimento de 1930. Tal ocorreu no Rio Grande do Norte que, a pretexto de adaptar sua lei eleitoral à reforma da Constituição Federal aprovada em 1926, aprovou, em 1927, diploma cujo art. 77 dispunha: "No Rio Grande do Norte, poderão votar e ser votados, sem distinção de sexos, todos os cidadãos que reunirem as condições exigidas por esta lei".[34]

Nas disposições gerais, especificadamente no art. 80, disciplinou, pela primeira vez, o estado de sítio, a ser declarado em qualquer parte do território nacional, quando a segurança da República o exigir, em caso de agressão estrangeira ou comoção intestina, do qual decorria a suspensão das garantias constitucionais por tempo determinado, embora sem limite máximo.

A competência para a sua decretação foi confiada ao Congresso, passando ao Poder Executivo quando, não se encontrando aquele em funcionamento, correr a pátria perigo iminente. Nesta hipótese, o estado de sítio se restringiria à imposição de: (a) detenção em lugar não destinado aos réus de crimes comuns; (b) desterro para outros locais no território nacional.

Tornando a reunir-se o Legislativo, ao Presidente da República competiria relatar, com as justificativas correspondentes, as medidas de exceção adotadas, sujeitando-se à responsabilização, em ocorrendo abusos, as autoridades que as tenham ordenado.

Pode-se constatar que a Constituição de 1891, talvez pela forte inspiração do sistema jurídico norte-americano que, até a década de 1930, cultuou o *laissez-faire*,[35] quer ainda estruturar Estado que, há pouco, amparava-se em sociedade escravista e rural, e não foi além da consagração de direitos individuais e políticos, a exemplo do que, praticamente, sucedeu com a sua antecessora. Dela não constou referência aos direitos dos indivíduos nas suas relações econômicas e sociais, por mínima que fosse.

13.4 O constitucionalismo da década de 1930

Vivenciou o constitucionalismo, no intervalo compreendido entre as duas guerras, o fenômeno das chamadas constituições da democracia instável. Isso porque tratou-se de constituições que, promulgadas posteriormente ao conflito mundial, bem como após a derrocada das democracias, tenderam, no vigor do seu texto, ao fortalecimento da democracia e à busca da justiça social. Porém, perderam-se no meio do caminho. A realidade

---

[34] O texto está conforme Adauto da Câmara (*História de Nísia Floresta*. 2. ed. Natal: Instituto Histórico e Geográfico do Rio Grande do Norte, 1997. p. 58), o qual narra os antecedentes de tal disposição legislativa.

[35] Não é demasiado recordar que a competência estatal de regulação da economia, justificada com lastro no devido processo legal substantivo referido pelas Emendas V e XIV, teve sua admissão iniciada com o julgamento, pela Suprema Corte, do *case Nebbia v. New York* (291 U.S. 502) de 1934, no qual foi discutida a legitimidade de lei estadual fixadora dos preços máximo e mínimo do leite.

vivenciada pela Europa, decorrente tanto da ameaça da expansão do comunismo quanto da necessidade de solucionar o ferimento do brio nacionalista germânico, fez com que, sob o disfarce das situações de emergência, fossem implantadas ditaduras, como aconteceu com a aplicação do art. 48 da Constituição de Weimar. Algumas constituições tiveram de ceder à reforma de seu texto, enquanto outras foram substituídas. A autocracia se transmudava, por meio de palavras, em Estado de Direito.[36]

Visando pôr cobro ao irrealismo do jogo político vivenciado nos aproximadamente 41 anos do que se denominou de "República Velha", a Constituição de 16 de julho de 1934 inspirou-se não somente sob o aspecto da forma, mas também das ideias, na Constituição alemã de 1919 e na hispânica de 1931.[37]

Mais extensa do que a sua precedente, a Constituição de 1934, em se abrigando sob 187 artigos em sua parte permanente, com o acréscimo de 26 em suas disposições transitórias, iniciou o tratamento dos direitos fundamentais no art. 108, relativo aos direitos políticos, inclinando-se, com maior intensidade, ao sufrágio universal, ao prescrever que são eleitores os brasileiros de ambos os sexos maiores de 18 anos. No parágrafo único do referido artigo, figuravam algumas exclusões constantes da Constituição de 1891, tais como a dos analfabetos, dos mendigos e das praças de pré, ressalvando agora também os sargentos do Exército e da Armada, bem assim das forças auxiliares. Ficavam afastados do direito de votar aqueles que estivessem, temporária ou definitivamente, privados dos direitos políticos pelas causas mencionadas nos arts. 110 e 111.

No art. 113, composto por rol que abarcava 38 incisos, veiculou declaração de direitos individuais, cujos destinatários seriam os brasileiros e os estrangeiros residentes no país, e concernentes à liberdade, à segurança individual, à propriedade, e, numa projeção inovadora, à subsistência.

Praticamente não se registraram substanciais diferenças da proteção assegurada em 1891. Por isso, não me lançarei à repetição, detendo-me aos aspectos que se podem indigitar como apresentando novidade.

Delimitando os contornos da liberdade religiosa, o art. 113, nº 7, a despeito de manter o caráter secular dos cemitérios, permitiu a manutenção pelas associações religiosas de cemitérios particulares, sujeitos à fiscalização da autoridade competente, ressaltando-se a impossibilidade de negativa de sepultura onde não existir cemitério pertencente ao Poder Público. Permitiu, ainda, a assistência religiosa nas expedições militares, em hospitais,

---

[36] Eis, sobre a nova legalidade, o relato de Raimundo Faoro: "As medidas se retraem, desta sorte, para a área das situações excepcionais, nas ditaduras previstas na constituição (estado de sítio, de emergência etc., sempre tendo em conta o artigo 48 da Constituição de Weimar). Quem comanda as medidas de exceção controla o funcionamento da constituição, dispondo da ditadura, na medida em que quem controla a anormalidade decide sobre a normalidade, isto é, sobre a legalidade" (*A república inacabada*. São Paulo: Globo, 2007. p. 200).

[37] A sua elaboração foi embasada por anteprojeto cuja feitura coube à Comissão do Itamaraty, constituída pelo Decreto nº 21.402, de 14 de maio de 1932, do Governo Provisório.

penitenciárias e outros estabelecimentos oficiais, sem ônus para o Estado, restringindo o seu exercício a sacerdotes brasileiros natos (art. 113, nº 6).

Quanto à liberdade de expressão, explicitou ser assegurado o direito de resposta, bem como, às escâncaras, lançou restrição, vazada em termos genéricos, proibindo a veiculação de propaganda de guerra ou processos violentos de subverter a ordem política e social (art. 116, nº 9).

Trouxe limite à liberdade de reunião, facultando à autoridade competente designar, com vistas a evitar o comprometimento da ordem pública, o local onde o agrupamento será realizado, desde que não venha impossibilitá-lo ou frustrá-lo (art. 113, nº 11).

Reforçou a liberdade associativa, estatuindo a impossibilidade de se dissolver compulsoriamente uma associação senão mediante decisão judicial (art. 113, nº 12). Tratou dos sindicatos e associações profissionais, prevendo o seu reconhecimento de conformidade com as normas legais, acentuando, quanto aos primeiros, o direito à pluralidade sindical e à sua completa autonomia (art. 120, e parágrafo único).

No particular da propriedade, aditou-se que o seu exercício não poderá contrariar o interesse social ou coletivo, criando, assim, o embrião para o reconhecimento de que tal direito não mais se impunha de forma absoluta, devendo observar uma função social.[38] Inseriu-se, na hipótese de sua supressão, a exigência de que a indenização a ser paga refletisse colorido de justeza (art. 113, nº 17).

Aqui é de se notar uma alteração radical quanto à sistemática precedente às minas e demais riquezas do subsolo que, juntamente com os potenciais de energia hidráulica, passavam a constituir propriedade distinta do solo, de titularidade da União, a quem tocava a competência para autorizar ou conceder o seu uso. Assim os arts. 118 e 119.

No que concerne à segurança individual, pode-se dizer, inicialmente, que, afastando-se do dogma da irretroatividade absoluta da lei, acentuou a tutela do direito adquirido, do ato jurídico perfeito e da coisa julgada (art. 113, nº 3), assegurando, em sede penal, a retroatividade da lei benéfica (art. 113, nº 27). Adornou o princípio do juiz natural com a explicitação da inadmissibilidade dos tribunais e juízos de exceção, aos quais não se equiparam os juízos especiais em razão da natureza das causas (art. 113, nº 25).[39] Afastou,

---

[38] Atentou-se aqui para o que dispunha o art. 153.3 da Constituição alemã de 1919, ao mencionar que a propriedade obriga e que seu uso haverá de constituir ao mesmo tempo uma utilidade para o bem comum.

[39] Nada disso foi observado. A partir de mensagem presidencial, o Congresso Nacional aprovou, em 12 de setembro de 1936, a instituição do Tribunal de Segurança Nacional, iniciativa que não teve outro propósito senão o de julgar com mais rigor os envolvidos nos episódios de dezembro do ano anterior. Igualmente, em 20 de dezembro de 1936, por decreto do Presidente da República, foi restringido o direito dos acusados perante tal órgão, com a determinação de que a sua citação seria realizada pela publicação, numa única vez, de edital, a fixação do prazo máximo de um decêndio para a instrução e julgamento, juntamente com a extinção da interveniência do Conselho da Ordem dos Advogados do Brasil na indicação dos patronos para os réus alcançados pela revelia.

sem qualquer exceção, a possibilidade de prisão por dívidas ou penas pecuniárias (art. 113, nº 30) e, por último, proibiu a extradição por crime político ou de opinião e, em qualquer caso, de brasileiro (art. 113, nº 31).

Com relação às garantias, após excluir do cabimento do *habeas corpus* o questionamento oriundo de transgressões disciplinares, justamente por se tratar de infrações administrativas e não criminais (art. 113, nº 23), preencheu, enfim, vazio com a instituição do mandado de segurança, instrumento capaz de assegurar ao cidadão pronta reação judicial contra arbitrariedades do Poder Público e cuja impetração serviria para a defesa de direito certo e incontestável (art. 113, nº 33).

Preocupado com a legitimidade na condução da coisa pública, ampliou o rol das ações constitucionais com a previsão da ação popular, cujo ajuizamento era cabível para a declaração da invalidade dos atos lesivos do patrimônio da União, dos Estados e dos Municípios (art. 113, nº 38).

Com o intuito de propiciar às pessoas carentes de recursos o acesso à justiça, estatuiu a obrigação da União e dos Estados em conceder aos necessitados assistência judiciária, seja mediante a criação de órgãos especiais, bem assim assegurando a isenção de emolumentos, custas, taxas e selos (art. 113, nº 32).

Antes do art. 5º, LXXVIII, da Lei Maior atual, impôs ao legislador disciplina dos processos administrativos que assegurasse o seu rápido andamento (art. 113, nº 35).

Seguindo a tendência da época, que se centrava no aparecimento do constitucionalismo social, é de notar-se que, além do que sucedeu com a disciplina do direito de propriedade, a Constituição de 1934, mesmo na parte inerente à menção aos direitos e garantias individuais, dispôs sobre o direito à subsistência própria e familiar mediante trabalho honesto, tocando ao Poder Público assistir, na forma da lei, aos que estivessem em situação de indigência (art. 113, nº 34).

Contemplou o constituinte de 1934 os Títulos IV e V: "Da Ordem Econômica e Social" e da "Da Família, da Educação e da Cultura", respectivamente.[40] No primeiro, especificadamente no art. 121, § 1º, alíneas *a* a *j*, enunciou várias diretrizes a serem observadas pela legislação trabalhista, a saber: (a) proibição de diferença de salário para labores iguais; (b) salário-mínimo; (c) limitação à jornada de trabalho; (d) limitações ao trabalho de menores e mulheres; (e) repouso semanal; (f) férias anuais remuneradas; (g) indenização ao trabalhador pela dispensa sem justa causa; (h) assistência médica e sanitária ao trabalhador e à gestante; (i) regulamentação do exercício de todas as profissões; (j) reconhecimento das convenções coletivas de trabalho.

Ao contrário do art. 7º, I a XXXIV, da Lei Fundamental vigente, o texto de 1934 adotou técnica mais consentânea à redação de uma norma de cunho constitucional. Não ousou delimitar a extensão mais do que completa dos direitos que instituía. Pelo contrário. Con-

---

[40] A Parte Segunda da Constituição alemã de 1919 dedicou os seus Títulos II, IV e V à disciplina da vida social, da educação e escola e à vida econômica.

fiou ao legislador para que este, no âmbito que lhe é próprio, delimitasse os seus contornos, traçando, apenas e tão somente, as balizas a serem seguida por aquele (*guidelines*), o que, em nenhum instante, amesquinha uma norma integrante da constituição material.

Com isso, o nosso constitucionalismo deu importante passo em direção ao conceito contemporâneo de Constituição, cuja regulação legal fundamental não mais se deve circunscrever à moldagem da estrutura e organização do Estado, mas também da comunidade.

Inserto nas disposições gerais, o art. 175 conferiu ao Poder Legislativo, na iminência de agressão estrangeira ou na emergência armada, a autorização para que o Presidente da República pudesse declarar estado de sítio em qualquer localidade do país, por até 90 dias, podendo ser prorrogado, por igual prazo de cada vez, durante o qual somente se admitiriam as seguintes medidas excepcionais: (a) desterro para outro ponto do território nacional ou determinação de permanência em certa localidade; (b) detenção em edifício ou local não destinado a réus de crimes comuns; (c) censura da correspondência e das publicações em geral; (d) suspensão da liberdade de reunião e de tribuna; (e) busca e apreensão em domicílio.

Quanto às medidas restritivas da liberdade de locomoção, as quais não poderiam atingir os parlamentares federais e estaduais, os governadores e seus secretários, e determinados magistrados, previu-se que, passados cinco dias de sua duração, o atingido deveria ser apresentado pela autoridade ao juiz competente, com a justificativa sumária dos motivos que ensejaram a privação da liberdade.

Contudo, a prática constitucional, principalmente quando da aplicação do estado de sítio, não coincidiu com o texto magno. Em face do levante comunista de novembro de 1935, o qual foi debelado sem maiores problemas, o Congresso Nacional autorizou o Presidente da República a decretar estado de sítio por quatro vezes, de modo que tal situação perdurou durante todo o ano de 1936, no qual, mesmo contra expressa vedação constitucional, foi decretada a prisão de um senador e quatro deputados federais.

Em reforço, o governo, diante da divulgação do Plano COHEN, o qual foi forjado para servir de pretexto, narrando, falsamente, o planejamento de insurreição comunista, o Presidente da República obteve por 138 votos contra 52, na Câmara, e, no Senado, por 23 votos contra três, a autorização para a decretação, inteiramente descabida, de estado de guerra, o que ensejou decreto de 7 de outubro de 1937, preparando, assim, irreversivelmente, o terreno para o golpe de 10 de novembro do mesmo ano.

Conhecida pela alcunha de "a polaca", a carta outorgada em 1937 apresentou, desse modo, forte vício quanto à sua legitimidade, impondo-se pela combinação dos argumentos da farsa e da força. Representou a maneira pela qual o Presidente da República, fabricando a conjuntura circunstancial propícia, serviu-se para institucionalizar o seu poder pessoal.[41]

---

[41] Noutra oportunidade, procedemos a uma abordagem mais ampla da carta de 1937 (O poente do constitucionalismo brasileiro: a Constituição de 1937. In: BRANDÃO, Cláudio; SALDANHA, Nelson; e FREITAS, Ricardo (Org.). *História do direito e do pensamento jurídico em perspectiva*. São Paulo: Atlas, 2002, p. 389-410).

Os poderes conferidos à autoridade presidencial foram suficientes, por sua extensão e amplitude, bem como por sua vagueza, para assegurar àquela a reunião em torno de sua pessoa dos atributos das funções normativa (legislativa e constituinte derivada), executiva, juntamente com o governo das unidades federadas, sem sujeição alguma a controle jurisdicional, sem contar que o país perdurou, durante a vigência da Carta de 1937, inteiramente imerso em estado de emergência. Fornece a leitura dos seus arts. 175 a 186, constantes das disposições transitórias e finais, uma impressão deveras assustadora do período.

O primeiro aspecto que logo desperta atenção foi o modo como o texto de 1937 enunciava os direitos fundamentais, principalmente quanto àqueles que diziam respeito às liberdades políticas.

Adotou-se a técnica da restrição mediante a previsão de ressalvas, gerais ou específicas. É de notar que, quanto às primeiras, o art. 123, em sua segunda parte, advertiu, logo após proclamar a existência de direitos e garantias individuais implícitos, resultantes da forma de governo e dos princípios consagrados na carta constitucional, que tais direitos e garantias, bem como os demais enunciados no art. 122, teriam por limites o bem público, as necessidades da defesa, do bem-estar, da paz e da ordem coletiva, bem como as exigências da segurança da Nação e do Estado em nome dela constituído.

O caráter vago de tais parâmetros limitativos facultava que o Executivo – que também acumulava a função legislativa – pudesse, invocando a necessidade de proteger tais valores em situações excepcionais, editar decreto-lei ou mesmo ato concreto, com a finalidade de restringir qualquer direito fundamental mediante o qual o indivíduo poderia se insurgir contra o exercício arbitrário do poder. Foi, na realidade, a negativa dos próprios dos direitos individuais.[42]

De outro lado, as limitações específicas eram de tal modo que praticamente inviabilizavam a fruição de muitos direitos relacionados à liberdade política.

Por exemplo, a inviolabilidade do domicílio e da correspondência (art. 122, nº 6) era assegurada com as ressalvas previstas em lei, o que permitia ao Presidente da República,

---

[42] Esse ponto foi alvo de destaque por Paulo Sérgio da Silva: "Não bastassem as ressalvas, algemas e cerceamentos apontados, por disposição constitucional informava-se aos brasileiros que todas as garantias e os direitos e os direitos enumerados pelo art. 122 e outros dispersos pela Constituição teriam como limite o bem público, as necessidades de defesa, o bem-estar, a paz e a ordem coletiva, bem como as exigências da segurança da Nação e do Estado em nome dela constituído e organizado nessa Constituição (art. 126). Portanto, caso conviesse ao 'bem público', tais direitos poderiam ser modificados pelos agentes na estrutura de poder montada; acima das prerrogativas individuais estaria sempre o interesse da Nação. É interessante recordar que o significado, o teor e a definição de 'bem comum' e de 'interesse da Nação' estavam intimamente ligados à pessoa do presidente da República" (*A Constituição brasileira de 10 de novembro de 1937* – um retrato de luz e sombra. São Paulo: Editora UNESP, 2008. p. 168).

na qualidade de legislador, limitar, a seu talante, a intimidade dos cidadãos, deixando margem para a ação arbitrária da polícia política.⁴³

A liberdade de associação somente seria assegurada caso não encontrasse limitação na lei penal ou nos bons costumes (art. 122, nº 9), enquanto a liberdade de reunião (art. 122, nº 10), se fosse exercida a céu aberto, estava submetida à formalidade da declaração, podendo ser proibida em caso de perigo imediato para a segurança pública, o que inviabilizava protestos públicos contra o governo. Mais uma vez, a utilização de conceitos fluídos como mecanismos de contenção inviabilizava, na prática, tais direitos.

Restando suprimida do *caput* do art. 122 a menção ao direito à vida, o seu nº 13 (alíneas *a* a *f*) permitia a imposição de pena capital nos casos previstos na legislação castrense para o tempo de guerra. Seis as hipóteses elencadas para sua admissibilidade, incluindo-se o homicídio fútil ou com requintes de perversidade.

O direito de propriedade se tornou vulnerável quando em cotejo com a tutela dispensada pela Constituição de 1934 (art. 113, nº 17), já que o art. 122, nº 14, da Carta de 1937, eliminou a obrigatoriedade de indenização justa em caso de desapropriação, mencionando ainda que o seu conteúdo e limites seriam os definidos pelas leis reguladoras do seu exercício.

Isso sem contar que, com a Lei Constitucional nº 5, de 10 de março de 1942, o Presidente da República, no uso de funções constituintes, acresceu § 2º ao art. 168, dispondo que, declarado o estado de emergência, estariam suspensas as garantias constitucionais inerentes à propriedade daqueles que, por qualquer forma, vierem a perpetrar atos de agressão que resultem prejuízos para os bens e direitos do Estado brasileiro, ou para a vida, bens e direitos das pessoas físicas ou jurídicas brasileiras.

Outra liberdade política que restou praticamente suprimida foi a liberdade de expressão do pensamento. O art. 122, § 15, *caput*, ao assegurá-la, conferiu ao legislador, nas alíneas *a* a *g*, a faculdade de impor limitações com relação a tantos aspectos que, praticamente, inviabilizou o seu exercício.

Não olvidar que a real contenção da liberdade de expressão constou da ação incontida da polícia política, de que foi exemplo, dentre outros, o fechamento, em data de 25 de março de 1940, por portaria do então Ministro da Guerra, a ser cumprida pela Superintendência de Segurança Política e Social de São Paulo, do jornal *O Estado de S. Paulo*, cujas atividades posteriormente retornariam sob a administração de integrantes do Departamento de Imprensa e Propaganda – DIP, medida acompanhada da prisão de vários jornalistas.

Apesar de referência ao do *habeas corpus* (art. 122, nº 16), o seu emprego assomou fragilizado quando se sabe que, em se encontrando o país em emergência e, depois, em

---

43 Foi nesse clima que o Decreto-lei nº 3.365/41 previu, uma vez editada a declaração de utilidade pública, poderem ingressar as autoridades nos bens objetos daquela sem necessidade de ordem judicial, podendo, se for preciso, recorrer ao auxílio policial.

estado de guerra, era descabida a intervenção judicial dos atos praticados pelo governo, conforme disposto no art. 170.

Enfraquecimento sensível se operou quanto as garantias de direito relativas à esfera penal. O texto de 1937 não contemplava a obrigatoriedade de comunicação das prisões em flagrante à autoridade judicial competente, o direito dos acusados ao contraditório e à ampla defesa, a proscrição dos tribunais e juízos de exceção e a vedação à retroatividade da lei penal.

Ao invés, previu expressamente a continuidade de tribunal de exceção, consistente no Tribunal de Segurança Nacional, criado pela Lei nº 244, de 11 de setembro de 1936, com competência para processar e julgar os crimes que atentassem contra a existência, a segurança, a integridade do Estado, a guarda e o emprego da economia popular (art. 122, nº 17).[44]

Volvendo-se ao campo não criminal, o texto de 1937 não fez qualquer referência ao mandado de segurança, passando a garantia a ser disciplinada unicamente em sede de legislação ordinária.A disciplina da legalidade excepcional no capítulo destinado à Defesa do Estado (arts. 166 a 173) investiu o Presidente da República em poderes senão assimilados, porventura mais amplos, do que os assegurados pela Constituição alemã de 1919 ao Presidente do *Reich* (art. 48.2), competindo-lhe decretar, sem necessidade de autorização ou de ratificação pelo Legislativo, estado de emergência ou estado de guerra, cujos atos, demais de imunes à apreciação judicial, poderiam alcançar até mesmo a suspensão das imunidades parlamentares. No caso do estado de guerra, aquele poderia indicar as partes da Constituição que estavam suspensas (art. 171).

Em suma, inexistiu com o documento de 1937 a mínima preocupação com a imposição de limites ao poder político.

Diversamente, referido texto se mostrou mais propenso à proteção dos direitos sociais, estatuindo, logo no seu art. 136, o direito à subsistência mediante trabalho honesto, sendo dever do Estado a sua garantia. O art. 137, alíneas *a* a *n*, enunciou vários preceitos a serem observados pela legislação do trabalho, a qual restou promulgada, em consolidação, mediante o Decreto-lei nº 5.452, de 1º de maio de 1943.

Garantiu-se, igualmente, a liberdade de associação. No entanto, limitou ao sindicato regularmente reconhecido pelo Estado o direito de representação legal da categoria profissional, para os fins de defesa de seus direitos perante o Poder Público e outras associações profissionais, podendo estipular contrato coletivo de trabalho, obrigatório para os seus associados, bem como impor a estes contribuições (art. 138).

Para dirimir os conflitos entre empregados e empregadores e, por conseguinte, concretizar referida proteção, instituiu-se a Justiça do Trabalho (art. 139). Porém, mais uma vez expondo um viés autoritário, enunciou, no art. 139, segunda parte, a proibição tanto

---

[44] A redação originária apenas fez referência a tribunal especial, sendo a preservação do Tribunal de Segurança Nacional injunção da Lei Constitucional nº 7, de 30 de setembro de 1942.

da greve quanto do *lock-out*, considerando-os recursos nocivos ao trabalho e ao capital e, assim, incompatíveis com os interesses superiores da produção nacional.

13.5 A Constituição de 1946

Retornando o país ao curso da vida democrática, com a deposição de Vargas e a eleição do Presidente da República, outro não poderia o caminho a ser observado senão o da convocação de assembleia constituinte, da qual resultou na promulgação da Constituição de 18 de setembro de 1946.

Inserta no rol das constituições da democracia política e social, surgidas ao depois da queda dos regimes totalitários que predominaram até o ocaso da Segunda Conflagração Mundial, a Lei Maior de 1946 adotou as linhas gerais do constitucionalismo de 1891, com a absorção das inovações advindas com a Constituição de 1934.

Isso se refletiu de forma evidente no tocante aos direitos individuais, limitadores do poder político. Procedendo-se à leitura do rol constante do art. 141, § 1º a 38, do texto de 1946, nota-se, num rápido cotejo, pouca diferença da redação resultante da combinação do art. 72 e do art. 113 das Constituições de 1891 e 1934, respectivamente.

Algumas inovações são dignas de registro, pena da incidência num vício tautológico.

Uma delas é registrada pelo art. 141, § 4º, que assegurou a universalidade de jurisdição, dispondo que o legislador não poderá excluir da apreciação do Judiciário qualquer lesão de direito individual.

Comentando a inovação, a qual denominou do princípio de inafastabilidade do controle judicial, Pontes de Miranda[45] averbou que aquela explicita um "*bis in idem*" de subordinação da lei à Constituição, vindo o seu conteúdo lógico a impor que a lei ordinária não pode excluir: (a) a apreciação judicial das próprias leis nem, da mesma forma, a defesa dos direitos individuais fundados em normas constitucionais; (b) o exame pelo Judiciário dos direitos subjetivos que resultem de leis ordinárias. Expressa ainda, no plano dos litígios entre o cidadão e a Administração, a mensagem de que a decisão administrativa não poderá ser definitiva, porque, em não se conformando com esta, poderá aquele propor ação em juízo.

Noutra passagem, consignada no § 13, adotou-se, com vistas à salvaguarda da democracia, instituto cujo símile, posteriormente, figurou na Lei Fundamental de Bonn, ao prescrever ser vedada a organização, o registro ou o funcionamento de qualquer partido político ou associação, cujo programa ou ação contrarie o regime democrático, baseado na pluralidade dos partidos e na garantia dos direitos fundamentais do homem.[46]

---

[45] *Comentários à Constituição de 1946*. 3. ed. Rio de Janeiro: Borsoi, 1960. p. 410 e 412.
[46] De fato, o instituto se assemelha com o previsto no art. 21.2 da vigente Constituição alemã. Todavia, pode-se elencar, à guisa de uma primeira dessemelhança, a de que, enquanto o instituto

Digno de nota o tratamento que se conferiu à propriedade. Aproveitando o embrião constante do art. 113, nº 17, da Constituição de 1934, que se reportava a que o exercício do direito de propriedade deveria atender ao interesse social ou coletivo, o art. 141, § 16, estatuiu a possibilidade de supressão de tal direito não somente quando uma razão de necessidade ou utilidade pública o exigisse, mas, igualmente, por interesse social. A ideia ficou mais clara e desenvolvida no art. 147, ao se mencionar, em sua primeira parte, que o uso da propriedade será condicionado ao bem-estar social, acrescido de que a lei poderia disciplinar a desapropriação para a promoção da justa distribuição da propriedade, o que veio a lume com a Lei nº 4.132/62.[47]

No plano das garantias jurisdicionais, o mandado de segurança recuperou o seu *status* sobranceiro, estando previsto no § 24, agora para proteção não mais de direito "certo e incontestável", pois tal locução veio a ser substituída pela de direito "líquido e certo".

O tribunal do júri voltou a possuir assento constitucional (art. 141, § 28), limitando-se sua competência ao julgamento dos crimes dolosos contra a vida, com a garantia do sigilo das votações – e o que é mais importante – da soberania dos veredictos.

Da mesma maneira, retornou ao texto magno a proibição de prisão civil por dívidas, estatuindo-se duas exceções, consistentes no caso do depositário infiel e do inadimplemento de obrigação alimentar, na forma da lei (art. 141, § 32).

O mesmo aconteceu com a tutela dos direitos do contribuinte (art. 141, § 34), tendo o constituinte reforçado o princípio da legalidade com a exigência da anualidade, ou seja, exigiu-se que, mesmo prevista em lei a exação, haveria necessidade de, em cada exercício,

---

germânico, constante também da parte dogmática do texto constitucional, predispunha-se à eliminação de qualquer tentativa que visasse ao ressurgimento de movimentos como o nazista, o emprego do art. 141, § 13, da Constituição de 1946, foi o de, deliberadamente, alijar do jogo político qualquer agremiação que adotasse, dentre os seus princípios, o credo comunista. A versão tupiniquim se prestou ao atendimento dos imperativos da Guerra Fria mais do que à preservação do pluralismo político. Ademais, na Alemanha, o constituinte confiou a decisão ao Tribunal Constitucional. A redação do preceito germânico é a seguinte: "Serão inconstitucionais os partidos que, por seus objetivos ou pelas atitudes de seus adeptos, atentarem contra o Estado de direito livre e democrático ou tentarem subvertê-lo, ou puserem em perigo a existência da República Federal da Alemanha. Caberá ao Tribunal Constitucional decidir sobre a questão da inconstitucionalidade." Versão para o português por Aachen Assis Mendonça, a qual se acha disponível em: <www.brasil.diplo.de>. Acesso em: 3 maio 2013.

[47] A tentativa de transformação foi louvada por Waldemar Ferreira: "Não se deteve nesse ponto a Constituição; condicionou o uso da propriedade ao bem-estar social. É que esta tem função social inequívoca e não se concebe abstratamente, ainda quando se lhe imprima o mais acentuado cunho individualístico. Incompreende-se o meu onde inexista o teu. O conceito de propriedade só se formula no plano comum da coletividade; eis porque êle evoluiu no sentido socialista, o que equivale dizer que a propriedade se socializou, sem deixar de ser privada" (*História do direito constitucional brasileiro*. São Paulo: Max Limonad, 1954. p. 187. Edição fac-similar do Senado Federal, 2003).

autorizar-se, por força da lei orçamentária, a sua cobrança, ressalvando-se apenas a tarifa aduaneira e o imposto de guerra.[48]

Traçou-se, com maior detalhe frente ao teor do art. 113, § 35, da Lei Máxima de 1934, o que se poderia apontar como gérmen do princípio que, com a EC nº 45/2004 à Constituição em vigor, veio a ser denominado como duração razoável do processo, embora circunscrito ao âmbito administrativo, bem como do direito à informação. Remeteu-se, porém, ao legislador o encargo, que lhe é conatural, de tornar efetivo tal direito, devendo dispor sobre: (a) o rápido andamento dos processos nas repartições públicas; (b) a ciência aos interessados dos despachos e das informações a que eles se refiram; (c) a expedição das certidões requeridas para defesa de direito e para o esclarecimento de negócios administrativos, salvo se o interesse público impuser sigilo (art. 141, § 36).

Um ponto de destaque coube à mente pretoriana e se reportou à definição dos titulares dos direitos e garantias individuais, especificadamente quanto à expressão "aos brasileiros e estrangeiros residentes no país", inserta no art. 141, *caput*, da Lei Maior de 1946, e que é reproduzida na redação do atual art. 5º, *caput*.

A discussão teve inicialmente lugar em razão de mandado de segurança impetrado pela sociedade empresária Henrique Barbosa e Cia., sediada em Portugal, contra ato do Inspetor do Porto de Santos que determinou o leilão de 790 caixas de *cognac*, de sua propriedade. Diante do julgamento, em primeiro e segundo graus de jurisdição, favorável à impetrante, a Agência Fernandes interpôs recurso extraordinário na qualidade de terceiro interessado, ao qual foi negado provimento. O argumento principal invocado contra a impetrante foi a de que não poderia se socorrer do mandado de segurança pela circunstância de, em sendo pessoa jurídica estrangeira, não se encontrar sediada no território nacional.

A discussão foi desenvolvida no RE 33.919 – DF,[49] no qual o relator, Min. Cândido Mota Filho, deixou claro que o art. 141, *caput*, da Constituição de 1946, em se referindo a brasileiros e estrangeiros residentes no país, não significa que os estrangeiros não residentes se encontram impossibilitados de, em seu favor, invocar a incidência dos direitos

---

[48] Aliomar Baleeiro destacou as vantagens da anualidade tributária como mecanismo de controle parlamentar do Executivo: "O princípio da anualidade, expresso na CF de 1946, restitui ao Congresso a velha arma da representação parlamentar na batalha de séculos idos contra a desenvoltura dos monarcas absolutos: as leis de impostos continuam válidas e em vigor, mas só se aplicam e só vinculam a competência dos funcionários do fisco, para criação dos atos administrativos do lançamento ou das arrecadações, se o orçamento mencionar a autorização naquele exercício. Esta costuma ser dada por um dispositivo da lei orçamentária que faz remissão a todas as leis tributárias arroladas em quadro anexo – o chamado *ementário da legislação da receita*. Destarte, o sentido político do orçamento ficou restaurado e preservado. Plano de governo, proposto pelo Executivo, ele traz em seu ventre a exposição das vantagens que ao povo advirão dos serviços e realizações públicas programadas. É em face das necessidades e medidas planejadas para satisfazê-las que os representantes concedem, ou não, autorização para cobrança dos impostos regulados pelas várias leis anteriormente existentes" (*Limitações constitucionais ao poder de tributar*. 6ª ed. Rio de Janeiro: Forense, 1985. p. 12-13).

[49] 1ª Turma, v.u., Audiência de Publicação de 6.11.1957.

individuais enumerados pelos seus parágrafos. Absolutamente. O que o preceito almeja dizer, diferentemente, é que tais direitos somente são garantidos, em concreto, dentro dos lindes onde é possível a manifestação da soberania nacional. Assentou-se que, mesmo residente fora do Brasil, o estrangeiro pode ser aqui titular do direito de propriedade e, de conseguinte, tem a faculdade de se valer do acesso à jurisdição – inclusive mediante garantias constitucionais específicas – para a sua defesa, se necessário for. O entendimento foi imediatamente ratificado quando do julgamento do RMS 4.706 – DF.[50]

Desse modo, sufragou-se o entendimento de que os direitos fundamentais, salvo justificativa razoável, como é a hipótese do exercício da cidadania ativa e passiva, são suscetíveis de exercício independentemente da nacionalidade do seu titular.

No particular do direito ao sufrágio, houve mais um avanço em direção à sua universalidade, com a mantença da exclusão apenas dos analfabetos (art. 132, I).

Não se pode deixar de observar que a Lei Magna de 1946, seguindo diretriz dos textos de 1934 e de 1937, dedicou forte atenção a uma política estatal social, tornando a enunciar copioso rol de direitos trabalhadores, o qual constou do seu art. 157, I a XVII, com a particularidade de lançar inovações, tais como a previsão de participação nos lucros, férias anuais, licença gestante e a estabilidade no emprego.

Outra inovação das mais significativas, nessa área, foi o reconhecimento do direito de greve, a ser exercido nos limites da lei (art. 158), o que, de forma alguma, poderia implicar mandamento para que o legislador pudesse inviabilizá-lo. Tratava-se de norma de eficácia contida, a qual, não impedindo o exercício do direito, é capaz de limitá-lo sem atingir o seu conteúdo essencial.[51] Neste ponto se pode verificar confronto evidente com a disciplina de 1937 (art. 139, segunda parte), que considerava o movimento grevista como antissocial.

13.6 As constituições da ditadura militar

O título deste tópico exige um esclarecimento, tendo em vista o emprego do termo *Constituição* no plural. Tal se justifica quando se reconhece que os militares, uma vez instalados no poder desde o golpe de 1º de abril de 1964, além da mantença, embora por breve espaço de tempo, da Constituição de 1946, cujas diretrizes normativas foram mitigadas pelos Atos Institucionais nºs 1 a 3, fizeram publicar duas constituições. A primeira delas foi a que veio a lume em 24 de janeiro de 1967, em decorrência da transformação do Congresso Nacional em poder constituinte por força do Ato Institucional nº 4, de 7.12.1966.

---

[50] Pleno, maioria, rel. Min. Ary Franco, Audiência de Publicação de 31.7.1958.

[51] Esse o entendimento de Waldemar Ferreira (*História do direito constitucional brasileiro*. São Paulo: Max Limonad, 1954. p. 175. Edição fac-similar do Senado Federal, 2003), para quem o legislador ordinário, na elasticidade de sua competência, não poderia impossibilitar o exercício do direito em comento, "superlegalmente instituído e merecedor de respeito leal e sincero, por isso mesmo que é direito (loc. cit., p. 175).

A outra, por sua vez, adveio com a EC nº 1, de 17.10.1969, e que, juntamente com as modificações seguintes, é de ser reputada como outra constituição.

Resistente em aceitar-se como poder estabelecido – e firmado – sem o traço da legitimidade democrática, o governo militar se inclinou pela salvaguarda, no aspecto formal, dos direitos e garantias individuais. Tanto é assim que se obtém, compulsando-se com pretensão comparativa, os arts. 141, § 1º a 38, da Constituição de 1946, 150, § 1º a 35, da Constituição de 1967, e 153, § 1º a 36, da Constituição de 1969, rol praticamente idêntico de direitos fundamentais, salvo diferenças de pormenor.

O autoritarismo, que se manifestava pelo real jogo das forças políticas, escondia-se – tal qual os gregos em um grande cavalo de madeira presenteado aos troianos – sob as vestes duma legalidade constitucional paralela, sob o rotular eufemismo de atos institucionais.

O mais famigerado deles, e que sobreveio à Constituição de 1967, porém anterior à de 1969, foi o Ato Institucional nº 5, de 13.12.1968, editado pelo Presidente Costa e Silva, cujos comandos vigoravam sem limitação temporal, somente sendo revogado pelo art. 3º da EC nº 11/78, cujos efeitos tiveram início em 1º de janeiro de 1979. De nítida feição constituinte, pois o seu art. 1º timbrava em demonstrar que se encontrava acima da Constituição então vigorante, legitimando-a, como se assim pudesse, praticamente aniquilou a função legislativa do parlamento, dispondo, no seu art. 2º, que o Chefe do Poder Executivo, sem qualquer motivação, poderia decretar o recesso por tempo indeterminado do Congresso Nacional, das Assembleias Legislativas e das Câmaras de Vereadores, ficando, em tais situações, autorizado a legislar sem qualquer limitação.

O federalismo também foi amesquinhado, prevendo-se, no seu art. 3º, a possibilidade de o Presidente da República, com a só invocação do conceito vago de "interesse nacional", de decretar a intervenção nos Estados e Municípios, sem quaisquer das limitações previstas constitucionalmente.

A política de segurança nacional, a qual visava a combater um inimigo comunista imaginário, facultava ao Presidente da República intimidar os opositores do regime com a possibilidade de, sem observâncias dos requisitos constitucionais, suspender por dez anos os direitos políticos de quaisquer cidadãos, cassando-lhes os mandatos eletivos que exercer (art. 4º), decorrendo de tal medida: (a) a cessação de privilégio de foro por prerrogativa de função; (b) suspensão do direito de votar e ser votado nas eleições sindicais; (c) proibição de atividades ou manifestação sobre assunto de natureza política; (d) aplicação de medidas de segurança, tais como a liberdade vigiada, a proibição de frequentar determinados lugares e domicílio determinado (art. 5º). Isso sem prejuízo do decreto de suspensão fixar restrições ou proibições relativamente ao exercício de quaisquer outros direitos públicos ou privados (art. 5º, § 1º).

A marcha tranquila do autoritarismo era propiciada ainda pela suspensão das garantias constitucionais ou legais da vitaliciedade, inamovibilidade ou estabilidade.

O desmonte da eficácia dos direitos fundamentais, especificadamente os conexos ao controle do poder político, restou possibilitado com duas previsões autoritárias, sendo a primeira delas a competência presidencial para decretar estado de sítio, prorrogando-o ao seu talante. A outra consistia na cláusula que, figurando no texto constitucional (art. 181), sendo essencial ao conteúdo dos atos institucionais e complementares, excluía da apreciação do Judiciário o exame de qualquer ato que emanasse das medidas de exceção (art. 11).

Nesse cenário, a atuação do controle de constitucionalidade, a qual surtiu bons frutos com o emprego da representação interventiva sob a vigência da Constituição de 1946 (art. 8º, parágrafo único), careceu de maior eficácia, mesmo já prevista a fiscalização abstrata com maior amplitude pela representação de inconstitucionalidade do art. 119, I, l, da Constituição de 1969, porquanto este conferiu a sua propositura à legitimação exclusiva do Procurador-Geral da República, autoridade então nomeada e demissível ao alvedrio do Presidente da República, tendo, além do mais, o Supremo Tribunal Federal, então fragilizado pelas normas excepcionais, compreendido que, a despeito do art. 2º da Lei nº 4.337/64, bem como do art. 174, § 1º, do seu Regimento Interno, possui o único legitimado, a faculdade, ao invés do dever, de lhe submeter a arguição de inconstitucionalidade.[52]

Particularmente quanto à liberdade individual, foi suspensa a garantia do *habeas corpus* nos casos de crimes políticos, contra a segurança nacional, a ordem econômica e social e a economia popular (art. 10).

Não olvidar que o Ato Institucional nº 13, de 5.9.1969, permitia ao Presidente da República decretar o banimento do brasileiro que, comprovadamente, tornar-se inconveniente, nocivo ou perigoso à segurança nacional, afastando, mais uma vez, a possibilidade da medida sofrer qualquer censura judicial.

De frisar ainda que, na sua parte permanente, a Constituição de 1969, porventura influenciada pelo art. 18 da Lei Fundamental de Bonn, previu, no seu art. 154,[53] a repres-

---

[52] A decisão da qual resultou um profundo pesar recaiu na Reclamação 849 – DF (Pleno, mv, rel. Min. Adalício Nogueira, Audiência de Publicação de 9.12.1971), a qual impugnava ato do Procurador-Geral da República que determinou o arquivamento de representação formulada pelo Movimento Democrático Brasileiro – MDB em detrimento do Decreto-lei nº 1.077/70, instituidor de censura prévia na divulgação de livros e periódicos. O mesmo entendimento prosseguiu na Reclamação 121 – 1 – RJ (Pleno, v.u., rel. Min. Djaci Falcão, *DJU* de 20.3.1981) e na Reclamação 128 – 8 – DF (Pleno, v.u., rel. Min. Cordeiro Guerra, *DJU* de 5.6.1981).

[53] A Constituição de 1967 também consagrou a repressão ao que se tentou denominar de abuso a direito individual ou político, embora o seu art. 151 mencionasse a possibilidade de suspensão quanto aos direitos elencados no seu art. 150, § 8º (liberdade de manifestação do pensamento), § 23 (liberdade de trabalho), § 27 (direito de reunião) e § 28 (liberdade de associação). O art. 18 da Constituição alemã, que se assemelha ao nosso de 1967 apenas pela enunciação da medida quanto a alguns direitos fundamentais, dispõe: "Quem abusar da liberdade de expressão, notadamente da liberdade de imprensa (art. 5º, § 1º), da liberdade de ensino (art. 5º, § 3º), da liberdade de reunião (art. 8º), da liberdade de associação (art. 9º), do sigilo da correspondência, do correio e das telecomunicações (art. 10), do direito de propriedade (art. 14) ou do direito de asilo (art. 16a), para conspirar contra o Estado de direito livre e democrático será privado desses direitos

são ao abuso de direito individual ou político, tendente à subversão do regime democrático ou de corrupção, o qual seria capaz de ensejar a suspensão da faculdade jurídica exercitada pelo interregno de dois a dez anos. A decisão seria do Supremo Tribunal Federal, a partir de representação formulada pelo Procurador-Geral da República, sem prejuízo da responsabilidade civil ou penal, se couber. O parágrafo único do preceito dispensava, mesmo em sendo o representado detentor de mandato eletivo, a licença da correspondente casa legislativa.

Não se tem notícia do emprego de tal instituto, o que, certamente, justifica-se pela circunstância de, em possuindo o Presidente da República a competência, por força dos atos institucionais, para, sem devido processo legal, ou, até mesmo, sem qualquer motivação senão a de perpetuar o governo instalado pela via do golpe, o instituto ter se tornado, a bem da verdade, dispensável e desnecessário.

Havia, assim, nítido descompasso entre o sistema de direitos fundamentais e a prática constitucional, de modo que o respeito àquele estava, inelutavelmente, condicionado à aquiescência governamental.

Inexistia, assim, espaço para que o Judiciário desenvolvesse a atribuição que o Estado de Direito lhe conferiu, consistente em garantir o cidadão contra os abusos do Poder Público.[54]

No plano dos direitos sociais, conteúdo que os atos institucionais mantinham intocável, suscetível de observação o fato do art. 160, I a VI, da Constituição de 1969, de forma mais minuciosa do que o texto de 1946 (art. 145, parágrafo único), enunciar alguns postulados a guiar a ordem econômica e social, dentre os quais a justiça social, a valorização do trabalho como condição da dignidade humana, a harmonia e a solidariedade entre as categorias sociais de produção.

No que concerne à proteção dos trabalhadores, trouxe, no seu art. 165, I a XX, rol um pouco maior do que o da Constituição de 1946, notando-se poucas inovações, a saber: (a) o salário-família (art. 165, II); (b) uma disciplina mais densa da previdência social (art.

---

fundamentais. Cabe ao Tribunal Constitucional Federal declarar a perda e a sua extensão" (Versão para o português por Aachen Assis Mendonça, a qual se acha disponível em: <www.brasil.diplo.de>. Acesso em: 3 maio 2013).

[54] Não obstante, foi possível vislumbrar deliberação altiva no HC 45.232 – GB (Pleno, mv, rel. Min. Themístocles Cavalcanti, Audiência de Publicação de 27.3.1968), impetrado contra ato do Juiz Auditor Substituto da 5ª Região que, ao receber denúncia formulada contra o paciente, suspendeu este do exercício de suas profissões e atividades privadas. O Supremo Tribunal Federal, assentando preliminarmente o cabimento da via eleita, deferiu-a a partir da consideração de que o art. 48 do Decreto-lei nº 314/67 (Lei de Segurança Nacional), ao determinar que, com o recebimento da denúncia, ter-se-ia a suspensão do direito do denunciado ao exercício de sua profissão ou emprego privado colidiria com o art. 150, *caput* e § 35, da Constituição de 1967, apontando ofensa ao direito à vida, por privação, em detrimento do denunciado, do direito de manter a sua subsistência mediante trabalho lícito.

165, XVI), com a previsão de aposentadoria especial para a mulher (art. 165, XIX) e, com a EC nº 18/81, para o professor de ambos os sexos.

Com vistas a evitar manifestações que pudessem causar prejuízo ao governo, o direito de greve foi restringido, não sendo tolerado nos serviços públicos e nas atividades essenciais, definidas em lei (art. 162). As limitações foram materializadas pela Lei nº 4.330/64 e pelo Decreto-lei nº 1.632/78.

Já encerrado o ciclo dos governantes militares, mas ainda sob a vigência da Constituição pretérita, foi promulgada a EC nº 25/85, a qual trouxe contributo importante para a consolidação do sufrágio universal entre nós, permitindo o alistamento como eleitor do analfabeto, na forma da lei (art. 147, § 4º).

13.7 A estrutura dos direitos fundamentais na Constituição cidadã

Emanada de assembleia constituinte convocada na forma da EC nº 26/85, a Constituição promulgada em 5 de outubro de 1988 se projetou à satisfação do projeto, inaugurado em 1946, de implantar no Estado brasileiro uma democracia política e social.

Seguindo o caminho inaugurado por outras constituições que lhe antecederam[55] – e que, igualmente, foram promulgadas ao depois da derrocada de regimes ditatoriais – a nossa vigente Lei Fundamental, no seu Título I, dedicado à enunciação dos seus princípios basilares, tornou evidente o núcleo que respalda os direitos fundamentais, qual seja, a dignidade da pessoa humana.

A estrutura seguida por seu texto contemplou todas as ditas dimensões de direitos fundamentais,[56] sem contar que, diferentemente das suas antecessoras, aquela expressão foi escolhida para representar o conjunto dos direitos das pessoas de cunho sobranceiro.[57]

---

[55] Assim as Constituições da Itália de 1947 (arts. 2º e 3º), alemã de 1949 (art. 1º), de Portugal de 1976 (art. 1º) e da Espanha de 1978 (art. 10).

[56] Entre nós, Bonavides (*Curso de direito constitucional*. 4. ed. São Paulo: Malheiros, 1993. p. 474-482) analisa descritivamente as diversas categorias de direitos fundamentais, classificando-as da seguinte forma: (a) direitos fundamentais de primeira geração, consistentes nos direitos de liberdade, oponíveis de regra ao Estado e que correspondem à fase inaugural do constitucionalismo; (b) direitos fundamentais de segunda geração, representando os direitos sociais, culturais e econômicos, inserindo-se os direitos coletivos, os quais foram introduzidos ao constitucionalismo pelas distintas formas do Estado social; (c) direitos fundamentais de terceira geração, os quais partem da realidade mundial bipartida entre nações desenvolvidas e subdesenvolvidas, ou em fase precária de desenvolvimento, manifestando-se nos direitos ao desenvolvimento, à paz, ao meio ambiente, à propriedade sobre o patrimônio comum da humanidade e à comunicação.

[57] Por sua amplitude, a expressão *direitos fundamentais* porventura se qualifica como a mais adequada, foi adotada pelo constitucionalismo germânico, seja durante a Constituição de Weimar, cuja segunda parte foi intitulada "Direito e deveres fundamentais dos alemães", bem assim na atualidade, onde o Título I da Lei Fundamental de Bonn é antecedido da denominação "Direitos Fundamentais".

Pode-se até mesmo dizer que nenhuma outra constituição brasileira foi tão enfática quanto a previsão de direitos em favor dos integrantes da coletividade.

Os direitos de primeira dimensão tiveram sua previsão reforçada. Para tanto, destaque coube, inicialmente, ao art. 5º, I a LXXVIII, o qual foi além da disciplina dos respectivos artigos incumbidos, nas constituições anteriores, da enumeração dos direitos e garantias individuais. Dentre as suas inovações, chama-se atenção para o destaque de direitos da personalidade, tais como os inerentes à intimidade, honra e imagem (art. 5º, V e X), os quais, por suas próprias características, são suscetíveis de confronto com outros direitos, como é o caso da liberdade de expressão e de manifestação do pensamento (art. 5º, IV). Isso fez com que se atraísse para o debate doutrinário a questão do conflito entre direitos fundamentais.

Alguns direitos, como os inerentes à tutela do indivíduo frente ao poder punitivo estatal, tiveram sua disciplinada minudenciada, conforme perceptível pela leitura do art. 5º, XXXVII a LVII, da Constituição de 1988.

Outro ponto – que ensejou e ainda ensejará muitas controvérsias – foi o da disciplina dos direitos fundamentais implícitos, primeiramente em razão da referência, pelo § 2º, parte final, do art. 5º, aos tratados internacionais nos quais o Estado brasileiro seja parte, e, ao depois, pela inserção do § 3º ao mesmo preceito, atribuindo-se foros de emenda constitucional a tratados e convenções de direitos humanos aprovados de acordo com o procedimento do art. 60, § 2º, da Lei Maior.

Não restou omissa a Constituição vigente em consagrar os direitos sociais, ou de segunda dimensão. No seu art. 6º, reporta-se, genericamente, a um elenco, abrangente da educação, saúde, alimentação, trabalho, moradia, lazer, segurança, previdência social, maternidade, infância e assistência aos desamparados. De forma detalhada, no artigo seguinte, enuncia os direitos dos trabalhadores urbanos e rurais em 34 incisos, disciplina que, com relação à liberdade sindical e do direito de greve, teve prosseguimento nos arts. 8º a 11.

Por ocasião do Título VIII, ocupa-se, entre outros, do tratamento da seguridade social, abarcando a saúde, a previdência e assistência social, a educação, cultura e desporto, e ainda da infância, do adolescente e do idoso.

Diversamente do que sucedia durante a vigência das constituições precedentes, a contar de 1934, em que o seu caráter normativo era comprometido pela conjuntura política então vivenciada, na atualidade o reconhecimento de tais direitos veio a provocar o debate acerca da eficácia das normas que os contemplam.

Não se desconhece, assim, que todos os direitos fundamentais possuem um componente eficacial, mas este não é, de forma alguma, idêntico para todas as situações. Assim é o que se extrai da lição doutrinária, sendo, neste ponto, digno de menção José Carlos Vieira de Andrade,[58] porquanto este justifica o porquê do teor do art. 18, nº 1, da Consti-

---

[58] *Os direitos fundamentais na Constituição Portuguesa de 1976*. 2. ed. Coimbra: Almedina, 2001. p. 182-183.

tuição da República Portuguesa que, embora se encontrando inserido na Parte I (Direitos e deveres fundamentais), e ainda no Capítulo I, relativo aos princípios gerais, circunscreveu aos direitos e liberdades e garantias a sua qualidade de diretamente aplicável, e vinculativa às entidades públicas e privadas, não se referindo aos direitos e deveres econômicos, sociais e culturais. Tal decorre justamente da circunstância de a Constituição reservar aos primeiros um conteúdo principal e essencialmente determinado ou determinável, enquanto, aos segundos, a sua essência conceitual terá de ser, em maior ou menor medida, delimitada pelo legislador.[59]

Em suma, a exigibilidade direta de um direito fundamental, mesmo os de primeira dimensão,[60] decorrerá, nalgumas hipóteses, da forma como o mesmo vem estruturado pelo texto constitucional.

Isso, lógico, não quer dizer que as normas que preveem direitos fundamentais, quando não determinadas de forma objetiva no texto sobranceiro, carecem de normatividade. Absolutamente. Produzem, sem dúvida, efeitos, precisamente para se contrapor às decisões administrativas ou normas que contrariem a finalidade objetivada pela constituição com o seu reconhecimento, sem contar ainda o auxílio relevante na interpretação de outras normas, para o fim de solução de litígios.[61]

O constituinte de 1988 foi além, positivando direitos coletivos[62] e difusos, cuja titularidade pertence aos grupos sociais e à coletividade como um todo, sendo desta última

---

[59] O questionamento em torno da eficácia dos direitos sociais fez com que o conceito de garantias, como mecanismo de asseguar o seu cumprimento, fosse revisitado doutrinariamente. A esse respeito, Chistian Courtis (Los derechos sociales en perspectiva: la cara jurídica de la política social. In: CARBONELL, Miguel (Org.). *Teoría del neoconstitucionalismo*. Madri: Editorial Trotta, 2007. p. 196-209.) indica a classificação na qual constam as: (a) garantias sociais, nas quais se confia aos titulares dos direitos o instrumento para a sua garantia, as quais muitas vezes se acham conectadas a direitos de liberdade, tais como a liberdade de associação, principalmente sindical, e de manifetação do pensamento; (b) garantias institucional, que confiam tal proteção a uma determinada instituição de caráter público, podendo-se aí se distinguir as de natureza política, confiadas ao Legislativo e ao Executivo, e as jurisdicionais, ou seja, aqueles que cumprem com o julgamento de demandas pelo Judiciário.

[60] É o caso do direito à assistência jurídica aos necessitados, a que se refere o art. 5º, LXXIV, da Lei Maior, o qual depende, sem dúvida, de lei não somente para determinar a extensão dessa providência assistencial, o que adveio com a Lei nº 1.060/50, mas, igual e principalmente, para proceder à estruturação das defensorias públicas, tendo, assim, a Lei Complementar nº 80/94 traçadas as respectivas normas gerais.

[61] O aspecto inerente ao colorido eficacial das normas constitucionais, conforme a sua classificação sob o prisma do seu conteúdo, foi objeto da análise – sempre excelente – de Celso Antônio Bandeira de Mello (*Eficácia das normas constitucionais e direitos sociais*. São Paulo: Malheiros, 2011. p. 22-27).

[62] Os direitos coletivos em sentido estrito, pertencentes a grupo, categoria ou classe de pessoas ligadas entre si ou com a parte contrária por uma relação jurídica base, não configuram direito sob uma perspectiva material, mas uma forma de defesa de direitos extrajudicial e judicialmente. Desse modo, na maioria das vezes, o direito subjetivo se confunde substancialmente com direitos

modalidade o direito a um meio ambiente ecologicamente equilibrado (art. 225), à proteção do consumidor (art. 5º, XXXII) e, igualmente, as referências ao desenvolvimento nacional como objetivo fundamental do Estado brasileiro (art. 3º, II) e aos princípios a guiar as relações internacionais que dizem respeito ao direito à paz (art. 4º, III, VI e VII).

Uma característica das mais notáveis da Lei Fundamental de 1988 constou de uma preocupação reforçada quanto às garantias dos direitos fundamentais. Isso se observa, inicialmente, com a introdução do mandado de segurança para a tutela de direitos coletivos (art. 5º, LXX), a ser impetrado por partido político com representação congressual, organização sindical, entidade de classe, ou associação, constituída e em funcionamento há pelo menos um ano. Some-se ainda o *habeas data* (art. 5º, LXXII), remédio jurídico destinado a proteger o cidadão contra invasões de sua intimidade por bancos de entidades governamentais ou de caráter público, e o mandado de injunção (art. 5º, LXXI), cuja impetração também pode ser por via coletiva, visando à concretização, quanto a destinatários determinados ou determináveis, de direitos fundamentais cuja eficácia direta não é potencializada pela ausência de sua regulamentação infraconstitucional.[63]

Tampouco se pode esquecer que a Constituição de 1988, porventura tentando reavivar a Lei Máxima de 1934,[64] ou tendo por referência a vigente Constituição alemã,[65] cuidou de salvaguardar o sistema de direitos fundamentais diante da atuação do poder de reforma constitucional. Para tanto, enuncia o art. 60, § 4º, IV, os direitos e garantias individuais como cláusulas pétreas.

A isso se acresça que o mais importante, em se tratando os direitos fundamentais de um projeto voltado à realização de uma sociedade ideal, foi que o constituinte de 1988 estruturou, em bases sólidas, um modelo de jurisdição constitucional, capaz de garantir a normatividade do seu texto.

É preciso enfatizar também que a Constituição cidadã dispensou forte atenção ao princípio da igualdade, a qual é revelada seja tanto pela sua variada previsão no decurso de seu texto quanto pelo desenvolvimento que vem aquele alcançando.

A valorização à isonomia é revelada, inicialmente, pela sua menção no art. 3º, III, ao enunciar como objetivo fundamental do Estado brasileiro a redução das desigualdades regionais, seguindo-se com o art. 5º, *caput*, e I, 7º, XXX e XXXI, 37, I, II, VIII e XXI, 170,

---

de primeira e segunda dimensão, tais como, por exemplo, os direitos dos trabalhadores integrantes duma categoria a uma das prestações elencadas pelo art. 7º, I a XXXIV, da Constituição.

[63] De realçar que, depois duma atitude cautelosa, própria dos contatos iniciais com algo até então desconhecido, o Pretório Excelso tem procurado legar uma máxima efetividade ao instituto, consoante se pode ver do MI 721-7-DF (Pleno, v.u., rel. Min. Marco Aurélio, *DJU* de 30.11.2011) e o MI 670 – ES (Pleno, mv, rel. Min. Gilmar Mendes, Informativo – STF nº 485).

[64] De fato, o art. 178 da Constituição de 1934 excluía da incidência do poder constituinte derivado a mudança do seu Título III, o qual envolvia os direitos políticos e os direitos e garantias individuais.

[65] O art. 79.3 da Lei Fundamental de Bonn reputa inadmissível qualquer emenda que afete os princípios consagrados nos seus arts. 1º a 20.

VII e IX, 206, I, 208, III e VII, 226, § 5º, e 227, § 6º, para citar, sem pretensão exaustiva, algumas passagens.

Ao depois, é de realçar que a isonomia, na marcha evolutiva do Estado de Direito, tem apresentado modificações sensíveis quanto ao seu conteúdo. Portanto, se num momento inicial, bem revelado nestas plagas pelas Constituições de 1824 e 1891, representou a obrigação de se assegurar uma uniformidade de estatuto jurídico (igualdade perante a lei), foi, paulatinamente, passando para a exigência de uma uniformidade de tratamento jurídico, com a descrição pelo legislador de normas iguais para situações idênticas (igualdade na lei), o que já era incontestável sob o pálio da Constituição de 1946,[66] e, finalmente, para uma feição positiva. Esta, ao invés de invalidar comportamentos que patrocinem uma disparidade injustificada de disciplina jurídica, materializa-se na exigência quanto à prática de ações tendentes a reduzir desigualdades no meio social. Por exemplo, o art. 170, VII, da Lei Magna, ao considerar a redução das desigualdades regionais como princípio informador de nossa ordem econômica, permite, sem dúvida, a instituição de incentivos fiscais ou creditícios para regiões do país menos desenvolvidas, com o propósito de elevar a sua condição econômica e social diante das regiões com maior índice de desenvolvimento.

O mesmo sucede com as ações afirmativas, que se propõem ao estabelecimento de um tratamento desigual em favor de certos grupos não para promover um desequilíbrio, mas, inversamente, para corrigir uma discriminação vigorante na sociedade quanto a determinado agrupamento de pessoas.[67]

Finalmente, tem de se reconhecer que essa diversa variedade dos direitos fundamentais, a se refletir nas suas garantias, ostentada pela Lei Fundamental de 1988 frente às suas anteriores, justifica-se – e é reforçada – pelo caráter histórico de que se revestem aqueles, pois é sabido que, com o passar do tempo, incumbe ao constituinte agregar ao seu rol os ideais de liberdade e justiça que, gradualmente, vão surgindo.

---

[66] Pontes de Miranda (*Comentários à Constituição de 1946*. 3. ed. Rio de Janeiro: Borsoi, 1960. p. 312) mostrava que, por força do art. 141, § 1º, da Lei Maior de 1946, não "são só a incidência e a aplicação que precisam ser iguais, é preciso que seja igual a legislação".

[67] Não se descarte a admoestação de Manoel Gonçalves Ferreira Filho (*Estado de Direito e Constituição*. 4. ed. São Paulo: Saraiva, 2007. p. 31-32), alertando que o equacionamento das ações afirmativas, por ser extremamente delicado, poderá implicar, ao invés da redução da desigualdade, privilégios. Sugere, portanto, que na sua implantação se deve ter em consideração alguns critérios, os quais seguem: (a) identificação objetivamente determinada do grupo desfavorecido e de seu âmbito (regra da objetividade); (b) a medida da vantagem conferida há de ser ponderada em face da desigualdade a se corrigir (regra da medida ou da proporcionalidade); (c) as normas de vantagem devem ser adequadas à correção da desigualdade a superar (regra da adequação); (d) a finalidade das normas deve dizer respeito à correção das desigualdades sociais (regra da finalidade); (e) as medidas devem ser temporárias (regra de temporariedade); (f) a não onerosidade excessiva para outros grupos ou para a sociedade como um todo.

Referências

AJA, Eliseo. Prólogo. In: LASSALLE, Ferdinand. *Qué es una Constitución?* Tradução de Wenceslao Roces. Barcelona: Ariel, 2012.

ANDRADE, José Carlos Vieira. *Os direitos fundamentais na Constituição Portuguesa de 1976.* 2. ed. Coimbra: Almedina, 2001.

BALEEIRO, Aliomar. *Limitações constitucionais ao poder de tributar.* 6. ed. Rio de Janeiro: Forense, 1985.

BARBOSA, Rui. *Atos inconstitucionais.* 2. ed. Campinas: Russel, 2004.

BOBBIO, Norberto. *A era dos direitos.* Tradução de Carlos Nelson Coutinho. Rio de Janeiro: Editora Campus, 1992.

BONAVIDES, Paulo. *Curso de direito constitucional.* 4. ed. São Paulo: Malheiros, 1993.

BONAVIDES, Paulo. Constitucionalismo Luso-Brasileiro: influxos recíprocos. In: MIRANDA, Jorge (Org.). *Perspectivas constitucionais nos 20 anos da Constituição de 1976.* Coimbra: Coimbra Editora, 1996. Vol. I.

BROTERO, José Maria de Avelar. *A filosofia do direito constitucional.* São Paulo: Malheiros, 2007.

BUENO, José Antônio Pimenta. Direito público brasileiro e a análise da Constituição do Império. In: KUGELMAS, Eduardo (Org.). *Marquês de São Vicente.* São Paulo: Editora 34, 2002.

CÂMARA, Adauto. *História de Nísia Floresta.* 2. ed. Natal: Instituto Histórico e Geográfico do Rio Grande do Norte, 1997.

CAVALCANTI, João Barbalho Uchoa. *Constituição Federal brasileira, 1891.* Rio de Janeiro: Typographia da Companhia Litho-Typographia, 1902. Edição fac-similar. Brasília: Senado Federal, 2002. Coleção história constitucional brasileira.

COURTIS, Chistian. Los derechos sociales en perspectiva: la cara jurídica de la política social. In: *Teoría del neoconstitucionalismo.* Madri: Editorial Trotta, 2007. p. 196-209. CARBONELL, Miguel (Org.).

FAORO, Raymundo. *A república inacabada.* São Paulo: Globo, 2007.

FERREIRA, Waldemar Martins. *História do direito constitucional brasileiro.* São Paulo: Max Limonad, 1954. Edição fac-similar do Senado Federal, 2003.

FERREIRA FILHO, Manoel Gonçalves. *Estado de Direito e Constituição.* 4. ed. São Paulo: Saraiva, 2007.

FIORAVANTI, Maurizio. *Los derechos fundamentales* – apuentes de historia de las constituciones. Tradução de Manuel Martinez Neira. 4. ed. Madri: Trotta, 2003.

LESSA, Pedro. *Do Poder Judiciário.* Rio de Janeiro: Livraria Francisco Alves, 1915. Edição fac-similar do Senado Federal, 2003.

MAXIMILIANO, Carlos. *Comentários à Constituição Brasileira de 1891*. Rio de Janeiro: Ribeiro dos Santos, 1918. Edição fac-similar do Senado Federal, 2005. Coleção história constitucional brasileira.

MELLO, Celso Antonio Bandeira de. *Eficácia das normas constitucionais e direitos sociais*. São Paulo: Malheiros, 2011.

MIRANDA, Pontes. *Comentários à Constituição de 1946*. 3. ed. Rio de Janeiro: Borsoi, 1960.

NOGUEIRA, Octaciano. *A Constituição de 1824*. Brasília: Senado Federal, 2001.

NOBRE JÚNIOR, Edilson Pereira. Controle judicial de constitucionalidade: o contributo da Constituição de 1891. *Direito Federal: Revista da Associação dos Juízes Federais do Brasil*, v. 25, nº 92, 2012

NOBRE JÚNIOR, Edilson Pereira. O poente do constitucionalismo brasileiro: a Constituição de 1937. In: BRANDÃO, Cláudio; SALDANHA, Nelson; FREITAS, Ricardo (Org.). *História do direito e do pensamento jurídico em perspectiva*. São Paulo: Atlas, 2002, p. 389-410.

SCHMITT, Carl. *Teoría de la constitución*. Tradução de Francisco Ayala. Madri: Alianza Editorial, 2011.

SILVA, Paulo Sérgio da. *A Constituição brasileira de 10 de novembro de 1937* – um retrato de luz e sombra. São Paulo: Editora UNESP, 2008.

SOUZA JÚNIOR, Cezar Saldanha. *Constituições do Brasil*. Porto Alegre: Sagra Luzzatto, 2002.

Título V

Apreciação crítica das gerações de direitos fundamentais

Título V

Apreciação crítica das gerações de direitos fundamentais

14

Apreciação crítica aos direitos fundamentais de primeira geração à luz do direito de propriedade: da propriedade liberal à propriedade social

Francisco Cavalcanti

> Sumário: 14.1 Introdução; 14.2 A propriedade como direito fundamental e sua evolução; 14.3 Expropriação e desapropriação; 14.4 Propriedade e meio ambiente; 14.5 Propriedade e proteção ao patrimônio histórico e cultural; 14.6 A função social da propriedade; 14.7 O respeito à propriedade e o ressarcimento nas hipóteses de perda; 14.8 A propriedade pública e o interesse social; 14.9 A propriedade imaterial; 14.10 Conclusões.

14.1 Introdução

Inicialmente deve-se destacar que o que se pretende com o presente texto não é apresentar uma cronologia evolutiva do direito de propriedade, como direito fundamental, mas, demonstrar que esse direito sofreu, como os demais, alterações relevantes, de modo a compatibilizá-lo com outros direitos de "mesma hierarquia" e relevância que foram surgindo ao sabor da evolução da sociedade. Sabido é que a existência de direitos fundamentais precede até a "rotulagem" dessa espécie de direitos. A partir do momento em que as ordens jurídicas se foram estruturando, foi-se reconhecendo explícita, ou implicitamente, a existência de graus de relevo distintos entre esses ditos direitos. O mais relevante deles, o defendido com maior ênfase, o direito de locomoção, o poder ir e vir, foi aquele objeto do primeiro *writ* p. ex, o *habeas corpus* surgiu quando ainda não se tinha qualquer conceituação de direito fundamental. Em verdade, a fundamentalidade dos direitos decorre de um reconhecimento social, embora não se possa negar que o rol formal dessa espécie qualificada de direitos decorre de tipificação constitucional, ainda que não representando um conjunto fechado.

A construção sobre essa característica decorre do reconhecimento social. Liberdade, proteção da intimidade, igualdade, direito ao contraditório e à ampla defesa foram sendo construídos para obtenção de um reconhecimento formal, que viria posteriormente, pelo legislador em países de direito essencialmente legislado, ou pelos órgãos de aplicação, sobretudo o Judiciário, nos países vinculados ao modelo do *common law*.[1]

14.2 A propriedade como direito fundamental e sua evolução

Os direitos, regra geral, são construídos a partir de pressões sociais, às vezes tidas inicialmente como ilícitas, sequencialmente como toleradas e ao final reconhecidas como direitos. Em matéria tão essencial como a liberdade, tal aconteceu. Basta lembrar o direito mais básico – liberdade – e confrontá-lo com a evolução da legislação do período imperial brasileiro acerca dos escravos, inicialmente tidos como bens, posteriormente, havendo limitações parciais acerca dos filhos dos escravos, dos mais idosos, da proibição de importação e, ao final a transformação dos antigos objetos em cidadãos livres.[2] Merece consulta sobre essa evolução legislativa, a tese de Silvia Hunold Lara.[3] Não é inoportuno recordar que a inserção desses cidadãos afro-brasileiros vem se fazendo paulatinamente, com grande esforço para, através de *ações afirmativas* se obter, efetivamente, sua integração, em condições isonômicas, na sociedade brasileira.[4] Poder-se-ia, também, lembrar o exemplo do direito de greve, hoje reconhecido como direito fundamental de cunho social, mas que, em sua origem, sobretudo com o surgimento do processo de industrialização, passa por três fases básicas: ilicitude, tolerância e direito social.

Outro direito fundamental de grande relevo, possivelmente aquele considerado de maior relevo na esfera cível, ao menos sob o aspecto econômico, é o direito de propriedade, objeto de proteção desde a primeira Carta Constitucional brasileira, de 1824, mas cujos contornos que foram evoluindo, tornando-se mais complexos, amoldando-se às novas ideologias como a social-democracia e amoldando-se e compatibilizando-se com novos

---

[1] Quanto a essas famílias bem identificadas por René David, não se pode deixar de reconhecer a hodierna tendência de convergência com o aumento de *legislative acts*, e normas reguladoras escritas, laçadas no Federal Register, em países como os EUA e a judicialização do direito em países como o Brasil.

[2] Vide PERDIGÃO MALHEIROS. A escravidão no Brasil. *Ensaio histórico, jurídico e social*. Petrópolis: Vozes/INL, 1976 (2 volumes).

[3] HONOLD LARA, Silvia. Legislação sobre escravos africanos na America Portuguesa. In: *Nuevas aportaciones a La historia jurídica de Iberoamérica*. Coord. José Andrés Gallego. Madrid: Tavera, 2000. Collecion proyectos históricos.

[4] GOMES, Joaquim B. B. *Ações afirmativas e o princípio constitucional da igualdade, o caso dos EUA*. Rio de Janeiro: Renovar, 2001.

direitos outros surgidos posteriormente, como, dentre eles, o direito a um meio ambiente saudável, o direito de moradia. Cite-se um exemplo relevante, incompatível com ordens jurídicas como a vigente à época da Constituição de 1824. Observe-se, o exemplo citado por João dos Passos Martins Neto:

> Direito subjetivo dos não-proprietários ao usucapião da área urbana de até duzentos e cinquenta metros quadrados ou da área rural produtiva não superior a cinquenta hectares, após cinco anos de posse ininterrupta e sem oposição, desde que tenham nelas a sua moradia ou de sua família e não se trate de imóveis públicos (CRFB-88, arts. 180 e 191).[5]

O direito de propriedade, consagrado como direito fundamental de primeira geração, de um modelo tipicamente liberal, necessitou com a evolução do modelo político jurídico nacional, com o desenvolvimento do Estado social, de adequar-se ao surgimento de outros direitos e princípios e de se compatibilizar com restrições decorrentes do interesse público, tais como as previsões inseridas no próprio art. 5º da Constituição vigente, como as limitações administrativas, aquelas referentes aos imóveis urbanos, impostas por regras legais urbanísticas, como fixação de áreas residenciais, mistas, industriais etc. fixação de gabaritos de construção, limites de área, dentre outras. As requisições temporárias de bens móveis e imóveis são outro exemplo de restrições.

Por outro lado, observa-se uma evolução no trato da questão pertinente ao tombamento, com a evolução do posicionamento de tal instituto exclusivamente como limitação não indenizável para, a depender da densidade da restrição, a possibilidade de caracterização como servidão indenizável. Já no tocante às servidões administrativas, tais necessitaram de um maior aperfeiçoamento jurídico decorrente, sobretudo, da multiplicidade de situações em que tais podem ocorrer.

Novos perfis, ou balizas, se aguçam em relação ao direito real de maior relevo, como o da *função social da propriedade e do respeito ao meio ambiente respeito às normas cogentes de contratação de mão de obra, dentre outros*. Essas novas Molduras têm grande importância, não só no tocante às propriedades privadas, materiais e imateriais, mas também em relação às propriedades públicas, inclusive com o surgimento de instrumentos de regularização de posse de comunidades carentes sobre bens imóveis públicos, embora sem aquisição por usucapião da titularidade desses bens, mas assegurando o uso e a habitação.

---

[5] MARTINS NETO, João dos Passos. *Direitos Fundamentais*. Conceito, funções e tipos. São Paulo: RT, 2003. p. 173.

14.3 Expropriação e desapropriação

Observe-se que a CF/88[6] manteve a garantia do direito de propriedade, mas não especificamente como o faziam as Cartas Constitucionais anteriores, ressalvando, inclusive, como passaram a fazer as Constituições brasileiras, desde a de 1946, expressamente a condicionante *função social* como elemento relevante, sem cuja presença a intervenção estatal poderia ocorrer até, em situação extrema, sem pagamento de indenização, como é a situação tipificada no art. 243, do texto magno, que representa, em verdade, um confisco de bem (ou perdimento) em função da sua utilização para fins ilícitos. O constituinte, neste caso, evitou a estigmatizada expressão *confisco* e eufemisticamente refere-se a expropriação, causando confusão entre os doutrinadores mais superficiais, pela confusão decorrente da sinonímia entre os termos *desapropriação = expropriação*, no vernáculo e na tradicional doutrina. A matéria é objeto de disciplina pela Lei nº 8.257/91.

Além dessa situação extrema, o texto constitucional consagra a figura da desapropriação-sanção, com pagamento da indenização correspondente ao não atendimento da função social, em títulos da dívida pública. São duas as hipóteses, basicamente:

A do art. 182, da Constituição, que dispõe:

> § 4º É facultado ao Poder Público municipal, mediante lei específica para área incluída no plano diretor, exigir, nos termos da lei federal, do proprietário do solo urbano não edificado, subutilizado ou não utilizado, que promova seu adequado aproveitamento, sob pena, sucessivamente, de:
>
> I – parcelamento ou edificação compulsórios;
>
> II – imposto sobre a propriedade predial e territorial urbana progressivo no tempo;

---

[6] Constituição Federal de 1988:
Art. 5. [...]
XXII – é garantido o direito de propriedade;
XXIII – a propriedade atenderá a sua função social;
XXIV – a lei estabelecerá o procedimento para desapropriação por necessidade ou utilidade pública, ou por interesse social, mediante justa e prévia indenização em dinheiro, ressalvados os casos previstos nesta Constituição;
XXV – no caso de iminente perigo público, a autoridade competente poderá usar de propriedade particular, assegurada ao proprietário indenização ulterior, se houver dano;
XXVI – a pequena propriedade rural, assim definida em lei, desde que trabalhada pela família, não será objeto de penhora para pagamento de débitos decorrentes de sua atividade produtiva, dispondo a lei sobre os meios de financiar o seu desenvolvimento;
XXVII – aos autores pertence o direito exclusivo de utilização, publicação ou reprodução de suas obras, transmissível aos herdeiros pelo tempo que a lei fixar;

III – desapropriação com pagamento mediante títulos da dívida pública de emissão previamente aprovada pelo Senado Federal, com prazo de resgate de até dez anos, em parcelas anuais, iguais e sucessivas, assegurados o valor real da indenização e os juros legais.

Essa previsão constitucional foi objeto de regramento pela Lei nº 10.257/3001 (estatuto da cidade), cujo art. 7º estabeleceu a possibilidade de ocorrência dessa modalidade de desapropriação, *decorridos cinco anos de cobrança de IPTU progressivo sem que o proprietário tenha cumprido a obrigação de parcelamento, edificação ou utilização.* Constata-se que os municípios não têm se valido dessa modalidade em função de alguns fatores, dentre eles, o alto grau de endividamento, que dificulta a emissão de títulos públicos municipais, autorizados pelo Senado Federal, e o longo período necessário para a sua utilização, em cada caso, superior, obrigatoriamente, aos mandatos dos dirigentes municipais. Mais usuais têm sido as utilizações da Lei nº 4.132/62, com desapropriações fundadas em interesse social, mas com pagamentos em dinheiro.

A segunda hipótese de desapropriação-sanção é a de propriedade improdutiva, para fins de reforma agrária, nas situações previstas na Constituição de 1988, que manteve a exclusividade dessa modalidade pelo Poder Central Federal, ao estabelecer:

> Art. 184. Compete à União desapropriar por interesse social, para fins de reforma agrária, o imóvel rural que não esteja cumprindo sua função social, mediante prévia e justa indenização em títulos da dívida agrária, com cláusula de preservação do valor real, resgatáveis no prazo de até vinte anos, a partir do segundo ano de sua emissão, e cuja utilização será definida em lei.
>
> § 1º – As benfeitorias úteis e necessárias serão indenizadas em dinheiro.
>
> § 2º – O decreto que declarar o imóvel como de interesse social, para fins de reforma agrária, autoriza a União a propor a ação de desapropriação.
>
> § 3º – Cabe à lei complementar estabelecer procedimento contraditório especial, de rito sumário, para o processo judicial de desapropriação.
>
> § 4º – O orçamento fixará anualmente o volume total de títulos da dívida agrária, assim como o montante de recursos para atender ao programa de reforma agrária no exercício.
>
> § 5º – São isentas de impostos federais, estaduais e municipais as operações de transferência de imóveis desapropriados para fins de reforma agrária.
>
> Art. 185. São insuscetíveis de desapropriação para fins de reforma agrária:
>
> I – a pequena e média propriedade rural, assim definida em lei, desde que seu proprietário não possua outra;
>
> II – a propriedade produtiva.

Parágrafo único. A lei garantirá tratamento especial à propriedade produtiva e fixará normas para o cumprimento dos requisitos relativos a sua função social.

Art. 186. A função social é cumprida quando a propriedade rural atende, simultaneamente, segundo critérios e graus de exigência estabelecidos em lei, aos seguintes requisitos:

I – aproveitamento racional e adequado;

II – utilização adequada dos recursos naturais disponíveis e preservação do meio ambiente;

III – observância das disposições que regulam as relações de trabalho;

IV – exploração que favoreça o bem-estar dos proprietários e dos trabalhadores.

Ressalte-se, em breve digressão, que a CF/88 manteve a restrição a Estados e Municípios da desapropriação para esse fim, contida na CF/67, inclusive com a EC nº 01/69 e na Constituição Federal de 1946, pós-golpe de 1964, que tornou exclusiva a competência da União Federal para esse fim, inicialmente através do Instituto Brasileiro de Reforma Agrária (IBRA), sucedido pelo INCRA.

Tal regramento foi inicialmente estabelecido pelo Estatuto da Terra (Lei nº 4.504/64), tendo como norma processual o Decreto-lei nº 554/69 e atualmente a Lei Complementar nº 76/93, como norma processual pertinente a essa espécie de desapropriação. A outra lei relevante para o disciplinamento da reforma agrária é a de nº 8.629/93, que traz o regramento do instituto. Em relação ao objetivo de alcançar a *função social da propriedade* através de desapropriações para fins de reforma agrária, ressalte-se que o texto constitucional vigente foi mais conservador que o anterior ao vedar a desapropriação de média propriedade, quando o proprietário tiver apenas uma propriedade.

Tal preceito possibilitou, inicialmente, no pós-CF/88, parcelamentos de propriedades, no sentido de evitar o enquadramento de propriedades no conjunto expropriável, inclusive ressalte-se que, inicialmente, tal prática era aceita pelo STF a partir da presunção de boa-fé, competindo ao INCRA a prova em sentido contrário.

Em verdade, a fórmula inserida na Constituição vigente, de não serem expropriáveis imóveis rurais produtivos, impede o planejamento de programas efetivos, de longo alcance, visando ao assentamento de agricultores em área mais adequadas para cultivos não extensivos, pois isso dependerá, sempre, da existência de requisitos negativos de improdutividade.

14.4 Propriedade e meio ambiente

Não se pode deixar de referenciar, por outro lado, que a proteção ao meio ambiente tornou-se princípio explícito da Ordem Econômica na Carta Constitucional vigente[7] e também como expresso em capítulo constitucional (o de nº VI, da Ordem Social), destacado por Alexandre de Moraes como "direito fundamental ao meio ambiente", lecionando o autor:

> O art. 225 deve ser interpretado em consonância com o art. 1º, III, que consagra como fundamento da República o princípio da dignidade da pessoa humana; o art. 3º, II que prevê como objetivo fundamental da República o desenvolvimento nacional; e o art. 4º, IX, que estipula que o Brasil deve reger-se em suas relações internacionais pelos princípios da cooperação entre os povos para o progresso da humanidade, de maneira a permitir maior efetividade na proteção do meio ambiente.[8]

O direito ambiental, em verdade, tornou-se objeto de constitucionalização em inúmeros ordenamentos jurídicos, até mesmo, antes do Brasil, e vem sendo objeto de preocupação no âmbito do direito internacional convencional, apesar da resistência de alguns dos principais poluidores globais como a China e os EUA.

Ramón Martín Mateo aponta a tendência de constitucionalização da matéria ambiental, indicando textos precursores com da Constituição Polonesa de 1952, a Espanhola de 1978, a da antiga Iugoslávia de 1974, apontando ainda a grega de 1975, a Portuguesa de 1976, dentre tantas outras.[9] Destaca-se, inclusive, a responsabilidade do Estado pela preservação ambiental, quer em termos de normatização, quer em termos de criação de estrutura administrativa suficiente para assegurar o cumprimento do conjunto normativo ambientalista. Como ressalta Martín Mateo, essa convergência corresponde à obrigação do Estado de conservar a natureza, na condição de "fideicomissário", aplicando-se a *Public Trust Doctrine*.[10]

Merece consulta sobre os papéis do Estado em matéria ambiental a obra de Blanca Lozano Cutunda, que destaca a partir do direito espanhol, mas com perfeita aplicação ao

---

[7] CF/88 – Art. 170:
[...]
VI – defesa do meio ambiente, inclusive mediante tratamento diferenciado conforme o impacto ambiental dos produtos e serviços e seus processos de elaboração e prestação.

[8] MORAES, Alexandre de. *Constituição do Brasil interpretada*. São Paulo: Atlas, 2004. p. 2057

[9] MARTÍN MATEO, Ramón. *Manual de Derecho Ambiental*. 3. ed. Navarra: Arazandi, 2003. p. 59/59. Onde destaca o autor, que 14 das constituições latino-americanas em vigor, expressamente, contemplam a defesa do meio ambiente, como princípio, ou regra: Panamá (1972), Cuba (1976), Equador (1979/1993), Peru (1979), Chile (1980), Honduras (1982), El Salvador (1982), Haiti (1985), Brasil (1988), México (1987), Colômbia (1991), Paraguai (1967/1992), Peru (1993).

[10] MARTÍN MATEO, Ramon. Op. cit., p. 61.

caso brasileiro, a existência no campo ambiental de leis ambientais de caráter horizontal, que são aquelas

> cujo objeto é introduzir instrumentos de proteção ambiental aplicáveis em diversos setores, ou âmbitos de atividade, como é o caso das normas de avaliação do impacto ambiental, ou de gestão ecológica das empresas, e, leis ambientais setoriais dirigidas bem à proteção dos distintos meios (água, ar, espaços naturais...), ou bem à regulação dos agentes contaminantes e os problemas ambientais concretos (resíduos, substancias, tóxicas ou perigosas, solos contaminados...). Estas normas abarcam um setor muito amplo das relações humanas e representam uma série de sub-ordenamentos ambientais.[11]

Nesse sentido pode-se citar o art. 45.1 da Constituição Espanhola vigente, quando estabelece:

> 45.1:
>
> *1. Todos têm direito a desfrutar de um meio ambiente adequado para o desenvolvimento da pessoa, assim como o dever de conservá-lo.*
>
> *2. Os Poderes Públicos velarão pela utilização racional de todos os recursos naturais com o fim de proteger e melhorar a qualidade de vida e defender e restaurar o meio ambiente apoiando-se na indispensável solidariedade coletiva.*

Sobre este dispositivo lecionam Pereda Rodriguez e outros:

> *El artículo 45 recoge la preocupación ecológica surgida em las últimas décadas em amplios sectores de la opinión que há plasmado también em numerosos documentos internacionales. Em su virtud ño puede considerarse como objetivo primordial y excluyente de la explotación al máximo de los recursos naturales, al aummento de producción a toda costa, sino que se há de armonizar la utilización racional de esos recursos com la protección de la naturaleza, todo ello para el mejor desarrolo de la persona y para asegurar uma mejor calidad de vida.*[12]

No Brasil, essa questão ambiental é relevante, complexa, primeiramente pelo fato de tanto a competência legislativa ser concorrente, entre os entes da estrutura federativa, como a competência administrativa ser comum.

---

[11] LOZANO CUTUNDA, Blanca. *Derecho Administrativo Ambiental*. Madrid: Dykson, 10. ed. 2009. p. 38.

[12] PAREDA RODRIGUEZ, José Manuel Martínez; GONZÁLEZ RIVAS, Juan José; MARÍNEZ VELASCO, Joaquin Huelin; GIL IBÁNEZ, José Luiz; CORREA GUIMERA, Bernardino. *Constitución Española, com la doctrina mas relevante del tribunal constitucional, tribunal supremo y tribunal europeo de los derechos humanos*. 4. ed. Madrid: Colex Ed., 2002. p. 406.

Essa repartição não é pacífica e gera muitos conflitos judicializados, sobretudo, por ser a sua fixação repleta de conceitos indeterminados. Pertinente a lição de Walber Agra:

> Por mais detalhista que tenha sido a Constituição de 1988 em disciplinar a repartição de competência entre os entes federativos, configura-se impossível evitar choques entre as entidades federativas na implementação de suas autonomias. Mesmo supondo que a teorética positivista ou pós-positivista seja avançada, dotada de boa técnica, como há uma pluralidade demasiada de competências, abrangendo matérias de difícil subsunção normativa, a repartição de competência nem sempre evita a proliferação de conflitos. Ainda mais porque em vários casos existe interesse dos entes federativos em regulamentar determinadas matérias, inclusive auferindo vantagens financeiras, como no caso de transito e transportes. Acrescente-se que as competências deferidas foram estruturadas juridicamente como conceitos jurídicos indeterminados.[13]

Essas questões são de grande relevo, considerando-se a pluralidade de fontes de produção normativa em função da federação e a indeterminação conceitual. Além disso, tal como lembrado por Lozano Cutunda, há também uma série de "subconjuntos" normativos, incidentes sobre a questão ambiental.[14] De qualquer sorte, não se pode olvidar que a proteção ambiental hoje está presente nos aspectos mais cotidianos do direito das coisas.

Nas propriedades rurais, como regra, há necessidade de definição das áreas de reserva legal, áreas de preservação permanente, de certidão negativa de débitos ambientais para transferência da propriedade de imóveis rurais, de ponderação da preservação ambiental para exame da produtividade dessa espécie de bens. Todas essas facetas da questão ambiental são relevantes para demonstrar como ela interfere e serve de moldura para o regular exercício do direito de propriedade.

---

[13] AGRA, Walber. Repartição de competência: superposições e conflitos normativos. Revista Brasileira de Direito Administrativo e Regulatório. Nº 03/2011. São Paulo: MP. p. 229.

[14] Observe-se, só a título de singelo exemplo, que no âmbito federal têm-se legislações específicas sobre :
Agrotóxicos (Lei nº 7.802/ 1989); águas (Decreto nº 24.643/1934, Lei nº 9.433/97 – sobre Política Nacional de recursos Hídricos); fertilizantes (Lei nº 6.894/1980); gestão de florestas públicas (Lei nº 11.284/2006) e vegetação nativa – (Lei nº 11.428/2006); pesca (Decreto-lei nº 221/1967); Política Nacional do meio ambiente (Lei nº 6.902/1981, Lei nº 6.938/1981, Lei nº 7.661/1988, Lei nº 7.797/1989 etc.); Poluição (Decreto-lei nº 1.413/1975, Lei nº 12.187/2009); resíduos (Lei nº 12.305/ 2010); saneamento básico (Lei nº 11.445/2007); sistema nacional de unidades de conservação (Lei nº 9.985/2000). Além do relevante Código Florestal (Lei nº 12.651/2012), recentemente aprovado e objeto de acesas discussões no Congresso Nacional.

14.5 Propriedade e proteção ao patrimônio histórico e cultural

Outro aspecto relevante dessa evolução da moldura do direito de propriedade é o respeito ao patrimônio histórico e cultural. A Constituição de 1988, expressamente, dispõe sobre a proteção ao patrimônio histórico e cultural, nos artigos 216 e 216-A (introduzidos pela Emenda Constitucional nº 71/2012), nos quais se destaca a proteção a bens de valor histórico, artístico, paisagístico, arqueológico, ecológico, paleontológico e científico, nos quais se estabelecem instrumentos de proteção como o tombamento e até a desapropriação.[15]

A Carta Constitucional de 1988, inclusive, veio a estabelecer, em caso específico, o tombamento, decorrente diretamente do seu texto, prevendo que "ficam tombados todos os documentos e os sítios detentores de reminiscências históricas dos antigos quilombos" (evidentemente, embora o texto refira-se a ficarem de logo tombados, a discriminação desses bens observará um procedimento administrativo que, na prática, não se afasta daquele previsto no Decreto-Lei nº 25/37).

Todas essas normas, entretanto, devem ter suas aplicações norteadas pela previsão do art. 5º do texto constitucional, que estatui, como direito fundamental, da espécie direito individual, o de propriedade, nos seguintes termos:

> XXII – é garantido o direito de propriedade;
>
> XXIII – a propriedade atenderá a sua função social;

14.6 A função social da propriedade

Todas as balizas que a CF/88 veio a fixar representam, sem dúvida, instrumentos de definição da função social da propriedade, daquele direito amplo, sem limitações formais de relevo, consagrado na primeira constituição brasileira, que estabelecia, tão somente:

> Art.179:
>
> [...]
>
> XXII – É garantido o direito de propriedade em toda a sua plenitude. Se o bem público legalmente verificado o exigir o uso e emprego da propriedade do cidadão, será ele previamente indenizado do valor dela. A lei marcará os casos em que terá lugar esta única exceção e dará regras para se determinar a indenização.

---

[15] Nota: já há no Brasil vasto acervo normativo, no tocante à proteção desses bens, destacando-se o antigo Decreto-lei nº 25/1937, disciplinador do tombamento no âmbito federal; a Lei nº 3.924/1963, sobre a proteção de monumentos arqueológicos e pré-históricos; as Leis nºs 7.505/1986 e 8.313/1991, sobre benefícios fiscais concedidos a operações culturais e artísticas.

A partir desse conceito profundamente liberal de direito de propriedade, o sistema jurídico brasileiro foi lapidando-o, em alguns aspectos, ainda, sem a esperada concretude, mas, de qualquer modo, a moldura normativa foi sendo paulatinamente modificada, bem como a doutrina sobre a mesma.[16]

O sistema constitucional brasileiro filia a Ordem Jurídica pátria ao modelo capitalista atenuado, ou mitigado, próprio do modelo do Estado do bem-estar social, assegurando a livre-iniciativa, preservando o papel subsidiário, ressalvadas as hipóteses constitucionalmente ressalvadas, do Estado empresário (art. 170 e 173 da CF/88) e fixando as condicionantes para o exercício dos direitos reais, visando adequá-lo, compatibilizá-lo com a função social que a própria Carta Magna procura esboçar, como se vê, p. ex., com os indicativos do seus arts. 182, § 2º e 186.

Observe-se, por exemplo, que no exame da compatibilização do direito de propriedade com as demais situações as desapropriações, elas não representam em princípio sanção.

Expropria-se no exercício de poder inerente à figura do Estado, ou para exercício de um serviço que compete ao ente público declarante, ou de alguém que em seu nome presta serviços (hipóteses de *necessidade pública, ou utilidade pública* previstas ou na Lei Geral de Desapropriação – Decreto-lei nº 3.365/41, ou em outras leis específicas); ou em situações de *interesse social* contempladas em leis como a de nº 4.132/62.

14.7 O respeito à propriedade e o ressarcimento nas hipóteses de perda

Em qualquer dessas circunstâncias, haverá uma *retirada, subtração, ou desfalque* de parte, ou até da integralidade do patrimônio de alguém, daí o requisito constitucional do pagamento do preço prévio e justo. Aqui se tem uma exceção, ou ao menos uma atenuação, em relação à garantia do direito de propriedade, com sua substituição por uma inde-

---

[16] Embora a Constituição de 1891 ainda estabelecesse:
Art.72; [...]
Parágrafo 17. O direito de propriedade mantém-se em toda a sua plenitude, salva a desapropriação por necessidade ou utilidade pública, mediante indenização prévia.
As minas pertencem aos proprietários do solo, salvas as limitações que forem estabelecidas por lei a bem da exploração desse ramo de indústria.

autores de relevo, como Carlos Maximiliano Pereira dos Santos, já lecionavam, com maestria:

> Hoje, pelo menos entre juristas filósofos não mais aceitam a doutrina da propriedade ilimitada, nem tão pouco o conceito individualista de uma prerrogativa que é mantida por motivos sociais. Ninguém adota a definição proposta pela Escola do século XVIII, que inspirou a dos códigos civis da França e da Itália... A propriedade não é mais o direito subjetivo do proprietário; é a função social do detentor da riqueza (MAXIMILIANO, Carlos. *Comentários à Constituição brasileira de 1891*. Edição fac-símile, Brasília: Senado Federal, 2005. p. 718).

nização, merecendo destaque a falta de efetividade na proteção ao direito de propriedade por força da interpretação que o STF vem dando a certos dispositivos constitucionais.[17]

A relevância dessa questão justifica uma digressão, que se inicia com uma indagação a ser feita em relação às expropriações: é acerca da expressão *preço [...] prévio*. Prévio a quê? A resposta tradicional é: *prévio à transferência da propriedade que se dará ao final do processo, com o pagamento integral do preço e a imissão definitiva na posse. Até esse momento poderá haver, inclusive, desistência, com a devolução do bem e eventual ressarcimento dos prejuízos causados ao expropriado*. Ou seja, prévio a esse momento de transferência de propriedade. Nesse sentido dispõe o art.1.245 do Código Civil vigente. Os atos anteriores da desapropriação, tais como o ato declaratório, a imissão *provisória* na posse, dentre outros, não têm, evidentemente, efeitos de transferência de direito de propriedade ou constituição de direito real. A *Lei Geral de Desapropriações* (Decreto-Lei nº 3.365/41) estatui:

> Art. 29. Efetuado o pagamento ou a consignação,expedir-se-á, em favor do expropriante, mandado de imissão de posse, valendo a sentença como título hábil para a transcrição no Registro de Imóveis.

A interpretação tradicional sobre o sentido de *imissão provisória* leva à interpretação consolidada de que, para fins de imissão provisória, os valores a serem depositados podem não corresponder necessariamente ao patrimônio desfalcado, desde que observados os valores mínimos previstos na legislação. Esses valores, basicamente são os estabelecidos na supracitada lei geral:

> Art. 15. Se o expropriante alegar urgência e depositar quantia arbitrada de conformidade com o art. 685 do Código de Processo Civil, o juiz mandará imiti-lo provisoriamente na posse dos bens;)
>
> § 1º A imissão provisória poderá ser feita, independente da citação do réu, mediante o depósito: (Incluído pela Lei nº 2.786, de 1956)
>
> a) do preço oferecido, se este for superior a 20 (vinte) vezes o valor locativo, caso o imóvel esteja sujeito ao imposto predial; (Incluída pela Lei nº 2.786, de 1956)
>
> b) da quantia correspondente a 20 (vinte) vezes o valor locativo, estando o imóvel sujeito ao imposto predial e sendo menor o preço oferecido; (Incluída pela Lei nº 2.786, de 1956)

---

[17] Essa forma de interpretar do STF, restringindo a efetivação de direitos, vem ocorrendo em outras circunstâncias. Observe-se, p. ex., a postura tímida dessa Corte no tocante ao exercício do dever de efetivar requisições de intervenção pelo descumprimento de ordens judiciais, como na situação de não cumprimento de requisições de precatórios judiciais (art.36, II, da CF/88), gerando deliberada omissão de Estados, inclusive o mais rico deles, em cumprir as determinações. Saliente-se ainda que a mais alta Corte do país, por sua inércia, levou cerca de 12 anos para apreciar a EC nº 30, e até hoje não julgou a EC nº 62, com flagrante prejuízo para aqueles lesados por atos das Fazendas Públicas.

c) do valor cadastral do imóvel, para fins de lançamento do imposto territorial, urbano ou rural, caso o referido valor tenha sido atualizado no ano fiscal imediatamente anterior; (Incluída pela Lei nº 2.786, de 1956)

d) não tendo havido a atualização a que se refere o inciso *c*, o juiz fixará independente de avaliação, a importância do depósito, tendo em vista a época em que houver sido fixado originalmente o valor cadastral e a valorização ou desvalorização posterior do imóvel. (Incluída pela Lei nº 2.786, de 1956)

§ 2º A alegação de urgência, que não poderá ser renovada, obrigará o expropriante a requerer a imissão provisória dentro do prazo improrrogável de 120 (cento e vinte) dias. (Incluído pela Lei nº 2.786, de 1956)

§ 3º Excedido o prazo fixado no parágrafo anterior não será concedida a imissão provisória. (Incluído pela Lei nº 2.786, de 1956)

§ 4º A imissão provisória na posse será registrada no registro de imóveis competente. (Incluído pela Lei nº 11.977, de 2009)

Mister não se faz a condição de *expert* em avaliações para se verificar que, regra geral, os parâmetros estabelecidos no Decreto-lei nº 3.365/41, em época muito distante da atual, não são adequados para a fixação de *"preços provisórios"* para atender ao requisito, mesmo que provisório, de um preço justo para fins de desapossamento de um bem. Tanto assim o é que Decreto-lei nº 1.075/70, em relação a imóveis urbanos residenciais, estabeleceu regra diversa, partindo da constatação da conduta abusiva da Administração Pública, sobretudo, na maior metrópole brasileira. Fundamentando-se o ato com força de lei nos seguintes argumentos:

> CONSIDERANDO que, na cidade de São Paulo, o grande número de desapropriações em zona residencial ameaça desalojar milhares de famílias;
>
> CONSIDERANDO que os proprietários de prédios residenciais encontram dificuldade, no sistema jurídico vigente, de obter, *initio litis*, uma indenização suficiente para a aquisição de nova casa própria;
>
> CONSIDERANDO que a oferta do poder expropriante, baseada em valor cadastral do imóvel, é inferior ao valor real apurado em avaliação no processo de desapropriação;
>
> CONSIDERANDO, finalmente, que o desabrido dos expropriados causa grave risco à segurança nacional, por ser fermento de agitação social, [...]

Observe-se a constatação de um fato relevante: a falta de efetiva correspondência entre os valores inicialmente ofertados e a longevidade abusiva das ações de desapropriação motivaram a alteração da regra, que teve, entretanto, destino limitado.

Art. 1º Na desapropriação por utilidade pública de prédio urbano residencial, o expropriante, baseado urgência, poderá imitir-se provisoriamente na posse do bem, mediante o depósito do preço oferecido, se este não for impugnado pelo expropriado em cinco dias da intimação da oferta.

Art. 2º Impugnada a oferta pelo expropriado, o juiz, servindo-se, caso necessário, de perito avaliador, fixará em quarenta e oito horas o valor provisório do imóvel.

Parágrafo único. O perito, quando designado, deverá apresentar o laudo no prazo máximo de cinco dias.

Art. 3º Quando o valor arbitrado for superior à oferta, o juiz só autorizará a imissão provisória na posse do imóvel, se o expropriante complementar o depósito para que este atinja a metade do valor arbitrado.

Art. 4º No caso do artigo anterior, fica, porém, fixado em 2.300 (dois mil e trezentos) salários-mínimos vigentes na região, e máximo do depósito a que será obrigado o expropriante.

Art. 5º O expropriado, observadas as cautelas previstas no artigo 34 do Decreto-lei nº 3.365, de 21 de junho de 1941, poderá levantar toda a importância depositada e complementada nos termos do artigo 3º.

Parágrafo único. Quando o valor arbitrado for inferior ou igual ao dobro do preço oferecido, é lícito ao expropriado optar entre o levantamento de 80% (oitenta por cento) do preço oferecido ou da metade do valor arbitrado.

Art. 6º O disposto neste Decreto-lei só se aplica à desapropriação de prédio residencial urbano, habitado pelo proprietário ou compromissário comprador, cuja promessa de compra esteja devidamente inscrita no Registro de Imóveis.

Art. 7º Este Decreto-lei entra em vigor na data de sua publicação, aplicando-se às ações já ajuizadas.

Os *consideranda* do citado decreto-lei têm, sem dúvida, adequada pertinência às demais desapropriações. Assim não se entendendo, tem-se, sem dúvida, um não razoável ônus para o expropriado, mesmo que a desapropriação corresponda ao mais puro dos objetivos. As Administrações Públicas e seus prestadores de serviços têm sacrificado, mutilado temporariamente patrimônios sob o argumento de interesse público, e este não é o exato sentido desse tipo de interesse em uma sociedade democrática.

Não se olvide que a tramitação de uma ação de desapropriação dura até o trânsito em julgado, em média mais de sete anos, no âmbito da Justiça federal, e em média mais de dez anos no âmbito das Justiças estaduais. Além do mais, não se pode olvidar a pacífica posição do STF acerca do pagamento da diferença entre o valor ofertado e o encontrado nas desapropriações em precatórios não preferenciais, pois, não alimentícios.[18]

---

[18] Observe-se a disciplina constitucional atual dos Precatórios com a redação dada pela Emenda Constitucional nº 62/2009:

Art. 100. Os pagamentos devidos pelas Fazendas Públicas Federal, Estaduais, Distrital e Municipais, em virtude de sentença judiciária, far-se-ão exclusivamente na ordem cronológica de apresentação dos precatórios e à conta dos créditos respectivos, proibida a designação de casos ou de pessoas nas dotações orçamentárias e nos créditos adicionais abertos para este fim. (Redação dada pela Emenda Constitucional nº 62, de 2009).

§ 1º Os débitos de natureza alimentícia compreendem aqueles decorrentes de salários, vencimentos, proventos, pensões e suas complementações, benefícios previdenciários e indenizações por morte ou por invalidez, fundadas em responsabilidade civil, em virtude de sentença judicial transitada em julgado, e serão pagos com preferência sobre todos os demais débitos, exceto sobre aqueles referidos no § 2º deste artigo. (Redação dada pela Emenda Constitucional nº 62, de 2009).

§ 2º Os débitos de natureza alimentícia cujos titulares tenham 60 (sessenta) anos de idade ou mais na data de expedição do precatório, ou sejam portadores de doença grave, definidos na forma da lei, serão pagos com preferência sobre todos os demais débitos, até o valor equivalente ao triplo do fixado em lei para os fins do disposto no § 3º deste artigo, admitido o fracionamento para essa finalidade, sendo que o restante será pago na ordem cronológica de apresentação do precatório. (Redação dada pela Emenda Constitucional nº 62, de 2009).

§ 3º O disposto no *caput* deste artigo relativamente à expedição de precatórios não se aplica aos pagamentos de obrigações definidas em leis como de pequeno valor que as Fazendas referidas devam fazer em virtude de sentença judicial transitada em julgado. (Redação dada pela Emenda Constitucional nº 62, de 2009).

§ 4º Para os fins do disposto no § 3º, poderão ser fixados, por leis próprias, valores distintos às entidades de direito público, segundo as diferentes capacidades econômicas, sendo o mínimo igual ao valor do maior benefício do regime geral de previdência social. (Redação dada pela Emenda Constitucional nº 62, de 2009).

§ 5º É obrigatória a inclusão, no orçamento das entidades de direito público, de verba necessária ao pagamento de seus débitos, oriundos de sentenças transitadas em julgado, constantes de precatórios judiciários apresentados até 1º de julho, fazendo-se o pagamento até o final do exercício seguinte, quando terão seus valores atualizados monetariamente. (Redação dada pela Emenda Constitucional nº 62, de 2009).

§ 6º As dotações orçamentárias e os créditos abertos serão consignados diretamente ao Poder Judiciário, cabendo ao Presidente do Tribunal que proferir a decisão exequenda determinar o pagamento integral e autorizar, a requerimento do credor e exclusivamente para os casos de preterimento de seu direito de precedência ou de não alocação orçamentária do valor necessário à satisfação do seu débito, o sequestro da quantia respectiva. (Redação dada pela Emenda Constitucional nº 62, de 2009).

§ 7º O Presidente do Tribunal competente que, por ato comissivo ou omissivo, retardar ou tentar frustrar a liquidação regular de precatórios incorrerá em crime de responsabilidade e responderá, também, perante o Conselho Nacional de Justiça. (Incluído pela Emenda Constitucional nº 62, de 2009).

§ 8º É vedada a expedição de precatórios complementares ou suplementares de valor pago, bem como o fracionamento, repartição ou quebra do valor da execução para fins de enquadramento de parcela do total ao que dispõe o § 3º deste artigo. (Incluído pela Emenda Constitucional nº 62, de 2009).

Essa matéria referente ao pagamento justo e prévio não é objeto de preocupação apenas no Brasil. Citem-se apenas alguns exemplos como o da França, sobre o qual lecio-

---

§ 9º No momento da expedição dos precatórios, independentemente de regulamentação, deles deverá ser abatido, a título de compensação, valor correspondente aos débitos líquidos e certos, inscritos ou não em dívida ativa e constituídos contra o credor original pela Fazenda Pública devedora, incluídas parcelas vincendas de parcelamentos, ressalvados aqueles cuja execução esteja suspensa em virtude de contestação administrativa ou judicial. (Incluído pela Emenda Constitucional nº 62, de 2009).

§ 10. Antes da expedição dos precatórios, o Tribunal solicitará à Fazenda Pública devedora, para resposta em até 30 (trinta) dias, sob pena de perda do direito de abatimento, informação sobre os débitos que preencham as condições estabelecidas no § 9º, para os fins nele previstos. (Incluído pela Emenda Constitucional nº 62, de 2009).

§ 11. É facultada ao credor, conforme estabelecido em lei da entidade federativa devedora, a entrega de créditos em precatórios para compra de imóveis públicos do respectivo ente federado. (Incluído pela Emenda Constitucional nº 62, de 2009).

§ 12. A partir da promulgação desta Emenda Constitucional, a atualização de valores de requisitórios, após sua expedição, até o efetivo pagamento, independentemente de sua natureza, será feita pelo índice oficial de remuneração básica da caderneta de poupança, e, para fins de compensação da mora, incidirão juros simples no mesmo percentual de juros incidentes sobre a caderneta de poupança, ficando excluída a incidência de juros compensatórios. (Incluído pela Emenda Constitucional nº 62, de 2009).

§ 13. O credor poderá ceder, total ou parcialmente, seus créditos em precatórios a terceiros, independentemente da concordância do devedor, não se aplicando ao cessionário o disposto nos §§ 2º e 3º. (Incluído pela Emenda Constitucional nº 62, de 2009).

§ 14. A cessão de precatórios somente produzirá efeitos após comunicação, por meio de petição protocolizada, ao tribunal de origem e à entidade devedora. (Incluído pela Emenda Constitucional nº 62, de 2009).

§ 15. Sem prejuízo do disposto neste artigo, lei complementar a esta Constituição Federal poderá estabelecer regime especial para pagamento de crédito de precatórios de Estados, Distrito Federal e Municípios, dispondo sobre vinculações à receita corrente líquida e forma e prazo de liquidação. (Incluído pela Emenda Constitucional nº 62, de 2009).

§ 16. A seu critério exclusivo e na forma de lei, a União poderá assumir débitos, oriundos de precatórios, de Estados, Distrito Federal e Municípios, refinanciando-os diretamente. (Incluído pela Emenda Constitucional nº 62, de 2009).

Observe-se que os créditos oriundos de Precatórios referentes a diferenças de valores em desapropriações poderão ser satisfeitos inclusive com parcelas limitativas em decorrência das limitações referentes a disponibilidades relativas à receita corrente líquida, tal como fixada na Lei complementar nº 101 *(Lei de Responsabilidade Fiscal). Seria de indagar-se: tal preceito, fruto de emenda constitucional é tendente a fazer atenuar os efeitos de regramento inserido no Art. 5º da CF/88? É compatível com a Constituição? Dúvida não tenho de que a resposta isenta, não utilitarista, desvinculada de um modelo autoritário não democrático de Estado há de ser negativa.*

nam Guillaume Lhuillier[19] e, também Jean Marie Auby; e, Pierre Bon.[20] A doutrina portuguesa e a própria legislação, mesmo na vigência do anterior código de desapropriações já entendia que

> Em matéria de posse administrativa inovou-se no que diz respeito às condições de sua efetivação. Assim, tal posse só passará a ter lugar se para além da vistoria ad perpetuam rei memoriam, efectuar depósito, à ordem dos titulares dos bens a expropriar, da quantia que tiver sido fixada pelo perito, ou se houver contestação por parte do expropriado, do eventual excesso para a média dos valores em confronto, sendo, neste caso, o depósito feito à ordem do Juiz de Direito da Comarca dos bens a expropriar.[21]

A mesma preocupação com o montante a ser pago e com a forma de cálculo foi mantida e aperfeiçoada com a Lei nº 168/99 (atual código das expropriações), com as sucessivas alterações até a Lei nº 56/2008 (redação hoje em vigor), prevendo-se a utilização inclusive de sistema de arbitragem para fixação do valor, mesmo em hipótese de alegação de urgência. Poder-se-iam citar outros exemplos, como a normatização do Reino Unido acerca do *compulsory purchase*,[22] mas, em verdade, o presente texto não é de direito comparado, nem de comparação de sistemas, estas singelas referências têm apenas o objetivo de evidenciar que, em todos esses sistemas, evita-se transformar a desapropriação em espécie de confisco temporário de bens ou de valores.

Quanto mais prontamente houver a substituição do bem expropriado pelos valores correspondentes, mais densamente estará cumprido o preceito constitucional da proteção à propriedade.

---

[19] Ressalta essa questão em artigo onde destaca: "*Quant à l'indemnisation, son montant est fixé par jugement par le juge de l'expropriation. L'indemnité doit couvrir l'intégralité du préjudice direct (né directement de l'expropriation, tel qu'une perte de loyers), matériel (et non moral) et certain (et non éventuel, tel que l'impossibilité de réaliser dans l'avenir un projet de construction) causé par l'expropriation. Des indemnités accessoires (indemnités de déménagement...) peuvent aussi être allouées. L'évaluation des indemnités par le juge n'est pas libre. Elle se fait en application de règles précises afin que l'indemnité soit juste, et selon une procédure spécifique. Si l'entrée en possession ne peut intervenir avant le paiement de l'indemnité, un mois après le versement des indemnités, le bénéficiaire de l'expropriation peut prendre possession des lieux et les occupants sont tenus de les quitter. Le contentieux de l' expropriation.* Disponível em: <www.etudesdedroit.com.fr>. Acesso em: 15 nov. 2010.

[20] Na mesma linha o ensinamento de AUBY, Jean Marie; BON, Pierre. *Droit Administratif des biens*. Paris: Dalloz, 3éme. ed., 1995. p. 371.

[21] MARTINS, Afonso d'Oliveira. *Direito Administrativo*, coletânea de legislação. v. I. Lisboa: Quid Juris, 1998. p. 283.

[22] WADE, William; FORSYTH, Christopher. *Administrative Law*. Oxford: Clarendon Press, 1994. p.178/179.

Por outro lado, não se olvide lição de Eduardo Garcia de Enterria, ao comentar a *"Ley de expropriacion forçada"* espanhola de 1954, onde ressalta ser o fundamento da indenização, nesse caso, idêntico àquele que ocorre na hipótese de indenização por dano causado pela Administração Pública, ou seja um agir, em tese, no interesse coletivo e um prejuízo individualizado. Não atendem, indubitavelmente, ao sentido e extensão do art. 5º da CF/88 as interpretações até hoje prevalentes, limitadoras dos depósitos prévios nas desapropriações, quando há flagrante divergência com o verdadeiro preço de mercado.

O sistema jurídico brasileiro comporta a interpretação pautada nos princípios da moralidade e da razoabilidade, que em havendo evidência da incorreção da oferta, em oportunismo lamentavelmente incompatível com os princípios que devem pautar a atuação do Estado, não se justifica a concessão de medidas visando apossamentos irreversíveis para que sejam "completados", muitas vezes após mais de dez anos. Nessa linha, poder-se-iam citar como exemplos inúmeras desapropriações de pequenos "sítios" interioranos pelo DNOCS, em tramitação na Justiça Federal da 5ª região (vide <www.trf5.jus.br>), quando de há muito os imóveis acham-se a dezenas de metros de profundidade, em situações de irreversibilidade fática, apesar de, juridicamente, a autarquia ter apenas a *"posse precária"* do imóvel expropriado. Não são grandes imóveis, apenas pequenos sítios de poucos destinados a lavoura de subsistência, criação de poucos animais, em resumo, bens que se prestam, tão somente, a assegurar a sobrevivência do seu proprietário, ou posseiro.

O Colendo STF tem reiteradamente decidido:

> EMENTA: Recurso extraordinário. Desapropriação. Imissão prévia na posse. 2. Discute-se se a imissão provisória na posse do imóvel expropriado, initio litis, fica sujeita ao depósito integral do valor estabelecido em laudo do perito avaliador, se impugnada a oferta pelo expropriado, ou se, por força dos parágrafos do art. 15 do Decreto-lei nº 3365/1941 e do art. 3º do Decreto-lei nº 1075/1970, é possível, aos efeitos indicados, o depósito pelo expropriante da metade do valor arbitrado. 3. O depósito prévio não importa o pagamento definitivo e justo conforme art. 5º, XXIV, da Constituição. Não incidência do art. 182, § 4º, III, da Lei Maior de 1988. 4. A imissão provisória na posse pressupõe a urgência do ato administrativo em apreço. 5. Inexistência de incompatibilidade, do art. 3º do Decreto-lei nº 1075/1970 e do art. 15 e seus parágrafos, Decreto-lei nº 3365/1941, com os dispositivos constitucionais aludidos (incisos XXII, XXIII e XXIV do art. 5º e 182, § 3º, da Constituição). 5. Recurso extraordinário conhecido e provido (RE. 184169/ 2002).

> EMENTA: RECURSO EXTRAORDINÁRIO. CONSTITUCIONAL. DESAPROPRIAÇÃO. IMISSÃO PROVISÓRIA NA POSSE. EXIGÊNCIA DO PAGAMENTO PRÉVIO E INTEGRAL DA INDENIZAÇÃO. IMPOSSIBILIDADE. CONSTITUCIONALIDADE DO ART. 15 E PARÁGRAFOS DO DECRETO-LEI Nº 3.365/41. PRECEDENTE. 1. O Plenário desta Corte declarou a constitucionalidade do art. 15 e parágrafos do Decreto-lei nº 3.365/41 e afastou a exigência do pagamento prévio e inte-

gral da indenização, para ser deferida a imissão provisória na posse do bem expropriado. 2. Recurso Extraordinário conhecido e provido (RE. Nº 21.6964-SP/ 2001).

Tal entendimento, com a devida vênia que a Corte Suprema merece, precisa ser adequadamente revisto e ponderado, sobretudo à luz de princípios constitucionais relevantes, como o da moralidade pública. Observe-se, para reflexão, que, é público e notório que os valores constantes dos Registros Cadastrais indicativos de valores venais de imóveis para fins de IPTU são inferiores aos valores de mercado dos imóveis urbanos.

Também é público e notório que o valor locativo médio dos imóveis residenciais nas áreas urbanas raramente ultrapassa 0,5%, não sendo compatível a situação atual com a de 1941 (quando foi editado o Decreto-lei nº 3.365). Examinem-se todas as situações previstas no art. 15, do citado Decreto-lei, e não se encontrará nenhuma compatível com JUSTO PREÇO de um bem. Logo, sabido é que a realização de perícia prévia, simplificada, e a fixação de valor mais compatível com o de mercado do bem, adotando-se procedimento similar ao do Decreto-lei nº 1075/70, não agridem a Carta Magna, antes pelo contrário são posturas compatíveis com o princípio da maior efetividade das normas constitucionais, sobretudo daquelas inseridas no conceito de cláusula pétrea, compatível com o poder geral de cautela atribuído ao Juiz pelo CPC.

Não se afirme que tal postura seria prejudicial ao interesse público, que dificultaria o andamento das obras públicas. Tais assertivas seriam inverídicas, incompatíveis com o art. 5º da Constituição. As avaliações preliminares não implicariam significativo atraso no andamento das desapropriações e, por outro lado, dariam maior efetividade, pela proximidade temporal, ao requisito constitucional do pagamento prévio, aliado ao do justo preço, nas desapropriações, reduzidos, atualmente, a mera retórica jurídica, ressalvada a rara hipótese de desapropriação amigável.

Tratamento mais adequado mereceria também a situação de ressarcimento por perda de patrimônio em função de ato ou omissão relevante do Estado. Talvez a aprovação do projeto de lei visando regrar, com mais especificidade, o disposto no art. 37, § 6º, da CF/88 venha representar um avanço.

14.8 A propriedade pública e o interesse social

Outro aspecto relevante em relação ao direito de propriedade é a atenuação do rigor anteriormente existente em relação à "preservação" das propriedades públicas no tocante à necessidade de observância de princípios constitucionais, como o do *interesse social*.

Nesse tópico poder-se-iam mencionar figuras como a da Regularização Fundiária de Interesse Social, alcançando figuras como a concessão de direito real de uso, a concessão de títulos representativos de posse, em construção legal que se inicia com o Decreto-lei nº 271/67 e hoje se encontra disciplinada na Lei nº 11.977/2009.

Aqui ressalto o que já destaquei em outra obra acerca da observância dos princípios constitucionais por todos, pessoas físicas e jurídicas, públicas e privadas, e da importância desses princípios para a efetivação da Constituição de 1988:

Os princípios, efetivamente, ganharam extremo relevo na Constituição vigente. Pautam a produção de regras e as suas interpretações. Princípios esses que servem para nortear a aplicação das regras jurídicas, pois afinal, como bem tem destacou SIECKMANN " *la estructura lógica de los principios como uma classe distinta de normas, normas que se desempeñan no solo como objetos sino también como razones para sopesar y ponderar decisiones*".[23] Esse é, indubitavelmente, um dos aspectos mais relevantes dos princípios: modelar a atuação do operador e do intérprete jurídico. Esses aspectos, são, também, evidenciados, com grande maestria, por Humberto ÁVILA ao ressaltar:

> as regras são normas imediatamente descritivas, primariamente retrospectivas e com pretensão de decidibilidade e abrangência, para cuja aplicação se exige a avaliação da correspondência, sempre centrada na finalidade que lhes dá suporte e nos princípios que lhe são axiologicamente sobrejacentes, entre a construção conceitual da descrição normativa e a construção conceitual dos fatos[24] (destaque inexistente no original).

No tocante aos princípios, tais têm, efetivamente, servido como critérios de orientação, balizas de definição da atuação dos intérpretes e operadores do direito, conforme, inclusive tem reconhecido a jurisprudência do S.T.F, não só em relação aos explícitos, mas também em relação a princípios constitucionais implícitos, como o da razoabilidade, por si só suficiente para alcançar-se o reconhecimento judicial de inconstitucionalidade de norma jurídica.[25]

Essa subordinação, de tradicionais direitos fundamentais aos novos direitos de mesma estirpe, formando um corpo novo é que caracteriza a fase atual e complexa da figura dos direitos fundamentais. Há umas mistura indissociável, daí a procedente crítica a se falar em gerações de direitos fundamentais, quando os 'velhos" e os novos vão se amalgamando formando novos e complexos direitos, como hoje poder-se-ia exemplificar com: propriedade + observância da função social + respeito aos princípios e regras de natureza ambiental + mais necessidade de redução das desigualdades + x + y+ z. Não há

---

[23] SIECKMANN, Jan-R. *El modelo de los principios del derecho*. Bogotá: Ed. Universidad Externado de Colombia, 2006. p. 81.

[24] ÁVILA, Humberto. *Teoria dos princípios*. Da definição à aplicação dos princípios jurídicos. São Paulo: Malheiros, 2006, p. 167.

[25] CAVALCANTI, Francisco. Considerações sobre a evolução histórica do pensamento jurídico na esfera do Direito Administrativo no Brasil. In: *História do direito e do pensamento jurídico em perspectiva* (Coord. Cláudio Brandão, Nelson Saldanha e Ricardo Freitas). São Paulo: Atlas, 2011. p. 302.

neste conjunto, em muitas situações, relação de principalidade e acessoriedade, mas de integração, para formação de um complexo direito novo, fundamental, imprescindível para o bem-estar social.

14.9 A propriedade imaterial

Outro aspecto relevante a se destacar em relação ao direito de propriedade é a grande relevância atribuída à proteção dos direitos imateriais, algo que, no passado tinha pouco relevo e que, atualmente, representa um dos aspectos mais importantes, inclusive sob o aspecto econômico, mormente em um mundo globalizado, onde boa parte do rendimento das empresas de propriedade de sociedades situadas em países centrais do sistema capitalista é decorrente de pagamentos de direitos de marcas, patentes, royalties etc. Não é por acaso que boa parte da produção mundial de bens que utilizam mão de obra intensiva se faz em países subdesenvolvidos, em condições muitas vezes inadequadas. Utilize-se, a título de lamentável ocorrência, o caso das fábricas têxteis e de confecções situadas em Bangladesh, gerando acidentes gravíssimos como o ocorrido na cidade de Savar, beneficiando grandes empresas como as marcas Inditex, H&M, Tchibo C&A, Primark, dentre outras.

Esse tipo de bem jurídico, os imateriais, representa um dos principais do sistema jurídico capitalista, objeto de preocupação daqueles que se expressaram através do "consenso de Washington". Tem natureza especial.

> Como categoria distinta de las cosas y los derechos se presenta la de los bienes immateriales . Efectivamente, hay supuestos en los que el hombre obtiene uma utilidade que es apreciada y protegida por el derecho de algo que ni es cosa material ni derecho. Así, por ejemplo, de uma obra literaria que crea, o de um invento industrial [...] En esta noción se incluyen uma heterogeneidad de bienes, objeto de regímenes jurídicos diversos.[26]

No Brasil, atualmente, esta matéria vem sendo objeto de vasta normatização relativamente esparsa, como a Lei nº 9.279/96, que disciplina os direitos e obrigações referentes às propriedades industriais, bem como os crimes relativos; a Lei nº 9.456/97, sobre a proteção de cultivares, dentre outras. Sem dúvida, hodiernamente se constata uma mudança do foco, principal do grande capital, por "propriedades" desconhecidas no passado.

Pode-se dizer que mais relevante, economicamente, que as grandes produções agrícolas são os direitos sobre técnicas de produção, insumos, patentes sobre sementes e mudas; mas de que ser proprietários das "fabricas" é ser titular das marcas e patentes. Esses são temas que deverão motivar os pensadores preocupados com aspectos sociais da propriedade.

---

[26] DÍEZ-PICAZO, Luis; GULLÓN, Antonio. *Sistema de derecho civil*. Madrid: Tecnos, 2005. v. 1, p. 396.

Quais são os limites, por exemplo, do direito de um laboratório sobre fórmulas medicamentosas essenciais? Evidentemente, a *função social do medicamento* prevalecerá sobre o interesse do lucro excessivo do laboratório.

Essa conclusão está ligada essencialmente a um principio fundamental, no momento atual, bem destacado por Ingo Wolfgang Sarlet, quando lembra:

> Quando já se está até mesmo a falar da existência de um *homo globalizatus*, considerando a cada vez maior facilidade de acesso às comunicações e informações, bem como a capacidade de consumo de parte da população mundial, urge que, na mesma medida, se por vir a falar, na esteira do que tem lecionado Paulo Bonavides, numa correspondente globalização da dignidade e dos direitos fundamentais, sem a qual, em verdade, o que teremos cada vez mais é a existência de alguns homens globalizantes e uma multidão de homens globalizados, sinalizadora – tal como já referido – de uma lamentável, mas cada vez menos contornável e controlável, transformação de muitos estados democráticos de Direito, em verdadeiros estados neo-coloniais.[27]

14.10 Conclusões

A Propriedade mantém a característica de relevante direito na sociedade hodierna. Sabino Cassese, notável publicista italiano chega a afirmar, referindo-se à Constituição Italiana em vigor que,

> Gli oggetti fondamentali delle disposizioni costituzionali in matéria econômica sono La proprietà (art. 42) e l'impresa (art. 41 e 43).[28]

Ocorre que as características desse direito fundamental, tão clássico, sofreram alterações e amalgamaram-se a posteriores direitos fundamentais de ondas, ou gerações subsequentes, necessitando adaptar-se para fins de preservação, também de outros direitos, tais como a proteção ao meio ambiente, a necessidade de observância da *função social*, sob suas mais variadas óticas, a partir de várias ideologias, como bem afirma Paulo Ferreira da Cunha:

> A propriedade tem uma função social e é uma função social. A função social da propriedade pode colher-se em várias teorias, mesmo antagônicas, porque, na

---

[27] SARLET, Ingo Wolfgang. *Dignidade da pessoa humana e direitos fundamentais na Constituição de 1988*. 3. ed. Porto Alegre: Livraria do Advogado, 1997. p. 145.

[28] CASSESE, Sabino. *La nuova costituzione econômica* (5ª Ristampa). Roma: Laterza, 2007. p. 19.

verdade, a propriedade faz mesmo socialmente várias coisas, que não remam todas na mesma maré.[29]

O que aqui se pretendeu demonstrar, a partir de uma incompleta perspectiva histórica, utilizando o *Direito de Propriedade* como referência, que os direitos fundamentais, mesmo os mais clássicos, sofrem a influência das necessárias limitações em função do surgimento e desenvolvimento de novos direitos, igualmente concebidos e entendidos pela sociedade como *fundamentais*. Fundamentais pela relevância que a sociedade, em um determinando momento lhes atribui, necessitando sofrer mutações em função dos novos contornos que a sociedade lhes der, a partir de novas influencias políticas, ideológicas, culturais etc.

Relevante finalizar, sobretudo em relação à propriedade imaterial, cuja importância nos dias atuais é bem superior ao que ocorria no passado, adquirindo, em alguns campos, muito maior relevo que a propriedade sobre bens materiais, que a proteção de tal direito não poderá se sobrepor aos interesses da sociedade e sobretudo do ser humano, tal como vem ocorrendo, muitas vezes, em relação a setores como da "química fina", sobretudo medicamentosa, o que agride a ideia de proteção da dignidade da pessoa humana.

---

[29] FERREIRA DA CUNHA, Paulo. Propriedade e função social. *Revista de Direito Imobiliário,* nº 56, ano 27, jan./jun. 2004. São Paulo: RT. p. 125.

15

Dos direitos sociais dos trabalhadores

Aldacy Rachid Coutinho
Oriana Stella Balestra

> Sumário: 15.1 Introduzindo a questão; 15.2 A questão social: o trabalho como centralidade; 15.3 A construção dos direitos sociais dos trabalhadores no Brasil; 15.4 Os trabalhadores entre o céu e o inferno ou a ambiguidade como revelação; 15.5 Para pensar a concretização dos direitos sociais.

15.1 Introduzindo a questão

Houve tempo em que, como medida de revelação de certa ingenuidade ou da credulidade, a pauta de enfrentamento das questões sociais transitava apenas pelo jurídico; as lutas eram travadas prioritariamente pelo reconhecimento e pela inscrição de direitos. A assunção pelo Estado, por meio de disposições jurídicas, de interesses e pretensões de todos os integrantes da sociedade, com caráter universalista, se apresentava como "a solução" para as mazelas da condição humana.

Ocorre que, apesar de todo o conjunto regulatório de direitos incorporado tanto pela ordem constitucional quanto pela legislação infraconstitucional, a questão social continua a apontar demandas, revelando, antes de mais nada, o *déficit* de promessas não cumpridas. E, agregue-se, demonstra a absoluta incapacidade do direito de dar conta, isoladamente, das necessárias mudanças sociais; tal conclusão, entretanto, não significa abandonar o direito como interlocutor desejável e privilegiado para a questão social, senão resignificar o próprio direito e seu papel regulador.

Atualmente, as crises econômicas e políticas instaladas e disseminadas no mundo tornam ainda mais incontrolável a questão social, exsurgindo a necessidade, mais do que nunca, de ampliar os limites e as fronteiras do jurídico para compreendê-lo, criticamente, como inafastável construção cultural, histórico-social e, assim, temporalmente determinada, abandonando qualquer possibilidade de naturalização ou individualização de condutas. A questão social não reside em uma específica forma de atuação de um sujeito; não se lhe podem, por consequência, individualmente atribuir culpas e omissões.

Agregue-se que complexidade que acompanha a posmodernidade, própria das sociedades intituladas pós-industriais, aponta para novos paradigmas que, de toda sorte, não pressupõem o abandono dos anteriores. Da religião traslada-se para a razão e, mais recentemente, a ciência – e todo o discurso cientifista – ocupa o lugar central na legitimação das desigualdades sociais.

A ruptura desses compartimentos estanques de saberes dito científicos permitirá, então, com maior e melhor proveito, o trânsito, dentre outros, pela Filosofia, pela Sociologia, História e Economia, como condição de possibilidade de cognição das dimensões do próprio Direito para analisar e compreender seus fenômenos e, por conseguinte, pensar em novas – ou manter as antigas – propostas.

Descartada desde logo está qualquer possível abordagem hierárquica – e moral – no sentido de apropriação ou ascendência de um saber por outro, como por exemplo, procurar situar o problema como puramente econômico dominando o direito, senão permanecer no campo de (re)conhecimentos recíprocos que permitirão enfrentar com maior proveito a atual questão social.

A abordagem crítica a não ser jamais olvidada deve, portanto, gravitar em torno da profícua reflexão e do saudável diálogo, em embate dialético. Afastando-se de um reducionismo cegante que projeta para o Direito o papel de instrumental teórico a serviço exclusivo dos objetivos – egoísticos – dos agentes econômicos em uma ordem capitalista não monopolista é pressuposto do enfrentamento da temática. Tomar consciência que se permitiu, pelo domínio ideológico e político, pensar que a economia domina e prioriza o enfrentamento de qualquer questão social e que tal proposta, uma vez aceita, é imobilizante do agir reivindicativo, mas não da questão social em si considerada.

O Direito, como outros saberes, e social e ideologicamente construído.[1] Portanto, enfrentar os direitos sociais, em especial os direitos dos trabalhadores, é permear os meandros da concretização e da efetividade dos direitos analisadas pelos ditames da econômica, sobretudo em se tratando de direitos vigentes em um sistema econômico capitalista, embora sem reduzi-los ao econômico.

---

1   Ver: AVELÃS NUNES, António José. *Uma introdução à economia política*. São Paulo: Quartier Latin, 2007. p. 11-50.

Como assevera Jessé[2]

> *A crença fundamental do economicismo é a percepção da sociedade como sendo composta por um conjunto de homo economicus, ou seja, agentes racionais que calculam suas chances relativas na luta social por recursos escassos, com as mesmas disposições de comportamento e as mesmas capacidades de disciplina, autocontrole e autorresponsabilidade. Nessa visão distorcida do mundo, o marginalizado social é percebido como se fosse alguém com as mesmas capacidades e disposições de comportamento do individuo da classe media. Por conta disso, o miserável e sua miséria são sempre percebidos como contingentes e fortuitos, um mero acaso do destino, sendo a sua situação de absoluta privação facilmente reversível, bastando para isso uma ajuda passageira e tópica do Estado para que ele possa "andar com as próprias pernas". Essa é a lógica, por exemplo, de todas as políticas assistenciais entre nós.*

Tal alerta vem acompanhado da critica perpetrada à própria Economia que deixa de se preocupar centralmente com a produção e circulação de riquezas, que visavam assegurar o atendimento das necessidades vitais básicas e tendo na centralidade o homem e suas necessidades, para agasalhar no seu objeto o estudo da alocação dos recursos escassos para satisfação das necessidades humanas ilimitadas, substituindo a pessoa pelo mercado e sua volatilidade. A abordagem se faz por meio de instrumentos analíticos que visam explicar e compreender todos os fenômenos sociais e não apenas os econômicos, inclusive o próprio comportamento humano nas suas relações sociais dentro e fora do mercado. A questão social seria, então, seguindo essa trilha de raciocínio, a implicação do comportamento humano que, para certa 'sanidade' do mercado deveria ser enfrentado na medida da necessidade de estabelecer controle das ações.

Não por outro motivo, por exemplo, a análise de incentivos úteis ou dissuasivos que influenciam comportamentos humanos dentro e fora do mercado, pensados por meio da racionalidade de tais agentes econômicos, ou mesmo da irracionalidade introduzida como possível dimensão, permite a compreensão dos próprios direitos sociais fundamentais, por meio de efeitos que as regras jurídicas em termos de eficiência econômica podem produzir.

O abandono dessa racionalidade econômica eficientista (que tomou o lugar ocupado pela racionalidade jurídica da legalidade), que parte da premissa de que qualquer atividade econômica tem custos, para poder pensar a questão social, liberta o Direito das amarras do financiamento. Ora, não se pode olvidar que mesmo entre privados, os fatores de produção (matéria-prima, tecnologia ou mão de obra) podem vir a ser internalizados pelos agentes econômicos. Outros "custos", como os sociais, infligidos a agentes externos, não seriam compensados pela produção ou contabilizados propriamente como custos, porquanto impostos a terceiros, aos quais nada mais lhes resta do que assumir.

---

[2] SOUZA, Jessé. *A ralé brasileira*: quem é e como vive. Belo Horizonte, 2009. p. 17.

De toda sorte, o Direito poderia impor a internalização dos custos externalizados, impelindo, v.g., o pagamento de uma indenização como ressarcimento de danos coletivos à saúde dos trabalhadores por uma específica forma de organização dos fatores de produção, mesmo que acarretando um incremento no preço do produto final, pois o preço da mercadoria não reflete somente ditos custos privados, senão ainda os sociais.

Como é insuficiente para enfrentar a questão social apenas propor a incorporação de novos e mais direitos, os debates em torno da concretização dos direitos sociais acabam sendo indevidamente pautados pelo acolhimento dessa racionalidade econômica eficientista que suplanta a racionalidade jurídica da legalidade.

Tem-se que toda ação humana eficiente resultaria de uma decisão de ordem racional na busca da maximização da riqueza, com a alocação mais vantajosa e menos custosa de recursos para buscar os mais vantajosos resultados: esses seriam os ditos juízos de eficiência. Estando os direitos, em grande parte, assegurados por meio de regras jurídicas, as portas se abrem para o ativismo/decisionismo que assenta suas bases em um juspanfundamentalismo,[3] relativização imobilizante de princípios, justificadoras da "baixa constitucionalidade"[4] expressa na construção e aceitação de uma "reserva do possível".[5]

A supervalorização da eficiência, como tecnicização (pelo endeusamento de uma perspectiva legitimadora das ações), é um dos traços característicos que marcam a introdução do discurso da ciência, que substitui a religião, e depois a tradição e a razão, ao ingressar na modernidade: os saberes se tornam pragmáticos, instrumentais, operatórios, passando a ser dominados pelo real em detrimento de qualquer possível espaço simbólico da autoridade do enunciador.[6]

Os direitos sociais, assim, mesmo que permeiem as pautas políticas, não encontram qualquer recepção pela sociedade no sentido de se ver representada nos seus anseios e propostas. O sentimento nutrido pelos trabalhadores, em especial, é de abandono ao individualismo exploratório do capital, mesmo diante do elenco de normas constitucionais protetivas.

Ocorre que, desde a década de 1960, a questão social ganha novas barreiras, pela assunção pelos próprios trabalhadores das propostas da teoria do *capital humano,* da disseminação de propostas de endomarketing interno, por exemplo, para além de cada vez maior dificuldade em romper com a lógica dos custos que identifica os direitos dos trabalhadores,

---

[3] CASALTA NABAIS, José. Algumas reflexões críticas sobre os direitos fundamentais. *Revista de Direito Público da Economia*. ano 6, nº 22, abr/jun. 08. p. 61.

[4] Expressão atribuída a Lenio Luiz Streck (STRECK, Lenio Luiz. *Jurisdição constitucional e hermenêutica*. 2. ed. Rio de Janeiro: Forense, 2005).

[5] A reserva do possível tem sua gênese em uma decisão da Corte Constitucional Federal da Alemanha (BverfG nº 33, S. 333).

[6] LEBRUN, Jean-Pierre. *Um mundo sem limite*: ensaio para uma clínica psicanalítica do social. Rio de Janeiro: Companhia de Freud. 2004. p. 102.

inseridos na Constituição da República de 1988 em seu art. 7º, não como investimento em cidadania e condição digna de vida, mas como "custo" no processo produtivo. Agregue-se, ademais, que vêm tais políticas de gestão de recursos humanos acompanhadas de propostas que visam externalizar os custos privados – mão de obra como fator de produção.

Sob argumento de que a sociedade vive a escassez de recursos limitados, o discurso é o da impossibilidade real da implementação de direitos constitucionalmente previstos, e não somente não se têm condições de assegurar às pessoas todos os bens e serviços de que necessitam ou que desejam, como ainda devem abrir mão do caráter universalista de certos direitos em proveito da perpetuação do próprio Estado. A questão social, ainda não resolvida, sofre um revés na perspectiva de retrocesso social; uma espécie de contrato social negativo.

Ora, os limites constituem os sujeitos como pessoa e, desta forma, constituem igualmente o cidadão na sociedade, já que não é possível separar os dois aspectos da vida em sociedade. Embora seja característica marcante da pós-modernidade, a ideia de que tudo é possível, ou nada é impossível, há de se ter esse limite constitutivo, ditado pelo Estado por meio de seus poderes, inclusive o Poder Judiciário, e destinado aos que propõem o retrocesso social ou criam barreiras para a solução da questão social.

Esse limite não é papel ou função do Poder Judiciário, indicado para um desempenho "heroico" para dar respostas aos problemas do mundo que não se quer, pelo político ou pelo econômico, solucionar. Não cabe ao Poder Judiciário chancelar demandas ilimitadas:

> [...] sociedade de hoje em dia, porque é exatamente o que se passa em nossa sociedade, na medida em que só a falta de recursos financeiros leva a por limites nas reivindicações dos cidadãos. Quando o voto de onipotência, que sempre nos habita, encontra um dispositivo social em que não há mais lugar espontâneo para o impossível, deve-se constatar que o único fato que pode ainda vir dar limite é que não haja mais dinheiro no caixa do Estado – em outras palavras, que não haja mais bombons no armário.[7]

Cabe às pessoas permitir a externalização da palavra que revela as contradições com as quais convivemos; explicitar os conflitos como condição essencial para assegurar os direitos; inscrever-se pela demanda; gravar-se nos movimentos sociais reivindicatórios. Tudo para que a própria sociedade deixe de fazer de conta (como uma lei para inglês ver) que, introduzindo direitos em uma lei, a questão social estaria resolvida.

---

[7] LEBRUN, Jean-Pierre. *Um mundo sem limite*: Op. cit., p. 107.

15.2 A questão social: o trabalho como centralidade

A questão social atual envolve aspectos da identificação e construção da própria noção de classe trabalhadora, nos marcos ideológicos da regulação do trabalho no modo de produção capitalista, para introduzir parâmetros para intervenção do Estado na economia. Em síntese, o estabelecimento de pautas dos marcos jurídicos para as regras do jogo do mercado.

O trabalho sempre foi categoria fundante do ser enquanto social,[8] centralidade ontológica que expressa e se expressa no conjunto das relações entre os homens e deles com as coisas. Porém, sendo *trabalho* "a atividade de transformação do real pela qual o homem constrói, concomitantemente, a si próprio como indivíduo e a totalidade social da qual é partícipe", como categoria teórica não se confunde com a noção contingente de *trabalho abstrato* que é "a atividade social mensurada pelo tempo de trabalho socialmente necessário[9] e produtor da mais-valia".[10]

Imagina-se que, se a construção da modernidade determinou a absorção do *Homo faber* no *animal laborens*, reificando e exultando o trabalho abstrato e depurando toda negatividade advinda dos modos de produção anteriores atribuída pelos historiadores,[11] a posmodernidade teria introduzido, na submissão do homem ao atual modo de produção capitalista.

Não é verdade imaginar-se que a única possibilidade de construção da identidade, da subjetividade trabalhadora, se dá mediante a realização de um trabalho abstrato e que, estando em vias de extinção (diz-se sobre uma sociedade 20 X 80, ou apregoa o fim dos empregos), que estamos em uma ou de transmutação, emergiríamos em uma sociedade de conhecimento. A centralidade, como condição humana, é do trabalho e a sociedade se pauta pelo trabalho.

As atividades humanas fundamentais eventualmente podem exercer distintas funções sociais, complementares, sendo que a absorção, porquanto artificialmente imposta, não tem o condão de fazer desaparecer a categoria ontológica 'trabalho', nem aniquila

---

[8] Não por outro motivo, Marx chega a afirmar que não foi Deus, mas o trabalho que cria o homem.

[9] "Tempo de trabalho socialmente necessário é o tempo de trabalho requerido para produzir-se um valor de uso qualquer, nas condições de produção socialmente normais existentes e com o grau social médio de destreza e intensidade do trabalho" (MARX, Karl. *O capital*. 18. ed. Rio de Janeiro: Civilização Brasileira, 2001. v. 1. p. 61).

[10] LESSA, Sérgio. *Mundo dos homens*: trabalho e ser social. São Paulo: Boitempo, 2002. p. 28.

[11] Nesse sentido a advertência precisa de Hannah Arendt que salienta que "a opinião de que o labor e o trabalho eram ambos vistos com desdém na antiguidade pelo fato de que somente escravos os exerciam é um preconceito dos historiadores modernos [...] Ao contrário do que ocorreu nos tempos modernos, a instituição da escravidão na antiguidade não foi uma forma de obter mão-de-obra barata nem instrumento de exploração para fins de lucro, mas sim a tentativa de excluir o labor das condições de vida humana" (*A condição humana*. 10. ed. Rio de Janeiro: Forense, 2007. p. 94-95).

sua centralidade na *vis activa*.[12] No processo de trabalho social, o trabalho abstrato cumpre a específica função de reprodução do capital pela produção da mais-valia, sendo pois contingente, efêmero e histórico, ao passo que o trabalho, "é necessidade natural e eterna de efetivar o intercâmbio entre o homem e a natureza e, portanto, de manter a vida humana",[13] necessidade para a existência social, a própria vida.

15.3 A construção dos direitos sociais dos trabalhadores no Brasil

Para compreender os direitos sociais dos trabalhadores é imprescindível perceber o contexto ideológico e político em que o regramento jurídico da relação capital/trabalho foi instituído no Brasil. Compreender o movimento de construção dos direitos dos trabalhadores é compreender as condições de possibilidade da efetivação da superação das desigualdades com a implementação dos direitos fundamentais sociais, hoje inscritos na ordem constitucional.

Certa feita apontou Marcondes Filho, ministro de Getúlio Vargas, em uma das palestras semanais proferidas no programa *Hora do Brasil*, produzido pelo DIP – Departamento de Imprensa e Propaganda, em 1942, para exaltar as realizações do Estado Novo, que em 1930 apareceria na história como um divisor de águas: "os trabalhadores deveriam dividir a história do Brasil em dois capítulos: antes e depois de Vargas". Isto porquanto, argumentava o ditador, a situação dos trabalhadores no Brasil até então era devida simplesmente a um "atraso jurídico, uma surdez parlamentar, uma culpa legislativa que se satisfizera com pequenas medidas fragmentárias". Toda a culpa, portanto, residia na atuação dos antigos políticos, que "jamais pensaram em lhes dar (aos trabalhadores) o de que careciam".

Para tanto, merece destaque o fato de que o populismo de Getúlio, não raras vezes perpetuado como conduta em governos posteriores, está intimamente ligado com o "mito da doação", imposto por uma "ideologia estatal trabalhista", por meio da criação de um Estado paternalista, erigido como farsa de um Estado Social, cuja maior influência, à época, fora da filosofia positivista comtiana.

Da mesma forma como fez Getúlio, ainda hoje se faz crer à classe trabalhadora que os direitos sociais se constituem em uma verdadeira "dádiva caída dos céus getulistas sobre a cabeça dos trabalhadores brasileiros"; mediante a outorga dos "direitos" sociais, por obra e graça dos políticos, externaliza-se a "generosidade", para além da "capacidade de antevisão" dos governantes que respondem ao "mito da brasilidade", imaginário social que nos persegue.

---

[12] Expressão adotada da obra de Hannah Arendt. *A condição humana*. 10. ed. Rio de Janeiro: Forense, 2007. p. 15.

[13] MARX, Karl. *O capital*. 18 ed. Rio de Janeiro: Civilização Brasileira, 2001. v. 1. p. 65.

Esse mito nacional (mito no sentido de "conjunto de interpretações e de ideias que permitem compreender o sentido e a especificidade de determinada experiência histórica coletiva"[14]), que nos identifica como um "povo da alegria, do calor humano, da hospitalidade e do sexo", "da 'emocionalidade' e da 'espontaneidade'" produz esse sentimento de "solidariedade coletiva" que forma o modo dos indivíduos e cidadãos brasileiros de se perceber e se julgar mutuamente.

Com tal atitude, amortece o impacto dos conflitos sociais, mascara a luta de classes e "apagou da memória política dos trabalhadores" as lutas históricas e mundiais do proletariado que acompanharam a industrialização e culminaram no papel ativo e determinante da classe trabalhadora como força social diante da sociedade.

Na década de 1940, mais precisamente no "dia do trabalho", em 1º de maio de 1943, foi assinada por Getúlio Vargas a Consolidação das Leis do Trabalho, aprovada pelo Decreto-lei nº 5.452, com o propósito de sistematizar a legislação trabalhista brasileira de forma estruturada e altamente complexa, e com o objetivo de regular minuciosamente todos os aspectos das relações de emprego no âmbito urbano.

Em que pese ter nascido com caráter expressamente provisório, esta consolidação se perpetuou como verdadeiro código, orientando o dia a dia das relações de trabalho no Brasil até os dias de hoje. Até então, os direitos dos trabalhadores se limitavam a algumas leis esparsas, de pequena notoriedade e aplicação.[15]

O resultado dos esforços dos juristas que trabalharam durante mais de uma década na elaboração do referido diploma legal é um documento que, de tão avançado, parece totalmente distanciado da realidade que veio regular. Conforme John D. French, se "o mundo do trabalho de fato funcionasse de acordo com a CLT, o Brasil seria o melhor lugar do mundo para se trabalhar. E se a metade fosse mesmo cumprida, o Brasil ainda seria um dos lugares mais decentes e razoavelmente humanos para aqueles que trabalham em todo o mundo".[16]

Tal observação aponta para o abismo existente entre os termos da lei e a realidade de sua aplicação e das condições concretas da vida dos que vivem do trabalho. Desde o início, tal qual sucede com tantas outras leis no Brasil, a CLT foi formulada para responder às mais diversas demandas, mas jamais teve como um de seus fundamentos a ruptura da relação entre Estado e as classes detentoras do poder econômico, em especial as elites industriais.

---

14 SOUZA, Jessé. *A ralé brasileira*: quem é e como vive. Belo Horizonte: Editora UFMG, 2011. p. 29-30.

15 BRONSTEIN, Arturo. Cincuenta años de derecho del trabajo en América Latina. In: VIANA, Márcio Túlio. *O longo meio século do Direito do Trabalho no Brasil*. Santa Fé: Rubinzal – Culzoni, 2007. p. 168.

16 FRENCH, John D. *Afogados em lei*. A CLT e a cultura política dos trabalhadores brasileiros. Tradução Paulo Fontes. São Paulo: Editora Fundação Perseu Abramo, 2001. p. 15.

Os direitos assegurados decorrem do intervencionismo estatal do período getulista, tido como marco do sistema corporativista, uma vez que se voltou a estabelecer a estrutura e regulação dos interesses dos diversos grupos sociais para, então, manter o controle em suas relações com aqueles, bem como das relações dos grupos entre si.[17] Daí por que a regulamentação de fora para dentro sobre os assuntos sociais, de forma paternalista, deixando-se de incentivar a criação de regulamentos pelos próprios atores sociais como, no caso trabalhista, pela atuação de sindicatos. Distribuir direitos e garantias, e até mesmo poderes, significa, ao mesmo tempo, manter o poder para si. Só o distribui quem o tem.

Defende-se, assim, que os marcos do sistema regulatório da classe trabalhadora, por meio da CLT, seriam produto de um Estado autoritário e corporativista, pois resultado de um processo de estruturação de grupos de interesses diversos, representantes do capital e do trabalho, sem qualquer autonomia, impostos do alto e totalmente passivos em relação ao Estado.[18]

A noção do corporativismo deu origem a duas linhas de interpretação para entender a atuação do Estado nas relações de trabalho. Uma primeira seria a vertente culturalista, que busca em uma suposta herança cultural regional a tendência dos brasileiros, assim como dos latino-americanos em geral, de buscar que o Governo solucione conflitos ao invés de os resolver por suas próprias ações. Neste contexto, as negociações coletivas só ocorrem sob a chancela do Estado, como ente superior que fiscaliza e ratifica as orientações coletivas. Outra vertente, a do consenso corporativo, enfatiza a influência negativa do intervencionismo estatal na consciência de classe, uma vez que os trabalhadores estariam presos a um modelo de organizações corporativas baseadas no modelo fascista, repressivo, por meio de uma ação intencional do Estado burguês. Assim, a CLT seria tão somente uma espécie de fachada voltada a iludir os trabalhadores com direitos que jamais usufruiriam, ao mesmo tempo em que o processo de controle e repressão do movimento sindical se aprofundaria.[19]

O caráter demagógico, ocultado pelo formalismo e o legalismo com que foi estruturado o arcabouço jurídico, evidenciou a discrepância entre lei e realidade e trouxe a lume a realidade de que aquela "estava longe de ser um esforço idealista para implantar um amplo padrão moral de justiça nos locais de trabalho",[20] ideia que se perpetua.

Analisando o contexto histórico, tem-se que, no início do século XX, a economia ainda estava mais vinculada ao campo do que às cidades; continuava o profundo o contraste entre ricos e pobres, elites e trabalhadores. A maioria da população era habituada aos costumes do campo, analfabeta e desconhecedora da realidade das cidades. A maior parte

---

[17] FRENCH, John D. *Afogados em lei*. Op. cit., p. 28.
[18] NOGUEIRA, Arnaldo José França Mazzei. O trabalho sob tutela do Estado. *História Viva Grandes Temas* – Getúlio Vargas. Edouro: Segmento-Duetto Editorial Ltda. nº 4, p. 35.
[19] FRENCH, John D. *Afogados em lei*. Op. cit., p. 29-31.
[20] Idem, p. 39.

dos trabalhadores laborava no meio agrário, sendo a economia brasileira, desde então, essencialmente agrícola, e os que trabalhavam nas cidades tinham como objetivo voltar ao campo.[21]

Não obstante o mito da cordialidade, as lutas sociais no Brasil do século XX tiveram como traço preponderante seu caráter urbano, com ênfase em novos conflitos encampados pelas classes sociais vinculadas ao surgimento progressivo da indústria, ainda incipiente.[22] Entre as lutas sociais do período ganharam relevo as reivindicações por melhorias nos salários e nas condições de vida, pela criação pelo Estado de legislações e normatizações voltadas à regulamentação de interesses de diversas classes sociais, além das disputas oriundas do embate de diferentes ideologias políticas.

Até 1930, no período da Primeira República, o Brasil configurava-se ainda como país rural em um contexto de profunda pobreza da população e de avanço do processo de urbanização decorrente da economia do café na região centro-sul do país; ganharam ênfase na vida social e política temas como a situação do trabalhador imigrante, as atividades das organizações anarcossindicalistas, o clamor popular por salários maiores, redução da jornada de trabalho, o surgimento de vários sindicatos e a organização dos trabalhadores em Federações e Confederações, e, como consequência, a constante realização de inúmeras greves. A reação estatal às lutas sociais se dava no campo da repressão policial, sendo que as iniciativas de organização e expressão dos trabalhadores geralmente eram objeto de desconfiança do Estado, que agia de forma a atender quase que exclusivamente os interesses do capital agrário, comercial e industrial, ainda que este ainda não estivesse plenamente desenvolvido. Havia também reação a partir de legislações restritivas da entrada de novos imigrantes no Brasil, cuja atuação, especialmente por meio do anarcossindicalismo, representava ameaça ao poder das elites. Um exemplo é a Lei dos Dois Terços, que restringia a um terço a presença de trabalhadores estrangeiros.[23]

Os imigrantes eram mais adaptados às condições de vida operária e tiveram fundamental participação para o surgimento da organização operária, dos sindicatos. Como ensina Márcio Túlio Viana, "numa época de belos discursos e poucos ouvintes, os anarquistas recorriam a jornais, filmes, peças teatrais e piqueniques ao ar livre para convencer os trabalhadores de que era preciso – e possível, transformar o mundo pela ação direta, sem mediações políticas, ainda que com violência".[24]

---

21   BRONSTEIN, Arturo. Cincuenta años de derecho del trabajo en América Latina. Op. cit., p. 165.
22   GOHN, Maria da Glória. *História dos movimentos e lutas sociais*: A construção da cidadania dos brasileiros. 2. ed. Loyola: São Paulo, 1995. p. 59.
23   NOGUEIRA, Arnaldo José França Mazzei. O trabalho sob tutela do Estado. Op. cit., p. 32.
24   BRONSTEIN, Arturo. Cincuenta años de derecho del trabajo en América Latina. Op. cit., p. 165.

A economia cafeeira perdia cada vez mais espaço para a indústria, e as cidades cresciam progressivamente, o que acabou mudando o perfil da classe trabalhadora e alavancando a entrada do Brasil no capitalismo industrial.[25]

Após a Revolução de 1930, observa-se uma profunda alteração na história do país, caracterizada pela vitória do projeto liberal industrializante em detrimento das elites conservadoras rurais. Como consequência, as políticas públicas são prioritariamente voltadas à questões urbanas com o que se buscam estabelecer condições para o crescimento da mão de obra para o trabalho nas indústrias e o fortalecimento do setor industrial, que ocorre especialmente no sul do Brasil. O mesmo interesse leva à cessação da entrada de imigrantes no país, que dá lugar a movimentos migratórios no âmbito nacional. Verifica-se, portanto, atuação mais rigorosa do Estado na organização da economia e sociedade, inclusive na criação de novas legislações.[26]

Esta nova etapa, longe de significar o aniquilamento velhas elites conservadoras, eis que estas se mantiveram próximas ao poder público, redesenhou o quadro de alianças políticas nas disputas de poder. É neste contexto que o tratamento do Estado para com os cidadãos passa a ser alterado e surgem as mudanças na legislação promulgando direitos aos trabalhadores.

Na Era "Populista", compreendida entre 1945-1964, pode-se falar em um contexto relativamente aberto, marcado pelo retorno das disputas político-partidárias ao cenário nacional, além da proliferação dos sindicatos, oficiais e paralelos, bem como uma maior ação interventiva por parte do Estado, orientada a estabelecer os alicerces para a nova etapa na acumulação de capital que despontava, fundada predominantemente na indústria de bens de capital. Como parte desta atuação, verificou-se ênfase em obras para construção de rodovias, siderúrgicas, usinas, companhias geradoras de energia, além de implementação de políticas sociais voltadas à integração das massas que se deslocavam do meio rural para os centros urbanos.[27]

15.4 Os trabalhadores entre o céu e o inferno ou a ambiguidade como revelação

O caráter ambíguo encarnado na CLT rendeu a Vargas a fama de "pai dos pobres" e "mãe dos ricos"; tal ambiguidade marca a identidade mítica dos direitos sociais dos trabalhadores no Brasil.

A constitucionalização dos direitos dos trabalhadores não teve o condão de estabelecer uma ruptura com os processos demagógicos implantados com a CLT de Vargas, que

---

[25] Idem, p. 167.
[26] GOHN, Maria da Glória. *História dos movimentos e lutas sociais*. Op. cit., p. 82.
[27] Idem, p. 90-91.

ao mesmo tempo que empurrava o país no sentido do capitalismo industrial, "implantava um moderno programa de reforma social direcionado aos trabalhadores urbanos".[28]

Segundo Arnaldo José França Mazzei Nogueira, o processo sócio-histórico-político conduzido por Getúlio Vargas possuía uma unidade contraditória, eis que ao mesmo tempo que significava conquista e reconhecimento dos direitos sociais do trabalho, significava a garantia da manutenção do controle e cooptaçao do Estado sobre a classe operária.[29]

Havia uma específica visão dos burocratas governamentais e das elites industriais. Os industriais, mais notórios representantes do capitalismo hegemônico, não aceitaram a CLT e não aceitarão qualquer outra possibilidade de implementação concreta das políticas públicas que não sejam assistencialistas, pois identificam como resultado da intervenção indesejada do Estado em seus negócios, em especial em razão de restrições impostas à liberdade e autoridade daqueles, mas também pelos custos advindos da legislação trabalhista.[30] No entanto, as elites industriais acabavam por tolerar a legislação trabalhista apenas porque sabiam que nem mesmo o Poder Público jamais pretendeu que fosse efetivamente aplicada.

Realmente, assim como a CLT era ignorada nas fábricas, situação para a qual contribuía o Estado com a escassez na fiscalização, ainda hodiernamente os direitos fundamentais dos trabalhadores são descurados, sendo que o próprio Ministério do Trabalho, por meio de seus inspetores e superiores administrativos, omitia-se em fazer cumprir a lei e, ainda hoje, mesmo o Ministério Público do Trabalho, não conseguem fazer atuar e cumprir os direitos sociais dos trabalhadores. Igualmente falha a atuação dos Tribunais do Trabalho, em todas as instâncias, muitas vezes incapazes de fazerem cumprir suas próprias decisões. Nem mesmo o Tribunal Superior do Trabalho buscava garantir o cumprimento dos direitos celetistas, observando-se no referido órgão jurisdicional uma tendência de anular decisões tomadas pelos Tribunais Regionais do Trabalho quando favoráveis aos trabalhadores.[31]

---

[28] FRENCH, John D. *Afogados em lei*. Op. cit., p. 8.

[29] NOGUEIRA, Arnaldo José França Mazzei. O trabalho sob tutela do Estado. Op. cit., p. 33.

[30] FRENCH, John D. *Afogados em lei*. Op. cit., p. 18.

[31] Segundo John D. French, o "caso mais infame ocorreu após a forte greve geral de outubro de 1957, a famosa "Greve dos 400 mil", que havia se encerrado com a sentença do Tribunal Regional do Trabalho concedendo 25% de aumento salarial sem teto aos trabalhadores. Quando o TST reduziu o reajuste para 18% com tetos, a resposta dos sindicalistas foi violenta, embora tenham sido incapazes de levar adiante a ameaça de uma nova greve geral de protesto. Neste caso a ação do TST não foi apenas ultrajante, mas também gratuita, já que muitos empregadores continuaram a pagar os 25% de aumento salarial originalmente acordados. Para além de rebaixar os salários de alguns infelizes trabalhadores, a reversão de um acordo cuidadosamente negociado teve a intenção de humilhar a liderança sindical militante, mesmo ao custo de desacreditar do sistema da Justiça do Trabalho como um todo" (FRENCH, John D. Afogados em lei. Op. cit., p. 22-23).

Nem mesmo um dos direitos mais elementares no sistema da CLT, o salário-mínimo, era garantido pelo Poder Público. Tão logo um novo valor era anunciado, os altos índices de inflação acabavam por dizimar os ganhos decorrentes do aumento salarial.[32]

Para melhor explicitar a visão dos trabalhadores: "Como explicar este sistema de leis que ao mesmo tempo produziu um profundo rancor e cinismo entre os ativistas da classe trabalhadora e, de outro lado, uma militância esperançosa e utópica sem precedentes?".[33]

Os trabalhadores usavam a lei como instrumento na luta pela defesa de seus interesses. Apropriaram-se da nova legalidade como arma nos conflitos inerentes às relações de trabalho. Conscientes de sua vulnerabilidade perante o capital e o poder público, os trabalhadores passaram a utilizar as palavras da lei com o fim de protegerem-se e fundamentarem suas reivindicações. É assim que palavras vazias passam a ganhar corpo e passam aproximar-se da realidade. A concessão paternalista transformou-se em lei, e o que provinha de uma relação de dependência desaparece para dar lugar a um direito legítimo que deve ser cumprido.

A simples possibilidade de nomear um direito antes sem nome, de reunir situações sob uma mesma rubrica fortalece a militância trabalhadora. Daí a razão para a conclusão de que se formou uma "consciência derivada [da existência] dos direitos trabalhistas", ou seja, uma consciência jurídica de classe decorrente do simples fato da aquisição de direitos pelo trabalhador individual que adentrava o sistema de emprego urbano, ainda que a fruição de tais direitos fosse algo incerto. Este é um dos principais aspectos que contribuíram para a formação da classe trabalhadora no Brasil.[34]

Por outro lado, um dos desafios dos sindicatos no período Populista era transformar essa consciência jurídica de classe em consciência de classe, coletiva, que unisse os trabalhadores em torno de uma causa comum.[35] A busca por soluções individualistas, como a procura por uma decisão na Justiça do Trabalho, não favorecia uma ação coletiva. Ainda nos anos 1960, não se observava uma estrutura organizada dos trabalhadores, motivo pelo qual o recurso das greves ainda não poderia ser amplamente utilizado. Uma possibilidade era o uso pragmático do discurso da própria lei, que se sabia fraudulenta, para favorecer o fortalecimento das reivindicações.

Entre as lideranças sindicais não se descartava a ilusão em relação à lei. Ao contrário, aquelas acabavam por se apropriar dessa ilusão, ou mesmo incentivá-la, para então "jogar com a ilusão que o trabalhador tinha sobre a lei [...] para poder tocar a luta adiante. Em tais momentos, a lei em sua majestade era de fundamental importância [...]. A CLT colocava a reclamação do trabalhador em um terreno público e, ao respaldá-la – mesmo que apenas aparentemente –, o ajudava a superar seus temores e o motivava a agir contra seu

---

[32] FRENCH, John D. Afogados em lei. Op. cit., p. 23.
[33] Idem, p. 10.
[34] Idem, p. 66.
[35] Idem, p. 66.

patrão".³⁶ E assim, a busca pela Justiça do Trabalho passava a ganhar novos contornos, favorecendo as lutas diárias nas fábricas, nas ruas, já com um caráter menos individualista e mais representativo do interesse de um todo, de uma classe.

A atuação do sindicato como intermediário entre a Justiça e o trabalhador contribuía com essa transformação no pensamento dos trabalhadores, e acabava, ainda, por aumentar o vínculo entre estes e as organizações sindicais.

Logo, a legalização dos sindicatos, sem dúvida, ainda que restrita e contrariando os propósitos dos idealizadores da lei, significou importante avanço nas luta da classe operária brasileira.

O que se observou a partir de 1943, com CLT, foi uma intensificação das demandas no campo das relações de trabalho, resultado direto da atuação sindical na divulgação dos direitos trabalhistas e na luta por eles. Para Arnaldo Sussekind, isso resultou da adoção da unicidade sindical e da criação do imposto sindical, que ao estabelecer um vínculo financeiro entre com o sindicado, aproximou-o dos trabalhadores.³⁷

Para Viana, a unicidade sindical fazia parte do perfil original, de cunho corporativista, do sindicato, que deveria trazer a luta de classes para o seio do Estado. Para tanto, o Estado previa a outorga de personalidade pelo Ministério do Trabalho, que tinha o poder de interferir no sindicato, restringia o direito de greve, conferia poder normativo à Justiça do Trabalho.³⁸

O que mais se afirma em relação ao sistema de normas trabalhistas brasileira é a sua tendência fascista, baseada na *Carta Del Lavoro* de Mussolini. Arnaldo Sussekind, ao criticar essa afirmação, aponta para o fato de que a referida Carta italiana, de 1927, era dotada de apenas 30 artigos, sendo que a maioria tratava de princípios e normas historicamente consagrados, enquanto a CLT possuía 922 artigos. A identidade existiria apenas no que a representação da categoria pelo sindicato e seus corolários, estatuídos na Constituição de 1937 e mantidos pela de 1988.³⁹

O mito de que Getúlio outorgou direitos pelos quais a classe trabalhadora não lutou, criando "os alicerces de um sistema eficaz e harmonioso de colaboração entre operários, empregadores e Estado",⁴⁰ compartilha a mesma raiz da tese segundo a qual o sistema de relações trabalhistas brasileiro se trata de um modelo artificial, uma iniciativa de cima para baixo para evitar um futuro embate com os trabalhadores e, com isso, favorece a

---

36 Idem, p. 67.
37 GOMES, Angela de Castro; PESSANHA, Eliana G. da Fonte; MOREL, Regina de Moraes (Org.). *Arnaldo Sussekind, um construtor do direito do trabalho*. Rio de Janeiro: Renovar, 2004. p. 96.
38 BRONSTEIN, Arturo. *Cincuenta años de derecho del trabajo en América Latina*. Op. cit., p. 167.
39 GOMES, Angela de Castro; PESSANHA, Eliana G. da Fonte; MOREL, Regina de Moraes (Org.). *Arnaldo Sussekind, um construtor do direito do trabalho*. Op. cit., p. 78.
40 FRENCH, John D. *Afogados em lei*. Op. cit., p. 87.

neutralização e a despolitização de trabalhadores – fracos e desunidos – e sindicatos e, consequentemente, o desenvolvimento industrial.

Exemplo desse entendimento artificialista é a ideia de que legislação trabalhista cumpria uma dupla função, qual seja, econômica – voltada a implementar o modo de acumulação com base nos setores urbano-industriais – e política, por meio do controle estatal sobre as relações de trabalho e promoção de cima para baixo de um certo pacto com a burguesia industrial e classe trabalhadora, intermediado pelo Estado, o qual se anteciparia à burguesia no papel de dirigir politicamente o país e enfrentar a pressão operária e sindical.[41]

Tais interpretações têm em comum a capacidade de subestimar o proletariado brasileiro, de afirmar sua fraqueza e falta de organização.

No entanto, é importante entender que a classe operária conseguiu, apropriando-se da legislação e das iniciativas políticas, reforçar sua organização e o próprio poder de luta. As greves e demais formas de afirmação de seus direitos demonstram uma classe trabalhadora que não ficou inerte e agradecida a um Governo bondoso, nem um sindicato submisso às vontade do poder público.[42]

Outro fato que merece consideração é de que só há organização e sindicalismo forte onde há concentração operária. No entanto, nos anos que precederam a entrada em vigor da CLT, não havia ainda uma grande concentração industrial. Segundo Arnaldo Sussekind, um dos criadores da CLT, a adoção do princípio da unicidade sindical foi essencial para cumprir o objetivo de motivar a sindicalização numa economia basicamente agrária.[43]

15.5 Para pensar a concretização dos direitos sociais

Não se deve ignorar nem subestimar que tanto a CLT quanto a Constituição da República de 1988 exerceram inegável papel na formação política e cultural da classe trabalhadora, na inscrição dos espaços de reconhecimento de sua cidadania.

Conforme John D. F., a "interpretação da 'consciência legal' dos trabalhadores brasileiros reforça a hipótese formulada por Paoli em 1988 de que 'a formação da classe operária brasileira não pode ser entendida sem considerar-se a intervenção legal do Estado nas relações de trabalho cotidianas' e o modo como a CLT 'serviu para moldar a demanda dos trabalhadores por justiça' para constituir 'um horizonte cultural comum do que deveriam ser dignidade e justiça nas questões de trabalho'. No fim, as leis trabalhistas tornaram-se

---

[41] NOGUEIRA, Arnaldo José França Mazzei. O trabalho sob tutela do Estado. Op. cit., p. 34.
[42] FRENCH, John D. *Afogados em lei*. Op. cit., p. 92.
[43] GOMES, Angela de Castro; PESSANHA, Eliana G. da Fonte; MOREL, Regina de Moraes (Org.). *Arnaldo Sussekind, um construtor do direito do trabalho*. Op. cit., p. 50.

'reais' nos locais de trabalho somente na medida em que os trabalhadores lutaram para transformar em a lei de um ideal imaginário em uma realidade futura possível".[44]

Os direitos fundamentais sociais dos trabalhadores nunca representaram qualquer efetivo obstáculo ao avanço do capitalismo. A organização autônoma da classe trabalhadora, da sua parte, se não correspondeu unicamente a uma farsa, embora tenha sido outrora utilizada como instrumento de domínio e perpetuação do poder político, tem deixado no espaço da democracia de cumprir o seu papel relevante de canalização dos anseios dos trabalhadores e explicitação dos conflitos sociais, condição inafastável para o avanço das conquistas em torno de um processo civilizatório dos trabalhadores.

O processo de identificação da subjetividade trabalhadora é importante arma na luta por direitos e garantias dos trabalhadores; a lei que nasceu para ser ignorada pode acabar por se aproximar da realidade e do horizonte utópico que delineava, abrindo as portas para a construção de um arcabouço de direitos sociais, hoje fundamentais, dos trabalhadores.

O Estado, não raras vezes confundido com o Governo e particularmente personificado na Era Vargas teve, no entanto, que mudar sua postura demagógica a partir de um evento específico, a greve de março de 1953 em São Paulo,[45] mas não rompeu as práticas contraditórias de uma conduta de bipolaridade e hipocrisia ao, por um lado, enunciar a presença do Estado interventor e, por outro lado, desconsiderar as condições materiais perversas e discriminatórias no tocante ao capital, inclusive o cultural, que se projeta em uma quase impossibilidade de efetivação de direitos sociais fundamentais dos trabalhadores.

Os fatos levam a entender que, para longe de uma aproximação desinteressada dos interesses da classe trabalhadora, foram – e são – somente os emergentes movimentos sociais, as pressões populares, que explicitam o conflito social, apesar do mito da cordialidade do brasileiro, somado à conjuntura política, que força uma atuação mais expressiva do Estado no sentido de um maior favorecimento da classe trabalhadora.

Em conclusão, com vistas a um efetivo pensar e realizar dos direitos sociais dos trabalhadores, é necessário atuar no espaço de Estado Democrático de Direito, que pressupõe que sua concretização imponha a adoção de limites à atuação dos interesses egoísticos do capitalismo, a não apropriação privada de recursos orçamentários pelos mais espertos e ágeis, a superação da racionalidade economicista da eficiência que identifica os direitos como "custo" e a convocação para atendimento dos deveres fundamentais como resultado da responsabilidade solidária na construção de uma sociedade mais igualitária e justa.

---

[44] FRENCH, John D. *Afogados em lei*. Op. cit., p. 10.
[45] Trata-se da greve de 300 mil trabalhadores que tomou conta das ruas de São Paulo e que se destacou por sua abrangência e organização interna, com a criação de Comitês inter-sindicais. Como consequência direta, levou à indicação de João Goulart para ocupação do Ministério do Trabalho, além da afirmação do direito de greve (*História dos movimentos e lutas sociais*: a construção da cidadania dos brasileiros. GOHN, Maria da Glória. 2. ed. Loyola: São Paulo, 1995. p. 97).

Um Estado Democrático de Direito deve garantir a efetiva participação igualitária de todos os cidadãos na distribuição de todos os recursos orçamentários, de sorte a que a concretização dos direitos fundamentais prestacionais possa ocorrer por intermédio de políticas públicas inclusivas e não assistencialistas, evitando a participação privilegiada de alguns, mais ágeis, e rejeitando a adoção de um modelo de mercado pretensamente em concorrência perfeita.

16

Os direitos sociais e a sociedade contemporânea

Susan Lewis

Sumário: 16.1 Introdução; 16.2 Estado, Direitos Sociais e Globalização; 16.3 Considerações finais; Referências.

16.1 Introdução

Falar em contemporaneidade significa, sobretudo, falar em rapidez, velocidade, tecnologia. Com o advento do capitalismo, houve significativas mudanças não apenas no modo de produção econômico, mas na sociedade de uma forma geral. Política, cultura, ideologia, relações afetivas e demais aspectos da sociedade foram se transformando ao longo dos séculos. Nicolau Sevcenko realiza interessante comparação entre a montanha-russa e as mudanças ocorridas a partir do século XVI até os dias atuais. Para ele, "uma das sensações mais intensas e perturbadoras que se pode experimentar, neste mundo atual, é um passeio na montanha-russa."[1] E é da mesma forma que o autor considera as transformações científicas e tecnológicas do período em questão.[2]

Sevcenko divide as etapas históricas associadas aos movimentos da montanha-russa em três fases. A inicial, que vai do século XVI até meados do XIX, refere-se ao desenvolvimento tecnológico das elites da Europa ocidental e é "de ascensão contínua, metódica e persistente que, na medida mesma em que nos eleva, assegura nossas expectativas mais

---

[1] SEVCENKO, Nicolau. *A corrida para o século XXI*: no loop da montanha-russa. São Paulo: Companhia das Letras, 2003, p. 11.

[2] Idem, p. 14 e 15.

otimistas [...]". A fase posterior, "em que num repente nos precipitamos numa queda vertiginosa, perdendo as referências do espaço, das circunstâncias que nos cercam e até o controle das faculdades conscientes", diz respeito à Revolução Científico-Tecnológica, ocorrida por volta de 1870. Finalmente, o período mais recente se refere à passagem do século XX para o XXI e corresponde ao *loop* da montanha-russa:

> Essa etapa representaria o atual período, assinalado por um novo surto dramático de transformações, a Revolução Microeletrônica. A escala das mudanças desencadeadas a partir desse momento é de uma tal magnitude que faz os dois momentos anteriores parecerem projeções em câmara lenta.[3]

Se pensarmos o século XX e também o XXI, veremos que o ritmo acelerado tornou-se uma de suas características fundamentais. A distinção principal do século XX em relação aos períodos que o precederam foi, justamente, a de mudanças ininterruptas e rápidas da tecnologia que incidiram sobre todas as áreas humanas e em todas as partes do mundo.[4] É ainda nesse século que ocorre o fenômeno conhecido como globalização, que ocasionou, entre tantas outras transformações, a liberalização dos fluxos financeiros por parte dos Estados, o aumento do poder das grandes corporações, do capital financeiro e o questionamento e enfraquecimento dos direitos sociais. Além disso, "no aspecto político, os Estados hegemônicos ou suas instituições internacionais comprimem a soberania ou autonomia política dos Estados periféricos".[5]

Uma das consequências mais perversas do contexto citado diz respeito ao aumento da concentração de renda em âmbito mundial. A disparidade entre países ricos e pobres pode ser observada nos Relatórios de Desenvolvimento Humano da Organização das Nações Unidas. Em sua publicação de 2000, por exemplo, constata-se que tal disparidade estava em torno de 80 para 1 (em 1820 era da ordem de 3 para 1, em 1973 era de 44 para 1 e em 1992 era de 72 para 1).[6] Onze anos depois, o relatório da ONU continuou a alertar

---

[3] Idem, p. 16.

[4] Interessante observar os seguintes dados: "Se somássemos todas as descobertas científicas, invenções e inovações técnicas realizadas pelos seres humanos desde as origens da nossa espécie até hoje, chegaríamos à espantosa conclusão de que mais de oitenta por cento de todas elas se deram nos últimos cem anos. Dessas, mais de dois terços ocorreram concentradamente após a Segunda Guerra" (Idem, p. 24).

[5] CESNIK, Fábio de Sá. *Globalização da Cultura*. São Paulo: Manole, 2005. (Entender o mundo; v. 8), p. 21.

[6] O mesmo relatório demonstra, ainda, que "os duzentos maiores multimilionários do planeta acumularam juntos uma fortuna de 1,113 trilhão de dólares em 2000, o que significa cerca de 100 bilhões de dólares a mais do que possuíam no ano anterior. Considerando, por outro lado, toda a população somada dos países do Terceiro Mundo, seu total de renda chega apenas a 146 bilhões, o que representa menos de dez por cento do montante controlado pelos duzentos maiores bilionários" (SEVCENKO, Nicolau. *A corrida para o século XXI*. Op. cit., p. 43).

para a desigualdade mundial, chamando atenção, sobretudo, para as questões relacionadas à pobreza e ao meio ambiente.

O Estado teve seu poder de alcance ampliado, de forma significativa, do século XVIII até a segunda metade do século XX. No final deste último, porém, passou a ficar "na defensiva contra uma economia mundial que não podia controlar, [...] contra sua incapacidade real de manter o que, pelos seus próprios critérios, era sua maior função: a manutenção da lei e da ordem públicas".[7] Como bem observou Lindgren Alves, quanto mais enfraquecidos estiverem os Estados e a comunidade internacional, "mais fácil é a afirmação do capital, produtivo e improdutivo, no mercado mundializado". Desta forma,

> A globalização incontrolada tem provocado tendências centrípetas e centrífugas, apenas aparentemente antagônicas. O estabelecimento da economia-mundo como tendência centrípeta não unifica nada. Engendra, ao contrário, divisões continuamente acentuadas na esfera social e uma dispersão cultural enorme disfarçada no fato de que todos os povos agora, quando podem, vestem calças jeans, comem hamburguers, ouvem e compõem rock and roll e querem ver filmes de Steven Spielberg.[8]

O individualismo exacerbado é outra característica do processo em questão. No final do século XX, especialmente nos países capitalistas mais desenvolvidos, isto pode ser constatado. Para Eric Hobsbawm, este é o aspecto mais perturbador das transformações ocorridas entre o início da Primeira Guerra Mundial e a década de 1990.[9] Além disso, nessa década, com a queda do comunismo e a consequente primazia do capitalismo, passou a existir o predomínio absoluto das relações baseadas na lógica do mercado em que o consumismo é a viga mestra.

Zygmunt Bauman realiza interessante diferenciação entre "consumo" e "consumismo". O consumo é uma necessidade vital, biológica, como se alimentar. A sua inexistência significa a morte. Já o consumismo é construção social e não se vincula à sobrevivência: "o consumismo é um produto social, e não um veredicto inegociável da evolução biológica. Não basta consumir para continuar vivo se você quer viver e agir de acordo com as regras do consumismo".[10] Na verdade, "acima de tudo, o consumismo tem o significado de transformar seres humanos em consumidores e rebaixar todos os outros significados a um plano inferior, secundário, derivado".[11]

---

[7] HOBSBAWM, Eric. *Era dos Extremos*: o breve século XX: 1914-1991. Tradução Marcos Santarrita. 2. ed. São Paulo: Companhia das Letras, 2002. p. 554.

[8] ALVES, J. A. Lindgren. Direitos humanos, cidadania e globalização. *Lua Nova*, São Paulo, nº 50, 2000. Disponível em: <http://www.scielo.br/scielo>. Acesso em: 2 abr. 2013.

[9] HOBSBAWM, Eric. *Era dos Extremos*: o breve século XX: 1914-1991. Op. cit., p. 24.

[10] BAUMAN, Zygmunt. *44 Cartas do Mundo Líquido Moderno*. Tradução Vera Pereira. Rio de Janeiro: Zahar, 2011. p. 83.

[11] Idem, p. 83.

A necessidade do consumismo, tão bem criada/estimulada pela publicidade, faz com que o sujeito tenha a ilusão da felicidade plena, derivada de seu poder aquisitivo. Atingindo, sobretudo, o inconsciente, as manipulações publicitárias vendem desejo, sonhos. Lembrando que para haver manipulação deve existir não apenas a intenção, mas também a ocultação do comportamento que se pretende com a mesma.[12] Ao abordar a cultura capitalista de consumo tendo por base os discursos na psicanálise lacaniana, Vanessa Teixeira e Flávio Couto mostram o engodo gerado pela propaganda ao criar a ideia de completude do sujeito: "desde que as relações sociais humanas são organizadas por intermédio da linguagem, o homem está dividido, incompleto, estruturalmente barrado de atingir a plenitude da satisfação".[13]

16.2 Estado, Direitos Sociais e Globalização

Nesse emaranhado de ilusões, desejos antes legítimos e direitos conquistados ao longo da história perdem força diante da realidade presente. Bauman chama de "globalização negativa" os efeitos perversos gerados pela abertura sem controle das sociedades, que se tornam vulneráveis com o processo em questão. Em sua opinião, "a ideia de um 'mercado sem fronteiras' é uma receita para a injustiça e, em última instância, para uma nova desordem mundial na qual (contrariando Clausewitz) é a política que se torna a continuação da guerra por outros meios".[14]

O século XX foi de importância fundamental para a ampliação e legitimação dos direitos sociais. A conquista dos movimentos sociais e das classes trabalhadoras teve, a seu favor, os impactos exercidos pelo comunismo e socialismo que questionavam a sociedade de classes, a exploração da mão de obra operária, o papel elitista do Estado etc. Como reação, os países capitalistas começaram a reconhecer a proteção social. Sem dúvida, a Revolução de 1917 e suas repercussões em termos mundiais foram um duro golpe no sistema baseado na propriedade privada.

O comunismo soviético apresentava-se como alternativa ao capitalismo, superior e destinado historicamente a triunfar sobre o mesmo.[15] Seu caráter universal era proclamado e, após 30 ou 40 anos da Revolução de Outubro, um terço da humanidade vivia sob regimes derivados do leninismo.[16] O resultado significativo, evidente, desta disputa mundial

---

[12] *Dicionário de política*. Norberto Bobbio, Nicola Matteuci e Gianfranco Pasquino. Tradução de Carmem C. Varriele et al. Brasília: Ed. Universidade de Brasília, 11. ed., 1998. (Vol. 2). p. 727.

[13] TEIXEIRA, Vanessa Leite; COUTO, Luís Flávio Silva. A cultura do consumo: uma leitura psicanalítica lacaniana. *Psicol. estud.*, Maringá, v. 15, nº 3, set. 2010. Disponível em: <http://www.scielo.br/scielo>. Acesso em: 2 abr. 2013.

[14] BAUMAN, Zygmunt. *44 Cartas do Mundo Líquido Moderno*. Op. cit., p. 127.

[15] HOBSBAWM, Eric. *Era dos Extremos*: o breve século XX: 1914-1991. Op. cit., p. 63.

[16] Idem, p. 62.

entre dois sistemas antagônicos e excludentes concretizou-se, durante décadas, na Guerra Fria e em sua bipolaridade. Mas, se o século XX e sua configuração político-ideológica serviram para a luta das reivindicações sociais e a concretização de tais direitos, também foram palco do enfraquecimento dos mesmos.

O desmonte do Estado do bem-estar social atrelou-se diretamente à "era da globalização", com seu "pensamento único" ou as chamadas políticas neoliberais passando a prevalecer.[17] Com o término da Guerra Fria e o fim da bipolaridade, estabeleceu-se um consenso, em esfera planetária, que a literatura definiu ora com o termo *globalização*, ora *nova interdependência*, ora *neoliberalismo*. O mundo parecia uniformizar-se nos aspectos tanto ideológico, quanto político, econômico e estratégico.[18] Houve uma mudança substancial nas práticas políticas que até então estavam voltadas para taxações fiscais e melhoria da distribuição de renda, regulamentação das garantias de direitos como saúde, educação e moradia etc., e passou a prevalecer a ideia de que os Estados deveriam sair de cena e abrir suas fronteiras para o mercado e as finanças internacionais.[19] Todas essas transformações repercutem de forma significativa em diversos âmbitos sociais:

> Em particular nos últimos cinquenta anos, assiste-se a uma aceleração de mudanças, jamais conhecida e experimentada anteriormente: novas formas de acumulação de capital e de concentração industrial e tecnológica; mutações substantivas nos processos de produção, nos processos de trabalho, nas formas de recrutamento, alocação, distribuição e utilização da força de trabalho com repercussões consideráveis nos padrões tradicionais de associação e representação sindicais; transbordamento das fronteiras do Estado-nação, promovendo acentuada mutação nas relações dos indivíduos entre si, dos indivíduos com o Estado e entre diferentes Estados, o que repercute na natureza dos conflitos sociais e políticos e nas modalidades de sua resolução (com a criação de legislação e tribunais paralelos ao Estado, por exemplo).[20]

---

[17] Campos Mello aborda as mudanças a partir de tal fenômeno. Segundo ele, nos anos de 1950 a 1970 atrelava-se desenvolvimento a crescimento com redistribuição e solidariedade. E era o Estado o ator principal para realizar a tarefa em questão. A partir de 1980, no entanto, com os governos de Thatcher e Reagan, o oposto ocorre, ou seja, "o Estado é visto como estruturalmente impróprio para as tarefas de, diretamente, produzir bens produtivos e distributivos" (MELLO, Valérie de Campos. Globalização, regionalismo e ordem internacional. *Rev. Bras. Polít. Int.* 42 (1): 157-181 (1999), p. 169).

[18] CERVO, Amado Luiz. Sob o signo neoliberal: as relações internacionais da América Latina. *Rev. bra. polít. Int.*, Brasília, v. 43, nº 2, dez 2000. Disponível em: <http://www.scielo.br/scielo>. Acesso em: 2 abr. 2013.

[19] SEVCENKO, Nicolau. *A corrida para o século XXI*: no loop da montanha-russa. Op. cit., p. 42.

[20] ADORNO, Sérgio. Exclusão socioeconômica e violência urbana. *Sociologias*, Porto Alegre, nº 8, dez. 2002. Disponível em: <http://www.scielo.br/scielo>. Acesso em: 2 abr. 2013. Adorno aborda como tais mudanças trazem repercussão, também, na criminalidade, violência e direitos humanos, gerando transformações, inclusive nos padrões tradicionais de delinquência, antes "[...] concen-

Norberto Bobbio faz uma reflexão importante ao tratar dos direitos do homem. Para ele, a questão não é mais filosófica ou jurídica, mas sim política (em sentido amplo): "não se trata mais de saber quais são ou quanto são esses direitos, qual é sua natureza e seu fundamento, se são direitos naturais ou históricos, absolutos ou relativos, mas sim qual é o modo mais seguro de garanti-los, para impedir que, apesar das solenes declarações, eles sejam continuamente violados".[21]

Na década de 1990, com a chamada crise das ideologias, Bobbio questionou os inúmeros escritos que se opunham à existência tradicional entre a díade direita e esquerda, considerando, em sua obra sobre o assunto, que não existe nada mais ideológico do que a afirmação de tal crise. Como bem observou, direita e esquerda não se limitam ao contraste das ideologias ("mais vivas do que nunca"), mas indicam diferentes formas de interesses e valorações a respeito da direção a ser seguida pela sociedade.[22] O autor, ao longo de sua análise, procura encontrar o critério que distingue, de fato, as duas posições, concluindo que apenas a igualdade é satisfatória para tanto. A diferença ocorre da seguinte forma: enquanto para a direita, a maior parte das desigualdades é natural e, portanto, ineliminável, para a esquerda, a maior parte das desigualdades é natural e, assim, eliminável.[23] Isto significa afirmar que uma das conquistas mais significativas dos movimentos socialistas foi a afirmação dos direitos sociais:

> [...] Trata-se de novos direitos que começaram a ser incorporados às constituições a partir do fim da Primeira Guerra Mundial e foram consagrados pela Declaração Universal dos Direitos do Homem e por outras Cartas internacionais sucessivas. A razão de ser de direitos sociais, como o direito à educação, o direito ao trabalho, o direito à saúde, é uma razão igualitária. Todos estes três direitos objetivam reduzir a desigualdade entre quem tem e quem não tem, ou colocar um número cada vez maior de indivíduos em condições de serem me-

---

trados em torno do crime contra o patrimônio, via de regra cometido por delinquentes que agiam individualmente ou, quando muito, em pequenos bandos e cuja ação tinha alcance apenas local. Na atualidade, cada vez mais, o crime organizado opera segundo moldes empresariais e com bases transnacionais, vai-se impondo, colonizando e conectando diferentes formas de criminalidade (crimes contra a pessoa, contra o patrimônio, contra o sistema financeiro, contra a economia popular). Seus sintomas mais visíveis compreendem emprego de violência excessiva mediante uso de potentes armas de fogo (daí a função estratégica do contrabando de armas), corrupção de agentes do poder público, acentuados desarranjos no tecido social, desorganização das formas convencionais de controle social. Na mesma direção, agrava-se o cenário das graves violações de direitos humanos. Como se sabe, o tráfico internacional de drogas é uma de suas modalidades mais significativas" (Ibidem).

[21] BOBBIO, Norberto. *A Era dos Direitos*. Tradução de Carlos Nelson Coutinho. Rio de Janeiro: Campus, 1992. p. 25.

[22] BOBBIO, Norberto. *Direita e Esquerda*: razões e significados de uma distinção política. Tradução de Marco Aurélio Nogueira. São Paulo: Editora Unesp, 1995. p. 33.

[23] Idem, p. 105.

nos desiguais no que diz respeito a indivíduos mais afortunados por nascimento ou condição social.[24]

Os direitos sociais necessitam de intervenções efetivas do Estado para que sejam garantidos e um elemento que podemos considerar quando pensamos em tal efetivação diz respeito às transformações de tais direitos: "[...] assim como as demandas de proteção social nasceram com a revolução industrial, é provável que o rápido desenvolvimento técnico e econômico traga consigo novas demandas, que hoje não somos capazes de prever".[25] Além disso, há uma diferença significativa entre reconhecer o direito e fazer valê-lo. Entre afirmar e proteger pode existir uma distância abissal:

> [...] Os direitos sociais, como se sabe, são mais difíceis de proteger do que os direitos de liberdade. Mas sabemos todos, igualmente, que a proteção internacional é mais difícil do que a proteção no interior de um Estado, particularmente no interior de um Estado de direito. Poder-se-iam multiplicar os exemplos de contraste entre as declarações solenes e sua consecução, entre a grandiosidade das promessas e a miséria das realizações.[26]

O questionamento das intervenções estatais na sociedade, sobretudo em termos sociais, parece não ter se alterado com a recente crise econômica. Mas não deixa de ser irônico que justamente o Estado foi interpelado pelos grupos dominantes para agir e sanar a referida crise. Apesar disto, não houve sequer o reconhecimento das mazelas geradas pelo neoliberalismo. "[...] Eles fundamentam tal crise, no entanto, não nas contradições do próprio sistema de mercado, mas primeiramente em erros de ordem institucional, econômica e ideológica, que teriam sido cometidos por socialistas, keynesianos etc."[27] Pode-se considerar, ademais, que "a crise que amadurece não é mais qualquer daquelas crises cíclicas, como são conhecidas desde o processo de ascensão e preponderância dos modernos sistemas de mercado, mas uma crise estrutural que vai mais fundo, na qual as contradições intrínsecas à economia de mercado surgem à tona".[28]

---

[24] Idem, p. 109. Importante observar, no entanto, o que o próprio Bobbio chama atenção: que, "[...] quando se atribui à esquerda uma maior sensibilidade para diminuir as desigualdades não se deseja dizer que ela pretende eliminar todas as desigualdades ou que a direita pretende conservá-las todas, mas no máximo que a primeira é mais igualitária e a segunda é mais inigualitária" (Idem, 103).
[25] BOBBIO, Norberto. *A Era dos Direitos*. Op. cit., p. 34.
[26] Idem, p. 63-64.
[27] KURZ, Robert. As luzes do mercado se apagam: as falsas promessas do neoliberalismo ao término de um século em crise. *Estud. av.*, São Paulo, v. 7, nº 18, ago. 1993. Disponível em: <http://www.scielo.br/scielo>. Acesso em: 4 abr. 2013.
[28] Ibidem.

16.3 Considerações Finais

A globalização atinge de formas variadas os países que possuem desenvolvimentos econômicos diferentes. "Esse efeito invariavelmente atingiu praticamente todos os países do mundo. Todavia, o seu impacto foi muito maior entre os países subdesenvolvidos ou em desenvolvimento, que pouco puderam fazer para conter a agressividade do liberalismo comercial e econômico emanado do centro do sistema capitalista."[29]

O aprofundamento das relações capitalistas gera modificações não apenas no cenário internacional, mas nas próprias relações humanas, que cada vez mais são guiadas pelo consumo, por práticas individualistas, por ações pautadas apenas no presente e desprovidas de discussões éticas. Há, mesmo, uma mentalidade presentista, que se orienta pela tomada de decisões imediatistas e que tem no lucro, nos resultados de curto prazo, a sua direção. Além disso, o presentismo e sua mentalidade são reforçados pela publicidade e pelo consumo. Isto acarreta, também, a marginalização dos que possuem menor poder de compra, tornando-os culpados, fracassados, por falta de tal inserção.

A dicotomia "sucesso" *versus* "fracasso", baseada em critérios meramente consumistas e presente na lógica do liberalismo, estabelece não apenas mudanças significativas nas relações entre os Estados e as sociedades civis, comprometendo as conquistas dos direitos sociais, mas também nas próprias relações internacionais. O fim do sistema bipolar e a prevalência dos princípios liberais terminam por gerar a "sensação de 'via única'".[30] É subtraída a noção da história como possibilidade de campo de construções diversas e é-nos apresentado um único caminho possível, sendo todo o restante visto como equivocados desvios. São pouco discutidas ou enfatizadas as consequências advindas da supremacia liberal.

Para analisar os impactos decorrentes da globalização não é suficiente, entretanto, considerar apenas a divisão entre os países ricos e pobres. Os países do Terceiro Mundo podem ser classificados em grupos que hierarquizam a pobreza. São eles: os novos países industrializados (NICs), os países intermediários e os países menos avançados (PMA). Neste último, a pobreza ou mesmo a miséria absoluta se sobressai.[31] Assim, como observou pertinentemente Hobsbawm, "à medida que se aproximava o milênio, tornava-se cada vez mais evidente que a tarefa central da época não era regozijar-se sobre o cadáver do comunismo, mas pensar, uma vez mais, nos defeitos inatos do capitalismo".[32]

---

[29] PENNA FILHO, Pio. Segurança seletiva no pós-Guerra Fria: uma análise da política e dos instrumentos de segurança das Nações Unidas para os países periféricos – o caso africano. *Rev. Bras. Polít. Int.* 47 (1): 31-5- [2004], p. 44.

[30] Ibidem.

[31] SEINTEFUS, Ricardo. *Relações Internacionais*. Barueri: Manole, 2004, p. 222.

[32] HOBSBAWM, Eric. *Era dos Extremos*: o breve século XX: 1914-1991. Op. cit., p. 552.

Referências

ADORNO, Sérgio. Exclusão socioeconômica e violência urbana. *Sociologias*, Porto Alegre, nº 8, dez. 2002. Disponível em: <http://www.scielo.br/scielo>. Acesso em: 2 abr. 2013.

ALVES, J. A. Lindgren. Direitos humanos, cidadania e globalização. *Lua Nova*, São Paulo, nº 50, 2000. Disponível em: <http://www.scielo.br/scielo>. Acesso em: 2 abr. 2013.

BAUMAN, Zygmunt. *44 Cartas do Mundo Líquido Moderno*. Tradução Vera Pereira. Rio de Janeiro: Zahar, 2011.

BOBBIO, Norberto. *A Era dos Direitos*. Tradução de Carlos Nelson Coutinho. Rio de Janeiro: Campus, 1992.

_____. *Direita e Esquerda*: razões e significados de uma distinção política. Tradução de Marco Aurélio Nogueira. São Paulo: Editora Unesp, 1995.

CERVO, Amado Luiz. Sob o signo neoliberal: as relações internacionais da América Latina. *Rev. Bras. Polít. Int.*, Brasília, v. 43, nº 2, dez. 2000. Disponível em: <http://www.scielo.br/scielo>. Acesso em: 2 abr. 2013.

CESNIK, Fábio de Sá. *Globalização da Cultura*. São Paulo: Manole, 2005. (Entender o mundo; v. 8).

DICIONÁRIO DE POLÍTICA. Norberto Bobbio, Nicola Matteuci e Gianfranco Pasquino. Tradução de Carmem C. Varriele et al. Brasília: Ed. Universidade de Brasília, 11. ed., 1998. (Vol. 2).

HOBSBAWM, Eric. *Era dos Extremos*: o breve século XX: 1914-1991. Tradução Marcos Santarrita. 2. ed. São Paulo: Companhia das Letras, 2002.

KURZ, Robert. As luzes do mercado se apagam: as falsas promessas do neoliberalismo ao término de um século em crise. *Estud. Av.*, São Paulo, v. 7, nº 18, ago. 1993. Disponível em: <http://www.scielo.br/scielo>. Acesso em: 4 abr. 2013

MELLO, Valérie de Campos. Globalização, regionalismo e ordem internacional. *Rev. Bras. Polít. Int.* 42 (1): 157-181 (1999), p. 169.

SEINTEFUS, Ricardo. *Relações Internacionais*. Barueri: Manole, 2004.

SEVCENKO, Nicolau. *A corrida para o século XXI*: no loop da montanha-russa. São Paulo: Companhia das Letras, 2003.

17

Direitos fundamentais de terceira geração

Marcelo Lamy

Sumário: Considerações iniciais; 17.1 Da expressão "direitos fundamentais de terceira geração"; 17.2 Apurando nossa percepção sobre os direitos de terceira geração; 17.3 Conteúdo dos direitos de terceira geração; Considerações finais; Referências.

Considerações Iniciais

O objetivo deste capítulo é apresentar o conteúdo substantivo de um conjunto de direitos emergentes, os direitos fundamentais de terceira geração, que, embora tenham alcançado relativo reconhecimento nacional e internacional, ainda estão fragilmente desenvolvidos na realidade e nos ordenamentos jurídicos concretos.

É certo que vivemos o período de formação desses direitos e faltar-nos-á o distanciamento necessário para que as considerações aqui extravasadas sejam as mais acertadas, mas todo este capítulo parte de um eixo lógico que convém ser apresentado de imediato: os direitos de terceira geração, mesmo que constitucionalizados ou normatizados domesticamente, dependem intrinsecamente da percepção e da apropriação cultural sobre eles, que está sendo moldada no âmbito mundial. Em função disso, este capítulo, que traduz parte de nossas pesquisas e conclusões sobre esse vasto tema (a formação dos direitos fundamentais de terceira geração), trilha muito mais as sendas do direito internacional do que as do direito constitucional ou do direito doméstico.

17.1 Da expressão "direitos fundamentais de terceira geração"

Segundo noticiam, o jurista Karel Vasak foi o primeiro a utilizar-se da expressão *gerações de direitos do homem* (em conferência proferida, em 2 de julho 1979, na abertura do curso do Instituto Internacional dos Direitos do Homem, em Estrasburgo),[1] classificando os direitos civis e políticos, fundados na liberdade, como direitos de primeira geração; os direitos econômicos, sociais e culturais, fundados na igualdade, como direitos de segunda geração; e os direitos de solidariedade (referindo-se, na ocasião, ao direito ao desenvolvimento, ao direito à paz e ao direito ao meio ambiente), fundados na fraternidade, como direitos de terceira geração. Desde então, diversos doutrinadores nacionais e estrangeiros criticam essa expressão.[2]

De fato, o termo *gera*ções dá a falsa impressão de substituição gradativa ou de hierarquia, o que não retrata a história dos direitos humanos. No Brasil, por exemplo, vários direitos trabalhistas e previdenciários (Segunda geração) foram concretizados na Era Vargas, antes que diversos direitos civis e políticos (Primeira geração) fossem efetivados. Em regimes autoritários como o da China e de Cuba, da mesma forma, implantaram-se os direitos de igualdade, mesmo sem se admitirem diversos direitos de liberdade. Até mesmo no âmbito internacional, a Organização Internacional do Trabalho, voltada aos direitos de segunda geração, desenvolveu-se antes da Organização das Nações Unidas.

Ademais, a identificação automática[3] de que os direitos de primeira geração implicavam uma atitude passiva, um não fazer do Estado, um Estado Liberal; e os de segunda geração exigiam uma atitude ativa, um fazer do Estado, um Estado Social, também constitui uma meia-verdade.

O Estado Liberal sempre teve inclinação pelos interesses da burguesia, protegendo "ativamente" os detentores do poderio econômico. Os direitos de primeira geração, como a propriedade, sempre exigiram uma dúplice postura do Estado. Se o Estado tem de se abster de invadir, de locupletar a propriedade privada (feição liberal), por outro lado, tem que estabelecer um aparato de proteção da mesma, garantindo o exercício desses direitos (feição social) e a reparação do dano causado pela violação dos mesmos. A liberdade econômica é outro exemplo significativo. Mesmo no Estado Liberal não há livre-concorrência sem uma sensível intervenção estatal. O Estado Social, por sua vez, também tem suas

---

[1] Paulo Bonavides, no texto "A quinta geração de direitos fundamentais" (*Direitos Fundamentais & Justiça*, nº 3 – abr./jun. 2008, p. 82-93), apresenta inclusive o título que Vasak atribuiu para a essa aula inaugural: "Pour les Droits de l´Homme de la Troisième Géneration: Les Droits de Solidarieté".

[2] Representativos da crítica às expressões *geração* e *dimensão* são os seguintes trabalhos: Willis Santigo Guerra Filho, *Processo constitucional e direitos fundamentais*; Ingo Wolfgang Sarlet, *A eficácia dos direitos fundamentais*; Dimitri Dimoulis e Leonardo Martins, *Teoria geral dos direitos fundamentais*; Arion Sayão Romita, *Direitos fundamentais nas relações de trabalho*; George Marmelstein Lima, *Crítica à teoria das gerações (ou mesmo dimensões) dos direitos fundamentais*.

[3] Os autores que acolheram essa divisão rotineiramente apresentavam essa distinção.

facetas de não fazer, não pode editar normas que prejudiquem a saúde, não pode violar diretamente a integridade física do cidadão etc.

A expressão *dimensão*, por sua volta (apontada por alguns autores como substituto adequado à expressão *geração*), faz com que os direitos sejam vistos apenas sob determinado prisma. Em verdade, os direitos humanos são multidimensionais. A propriedade tem de ser distanciada das invasões, mas tem de cumprir sua função social, assim como tem de cumprir sua função ambiental. A saúde tem a sua dimensão libertária de não violação da integridade, mas também apresenta a sua conotação social (especialmente se pensamos nas epidemias, na saúde coletiva), assim como tem a sua feição de solidariedade para que todos sejam amparados, inclusive os carentes (aparato público de hospitais e de atendimento médico, sistema gratuito de fornecimento de medicamentos etc.).

As expressões *geração* e *dimensão*, portanto, implicam olhares que mascaram o entrelaçamento de todos os direitos humanos que possuem uma relação intrínseca de interdependência ou de indivisibilidade. O conjunto global de direitos não pode ser desvinculado: a vida não pode ser separada da saúde, da expressão da educação, do voto da informação, da reunião da sindicalização, da propriedade do meio ambiente etc. Enfim, cada direito humano precisa ser estudado em todas as suas historicidades e interdependências.

A referência aos direitos humanos de terceira geração ou dimensão tem, no entanto, uma utilidade: organizarmos mentalmente um rol específico de direitos humanos. Motivo pelo qual nos parece razoável continuar a adotar uma das expressões. A escolha do termo *geração* dá-se pela seguinte razão: nenhuma das expressões é adequada, opta-se por privilegiar a história.

De outro lado, há que se ter em conta que os doutrinadores geralmente diferenciam os direitos humanos dos direitos fundamentais, utilizando-se da primeira expressão (humanos) quando discutem a perspectiva internacional e a segunda (fundamentais) quando se situam na perspectiva nacional e constitucional. Para nós, no entanto, seguindo as lições introdutórias extravasadas nesta obra, trata-se da mesma realidade travestida com outra roupagem. Razão pela qual não diferenciamos os "direitos humanos de terceira geração" dos "direitos fundamentais de terceira geração". Até mesmo sentimo-nos à vontade para usar a expressão "direitos humanos fundamentais de terceira geração".

Voltando ao âmbito pragmático, os direitos humanos que são mais universalmente elencados ao se referir à terceira geração são os relativos ao desenvolvimento, à paz e ao meio ambiente. Há autores que indicam também o direito ao patrimônio comum da humanidade. Outros, o direito à democracia. Muito poucos, o direito à cidade e o direito à assistência humanitária.

Partindo da lógica intrínseca da solidariedade (marca indelével identificada por Vasak), poderíamos considerar "direitos fundamentais de terceira geração", atualmente, os seguintes: (a) Direito ao Desenvolvimento; (b) Direito à Paz; (c) Direito ao Meio Ambiente (esses três primeiros, desde Vasak); assim como (d) Direito ao Patrimônio Comum da Humanidade; (e) Direito à Democracia; (f) Direito à Cidade; e (g) Direito à Assistência Humanitária.

17.2 Apurando nossa percepção sobre os direitos de terceira geração

17.2.1 Foco internacional nos direitos de terceira geração

Embora a trilha histórica dos direitos humanos deva ser traçada ao menos a partir do século XVII, pois as artes e a filosofia preparam as bases para a aceitação dessa nova cultura,[4] seu reconhecimento incontestável deu-se no século passado, com a Declaração Universal dos Direitos Humanos de 1948.

Ocorre que esse passo, apesar de gigante, não foi suficiente para que essa nova cultura de respeito a um conjunto de direitos se projetasse na realidade. Os direitos humanos foram soberanamente reconhecidos, mas ficaram muito longe de ser respeitados em diversos cantos de nosso planeta.

Em razão disso, a comunidade internacional, de alguma forma inquieta, reagiu e elaborou um remédio que, na ocasião, parecia suficiente: um sistema de proteção internacional desses direitos, que se viu consolidado a partir de 1966, com dois pactos internacionais, um voltado aos Direitos Civis e Políticos e outro voltado aos Direitos Econômicos, Sociais e Culturais. Os direitos humanos de primeira e segunda geração, dessa forma, além de internacionalmente reconhecidos, passaram a contar com um sistema internacional de proteção dos mesmos. Mesmo assim, passado alguns poucos anos, ainda ficaram longe de uma efetiva concretização.

A partir da década de 1970, a comunidade internacional, levada pela mão de brilhantes líderes e pensadores, passou a considerar um novo matiz: a concretização de cada direito humano depende também de um conjunto de condições fáticas e dos demais direitos humanos. Percebeu-se, de forma cabal, a interdependência dos problemas humanos e sociais e de suas soluções; premonição do artigo 28 da Carta das Nações Unidas, que vislumbrava a necessidade de uma "ordem social internacional".

Os direitos humanos e as suas concretizações dependem, de fato, de um conjunto de fatores e atores. Não é possível pensar na grande maioria dos direitos humanos de maneira isolada, pois é o conjunto de direitos que permite que cada direito se realize, assim como é do conjunto de atores (Estados, organizações públicas e privadas, coletividades e indivíduos) e não apenas de alguns atores que depende a concretização de cada direito humano. Foi nesse contexto que apareceu a discussão sobre a necessidade de que as sociedades tivessem um mínimo de condições: um regime democrático, um direcionamento para o desenvolvimento social e econômico, ausência de conflitos ou enfrentamentos violentos etc.

---

[4] Cf. HUNT, Lynn. *A invenção dos direitos humanos*: uma história. São Paulo: Companhia das Letras, 2009.

O passo seguinte foi uma decorrência lógica. Essas condições vistas como fáticas passaram a ser compreendidas como direitos – os direitos humanos de terceira geração.

Essa nova percepção, no entanto, não foi atingida por uma ilação simples de mapear as causas e as consequências. Percebeu-se a complexidade da realidade social, pois o modelo unidirecional de causas e consequências seria falso. Perceberam-se a inter-relação, a interdependência, a necessidade de que o conjunto fosse estudado de maneira indivisível, razão pela qual os direitos humanos passaram a ser intitulados "indivisíveis" e "interdependentes". De fato, os direitos de terceira geração reforçam e dependem dos direitos da primeira e da segunda geração. Os direitos de terceira geração somente podem ser alcançados se os de primeira e segunda forem reais. Os de terceira, por sua vez, são também pré-requisitos para os de primeira e segunda.

A partir de então, a paz, o desenvolvimento e a democracia passaram a ser vistos como um tripé lógico que passou a marcar todas as conferências internacionais. Assim observa Victoria Abellán Honrubia:

> as grandes Conferências Mundiais convocadas pelas Nações Unidas a partir de 1992 estão marcadas pelo fio condutor da relação existente entre os direitos humanos, a democracia, o desenvolvimento e o meio ambiente; também, os últimos informes do Secretário-geral das Nações Unidas insistem na vinculação entre os direitos humanos e a manutenção da paz e segurança internacionais.[5]

Exemplifica essa realidade o documento final aprovado pela Conferência Mundial de Direitos Humanos de Viena: "8. A democracia, o desenvolvimento e o respeito dos direitos humanos e das liberdades fundamentais são conceitos interdependentes que se reforçam mutuamente".[6]

O documento final da Cúpula Mundial de 2005 é mais uma confirmação disso, pois reconheceu que é preciso ter em conta os pilares da cultura internacional: "9. Reconhecemos que a paz e a segurança, o desenvolvimento e os direitos humanos são os pilares do sistema das Nações Unidas e os fundamentos da segurança e bem-estar coletivos. Reconhecemos que o desenvolvimento, a paz e a segurança e os direitos humanos estão vinculados entre si e se reforçam uns aos outros".[7]

---

[5] Tradução livre. HONRUBIA, Victoria Abellán. Internacionalización del concepto y de los contenidos de los derechos humanos. In: *Los derechos humanos camino hacia la paz*. Seminario de Investigación para la Paz y Diputación General de Aragón, Zaragoza, 1997, p. 27. APUD Jesús María Alemany Briz. *La Paz, ¿Un Derecho Humano?* Disponível em: <http://www.seipaz.org/documentos/AlemanyDHPaz.pdf>.

[6] Tradução livre. A/CONF. 157/24, de 25/06/1993. Disponível em: <http://daccess-dds-ny.un.org/doc/UNDOC/GEN/G93/853/49/IMG/G9385349.pdf?OpenElement>. p. 23.

[7] Tradução livre da Resolução 60/1 de 24/10/2005. Disponível em: <http://www.un.org/ga/search/view_doc.asp?symbol=A/RES/60/1&Lang=S>.

Federico Mayor Zaragoza, introduzindo essa linguagem na UNESCO, apresenta o discurso que chamou triângulo interativo:

> A paz, o desenvolvimento e a democracia formam um triângulo interativo cujos vértices se reforçam mutuamente. Sem democracia, não há desenvolvimento duradouro. A pobreza e a estagnação econômica minam a legitimidade democrática e dificultam a solução pacífica dos problemas [...] Nenhum direito pode ser exercido no meio da guerra; nenhum esforço de transformação socioeconômico dará resultado em situações de conflito; do mesmo modo, é extremamente difícil garantir a paz e a governabilidade democrática na ausência de progresso científico, econômico, técnico de todos os elementos da sociedade."[8]

Em razão de tudo isso, os direitos humanos de terceira geração tornaram-se um dos grandes focos do direito internacional atual, com um matiz muito especial: os direitos de terceira geração, sem exceção, são, em verdade, um conjunto de direitos, uma síntese entrelaçada de direitos. O que nos faz perceber de maneira mais cabal o seguinte: os direitos humanos são de fato indivisíveis e interdependentes; os direitos humanos de terceira geração são o instrumental de realização dessa indivisibilidade e interdependência.

17.2.2 Reconhecimento internacional

Com exceção do Direito ao Patrimônio Comum da Humanidade, os direitos de terceira geração não foram ainda reconhecidos em instrumentos jurídicos internacionais vinculantes e suscetíveis de ratificação. Apenas resoluções do Conselho de Direitos Humanos, resoluções da Assembleia Geral, Declarações de Conferências Mundiais, Declarações de Organizações Regionais e Internacionais da Sociedade Civil os reconheceram.

Se estivéssemos imbuídos do formalismo jurídico e do modelo clássico de direito (muito atento à estrutura normativa secundária, às sanções), esses direitos ainda não existiriam. Mas se temos consciência da dinâmica atual da formação do direito, especialmente do direito internacional, sabemos que é possível admitir uma feição vinculante para as condutas quando há uma expressão moral madura.

Norberto Bobbio[9] alerta-nos sobre a necessidade de nos libertarmos da prisão conceitual, do reducionismo da teoria do direito que somente consegue pensar os direitos em termos de coação e sanção e não consegue vislumbrar a função promocional do Direito, a técnica do encorajamento de condutas.

---

[8] Tradução livre. Federico Mayor Zaragoza. Derecho Humano ala Paz, germen de un futuro posible. In: Diálogo Unesco, nº 21, junio 1997, p.4. APUD Jesús María Alemany Briz. La Paz, ¿Un Derecho Humano? Disponível em: <http://www.seipaz.org/documentos/AlemanyDHPaz.pdf>.

[9] Cf. BOBBIO, Norberto. *Da estrutura à função*. Novos estudos de teoria do direito. Trad. Daniela Beccaccia Versiani. Barueri: Manole, 2007.

Há, de fato, uma adesão implícita, um ato explícito de reconhecimento desses direitos. Não há como se falar que ainda não foram reconhecidos, pois as declarações são um caminho legítimo de reconhecimento:

> Segundo a doutrina das Nações Unidas, uma Declaração é um instrumento formal e solene que se justifica em raras ocasiões, quando se enunciam princípios de grande importância e de valor durável. O exemplo mais significativo é a Declaração Universal de Direitos Humanos de 1948. O Direito Internacional não outorga a tais Declarações enquanto tais o valor de fontes de Direito. Conceberam-se inicialmente com uma autoridade essencialmente moral e política. Mas tal autoridade pode ser tão importante que force a posterior conclusão de instrumentos juridicamente vinculantes. A Declaração Universal de Direitos Humanos foi seguida pelos dois Pactos Internacionais amplamente conhecidos. Nada impede ademais que uma Declaração contenha um mecanismo de aplicação e seguimento, que, sem constituir um procedimento estrito de controle, possa permitir uma avaliação informativa permanente. É o que se fez com a Declaração sobre o Genoma Humano e os Direitos da Pessoa. Enquanto não amadurece a ocasião de concluir um Pacto Internacional dos direitos da solidariedade, em seu conjunto, uma Declaração solene poderia ser também o caminho para reconhecer o Direito humano à paz".[10]

Antonio Cançado Trindade,[11] nesse sentido, é lapidar ao afirmar que já passou o tempo em que as resoluções de organizações interestatais e declarações de conferências internacionais não tinham o papel de fonte do direito internacional.

17.3 Conteúdo dos direitos de terceira geração

Compreendido o que queremos dizer com a expressão *direitos fundamentais de terceira geração*, que esses direitos têm a marca singular de serem direitos síntese e que esses direitos alçaram significativo reconhecimento jurídico internacional, importa-nos agora desvelar o conteúdo concreto desses direitos, foco central deste capítulo.

---

[10] Tradução livre. Jesús María Alemany Briz. La Paz, ¿Un derecho humano?. Disponível em: <http://www.seipaz.org/documentos/AlemanyDHPaz.pdf>. Acesso em: 31 mar. 2013.

[11] Cf. TRINDADE, Antônio Augusto Cançado. *Direito das Organizações Internacionais*. 2. ed. Belo Horizonte: Del Rey, 2002.

17.3.1 Direito ao desenvolvimento

17.3.1.1 O desenvolvimento como condição para efetividade dos direitos humanos

A discussão sobre o desenvolvimento ganhou corpo internacional por ocasião da Conferência Internacional de Direitos Humanos, realizada em maio de 1968, momento em que a comunidade internacional examinou os progressos e as dificuldades de implementação dos Direitos Humanos nos transcorridos vinte anos da Declaração Universal.

Nessa ocasião, a comunidade internacional conscientizou-se de que uma das chaves da questão era tomar-se conta de que os direitos humanos são indivisíveis e dependem uns dos outros e de políticas nacionais e internacionais de desenvolvimento econômico e social. Em razão disso, a Proclamação de Teerã, de 13 de maio de 1968, produzida no seio dessa conferência afirmou:

> A Conferência Internacional de Direitos Humanos, [...] Declara solenemente que: [...] 13. Como os Direitos Humanos e as Liberdades Fundamentais são indivisíveis, a realização dos direitos civis e políticos sem o gozo dos direitos econômicos, sociais e culturais resulta impossível. A consecução de um progresso duradouro na aplicação dos Direitos Humanos depende de umas boas e eficazes políticas nacionais e internacionais de desenvolvimento econômico e social.[12]

A Assembleia Geral da ONU, na Resolução nº 32/130 de 16/12/1977, reafirmou os conceitos de indivisibilidade e de interdependência, bem como o da necessidade do desenvolvimento:

> A Assembleia Geral, [...] 1. Decide que o enfoque do labor futuro dentro do sistema das Nações Unidas relacionado às questões de direitos humanos deverá ter em conta os seguintes conceitos: a) Todos os direitos humanos e liberdades fundamentais são indivisíveis e interdependentes, deverá ser prestada a mesma atenção e urgente consideração à aplicação, à promoção e à proteção tanto dos direitos civis e políticos quanto aos direitos econômicos, sociais e culturais; b) "A plena realização dos direitos civis e políticos sem o gozo dos direitos econômicos, sociais e culturais resulta impossível; a consecução de um progresso duradouro na aplicação dos direitos humanos depende de umas boas e eficazes políticas nacionais e internacionais de desenvolvimento econômico e social", como reconhece a proclamação de Teerã de 1968; [...] d) Em consequência, as questões de direitos humanos deverão ser examinadas de forma global, tendo

---

[12] Tradução livre. Disponível em: <http://www.derechos.org.ve/pw/wp-content/uploads/proclama_teheran1.pdf>.

em conta o contexto geral das diversas sociedades em que se inserem e a necessidade de se promover a dignidade plena da pessoa humana e o desenvolvimento e o bem-estar da sociedade.[13]

17.3.1.2 Surgimento do direito ao desenvolvimento

O salto cultural de perceber o "direito" ao desenvolvimento deu-se mais recentemente (antes, o desenvolvimento era enunciado como condição fática para os outros direitos e não como um direito autônomo).[14] Na Assembleia Geral da ONU, pela Resolução nº 34/46 de 23 de novembro de 1979, deu-se o reconhecimento formal ao Direito ao Desenvolvimento como Direito Humano: "A Assembleia Geral, [...] 8. Sublinha que o direito ao desenvolvimento é um direito humano e que a igualdade de oportunidade para o desenvolvimento é uma prerrogativa tanto das nações como dos indivíduos que formam as nações".[15]

17.3.1.3 Desenvolvimento do direito ao desenvolvimento

Nesse renovado contexto de aceitação internacional da existência desse direito, em 1981, a Comissão de Direitos Humanos da ONU criou um Grupo de Trabalho constituído por especialistas para que se redigisse um projeto de declaração sobre o direito ao desenvolvimento. Era preciso avançar no conteúdo sobre esse direito já reconhecido, mas ainda incerto.

Depois de várias sessões e o aparar de diversas arestas, a Assembleia Geral da ONU aprovou a DECLARAÇÃO SOBRE O DIREITO AO DESENVOLVIMENTO, pela Resolução nº 41/128, de 4 de dezembro de 1986 (com voto contrário dos Estados Unidos, com a abstenção de oito significativos países – Dinamarca, Alemanha, Reino Unido, Finlândia, Islândia, Suécia, Japão e Israel – mas com o voto favorável de 146 Estados).[16]

Nessa declaração, em primeiro plano, proclama-se que o Direito ao Desenvolvimento é "um direito humano inalienável em virtude do qual toda pessoa humana e todos os povos estão habilitados a participar do desenvolvimento econômico, social, cultural e político, a

---

[13] Tradução livre. Disponível em: <http://daccess-dds-ny.un.org/doc/RESOLUTION/GEN/NR0/320/13/IMG/NR032013.pdf?OpenElement>.

[14] Segundo noticiam diversos autores, a primeira caracterização do direito ao desenvolvimento como direito humano deve-se ao jurista senegalês Keba M'Baye, que na conferência "Le droit au développement comme un droit de l'homme" (publicada na *Revue des Droits de l'Homme*, 1972, p. 503-504), ocorrida na abertura do Curso de Direitos Humanos de Estrasburgo, em 1972, deu-lhe esse viés. Observe-se que essa matização doutrinária é anterior a citada resolução da ONU de 1977, mas o acolhimento normativo desse entendimento ainda teve que esperar para ser efetivado.

[15] Tradução livre. Disponível em: <http://daccess-dds-ny.un.org/doc/RESOLUTION/GEN/NR0/383/75/IMG/NR038375.pdf?OpenElement>.

[16] Disponível em: <http://www.un.org/es/comun/docs/?symbol=A/RES/41/128>.

ele contribuir e dele desfrutar" (art. 1º); que toda pessoa é sujeito ativo (art. 2º, 1) e passivo (art. 2º, 2) desse direito, embora o Estado tenha o dever primário de formular políticas de desenvolvimento (art. 2º, 3), de criar as condições fáticas para o desenvolvimento (art. 3º, 1) e de cooperar com os demais Estados nessa questão (art. 3º, 3).

Essa normativa aponta que a paz e a segurança, bem como o consequente desarmamento são pressupostos, elementos essenciais para se pensar de forma básica no desenvolvimento (art. 7º); proclama que o desenvolvimento depende previamente de medidas resolutas que eliminem as graves situações resultantes do *apartheid*, do racismo, do colonialismo, de qualquer forma de dominação, ocupação, agressão ou interferência estrangeira (art. 5º), do respeito ao direito dos povos de autodeterminação (art. 1º, 2), do encorajamento à participação popular em todas as esferas (art. 8º, 2).

Em âmbito internacional, o desenvolvimento depende do pleno respeito aos princípios do direito internacional relativos às relações amistosas e de cooperação (art. 3º, 2). Em âmbito nacional, o desenvolvimento depende de que o Estado tome todas as medidas para assegurar a todos o amplo acesso aos recursos básicos e à erradicação de todas as formas de injustiça social. É preciso assegurar a distribuição equitativa da renda, o empoderamento feminino, bem como, para todos, educação, serviços de saúde, alimentação, habitação e emprego (art. 8º, 1).

Em junho de 1992, mais um passo conceitual foi consolidado; a Declaração do Rio sobre Meio Ambiente e Desenvolvimento (A/CONF.151/26/Rev.1 – Vol. 1), produzida no seio da Conferência das Nações Unidas sobre o Meio Ambiente e o Desenvolvimento, vinculou o desenvolvimento com a proteção ao meio ambiente: "O direito ao desenvolvimento deve ser exercido de modo a permitir que sejam atendidas equitativamente as necessidades de desenvolvimento e de meio ambiente das gerações presentes e futuras".[17]

Em junho de 1993, a Declaração e Programa de Ação de Viena (A/CONF.157/23, 12/07/1993), produzida no seio da 2ª Conferência Mundial sobre os Direitos Humanos, reiterou a afirmação da Declaração sobre o Direito ao Desenvolvimento de 1986, porém, nessa ocasião, com a aclamação[18] de todos os 159[19] Estados presentes (inclusive dos que votaram contra ou se abstiveram na Declaração de 1986) e com um alerta ambiental especial:

> 10. A Conferência Mundial de Direitos Humanos reafirma o direito ao desenvolvimento, segundo se proclama na Declaração sobre o Direito ao Desenvolvimento, como direito universal e inalienável e como parte dos direitos humanos funda-

---

[17] Tradução livre. Disponível em: <http://daccess-dds-ny.un.org/doc/UNDOC/GEN/N92/836/58/PDF/N9283658.pdf?OpenElement>.

[18] Conforme relata o item 88 do Informe A/CONF.157/24 (Part I) – Disponível em: <http://daccess-dds-ny.un.org/doc/UNDOC/GEN/G93/853/46/PDF/G9385346.pdf?OpenElement>.

[19] Número que pode ser extraído do item 29 do Informe A/CONF.157/24 (Part I) – Disponível em: <http://daccess-dds-ny.un.org/doc/UNDOC/GEN/G93/853/46/PDF/G9385346.pdf?OpenElement>.

mentais. Como se diz na Declaração sobre o Direito ao Desenvolvimento, a pessoa humana é o sujeito central do desenvolvimento. O desenvolvimento propicia o desfrute de todos os direitos humanos, mas a falta de desenvolvimento não pode ser invocada como justificação para limitar os direitos humanos internacionalmente reconhecidos. Os Estados devem cooperar mutuamente para alcançar o desenvolvimento e eliminar os obstáculos ao desenvolvimento. A comunidade internacional deve propiciar uma cooperação internacional eficaz para a realização do direito ao desenvolvimento e a eliminação dos obstáculos ao desenvolvimento. O progresso duradouro tendo em vista a aplicação do direito ao desenvolvimento requer políticas eficazes de desenvolvimento no plano nacional, assim como relações econômicas equitativas e um entorno econômico favorável no plano internacional. 11. O direito ao desenvolvimento deve realizar-se de maneira que satisfaça equitativamente as necessidades em matéria de desenvolvimento e meio ambiente das gerações atuais e futuras. A Conferência Mundial de Direitos Humanos reconhece que o derramamento ilícito de substâncias e resíduos tóxicos e perigosos pode constituir uma ameaça grave para o direito de todos à vida e à saúde.[20]

Conferências posteriores confirmaram o mesmo: a Conferência Internacional sobre População e Desenvolvimento de 1994, realizada no Cairo (A/CONF.171/13, 18/10/1994);[21] a Declaração e Programa de Ação da Cúpula sobre o Desenvolvimento Social de 1995, realizada em Copenhague (A/CONF.166/L.3/Add.1, 10/03/1995);[22] assim como o Documento final da Conferência das Nações Unidas sobre o Desenvolvimento Sustentável, realizada em 2012 no Rio de Janeiro, intitulada "O Futuro que queremos" (item 8).[23]

A feição atual, no entanto, exige um último destaque: atualmente, quando se fala em desenvolvimento, uma tríade é invocada, a tríade do desenvolvimento – o desenvolvimento econômico, o desenvolvimento social e o desenvolvimento ambiental.

17.3.2 Direito à paz

Embora ainda pareça uma utopia falar de um direito à paz, especialmente se levarmos em conta os contextos nacionais, regionais e internacionais que giram em torno de

---

[20] Tradução livre. Disponível em: <http://daccess-dds-ny.un.org/doc/UNDOC/GEN/G93/142/36/PDF/G9314236.pdf?OpenElement>.

[21] Disponível em: <http://daccess-dds-ny.un.org/doc/UNDOC/GEN/N95/231/29/PDF/N9523129.pdf?OpenElement>.

[22] Disponível em: <http://daccess-dds-ny.un.org/doc/UNDOC/LTD/CPH/951/58/PDF/CPH95158.pdf?OpenElement>.

[23] Disponível em: <http://daccess-dds-ny.un.org/doc/UNDOC/GEN/N11/476/13/PDF/N1147613.pdf?OpenElement>.

acirrados conflitos sociais e da guerra, deve-se considerar que o direito constitui um dos elementos de mudança e de transformação da sociedade. A afirmação evolutiva dos direitos humanos é uma constante histórica que demonstra essa dimensão emancipadora do direito, razão pela qual ganha relevância estudar o direito humano à paz.

17.3.2.1 A paz como condição para efetividade dos direitos humanos

A paz, no Direito Internacional, nasce como um propósito, uma condição, não como um direito. A paz era o pressuposto que inspirou a própria criação das Nações Unidas: manter, favorecer, fortalecer ou consolidar a paz; reestabelecer a paz; evitar as ameaças, as rupturas e as perturbações da paz (todas essas conotações estão espraiadas 42 vezes na Carta das Nações Unidas). A paz, nesse contexto era compreendida como "condição" para a efetividade dos direitos humanos.

17.3.2.2 Surgimento do direito à paz

A paz surge como direito historicamente na Constituição do Japão de 1946, estritamente atrelada a concepção da não guerra:

> Preâmbulo [...] Nós reconhecemos que todas as pessoas do mundo têm o direito a viver em paz, livres do medo e da miséria. [...] Capítulo II. Renúncia a Guerra. Artigo 9. Aspirando sinceramente a paz mundial baseada na justiça e ordem, o povo japonês renuncia para sempre o uso da guerra como direito soberano da nação ou a ameaça e uso da força como meio de se resolver disputas internacionais.[24]

Sob esse mesmo enfoque, a Comissão de Direitos Humanos, em 1976, e posteriormente, em 1978, a Assembleia Geral das Nações Unidas reconheceram o direito inerente a viver em paz. Vejamos trecho do documento da Assembleia Geral,[25] réplica do produzido pela Comissão:[26] "1. Toda nação e todo ser humano, independente de sua raça, convicções, idioma ou sexo, tem o direito imanente a viver em paz. [...]".

A Carta Africana sobre os Direitos Humanos e dos Povos de 1981 adota a mesma linha:

---

[24] Texto extraído do *site* da Embaixada do Japão no Brasil. Disponível em: <http://www.br.emb-japan.go.jp/cultura/constituicao.html>. Acesso em: 31 mar. 2013.

[25] A Resolução nº 33/73 da Assembleia Geral das Nações Unidas aprovou o documento intitulado *Declaração sobre a preparação das sociedades para viver em paz*, em 15/12/1978. Disponível em: <http://daccess-dds-ny.un.org/doc/RESOLUTION/GEN/NR0/367/12/IMG/NR036712.pdf?OpenElement>.

[26] Resolução nº 5 (XXXII), da Comissão de Direitos Humanos, de 27 de fevereiro de 1976.

Artigo 23º Os povos têm direito à paz e à segurança tanto no plano nacional como no plano internacional. O princípio de solidariedade e de relações amistosas implicitamente afirmado na Carta da Organização das Nações Unidas e reafirmado na Carta da Organização da Unidade Africana deve presidir às relações entre os Estados. Com o fim de reforçar a paz, a solidariedade e as relações amistosas, os Estados Partes na presente Carta comprometem-se a proibir: a) Que uma pessoa gozando do direito de asilo nos termos do artigo 12º da presente Carta empreenda uma atividade subversiva contra o seu país de origem ou contra qualquer outro país parte na presente Carta; b) Que os seus territórios sejam utilizados como base de partida de atividades subversivas ou terroristas dirigidas contra o povo de qualquer outro Estado Parte na presente Carta.[27]

A Declaração sobre os Direitos dos Povos à Paz, emitida pela Assembleia Geral das Nações Unidas, em 1984, da mesma forma:

> A Assembleia Geral,
>
> Reafirmando que o propósito principal das Nações Unidas é a manutenção da paz e da segurança internacionais,
>
> Tendo presente os princípios fundamentais do direito internacional estabelecidos na Carta das Nações Unidas,
>
> Expressando a vontade e as aspirações de todos os povos de eliminar a guerra da vida da humanidade e, especialmente, de prevenir uma catástrofe nuclear mundial,
>
> Convencida de que uma vida sem guerras constitui no plano internacional o requisito prévio primordial para o bem-estar material, o florescimento e o progresso dos países e a realização total dos direitos e liberdades fundamentais do homem proclamados pelas Nações Unidas,
>
> Consciente de que na era nuclear o estabelecimento de uma paz duradoura na Terra constitui a condição primordial para preservar a civilização humana e sua existência,
>
> Reconhecendo que garantir que os povos vivam em paz é o dever de todos os Estados,
>
> 1. Proclama solenemente que os povos de nosso planeta têm o direito sagrado à paz;
>
> 2. Declara solenemente que proteger o direito aos povos à paz e fomentar sua realização é uma obrigação fundamental de todo Estado;

---

[27] Disponível em: <http://www.dhnet.org.br/direitos/sip/africa/banjul.htm>.

3. Sublinha que para assegurar o exercício do direito dos povos à paz se requer que a política dos Estados esteja orientada para a eliminação da ameaça à guerra, especialmente da guerra nuclear, à renúncia do uso da força nas relações internacionais e a solução de controvérsias internacionais por meios pacíficos de conformidade com a Carta das Nações Unidas;

4. Faz um chamamento a todos os Estados e a todas as organizações internacionais para que contribuam por todos os meios a assegurar o exercício do direito dos povos à paz mediante a adoção de medias pertinente nos planos nacional e internacional.[28]

17.3.2.3 Viragem conceitual do direito à paz

O Secretário-geral da ONU, Boutroz-Ghali, em junho de 1992, apresentou estudo intitulado "Um Programa de Paz", com o propósito de fazer mais eficiente, no novo contexto (fim da Guerra Fria, quebra do bloco comunista), a capacidade das Nações Unidas de manter a paz e a segurança.

Nesse estudo, endossado pelo Conselho de Segurança e pela Assembleia Geral, amplia-se de maneira substancial a visão da paz, deixando de ter seu objetivo anterior que era quase que exclusivamente militar:

> Diante de uma interpretação excessivamente militar de o que é paz e do que constitui a guerra, concede-se particular importância ao labor preventivo e à consolidação da paz, que têm lugar em um campo não estritamente militar e que necessita de contribuições interdisciplinares. Os sinais de alerta sobre ameaças a paz são particularmente humanos: subdesenvolvimento, ausência de direitos humanos, demografia descontrolada e fome, desconfiança entre etnias, religiões ou grupos políticos, comércio de armas e superdimensionamento militar. Tão pouco a consolidação da paz se consegue somente com a desmobilização militar supervisionada por outros militares, senão que deve ter em conta infraestruturas danificadas, necessidades básicas não satisfeitas, instituições e Estado inexistente, carências de educação e de saúde etc. Em uma palavra, a nova concepção da paz aproxima-se muito mais a comunidade internacional ao terreno dos seres humanos e de seus problemas vitais.[29]

---

[28] Tradução livre. Disponível em: <http://daccess-dds-ny.un.org/doc/RESOLUTION/GEN/NR0/467/38/IMG/NR046738.pdf?OpenElement>. A resolução A/RES/39/1 I, de 12 de novembro de 1984, foi aprovada por 92 votos a favor, nenhum contra e 34 abstenções. Posteriormente, na A/RES/40/11, adotada em 11 de novembro de 1985, aprovada por 109 votos a favor, nenhum contra e 29 abstenções, a Assembleia Geral pediu "a todos os Estados e a todas as organizações internacionais fazer tudo o que esteja ao alcance de todos para aplicar as disposições da Declaração sobre o Direito dos Povos à Paz".

[29] Tradução livre de Jesús María Alemany Briz. La Paz, ¿Un derecho humano? Disponível em: <http://www.seipaz.org/documentos/AlemanyDHPaz.pdf>.

As necessidades básicas do ser humano de bem-estar, segurança, liberdade e identidade têm sua resposta no desenvolvimento e na paz.

A alteração do conceito de segurança, em decorrência, confirmou a viragem conceitual da paz. Por muito tempo, segurança foi interpretada estritamente como segurança do território contra agressões externas, como proteção de interesses nacionais diante de uma intervenção estrangeira ou como segurança mundial diante de eventual holocausto nuclear. Para a sociedade, no entanto, a sensação de segurança sempre esteve atrelada a proteger-se das ameaças da fome, das enfermidades, do desemprego, do delito, da repressão política, do preconceito étnico, sexual. A sensação de insegurança deriva muito mais das preocupações acerca da vida cotidiana que das preocupações bélicas. Foram essas percepções que permitiram o Informe PNUD de 1994 falar em uma "segurança humana", mais do que em uma "segurança nacional".

17.3.2.4 Projeto de declaração do direito humano à paz

Diversamente do Direito ao Desenvolvimento, que já alcançou um reconhecimento internacional maduro refletido em uma Declaração solene sobre o mesmo, o Direito à Paz ainda não chegou, mas está próximo de atingir esse estágio.

O Diretor-geral da UNESCO, Federico Mayo Zaragoza, envidou esforços nesse sentido, mas o Projeto de Declaração sobre o direito do ser humano à paz (elaborado em 1997) foi rejeitado na Conferência sobre o direito do ser humano à paz, em Paris, em 1998. Em 13 de setembro de 1999, de qualquer forma, a Assembleia Geral da ONU aprovou a Declaração e Plano de Ação sobre uma Cultura de Paz.[30]

A sociedade civil internacional,[31] no entanto, não abandonou essa discussão e chegou a formular diversas declarações sobre o tema: Luarca (30/10/2006),[32] Bilbao (24/02/2010), Barcelona (02/06/2010),[33] Santiago de Compostela (10/12/2010)[34] e San José da Costa Rica (07/02/2013) entre outras.

O Conselho de Direitos Humanos, sensibilizado com a questão, incitou o processo oficial de elaboração de uma declaração sobre o direito dos povos à paz pela Resolução nº 14/3, de 17 de junho de 2010. Um comitê assessor encarregado de tal desiderato, após

---

[30] Disponível em: <http://www.unesco.org/cpp/uk/projects/sun-cofp.pdf>. Acesso em: 31 mar. 2013.

[31] Capitaneada pela Associação Espanhola para o Direito Internacional dos Direitos Humanos (AEDIDH) e pelo Observatório Internacional do Direito Humano à Paz (OIDHP), a sociedade estabeleceu verdadeira campanha mundial pela paz que integrou mais de 1790 organizações.

[32] Disponível em: <http://upcommons.upc.edu/e-prints/bitstream/2117/14992/4/declaracion%20Luarca.pdf>.

[33] Disponível em: <http://www.aedidh.org/sites/default/files/D-Barcelona-es.pdf>.

[34] Disponível em: <http://www.aedidh.org/sites/default/files/DS%20pdf%2024%20marzo%2011.pdf>.

consultar aos Estados-membros e outras partes interessadas, consolidou um 1º projeto (A/HCR/AC/7/3, de julho de 2011).[35] Esse projeto vai foi substituído duas vezes: pelo 2º projeto (A/HCR/AC/8/2, de dezembro de 2011)[36] e pelo 3º projeto (A/HCR/20/31, de abril de 2012).[37]

O terceiro projeto, o Projeto de Declaração sobre o Direito à Paz incorporou quase todas as normas propostas pela sociedade civil na Declaração de Santiago sobre o Direito Humano à Paz de 2010. Por essas bases, portanto, podemos desenhar o que hoje se entende por Direito à Paz e o que provavelmente será definitivamente reconhecido.

17.3.2.4 Conteúdo projetado para o direito à paz

As pessoas, os grupos, os povos e toda a humanidade são os titulares do direito. (art. 1,1). Os principais devedores são os Estados individualmente e em conjunto (art. 1,2).

O direito humano à paz, como DIREITO-SÍNTESE, congrega os seguintes direitos:

a) direito à educação para a paz, que permita a todos adquirir as competências que habilitem a participar na transformação ou prevenção e resolução criativa e não violenta dos conflitos (art. 2);

b) direito à segurança humana, que inclui o direito a viver em um entorno público e privado livre de ameaças físicas ou psicológicas, com todas as condições sociais, econômicas e culturais que permitam o desenvolvimento, notadamente alimentação, água potável, saneamento, saúde, moradia, educação, trabalho etc. (art. 3);

c) direito ao desenvolvimento, sem os obstáculos da pobreza e da exclusão social (art. 4);

d) direito ao ambiente sustentável, que implica a proibição de armas que prejudiquem ao meio ambiente, na obrigação de restaurar o equilíbrio ambiental (art. 4);

e) direito à desobediência civil frente a atividades que suponham ameaças contra a paz, e à objeção de consciência frente às obrigações militares; para os militares, o direito de não participar de operações militares não autorizadas pelo ONU, o direito e dever de desobedecer a ordens militares que impliquem genocídios,

---

[35] Disponível em: <http://daccess-dds-ny.un.org/doc/UNDOC/GEN/G11/149/94/PDF/G1114994.pdf?OpenElement

[36] Disponível em: <http://www2.ohchr.org/english/bodies/hrcouncil/advisorycommittee/session8/documentation.htm>.

[37] Disponível em: <http://www.ohchr.org/Documents/HRBodies/HRCouncil/RegularSession/Session20/A.HRC.20.31.SPA.pdf>.

crimes contra a humanidade ou crimes de guerra, sem que possa essa desobediência caracterizar delito militar (art. 5);

f) direito de resistência contra os regimes que violem massiva e sistematicamente aos direitos humanos (art. 6);

g) direito de exigir o desarme dos Estados, em especial das armas de destruição em massa, das bases militares estrangeiras (art. 7);

h) direito à informação livre de censura, procedente de diversas fontes (art. 8);

i) direito a denunciar violações ao direito humano à paz (art. 8);

j) direito de participar de iniciativas políticas, sociais e culturais para a promoção da paz (art. 8);

k) direito de ser protegidos contra qualquer forma de violência cultural, o que implica o respeito à liberdade de pensamento, opinião, expressão, consciência e religião (art. 8);

l) direito ao refúgio, em caso de perseguição por participar em atividades em favor da paz ou por exercer seu direito de objeção de consciência; no caso de temor fundado de perseguição por motivos de raça, sexo, religião, nacionalidade, orientação sexual, pertinência a determinado grupo social, opiniões políticas, estado civil; ou porque a vida, segurança ou liberdade são ameaçados por uma violência generalizada, agressão estrangeira ou conflito interno (art. 9);

m) direito de emigrar, se estão ameaçados o direito a segurança humana ou o direito a viver em um entorno seguro e saudável (referência ao art. 3), e de ver-se incluído, com o consequente direito de participar dos assuntos públicos do país de sua nova residência (art. 10);

n) direito à reparação integral e efetiva das violações dos direitos humanos, que compreende a investigação, a determinação dos fatos, a revelação da verdade, identificação e punição dos infratores, reabilitação, indenização, garantias de não repetição (art. 11).

17.3.3 Direito ao ambiente

17.3.3.1 O ambiente como requisito para os direitos humanos

Em 1968, a Resolução nº 2.398, da Assembleia Geral da ONU, que decidiu convocar a primeira Conferência das Nações Unidas sobre o Meio Ambiente (para 1972, em Estocolmo), demonstrou sensível preocupação sobre a conexão do meio ambiente com os direitos humanos:

Advertindo, em especial, a deterioração constante e acelerada da qualidade do meio humano causada por fatores como a contaminação do ar e das águas, a erosão e outras formas de deterioração do solo, os resíduos, o ruído e os efeitos secundários dos biocidas que se vem acentuados pelo rápido crescimento da população e pela urbanização acelerada;

Preocupada pelos efeitos consequentes desses fatores na condição de homem, seu bem-estar físico, mental e social, sua dignidade e sua fruição dos direitos humanos básicos, tanto nos países em desenvolvimento como nos desenvolvidos.[38]

O que nasce como preocupação foi internacionalmente reconhecida como "condição essencial" para os direitos humanos na Declaração produzida nessa conferência: "1. [...] Os dois aspectos do meio humano, o natural e o artificial, são essenciais para o bem-estar do homem e para o gozo dos direitos humanos fundamentais".[39]

Diante dos vários e graves problemas ambientais que ameaçam a vida das presentes e futuras gerações (mudanças climáticas, desmatamento, perda da diversidade biológica, contaminação dos recursos naturais etc.), a questão ambiental passou a ser uma das pautas internacionais.

17.3.3.2 O surgimento do direito ao ambiente

A Carta Africana de Direitos do Homem e dos Povos, de 1981, foi o primeiro instrumento internacional que consagrou o direito substantivo ao ambiente: "Artigo 24. Todos os povos têm o direito a um ambiente geral satisfatório, propício ao desenvolvimento".[40]

Em 1987, no Informe da Comissão Mundial sobre o Meio Ambiente e o Desenvolvimento, intitulado "Nosso Futuro Comum",[41] fez-se referência aos "direitos" que tem a família humana de contar com um meio ambiente sadio e produtivo (p. 12), assim como ao "direito essencial que têm nossos filhos a um meio ambiente são que realce à vida" (p. 14).

No Sistema Interamericano de Direitos Humanos, o Protocolo de San Salvador (Protocolo adicional à Convenção Americana sobre Direitos Humanos em matéria de Direitos Econômicos, Sociais e Culturais, de 1988, em vigor desde 16/11/1999), reconheceu expressamente o direito humano ao ambiente (art. 11): "1. Toda pessoa tem o direito a

---

[38] Tradução livre. Disponível em: <http://daccess-dds-ny.un.org/doc/RESOLUTION/GEN/NR0/247/12/IMG/NR024712.pdf?OpenElement>.

[39] Tradução livre. Disponível em: <http://daccess-dds-ny.un.org/doc/UNDOC/GEN/N73/039/07/PDF/N7303907.pdf?OpenElement>.

[40] Disponível em: <http://www.dhnet.org.br/direitos/sip/africa/banjul.htm>.

[41] Disponível em: <http://daccess-dds-ny.un.org/doc/UNDOC/GEN/N87/184/70/PDF/N8718470.pdf?OpenElement>.

um meio ambiente sadio e a contar com serviços públicos básicos. 2. Os Estados-Parte promoverão a proteção, preservação e melhoramento do meio ambiente."[42]

Em 1990, a Ata de Reunião da Comissão de Direitos Humanos,[43] ao analisar as afirmações da República Socialista Soviética da Ucrânia, refere-se às mudanças ecológicas que afetam aos direitos humanos (§ 58); mas fala também em direitos ecológicos do homem (§ 59). No mesmo ano, a Resolução nº 45/94, da Assembleia Geral,[44] reconheceu que "toda pessoa tem direito a viver em um meio ambiente adequado para a saúde e o bem-estar" (item 1).

A Declaração do Rio sobre Meio Ambiente e Desenvolvimento de 1992, por sua vez, reconheceu que os seres humanos "têm direito a uma vida saudável e produtiva, em harmonia com a natureza" (princípio 1).[45]

17.3.3.3 Um direito em construção

Em 1994, a Subcomissão de Prevenção de Discriminações e Proteção às Minorias, da Comissão de Direitos Humanos, apresentou relatório sobre os Direitos Humanos e o Meio Ambiente e um Projeto de Princípios sobre os Direitos Humanos e o Meio Ambiente (E/CN.4/Sub.2/1994/9), que alcançou, imbuída de sua preocupação de precisar o conteúdo do direito ao ambiente, diversos avanços conceituais.

Destacamos os itens intrinsecamente relacionados ao conteúdo substantivo:[46]

> 5. Todas as pessoas têm direito a não estar submetidas à contaminação, à degradação ambiental e às atividades que tenham efeitos prejudiciais sobre o meio ambiente e ponham em perigo à vida, à saúde, à subsistência, ao bem-estar ou ao desenvolvimento sustentável no interior das fronteiras nacionais, fora delas ou através delas.
>
> 6. Todas as pessoas têm direito à proteção e à preservação do ar, do solo, da água, do gelo marinho, da flora e da fauna, e aos processos essenciais e ao espaço necessário para manter a diversidade biológica e os ecossistemas.

---

[42] Disponível em: <http://www.cidh.oas.org/basicos/portugues/e.Protocolo_de_San_Salvador.htm>.

[43] Disponível em: <http://daccess-dds-ny.un.org/doc/UNDOC/GEN/G90/116/07/PDF/G9011607.pdf?OpenElement>.

[44] Disponível em: <http://daccess-dds-ny.un.org/doc/RESOLUTION/GEN/NR0/572/57/IMG/NR057257.pdf?OpenElement>.

[45] Disponível em: <http://www.onu.org.br/rio20/img/2012/01/rio92.pdf>.

[46] Tradução livre. Disponível em: <http://daccess-dds-ny.un.org/doc/UNDOC/GEN/G94/132/08/PDF/G9413208.pdf?OpenElement>.

7. Todas as pessoas têm direito ao nível mais elevado da saúde que seja possível, livre de danos ambientais.

8. Todas as pessoas têm direito a dispor dos alimentos e da água saudáveis e seguros que requeiram seu bem-estar.

9. Todas as pessoas têm direito a um meio de trabalho saudável e seguro.

10. Todas as pessoas têm direito a uma vivenda adequada, à posse de terras e condições de vida em um meio ambiente saudável, seguro e ecologicamente racional.

11. a) Todas as pessoas têm direito a não serem expulsas de seus lares ou suas terras em função de decisões ou ações que afetem ao meio ambiente, o como consequências delas, salvo em situações de emergência ou devido a um propósito urgente que redunde em benefício da sociedade em seu conjunto, e que não possa ser alcançado por outros meios. b) Todas as pessoas têm direito a participar de maneira efetiva nas decisões relativas à sua expulsão, e a negociar a respeito delas e, no caso de serem expulsos, têm direito a uma restituição oportuna e adequada, a uma indenização e/ou a um alojamento ou a terras apropriadas e suficientes.

12. Todas as pessoas têm direito a uma assistência oportuna no caso de catástrofes naturais ou tecnológicas ou outras catástrofes causadas pelo homem.

13. Todos têm direito a se beneficiar equitativamente da conservação e utilização sustentável da natureza e dos recursos naturais com propósitos culturais, ecológicos, educacionais, de saúde, de subsistência, recreativos, espirituais ou de outra índole. Este direito abarca o acesso ecologicamente racional da natureza. Todos têm direito à conservação de lugares únicos de conformidade com os direitos fundamentais das pessoas ou grupos residentes na zona correspondente.

14. Os povos indígenas têm direito a controlas suas terras, territórios e recursos naturais e a manter suas formas de vida tradicional. Isto compreende o direito à segurança no desfrute de seus meios de subsistência. Os povos indígenas têm direito a ser protegidos contra toda ação ou forma de conduta que pode ter por resultado a destruição ou degradação de seus territórios, incluídos a terra, o ar, a água, o gelo marinho, a fauna e outros recursos.

Significativa, ainda, foi a mudança de enfoque alçada pela Declaração sobre as Responsabilidades das Gerações Atuais para com as Futuras Gerações (aprovada na UNESCO, em 1997), que, no aspecto ambiental, fixou as seguintes diretivas:[47]

---

[47] Tradução livre. Disponível em: <http://portal.unesco.org/es/ev.php-URL_ID=13178&URL_DO=DO_TOPIC&URL_SECTION=201.html>.

> Artigo 5º Proteção do Meio Ambiente. 1. Para que as gerações futuras possam desfrutar da riqueza dos ecossistemas da Terra, as gerações atuais devem lutar em prol do desenvolvimento sustentável e preservar as condições de vida, especialmente, a qualidade e a integridade do meio ambiente. 2. As gerações atuais devem cuidar para que as gerações futuras não se exponham a uma contaminação que possa pôr em perigo sua saúde ou sua própria existência. 3. As gerações atuais devem preservar para as gerações futuras os recursos naturais necessários para a manutenção e o desenvolvimento da vida humana. 4. Antes de empreender grandes projetos, as gerações atuais devem levar em conta suas possíveis consequências para as gerações futuras.

Em fevereiro de 1999, em Seminário Internacional patrocinado sob os auspícios da UNESCO e do ACNUDH, nasceu uma nova proposta de reconhecimento do Direito ao Ambiente, a Declaração de Bizkaia.[48] Nesse documento, o direito ao ambiente aparece da seguinte forma:

> Artigo 1º Direito ao meio ambiente. 1. Toda pessoa, tanto a título individual como em associação com outras, tem o direito de desfrutar de um meio ambiente são e ecologicamente equilibrado. 2. O direito ao meio ambiente é um direito que pode ser exercido diante dos poderes públicos e entidades privadas, seja qual for seu estatuto jurídico em virtude do direito nacional e internacional. 3. O direito ao meio ambiente deve ser exercido de forma compatível com os demais direitos humanos, inclusive com o direito ao desenvolvimento. 4. Toda pessoa tem direito ao meio ambiente sem nenhum tipo de discriminação por motivos de raça, cor, sexo, idioma, religião, opinião pública ou de qualquer outra índole.

O caminho do direito ao ambiente está sendo trilhado. Parece consolidada a percepção de que se trata de um direito humano. Avançou significativamente o aparato instrumental desse direito (acesso à informação, direito de participação, remédios jurídicos de reparação). É notória, no entanto, a dificuldade de se determinar o conteúdo concreto do direito substantivo ao ambiente.

Muito avançado foi o estudo apresentado em 1994 pela Subcomissão de Prevenção de Discriminações e Proteção às Minorias da Comissão de Direitos Humanos. Infelizmente a esse estudo, até o momento, não foi dada a devida importância.

17.3.4 *Direito ao patrimônio comum da humanidade*

A proteção dos bens culturais em tempo de guerra é uma preocupação presente nas Convenções de Haia de 1899 e 1907 e no Protocolo I de 1977 da Convenção de

---

[48] Tradução livre. Disponível em: <http://www.oei.es/oeivirt/bizcaia.htm>.

Genebra de 1949 (todas codificadoras dos costumes de guerra), bem como na Convenção de Haia de 1954[49] (primeiro tratado de âmbito universal que se dedica exclusivamente a essa questão, responsável por introduzir no direito internacional o conceito de "patrimônio cultural da humanidade").

Por outro lado, o fato que despertou a preocupação internacional sobre o patrimônio mundial em tempos de paz ocorreu em 1959, quando foi anunciada a construção de uma represa no Egito que inundaria os templos de Abu Simbel, tesouro da antiga civilização egípcia. A partir de então, começou a luta por se reconhecer que determinados bens, embora situados e sob o manto de soberanias nacionais, das jurisdições nacionais, constituem um legado mundial, um ponto de referência de nossa identidade,[50] tornando-se merecedores de ser afetados ao domínio público internacional, de receber uma tutela internacional.

Esse é, de fato, o único direito de terceira geração que atingiu uma incontestável maioridade, visto que alcançou sua regulamentação em documentos internacionais (convenções internacionais) que o apresentam com força impositiva.

17.3.4.1 O direito estatal ao patrimônio

Em 1970, a Conferência Geral da Organização das Nações Unidas para a Educação, a Ciência e a Cultura, reunida em Paris, de 12 de outubro a 14 de novembro de 1970, adotou a Convenção relativa às medidas a serem adotadas para proibir e impedir a importação, exportação e transferência de propriedades ilícitas dos bens culturais.[51]

Nessa convenção, o direito ao patrimônio (muito atrelado à lógica do dever de proteção, mas do que a lógica do direito) foi considerado como um direito do Estado: "Artigo 13. Os Estados-Parte na presente Convenção se obrigam ademais, com relação ao disposto na legislação de cada Estado: [...] d) a reconhecer, ademais, o direito imprescritível de cada Estado-Parte na presente Convenção de classificar e declarar inalienável determinados bens culturais, de maneira que não possam ser exportados, e a facilita sua recuperação pelo Estado interessado se o houverem sido".

Em 1972, a Conferência Geral da Organização das Nações Unidas para Educação, a Ciência e a Cultura, reunida em Paris, de 17 de outubro a 21 de novembro de 1972,

---

[49] Disponível em: <http://portal.unesco.org/es/ev.php-URL_ID=13637&URL_DO=DO_TOPIC&URL_SECTION=201.html>.

[50] Cada ser humano é herdeiro de uma cultura moldada fora de si, há traços culturais que estruturam a personalidade de cada indivíduo. Ou seja, a identidade cultural de cada ser humano advém da história dos homens que está registrada, que é conservada em bens tangíveis (materiais ou imateriais). Preservar esses bens é uma forma de preservar a história, de preservar a cultura que nos explica, de preservar a nossa própria identidade, de preservar a parcela de nossa personalidade que nos torna realmente humanos.

[51] Disponível em: <http://portal.unesco.org/es/ev.php-URL_ID=13039&URL_DO=DO_TOPIC&URL_SECTION=201.html>.

adotou a CONVENÇÃO PARA A PROTEÇÃO DO PATRIMÔNIO MUNDIAL, CULTURAL E NATURAL.[52]

Essa é a normativa de referência para o tema, considera a degradação ou o desaparecimento de um bem cultural ou natural um empobrecimento irreversível ao patrimônio de todos os povos do mundo (preâmbulo). Consolida, por sua vez, um sistema excepcional de cooperação e de proteção internacional para esses bens. No que diz respeito às preocupações que ora nos ocupam, a da percepção de novos direitos humanos e a do conteúdo desses novos direitos, convém destacar que essa convenção apenas elencou com mais detalhes o patrimônio que deve ser protegido.

O PATRIMÔNIO CULTURAL que protege é o seguinte: MONUMENTOS (obras arquitetônicas, esculturas ou pinturas monumentais, objetos ou estruturas arqueológicas, inscrições, grutas e conjuntos de valor universal excepcional do ponto de vista da história, da arte ou da ciência); CONJUNTOS (grupos de construções isoladas ou reunidas, que, por sua arquitetura, unidade ou integração à paisagem, têm valor universal excepcional do ponto de vista da história, da arte ou da ciência); e SÍTIOS (obras do homem ou obras conjugadas do homem e da natureza, bem como áreas, que incluem os sítios arqueológicos, de valor universal excepcional do ponto de vista histórico, estético, etnológico ou antropológico).

O PATRIMÔNIO NATURAL que protege é o seguinte: os monumentos naturais constituídos por formações físicas e biológicas ou por conjuntos de formações de valor universal excepcional do ponto de vista estético ou científico; as formações geológicas e fisiográficas, e as zonas estritamente delimitadas que constituam *habitat* de espécies animais e vegetais ameaçadas de valor universal excepcional do ponto de vista estético ou científico; os sítios naturais ou as áreas naturais estritamente delimitadas detentoras de valor universal excepcional do ponto de vista da ciência, da conservação ou da beleza natural.

17.3.4.2 Percepção do direito humano ao patrimônio

Em 1997, a Conferência Geral da Organização das Nações Unidas para Educação, a Ciência e a Cultura, reunida em Paris, de 21 de outubro a 12 de novembro de 1997, adotou a Declaração sobre as Responsabilidades das Gerações Presentes em Relação às Gerações Futuras, que, no que diz respeito ao patrimônio comum da humanidade, acaba por apresentar "todos" como titulares do direito ao patrimônio: "Artigo 8 – Patrimônio comum da humanidade. As gerações presentes podem fazer uso do patrimônio comum da humanidade, como definido no direito internacional, desde que isso não signifique o seu comprometimento irreversível" (sem destaques no original).

---

[52] Disponível em: <http://portal.unesco.org/es/ev.php-URL_ID=13055&URL_DO=DO_TOPIC&URL_SECTION=201.html>.

Em 2001, a Conferência Geral da Organização das Nações Unidas para Educação, a Ciência e a Cultura adotou a Declaração Universal sobre a Diversidade Cultural.[53] Essa declaração reconhece que a diversidade cultural é necessária para o gênero humano, pois é a pluralidade de identidades que caracteriza os grupos e sociedades que compõem a humanidade (art. 1). Mais ainda, que a diversidade e as políticas de integração dessas variadas identidades culturais dão a vitalidade necessária à sociedade civil (art. 2), especialmente para o seu desenvolvimento (art. 3). Reconhece de forma lapidar que os direitos culturais são parte integrante dos direitos humanos (art. 5), mas reconhece que é preciso clarificar o seu conteúdo quando fixa o seguinte objetivo para todos os Estados (anexo II): "4. Avançar na compreensão e clarificação do conteúdo dos direitos culturais, considerados parte integrante dos direitos humanos."

Em 2003, a Conferência Geral da Organização das Nações Unidas para a Educação, a Ciência e a Cultura, realizada em Paris do dia 29 de setembro ao dia 17 de outubro de 2003, adotou a Convenção para a salvaguarda do Patrimônio Cultural Imaterial.[54]

Em 2005, a Conferência Geral da Organização das Nações Unidas para a Educação, a Ciência e a Cultura, realizada em Paris, de 3 a 21 de outubro de 2005, adotou a Convenção sobre a proteção e promoção da Diversidade das Expressões Culturais. Nessa convenção, embora ainda fique marcada a cultura do direito estatal ao patrimônio, há passagens significativas para identificarmos um frágil reconhecimento expresso de um direito humano ao patrimônio:

> [...] *Tendo em conta* a importância da vitalidade das culturas para todos, especialmente no caso das pessoas pertencentes a minorías e dos povos nativos, tal e como se manifesta en sua liberdade de criar, difundir e distribuir suas expressões culturais tradicionais, assim como seu direito a ter acesso a elas a fim de aproveitá-las para seu própio desenvolvimento, [...] Artigo 2 – Princípios Reitores [...] 5. Princípio da complementariedade dos aspectos econômicos e culturais do desenvolvimento. Sendo a cultura um dos principais motores do desenvolvimento, os aspectos culturais deste são tão importantes como seus aspectos econômicos, com relação aos quais os indivíduos e os povos têm o direito fundamental de participação e fruição.[55]

---

[53] Disponível em: <http://portal.unesco.org/es/ev.php-URL_ID=13179&URL_DO=DO_TOPIC&URL_SECTION=201.html>.
[54] Disponível em: <http://portal.unesco.org/es/ev.php-URL_ID=17716&URL_DO=DO_TOPIC&URL_SECTION=201.html>.
[55] Disponível em: <http://portal.unesco.org/es/ev.php-URL_ID=31038&URL_DO=DO_TOPIC&URL_SECTION=201.html>.

17.3.5 Direito à democracia

O direito à democracia foi reconhecido na Declaração Universal dos Direitos Humanos de 1948:

> Artigo XXI. 1. Toda pessoa tem o direito de tomar parte no governo de seu país, diretamente ou por intermédio de representantes livremente escolhidos. 2. Toda pessoa tem igual direito de acesso ao serviço público do seu país. 3. A vontade do povo será a base da autoridade do governo; esta vontade será expressa em eleições periódicas e legítimas, por sufrágio universal, por voto secreto ou processo equivalente que assegure a liberdade de voto.

Esse direito viu-se reforçado pelos dirversos direitos civis e políticos esmiuçados no Pacto Internacional sobre Direitos Civis e Políticos de 1966. Seu desenvolvimento mais concreto, no entanto, durante a guerra fria, deu-se de forma muito mais significativa no seio das organizações regionais.

A Organização dos Estados Americanos (OEA) surgiu, em 1948, imbuída da convicção de que a "democracia representativa é condição indispensável para a estabilidade, a paz e o desenvolvimento da região" (preâmbulo da Carta fundacional).[56] Em razão disso, a promoção da democracia representativa tornou-se um de seus propósitos (art. 2º, b), a solidariedade almejada pela organização entre os Estados baseava-se na democracia (art. 3º, d), a erradicação da pobreza, obstáculo da democracia, tornou-se uma das suas pautas (arts. 2º, d, e 3º, f). É uma de suas funções principais reestabelecer as turbações da democracia (art. 9º), consolidar os regimes democráticos (art. 45, f), educar para a democracia (arts. 47 e 95, c, 3).

No seio dessa organização, nasceu a Convenção Americana de Direitos Humanos de 22/11/1969,[57] conhecida como Pacto de San José da Costa Rica,[58] que faz menção expressa de que o quadro democrático depende de um regime de liberdade e de justiça social (preâmbulo), que reforça expressamente a ligação dos seguintes direitos à democracia: Direito de Reunião (art. 15), Liberdade de Associação (art. 16), Direito de Circulação e de Residência (art. 22).

---

[56] Disponível em: <http://www.oas.org/dil/port/tratados_A-41_Carta_da_Organiza%C3%A7%C3%A3o_dos_Estados_Americanos.pdf>.

[57] Vigência internacional: 18/7/1978; Adesão brasileira: 25/09/1992; Incorporação ao ordenamento brasileiro: D. 678, de 06/11/1992, publicado em: 9/11/1992.

[58] Disponível em: <http://www.oas.org/dil/esp/tratados_B-32_Convencion_Americana_sobre_Derechos_Humanos.pdf>.

O Protocolo Adicional à Convenção Americana sobre os Direitos Humanos em matéria de Direitos Econômicos, Sociais e Culturais (Protocolo de San Salvador)[59] de 17/11/1988, por sua vez, destacou a necessidade de reafirmar a democracia e de criar uma cultura democrática pela educação:

> Levando em conta que, embora os direitos econômicos, sociais e culturais fundamentais tenham sido reconhecidos em instrumentos internacionais anteriores, tanto de âmbito universal como regional, é muito importante que esses direitos sejam reafirmados, desenvolvidos, aperfeiçoados e protegidos, a fim de consolidar na América, com base no respeito pleno dos direitos da pessoa, o regime democrático representativo de governo, bem como o direito de seus povos ao desenvolvimento, à livre determinação e a dispor livremente de suas riquezas e recursos naturais; [...] Artigo 13. Direito à educação [...] 2. Os Estados Partes neste Protocolo convêm em que a educação deverá orientarse para o pleno desenvolvimento da personalidade humana e do sentido de sua dignidade e deverá fortalecer o respeito pelos direitos humanos, pelo pluralismo ideológico, pelas liberdades fundamentais, pela justiça e pela paz. Convêm, também, em que a educação deve capacitar todas as pessoas para participar efetivamente de uma sociedade democrática e pluralista, conseguir uma subsistência digna, favorecer a compreensão, a tolerância e a amizade entre todas as nações e todos os grupos raciais, étnicos ou religiosos e promover as atividades em prol da manutenção da paz.

Pelo Compromisso de Santiago com a Democracia e a Renovação do Sistema Interamericano, AG/RES. 1080 (XXI-O/91), aprovado em 04/06/1991,[60] os Estados-membros da OEA declararam "sua determinação de adotar um conjunto de procedimentos eficazes, oportunos e expeditos para assegurar a promoção e defesa da democracia representativa", assim como resolveram instituir mecanismo de ação coletiva (convocando imediatamente o Conselho Permanente, ou os Ministros de Relações *Exterio*res ou mesmo uma Assembleia Geral Extraordinária) para o caso de ocorrer uma interrupção abrupta ou irregular do processo político institucional democrático ou do legítimo exercício do poder por um governo democraticamente eleito em qualquer dos Estados membros da Organização.

Pela Declaração Nassau, AG/DEC. 1 (XXII-O/92), aprovada em 19/05/1992, os Estados-membros da OEA declararam:[61] "4. Sua decisão de desenvolver mecanismos, no âmbito da OEA, para apoiar os Estados-membros na elaboração, preservação e fortalecimento da

---

[59] Aprovação Congressual: DL 56, de 19/04/1995; Adesão brasileira: 21/08/1996; Vigência Internacional: 16/11/1999; Incorporação ao ordenamento brasileiro: D. 3.321, de 30/12/1999, publicado em 31/12/1999

[60] Disponível em: <http://scm.oas.org/pdfs/agres/ag03805P01.pdf>.

[61] Disponível em: <http://scm.oas.org/pdfs/agres/ag03806P01.PDF>.

democracia representativa, de acordo com suas solicitações, de maneira a complementar e desenvolver o previsto na resolução AG/RES. 1080 (XXI-O/91)."

Pela Declaração de Manágua para a Promoção da Democracia e do Desenvolvimento, AG/DEC. 4 (XXIII-O/93), aprovada em 08/06/1993, os Estados-membros da OEA declararam:[62]

> 2. Seu convencimento de que a democracia, a paz e o desenvolvimento fazem parte inseparável e indivisível da visão renovada e integral da solidariedade americana e de que, da implementação de uma estratégia inspirada na interdependência e na complementaridade desses valores, dependerá a capacidade da OEA de contribuir para preservar e fortalecer as estruturas democráticas no Hemisfério. 3. Sua convicção de que a missão da Organização não se esgota na defesa da democracia nos casos de rompimento de seus valores e princípios fundamentais, mas também exige um trabalho permanente e criativo destinado a consolidá-la, bem como um esforço permanente para antever e prevenir as causas intrínsecas dos problemas que afetam o sistema democrático de governo.

Todo esse conjunto evolutivo de ideias fez nascer a CARTA DEMOCRÁTICA INTERAMERICANA,[63] aprovada mediante resolução[64] da Assembleia Geral, em 11 de setembro de 2001, da qual destacamos os seguintes pontos que revelam um conteúdo mais concreto do direito à democracia:

a) Reconhecimento do direito autônomo à democracia (um direito de todos os povos), embora continue a ser também "condição" para o desenvolvimento (art. 1º), para as liberdades fundamentais e os direitos humanos (art. 7º).

b) Seus elementos essenciais: respeito aos direitos humanos, às liberdades fundamentais; acesso ao poder e seu exercício com sujeição ao Estado de Direito; eleições periódicas, livres, justas e baseadas no sufrágio universal e secreto; regime pluralista de partidos e organizações políticas; separação e independência dos poderes (art. 3º).

c) Componentes fundamentais do seu exercício: transparência, probidade, responsabilidade, respeito aos direitos sociais, a liberdade de expressão e de imprensa, respeito ao Estado de Direito (art. 4º) e a participação dos cidadãos (art. 6º).

d) Contribuem para o fortalecimento da democracia: eliminação de toda forma de discriminação, especialmente a discriminação de gênero, étnica e racial, e das

---

[62] Disponível em: <http://scm.oas.org/pdfs/agres/ag03807P01.pdf>.

[63] Disponível em: <http://www.oas.org/OASpage/port/Documents/Democractic_Charter.htm>.

[64] Trata-se de uma resolução e não de um tratado, mas não *é uma resolução qualquer, pois foi expedida como ferramenta de atualização e interpretação da Carta* fundacional da própria OEA, dentro do espírito de desenvolvimento progressivo do direito internacional.

diversas formas de intolerância, bem como a promoção e proteção dos direitos humanos dos povos indígenas e dos migrantes, e o respeito à diversidade étnica, cultural e religiosa (art. 9º), o exercício pleno e eficaz dos direitos dos trabalhadores e a aplicação de normas trabalhistas básicas (art. 10º).

e) Incidem negativamente na consolidação da democracia: a pobreza, o analfabetismo e os baixos níveis de desenvolvimento humano (art. 12).

f) O exercício da democracia facilita a preservação e o manejo adequado do meio ambiente (art. 15).

g) A educação é chave para fortalecer as instituições democráticas (art. 16).

Relevante, ainda, são os mecanismos pensados para o fortalecimento e a preservação da democracia (arts. 17 a 22) e os mecanismos de observação eleitoral (arts. 23 a 25) e de promoção da cultura democrática (arts. 26 a 28) que foram reafirmados.

São diversos os documentos que, desde 1989, buscam discutir internacionalmente o Direito à Paz. Menção especial deve se dar aos seguintes: "Declaração universal sobre a Democracia", de 1997, da Inter-Parliamentary Union[65] e a "Declaração sobre a genuína democracia", adotada na Conferência Internacional de ONG›s no Conselho da Europa em 2013.[66]

Recentemente, levando em consideração os projetos recém-mencionados, a Fundação Cultura de Paz, presidida por Federico Mayor Zaragoza, apresentou um projeto muito amplo de uma "Declaração Universal da Democracia",[67] que, além de anelar a democracia à paz, apresenta em detalhe o que devemos inserir no conteúdo do direito à democracia, pois esmiúça todas as suas dimensões: política (arts. 2 a 10), econômica (arts. 11 a 17), social (arts. 18 a 20), cultural (arts. 21 a 24) e internacional (arts. 25 a 28).

17.3.6 Direito à cidade

A discussão do direito humano à cidade não é nova, pois desde 1933, no 4º Congresso Internacional de Arquitetura Moderna, em Atenas (que aprovou a conhecida Carta de Atenas),[68] apontava-se a necessidade de compreendermos "uma nova maneira de viver", de lutarmos por uma "cidade funcional" organizada para atender as necessidades humanas básicas: habitação, lazer, trabalho e circulação.

---

[65] Disponível em: <http://www.ipu.org/cnl-e/161-dem.htm>.
[66] Disponível em: <http://www.coe.int/t/ngo/Articles/CONF_PLE_2013_DEC1_democracy_en.asp>.
[67] Disponível em: <http://www.fund-culturadepaz.org/declaracion/Declaracion_Universal_Democracia.pdf>.
[68] Disponível em: <http://portal.iphan.gov.br/portal/baixaFcdAnexo.do?id=233>.

O sociólogo francês Henry Lefebvre, grande marco desse tema, em 1968, afirmava que o direito à cidade é um grito, uma demanda, uma reivindicação de uma sociedade particular por criar-se. Não se luta por um direito em separado, mas por uma realidade que inclui a todos, o que exige uma vivenda digna, água potável, ambiente equilibrado, participação, emprego, educação, liberdades de expressão e de reunião etc.

Qual é o efeito de pensar assim? A percepção da realidade sistêmica, de que a luta por um direito é compatível com a dos demais, que a luta de um direito não pode ser causa do agravamento de outro (garantir o emprego em fábricas poluidoras, por exemplo), que os interesses se opõem somente na superfície.

17.3.6.1 Contexto que exige o direito à cidade

As cidades, cada vez mais, tornam-se o ambiente da vivência humana. Segundo os estudos internacionais,[69] 50% da população mundial vive nas cidades e as previsões apontam para que 65% será o percentual citadino em 2050. Na América Latina, segundo a ONU Habitat,[70] o percentual populacional nas cidades já atinge os 80%, com a projeção, para o mesmo norte de 2050, de se atingir 90%. No Brasil, de forma mais concreta, o índice atual é o de 84,9% e projeta-se, para 2050, o de 95%.

Ocorre que o ritmo acelerado dessa mudança social não foi acompanhado pelo desenvolvimento das cidades, o que fez nascer ou agravar, em muitos recantos, problemas extremamente delicados: carência de serviços básicos e de equipamentos públicos, degradação ambiental em função do aumento de poluentes, expansão da mancha urbana, eliminação de corredores ecológicos, exploração excessiva e contaminação dos recursos naturais, aumento da vulnerabilidade aos fenômenos naturais, conversão do espaço público em lugar de passagem (não mais de convivência), colapso da mobilidade, carências extremas sanitárias e de gestão dos resíduos sólidos; aceitação, legitimação e legalização de conjuntos habitacionais ou mesmo bairros periféricos alijados de uma vida digna etc.

Esse recente quadro de urbanização, na América Latina, é fruto de um momento histórico concreto, de explosão urbana (1950-1990), onde o salto se deu de 40% a 90%.

---

[69] Cf. Documento: "Estado de las Ciudades de América Latina y El Caribe 2012", produzido pela ONU Habitat.

[70] O que hoje é conhecido como Programa das Nações Unidas para os Assentamentos Humanos começou no início da década de 1970 como a Fundação Habitat, órgão que estava ligado ao Programa das Nações Unidas para o Meio Ambiente (PNUMA). Em 1976 foi realizada em Vancouver, Canadá, a Conferência das Nações Unidas sobre Assentamentos Humanos (Habitat I). Nesse evento, a Fundação Habitat foi renomeada e se tornou o **Centro das Nações Unidas para os Assentamentos Humanos**, com sede em Nairobi, no Quênia. Vinte anos mais tarde, em 1996, realizou-se a segunda Conferência das Nações Unidas sobre Assentamentos Humanos (Habitat II) em Istambul, na Turquia. Em 2002, por decisão da Assembleia Geral, o Centro tornou-se o Programa das Nações Unidas para o Programa de Assentamentos Humanos, ONU-Habitat. Para 2016 está prevista a terceira conferência – Habitat III.

Não vivemos mais essa realidade, pois a taxa de crescimento urbana, hoje em desaceleração, está em torno de 1,15% na América Latina, 0,839% no Brasil. Vivemos, no entanto, as consequências do período anterior.

E mesmo apesar da desaceleração do crescimento demográfico, continuam em expansão as edificações. O relatório da ONU-Habitat estima que a expansão da edificação está três vezes maior que o atual crescimento demográfico. Os efeitos eram previsíveis e hoje são constatados: redução da densidade demográfica. O que agrava, sem necessidade, o problema da mobilidade, da expansão de serviços e equipamentos públicos.

O modelo de edificações de condomínios fechados, por sua vez, agrava o problema das cidades, pois, reforçando o isolamento, exclui a convivência pública (berço natural da diversidade), exclui a preocupação com o espaço público, alimenta a desigualdade.

Vivemos em um país de dimensões continentais, gerido sem uma perspectiva mais inteligente. A densidade demográfica mundial é estimada atualmente em 51 hab/km²; no Brasil, temos a densidade de 23,29 hab/km²; na cidade de São Paulo, exemplo máximo de descompasso em nossas terras, a densidade atinge 7.398,26 hab/km². A OMS recomenda que as cidades devem dispor de 9 a 11 m² de área verde por habitante. Em São Paulo, contando com as áreas da periferia, temos 2,6 m² de área verde por habitante.

A gestão pública abriu-se à participação social. Ocorre, no entanto, que essa participação ainda é dominada por grupos econômicos e não pela sociedade. A gestão pública avançou na sua capacidade de resolver diversos dos problemas relatados. Ainda é incapaz, no entanto, de pensar o problema de maneira estratégica, tomando opções de efetivo longo prazo. É incapaz de perceber que a cidade tem seu limite, que é preciso alterar o MODELO de desenvolvimento urbano.

17.3.6.2 O nascer do direito humano à cidade

É nesse contexto que se apresenta o Direito Humano à Cidade, uma nova chave mental que permita pensar de modo diverso a questão urbana. Uma chave que abre um mundo em que o centro esteja contaminado por inclusão, solidariedade, sustentabilidade, valorização do público, um desenvolvimento integral (econômico, social e ambiental).

É nesse contexto que nasceu e se desenvolve a atual discussão internacional sobre um Direito Humano à Cidade, pois como afirma a Carta Mundial para o Direito à Cidade:[71] "Todas as pessoas têm o direito de encontrar na cidade as condições necessárias para sua realização política, econômica, cultural, social e ecológica" (art. 2, 1.1).

---

[71] Documento que vem sendo construído pela sociedade civil nos Fóruns Sociais Mundiais e Regionais. Nasceu no Fórum Social das Américas, realizado em Quito, em julho de 2004. Foi aperfeiçoado no Fórum Mundial Urbano, em Barcelona, em outubro de 2004. Revisto e modificado no Fórum Social Mundial, em Porto Alegre, em janeiro de 2005.

Um direito moldado com as seguintes facetas: direito a uma cidade politicamente participativa (que permita a participação popular na elaboração e na execução dos orçamentos públicos, na elaboração e implementação das políticas urbanas; que resgate o valor dos espaços e equipamentos públicos); direito a uma cidade livre, criativa e segura (que respeite a liberdade de expressão no espaço urbano, os direitos de manifestação, reunião e associação; que crie condições para a segurança pública, a convivência pacífica e solidária); direito a uma cidade social e economicamente inclusiva (que forneça serviços públicos de qualidade no que diz respeito à água, moradia, saúde e educação; que crie condições para o desenvolvimento e para o pleno emprego; que forneça proteção especial aos grupos e pessoas em situação de vulnerabilidade); direito a uma cidade culturalmente diversa (que crie condições para o exercício da liberdade e da diversidade cultural, linguística e religiosa e do ócio; que respeite a memória e a identidade); direito a uma cidade ambientalmente sustentável (que evite contaminações, a ocupação desordenada do território ou de áreas de proteção ambiental, que garanta a recuperação de áreas degradadas, a gestão de resíduos, garanta a circulação e a mobilidade, que construa a tranquilidade urbana).

Considerações finais

O reconhecimento dos direitos humanos está diretamente atrelado às lutas travadas e protagonizadas pelos povos organizados (hoje, pelas ONGs e OIGs) ao se posicionarem contrários a determinado modelo de convivência que se esgarçou, que passou a ser visto como violento ou abusivo.

Assim como nosso olhar, como nosso perceber o outro é gradativo, os direitos humanos estão em permanente construção, atualização. Toda vez que novos elementos passam a ser percebidos por todos (como a realidade interdependente de diversos problemas humanos), somos capazes de desafiar as visões antes consolidadas. Assim, surgem novos direitos humanos. Não devemos repelir esse movimento transformador: a criação de novas utopias.

Embora os pactos, as leis não mudem a realidade, o reconhecimento desses novos direitos humanos fortalece as lutas populares como um todo. Os grupamentos sociais inquietos, após o reconhecimento, deixam de ser rotulados como impertinentes, até mesmo como loucos, e passam as ser vistos como defensores da humanidade.

O fato de um direito humano ser declarado, explicitado, fornece novo conteúdo às lutas sociais, qualifica o discurso e a prática das organizações sociais. Os problemas humanos não são efetivamente um apanhado de dificuldades isoladas e independentes, mas um conjunto de problemas que surge de estruturas econômicas, políticas e sociais assumidas pelas cidades e pelas sociedades. Embora, em separado, exijam ações imediatas, é preciso uma estratégia integral, uma ação organizada e radical que altere, em longo prazo, as causas estruturais. Para isso, torna-se necessário pensarmos nos "direitos de terceira geração".

Em "O Futuro Que Queremos" (A/RES/66/228), declaração produzida na Conferência das Nações Unidas sobre o Desenvolvimento Sustentável realizada em 2012, no

Rio de Janeiro, reconheceu-se expressamente a necessidade de um enfoque holístico do desenvolvimento (item 134)... Com o amplo reconhecimento do conteúdo dos direitos de terceira geração contaremos com um instrumental para construir o Mundo ou o Futuro que queremos.

Referências

ÂNGULO SÁNCHEZ, Nicolás. Los Derechos Humanos y el Siglo XXI. *Entelequia*. Revista interdisciplinar. nº 12 (otoño 2010). Disponível em: <http://www.eumed.net/entelequia>.

ALEMANY BRIZ, Jesús María. *La Paz, ¿Un derecho humano?* Disponível em: <http://www.seipaz.org/documentos/AlemanyDHPaz.pdf>.

BOBBIO, Norberto. *Da estrutura à função*. Novos estudos de teoria do direito. Trad. Daniela Beccaccia Versiani. Barueri: Manole, 2007.

BONAVIDES, Paulo. A quinta geração de direitos fundamentais. *Direitos Fundamentais & Justiça* nº 3, p. 82-93, abr./jun. 2008.

DIMOULIS, Dimitri; MARTINS, Leonardo. *Teoria Geral dos Direitos Fundamentais*. São Paulo: RT, 2007.

ESCOBAR M., Lina; CÁRDENAS-POVEDA, Margarita; BENÍTEZ R., Vicente; MANTILLA-BLANCO, Sebátián. El Derecho a la Paz. ¿Una norma programática, con tendencia a lo normativo o a lo semántico? *Universitas*. Bogotá (Colombia), nº 123:141-168, julio-deciembre de 2011.

GUERRA FILHO, Willis Santiago. *Processo constitucional e direitos fundamentais*. São Paulo: RCS, 2005.

HARVEY, David. Alternativas ao neoliberalismo e o direito à cidade. *Novos Cadernos NAEA*, v. 12, nº 2, p. 269-274, dez. 2009.

HUNT, Lynn. *A invenção dos direitos humanos*: uma história. São Paulo: Companhia das Letras, 2009.

LIMA, George Marmelstein. *Crítica à Teoria das Gerações (ou mesmo Dimensões) dos Direitos Fundamentais*. Disponível em: <http://georgemlima.blogspot.com>.

MBAYA, Etienne-Richard. Gênese, evolução e universalidade dos direitos humanos frente a diversidade de culturas. *Estudos Avançados*, v. 11, nº 3, p. 17-41, 1997.

RODRIGUES, Arlete Moysés. A Cidade como Direito. Scripta Nova. *Revista Electrónica de Geografía y Ciencias Sociales*, v. XI, nº 245 (33), 1 de agosto de 2007.

ROMITA, Arion Sayão. *Direitos fundamentais nas relações de trabalho*. São Paulo: RT, 2005.

SARLET, Ingo Wolfgang. *A eficácia dos direitos fundamentais*. Porto Alegre: Livraria do Advogado, 2007.

SEN, Amartya Kumar. *Desenvolvimento como liberdade*. Trad. Laura Teixeira Motta. São Paulo: Companhia das Letras, 2000.

SILVA, Erwin. El Derecho Humano a la Paz. Elementos e Perspectivas. *Cultura de Paz*. Manágua, Nicarágua, Ano XVII, nº 54, Mayo-Agosto 2011.

SILVA, Fernando Fernandes da. *As cidades brasileiras e o patrimônio cultural da humanidade*. São Paulo: Editora da Universidade de São Paulo, 2003.

SILVA, Jônathas. Meio Ambiente. A contribuição do Jurista. *Rev. Fac. Dir. UFG*, v. 19/20, nº 1, p. 53-66, jan./dez. 1995/96.

SILVA, Virgílio Afonso da. A evolução dos direitos fundamentais. *Revista Latino-Americana de Estudos Constitucionais*, v. 6, p. 541-558, 2005.

SUGRANYES, Ana. El derecho a la ciudad. Praxis de la utopía. *Habitat y Sociedade*, nº 1, p. 71-79, noviembro de 2010. Disponível em: <http://acdc.sav.us.es/habitatysociedad/>.

VILLÁN DURÁN, Carlos. El derecho humano a la paz y la sociedad civil. *El Lado Humano* (Revista de la Comisión Estatal de Derechos Humanos de Nuevo León. Monterrey, México), nº 75 (abril-junio de 2011), p. 12-17.

VILLÁN DURÁN, Carlos. La paz es también un Derecho Humano. *Tiempo de Paz* (Madrid), nº 88, p. 80-88, 2008.

TRINDADE, Antônio Augusto Cançado. *Direito das Organizações Internacionais*. 2. ed. atual. Belo Horizonte: Del Rey, 2002.

Título VI

Eficácia dos direitos humanos e fundamentais nos direitos

Título V

Eficácia jurídica dos direitos
e deveres fundamentais

18

Direitos fundamentais e o direito tributário: da lei ao realismo jurídico

Bruna Estima Borba

Sumário: 18.1 A interpretação e o direito tributário; 18.2 O direito tributário entre a lei e o realismo jurídico; 18.3 Conclusão: da crise do Direito ao realismo no âmbito do direito tributário; Referências.

18.1 A interpretação e o direito tributário

Assiste-se a uma crise do Direito. Hoje, mais que nunca, tornam-se presentes as palavras desassossegadas de Fernando Pessoa: "Quantas coisas, que temos por certas ou justas, não são mais que os vestígios dos nossos sonhos, o sonambulismo da nossa incompreensão! Sabe acaso alguém o que é certo ou justo?"[1]

A crise ocorre no sentido que lhe confere Nelson Saldanha, o de "pensar no problema da crise como sendo uma transformação".[2] No Estado Moderno a ideia de legitimidade foi substituída pela ideia de legalidade,[3] sob a crença de que "a evolução humana ter-se-ia dado pela superação das etapas mítica e metafísica à era positiva, à era da ciência"[4] e do

---

[1] PESSOA, Fernando. (Org. e fixação de inéditos de Teresa Sobral Cunha.) *Livro do desassossego*. v. II. Lisboa: Presença, 1990. - 54. Disponível em: <http://arquivopessoa.net/textos/1861>. Acesso em: 16 out. 2012.

[2] SALDANHA, Nelson. *Ordem e hermenêutica*. Rio de Janeiro: Renovar, 1992, p. 1.

[3] SALDANHA, Nelson. *Ordem e hermenêutica*. Op. cit., p. 123.

[4] BITTAR, Eduardo Carlos Bianca. O direito na pós-modernidade. *Revista Sequência*, nº 57. Disponível em: <periodicos.ufsc.br/ index. php /sequencia /article/download/14951/13642>. Acesso em: 29 nov. 2012, p. 144.

pressuposto de que o povo passou a "participar do poder, através de critérios definidos em lei".[5] Como expõe Eduardo Bittar, "Validade, legalidade, ordem, impositividade, eram considerados valores supremos de um ordenamento que operava como uma razão científica para a disciplinação da ordem e da desordem sociais".[6] Essas, portanto, foram as soluções postas à disposição da sociedade, mesmo por não ser possível prescindir da lei em nosso sistema jurídico, em razão do disposto no o art. 5º, I, da Constituição Federal, tendo o sido eleita a lei como fonte primária do Direito.

Esse modo objetivo e universalista de tratar o Direito, isto é, de considerar a ciência do direito como uma teoria da norma,[7] que caracteriza a dogmática analítica, foi e tem sido extremamente útil à sociedade moderna:

> a fim de que estas fossem e sejam capazes de absorver e suportar enormes incertezas e diferenças sociais, pois o tratamento universalista neutraliza a pressão social imediata exercida pelo problema da distribuição social do poder e dos recursos, transportando-o para dentro do sistema jurídico onde ele é, então, mediatizado e tornado abstrato.[8]

Todavia, o preço dessa normatização do direito é seu distanciamento da realidade. Dessa forma, como a lei tributária determina que a renda das pessoas físicas deve ser tributada e se, no caso concreto, alguém em seguida ao recebimento de determinado rendimento for furtado, as questões relativas à impossibilidade de pagar o imposto em vista de suas condições pessoais são analisadas despidas de qualquer apreciação valorativa – os gastos mínimos com alimentação, educação e saúde dos filhos, por exemplo – e examinadas exclusivamente à luz da dogmática analítica.

Porém, a verdade que não há imagem sem cenário, nem texto sem contexto, de modo que as interpretações devem mudar ainda que os textos permaneçam inalterados. Devem mudar porque a realidade, referência para a elaboração do texto, foi alterada. Como ensina Lênio Streck,[9] a palavra *hermenêutica* deriva do grego *hermeneuein*, tendo se originado de Hermes, mensageiro dos deuses:

---

[5] SALDANHA, Nelson. *Ordem e hermenêutica*. Op. cit., p. 124.

[6] BITTAR, Eduardo Carlos Bianca. O direito na pós-modernidade. *Revista Sequência*, nº 57. Disponível em: <periodicos.ufsc.br/ index. php /sequencia /article/download/14951/13642>. Acesso em: 29 nov. 2012, p. 145.

[7] FERRAZ JR., Tercio Sampaio. *Introdução ao estudo do direito*. Técnica, Decisão, Dominação. São Paulo: Atlas, 2001. p. 92.

[8] FERRAZ JR., Tercio Sampaio. *Introdução ao estudo do direito*. Op. cit., p. 250.

[9] STRECK, Lênio. Bases para a compreensão da hermenêutica jurídica em tempos de superação do esquema sujeito-objeto. *Revista Sequência*, nº 54, p. 29-46, jul. 2007. Disponível em: <http://periodicos.ufsc.br/index.php/sequencia/article/view/15066/13733>. Acesso em: 10 nov. 2012, p. 29.

Ao realizar a tarefa de *hermeneus*, Hermes tornou-se poderoso, por transmitir para os mortais as palavras divinas. É verdade que nunca se pôde saber o que os deuses efetivamente disseram. Tudo o que se pode conhecer é aquilo que o intérprete, o intermediador, disse.

Há cerca de vinte anos, aplicar o direito tributário consistia, essencialmente, em exercitar a lógica Aristotélica. Assim, por meio de um procedimento silogístico bastava localizar – ainda que no contexto de um enorme emaranhado de normas jurídicas tributárias – a premissa maior (a lei) que, aplicada à premissa menor (o fato), levava à síntese (a solução jurídica da questão). Tratava-se, então, de procedimento estritamente lógico, tendo como universo de pesquisa as fontes formais do direito tributário, primárias e secundárias – a "lei", os tratados e convenções internacionais e as normas complementares, essas de *status* infralegal. Essa, enfim a essência da dogmática analítica.

Todavia, esse modo de aplicar o Direito não se atinha à mera

> inclusão do fato na espécie legal (ou no tipo), nem à subsunção, que insere o caso na hipótese figurada pela lei; a regra se insere no fato, concretiza-se ao ser cumprida por condutas que lhe obedeçam ou ao ser imposta por um órgão do poder público.[10]

Em suma, em que pese o procedimento silogístico utilizado, a atividade de aplicar o Direito, que é a atividade de dar concreção ao Direito era, também e antes de mais nada, um problema hermenêutico.[11] Vale ressaltar que Nelson Saldanha distingue a hermenêutica, conceito mais genérico, da interpretação, mais pontual e associada a cada um dos casos concretos:

> Em nosso entender a hermenêutica tem um sentido mais genérico e mais preso ao plano teórico, significando uma "teoria dos fundamentos do interpretar"; a interpretação, que visa ao concreto e que atende ao movimento da ordem para a prática, aparece motivada por uma finalidade que é a aplicação.[12]

É evidente, assim, que a visão da ciência do direito como uma teoria da interpretação, e não simplesmente como uma teoria da norma, sempre esteve presente no Direito.

No âmbito do direito tributário, a hermenêutica, vista como atividade de interpretar a norma jurídica, precisa ser exercida desde a leitura do próprio Código Tributário Nacional (CTN), Lei nº 5.172/1966, que em seu art. 114 menciona o 'fato gerador' como descrição

---

[10] SALDANHA, Nelson. *Ordem e hermenêutica*. Op. cit., p. 295.
[11] Idem, p. 296.
[12] Idem, p. 246.

normativa geral e abstrata, correspondendo à ideia de hipótese de incidência.[13] Já o art. 113, § 1º, se refere ao 'fato gerador' como o fato ocorrido no mundo real, significando o fato imponível.[14] Assim, a atividade de interpretar, ou seja, de determinar o "sentido das normas, o correto entendimento do significado dos seus textos e intenções tendo em vista decidibilidade de conflitos"[15] que constitui a tarefa da dogmática hermenêutica, sempre existiu.

Segundo a tradicional teoria da interpretação, assim compreendida aquela em que se busca o sentido da lei, na concepção de Savigny anterior a 1814, a interpretação poderia ser "gramatical, que procurava o sentido vocabular da lei, a interpretação lógica, que visava a seu sentido proposicional, a sistemática, que buscava o sentido global ou estrutural, e a histórica, que tentava atingir o sentido genérico".[16] A partir de 1814 Savigny passa se preocupar não mais com as técnicas interpretativas, mas com as possibilidades de conhecimento da interpretação verdadeira da lei. Nesse momento, duas grandes vertentes se desenvolveram, um delas com base na compreensão do pensamento do legislador, o *mens legislatoris*,[17] a outra, fundada na compreensão do pensamento do povo, o espírito do povo.[18] A adoção da segunda corrente tem como consequências, entre outras, a ideia da mutabilidade do Direito e a convicção de que a interpretação da lei deve produzir efeitos *ex nunc*, ou seja, a partir do momento em que a realidade social passou a compreendê-la como tal. Já a interpretação subjetivista vale *ex tunc*, desde "o aparecimento da norma pela positivação da vontade legislativa".[19]

Veja-se, diante dessa explanação, como se comporta o direito tributário brasileiro. O legislador pátrio cuidou de positivar o conceito de tributo. Consta, ademais, do próprio texto constitucional de 1988 a necessidade de definição dos tributos e suas espécies por meio de lei complementar, o que já havia sido providenciado pelo art. 3º do CTN: "Tributo é toda prestação pecuniária compulsória, em moeda ou cujo valor nela se possa exprimir, que não constitua sanção de ato ilícito, instituída em lei e cobrada mediante atividade administrativa plenamente vinculada."

---

[13] Lei nº 5.172/1966, Código Tributário Nacional, CTN: Art. 114 O fato gerador da obrigação principal é a situação definida em lei como necessária e suficiente à sua ocorrência.

[14] Lei nº 5.172/1966, Código Tributário Nacional, CTN: Art. 113: § 1º A obrigação principal surge com a ocorrência do fato gerador, tem por objeto o pagamento de tributo ou penalidade pecuniária [...].

[15] FERRAZ JR., Tercio Sampaio. *Introdução ao estudo do direito*. Op. cit., p. 252.

[16] FERRAZ JR., Tercio Sampaio. *Introdução ao estudo do direito*. Op. cit., p. 261.

[17] De que resultaram as escolas subjetivistas da Jurisprudência dos Conceitos na Alemanha e da Exegese, na França (FERRAZ JR., Tercio Sampaio. *Introdução ao estudo do direito*. Op. cit., p. 262.

[18] Base para formação da escola objetivista da Jurisprudência dos Interesses, na Alemanha (FERRAZ JR., Tercio Sampaio. *Introdução ao estudo do direito*. Op. cit., p. 262.

[19] FERRAZ JR., Tercio Sampaio. *Introdução ao estudo do direito*. Op. cit., p. 263.

Assim, por pertencer o conceito de tributo ao direito positivo, sua natureza e características são mutáveis, podendo-se mencionar que o tributo já foi percebido pela sociedade como uma modalidade de confisco resultante de atos de expropriação dos vencedores contra os vencidos. De fato, a expressão *tributo* deriva do latim, *tributum*, do verbo *tribuere*, e tem, entre outros significados, o de repartir entre as tribos o ônus da imposição.[20]

Anteriormente à Lei nº 5.172/1966, a definição legal de tributo era dada pelo art. 9º da Lei nº 4.320/ 1964, que é norma de direito financeiro. Segundo aquele dispositivo:

> Tributo é a receita derivada, instituída pelas entidades de direito público, compreendendo os impostos, as taxas e contribuições, nos termos da Constituição e das leis vigentes em matéria financeira, destinando-se o seu produto ao custeio de atividades gerais ou específicas exercidas por essas entidades.

Note-se que a primeira definição continha mais uma característica: ser receita pública. Este traço é de fundamental importância. Afinal, o Supremo Tribunal Federal não incluiu o FGTS na seara tributária justamente por não ser receita pública. De fato, os tributos correspondem a uma receita pública derivada do patrimônio dos particulares.

Vê-se, portanto, que a definição de tributo permitiu, e ainda permite, diversas aproximações conceituais, representando uma pequena amostra da complexidade de significados que habitam os institutos do direito tributário. Inegável, portanto, a relevância da hermenêutica em matéria tributária.

Ademais, sabe-se que a lei é escrita em termos gerais – à exceção de algumas situações bastante específicas – de modo que aplicá-la ao caso concreto exige, sempre, certo esforço intelectual, que consiste justamente em tarefa de interpretação.

No que tange particularmente ao direito tributário, pode-se afirmar que a hermenêutica atravessou três distintas fases, como exposto por Rubens Gomes de Sousa.[21]

A primeira fase corresponde à denominada interpretação apriorística, em que se impunha uma solução preconcebida para todos os casos apresentados. Assim, na Antiguidade, por serem os tributos resultado de livre e ilimitada imposição do poder de tributar, em geral em razão de vitórias em conflitos, não se poderia propriamente falar em interpretação. Na verdade, tal tarefa cabia exclusivamente aos jurisconsultos a serviço do governo, do que resultou a teoria de que "as dúvidas na interpretação deviam sempre ser resolvidas a favor do fisco, o que era justificado em tese com a alegação de que o interesse público deve prevalecer sobre o interesse particular".[22]

---

[20] AMARO, Luciano. *Direito tributário brasileiro*. São Paulo: Saraiva, 1999. p. 5.
[21] SOUSA, Rubens Gomes de. *Compêndio de legislação tributária*. Rio de Janeiro: Financeiras, 1964. p. 53.
[22] SOUSA, Rubens Gomes de. *Compêndio de legislação tributária*. Op. cit., p. 52.

Como reação a essa interpretação, e no contexto do Estado liberal, surgiu uma modo de interpretar diametralmente oposto, em que as dúvidas deviam ser dirimidas sempre a favor do cidadão, com base no princípio do direito penal segundo o qual na dúvida não se pode condenar o réu. Esse princípio, expresso na frase *in dubio contra fiscum* pelo jurisconsulto romano Modestino, chegou mesmo a ser introduzido como preceito legal no *Digesto*.[23] Todavia, tanto na Idade Média quanto no período dos Estados absolutistas, aplicou-se o princípio do *in dubio pro fiscum*, sob já mencionado argumento da prevalência do interesse público. Enfim, seja orientada em favor dos particulares, seja do Estado, a denominada interpretação apriorística desconsiderava as circunstâncias que envolviam o caso concreto.

Com o surgimento dos Estados liberais, a partir do século XIX, o direito tributário passou a ser considerado um "direito excepcional",[24] devendo portanto ser interpretado de modo literal e estrito, a fim de limitar o poder impositivo. A interpretação exclusivamente gramatical do texto excluía toda tarefa interpretativa, o que é de todo inaceitável quando se tem em conta que as normas são escritas com palavras e essas possuem significados.[25] Ademais, tal solução somente seria cabível diante de normas que regulassem todas as hipóteses passíveis de ocorrer nos casos concretos, o que é igualmente impossível.

Nesse caminhar, o direito passou a exigir da interpretação uma dupla finalidade: a integração da norma ao sistema jurídico e a integração à norma de todas as situações que hipoteticamente nela devam estar contidas, no que Rubens Gomes de Sousa denominou de interpretação teleológica, isto é, que vise à "realização das finalidades ou objetivos da lei".[26] A teoria inicialmente proposta, fundada na já citada Jurisprudência dos Conceitos alemã, defendia que na interpretação do direito devem predominar os conceitos e as categorias jurídicas, respeitando-se os respectivos sistemas a que pertencem. Dessa forma, haveria o primado do direito civil sobre o direito tributário, quando nesse ramo do direito fossem utilizados institutos, conceitos e formas do direito privado.

Em sentido diametralmente oposto, a interpretação fundada na Jurisprudência dos Interesses construiu um direito tributário dotado de autonomia frente ao direito privado. A hermenêutica tributária foi formulada, assim, com base nos seguintes princípios, como elencados por Rubens Gomes de Sousa:[27]

(i) podem ser adotados todos os métodos ou processo de raciocínio que conduzam à realização integral das finalidades da lei;

---

[23] ROSA JR., Luiz Emydgio F. da. *Manual de direito financeiro & tributário*. Rio de Janeiro: Renovar, 2000. p. 438.
[24] SOUSA, Rubens Gomes de. *Compêndio de legislação tributária*. Op. cit., p. 54.
[25] FERRAZ JR., Tercio Sampaio. *Introdução ao estudo do direito*. Op. cit., p. 251.
[26] SOUSA, Rubens Gomes de. *Compêndio de legislação tributária*. Op. cit., p. 56.
[27] SOUSA, Rubens Gomes de. *Compêndio de legislação tributária*. Op. cit., p. 56-57.

(ii) os atos, fatos, contratos ou negócio previstos como base de tributação devem ser interpretados de acordo com seus efeitos econômicos e não de acordo com suas formas jurídicas;

(iii) os efeitos tributários dos atos, contratos ou negócios são os que decorrem da lei tributária e não podem ser alterados pela vontade das partes;

(iv) os atos, contratos ou negócios cujos efeitos econômicos sejam idênticos devem produzir efeitos tributários também idênticos embora as partes lhes tenham dado formas jurídicas distintas; e

(v) a circunstância de um ato, contrato ou negócio ser juridicamente nulo ou mesmo ilícito não impede seja tributado, desde que tenha produzido efeitos econômicos.

Essa chamada, de certo modo pejorativamente, interpretação econômica do direito tributário foi bastante criticada, tendo inclusive Alfredo Augusto Becker dedicado quatro capítulos a contestá-la em seu *Carnaval tributário*, afirmando categoricamente que "ela é responsável pelo maior equívoco na história da doutrina do direito tributário".[28] Segundo o autor, é engano acreditar que na interpretação da lei tributária deve-se ter em conta o fato econômico (ou os efeitos econômicos do fato jurídico), de tal modo que "embora o fato jurídico acontecido fosse de natureza jurídica diversa daquela expressa na lei, o mesmo tributo seria devido, bastando a equivalência dos fatos econômicos subjacentes ou dos efeitos econômicos resultantes do fatos jurídicos de distinta natureza".[29] Isso porque essa teoria geraria incerteza e arbítrio na aplicação da lei tributária por parte do Estado.[30]

Acerca dos regramentos previstos no CTN, mais especificamente nos arts. 110 a 112 do CTN, trata-se mais propriamente de exceções à regra geral da denominada interpretação econômica do direito tributário.

---

[28] BECKER, Alfredo Augusto. *Carnaval tributário*. São Paulo: Lejus, 1999. p. 129.

[29] BECKER, Alfredo Augusto. *Carnaval tributário*. Op. cit., p. 129.

[30] Alfredo Augusto Becker relata as origens da teoria, atribuindo-a à inserção, nos § 4º e 5º do Código Tributário Alemão de 1919 [*Reichsabgabenordunung*, RAO], os seguintes termos:
"§ 4º: Na interpretação das leis fiscais deve-se ter em conta a sua finalidade, o seu significado econômico e a evolução das circunstâncias.
§ 5º: A obrigação do imposto não pode ser evitada ou diminuída mediante o abuso das formas e das possibilidades de adaptação do direito civil."
Afirma Alfredo Augusto Becker que Enno Becker, "não contente com sua transformação em lei, aplicou-a farta e largamente na posição de Presidente da 4ª Secção da Corte Suprema Financeira e defendeu-a, de 1917 a 1937, ardorosamente em livros e diversos estudos doutrinários", tendo sido aceita e consagrada pelo governo nazista da Alemanha por meio da edição da Lei de Adaptação Tributária de 16/10/1934 com finalidade de servir aos interesses do nacional-socialismo alemão. Por fim o autor defende a "juridicização" do direito tributário, isto é, retirá-lo da ciência econômica e fazê-lo votar para o plano da "ciência jurídica". É interessante notar que, com isso, o autor retira do direito tributário sua conquistada autonomia (BECKER, Alfredo Augusto. *Carnaval tributário*. Op. cit., p. 132, 135 e 149).

De acordo com o art. 110 do CTN, a lei tributária não pode alterar a definição, o conteúdo e o alcance de institutos conceitos e formas do direito privado, apenas quando utilizados na Constituição Federal, nas Constituições estaduais e nas Leis Orgânicas dos Municípios e do Distrito Federal para atribuir competência ou limitá-las, visando à preservação do pacto federativo ou, como ensina Sacha Calmon, da "rigidez do sistema de repartição de competências tributárias entre os entes políticos".[31]

Logo, o conceito de propriedade, para fins de exigência do IPTU, deve corresponder à sua definição no direito civil, pois se assim não for estará agredindo a própria Constituição Federal. Por outro lado, os conceitos de direito privado que "não tenham sido utilizados pelas citadas leis máximas podem ser alterados pelo legislador infraconstitucional, não havendo que se falar em inconstitucionalidade neste caso".[32]

O art. 111, por sua vez, é corolário dos princípios da capacidade econômica, assim como da generalidade e da universalidade da tributação da renda, pois manda que favores e desonerações fiscais sejam compreendidos estritamente, vedando o uso da interpretação extensiva ou analógica. Não sendo o caso, há permissão para a interpretação teleológica, como ocorreu quanto ao princípio da proibição do confisco previsto no art. 150, IV, da Constituição Federal de 1988 (CF/1988). Apesar de o dispositivo ser referido unicamente aos tributos, o STF entendeu que o objetivo constitucional era evitar que o Estado, no contexto da tributação, excedesse à capacidade econômica do contribuinte, estendendo a vedação às multas, conforme ADI 551.[33]

Por fim, o art. 112, aplicável unicamente às penalidades decorrentes do descumprimento das obrigações tributárias, relativiza a objetividade da infração fiscal, e consagra o princípio *do in dubio pro contribuinte* nesses casos. Vale ressaltar que o dispositivo se aplica unicamente aos casos em que há dúvida, havendo inúmeros precedentes do STJ[34] nesse sentido.

Na esteira da Jurisprudência dos Interesses surgia, assim, a chamada interpretação valorativa do direito tributário. Todavia, se de um lado o conceitualismo levou ao abandono da consideração da situação econômica e social e à convicção ingênua de que a letra da lei tributária poderia captar inteiramente a realidade, por outro lado a interpretação econômica transformou-se na defesa do incremento da arrecadação do Estado.[35]

---

[31] COELHO, Sacha Calmon Navarro. *Curso de direito tributário brasileiro*. Rio de Janeiro: Forense, 2009. p. 610.
[32] ALEXANDRE, Ricardo. *Direito tributário esquematizado*. São Paulo: Método, 2009. p. 253.
[33] STF – Pleno – ADI 551-1/RJ – Rel. Min. Ilmar Galvão, *DJ* 14-2-2003.
[34] A exemplo do AGRESP 200702029525, 2ª T. , *DJE* 27/05/2010.
[35] BECKER, Alfredo Augusto. Op. cit., p. 149.

Dessa forma, e de acordo com Ricardo Lobo Torres,[36] as teses pós-positivistas passam a defender novo modo de interpretar o direito tributário com base nas seguintes premissas:

---

[36] TORRES, Ricardo Lobo. *Normas gerais antielisivas*. Disponível em: <http://www.rlobotorres.adv.br/htm/antielisivas.htm> Acesso em: 27 nov. 2012. Nesse mesmo artigo o autor assim se pronuncia acerca do p. ún. do art. 116 do CTN: "O art. 116, parágrafo único, do Código Tributário Nacional, introduzido pela Lei Complementar nº 104, de 10.01.01, é uma autêntica norma geral antielisiva, e não uma regra antievasiva. As normas antielisivas, que apareceram principalmente a partir da década de 1990 nos países da União Europeia, do Mercosul e da América do Norte, encontraram clima propício no aperfeiçoamento dos pressupostos metodológicos do direito e na emergência do princípio da transparência fiscal. Do ponto de vista metodológico a ciência do direito tributário ultrapassou, a contar dos anos 70 do século XX, as visões radicais da jurisprudência dos conceitos, com a tese da preeminência do direito civil sobre o fiscal, e da jurisprudência dos interesses, com a defesa da autonomia do direito tributário e da chamada interpretação econômica. Passa a prevalecer a jurisprudência dos valores, com a preeminência dos princípios, o equilíbrio entre os poderes do Estado e a harmonização entre direito e economia. A consequência natural na teoria da elisão fiscal foi a superação das teses extremadas no sentido da sua ilicitude generalizada ou da licitude permanente, exsurgindo a ideia de que o planejamento fiscal é forma legítima de economizar imposto, desde que não haja abuso de direito. Por outro lado, a globalização, com toda a sua ambivalência e concentração de riquezas, trouxe a necessidade de adesão ao princípio da transparência fiscal, que sinaliza no sentido de que a atividade financeira deve se desenvolver segundo os ditames da clareza, abertura e implicidade. O princípio da transparência, para coarctar os riscos fiscais do mundo globalizado, inspirou, em diversos países, as leis de responsabilidade fiscal, os códigos de defesa dos contribuintes, as regras de combate à corrupção dos funcionários da Fazenda e dos contribuintes, as normas antissigilo e, afinal, as normas antielisivas. As normas antielisivas surgiram, principalmente a partir dos anos 90, sob diferentes configurações: proibição de abuso de forma jurídica, na Alemanha (art. 42 AO 77); vedação de fraude à lei, na Espanha (art. 24 do Código Tributário, alterado em 1995); desconsideração da personalidade jurídica, na Argentina (art. 2º da Lei 11.683, alterado em 1998); prevalência do propósito mercantil, nos Estados Unidos, Inglaterra, Canadá e Suécia; normas antielusivas, na Itália; norma antiabuso, em Portugal (art. 38, nº 2, da Lei Geral Tributária, de 1999); proibição de dissimulação das somas sujeitas ao imposto, na França (Code Général des Impôts). O Brasil já vinha adotando nos últimos anos algumas normas antielisivas, como as relativas ao imposto de renda (art. 51 da Lei 7.450/85 e art. 3º, § 4º, da Lei 7.713/88) e o princípio arm's length (Lei 9.430/96). A nova regra do art. 116, parágrafo único, do CTN, na redação da LC 101/01, é autêntica norma antielisiva, que recepcionou o modelo francês. Nada tem que ver com a norma anti-simulação, que já existia no direito brasileiro (art. 149, VII, do CTN) e que tem outra estrutura e fenomenologia. A recente regra antielisiva tem as seguintes características: permite à autoridade administrativa requalificar os atos ou negócios praticados, que subsistem para efeitos jurídicos não tributários; atinge a dissimulação do fato gerador abstrato, para proceder à adequação entre a intentio facti ea intentio juris, o que é característica da elisão, na qual o fingimento se refere à hipótese de incidência, e não ao fato concreto, como acontece na simulação relativa ou dissimulação no sentido do direito civil. A nova norma antielisiva opera por contra-analogia ou por redução teleológica e introduz uma exceção ao art. 108, § 1º, do CTN, que proíbe a analogia para a criação da obrigação tributária. A regra antielisiva é meramente declaratória e por isso só necessita de complementação na via ordinária nos casos em que o Estado-membro ou município não possua legislação segura sobre o processo administrativo tributário; para a União, que já o disciplinou, a regra é auto-executável."

a) a preeminência dos princípios fundantes do Estado Democrático de Direito, que no Brasil se expressam no art. 1º da CF: soberania, cidadania, dignidade humana, autonomia da vontade, valor do trabalho, pluralismo;

b) a ponderação entre o princípio da capacidade contributiva, vinculado à ideia de justiça e obtido por argumentação democrática, e o princípio da legalidade, vinculado à segurança jurídica em sua configuração de "segurança da regra";

c) o equilíbrio entre os poderes do Estado, com possibilidade de controle jurisdicional de políticas fiscais adotadas pelo legislador;

d) a harmonização entre direito e economia, tendo em vista que, além de a economia viver *sub specie juris*, ambos exibem o coeficiente ético comum;

e) a simbiose entre interpretação finalística e sistemática, eis que, de acordo com o pluralismo metodológico, o sistema jurídico já segrega a finalidade.

Esse, portanto, o panorama atual da interpretação em matéria de direito tributário que, como definiu Marco Aurélio Greco, corresponde à passagem da Jurisprudência dos Conceitos à Jurisprudência dos Interesses ou valores.[37]

Note-se que a interpretação no âmbito do direito tributário atravessou séculos, da Antiguidade à modernidade, manteve intacta sua natureza declaratória, isto é, produzindo efeitos *ex tunc*, em que pese sua adesão à Jurisprudência dos Interesses. Dessa forma, lecionava Amilcar de Araujo Falcão:[38]

> Interpretação é a atividade lógica, em decorrência da qual se declara o que está determinado numa lei. O intérprete, portanto, não cria, nem inova; limita-se a considerar o mandamento legal em toda a sua plenitude e extensão e a, simplesmente, declarar-lhe a acepção, o significado e o alcance. Pode ocorrer que o legislador tenha expressado mal a sua vontade, estabelecendo-se entre a dicção da lei e o seu espírito uma inequivalência ou um desequilíbrio aparentes, de modo que a fórmula verbal signifique menos (*minus dixit quam voluit*) ou mais (*plus dixit quam voluit*) do que se intentava dizer. Em qualquer dos dois casos, a interferência do intérprete, restabelecendo o sentido da norma, pela pesquisa do seu espírito (*mens legis*), não amplia nem restringe aquele mesmo sentido. É um erro, ou uma impropriedade, como se vê falar, em um caso, em interpretação extensiva e, no outro, em interpretação restritiva. Qualquer que seja a hipótese, será sempre declaratória a interpretação.

---

[37] GRECO, Marco Aurélio. Crise do Formalismo no Direito Tributário Brasileiro. *Revista da PGFN*. Ano I, nº I. Brasília: Procuradoria Geral da Fazenda Nacional. 2001, p. 9-17.

[38] FALCÃO, Amilcar de Araujo. *Introdução ao direito tributário*. Rio de Janeiro: Rio, 1976. p. 72-73.

Enfim, esse novo modo de interpretar o direito tributário, a que se pode denominar de interpretação valorativa, representa uma tentativa de aproximar a lei à realidade, dando flexibilidade ao direito legislado, pois, como se diz usualmente, 'é bom que o direito seja estável, mas não que seja estático'. Ou ainda, que o Direito deve ser capaz de medir como uma régua, todavia, com uma régua de Lesbos. No entanto, essa pretensão não parece ter sido alcançada pelo direito tributário enquanto conjunto de normas, como se verá da apreciação da sua aplicação no atual panorama.

18.2 O direito tributário entre a lei e o realismo jurídico

Inicialmente, tornam-se necessárias algumas palavras acerca do realismo jurídico. O realismo, conforme consta em Nicola Abbagnano, tem seu sentido mais geral e moderno relacionado ao processo de conhecimento em que se reconhece na matéria, como fenômeno, uma realidade que não precisa ser deduzida, e que é imediatamente percebida.[39]

Em temos bem simples e, transplantado para o Direito, pode-se dizer que para o realismo jurídico o Direito 'é o que é'. Ou ainda, que o Direito não corresponde ao conjunto de normas postas pelo legislador, e sim ao conjunto de decisões praticadas pelos tribunais.

No artigo "O Realismo Jurídico", os autores apontam algumas distinções entre o positivismo e o realismo, entre as quais podem ser mencionadas a circunstância de o realismo não compreender o Direito como um conjunto ordenado de normas, mas de decisões tais como proferidas pelos tribunais; o realismo desprezar a validade das normas como requisito para sua permanência no ordenamento jurídico, entendendo que a eficácia da norma é o requisito essencial; e, ademais, o fato de o realismo não adotar a perspectiva do dever ser como atributo da norma jurídica, mas a do ser, da norma enquanto realidade social, tornando o Direito uma ciência fatual.[40]

É com essa concepção de realismo jurídico que se dá continuidade a este estudo.

Recentemente foram proferidas em sala de aula as seguintes palavras do Prof. Nelson Saldanha ao tratar do Direito e dos conceitos de comunidade e sociedade: "Os códigos aparecem numa sociedade quando o direito consuetudinário não serve mais."[41] De fato, quando os usos e costumes não são mais suficientes como instrumento de pacificação social, torna-se necessária a explicitação do Direito, servindo o direito escrito e sua codificação como modo racional de sua expressão, marca do positivismo do Estado Moderno.

---

[39] ABBAGNANO, Nicola. *Diccionario de filosofia*. México: Fondo de Cultura Económica, 1996. p. 992.
[40] RIBEIRO, Fabio Túlio Correia; CAVALCANTE, Henrique Costa. O Realismo Jurídico. *Revista da ESMESE*, nº 07, 2004. Disponível em: <http://bdjur.stj.gov.br/xmlui/bitstream/handle/2011/22385/realismo_juridico.pdf?sequence=1>. Acesso em: 2 dez. 2012.
[41] SALDANHA, Nelson. Aula ministrada na Faculdade Damas da Instrução Cristã em Recife/PE, no dia 13/11//2012.

Essas palavras levam a refletir se o inverso não é igualmente verdadeiro, ou seja, se 'o consuetudinário aparece numa sociedade quando o direito positivo não serve mais'. Seria a jurisprudência a marca da pós-modernidade? E, se assim o for, quais os contornos dessa jurisprudência?

A pós-modernidade aqui referida é concebida como:

> o estado reflexivo da sociedade ante suas próprias mazelas, capaz de gerar um revisionismo de seu *modus actuandi*, especialmente considerada a condição de superação do modelo moderno de organização da vida e da sociedade. Nem só de superação se entende viver a pós-modernidade, pois o revisionismo crítico implica praticar a escavação dos erros do passado para a preparação de novas condições de vida.[42]

Nesse contexto, estaria a jurisprudência correspondendo a um novo conceito, abrangendo as decisões com força vinculante direta ou oblíqua, e representando um novo instrumento de decisão dos conflitos?

É fato que o Direito atual não se resume ao direito legislado. Na aplicação prática do direito não basta conhecer as normas e, no universo dessas, identificar aquela à qual se subsume o fato, para então interpretá-la teleologicamente. Recomenda-se firmemente ao aplicador do direito, sob pena de ver sua solução escoar-se no vazio da inoperância, que se certifique do entendimento vigente dos tribunais superiores e que se certifique da edição de súmula vinculante relativamente à matéria.

Pouco a pouco, o Judiciário vem se investindo do papel de legislador, delineando num panorama de verdadeiro realismo jurídico.

Deve-se frisar que tradicionalmente somente em duas hipóteses a jurisprudência se tornava fonte formal do direito tributário:[43] (i) nas decisões proferidas pelo STF em ações diretas, nos termos do art. 103 da CF/1988, declarando a inconstitucionalidade de lei ou de ato normativo federal ou estadual, bastando que a decisão fosse publicada para que adquirisse eficácia *erga omnes*; (ii) nas decisões definitivas de mérito, proferias pelo STF, nas ações declaratórias de constitucionalidade de lei ou de ato normativo federal, por possuírem atributo típico da lei formal, que é o de produzir eficácia contra todos e efeito vinculante, relativamente aos demais órgãos do Poder Judiciário e ao Poder Executivo, conforme art. 103, § 2º, CF.

---

[42] BITTAR, Carlos Eduardo Bianca. O Direito na pós-modernidade. *Revista Sequência*, nº 57, p. 131-152, dez. 2008. Disponível em: <periodicos.ufsc.br/index.php/sequencia/article/download/14951/13642>. Acesso em: 29 nov. 2012. p. 136.

[43] TORRES, Ricardo Lobo. *Tratado de direito tributário*: sistemas constitucionais tributários. Rio de Janeiro: Forense, 1986. p. 48-49.

Lembra-se, ademais, que o realismo jurídico já foi possibilidade bem distante da realidade nacional, pois houve época em que o Executivo pôde tornar sem efeito decisão do Supremo Tribunal Federal em matéria tributária.[44]

O fato ocorreu diante da polêmica quanto à tributação de imposto de renda sobre os salários pagos pelos cofres públicos estaduais e municipais. As indicações de preenchimento (equivaleriam ao atual Manual de Orientação) emanadas da Delegacia Geral do Imposto de Renda deixavam patente a isenção das rendas dos funcionários públicos estaduais e municipais. Posteriormente, a isenção deixou de fazer parte das instruções da Delegacia Geral e a renda dos servidores oriunda dos cofres públicos estaduais e municipais foi cobrada. Os contribuintes não se conformaram e ações judiciais foram impetradas. A discussão se arrastou por vários anos, chegando ao Supremo Tribunal Federal, que confirmou a inconstitucionalidade da cobrança.

A isenção dos vencimentos dos funcionários públicos estaduais e municipais tinha respaldo numa interpretação do art. 10 da Constituição vigente, a de 1891: "Art. 10. É proibido aos Estados tributar bens e rendas federais ou serviços a cargo da União, e reciprocamente."

O art. 8º do Decreto nº 19.723/1931 sujeitou expressamente ao tributo os vencimentos do funcionalismo público estadual e municipal. No final da década de 1930, em pleno Estado Novo, o governo editou o Decreto-lei nº 1564/1939, tratando da matéria, e ignorou a soberania do poder Judiciário, sob argumento de que a decisão judicial "não consulta o interesse nacional", como se pode ler abaixo:

> Decreto-lei nº 1.564 de 5 de setembro de 1939 confirma os textos da lei, decretados pela União que sujeitaram ao imposto de renda os vencimentos pagos pelos cofres públicos estaduais e municipais.
>
> O Presidente da República, usando da atribuição que lhe confere o artigo 180 da Constituição, e para os efeitos do artigo 96, parágrafo, considerando que o Supremo Tribunal Federal declarou a inconstitucionalidade da incidência do imposto de renda, decretado pela União no uso de sua competência privativa, sobre os vencimentos pagos pelos cofres públicos estaduais e municipais;
>
> Considerando que essa decisão judiciária não consulta o interesse nacional e o princípio da divisão equitativa do ônus do imposto, decreta:
>
> Artigo único. São confirmados os textos da lei, decretados pela União, que sujeitaram ao imposto de renda os vencimentos pagos pelos cofres públicos estaduais e municipais, ficando sem efeito as decisões do Supremo Tribunal Federal e de quaisquer outros tribunais e juízes que tenham declarado a inconstitucionalidade desses mesmos textos.

---

[44] Experiência que não deve ser repetida, visto que desde Rousseau sabe-se que em um Estado de Direito não cabe ao governo mandar, mas obedecer.

Rezavam os arts. 180 e 96, parágrafo único, da Constituição de 1937:

> Art. 180. Enquanto não se reunir o Parlamento Nacional, o Presidente da República terá o poder de expedir decretos-lei sobre todas as matérias da competência legislativa da União. [...]
>
> Art. 96 parágrafo único. No caso de ser declarada a inconstitucionalidade de uma lei que, a juízo do Presidente da República, seja necessária ao bem-estar do povo, à promoção ou defesa do interesse nacional de alta monta, poderá o Presidente da República submetê-la novamente ao exame do Parlamento: se este a confirmar por dois terços de votos em cada uma das câmaras, ficará sem efeito a decisão do tribunal.

O panorama atual é claramente diverso daquele apresentado àquela época.

Uma significativa mudança decorre da atual relevância da matéria tributária no contexto do Judiciário, que pode ser constatada por meio de consulta ao sítio do STF, onde se vê que 8,40% dos processos autuados no STF em 2012 se referiram a questões de direito tributário.[45]

Segundo estudo apresentado no 16º Congresso de Direito Tributário, da Associação Brasileira de Direito Tributário (Abradt) ocorrido em 21/09/2012, pela professora de Direito Tributário da PUC-SP e desembargadora do Tribunal Regional Federal da 3ª Região, Regina Helena Costa,[46] as questões tributárias respondem por 28% dos temas com Repercussão Geral reconhecida no Supremo Tribunal Federal e dos Recursos Repetitivos do Superior Tribunal de Justiça. Segundo a magistrada, dos 430 *leading cases* reconhecidos no STF, 120 são de matéria tributária, ou 28% dos casos desde 2007, quando a Repercussão Geral foi regulamentada pela corte. No STJ, a proporção é semelhante: dos 486 temas considerados Recursos Repetitivos, 139 tratam de Direito Tributário, ou 29% do total afetados pelo instituto, em vigor desde 2008.

Diante desses dados, forçoso é se concluir que a jurisprudência é personagem importante na solução das lides tributárias. Decididamente, não é coadjuvante. Parece, muito mais, ser a protagonista, como se verá a seguir.

---

[45] Em 2012 a matéria tributária ficou atrás das questões de "Direito Administrativo e outras matérias de direito público" (26,77%), "Direito Previdenciário" (13,67%), "Direito Civil" (12,60%), "Direito Processual Civil e do Trabalho" (10,81%) e "Direito do Consumidor" (9,22%). Nos anos anteriores, porém o Direito Tributário vinha ocupando a 3º posição na quantidade de processos autuados, representando 10,63% em 2011, 9,92% em 2010, 11,94% em 2009 e 20,93% em 2008. Disponível em: <http://www.stf.jus.br/portal/cms/verTexto.asp?servico=estatistica&pagina=pesquisaRamoDireito>. Acesso em: 1 dez. 2012.

[46] Vídeo disponível em: <http://www.abradt.com.br/videos>. Acesso em: 28 nov. 2012.

As lides acima faladas serão obrigatoriamente submetidas aos ritos previstos nos arts. 543-A e 543-B do CPC, em caso de repercussão geral, e no 543-C do CPC, para os recursos repetitivos.

A repercussão geral é o instrumento processual inserido na CF/1988 por meio da EC nº 45/2004, com o objetivo de possibilitar que o STF analisasse somente questões relevantes do ponto de vista econômico, político, social ou jurídico, que ultrapassassem os interesses subjetivos da causa. Contudo, a preliminar formal de repercussão geral somente passou a ser exigida nos recursos extraordinários interpostos de acórdãos publicados a partir de 03/05/2007.[47]

Como consta do próprio sítio do STF, o instituto tem por finalidades, além de delimitar a competência do STF no que se refere ao julgamento dos recursos extraordinários às lides consideradas de interesse plurissubjetivo, a de "uniformizar a interpretação constitucional sem exigir que o STF decida múltiplos casos idênticos sobre a mesma questão".[48]

Do ponto de vista pragmático, a repercussão geral alcança seus objetivos, pois: (i) uma vez encaminhados ao STF os recursos representativos da controvérsia, há o imediato sobrestamento dos recursos que versem sobre o mesmo tema nos tribunais e turmas recursais de origem; e (ii) uma vez constatada a existência de repercussão geral, o entendimento do STF proferido no julgamento do recurso extraordinário, embora não vinculante para as demais instâncias do Judiciário, apresenta força persuasiva especial e diferenciada.

Já os recursos repetitivos são aqueles submetidos ao rito do artigo 543-C do CPC, segundo o qual quando houver multiplicidade de recursos com fundamento em idêntica questão de direito, cabe ao presidente do tribunal de origem admitir um ou mais recursos representativos da controvérsia e encaminhá-los ao STJ, ficando os demais recursos suspensos até o pronunciamento definitivo desse Tribunal.

De fato, há uma razão para a elevada participação de temas tributários na repercussão geral e nos recursos repetitivos pois, como questões tributárias tratam de normas que dispõem sobre relações jurídicas *ex lege*, ou seja, valem para todos os contribuintes, as controvérsias em sua aplicação e interpretação tendem a interessar não só às partes envol-

---

[47] Data da entrada em vigor da Emenda Regimental nº 21/07 ao RISTF, que estabeleceu as normas necessárias à execução das disposições legais e constitucionais sobre o novo instituto (QO-AI 664.567, Min. Sepúlveda Pertence). Os recursos extraordinários anteriores não devem ter seu seguimento denegado por ausência da preliminar formal de repercussão geral. Os recursos extraordinários e respectivos agravos anteriores e posteriores a 3 de maio de 2007, quando múltiplos, sujeitam-se a sobrestamento, retratação e reconhecimento de prejuízo sempre que versarem sobre temas com repercussão geral reconhecida pelo STF. Os que estiverem pendentes no STF poderão também ser devolvidos à origem. (art. 543-B, § 1º e 3º, QO-AI 715.423, Min. Ellen Gracie; QO-RE 540.410, Min. Cezar Peluso). Disponível em: <http://www.stf.jus.br/portal/cms/verTexto.asp?servico=jurisprudenciaRepercussaoGeral&pagina=vigencia>. Acesso em: 1 dez. 2012.

[48] Disponível em: <http://www.stf.jus.br/portal/cms/verTexto.asp?servico=jurisprudenciaRepercussaoGeral&pagina= apresentacao>. Acesso em: 1 dez. 2012.

vidas no processo como a um conjunto indeterminado de outras pessoas que se encontram em situação semelhante.

Concluindo, apesar ter terem sido criadas com o fim de reduzir a quantidade de recursos julgados pelos tribunais superiores, as decisões proferidas nesses casos terminam por induzir a reprodução do entendimento do STF e do STJ em todo o Judiciário. Ou seja, possuem força vinculante oblíqua, caracterizando, ainda que não tenham sido este o efeito pretendido, um verdadeiro realismo jurídico.

Nesse sentido há, ainda e principalmente, as súmulas vinculantes, institutos que exigem imediata adequação e cumprimento, por parte dos demais órgãos do Poder Judiciário e da Administração Pública, nos termos do art. 103-A, da CF/1988, com redação dada pela EC nº 45/2004.

Em seu artigo "Sobre a Súmula Vinculante", Carmen Lúcia Antunes Rocha explica que as súmulas podem ter por conteúdo ou o resumo de um julgado ou o resumo "de uma tendência jurisprudencial adotada, predominantemente, por determinado tribunal sobre matéria específica, sendo enunciada em forma legalmente definida e publicada em número de ordem".[49] As súmulas, por sua própria natureza, não possuem caráter normativo, vinculativo, obrigatório e definitivo, pois, se assim o fosse, petrificariam a jurisprudência cujo objetivo é, justamente, o de adequar a lei aos casos concretos.[50]

Nesse mesmo sentido entendia o próprio STF, conforme voto do então Min. Oscar Corrêa:

> não se infere daí a obrigatoriedade formal de obediência às súmulas do STF, nem isso pretendeu a Corte: dar caráter normativo cogente à sua orientação, que não é lei [...] Essas considerações objetivam relembrar a necessidade de assegurar-se o respeito à jurisprudência sumulada da Corte, o que não importa em impedir o livre pronunciamento de Juízes e Tribunais, mas busca efetivar a uniformidade jurisprudencial – essencial à boa distribuição da justiça [RE 104.898-RS].[51]

Carmen Lúcia Antunes Rocha critica as súmulas vinculantes afirmando que,

> Ao contrário de todos os princípios e direitos políticos fundamentais postos no sistema constitucional, a instituição da "súmula vinculante" não tem a) a fonte legítima da representação popular; b) o respeito à possibilidade constitucionalmente prevista como direito fundamental do cidadão de participar da formação

---

[49] ROCHA, Carmen Lúcia Antunes. Sobre a Súmula Vinculante. *Revista de Informação Legislativa*, v. 34, nº 133, p. 51-64, jan./mar. de 1997. Disponível em: <http://www2.senado.gov.br/bdsf/item/id/193>. Acesso em: 1 dez. 2012, p. 52.

[50] Ibidem.

[51] RE 104.898-RS.

do Direito (art. 14); c) a garantia do processo legislativo democrático, discutido, aberto e participativo (arts. 59 e seguintes) para a criação de norma jurídica.[52]

Continua a autora explicando que, como a "súmula terá, na fórmula proposta, vinculatividade, obrigatoriedade e definitividade, ela não terá, quando editada pelo STF, 'força de lei', mas 'força de norma constitucional', resultando em uma 'mudança informal pela via da interpretação' da Constituição. A autora conclui que a súmula vinculante 'torna o Poder Judiciário' não mais apenas autor de uma pretensa 'paralegislação' [...], mas autor de uma 'legislação'".[53]

Alguns afirmam que a adoção das súmulas vinculantes teria transformado o sistema jurídico brasileiro em um sistema misto, ao mesmo tempo regido por lei e jurisprudência de naturezas normativas, vivendo ao mesmo tempo sob regime jurídico da *civil law* e da *common law*.[54]

Tal entendimento, no entanto, não procede, pois no sistema da *common law* a decisão judicial desempenha dupla função, sendo a primeira a de solucionar a lide apresentada e a segunda, subsidiária, de servir como precedente para julgamentos futuros, mas não como regra jurídica com força normativa e vinculante para todos os casos.[55] O sistema apresenta diversos aspectos positivos, entre os quais o de permitir que o juiz se beneficie da experiência de seus antecessores, o de uniformizar a aplicação do Direito e o de tornar o Direito mais previsível, atendendo à necessidade de segurança jurídica.[56]

Todavia, a natureza vinculante da jurisprudência, isto é, a aplicação obrigatória de um precedente, ou *stare decisis*,[57] somente é estabelecida após o exame individualizado do caso em julgamento. Inicialmente, o juiz "afirma a pertinência de um princípio extraído do precedente considerado pertinente. Ele, depois, trata de aplicá-lo, moldando e adaptando aquele princípio de forma a alcançar a realidade da decisão do caso concreto que tem diante de si".[58] Portanto, a autoridade de um precedente "é limitada aos fatos e con-

---

[52] ROCHA, Carmen Lúcia Antunes. *Sobre a Súmula Vinculante*. Op. cit., p. 58.

[53] Ibidem.

[54] Segundo a revista *Consultor Jurídico Revista*, de 24 de setembro de 2012, o ministro do STF, Luiz Fux, entende que o protagonismo que o Judiciário vem exercendo, especialmente as cortes superiores, deve-se à omissão dos parlamentares, que evitam tomar decisões impopulares ou polêmicas, deixando a palavra final para os tribunais, lembrando os casos da Lei da Ficha Limpa e de aborto de anencéfalo. Disponível em: <http://www.conjur.com.br/>.

[55] RE, Edward. Stare Decisis. In: *Revista de Informação Legislativa*, v. 31, nº 122, p. 281-287, abr/jun de 1994. Disponível em: <ww2.senado.gov.br/bdsf/item/id176188>. Acesso em: 1 dez. 2012. p. 282.

[56] Idem, p. 281.

[57] A expressão deriva do brocardo *stare decisis et non quieta movere* – mantenha-se a decisão e não se disturbe o que foi decidido (RE, Edward. Stare Decisis. Op. cit., p. 282).

[58] RE, Edward. Stare Decisis. Op. cit., p. 283.

dições particulares do caso que o processo anterior pretendeu adjudicar". Portanto, um precedente poderá ter natureza meramente persuasiva.[59]

A autoridade de um precedente depende ainda de uma série de outros aspectos, como da hierarquia da corte de que promana, da qualificação de seus prolatores, do fato de derivar de manifestações unânimes ou não e, principalmente, de ter o precedente aplicável sido verificado em um único caso ou ter tido seu valor e adequação social reafirmados.[60]

Conclui-se que, mesmo no sistema da *common law*, não se exige obediência cega a decisões passadas. Assim, não se está diante de uma jurisprudencialização do direito brasileiro no sentido da adesão ao regime da *common law*, mas de uma efetiva produção de regras de efeitos vinculantes oblíquos ou diretos pelo Judiciário, seja em razão dos casos considerados repercussão geral, seja nos julgamentos do recursos repetitivos e, com ainda maior clareza, no caso das súmulas vinculantes.

Exemplo relevante está relacionado ao significado da palavra livro no art. 150, VI, *d*, da CF/1988, que aguarda o julgamento, pelo pleno do STF, do RE330817. Nesse caso, o Direito escrito foi surpreendido pela inovação tecnológica, o que gerou a controvérsia.

De acordo com o art. 1º, III, da Lei federal nº 10.753/2003, o livro é o

> meio principal e insubstituível da difusão da cultura e transmissão do conhecimento, do fomento à pesquisa social e científica, da conservação do patrimônio nacional, da transformação e aperfeiçoamento social e melhoria da qualidade de vida.

A mesma lei equipara aos livros os fascículos que representem partes do livro, assim como os "*livros em meio digital, magnético e ótico*". Como ensina Sacha Calmon Navarro Coelho, não se está mais na era de Guttemberg, em que o livro em papel era, por excelência, "o veículo das ideias".[61] Diversamente, no cenário atual espera-se que todas as informações que compõem o conhecimento humano estejam depositadas em meio virtual, à disposição de todos.

Nesse sentido, a exclusão dos livros digitais do rol de imunidades parece ferir o princípio da isonomia (art. 150, I, CF/1988), de alcance universal, visto que torna mais oneroso esse meio de informação para aqueles que deles necessitam, tais como os cegos e outros que, por qualquer razão, estiverem incapacitados de realizar a leitura em papel.

Se se considerar, ademais, que listas telefônicas, contendo inclusive publicidade paga (RE 111.228-SP, j. 09/06/1987, 2ª T, RTJ 122/1127), assim como os álbuns de figurinhas (RE 221.239-6-SP, 2ª T, j. 25/05/2004, Rel. Min. Ellen Gracie, *DJU* 08.08.2004)

---

[59] Ibidem.
[60] Idem, p. 285.
[61] COELHO, Sacha Calmon Navarro. *Curso de direito tributário brasileiro*. Rio de Janeiro: Forense, 2009. p. 279.

possuem imunidade, torna-se inexplicável a tributação dos livros, jornais e periódicos em meios virtuais.

Aqueles que criticam a extensão da imunidade aos meios digitais atacam-na em duas frentes: uma delas apegando-se à literalidade do dispositivo constitucional, que menciona "livros, jornais, periódicos e o papel destinado à sua impressão", levando a crer que, se a Constituição tivesse querido excluir da tributação o meio virtual, o teria feito expressamente, de modo que somente os materiais impressos teriam sido abrangidos pela imunidade. Os críticos da outra frente se referem ao fato de que os livros em meio eletrônico se destinariam principalmente a pessoas com maior poder aquisitivo, de modo que não se justificaria a desoneração. No entanto, deve-se considerar que a imunidade cultural se dirige a qualquer veículo de informações, seja impresso ou virtual. Quanto à segunda alegação, tratando-se a imunidade cultural de modalidade objetiva, e não subjetiva, as condições pessoais do beneficiário da imunidade não são relevantes, ao contrário da imunidade religiosa, por exemplo.[62]

Quando se tratar da comercialização de softwares por meio de CD-ROM, o STF já os equiparou à mercadoria, devendo sobre ela incidir o ICMS, a teor da seguinte decisão:

> [...] III Programa de computador (software): tratamento tributário: distinção necessária. Não tendo por objeto uma mercadoria, mas um bem incorpóreo, sobre as operações de 'licenciamento ou cessão do direito de uso de programas de computador' matéria exclusiva da lide, efetivamente não podem os Estados instituir ICMS: dessa impossibilidade, entretanto, não resulta que, de logo, se esteja também a subtrair do campo constitucional de incidência do ICMS a circulação de cópias ou exemplares dos programas de computador produzidos em série e comercializados no varejo – como a do chamado *software* de prateleira' (*off the shelf*) – os quais, materializando o *corpus mechanicum* da criação intelectual do programa, constituem mercadorias postas no comércio [...].[63]

Por outro lado, a imunidade cultural tem trazido transtornos para as gráficas nacionais, pois para produzir alguns livros no Brasil, a exemplo das Bíblias, é necessário adquirir não só o papel no exterior, mas também a capa especial e a cola, acompanhados de imposto. Já a Bíblia acabada, importada, é imune, tornando a nacional muito mais cara. Desse modo, melhor seria que todos os insumos – e não apenas o papel – fossem albergados sob o manto da imunidade, de modo que seriam imunes os fascículos em CD-Rom relativamente aos impostos incidentes sobre a importação. Até porque, adotando a teoria da escola valorativa da interpretação, a imunidade cultural deve representar instrumento de preservação dos direitos fundamentais da liberdade de informar, de ter acesso à cultura

---

[62] Idem, p. 280.
[63] STF, RE 285.870-6/SP, Rel. Min. Eros Grau, j. 03.12.2004, *DJ* 03.02.2005, p. 88

e de se informar. Todavia, somente após o julgamento RE330817 se conhecerá o verdadeiro significado da palavra *livro* para o Direito brasileiro.

Exemplo interessante em que, mantido o contexto social, houve expressiva mudança de entendimento do STJ ocorreu quanto às indenizações por danos morais recebidas por pessoas físicas, pagas por pessoas jurídicas ou por outras pessoas físicas. Usualmente, o método que levava à conclusão pela incidência do imposto de renda sobre tais recebimentos era o silogístico: como a renda auferida é sempre tributável, à exceção das hipóteses expressamente previstas em lei, e não havendo em nenhuma lei (tanto então quanto atualmente) qualquer referência à isenção das indenizações por danos morais, concluía-se pela incidência da tributação do imposto de renda.

Nesse sentido decidia em 2008 o STJ, como se pode ler abaixo:

> 1. O imposto sobre renda e proventos de qualquer natureza tem como fato gerador, nos termos do art. 43 do CTN, os "acréscimos patrimoniais", assim entendidos os acréscimos ao patrimônio material do contribuinte. 2. Indenização é a prestação destinada a reparar ou recompensar o dano causado a um bem jurídico. Os bens jurídicos lesados podem ser (a) de natureza patrimonial (= integrantes do patrimônio material) ou (b) de natureza não-patrimonial (= integrantes do patrimônio imaterial ou moral), e, em qualquer das hipóteses, quando não recompostos in natura, obrigam o causador do dano a uma prestação substitutiva em dinheiro. 3. O pagamento de indenização pode ou não acarretar acréscimo patrimonial, dependendo da natureza do bem jurídico a que se refere. Quando se indeniza dano efetivamente verificado no patrimônio material (= dano emergente), o pagamento em dinheiro simplesmente reconstitui a perda patrimonial ocorrida em virtude da lesão, e, portanto, não acarreta qualquer aumento no patrimônio. Todavia, ocorre acréscimo patrimonial quando a indenização (a) ultrapassar o valor do dano material verificado (= dano emergente), ou (b) se destinar a compensar o ganho que deixou de ser auferido (= lucro cessante), ou (c) se referir a dano causado a bem do patrimônio imaterial (= dano que não importou redução do patrimônio material). 4. A indenização que acarreta acréscimo patrimonial configura fato gerador do imposto de renda e, como tal, ficará sujeita a tributação, a não ser que o crédito tributário esteja excluído por isenção legal, como é o caso das hipóteses dos incisos XVI, XVII, XIX, XX e XXIII do art. 39 do Regulamento do Imposto de Renda e Proventos de Qualquer Natureza, aprovado pelo Decreto 3.000, de 31.03.99. Precedentes. 5. "Se o objeto da indenização é o elemento moral, porque a ação danosa atingiu precisamente o patrimônio moral, não há dúvida de que o recebimento de indenização implica evidente crescimento do patrimônio econômico e, assim, enseja a incidência dos tributos que tenham como fato gerador esse acréscimo patrimonial" [...] 6. Configurando fato gerador do imposto de renda e não estando abrangido por norma isentiva (salvo quando decorrente de aci-

dente do trabalho, o que não é o caso), o pagamento a título de dano moral fica sujeito à incidência do tributo. 7. Recurso especial provido.[64]

Surpreendentemente, cerca de um ano e meio após, a mesma matéria foi julgada pelo STJ, tendo sido proferida decisão no sentido da não incidência do imposto de renda sobre as indenizações por danos morais, como se depreende da seguinte decisão:

> TRIBUTÁRIO – IMPOSTO DE RENDA – INDENIZAÇÃO POR DANOS MORAIS E MATERIAIS – NATUREZA DA VERBA – ACRÉSCIMO PATRIMONIAL – NÃO--INCIDÊNCIA – PRINCÍPIO DA REPARAÇÃO INTEGRAL – PRECEDENTES DO STJ. 1. A indenização por danos materiais e morais não é fato gerador do imposto de renda, pois limita-se a recompor o patrimônio material e imaterial da vítima, atingido pelo ato ilícito praticado. 2. A negativa de incidência do imposto de renda não se faz por força de isenção, mas em decorrência da ausência de riqueza nova – oriunda dos frutos do capital, do trabalho ou da combinação de ambos – capaz de caracterizar acréscimo patrimonial. 3. A indenização por danos morais e materiais não aumenta o patrimônio do lesado, apenas o repõe, pela via da substituição monetária, ao *statu quo ante*. 4. Quanto à violação do artigo 535 do CPC, esclareça-se que, em nosso sistema processual, o juiz não está adstrito aos fundamentos legais apontados pelas partes. Exige-se, apenas, que a decisão seja fundamentada, conforme o convencimento do julgador. 5. No caso, o magistrado aplicou a legislação por ele considerada pertinente, fundamentando o seu entendimento e rejeitando as teses defendidas pelo ora recorrente, não havendo que se falar em deficiência na jurisdição prestada. 6. Recurso especial não provido.[65]

Ressalte-se que o conceito doutrinário de renda é ainda hoje, ano de 2012, aquele o exposto por Rubens Gomes de Sousa, autor do anteprojeto do Código Tributário Nacional de 1966:

> renda é, para efeitos fiscais, o acréscimo patrimonial líquido verificado entre duas datas predeterminadas. Nesta última frase, a palavra chave é 'acréscimo': com efeito, a característica fundamental da renda [...] é a de configurar uma aquisição de riqueza nova que vem aumentar o patrimônio que a produzir e que pode ser consumida ou reinvestida sem o reduzir [...].[66]

---

[64] RESP 205500767930, Rel. Min. Luiz Fux, 1ª T. *DJ* 18/02/2008, p. 00024.
[65] RESP 200801407792, Rel. Min. Eliana Calmon, 2ª T., *DJE* 01/07/2009.
[66] SOUSA, Rubens Gomes de. *Pareceres*. 1 – Imposto de Renda. São Paulo: Resenha Tributária, 1975. p. 67.

Na jurisprudência encontra-se conceituação similar a essa, formulada em 1978 no seguinte julgamento do STF: "por mais que seja variado o conceito de renda, todos os economistas, financistas e juristas se unem em um ponto: renda é sempre um ganho ou acréscimo do patrimônio".[67] Enfim, por força de decisões judiciais distintas passou-se a dar tratamento tributário diverso às 'indenização por danos morais', da incidência do imposto de renda à não incidência.

Nesse caso, diferentemente da solução proposta no Decreto-lei nº 1564/1939, o Ministro da Fazenda ditou Ato Declaratório nº 09/2011, publicado no *DOU* de 15/12/2011, Seção 1, p. 57, com base no Parecer da Procuradoria Geral da Fazenda Nacional/CRJ nº 2123/2011, determinando, no âmbito do Poder Executivo, a dispensa de contestar e recorrer, a prescindibilidade da constituição do crédito tributário e a desnecessidade de retenção na fonte, assim como a impossibilidade de inscrição em Dívida Ativa da União, dos créditos tributários discutidos nas ações judiciais relativas à incidência de imposto de renda sobre a verba percebida a título de dano moral por pessoa física.[68]

Há ainda exemplo de solução exatamente inversa à dada pelo já citado Decreto-lei nº 1564/1939, ocasião em que o Executivo pôde tornar sem efeito a decisão do Judiciário. No caso a ser analisado, que trata da prescrição do prazo para solicitar restituição de indébito tributário, coube ao Judiciário desconsiderar inteiramente o texto normativo proposto pelo Legislativo. Há pelo menos uma década o STJ vinha julgando a prescrição do direito de pedir restituição de indébito tributária entendendo que, no caso dos tributos sujeitos a lançamento por homologação, a extinção do crédito tributário, isto é, o termo *a quo* do prazo prescricional, era a data da homologação tácita do lançamento – conforme § 4º do art. 150 do CTN – que somente ocorria cinco anos após o fato gerador.

Em consequência, o prazo prescricional parecia se transformar em um prazo de dez anos: cinco anos da data do fato gerador até a data da homologação tácita e mais cinco anos da data da homologação ao pedido de restituição, como se compreende da leitura de inúmeros julgados do STJ.[69]

Em 9/6/2005 entrou em vigor o art. 3º da Lei Complementar nº 118/2005,[70] que esclarecia que a extinção do crédito, no caso dos tributos sujeitos a lançamento por homologação, ocorria com o pagamento antecipado, e não com a homologação desse pagamento, como se lê abaixo:

---

[67] RE 89791-7/RJ, 1ª T., j. 03.10.1978, Min. Cunha Peixoto, RTJ 96/781.

[68] Disponível em: <http://www.pgfn.fazenda.gov.br/arquivos-destaques/ Planilha%20de%20 Contestar% 20e%20recorrer%20 atualizada%20-%2 0intra-internet.doc>. Acesso em: 28 nov. 2012.

[69] STJ, AgRg/REsp 205.410/DF, Rel. Min. Paulo Gallotti, *DJU* de 11.06.2001.

[70] A Lei Complementar nº 118/2005 foi publicada em 9/2/2005, tendo o art. 4º da referida lei determinado sua vigência após 120 dias da publicação, ou seja, em 09/06/2005: "Art. 4º Esta Lei entra em vigor 120 (cento e vinte) dias após sua publicação, observado, quanto ao art. 3º, o disposto no art. 106, inciso I, da Lei nº 5.172, de 25 de outubro de 1966 – Código Tributário Nacional. Brasília, 9 de fevereiro de 2005; 184º da Independência e 117º da República."

Art. 3º Para efeito de interpretação do inciso I do art. 168 da Lei nº 5.172, de 25 de outubro de 1966 – Código Tributário Nacional, a extinção do crédito tributário ocorre, no caso de tributo sujeito a lançamento por homologação, no momento do pagamento antecipado de que trata o § 1º do art. 150 da referida Lei.

Já o art. 4º da lei previa expressamente que: "Art. 4º Esta Lei entra em vigor 120 (cento e vinte) dias após sua publicação, observado, quanto ao art. 3º, o disposto no art. 106, inciso I, da Lei nº 5.172, de 25 de outubro de 1966 – Código Tributário Nacional."

Dessa forma, o prazo prescricional para solicitação de pedidos de restituição deveria ter como termo *a quo* a data do pagamento indevido ou maior que o devido do tributo objeto de respectivo pedido.

Apesar do referido art. 3º ser formalmente interpretativo, o que permite sua aplicação retroativa nos termos do art. 106, I, do CTN, o STJ[71] decidiu por sua aplicação somente para os pagamentos indevidos efetuados a partir de 9/6/2006.

Vê-se que o tribunal modulou os efeitos do art. 4º da Lei Complementar nº 118/2005, desconsiderando inteiramente a retroatividade da lei interpretativa prevista no art. 106, I, do Código Tributário Nacional. Dessa forma, o STJ passou a considerar que o art. 4º da LC nº 118/2005 deveria produzir efeitos apenas para os pagamentos indevidos ou maiores que devidos efetuados a partir de 9/6/2005.

Ocorre que, tendo o STF[72] passado a julgar lide em que a matéria (o prazo prescricional para repetição de indébito tributário), o tribunal constitucional efetuou nova modulação dos efeitos do mesmo art. 4º da lei complementar, por sua vez compreendendo que o novo de prazo prescricional deveria vigorar para os pedidos de restituição, isto é, para as ações de repetição ajuizadas após 9/6/2006. Frise-se que a matéria em discussão não é constitucional, mas legal, e no entanto nem o comando do legislador, nem o entendimento do STJ sobreviveram à jurisprudência do STF, como se pode ler da decisão abaixo parcialmente transcrita:

> CONSTITUCIONAL. TRIBUTÁRIO. RECURSO ESPECIAL REPRESENTATIVO DA CONTROVÉRSIA (ART. 543-C DO CPC). LEI INTERPRETATIVA. PRAZO DE PRESCRIÇÃO PARA A REPETIÇÃO DE INDÉBITO NOS TRIBUTOS SUJEITOS A LANÇAMENTO POR HOMOLOGAÇÃO. ART. 3º, DA LC 118/2005. POSICIONAMENTO DO STF. ALTERAÇÃO DA JURISPRUDÊNCIA DO STJ. SUPERADO ENTENDIMENTO FIRMADO ANTERIORMENTE TAMBÉM EM SEDE DE RECURSO REPRESENTATIVO DA CONTROVÉRSIA.

---

[71] Eresp nº 644.736/PE, Relator o Ministro Teori Albino Zavascki, *DJ* de 27/08/2007; REsp. nº 1.002.932/SP, Primeira Seção, Rel. Min. Luiz Fux, julgado em 25/11/2009, STJ, 1ª T.; AgRg no AG 633.462/SP, Rel. Min. Teori Albino Zavascki, j. 17.03.2005. 1.269.570 – MG.

[72] RE nº 566.621/RS, Plenário, Rel. Min. Ellen Gracie, julgado em 04/08/2011.

> [...]
> 3. Tendo a jurisprudência deste STJ sido construída em interpretação de princípios constitucionais, urge inclinar-se esta Casa ao decidido pela Corte Suprema competente, para dar a palavra final em temas de tal jaez, notadamente em havendo julgamento de mérito em repercussão geral (arts. 543-A e 543-B do CPC). Desse modo, para as ações ajuizadas a partir de 9/6/2005, aplica-se o art. 3º da Lei Complementar nº 118/2005, contando-se o prazo prescricional dos tributos sujeitos a lançamento por homologação em cinco anos a partir do pagamento antecipado de que trata o art. 150, § 1º, do CTN.[73]

Por fim, o último exemplo se refere à incidência de multa quando dos pedidos de parcelamento. No caso, as dúvidas surgiram sob argumento de não haver previsão, no Código Tributário Nacional, seja entre as hipóteses de suspensão do crédito tributária, seja a outro título, do instituto do parcelamento. Desse modo, o entendimento do STJ se uniformizara no sentido de que o requerimento de parcelamento do débito pelo sujeito passivo configuraria a denúncia espontânea prevista no art. 138 do CTN, impedindo a exigência de multa sobre o débito.

Em seguida o tribunal passou a compreender a questão de forma oposta, adotando o conteúdo da Súmula nº 208,[74] do extinto Tribunal Federal de Recursos, de modo que sobre os débitos abrangidos por pedidos de parcelamento deveria incidir a penalidade pecuniária.

Ressalte-se que o conceito doutrinário de denúncia espontânea não se modificou ao longo desses anos, pois como exposto no Paulo de Barros Carvalho, a denúncia espontânea corresponde à providência do contribuinte que "procedeu ao recolhimento fiscal, de forma que se torna incabível a cobrança da multa moratória",[75] que decorre da confissão por parte do sujeito passivo da prática de infração à legislação tributária, antes do início de qualquer procedimento fiscal. E continua o autor: "Nesta medida, é perfeitamente possível afirmar que todas as penalidades tributárias – pecuniárias ou não – são objeto de denúncia espontânea, conforme prevê o art. 138 do CTN; sendo o sujeito denunciante obrigado a pagar apenas o valor do tributos devido e os juros de mora".[76]

Tornou-se necessária, em razão das divergências suscitadas no STJ, a edição da Lei Complementar nº 104/2001 que acrescentou dois incisos ao artigo 151 do CTN, prescrevendo duas novas modalidades de suspensão da exigibilidade do crédito tributário, sen-

---

[73] RE 1.269.570 – MG (2011/0125644-3). Disponível em: <https://ww2.stj.jus.br>. Acesso em: 17 jul. 2012.

[74] TFR Súmula nº 208 – 13-05-1986 – *DJ* 22-05-86. Confissão da Dívida – Pedido de Parcelamento – Denúncia Espontânea. "A simples confissão da dívida, acompanhada do seu pedido de parcelamento, não configura denúncia espontânea".

[75] CARVALHO, Paulo de Barros. *Curso de direito tributário*. São Paulo: Saraiva, 2009. p. 602.

[76] Idem, p. 603.

do uma delas o parcelamento, além de acrescer ao CTN o artigo 155-A, para disciplinar esse instituto.

A mudança de entendimento do STJ decorreu da constatação, pelo tribunal, de que o art. 138 do CTN exigia, além da denúncia espontânea, o pagamento integral do débito, o que não ocorreria nos casos de parcelamento, como se pode ler da seguinte transcrição:

> A Executada alega ter declarado o tributo, mas nada refere em relação à quitação. Com efeito, segundo se dessume dos autos, a Autora confessou o débito com a finalidade de obter o parcelamento, posteriormente descumprido. Tal circunstância indica a inexistência de denúncia espontânea, nos termos do art. 138 do CTN, a qual exige o pagamento integral do tributo devido, o que não é o caso dos autos.[77]

Vê-se que, apesar da inserção do inciso VI ao art. 151 do CTN, além do acréscimo do art. 155-A ao Código, não houve qualquer esforço interpretativo por parte do aplicador da lei, que permaneceu atrelado à indagação se a confissão de dívida – legalmente exigida para concessão do parcelamento – caracterizaria ou não o pagamento integral do débito. Ou seja, do ponto de vista pragmático, o esforço do legislador não foi capaz de fixar ou alterar o conteúdo já definido pela jurisprudência.

Em suma, dos quatro exemplos acima, pode-se constatar que o direito não corresponde ao direito legislado, mas ao aplicado pelos tribunais, num verdadeiro realismo jurídico.

18.3 Conclusão: da crise do Direito ao realismo no âmbito do direito tributário

A crise do Direito teria surgido, como apontado pelo professor Nelson Saldanha, do fato de na modernidade a ciência jurídica ter-se reduzido ao "metodologismo", à crença no método como "ordenação das etapas de uma ação ou de um processo",[78] esvaziada de todo conteúdo axiológico.

De fato, a pós-modernidade exige um conteúdo axiológico no Direito. Como afirma Boaventura de Sousa Santos, a partir da década de 1970 o Estado perdeu o elemento estruturante do mecanismo de controle social, a legislação, instaurando-se um processo de:

> transição paradigmática [...] um longo processo caracterizado por uma suspensão 'anormal' das determinações sociais que dá origem a novos perigos, riscos

---

[77] AGRESP 200802375481, Rel. Min. Luiz Fux, STJ, 1ª T. *DJE* 16/03/2010.
[78] SALDANHA, Nelson. *Ordem e hermenêutica*. Rio de Janeiro: Renovar, 1992. p. 114.

e inseguranças, mas que também aumenta as oportunidades para a inovação, a criatividade e a opção moral".[79]

O que se indaga é por que isso não pode mais ser feito por meio da hermenêutica, atividade em que se pode questionar o "significado da lei sem, entretanto, dispensá-la", numa "passagem da ordem à hermenêutica"[80] praticada pelos tribunais? Pois o fato, já demonstrado nos tópicos anteriores, é que, ao menos no âmbito tributário, o direito não corresponde mais ao direito legislado e interpretado, mas ao aplicado pelos tribunais, num verdadeiro realismo jurídico.

Tampouco o realismo do Judiciário atual se confunde com a já exposta atividade hermêutica do juiz, que é a de entender a regra jurídica em "conexão necessária com as circunstâncias de fato e as exigências axiológicas", sendo essa "condicionalidade o que nos explica por que uma mesma norma de direito, sem que tenha sofrido qualquer alteração, nem mesmo de uma vírgula, adquire significados diversos com o volver dos anos".[81]

O recurso à jurisprudência como fundamento de legitimidade das decisões, a exemplo das súmulas vinculantes, parece corresponder a um verdadeiro jurídico, situação em que somente se pode considerar Direito aquilo que é efetivamente decido pelos tribunais. Tomem-se como exemplos as súmulas editadas até o presente em matéria tributária:

Súmula Vinculante nº 8, de 2008:

"São inconstitucionais o parágrafo único do artigo 5º do decreto-lei nº 1.569/1977 e os artigos 45 e 46 da lei nº 8.212/1991, que tratam de prescrição e decadência de crédito tributário." (DJe de 20/6/08; DOU de 20/6/08)

Súmula Vinculante nº 21, de 2009:

"É inconstitucional a exigência de depósito ou arrolamento prévios de dinheiro ou bens para admissibilidade de recurso administrativo." (DJe de 10/11/09; DOU de 10/11/09)

Súmula Vinculante nº 24, de 2009:

"Não se tipifica crime material contra a ordem tributária, previsto no art. 1º, incisos I a IV, da lei nº 8.137/90, antes do lançamento definitivo do tributo." (DJe de 11/12/09; DOU de 11/12/09)

---

[79] SANTOS, Boaventura de Sousa. *A crítica da razão indolente*: contra o desperdício da experiência. São Paulo: Cortez, 2001. p. 186
[80] SALDANHA, Nelson. *Ordem e hermenêutica*. Op. cit., p. 125.
[81] REALE, Miguel. *Filosofia do direito*. São Paulo: Saraiva, 1994. p. 583.

Súmula Vinculante nº 28, de 2010:

"É inconstitucional a exigência de depósito prévio como requisito de admissibilidade de ação judicial na qual se pretenda discutir a exigibilidade de crédito tributário."
(DJe de 17/2/10; DOU de 17/2/10)

E, também, os institutos da repercussão geral e dos recursos repetitivos que possuem caráter vinculante por via oblíqua, haja vista a sua força persuasiva, seja perante os demais tribunais e juízos, seja perante a Administração Pública.

Há inúmeros casos com repercussão geral já reconhecida pelo STF aguardando julgamento, sendo que 12 deles se referem a tributos federais e foram objeto de reconhecimento apenas até o mês de novembro de 2012. Esses recursos extraordinários estão relacionados a uma variada gama de questões tributárias, como a relativa à reserva de lei para a majoração da alíquota da COFINS de 3% para 4% pela Lei nº 10.684/2003 (RE656089), à sujeição passiva das cooperativas à contribuição para o financiamento da seguridade social – COFINS (RE597315), à compatibilidade da contribuição destinada ao custeio da educação básica com as Constituições de 1969 e de 1988 (RE660933), à incidência de COFINS, PIS e CSLL sobre o produto de ato cooperado (RE672215), ao momento de disponibilização de renda de pessoas jurídicas sediadas no Brasil com participação nos lucros de suas empresas coligadas ou controladas no estrangeiro para fins de IR (RE611586), à fixação de alíquota da contribuição ao SAT a partir de parâmetros estabelecidos por regulamentação do Conselho Nacional de Previdência Social (RE684261), à constitucionalidade dos § 9º e 10 do art. 100 da CF, incluídos pela EC nº 62/2009, que instituíram a compensação de precatórios com débitos líquidos e certos, inscritos ou não em dívida ativa e constituídos contra o credor original pela Fazenda Pública devedora (RE678360), à questão de, se à luz do *caput* do art. 5º e do inciso II do art. 150 da Constituição Federal, se ofende, ou não, os princípios da isonomia e do livre acesso à Justiça a Portaria 655/93 do Ministério da Fazenda, que proibiu o parcelamento de débitos alusivos à Cofins que tenham sido objeto de depósito judicial (RE640905), ao cabimento de *habeas data* para fins de acesso a informações incluídas em banco de dados denominado SINCOR – Sistema de Conta-Corrente de Pessoa Jurídica, da Receita Federal (RE673707), e à imunidade tributária de livro eletrônico (*e-book*) gravado em CD-ROM (RE330817).

No que se refere aos recursos repetitivos, o STJ está às voltas com os julgamentos dos seguintes casos em matéria tributária: concessão do benefício da alíquota zero à importação da vitamina "E" e seus derivados, consoante o Acordo Geral de Tarifas Aduaneiras e Comércio – GATT (REsp 1138936), termo *ad quem* (data de extinção) da contribuição para o FUNRURAL incidente sobre as operações econômicas de aquisição de produtos rurais pelas agroindústrias (REsp 1029113), legalidade do adicional de alíquota de 2,5% atinente à contribuição previdenciária patronal (sobre a folha de salários) exigido das entidades de previdência privada (entre outras), à luz do disposto no art. 22, § 1º, da Lei nº 8.212/91(REsp 1116440), legalidade da incidência do imposto de renda, com retenção na fonte pagadora, sobre os ganhos de capital auferidos nos contratos de swap com cobertura *hedge*, *ex vi* do disposto no art. 5º, da Lei nº 9.779/1999 (REsp1149100), incidência da contribuição destinada ao PIS e da COFINS sobre a receita oriunda de atos cooperativos típicos realizados pelas cooperativas, à luz do disposto no art. 79, parágrafo único, da Lei nº 5.764/71 (REsp1141667), possibilidade de exclusão, da base de cálculo do PIS e da Cofins, dos valores que, computados como receitas, tenham sido transferidos para outra pessoa jurídica, nos termos do art. 3º, § 2º, inciso III, da Lei nº 9.718/98 (REsp1144469), incidência da contribuição destinada ao PIS e da COFINS sobre a receita oriunda de atos cooperativos típicos realizados pelas cooperativas, à luz do disposto no art. 79, parágrafo único, da Lei nº 5.764/71 (REsp1164716), responsabilidade do contribuinte (sujeito passivo) pelo recolhimento do imposto de renda incidente sobre valores decorrentes de sentença trabalhista, na hipótese em que a fonte pagadora não procede à retenção e/ou recolhimento do tributo (REsp1136940), incidência ou não da contribuição social destinada ao PIS e da COFINS sobre juros sobre capital próprio, à luz das Leis nos 10.637/02 e 10.833/2003 (regime não cumulativo de tributação), bem como dos Decretos nos 5.164/2004 e 5.442/2005 (REsp1200492) e a incidência de contribuição previdenciária sobre os valores pagos a título de aviso prévio indenizado, terço constitucional de férias, auxílio-doença pago nos primeiros quinze dias, salário-maternidade e salário-paternidade (REsp1230957).

Essa jurisprudência, se é que pode ser assim chamada, tem levado a Administração Pública a editar atos que orientam seus agentes a acompanhar o entendimento dos tribunais, com o objetivo de prevenir ou terminar lides desnecessárias.

Para Eduardo Bittar,[82] tais movimentos decorrem do desencanto da pós-modernidade com os antigos dogmas da universalidade da lei,[83] do princípio da objetividade do direito,[84] da ideia da contenção do arbítrio pela lei,[85] da igualdade perante a lei,[86] da codificação normativa como obra científico-legislativa única e sistemática das matérias por ele versadas, insuscetíveis de lacunas e de erronias possibilitando a exegese harmônica

---

[82] BITTAR, Eduardo Carlos Bianca. O Direito na pós-modernidade. In: *Revista Sequência*, nº 57. Disponível em: <periodicos.ufsc.br/index.php/sequencia/article/download/14951/13642>. Acesso em: 29 nov. 2012. p. 146

[83] "pois os atores sociais possuem características peculiares não divisíveis pela legislação abstrata" (BITTAR, Eduardo Carlos Bianca. O Direito na pós-modernidade. Op. cit., p. 146).

[84] "que o torna formalmente isento de qualquer contaminação de forças políticas, quando se sabe que toda a legislação vem formulada na base de negociações políticas e partidárias" (BITTAR, Eduardo Carlos Bianca. O Direito na pós-modernidade. Op. cit., p. 146).

[85] "fator em descrédito frente à ineficácia e à inefetividade das atitudes de combate à corrupção e às taxas elevadíssimas de impunidade" (BITTAR, Eduardo Carlos Bianca. O Direito na pós-modernidade. Op. cit., p. 146).

[86] "como garantia da indistinção e do deferimento dos mesmos direitos a sujeitos igualmente capazes e produtivos no mercado, quando se sabe que as oportunidades são maiores para uns e menores para outros" (BITTAR, Eduardo Carlos Bianca. O Direito na pós-modernidade. Op. cit., p. 146).

do sistema,[87] da tripartição das competências das esferas e das instâncias do poder como forma de manter o equilíbrio do Estado,[88] da democracia representativa como fomento à igualdade de todos e à realização da vontade geral,[89] da intocabilidade da soberania, como forma de garantia da esfera de atuação,[90] da garantia de direitos universais de primeira geração como forma de expressar a proteção à pessoa humana,[91] e da garantia da existência da jurisdição como garantia de acesso a direitos.[92]

Nesse mesmo sentido conclui José Eduardo Faria,[93] ao criticar o modo de compreender o direito pressupondo-o composto por um "intrincado conjunto de categorias e conceitos" imparciais concebidas no âmbito de um "sistema de garantias", repetido por sucessivas gerações de juízes e aperfeiçoado por doutrinadores, finda por valorizar o Judiciário como um poder autônomo, independente e soberano.

Longe de pretender reeditar o "crime de hermenêutica" de 1896, o que se pretende ao questionar a atuação do Judiciário, é reduzir a aflição do cidadão que ao recorrer ao juiz, deseja apenas uma solução justa dotada de previsibilidade.

Por isso, diante do desassossego de Fernando Pessoa e "confuso desta dupla existência da verdade",[94] assiste-se ao surgimento de fenômeno jurídico, gerador de jurisprudência dotada de força normativa, direta ou oblíqua, configuradora não de um sistema jurídico misto, em parte legal – *civil law* – em parte consuetudinário – *common law*, mas de um sistema formalmente legal em que a lei paradoxalmente, não é o protagonista, mas coadjuvante.

---

[87] "quando se sabe que os códigos possuem o mesmo potencial de dissincronia com as mudanças sociais que os demais textos normativos" (BITTAR, Eduardo Carlos Bianca. O Direito na pós-modernidade. Op. cit., p. 146).

[88] "o que na prática resulta em dissintonia entre as políticas legislativas, as políticas judiciárias e as políticas administrativas e governamentais, criando Estados simultâneos orientados por valores desconexos" (BITTAR, Eduardo Carlos Bianca. O Direito na pós-modernidade. Op. cit., p. 146).

[89] "quando se sabe que a população vive à mercê dos usos e abusos na publicidade, no discurso e na manipulação políticas".

[90] "em bases territoriais fixas e determinadas na ordem internacional, quando se sabe que a interface da internacionalização dos mercados e da interdependência econômica tornam inevitável o processo de integração" (BITTAR, Eduardo Carlos Bianca. O Direito na pós-modernidade. Op. cit., p. 146).

[91] "o que na prática ainda pouco se incorporou às realizações sócio-econômicas" (BITTAR, Eduardo Carlos Bianca. O Direito na pós-modernidade. Op. cit., p. 146).

[92] "quando se sabe que, em verdade, a justiça se diferencia para ricos e pobres, pelos modos como se pratica e pelas deficiências reais de acesso que possui" (BITTAR, Eduardo Carlos Bianca. O Direito na pós-modernidade. Op. cit., p. 146).

[93] FARIA, José Eduardo. *Direitos humanos, direitos sociais e justiça*. São Paulo: Malheiros Editores Ltda, 1998. p. 53.

[94] PESSOA, Fernando. *Livro do desassossego*. (Org. e fixação de inéditos de Teresa Sobral Cunha). Lisboa: Presença, 1990. v. II, p. 54. Disponível em: <http://arquivopessoa.net/textos/1861>. Acesso em: 16 out. 2012.

E assim, nesse caminhar, parece mesmo que o 'o consuetudinário aparece numa sociedade quando o direito positivo não serve mais' e que a jurisprudência com efeito vinculante, direito ou oblíquo, a que se denomina de realismo jurídico, surge como a marca da pós-modernidade no Direito, como novo instrumento de decisão dos conflitos e de pacificação social.

Referências

ABBAGNANO, Nicola. *Diccionario de filosofia*. México: Fondo de Cultura Económica, 1996.

ALEXANDRE, Ricardo. *Direito tributário esquematizado*. São Paulo: Método, 2009.

AMARO, Luciano. *Direito tributário brasileiro*. São Paulo: Saraiva, 1999.

BECKER, Alfredo Augusto. *Carnaval tributário*. São Paulo: Lejus, 1999.

BITTAR, Eduardo Carlos Bianca. O Direito na pós-modernidade. *Revista Sequência*, nº 57, p. 131-152, dez. 2008. Disponível em: <periodicos.ufsc.br/index.php/sequencia/article/download/14951/13642>. Acesso em: 29 nov. 2012.

CARVALHO, Paulo de Barros. *Curso de direito tributário*. São Paulo: Saraiva, 2009.

COELHO, Sacha Calmon Navarro. *Curso de direito tributário brasileiro*. Rio de Janeiro: Forense, 2009.

FALCÃO, Amilcar de Araujo. *Introdução ao direito tributário*. Rio de Janeiro: Rio, 1976.

FARIA, José Eduardo. *Direitos humanos, direitos sociais e justiça*. São Paulo: Malheiros Editores Ltda., 1998.

FERRAZ JR., Tercio Sampaio. *Introdução ao estudo do direito*. Técnica, decisão, dominação. São Paulo: Atlas, 2001.

GRECO, Marco Aurélio. Crise do Formalismo no Direito Tributário Brasileiro. *Revista da PGFN*. Ano I. nº I. Brasília: Procuradoria Geral da Fazenda Nacional. 2001.

PESSOA, Fernando. *Livro do desassossego*. (Org. e fixação de inéditos de Teresa Sobral Cunha). Lisboa: Presença, 1990. v. II, p. 54. Disponível em: <http://arquivopessoa.net/textos/1861>. Acesso em: 16 out. 2012.

RE, Edward. Stare Decisis. *Revista de Informação Legislativa*, v. 31, nº 122, p. 281-287, abr/jun de 1994. Disponível em: <ww2.senado.gov.br/bdsf/item/id176188>. Acesso em: 1 dez. 2012.

REALE, Miguel. *Filosofia do direito*. São Paulo: Saraiva, 1994.

RIBEIRO, Fabio Túlio Correia; CAVALCANTE, Henrique Costa. O Realismo Jurídico. *Revista da ESMESE*, nº 07, 2004. Disponível em: <http://bdjur.stj.gov.br/xmlui/bitstream/handle/2011/22385/realismo_juridico.pdf? sequence=1>. Acesso em: 2 dez. 2012.

ROCHA, Carmen Lúcia Antunes. Sobre a Súmula Vinculante. *Revista de Informação Legislativa*, v. 34, nº 133, p. 51-64, jan./mar. de 1997. Disponível em: <http://www2.senado.gov.br/bdsf/item/id/193>. Acesso em: 1º dez. 2012.

ROSA JR., Luiz Emydgio F. da. *Manual de direito financeiro & tributário*. Rio de Janeiro: Renovar, 2000.

SALDANHA, Nelson. *Ordem e hermenêutica*. Rio de Janeiro: Renovar, 1992.

SANTOS, Boaventura de Sousa. *A crítica da razão indolente*: contra o desperdício da experiência. São Paulo: Cortez, 2001.

SOUSA, Rubens Gomes de. Pareceres. 1- Imposto de Renda. São Paulo: Resenha Tributária, 1975.

_____. *Compêndio de legislação tributária*. Rio de Janeiro: Financeiras, 1964.

STRECK, Lênio. Bases para a compreensão da hermenêutica jurídica em tempos de superação do esquema sujeito-objeto. *Revista Sequência*, nº 54, p. 29-46, jul. 2007. Disponível em: <http://periodicos.ufsc.br/index.php/sequencia/article/view/15066/13733>. Acesso em: 10 nov. 2012.

TORRES, Ricardo Lobo. *Normas gerais antielisivas*. Disponível em: <http://www.rlobotorres.adv.br/htm/antielisivas.htm>. Acesso em: 27 nov. 2012.

_____. TORRES, Ricardo Lobo. *Tratado de direito tributário*: sistemas constitucionais tributários. Rio de Janeiro: Forense, 1986.

19

Institucionalização e Constitucionalização do Conselho Nacional de Justiça: a expressão de uma instância conflitiva no Poder Judiciário e seu reflexo na garantia ao princípio isonômico como exercício dos direitos individuais

Carlos Eduardo de Abreu Boucault

Sumário: Introdução; 19.1 As funções institucionais do CNJ no modelo militar e no modelo constitucional; 19.2 Institucionalização do Poder Judiciário Brasileiro; 19.3 Magistratura e Democracia: o novo perfil do Conselho Nacional de Justiça, apos a Constituição Federal de 1988; Anexos; Referências.

Introdução

A temática deste capítulo alicerça-se no conflito institucional carreado pela constitucionalização do Conselho Nacional de Justiça (CNJ), a partir da entrada em vigor da Emenda Constitucional nº 45, de 8 de dezembro de 2004 que acrescentou o inciso I-A ao art. 92 da Constituição Federal. Esse novo órgão do Poder Judiciário reconhece a necessidade inadiável de transformações na dinâmica dessa esfera de Poder, no que se relaciona às ações dotadas de um viés consentâneo com os valores de um modelo constitucional voltado para um Estado democrático de Direito, conforme dicção inspiradora do texto constitucional de 1988, referido como "Constituição cidadã".

Nesse sentido, resulta que o CNJ assume não apenas a condução de uma Política de fixação de diretrizes que uniformizam a atuação do Poder Judiciário em todas as suas instâncias, como também passa a exercer o controle do cumprimento dos deveres funcionais dos juízes, conforme o teor do art. 103 da Constituição, que define a estrutura do Conselho Nacional de Justiça e o rol de suas atribuições funcionais e administrativas. Entretanto, o perfil que o Conselho manifesta, após sua institucionalização constitucional, motivou profundas divergências entre as entidades representativas da classe da magistratura nacional, bem como entre doutrinadores e tribunais, em geral, considerando-se, ainda, o posicionamento da Ordem dos Advogados do Brasil.

A partir de então, várias polarizações argumentativas vêm se travando no âmbito da imprensa e da opinião pública em geral, culminadas em propositura de ações diretas de inconstitucionalidade, cujo objeto questiona a legitimidade constitucional dos poderes do CNJ na adoção de medidas que se destinam a apurar práticas ilícitas por parte dos integrantes da carreira da magistratura.

Aduz-se, ainda, o fato de que esse clima de divergências não se limita ao campo das competências do CNJ, acerca de natureza subsidiária ou originária, polêmica que protagonizou um julgamento recente perante o Supremo Tribunal Federal, cuja decisão final admite a autonomia do CNJ em relação aos poderes das Corregedorias dos Tribunais para punir juízes que descumprem com suas funções públicas no exercício jurisdicional. Assim, esse clima conflitivo reflui para outros segmentos problemáticos sobre as atribuições do CNJ, que representam significativa importância para a sociedade brasileira, como a questão do pagamento irregular de precatórios em benefícios de membros do Poder Judiciário, inclusive ministros das instâncias superiores, assim como a funcionários do Judiciário, comissionados em gabinetes, quebra de sigilo bancário sem autorização judicial, assim como a escuta telefônica, aspectos que conflitam com o princípio constitucional que proíbe a prática de provas ilícitas, e, também, a fiscalização tributária e apreensão de livros e documentos fiscais realizadas em escritórios de advocacia e de contabilidade sem mandado judicial.

Muitas dessas ações são propostas pelos órgãos de representação de classe da magistratura nacional, como a Associação de Magistrados do Brasil (AMB), que fundamentam sua discordância por visualizarem um abuso de poder por parte do CNJ, na medida em que esse órgão concorreria com as atribuições das Corregedorias estaduais e federais, que detêm o poder de julgar membros da carreira de juízes que atuam de forma a comprometer a dignidade da função pública da jurisdição. Todavia, é nesse ponto que a temática proposta por este capítulo concentra seu eixo característico: a questão da institucionalização do Conselho Nacional de Justiça, como uma medida constitucional direcionada para otimizar o projeto nacional de Reforma do Poder Judiciário, como modalidade de incremento da política de democratização do poder Judiciário no Brasil. Nessa perspectiva, o Conselho Nacional de Justiça endossaria uma função de controle externo do Poder Judiciário como um todo, aspecto do qual provém esse ambiente de resistência de setores classistas da magistratura.

19.1 As funções institucionais do CNJ no modelo militar e no modelo constitucional

Cumpre-se notar que o fundamento hermenêutico que acolheu o poder do CNJ de controle dos órgãos nacionais e regionais da magistratura brasileira foi o de reconhecer sua natureza como "um órgão" do Poder Judiciário e, não, externo a ele.

Na verdade, essa problemática encontra suas raízes no fenômeno da institucionalização do CNJ, como um segmento orgânico sucedâneo do Conselho Nacional da Magistratura, entidade originária da Emenda Constitucional nº 7, de 13 de abril de 1977, a qual era composta por sete ministros do Supremo Tribunal Federal, escolhidos pelo próprios ministros e cuja atribuição precípua definia-se como essencialmente de natureza correcional com relação a atos praticados pelos juízes que, se condenados por ilicitudes de toda ordem, seriam punidos com disponibilidade ou aposentadoria – medidas vigentes ainda hoje no direito brasileiro, como expressão de privilégios odiosos e incompatíveis com uma sociedade que busca consolidar o espírito democrático em suas práticas de cidadania. Predomina nesse contexto uma ilustração do corporativismo, fator arraigado à cultura institucional da organização política da História do Brasil, expresso pelas composições políticas na articulação estruturante das instâncias do Judiciário, que mantém seus estamentos imunes a qualquer forma de controle externo que visualize os meandros silentes e mecanismos sigilosos de processos de caráter disciplinar envolvendo membros da carreira da magistratura. Como vislumbra Fábio Ciaramelli,[1] "A instituição do social resulta da intersecção entre o instituinte e o instituído, cujo resultado é sempre provisório mas relativamente estável em cada ocasião. O ritmo histórico da vida social vê-se decomposto em contínua mediação", percepção que demonstra a necessidade de se compreenderem os câmbios constitucionais e sua carga de historicidade na condução dos objetivos da política, como no caso do CNJ, cuja idealização constitucional decorre de um sentimento de renovação em relação ao modelo anterior, concebido sob as hostes do regime militar.

Os desdobramentos resultantes desse cenário de conflitos se intensificam no plano da normatização secundária e complementar de conteúdos executórios da feição genérica dos comandos constitucionais que regulam as atribuições do CNJ. Sob esse enfoque, inicia-se um universo de conflitos hermenêuticos protagonizados pela edição da Resolução nº 59/2008, que fixa as atribuições do CNJ e sua interlocução com as lacunas da Lei nº 9.298/96, e, principalmente, os conflitos normativos desencadeados pela regulamentação do processo disciplinar do magistrado disciplinado pela Lei Complementar nº 35/79, o art. 75 do Regimento Interno do CNJ e, ainda, a Lei nº 8.112/90, a Lei Federal nº 9.784/99 e a Lei Orgânica da Magistratura. As passagens lacunosas dos textos normativos favorecem decisões ambíguas e indesejáveis para o coroamento dos objetivos institucionais que favoreçam uma atuação positiva por parte do CNJ.

---

[1] CIARAMELLI, Fabio. *Instituciones y normas*. Trad. Juan Ramón Capella. Madrid: Trotta, 2009; p. 67 (tradução livre).

Tal perspectiva teórica contempla a análise da institucionalização do Conselho Nacional de Justiça no texto da Constituição Federal brasileira, após considerável período de vigência do texto original e os conflitos normativos que consubstanciam as disputas hermenêuticas, no que se refere ao perfil e às atribuições funcionais do Conselho a partir da resistência das entidades de classe representativas da Magistratura.

A pesquisa se concentra no exame da normatização constitucional e infraconstitucional, cujo teor textual revela espaços lacunosos, favorecendo uma postura de ambiguidades no momento da decisão judicial no que respeita à legitimidade da função do CNJ em uma perspectiva democratizante do papel do Judiciário nacional como função pública de prestação da tutela jurisdicional.

Nesse contexto, emergem questões que suscitam o debate em torno da competência do CNJ no controle do cumprimento dos deveres funcionais dos juízes e os conflitos decorrentes dessa sistemática, perpassando a questão da composição dos órgãos correcionais, abrangendo, inclusive, a própria composição dos membros do Conselho Nacional de Justiça.

De todo modo, o fulcro deste projeto centra-se no estudo da sequência normativa que concretizou a criação do CNJ, observando-se os fatores históricos da institucionalização desse novo órgão do Judiciário e que foram determinantes no processo de significação desse Conselho como um registro de avanço da perspectiva democrática da cultura judiciária no país. Uma vez concebido com o propósito de flexibilizar a administração da Justiça, bem como para expandir as modalidades de controle externo no sentido de coibir as prática abusivas e desvios funcionais de membros da magistratura, o CNJ enfrentou e, vem enfrentando ainda, conflitos de ordem hermenêutica no que se refere à legitimidade de sua atuação, em face de normatização casuística que regulamenta suas atribuições desde a criação do Conselho Nacional da Magistratura, fenômeno que comprova a insuficiência do plano normativo e a ambiguidade das lacunas dos textos legislativos. Tal situação concorre para a política de preservação do sentimento das mudanças institucionais indesejáveis aos olhos de alguns setores corporativistas do Judiciário. Bem ilustra esse quadro a análise de Marcelo Neves:[2] "O conceito de Constituição proposto pela teoria dos sistemas adotado acima estrategicamente, que se associa à noção moderna de 'constitucionalização', pode ser complementado mediante a abordagem da relação entre texto e realidade constitucionais. Não se trata, aqui, da antiga dicotomia 'norma/realidade constitucional', mas sim do problema referente à 'concretização' das 'normas constitucionais'". Ou seja, o distanciamento entre a realidade social e o texto constitucional, a partir das teorias de Jellinek, comentadas em rodapé sobre a força normativa do conjunto fático que embasa o conteúdo do texto constitucional.

---

[2] NEVES, Marcelo. *A Constituição Simbólica*. São Paulo: Martins Fontes, 2007. p. 83.

19.2 Institucionalização do Poder Judiciário Brasileiro

O conjunto de problemas que se constitui numa preocupação constante de certos estamentos do Poder Judiciário configura a própria estruturação da carreira da magistratura nacional nos rincões deste país, desde a fase da colonização, medíocre pela precarização de recursos instrumentais, assim como o grau de ignorância da população maximizado por uma política medíocre e avassaladora do regime português, aspecto que não se modifica na fase imperial.

A função dos juízes de paz, a exemplo do que se detecta nas vicissitudes de muitas práticas incompatíveis com os princípios de uma democracia constitucional em certos segmentos da magistratura, revela a formação dos juizados em território nacional, como nos dá conta o trabalho de Ivan Andrade Velasco,[3] focando as transformações da estrutura do poder Judiciário nos anos 20 e 30 do século XIX, que irão resultar numa política de ampliação dos quadros do Poder Judiciário, mediante a criação de cargos e ofícios, serventias e tribunais ao longo das províncias do Governo Imperial. Nesse contexto, o arbítrio instaurado pela vigência das Ordenações Filipinas, em seu Livro V, consubstanciava a prática de chicanas processuais, a venalidade nas prolações das sentenças, além da escassez de profissionais letrados e do problema crônico da morosidade da tramitação processual.

Para coibir esse estado de coisas, surgiram reformas como a criação do cargo de Juiz de Paz, dotado de competência administrativa, policial e judicial, promovendo, inclusive, a justiça de conciliação. Ademais, é tradição da característica legislativa do Brasil a vigência profusa de leis em toda sua tipologia local, regional, cuja hermenêutica se reduzia ao dolo e à ignorância no campo da aplicação das normas. Também compõe a instância analítica desse registro histórico o trabalho dos professores Arno e Maria José Wehling,[4] referente às atividades judiciárias do período colonial, bem como à condição social da classe de juízes, como um "segmento quase apartado, distinto do clero, da nobreza, e do terceiro estado, traduziu precocemente a realidade de um novo Estado, incipientemente burocrático". Assim, uma nova forma de elite burocrática se consolida no âmbito da atividade judiciária, embora nem todos fossem "juízes de fora" – os que eram bacharéis da Universidade de Coimbra, sabatinados pelo Paço Imperial e versados em Direito Romano e não eram bem quistos pelas comunidades locais.

De qualquer sorte, algumas características se firmaram na cultura judiciária do Brasil, no que se refere a privilégios e prerrogativas de funções, categorizadas como funções de Estado, privilégios e prerrogativas estes estruturados em princípios próprios, oriundos do Ancien Régime, como "irredutibilidade de vencimentos", "inamovibilidade" e "vitaliciedade",

---

[3] VELLASCO, Ivan Andrade. O juiz de paz e o Código do Processo: Vicissitudes da Justiça Imperial em uma comarca de Minas Gerais no século XIX. *Justiça e História*. v. 3, nº 6, 2003, p. 65 e ss.

[4] WEHLING, Arno; WEHLING, Maria José. *O direito e justiça no Brasil colonial*. Rio de Janeiro, Renovar, 2004. p.287 e ss.

que fomentaram regimes monárquicos da modernidade e que, no Brasil, ainda conservam *status* constitucional como fundamento de garantia ao exercício da Magistratura Nacional.

19.3 Magistratura e Democracia: o novo perfil do Conselho Nacional de Justiça, após a Constituição Federal de 1988

Sob a óptica de um revigoramento institucional, consentâneo com os pilares de um Estado Democrático de Direito, Boaventura de Sousa Santos[5] reconhece os avanços dimensionados pela nova adoção de medidas destinadas ao acesso à justiça, mediante a institucionalização de formas de organização judiciária, na tentativa de se minimizarem focos deficitários de atendimento judiciário junto a comunidades carentes e regiões periféricas do Brasil. Para tanto, o autor evoca o diálogo entre os tribunais, como modelo institucional de garantia de justiça social, e os movimentos sociais que se organizam consolidando expectativas consubstanciadas nos princípios-vetores do preâmbulo da Constituição Federal brasileira em vigor. E, de forma lúcida, expõe a necessidade de se remodelarem as políticas de ensino jurídico para assegurar a formação de profissionais conscientes do contexto social em que vivem e onde deverão atuar em prol dos menos favorecidos no plano da educação, da saúde, do trabalho e da previdência social.

Em face dessa escala de prioridades, cumpre-se examinar o papel do Conselho Nacional de Justiça e a razão pela qual sua posterior inserção no conjunto da Emenda Constitucional nº 45, de 2004, suscitou reações contrárias e, mesmo, protestos resistentes por parte de expressivos segmentos de classe dos magistrados, inclusive de suas entidades representativas, a ponto de se instaurar ação de constitucionalidade contra normatização específica do Conselho Nacional de Justiça, como no caso da Resolução nº 59, que veio integrar o campo de "lacunas" deixadas pela Lei nº 9.296/96, de forma a permitir um processo investigatório mais eficiente. Enfatiza-se, neste desdobramento, que o Conselho Nacional de Justiça vem a atuar em conjunto com os órgãos de Corregedorias dos Tribunais Estaduais, no sentido de se permitir um financiamento mais dinâmico, eficiente, seguro e transparente, porquanto o Poder Judiciário é órgão do Estado e, portanto, deve prestar tutela jurisdicional, como qualquer servidor público.

Esse conflito, em nível hipotético, revela um confronto de poderes e, também, a preservação de privilégios que os desvãos políticos de nossa História acabaram por conferir, em padrões incompatíveis com uma sociedade cujo ordenamento constitucional programa por medidas de cariz democrático, sem nepotismos, ou malversação de recursos e de verbas públicas.

No campo reservado aos anexos, o autor deste capítulo e o grupo de orientandas do curso de Direito da Universidade Nove de Julho – UNINOVE, em São Paulo – capital, pro-

---

[5] SANTOS, Boaventura de Sousa. *Para uma revolução democrática da justiça*. 2. ed. São Paulo: Cortez, 2008. (Coleção questões de nossa época, v. 134)

cedem ao exame de depoimentos de personalidades que participam desse processo de institucionalização do Conselho Nacional de Justiça, a partir da Emenda Constitucional nº 7, de 13 de abril de 1977, que criou o CNJ como órgão do Poder Judiciário, perpassando a entrada em vigor da Constituição Federal de 1988 até a vigência da Emenda Constitucional nº 45, de 2004, que define a atribuições do CNJ em seu novo perfil jurídico-institucional. Os entrevistados são os seguintes: Questionário: Ministra Eliane Calmon, do Superior Tribunal de Justiça e que atuou como presidente do CNJ durante período marcado por intensos conflitos institucionais; Advogado Dr. Sérgio R. Renault, militante nos movimentos em prol do Controle Externo do Poder Judiciário; Desembargador José Renato Nalini, Presidente da Corregedoria do Tribunal de Justiça de São Paulo; e Desembargador José Carlos Neves Amorim, do Tribunal de Justiça de São Paulo e representante desse órgão judiciário na atual gestão do CNJ.

ANEXOS – PESQUISA DE CAMPO: Questionários, depoimentos e entrevistas*

Entrevista: Dr. Sérgio Rabello Tamm Renault

Questionário: Ministra Eliana Calmon (STJ)

Entrevista: Des. José Renato Nalini (TJSPP)

Entrevista: Des. José Carlos Neves Amorim (TJSP)

ENTREVISTA CONCEDIDA PELO DR. SÉRGIO RABELLO TAMM RENAULT:

1) *Dr. Sérgio Renault, qual é o significado institucional do Conselho Nacional de Justiça no quadro constitucional do Brasil contemporâneo?*

A criação do Conselho Nacional de Justiça foi um avanço importante. Há muitos anos, desde a Constituinte até a entrada em vigor da Constituição Federal de 88, discutia-se, falava-se da necessidade de criação do Conselho Nacional de Justiça, porque se entendia que era necessário que o Judiciário brasileiro tivesse um órgão que tratasse de duas questões fundamentais: uma, o planejamento da atividade do Judiciário no país, pois não havia, antes da criação do Conselho, algum órgão que pensasse o Judiciário como sendo um organismo só, uma instituição só organizada no âmbito dos Estados, na Federação. Mas como organização única, não havia qualquer órgão que tratasse do planejamento da instituição "Poder Judiciário"; esta é uma das questões fundamentais. A outra é a questão da atividade disciplinar do juiz: não havia um órgão que normatizasse, que tratasse da questão disciplinar do juiz. Essa questão só era tratada pelas Corregedorias Estaduais ou pelas Corregedorias dos Tribunais Superiores, então, a discussão sobre a criação do

---

* Este projeto foi devidamente certificado junto à Plataforma Brasil do Ministério da Saúde e aprovado pelo Comitê de Ética da UNINOVE.

Conselho Nacional de Justiça foi calcada nestes dois aspectos, um planejamento e o outro a questão correcional disciplinar e, daí então, a necessidade da criação desse órgão.

2) *Que aspectos se apresentaram no conjunto das atribuições funcionais do Conselho desde sua configuração na Lei Orgânica da Magistratura até a entrada em vigor da Emenda Constitucional nº 45, de 2004?*

Dentre as atribuições do Conselho Nacional de Justiça duas delas poderiam fazer parte da Lei Orgânica da Magistratura; o que acontece é que essa Lei Orgânica não é uma lei muito antiga, é uma lei de 1979 e há muito tempo vem se discutindo a necessidade de atualização dessa lei a partir principalmente da Constituição de 88, e como essa discussão vem se arrastando por muito tempo, no momento da criação do Conselho Nacional de Justiça, foram objeto de análise as questões relativas à magistratura, pois como não foram detalhadas na LOMAN (Lei Orgânica da Magistratura Nacional) poderiam então ser tratadas pela Emenda Constitucional, e foi isso que ocorreu. O Conselho Nacional de Justiça acabou com a omissão legislativa, assumindo algumas funções que poderiam até ser tratadas pela LOMAN, por regulamentações administrativas internas do Conselho. Apesar de eu acreditar e defender a tese de que o Conselho tem essa atribuição, eu acho que, na verdade, o país ainda carece de uma lei mais adequada, uma LOMAN mais adequada, inclusive tem um movimento atualmente no Supremo, liderado pelo Ministro Gilmar Mendes Ferreira, que criou um grupo de trabalho para tratar da elaboração de um novo Projeto de Lei da nova LOMAN, mas isso ainda é um projeto, uma questão muito complicada, as resistências quando se criou o Conselho Nacional de Justiça surgem sempre com questões relativas à magistratura, e isso faz com que o processo não avance. Acho que a criação do Conselho Nacional de Justiça foi um avanço importantíssimo, acho que ele tem dado contribuições fundamentais para a Democracia Brasileira, mas tem ainda questões que precisam ser revistas, como o caso da LOMAN.

3) *Que movimentos e iniciativas resultaram nessa emenda, no sentido de criar mecanismos de atuação do Conselho consonantes com os princípios de um Estado Democrático de Direito?*

O Conselho não foi criado antes porque havia, como ainda há em alguns momentos, uma resistência de setores, principalmente da magistratura, em relação à criação do Conselho, porque se entendia que o Conselho poderia significar uma intromissão na atividade judicante, e esse era o grande argumento contra a criação do conselho. E o que ocorre, a partir de agora, quase 10 anos depois da sua criação, é que o Conselho demonstrou que isso não é uma verdade, na medida em que ele tem um papel a cumprir principalmente em relação à questão do planejamento da atividade do Judiciário, mas também em relação à questão correcional; e a impressão que eu tenho é que é uma experiência mais ou menos consolidada hoje, porque no Brasil a gente parece que perde a memória. O Conselho Nacional de Justiça só tem 10 anos, hoje parece que ele faz parte da estrutura judiciária no País e sempre existiu, mas isso não é verdade.

Quando eu entrei no governo, em 2002/2003, quando foi criado o Conselho 2004, com a Emenda Constitucional nº 45, discutia-se a criação do Conselho Nacional de Justiça e parecia que estavam discutindo um evento revolucionário, algo que ia causar uma mudança radical no Judiciário brasileiro e nada disso aconteceu. O que aconteceu foi exatamente a verificação de que um órgão desse tipo é absolutamente necessário para que o Judiciário venha a cumprir suas atividades constitucionais.

4) *Qual é o perfil das corregedorias dos Tribunais estaduais e o que motiva a resistência à atuação do Conselho Nacional de Justiça?*

Essa resistência já foi maior, e é importante que se diga isso até pelo fato de que o Conselho não fora criado anteriormente com esse novo perfil, prevalecendo, então, uma compreensão de que os juízes deveriam ser julgados, a sua atividade ou, então, questões disciplinares deveriam ser punidas, julgadas pelos próprios juízes, tornando-se, assim, a grande questão. Por isso que no âmbito de cada Tribunal há uma corregedoria, e os juízes entendem ou entendiam que a sua história disciplinar deveria ser tratada naquele âmbito, ou seja, os Tribunais deveriam eles próprios, através das suas corregedorias, instaurar processo disciplinar e de investigação das atividades dos juízes; isso na minha avaliação é uma deturpação, porque o juiz, assim como qualquer servidor público, é uma pessoa que presta serviços à população, devendo prestar contas de sua função. Então, o órgão de correição da atividade do juiz não precisa ser necessariamente composto só por juízes e, ainda mais, juízes do próprio órgão no qual eles atuam, porque essa é que é a questão, que limita muito a atividade das corregedorias na minha avaliação, porque as corregedorias são instaladas nos próprios tribunais, quer dizer são juízes julgando seus pares, são colegas de trabalho julgando seus colegas do mesmo tribunal, então essa é uma deficiência que eu acho importante considerar.

O Conselho Nacional de Justiça vem como órgão superior, ele não supre a atividade das corregedorias, as corregedorias ainda têm um papel importante a cumprir, mas há questões que eles não podem tratar porque é uma questão de uma dificuldade, de distanciamento, de imparcialidade que são necessários para um órgão que disciplina a atividade, enfim, que trata da questão disciplinar.

5) *Há algum tribunal de tenha agido de uma maneira um pouco diferente, abrindo mão dessa visão, ou uniformemente eles atuavam da mesma forma?*

Essas questões são difíceis de se fazer uma avaliação, dessa forma, não podemos dizer que o tribunal de tal lugar ou de outro lugar tem determinada postura. Na verdade, o que se verifica são focos de resistência localizados, uma vez aqui, ou, em determinado momento, em outro lugar, em função um pouco das pessoas, em função um pouco da evolução de como os fatos vinham ocorrendo em cada um desses tribunais. Mas a situação é que ainda verificamos focos de resistência em alguns tribunais. O que podemos verificar é que existem ainda focos de resistência. Eu tenho a impressão de que esses focos tendem a perder força, faz parte do processo do desenvolvimento democrático do país, o fortalecimento é de órgãos autônomos, isentos e com distanciamento político para poder fazer esse tipo de investigação. Trata-se de um processo que, às vezes, não parece ser linear e nem é difícil de se perceber tal realidade, mas há de qualquer maneira (sou otimista quanto a isso) um processo de fortalecimento do CNJ, que é um Conselho que veio para ficar e, em alguns momentos, como eu disse, isso pode parecer uma ilusão, mas eu acho que não, acho que ele já tomou medidas, a população e a opinião pública têm uma avaliação positiva sobre a atividade do CNJ, que já é um fato muito importante, e o que na verdade importa é o que a sociedade pensa, o que a sociedade espera e muito mais isso do que um grupo de juízes, ou um determinado juiz de um determinado Estado pensa, o que importa é o país, e o país está acima dessas questões menores.

6) *Há críticas no que tange à composição dos membros integrantes do Conselho. Na sua interpretação, há setores comprometidos com a contemporização de certos conflitos que exporiam irregularidades no desempenho da função jurisdicional?*

Eu acho que há, sim. É a mesma questão em relação aos focos de resistência, em relação à atuação do Conselho, uma vez aqui, outra vez ali, o fato é que existem resistências, e essas resistências sempre surgem no momento que elas podem parecer fortes e que vão levar alguma vantagem, isso é verdade. Com relação à composição do Conselho, que foi aprovada pela Emenda nº 45/2004, da reforma do Judiciário, foi a proposta possível naquele momento – é importante até que se registre isso, porque até se perde essa dimensão –; havia antes da aprovação da Emenda uma discussão muito grande no Congresso Nacional sobre a composição do Conselho, havia setores que defendiam que o Conselho fosse composto só por pessoas de fora da magistratura, que dele não fizesse parte nenhum juiz, mas, hoje, parece impensável admitir-se essa possibilidade, naquela época se discutia muito essa questão e havia setores que defendiam esse posicionamento fortemente e até se falava que era assim que deveria funcionar um Conselho externo ou como um órgão de controle externo do Judiciário, que era como se denominava o Conselho naquele momento. A partir da discussão do Congresso Nacional, o que se fez foi um acordo político que viabilizou a aprovação do Conselho na forma como está previsto hoje na Constituição, com apenas dois membros de fora do Judiciário, que não fazem parte da instituição judiciária – um é eleito pela Câmara dos Deputados e o outro, pelo Senado Federal –, e os outros são pessoas ligadas à magistratura ou então ao MP, advogados. Os outros dois podem ser quaisquer cidadãos, mas essa questão da composição é uma questão central, mas, como eu disse, foi possível ser aprovada. A discussão sobre a natureza da participação dos membros do Conselho é uma discussão que eu acho que ainda pode ser retomada, vale até a pena ser citado o exemplo recente que aconteceu na Argentina: foi aprovada uma reforma do Judiciário, onde os membros do Conselho Nacional de Justiça Argentino passarão a ser eleitos pela população; parece uma coisa do outro mundo, mas na Argentina foi aprovada assim. No Brasil, ainda há pessoas que acham que a composição é absurda, que deveria ser formada só de juízes, mas a atual composição se constitui de 15 pessoas que fazem parte do conselho, somente duas pessoas que são fora do Judiciário, mesmo assim causa essa confusão toda.

7) *A reação de determinados segmentos do Judiciário se intensifica durante a gestão da Ministra Eliana Calmon, que mobilizou a opinião pública em face das investigações realiza-*

das e cuja competência foi criticada acerbamente por vários setores do Judiciário. Qual é sua avaliação desse desempenho?

A minha avaliação da ministra à frente da corregedoria de justiça foi muito positiva, ela tocou em pontos muito importantes, daí a resistência às suas medidas. Ela encontrou resistência, por exemplo, aqui no Tribunal de Justiça de São Paulo, que é um tribunal muito forte pela própria natureza de São Paulo, dizem que é um dos maiores do mundo, com mais de trezentos desembargadores, sendo que ele por si só já representa uma coisa muito complexa, e ainda havia historicamente uma forma de autoproteção, e na medida em que vem uma corregedora como a ministra Eliana Calmon, com disposição de fazer as coisas acontecerem, de tocar o dedo na ferida, sofre resistência, mas eu tenho a impressão de que seria até interessante que houvesse uma pesquisa em relação à atuação dela, a população apoiaria totalmente, por causa disso, porque ela tocou em pontos fundamentais. Na minha opinião, o que acontece, na verdade, e o caso da ministra Eliana Calmon é exemplo disso, é que o Conselho acaba tendo uma função um pouco menos espasmódica; tem momentos que acontece, ele volta, é obrigado a retroceder, mas a impressão que eu tenho, como sou otimista, é que sempre ele dá um passo à frente, pode dar meio para trás, mas sempre vai à frente, vai indo, vai indo e a coisa avança.

8) A doutrina se esbate em questões que revelam o difícil diálogo entre o texto constitucional e as mazelas do desempenho da função jurisdicional no Brasil, a ponto de refletir o que o Professor Marcelo Neves ilustra em sua tese sobre a "constitucionalização simbólica". Como fundamentar essa análise a partir da feição histórica do Poder Judiciário no Brasil?

Eu acho que é verdade, esse trabalho do professor Marcelo Neves é importante, ele tem uma avaliação que não dá para ser negada. A realidade brasileira às vezes demonstra que a legislação positiva, ou mesmo o texto constitucional, é feita em uma espécie de dissonância com o que acontece de verdade no país, mas no caso especificamente do Conselho, o que eu acho é que não dá para negar que ele significou um avanço – pode necessitar ainda de algumas adequações, porém é um avanço inegável –, e acho que o próprio professor Neves deve concordar com esta questão.

9) Em que medida o Conselho Nacional de Justiça representa um avanço para a consolidação do princípio democrático do Estado de Direito consagrado no texto da Constituição?

Eu acredito que é um dos avanços institucionais mais importantes que aconteceram, depois da Constituição de 1988, porque ele mexeu com uma estrutura. Como se dizia sobre o Judiciário: que ele era uma caixa preta, onde ninguém sabia o que acontecia lá dentro, era uma coisa hermética, os juízes viviam no Olimpo, não se sabia o que eles faziam, quanto ganhavam, como era feito o controle da sua atividade disciplinar, e hoje, isso já não é verdade. O Judiciário tem atualmente uma inserção na sociedade, onde as pessoas falam sobre ele, tal assunto é tema de teses nas academias, de trabalhos acadêmicos e até de conversas em bares, enfim, está na boca do povo. Eu acho muito positivo, porque a atividade prestada pelo Judiciário é essencial para o aperfeiçoamento da democracia, e este avanço que aconteceu no Brasil, em grande medida, é decorrente da atividade do

Conselho Nacional de Justiça, sem ele nós não estaríamos onde estamos hoje. Qualquer cidadão pode recorrer ao CNJ para fazer uma queixa, uma reclamação ou uma denúncia contra um juiz, tendo ou não consequência, a questão é que há um canal e as pessoas podem sentir-se mais protegidas e saber que é uma questão de controle mesmo, porque a atividade prestada pelo juiz deve estar sujeita a algum controle da sociedade, e o instrumento adequado para que isso ocorra é o Conselho Nacional de Justiça.

10) *Quanto às funções institucionais e demais competências, o Conselho correu o risco de sofrer um acentuado grau de fragilização, por ocasião da votação dessa matéria perante o Supremo Tribunal Federal. Por que o teor da discutida Resolução mereceu diferentes análises por parte dessa instância decisória?*

Este foi um momento que o Conselho Nacional de Justiça passou por uma avaliação perante o Supremo, em duas oportunidades: quando foi criado o Conselho a Associação dos Magistrados Brasileiros (AMB), a entidade de classe dos juízes maior que existe no Brasil, entrou com uma ADIN, uma ação direta de inconstitucionalidade contra a criação do Conselho, e perdeu. Essa ação foi considerada improcedente, e o CNJ foi julgado como sendo um órgão constitucional. Naquele momento, isso hoje parece uma insanidade pensar uma coisa dessas, mas o maior órgão de classes dos juízes entrou com uma ação contra a Emenda Constitucional nº 45/2004 e perdeu, então, aquele foi um momento importante.

O segundo momento também significativo foi o referido aqui, onde estava se questionando sobre a capacidade e a competência do Conselho em promover correções, antes atribuições das corregedorias estaduais ou independente das mesmas, e mais uma vez, o Conselho foi vitorioso, apesar de haver naquele momento, como foi citado na sua questão, uma resistência por parte das associações dos juízes, e eu acho que aquele momento foi uma tentativa de recuperar a discussão sobre o Conselho, na tentativa de esvaziá-lo, tendo sido fundamental a atuação da ministra Eliana Calmon naquele momento, porque foi motivado, em grande parte, pela atuação dela, e como houve uma decisão favorável ao Conselho por parte do Supremo, acho que esta questão está superada. Mas entendi que aquele foi um momento de refluxo de retomada de força dos setores mais atrasados e reacionários da magistratura, que foram derrotados. Ainda bem!

11) *A nova gestão do Conselho deverá enfrentar temas desgastantes, contando em sua composição membros como o Ministro Joaquim Barbosa que não titubeia em adotar medidas necessárias à garantia dos preceitos da Constituição. Entretanto figuram na estrutura do Conselho membros cuja legitimidade de representação é questionada, fato que pode conduzir a medidas destinadas à contemporização de certos fatos considerados impertinentes no que se refere à publicização. Como o Professor avalia este quadro institucional nesse momento do Conselho?*

Eu penso que a resistência vai existir sempre, porque ela está muito arraigada na estrutura histórica da magistratura nacional. Sempre que houver a possibilidade de retomar questões que pareçam ser exasperadas, elas vão ressurgir. Esse caso que foi citado na época da ministra Eliana Calmon é um exemplo disso, acho que em determinados momentos específicos, essas questões irão surgir e vai depender sempre da atuação do Conselho, que por sua vez depende da composição do mesmo, é bom lembrar que esta altera-se a cada dois anos, que é o tempo de mandato dos membros e, como eu disse, não iremos verificar na atuação do Conselho uma atuação muito regular, uniforme, é possível que haja diferenças em função principalmente de seu presidente e da sua composição em geral. A impressão que eu tenho do ministro Joaquim Barbosa é que ele será muito firme, ele é uma pessoa com princípios bastante claros e tem uma visão muito crítica em relação a esta visão corporativa da magistratura, onde as resistências aparecem mais fortemente. Acredito que ele vai bater duro nesta conduta, mas se ele vai conseguir levar adiante suas posições ou não é outra questão; agora, o Conselho, como todo colegiado está sempre sujeito a essas dificuldades, por conta de sua composição interna, como disse anteriormente sempre haverá uma possibilidade de avanço e, eventualmente, um pequeno retrocesso. Eu creio que quanto mais esses setores adquirirem consciência pública e cívica, mais difícil se torna esse retrocesso, porque a população e a sociedade, de certa maneira, percebem e apoiam, atitudes tanto como da ministra Eliana Calmon, como do ministro Joaquim Barbosa, que é uma pessoa que goza de enorme popularidade, exatamente por conta de suas posições firmes diante destas questões, e a sociedade percebe isso. Como eu já ouvi uma vez: "fazer a reforma no Judiciário e instalar este tipo de avanço na estrutura institucional do país é como você construir aquela estrada Transamazônica: de noite você capina e abre a estrada, de manhã o mato sobe de novo", então você tem que avaliar e estar sempre atento porque a possibilidade de retrocesso estará sempre presente. Nós não estamos com a reforma do Judiciário concluída, eu gosto sempre de institucionalizar a expressão de "reforma do Judiciário e o Conselho", sendo que nesse sentido o Conselho faz parte do contexto e é um processo em andamento, ele não se iniciou com a reforma e não merece reforma alguma, pois ela ainda não está concluída, e estamos longe de ter um Judiciário adequado às necessidades do país, mas acho que o Conselho é um órgão que contribui para que ele esteja sempre melhor e avançando pelo bem do país.

UM DEPOIMENTO PESSOAL:

A SUA EXPERIÊNCIA NA COMPOSIÇÃO INSTITUCIONAL DO CONSELHO.

Dr. Sergio Renault: "Eu acho que o Conselho deveria ser mais aberto, ter uma participação externa maior, mas esta questão hoje é constitucionalmente difícil, você imagina alguém propor uma emenda constitucional para alterar o Conselho desta maneira, parece uma coisa lunática hoje em dia, porém ele deveria ter uma composição mais plural, com mais pessoas de fora da magistratura. O que acontece, e de um tempo para cá tem acontecido e isso é preocupante, é que a composição do Conselho tem toda uma sistemática de indicação dos membros prevista na Constituição, e na verdade tem sido utilizada para fazer uma espécie de jogo de compadrio, colocando pessoas que foram dirigentes de entidades de juízes, ficando um tipo de composição que acaba fortalecendo as disposições corporativas, e este é o problema. O que deve ser feito é tornar cada vez mais público, fazendo com que a população e os outros juízes ou um conjunto de juízes tenham uma influência maior na hora da indicação das pessoas que farão parte do Conselho. Eu ainda tenho um pouco de receio, como eu disse.

O Conselho Nacional de Justiça é um órgão consolidado, eu acho que não temos a certeza de que ele não vai sofrer um retrocesso e transformar-se em um órgão burocrático para inglês ver, nós ainda não estamos livre disto ocorrer, mas já significou um avanço."

QUESTIONÁRIO RESPONDIDO PELA SUA EXCELÊNCIA MINISTRA ELIANA CALMON, DO SUPERIOR TRIBUNAL DE JUSTIÇA – STJ

1) No STJ os cargos são ocupados seguindo-se a ordem de antiguidade. Assim, pela minha antiguidade cheguei ao CNJ. Alguns colegas questionaram a minha escolha por me considerarem bastante dura no trato disciplinar institucional, mas as vozes não foram ouvidas, prevaleceu a antiguidade.

2) O CNJ só passou a existir com a EC nº 45/2004, chamada de Reforma do Judiciário, porque a CF de 88 ignorou o que já se falava: necessidade de um controle externo. Assim, com a reforma é que foi possível instalar o órgão que nasceu com a pecha de controle externo, mas que tem na sua composição a maioria de magistrados.

3) Dentro de uma visão doutrinária temos no CNJ um órgão administrativo integrante do Poder Judiciário, posicionando-se logo abaixo do Supremo Tribunal Federal, com competência exclusivamente administrativa, estando impedido de atuar se a questão administrativa já esteja judicializada. Trata-se de um órgão de composição mista, formado de 15 membros, sendo nove magistrados dos três graus de jurisdição, dois representantes do Ministério Público, dois integrantes da Ordem dos Advogados do Brasil e dois representantes do parlamento, um da Câmara e outro do Senado.

4) No CNJ eu não fui presidente. A presidência fica com o Presidente do STF, cabendo ao ministro do STF a função de Corregedor Nacional. Como órgão de controle, a Corregedoria Nacional sofreu certo preconceito, porque tradicionalmente a magistratura pouco foi punida pelos maus elementos, blindando-se os magistrados com um coro de uma só voz: não precisamos submeter os nossos juízes ao vexame de tornarem públicas as punições. Nós mesmos resolvemos.

5) O ideal é que tenhamos um CNJ representado pelos seus conselheiros em harmônica convivência funcional com a Corregedoria Nacional. Entretanto isso pode não acontecer, porque a depender da formação do colegiado, os processos disciplinares a cargo da Corregedoria vão à sessão de julgamento e não há autorização para a abertura dos procedimentos administrativos. Sim, porque a corregedoria funciona investigando em sindicância. Ao fim e ao cabo cabe ao plenário decidir sobre a abertura ou não do processo disciplinar. Aberto o processo administrativo disciplinar – PAD, há nova distribuição, sendo encaminhado para um dos conselheiros, dele excluído o Corregedor. As tradições do Judiciário, o embricamento de seus membros e o corporativismo da carreira vão criando arestas responsáveis, em parte, pela impunidade dentro da magistratura.

6) Os magistrados de primeiro grau aceitam muito bem a Corregedoria, a maior resistência vem dos desembargadores, que se sentem atingidos em sua autonomia. Com referência às revisões feitas pelas Corregedorias Estaduais e aos órgãos especiais, a tradição e a verticalização da carreira levam a uma melhor aceitação.

7) A minha declaração "Bandidos de Toga" foi muito mal compreendida por parte da magistratura, principalmente a magistratura de segundo grau, aproveitando-se a ala corporativa e intocável para afirmar, categoricamente, que a frase continha uma generalização de toda a magistratura.

8) Enfrentei com muita serenidade a onda que se espalhou rapidamente, magoando-me profundamente a incompreensão. Por outro lado, eu sempre achei que o movimento desencadeado, ao passar, traria benefícios ao Judiciário. Esta minha visão foi importante para que eu continuasse a insistir com a independência do Judiciário. Efetivamente passou e a instituição saiu fortalecida, diante da participação popular nas coisas da Justiça.

9) Efetivamente o CNJ teve dois anos de profundas mutações, a partir da posição do STF, que decidiu não ser a Corregedoria Nacional um órgão recursal e sim de competência plena para deflagrar os processos disciplinares contra magistrados de primeiro grau, quando inertes as Corregedorias Estaduais, e os desembargadores, quando a situação do órgão julgador (Tribunal Pleno ou Órgão Especial) demonstrasse, de logo, a sua fragilidade em agir com isenção e rigor, como se espera de todo e qualquer órgão de controle. A vitória do CNJ no STF, no dia 2 de fevereiro de 2012, foi de absoluta importância para, a partir dali, deixar o órgão blindado dos ataques que, aqui e ali, tentavam desmerecê-lo. Iniciamos também, dentro da Corregedoria Nacional, pela primeira vez, as investigações patrimoniais dos magistrados, o que já é feito há mais de dez anos em outros órgãos públicos, inclusive na Receita Federal e na Controladoria Geral da União. Este foi um grande e vigoroso passo no combate à corrupção dentro do Poder Judiciário.

É interessante observar que, fora da esfera disciplinar, interferiu a Corregedoria para fazer cessar situações degradantes para o Judiciário. Assim sendo, foi possível interferir para a retirada de mais de 200 aviões que, à disposição da Justiça nos aeroportos brasileiros, há anos, viraram sucatas imprestáveis, foi possível interferir na área de atuação dos cartórios extrajudiciais, tabelionatos e cartórios de registros, melhorando a atuação dos menores, com a colaboração dos maiores, disciplinando o ingresso nessas serventias e forçando os Tribunais a tomarem atitude proativa em relação a eles, realizando concursos, reciclagem, reenquadramento etc.

10) Firmando-se então o CNJ pelas mãos do STF, tem atuado de forma extraordinariamente positiva, interferindo na gestão dos tribunais, fixando metas para aos poucos alcançar a melhoria, criando bancos de dados para assim dimensionarmos o trabalho da justiça e seus problemas, elaborando planos, projetos e, sobretudo planejamento estratégico. Com o CNJ demos um basta à célebre frase: "Judiciário, Poder sem projeto."

ENTREVISTA CONCEDIDA PELO DESEMBARGADOR JOSÉ RENATO NALINI, DO ÓRGÃO DA CORREGEDORIA DO TRIBUNAL DE JUSTIÇA DE SÃO PAULO

1) *Desembargador, a partir da institucionalização do Conselho Nacional de Justiça como um órgão do Poder Judiciário, que tipo de expectativa essa nova instância suscitou junto aos Tribunais de Justiça dos Estados, e, em especial, São Paulo?*

O Conselho Nacional de Justiça foi pensado como um órgão de planejamento das atividades do Poder Judiciário, como um grande planejador da Justiça brasileira. Entretanto, a metáfora que melhor ilustrava a realidade brasileira se constitui na imagem de um grande arquipélago em que as ilhas não se comunicavam, cada Tribunal gerenciava seu cotidiano no âmbito dos estados. O Judiciário Nacional é composto por níveis de justiça, divididos em duas comuns e três especiais. Necessário um melhor aproveitamento dos recursos.

2) *As atividades empreendidas na gestão da Ministra Eliana Calmon repercutiram na opinião pública nacional, revelando questões graves sobre a atuação do Poder Judiciário no Brasil. Por que as Corregedorias de modo geral reagiram negativamente às medidas adotadas nessa gestão?*

O Judiciário é um poder conservador, hermético, sua análise remonta ao passado, aos fatos pretéritos que serão reconstituídos, não caracterizando seu perfil institucional e político o de analisar tendências e o futuro. Agora, quando alguém descortina o manancial de problemas graves envolvendo a instituição como um todo, houve reações expressivas contra a atitude da Ministra Eliana Calmon, durante sua gestão à frente do Conselho. Ministra Eliana é minha amiga, participamos de vários eventos no Brasil e no exterior, em temática referente ao Poder Judiciário. Ela é uma pessoa corajosa, exuberante e, assim, o modo pelo qual expôs seus critérios e suas avaliações causou um mal-estar em face da generalização com que expressou suas críticas à atuação de membros do Judiciário. Mas, após nossa atuação junto à Corregedoria, a atitude por parte do Tribunal de São Paulo mudou sensivelmente, no sentido de cooperar com a política do CNJ, informações passaram a ser franqueadas à Ministra. Há um universo de problemas que devem ser considerados, carências administrativas e funcionais, excesso de processos, dentre outros problemas crônicos da Justiça no Brasil.

3) *Vossa Excelência passou a integrar a nova gestão à frente da Corregedoria do Tribunal de Justiça de São Paulo. Como tem sido sua experiência em face de problemas que afetam o desempenho do Poder Judiciário?*

Posso dizer que a orientação mudou, mudou o sentido da atuação da Corregedoria, cuja feição institucional se caracterizava essencialmente como órgão punitivo, causando terror nos juízes e funcionários. Assumi a função de juiz-auxiliar junto à Corregedoria, fato que sedimentou minha experiência e sensibilidade no trato das questões crônicas que envolvem a prestação jurisdicional. Hoje procuro desenvolver uma sistemática focada no acompanhamento, aconselhamento de opções e medidas junto às varas, aos cartórios, sem, contudo, resvalar para o descuido e transigências irresponsáveis. Cumpre ressaltar que a

Corregedoria do Tribunal vinha sendo administrada com base no Regimento de 1930, do Interventor de então, João Alberto, que o editara. Sucede que após a entrada em vigor da Constituição Federal de 1988, tal regimento não poderia ser recepcionado pelo novo modelo constitucional. Atualmente, são 1.742 unidades sob correição, 360 desembargadores. Passei a contar com a colaboração de 100 desembargadores que receberam delegação para visitas a comarcas. É de se ver também que o funcionalismo ficou relegado, principalmente no interior. Há o problema da autoestima, daí, adotar um sistema constante de comunicação por vários tipos de redes, propiciando o diálogo, ouvindo reivindicações e sugestões. Durante a semana, venho ao gabinete às quartas e quintas, pois há sessão de órgão especial e do Conselho Superior da Magistratura. Aos sábados, visito os cartórios de Registro Civil das Pessoas Naturais, para mim, os cartórios da verdadeira cidadania.

4) *Temas difíceis exigirão desse novo Conselho decisões conflitivas que desagradam setores complicados do Judiciário, como o nepotismo, que já foi objeto de súmula vinculante pelo STF, mas que não foi acolhida e aplicada em muitos Tribunais no País. Como lidar com um problema que se enraíza na formação cultural e histórica do Brasil?*

São problemas que merecem uma análise mais detida. Os tempos são diferentes, houve época em que filhos, após aprovação regular em concursos, assumiam cargos e funções no Judiciário, trabalhando com os pais, tratando-os, inclusive, por "Excelência", mas o tema deve ser enfrentado como outros que surgirão. Tenho críticas à geração de "concurseiros", pessoas sem uma formação sólida, experiência e sensibilidade para enfrentar as adversidades do cotidiano e os conflitos sociais do Brasil contemporâneo. Festeja-se o concurso no seu viés técnico, mas não o perfil dos candidatos e de sua dedicação à função jurisdicional. Por outro lado, ainda, a majestade do cargo sobrepõe-se ao significado de "servidor público" que simboliza a função de um juiz de direito.

5) *Na sua visão, que articulações acabaram por resultar na institucionalização do Conselho Nacional no texto da Emenda Constitucional nº 45? Foi uma iniciativa de setores do Poder Judiciário ou uma exigência social de setores insatisfeitos com o desempenho jurisdicional no Brasil?*

Bandeiras de alguns setores da sociedade civil, inspiradas na experiência das Cortes de Justiça dos países da Europa Ocidental. A OAB foi muito atuante, assim como se evidencia nesse processo de mudanças a bandeira do 'controle externo' do Poder Judiciário e de outros Poderes, também. Foi um conjunto de temas que resultou na modificação do perfil institucional do Conselho Nacional de Justiça, tais como a Reforma do Judiciário, patrocinada pelo Executivo, constando como projetos legislativos, a PEC de 92, de autoria de Hélio Bicudo, o Controle do Judiciário, por Régis Fernandes de Oliveira como relator e a Deputada Zulaiê Cobra Ribeiro. A seguir toda a discussão sobre eficiência e morosidade da Justiça, no atendimento às demandas, o princípio da eficiência na administração pública, resultando nas EC nº 19/1998 e nº 45/2004, momento em que houve uma descaracterização do princípio da segurança em nome da produtividade. Essa é uma questão delicada que merece ser repensada.

6) *Qual é sua opinião sobre a função do CNJ no que diz respeito ao significado da atuação desse órgão em prol da defesa de direitos e garantias da Constituição em vigor? Nesse sentido, a doutrina se esbate em temas como judicialização da política, ativismo judicial. Como analisar esses fatores em face da atuação do CNJ?*

A meu ver, o CNJ obteve conquistas inegáveis para o aprimoramento da função jurisdicional, bem como de garantia aos direitos consagrados na Constituição Federal. Agora, uma questão: seria correta uma judicialização da Justiça, na medida em que tal prática pode atingir a insensatez, chegando a níveis patológicos? Qual é a garantia das próprias leis? Concluo, afirmando que há muito por se fazer no País, no campo da Justiça, em face da precarização orçamentária e de recursos que afetam o Poder Judiciário como um todo. Mas reconheço a vitória e o avanço que o CNJ alcançou em sua missão para o aprimoramento do acesso à justiça e aos canais de informação e de reivindicação em prol da sociedade brasileira.

QUESTIONÁRIO RESPONDIDO PELO DESEMBARGADOR JOSÉ ROBERTO NEVES AMORIM, DO TRIBUNAL DE JUSTIÇA DE SÃO PAULO – SP E CONSELHEIRO DO CONSELHO NACIONAL DE JUSTIÇA – CNJ

1) *Desembargador, a partir da institucionalização do Conselho Nacional de Justiça como um órgão do Poder Judiciário, que tipo de expectativa essa nova instância suscitou junto aos Tribunais de Justiça dos Estados, e, em especial, São Paulo?*

Houve uma grande insegurança por parte dos tribunais. Essa insegurança foi se desenvolvendo, e, com o conhecimento da política que seria institucionalizada, houve resistência. Posteriormente, com o desenvolvimento do CNJ pôde-se perceber que a ideia era sistematizar o poder Judiciário de modo que este fosse uniforme, que seguisse um padrão de norte a sul do país, respeitando as singularidades de cada região, de cada estado. Hoje os conceitos trazidos pelo CNJ já foram sedimentados, mas a princípio houve resistência pelo fato de ser uma política desconhecida.

2) *Que visão o Tribunal de São Paulo passou a ter do Conselho, desde o desenho institucional na Lei Orgânica da Magistratura anterior à vigência da Constituição Federal de 1988? Como um apêndice orgânico, com função uniformizadora da produção jurisprudencial?*

A ideia nunca foi uniformizar a jurisprudência dos tribunais. O CNJ foi criado para ajudar na administração dos tribunais, dar apoio na gestão administrativa e financeira, e não para controle jurisdicional. Problemas relacionados com sentenças, por exemplo, não são da competência do CNJ analisar, mesmo porque de sentença cabe recurso ao tribunal. Agora se a sentença tem viés de corrupção, representa um prejuízo excessivo ou um benefício excessivo a uma das partes, o que não é de forma alguma objeto de uma sentença, aí sim o CNJ atua.

3) *As atividades empreendidas na gestão da Ministra Eliana Calmon repercutiram na opinião pública nacional, revelando questões graves sobre a atuação do Poder Judiciário no*

Brasil. Por que as Corregedorias de modo geral reagiram negativamente às medidas adotadas nessa gestão?

Cada ministro possui uma característica de exercer sua atividade, e a ministra Eliana Calmon consequentemente também tem a sua. Ela foi franca e expôs suas ideias. O que causou essa reação negativa foi a forma como ela se dirigiu a essas questões. Quando ela se valeu da expressão "bandidos de toga", sem identificar quais eram efetivamente esses bandidos, ela generalizou, ou seja, transferiu para todos os magistrados essa ideia de corrupção. A atitude de trazer ao conhecimento geral a realidade dos fatos não foi reprovável, o que gerou essa revolta foi a forma como essa realidade foi apresentada. Antes da criação do CNJ existia um corporativismo, cada tribunal agia de acordo com a sua realidade local. O CNJ vem trazer uma política de justiça para que os tribunais sigam no mesmo sentido, que a justiça seja una, respeitando as particularidades de cada repartição.

4) *Vossa Excelência passou a integrar a nova gestão à frente da Corregedoria do Tribunal de Justiça de São Paulo. Como tem sido sua experiência em face de problemas que afetam o desempenho do Poder Judiciário?*

As questões são diversas, desde concursos públicos a nepotismo, problemas de corrupção, processos administrativos gravíssimos, tudo isso temos que analisar. O CNJ é responsável pelas principais políticas públicas do poder Judiciário, o que nós não tínhamos. O poder Judiciário não possuía políticas públicas, cada tribunal cuidava de si, não havia políticas nacionais. Hoje, com a implantação dessas políticas pelo Conselho Nacional de Justiça, nós temos, como é o caso do programa de conciliação e mediação nacionais, o projeto pai presente, o mutirão carcerário, que são projetos que o Judiciário não tinha como um todo porque não havia quem implantasse isso. Essas políticas públicas são muito mais importantes para o poder Judiciário do que as punições em si, que são pontuais. São poucos os magistrados que são punidos, tendo em vista o número de juízes que temos. Mais importantes do que essa midiatização de punir o juiz, aposentar o juiz, são as políticas públicas de justiça. E o CNJ tem trabalhado nisso, além de auxiliar na gestão administrativa e financeira dos tribunais.

5) *Temas difíceis exigirão desse novo Conselho decisões conflitivas que desagradam setores complicados do Judiciário, como o nepotismo, que já foi objeto de súmula vinculante pelo STF, mas que não foi acolhida e aplicada em muitos Tribunais no País. Como lidar com um problema que se enraíza na formação cultural e histórica do Brasil?*

A mudança cultural é fundamental. O nepotismo existia na maioria dos tribunais e isso foi fortemente atacado, inclusive com o apoio do Supremo Tribunal Federal, com a edição de súmula vinculante. Mas, mesmo assim, existem algumas distorções que temos de analisar. Não podemos relacionar parentesco com nepotismo. Nada impede que parentes trabalhem no mesmo órgão público, desde que ambos tenham prestado concurso e preenchido os requisitos para o exercício daquela função. O que deve ser punido sem dúvida alguma é quem se vale da influência que exerce dentro do órgão para empregar pessoas que muitas vezes nem têm qualificação para estar ali. A moralidade pública não pode existir apenas internamente, a população tem que enxergar essa moralidade. As pessoas têm que enxergar o poder Judiciário como um poder sério, honesto. Essa questão do nepotismo ainda é muito discutida porque não existe uma equalização dessa discussão, até mesmo porque a súmula é muito ampla, ela proíbe o nepotismo, mas até que ponto esse nepotismo deve ser proibido? Qual é o grau de parentesco? Tudo isso deve ser analisado.

6) *Como Vossa Excelência avalia a questão do controle externo do Poder Judiciário? Poderia o Conselho exercer essa atividade? Ou as Corregedorias estaduais desempenham de forma transparente as investigações de ilegalidades detectadas no exercício jurisdicional nos Estados?*

Nós não temos um controle externo. O controle é interno, são os próprios membros do Judiciário, que são pessoas ligadas ao mundo jurídico, que fazem o controle. A princípio, as corregedorias se rebelaram, foi uma grande discussão se a competência do Conselho Nacional de Justiça seria concorrente ou subsidiária e o Supremo Tribunal Federal decidiu que seria concorrente, ou seja, que o CNJ poderia atuar conjuntamente com a corregedoria dos estados. A corregedoria nacional não tem condições materiais e físicas de tomar conta de 90 tribunais, então ela atua nos casos mais relevantes, deixando para as corregedorias estaduais cuidarem dos problemas locais de cada tribunal, e deixam para o Conselho Nacional de Justiça as questões mais polêmicas, mais sérias.

7) *Na sua visão, que articulações acabaram por resultar na institucionalização do Conselho Nacional no texto da Emenda Constitucional nº 45? Foi uma iniciativa de setores do Poder Judiciário ou uma exigência social de setores insatisfeitos com o desempenho jurisdicional no Brasil?*

Foi social. Num determinado momento verificou-se que o poder Judiciário não tinha uma política que estruturasse a justiça, e a sociedade começou a exigir isso. Era necessário um órgão que proporcionasse uma política una de justiça, que sistematizasse o poder judiciário como um todo e não como tribunais isolados.

8) *A doutrina se esbate em temas como acesso à justiça, judicialização da política, ativismo judicial, dentre outros que enfocam o caráter político da atividade jurisdicional. Como o Desembargador visualiza esta questão sob o prisma das funções do Conselho Nacional de Justiça?*

Fica difícil fugir do tema politização da justiça. Existe dentro das malhas do Executivo, do Legislativo e do Judiciário uma política. Essa política há 15 anos era velada, discreta, diferente de agora. Hoje se percebe claramente que quando uma decisão interfere no Legislativo, ele se manifesta, a mídia divulga, a população já toma conhecimento e o embate se torna público. As pessoas se politizam mais e isso influencia diretamente nos poderes.

9) *Em que medida a neutralidade judicial continua como um critério válido para se garantir a imparcialidade das decisões?*

A imparcialidade do juiz é fundamental nas decisões. Nós não podemos permitir que um juiz seja parcial, tendencioso. O que garante a credibilidade do poder Judiciário é que as pessoas acreditam que ali existe um magistrado independente que vai decidir de acordo com a lei e com a sua convicção, sem nenhuma interferência. Por isso, sou a favor dos métodos alternativos de solução de conflitos. Não é mais possível vivermos sob a égide das decisões unicamente judiciais. O juiz deve participar das decisões em que realmente é imprescindível a presença dele. Conflitos não complexos podem ser dirimidos pelas vias alternativas, como por exemplo, a conciliação e mediação de conflitos.

10) *Qual é sua opinião sobre a função do CNJ no que diz respeito ao significado da atuação desse órgão em prol da defesa de direitos e garantias da Constituição em vigor?*

O Conselho Nacional de Justiça é um órgão garantidor, assim como o Supremo Tribunal Federal. Porém, o CNJ não tem função jurisdicional, apenas administrativa. O CNJ é responsável pela constituição da parte administrativa da justiça, e o Supremo é responsável pelas garantias Constitucionais na jurisdição.

Referências

CALMON, Eliana Alves. A ética no Judiciário. *Diálogo e Debates da Escola Paulista de Magistratura*. São Paulo, ano 5, nº 4, junho/2005.

CASTORIADIS, C. (1975). *L'institucion imaginaire de la société*. Paris: Éditions du Seuil [trad.bras.: *A Instituição imaginária da sociedade*. 3. ed. Rio de Janeiro: Paz e Terra, 1991].

CHIMENTI, Ricardo Cunha. *Reforma do Judiciário*. Coord. Ricardo Ramos Tavares, Pedro Lenza e Pietro de Jesus S. Alarcón. São Paulo: Método, 2002.

CIARAMELLI, Fábio. *Instituciones y Normas*. Trad. Juan-Ramón Capella. Madrid: Trotta, 2009.

NEVES, Marcelo. *A Constituição Simbólica*. São Paulo: WMF Martins Fontes, 2007, p. 83.

SANTOS, Boaventura de Sousa. *Para uma revolução democrática da Justiça*. 2. ed. São Paulo: Cortez, 2008. (Coleção questões de nossa época, v. 134)

SILVA, José Afonso da. *Curso de direito constitucional positivo*. 27. ed. São Paulo: Malheiros, 2006.

VELLASCO, Ivan Andrade. O juiz de paz e o código do processo: vicissitudes da Justiça Imperial em uma comarca de Minas Gerais no século XIX. *Justiça e História*, v. 3, nº 6, 2003.

WEHLING, Arno; WEHLING, Maria José. *O direito e justiça no Brasil colonial*. Rio de Janeiro: Renovar, 2004.

20

Direitos econômicos e sociais e criminalidade dos donos do poder: o direito penal diante do desafio representado pela criminalidade dos poderosos

Ricardo Freitas

> Sumário: Introdução: repensar o direito penal e os direitos humanos à luz do Estado social-democrático de direito; 20.1 A emergência histórica e a configuração dos direitos econômicos e sociais enquanto direitos humanos; 20.2 A criminalidade dos poderosos e os direitos humanos: a corrupção, a criminalidade econômica e a criminalidade organizada como formas de desvio que afetam direitos econômicos e sociais; 20.3 O direito penal do Estado social-democrático de direito e a salvaguarda dos direitos econômicos e sociais; 20.4 Conclusão: a necessária intervenção do direito penal do Estado social-democrático de direito para a preservação dos direitos econômicos e sociais; Referências.

Introdução: repensar o direito penal e os direitos humanos à luz do Estado social-democrático de direito

Fundamentar e assegurar os direitos humanos são duas faces da mesma moeda. Por um lado, se pouco adianta justificá-los sem positivá-los e sem oferecer instrumentos legais para a sua proteção, por outro, a concretização jurídica dos direitos e das garantias que os acompanham é substancialmente facilitada pela sua fundamentação em termos consistentes.

Tradicionalmente, o direito penal tem sido considerado um instrumento legítimo de proteção dos direitos individuais (direito à vida, direito à integridade física, direito à liberdade de locomoção etc.), observados os limites que lhes são impostos pelos valores constitucionais e pelos princípios constitucionais em matéria penal. No entanto, o mesmo não sucede quanto aos chamados direitos econômicos e sociais. Juristas críticos reclamam que a expansão do direito penal decorrente da pretensão de tutelar direitos coletivos pode acarretar consideráveis danos às liberdades individuais. Contudo, em nosso entendimento, os riscos da produção de lesão aos direitos individuais pelo direito penal existem tanto no Estado liberal de direito como no Estado social-democrático de direito. Num ou noutro, indiferentemente, exige-se do legislador e da doutrina penal um compromisso efetivo com os direitos humanos com a finalidade de fazer com que o direito penal possa realizar a sua promessa de assegurar a liberdade individual.

A intervenção do direito penal de garantias visando à tutela dos direitos econômicos e sociais é indispensável, sobretudo em se tratando dos direitos mais frequentemente atingidos pela ação dos poderosos, os quais têm se mostrado relativamente imunes aos efeitos produzidos pelo emprego do direito penal clássico ou liberal. Em se tratando da proteção dos direitos humanos, a criminalidade dos poderosos, cuja maior expressão é a corrupção associada à criminalidade econômica e à criminalidade organizada, constitui objeto legítimo da intervenção penal no âmbito do Estado social-democrático de direito.

O item a seguir trata da emergência histórica e da configuração dos direitos econômicos e sociais com o fim de recordar não somente o seu conteúdo, mas a sua importância, assim como o processo que culminou na sua positivação. O segundo aborda a chamada criminalidade dos poderosos e as suas múltiplas dimensões com a finalidade de demonstrar o seu potencial lesivo no que tange aos direitos econômicos e sociais. O último capítulo recorda e analisa as principais restrições doutrinárias ao direito penal do Estado social--democrático de direito contemporâneo e as razões pelas estas não invalidam o esforço do direito penal em favor da proteção dos direitos sociais e econômicos.

20.1 A emergência histórica e a configuração dos direitos econômicos e sociais enquanto direitos humanos

Os direitos humanos podem ser classificados em diversas "gerações" a partir de critérios cronológicos e de conteúdo.[1] A primeira geração de direitos inclui os direitos individuais e políticos, e a segunda, os direitos econômicos, sociais e culturais. Ambas, porém, formam um todo incindível, na medida em que uns necessitam apoiar-se nos outros para que possam tornar-se efetivos.

Cronologicamente, os direitos humanos são classificados de acordo com a sua progressiva elaboração doutrinária e a sua incorporação ao ordenamento jurídico estatal e

---

[1] Em que pese o artificialismo de tal classificação, ela oferece vantagens didáticas não desprezíveis. Até aqueles que a criticam – e que estão em ampla maioria – frequentemente a utilizam, o que demonstra a sua utilidade em termos analíticos.

ao direito internacional. No que diz respeito à sua origem, em termos gerais, enquanto as liberdades clássicas (direitos individuais, direitos humanos de primeira geração) radicam no individualismo liberal, os direitos sociais (direitos humanos de segunda geração) são conquistas provenientes dos combates travados pelas massas trabalhadoras por condições de existência mais favoráveis. Em última análise, por meio de uma luta incessante pontuada por avanços e recuos as classes trabalhadoras conquistaram o reconhecimento dos direitos econômicos e sociais pelos governos, o que possibilitou a sua positivação nos ordenamentos jurídicos estatais ao lado dos direitos civis e políticos. Afirma a doutrina espanhola acerca desse processo político que, "se a burguesia liberal ascendente havia logrado o reconhecimento jurídico-positivo dos direitos individuais de liberdade, o proletariado, que parece como protagonista histórico (o quarto Estado) no compasso do processo de industrialização das sociedades ocidentais, e com especial consciência de classe na segunda metade do século XIX, reivindicou direitos econômicos e sociais".[2] Assim, progressivamente e com conteúdo legislativo variado, deu-se o reconhecimento legal do direito ao trabalho, do direito de organização sindical, do direito de greve, do direito ao salário justo, do direito à previdência social, do direito ao descanso, do direito às férias remuneradas, do direito à educação pública, do direito à saúde, dentre outros.

Basicamente, no que tange aos direitos individuais, exige-se que o poder público se abstenha de impedir ou mesmo de dificultar o seu exercício, muito embora ele cumpra o importante papel de tutelá-los por intermédio do direito penal. Diferentemente, em regra, o poder público tem o dever de atuar para que os direitos sociais possam ser usufruídos em sua plenitude. Por conseguinte, se, por um lado, o poder público possui escassa legitimidade para interferir na esfera dos direitos individuais, por outro sua intervenção é absolutamente indispensável no que diz respeito à efetivação dos direitos sociais.[3] Portanto, ao contrário do que ocorre com os direitos humanos de primeira geração, na maioria dos casos os direitos sociais "não estão destinados a garantir a liberdade frente ao Estado, mas são pretensões do indivíduo ou do grupo coletivo diante do Estado".[4]

Podemos afirmar também que os direitos de primeira geração teriam uma natureza individualista, ao passo que os direitos sociais teriam caráter coletivo. Mas também neste ponto tal diferenciação não é de todo verdadeira, considerando-se a existência de direitos que associam aspectos individuais e coletivos, a exemplo da liberdade religiosa e da

---

[2] TRUYOL Y SERRA, Antonio. *Los derechos humanos*. 2. ed. Madrid: Tecnos, 1977, p. 20.

[3] Cf. BOBBIO, Norberto. *A era dos direitos*. 2. ed. Rio de Janeiro: Campus, 1982. p. 6.

[4] LOWENSTEIN, Karl. *Teoría de la Constitución*. Barcelona: Ariel, 1982. p. 401. Naturalmente, tal distinção não é, de modo algum, absoluta. Se, por um lado, é verdade que a maioria dos direitos sociais implica uma obrigação de fazer por parte do poder público, existem importantes exceções à regra. Por exemplo, o direito de greve exige, sobretudo, uma abstenção por parte do Estado. Este não deve impor limites excessivos ao seu exercício para não anulá-lo, ocorrendo o mesmo com o direito de associação dos trabalhadores em sindicatos (Cf. HABA, Enrique P. *Tratado básico de derechos humanos*. San José: Juricentro, 1986. T. 2, p. 932).

liberdade de expressão.[5] Por outro lado, se é verdade que os direitos civis podem ser considerados direitos individuais, na medida em que tutelam os interesses dos indivíduos isoladamente considerados, e que, pelo contrário, os direitos sociais implicam uma prestação positiva à coletividade (direito ao trabalho, direito à saúde, direito à educação etc.), o fato é que a referida distinção perde progressivamente a sua razão de ser, haja vista que o completo desenvolvimento da personalidade somente é possível em sociedade, ou seja, na coletividade na qual ele se encontra inserido. Sendo assim, quando a legislação protege os interesses coletivos ela também está protegendo os interesses individuais e vice-versa.

Por fim, não se pode deixar de reconhecer, malgrado opiniões abalizadas em sentido contrário, que a efetivação dos direitos sociais é, em tese, mais problemática que a dos direitos individuais, considerando-se que aqueles dependem da capacidade concreta de cada país em promovê-los.[6] Países subdesenvolvidos não conseguem tornar efetivos os direitos sociais, ainda que seus governos o desejem. Em consequência, somos obrigados a admitir que as condições econômicas de cada país, seus recursos disponíveis e mesmo as prioridades administrativas podem constituir obstáculos à efetivação dos direitos sociais. Em suma: a efetivação dos direitos sociais depende, dentre outros fatores, das possibilidades concretas de cada governo. Em princípio, os direitos civis e políticos podem ser concretizados de imediato, ao contrário dos direitos econômicos e sociais que se caracterizam pela progressividade. Tal característica dos direitos econômicos e sociais tem repercussão direta no direito penal, considerando-se que quanto maior a capacidade dos poderosos de apropriar-se dos recursos públicos valendo-se de vias ilegais, menor a capacidade do Estado de tornar efetivos os direitos econômicos e sociais numa dada sociedade.

Os direitos econômicos e sociais e o Estado social-democrático de direito são conceitos correlatos. Estado social-democrático de direito é o modelo jurídico-político de Estado que resulta justamente dos embates revolucionários travados pelo movimento sindical e pelos partidos políticos progressistas de todo o mundo pelo reconhecimento dos direitos econômicos e sociais.

O Estado social-democrático de direito é intervencionista, haja vista a necessidade de interferir na esfera da economia e das relações sociais para assegurar efetividade aos direitos humanos, inclusive dos direitos sociais. Ao mesmo tempo em que o Estado social-democrático de direito esforça-se para viabilizar cada vez mais a participação política de segmentos socialmente excluídos, ele compromete-se com a adoção de políticas de bem-estar social, favorecendo, assim, não somente a democracia, mas, em última análise, o respeito aos direitos individuais. Sob o prisma econômico, o Estado social-democrático de direito é um Estado capitalista, não existindo exemplos históricos de Estados social-democráticos de direito que tenham renegado a economia de mercado para adotar o mo-

---

[5] Cf. BOVEN, Theodor C. Van. Os critérios de distinção dos direitos do homem. In: VASAK, Karel (Org.). *As dimensões internacionais dos diritos do homem*. Lisboa: Livros Técnicos e Científicos, 1978. p. 71.
[6] Cf. Neste sentido: BOBBIO, Norberto. *A era dos direitos*. Op. cit., p. 72.

delo socialista de produção. Por outro lado, em termos estritamente políticos, o Estado social-democrático de direito pode perfeitamente ser governando por partidos socialistas democráticos. Ultrapassando o modelo liberal de Estado, o Estado de bem-estar social não renega os valores liberais, mas, ao contrário, pretende dar-lhes uma dimensão mais concreta na medida em que os relaciona aos direitos econômicos e sociais.

Se o Estado social-democrático de direito é, no plano econômico, Estado capitalista, isto não significa que ele se encontre necessariamente atrelado à doutrina do liberalismo econômico, muito pelo contrário. Por definição, o Estado social-democrático de direito é intervencionista em matéria econômica e social, tendo a pretensão de regular, em maior ou menor medida, o funcionamento do mercado em benefício da sociedade. Trata-se, portanto, de um modelo de Estado que se afasta da definição de Estado mínimo em matéria econômica e social. Reconhece-se, neste sentido, que a emergência dos direitos econômicos e sociais implicou em demandas políticas e sociais que ampliaram o Estado proporcionando a expansão da legislação e das instituições estatais.[7] Tal fisionomia do Estado repercute diretamente no direito penal, redimensionando as suas funções, como veremos adiante.

Os direitos humanos, incluindo os direitos sociais, encontram-se permanentemente ameaçados de diferentes maneiras. O renascimento do liberalismo radical em matéria política e econômica, por exemplo, contribui para o seu enfraquecimento ao opor-se ao intervencionismo estatal em matéria econômica e social, por considerá-lo um adversário das liberdades individuais, além de tornar o Estado perdulário e ineficiente. Por outro lado, determinadas agressões particularmente lesivas aos direitos sociais também podem ter lugar no interior do próprio Estado intervencionista, a exemplo da criminalidade dos poderosos, espécie de delinquência com potencial para abalar os próprios alicerces do Estado social-democrático de direito.

20.2 A criminalidade dos poderosos e os direitos humanos: a corrupção, a criminalidade econômica e a criminalidade organizada como formas de desvio que afetam os direitos econômicos e sociais

Os direitos econômicos e sociais, mesmo quando plenamente positivados, têm sua efetividade seriamente prejudicada pela denominada criminalidade dos poderosos. Esta manifestação da criminalidade compreende os fatos puníveis cometidos por indivíduos socialmente favorecidos, entendendo-se como tais os que se encontram relativamente imunizados contra as medidas repressivas do sistema penal em consequência de seu elevado *status* econômico ou político.

---

[7] Cf. O'DONNELL, Guillermo. *Democracia, agência e Estado*: teoria com intenção comparativa. São Paulo: Paz e Terra, 2011. p. 61.

Dentre as diversas manifestações da criminalidade dos poderosos, merecem registro aquelas que afetam direta ou indiretamente os direitos econômicos e sociais, a exemplo da corrupção, inclusive a relacionada à criminalidade econômica.

A corrupção dos poderosos é a denominada macrocorrupção, entendida como sendo aquela modalidade praticada pelos grandes empresários, pelos agentes públicos situados na cúpula da administração pública, pelos agentes políticos que estão no topo dos Poderes da República e pelas mais importantes lideranças políticas. As práticas corruptas dos empresários, dos agentes públicos e dos políticos poderosos solapam as bases do Estado social-democrático de direito, o que, na verdade, pouco lhes preocupa, desde que as vantagens que aufiram decorrentes de seus comportamentos criminosos superem os custos decorrentes dos riscos por eles assumidos.[8]

Os indivíduos econômica e politicamente poderosos são mais organizados que o restante da sociedade no que diz respeito à defesa de seus interesses e isto vale para os casos em que eles precisam infringir o direito. A tenacidade com que a comunidade dos poderosos persegue seus propósitos socialmente nocivos contrasta com a debilidade da sociedade em se contrapor a tais desígnios. Em nossas sociedades, "os grupos poderosos têm poder para conseguir que determinado comportamento não seja considerado delito e seja tratado somente como ilícito civil ou administrativo", evitando a criminalização de condutas altamente nefastas e influenciando, dessa maneira, "a visão que a comunidade tem deste comportamento e evitando o estigma de delinquente a quem o realize".[9]

A criminalidade dos poderosos é a mais danosa aos direitos econômicos e sociais, na medida em que não somente é considerada com indiferença pelo sistema penal, mas também é visualizada frequentemente por parcelas da sociedade como desprovida de relevância. Ao direito penal compete o papel pedagógico de contribuir para esclarecer a sociedade de que as diversas manifestações da criminalidade dos poderosos contribuem para afetar dramaticamente os direitos econômicos e sociais e, reflexamente, em um plano que não abordaremos aqui de maneira mais detalhada, os próprios direitos civis e políticos com os quais se encontram interconectados.

Atualmente, não resta qualquer dúvida de que a criminalidade é um fenômeno social amplamente disseminado por todas as camadas da sociedade e que, além disso, envolve a maior parte de seus integrantes. Em que pese tal realidade, a criminalidade dos poderosos, ressalvadas exceções, costuma resguardar-se sob o manto da impunidade proporcionado pela influência política e econômica de seus agentes. Isto comprova, em última análise, que a criminalidade, em absoluto, não é "uma categoria ontológica de determinados comportamentos e de determinados indivíduos", mas sim o produto da decisão de atribuir o *status* de criminoso a alguns, com a exclusão de outros, o que ocorre mediante

---

[8] Cf. ZURBRIGGEN, Cristina. Empresários e redes rentistas. In: _____. *Corrupção*: ensaios e críticas. Belo Horizonte: UFMG, 2008. p. 435.

[9] CID MOLINÉ, José; LARRAURI PIJOAN, Elena. *Teorías criminológicas*: explicación y prevención de la delincuencia. Barcelona: Bosch, 2001. p. 123.

um procedimento que envolve uma dupla seleção consistente na eleição de certos bens jurídicos a serem tutelados pelas normas penais incriminadoras em detrimento de outros mesmo que socialmente mais nocivos e, além disso, na escolha e rotulação de apenas alguns indivíduos dentre todos aqueles que praticam idênticas infrações penais. Em resumo: a despeito de toda a sociedade cometer crimes, somente parte de seus integrantes torna-se objeto da atenção do sistema penal, estando os poderosos excluídos do elenco de pessoas "criminalizáveis".[10]

De fato, diferentemente do proclamado pelo discurso do direito penal liberal, os bens jurídicos penalmente protegidos nem sempre são os mais relevantes para a reprodução da vida social, vale dizer, não são bens valiosos em si mesmos, mas somente enquanto produto de definições político-criminais de natureza em grande medida arbitrária que tendem a imunizar os delinquentes poderosos contra o direito penal. Explica-se, desse modo, por que a sociedade costuma identificar a criminalidade como um fenômeno relacionado tão somente aos integrantes dos setores sociais desfavorecidos. Por outro lado, embora diversas infrações penais sejam praticadas por indivíduos pertencentes a todas as classes sociais, as chances de cada um ser objeto da atenção do sistema penal variam consideravelmente a depender da posição específica que cada um deles ocupa na sociedade. É que as oportunidades negativas dos indivíduos serem alcançados pelo direito penal são distribuídas desigualmente de maneira análoga, aliás, ao que ocorre com a distribuição das oportunidades positivas de ascensão social. A possibilidade das pessoas socialmente desfavorecidas serem criminalizadas é infinitamente maior que a dos poderosos. Portanto, da mesma maneira que as chances de sucesso são repartidas desigualmente na sociedade, as chances de fracasso também o são, dentre as quais a de ser apanhado nas malhas do sistema penal.

Tal realidade perversa, insuportável para o Estado social-democrático de direito, que promete maximizar a igualdade legal e material, é reconhecidamente perigosa, posto que, como reconhece a doutrina penal brasileira, "se nenhum adequado equacionamento for adotado para o controle da criminalidade dos poderosos corre-se o sério risco, num curto prazo, de partir-se para um direito penal despótico, desligado dos princípios e das garantias próprias do direito penal de um Estado constitucionalmente democrático".[11] Defender o contrário equivale a comprometer-se com a perpetuação de um direito penal ainda mais marcadamente classista e unicamente preocupado com a criminalidade tradicional comumente associada – erroneamente, diga-se de passagem – às camadas desfavorecidas da sociedade.

Resumidamente: a criminalidade dos poderosos, incluindo a macrocorrupção, é consideravelmente imune ao direito penal em razão da condição política e social de seus

---

[10] Cf. BARATTA, Alessandro. *Criminologia crítica e crítica do direito penal*: introdução à sociologia do direito penal. Rio de Janeiro: Revan, 1997. p. 161.
[11] Cf. FRANCO, Alberto Silva. Globalização e criminalidade dos poderosos. *Revista Portuguesa de Ciência Criminal*, A. 10, fax. 2. Coimbra: Coimbra Editora, 2000. p. 208.

agentes, o que acarreta significativas dificuldades no que diz respeito à preservação dos direitos econômicos e sociais.

A corrupção é um fenômeno social atemporal e disseminado, podendo apresentar, ao mesmo tempo ou separadamente, repercussões éticas e/ou jurídicas. A seu respeito, diz-se, acertadamente, que a utilização do poder em seu próprio benefício e não do interesse geral é "tão antiga como esse mesmo poder".[12] Tal afirmação, porém, mesmo correta, não deve permitir a "naturalização" do fenômeno e a sua assimilação como um dado imodificável da realidade.

Os fatores que contribuem para a corrupção são bastante numerosos e de natureza variada, podendo-se mencionar, dentre outros, a política econômica de um país, a sua política fiscal, a sua política salarial, a estrutura partidária e o funcionamento de suas instituições etc.

A política econômica é um importante fator de corrupção. Ao fixar, por exemplo, tarifas de importação inadequadamente elevadas ou ao pagar salários insuficientes ao funcionalismo, os governos podem estimular empresas a pagarem propinas no intuito de obter vantagens ilícitas. Problema idêntico acontece frequentemente com a privatização de empresas estatais, como ocorreu, por exemplo, em grande escala, nas privatizações das companhias estatais soviéticas. Uma estudiosa do fenômeno da corrupção, contrária à economia de mercado, chega a dizer que "a venda de empresas públicas por imperativo do modelo neoliberal imperante não trouxe maior desenvolvimento, mas grupos de privilegiados, corrupção e criminalidade organizada".[13] Mesmo em tais casos, porém, é forçoso reconhecer, na companhia de outros pesquisadores, que, se "o processo de transferir valores ativos para a propriedade privada é cheio de oportunidades de corrupção", tal processo também "pode reduzir a corrupção ao remover certos valores ativos do controle do Estado e ao converter ações oficiais discricionárias em escolhas particulares, induzidas pelo mercado".[14] Se os processos de privatização de empresas estatais constituem uma oportunidade ímpar para a corrupção, não resta dúvida de que, ao final de tais processos, as fontes de corrupção existentes graças à condição estatal de tais empresas são eliminadas ou, pelo menos, reduzidas. Em outras palavras: se, no curtíssimo prazo, as privatizações podem ser um problema grave no que diz respeito à corrupção, no médio e no longo prazo representam um passo adiante no seu controle. No Brasil, como em muitos outros países, a privatização dinamizou o funcionamento de antigas empresas estatais sucateadas, instrumentalizadas para finalidades políticas e sem a necessária capacidade de realizar investimentos, tornando-as, em termos gerais, e descontados outros problemas, mais efi-

---

[12] BERDUGO GÓMEZ DE LA TORRE, Ignacio; FABIÁN CAPARRÓS, Eduardo A. Corrupción y derecho penal: nuevos perfiles, nuevas respuestas. *Revista Brasileira de Ciências Criminais*. São Paulo: Revista dos Tribunais, p. 8, A. 17, nº 81, nov./dez. 2009.

[13] ZUÑIGA RODRÍGUEZ, Laura. *Criminalidad organizada y sistema de derecho penal*: contribución a la determinación del injusto penal de organización criminal. Granada: Comares, 2009. p. 109.

[14] ROSE-ACKERMAN, Susan. *Corrupção e governo*. Lisboa: Prefácio, 2002. p. 59.

cientes e dinâmicas, contribuindo melhor para o bem-estar das pessoas. No entendimento abalizado de um estudioso do desenvolvimento econômico de nosso país, "as privatizações romperam com o atraso do passado, o clientelismo, o empreguismo e a ineficiência das empresas estatais e abriram caminho para a prosperidade e a incorporação de milhões de brasileiros, que se tornaram acionistas dessas empresas".[15]

No Brasil, a corrupção encontra-se solidamente enraizada na cultura do compadrio e do favorecimento, de natureza tipicamente patrimonialista. Desconfia-se também que a corrupção radique nas seculares desigualdades sociais, no elitismo e na nossa pesada herança escravagista, o que, se for verdade, é sinal de que ela encontra-se muito mais impregnada em nossa cultura do que talvez desejemos admitir. Talvez por isso mesmo Fábio Wanderley Reis afirme ser "ilusória a ideia de que possamos inaugurar uma nova cultura, com o enraizamento de normas autenticamente democráticas e cívicas, por meio da 'reforma moral' ou ideológica ou de uma espécie de 'conversão' coletiva".[16] Se isto for real, como aparenta ser, certamente o direito penal pode se transformar num valioso instrumento de preservação dos direitos sociais afetados pela corrupção.

É impossível imaginar a existência de comunidade humana razoavelmente complexa que não tenha conhecido o fenômeno da corrupção. Todavia, a sua presença em níveis intoleráveis põe em risco a própria sobrevivência da comunidade política democrática. Ademais, os países mais pobres são exatamente os mais afetados pela corrupção por não contarem com os meios indispensáveis ao seu enfrentamento. Numerosas evidências empíricas comprovam que a corrupção corrói a estrutura política e social dos Estados subdesenvolvidos, comprometendo seu desenvolvimento.[17] Por conseguinte, em que pese o fato de a corrupção encontrar-se amplamente disseminada por todos os países, sejam eles desenvolvidos ou não, no caso dos mais pobres "os efeitos da existência da corrupção sobre suas economias podem ser considerados mais graves, existindo assim, na atualidade, um consenso na ciência econômica no sentido de que se trata de um dos grandes obstáculos para o desenvolvimento e o crescimento daqueles".[18] Segundo os estudiosos do fenômeno, "os altos níveis de corrupção estão associados com baixos níveis de investimento e crescimento", fator que "reduz a efetividade das políticas industriais e encoraja

---

[15] BRUM, Argemiro J. *O desenvolvimento econômico brasileiro*. Petrópolis: Vozes, 2011. p. 462.

[16] REIS, Fábio Wanderley. Corrupção, cultura e ideologia. In: _____. *Corrupção*: ensaios e críticas. Belo Horizonte: UFMG, 2008. p. 393.

[17] Cf. FALLETTI, François; DEBOVE, Frédéric. *Planète criminelle*: le crime, phénomène social du siècle. Paris: Presses Universitaires de France, 1998. p. 238-239. MAURO, Paolo. Os efeitos da corrupção sobre crescimento, investimentos e gastos do governo: uma análise de países representativos. In: _____. *A corrupção e a economia global*. Brasília: UNB, 2002. p. 140.

[18] MURIEL PATIÑO, María Victoria. Aproximación macroeconómica al fenómeno de la corrupción. In: _____. *La corrupción en un mundo globalizado*: análisis interdisciplinar. Salamanca: Ratio Legis, 2004. p. 27.

os negócios a operarem no setor paralelo em violação das leis fiscais e reguladoras".[19] Tais efeitos, evidentemente, são catastróficos para os direitos humanos em geral e para os direitos econômicos e sociais em particular, na medida em que impedem os governos de realizar o investimento social necessário para que as pessoas possam deixar a miséria. Consequentemente, a imunidade penal dos poderosos corruptos afeta diretamente os direitos humanos numa escala consideravelmente maior do que supõe a maior parte da população. A existência de um direito penal destinado a reprimir e prevenir a criminalidade dos poderosos contribui, assim, para despertar na população a consciência em relação às suas diversificadas formas de manifestação e dos problemas que ela acarreta à sociedade num grau que não pode ser comparado ao da criminalidade tradicional.

Os efeitos da corrupção se espraiam por diversos âmbitos da vida social relacionados entre si. No plano econômico, a corrupção acarreta o aumento da despesa pública graças ao superfaturamento dos preços e das obras públicas, destinado a viabilizar o pagamento de propinas e à maximização dos lucros. Ademais, a corrupção também afeta ou mesmo elimina a competição entre os diversos concorrentes, tornando a economia, considerada no seu conjunto, menos eficiente e mais injusta, na medida em que o preço final a ser pago pelo governo é elevado artificialmente. No curto prazo, porém, não obstantes os males que a corrupção acarreta para a sociedade e para a economia, o empresariado tem dificuldade de renunciar às práticas corruptas, uma vez que elas lhes possibilitam melhores condições de competir e derrotar seus concorrentes. Todavia, no longo prazo, a corrupção faz com que os investimentos declinem, pois o investidor percebe que tal prática afeta o funcionamento normal do mercado, gerando distorções que com o tempo irão causar danos consideráveis mesmo que, no início, o pagamento da propina o tenha colocado em vantagem em relação aos seus concorrentes. O investidor corrupto também pode perceber que, com o tempo, terminará por se tornar refém das exigências impostas pelos poderosos corruptos incrustados no aparelho estatal ou que de alguma maneira desfrutem de influência sobre ele, mediante a manipulação das leis e regulamentos com a finalidade de extraírem vantagens ilícitas para si, para outros ou para um partido ou uma coligação de partidos políticos.

Mas, se no âmbito propriamente econômico, as consequências deletérias da corrupção são consideráveis, o mesmo pode ser dito das que são produzidas no campo da política. A corrupção afeta a igualdade política, uma vez que favorece um político (ou uma agremiação política) em detrimento da outra no embate político-partidário. Em outras palavras: o partido político que tem maior facilidade para acessar financiamentos de campanha a partir do crime – em particular, da corrupção – desfruta de vantagem diante dos partidos políticos concorrentes, distorcendo, assim, a vontade popular e impossibilitando a alternância no poder, que é essencial à democracia.

No que diz respeito aos direitos sociais, a corrupção também gera efeitos desastrosos para a cidadania, uma vez que reduz ou suprime os recursos a serem direcionados pelo

---

[19] ROSE-ACKERMAN, Susan. *Corrupção e governo*. Lisboa: Prefácio, 2002. p. 21.

governo para a saúde, educação, habitação e segurança da população, recursos estes que são apropriados privadamente em detrimento dos setores sociais desfavorecidos.[20] Em síntese, nas palavras precisas de um estudioso do problema, o fenômeno da corrupção, "além de ter efeitos nocivos ao desenvolvimento econômico, democrático e social, impede o estabelecimento da livre-concorrência e gera violações aos próprios direitos humanos".[21] Devido ao seu potencial para causar lesão aos interesses da sociedade e, sobretudo, aos direitos dos integrantes de suas camadas mais empobrecidas, tais efeitos reconhecidamente desfavoráveis justificam seguramente a intervenção penal naquelas hipóteses em que não existem meios mais eficientes e menos radicais para preservá-los.

A corrupção faz-se presente tanto nos Estados autocráticos como nos democráticos; tanto nos subdesenvolvidos como nos desenvolvidos; tanto nos de economia capitalista avançada como nos, ainda existentes, de economia planificada do tipo socialista. Mas nos democráticos a corrupção tem o condão de minar a democracia ao desmoralizar governos corrompidos eleitos democraticamente pelos seus cidadãos. Além disso, a corrupção também pode interferir no desenvolvimento econômico do país ao tornar o governo ineficiente na condução dos rumos da economia e no atendimento dos direitos sociais. No entanto, esclarecemos este ponto, isto não significa de maneira alguma que as sociedades abertas sejam mais vulneráveis à corrupção que as fechadas, muito pelo contrário. Se, por um lado, a democracia não imuniza automaticamente o Estado contra a corrupção, o que pode ser confirmado pelos escândalos que se sucedem praticamente de maneira ininterrupta nos países democráticos de economia avançada ou nos países emergentes, por outro, é muito provável que tais países possam adotar, no longo prazo, mecanismos mais eficientes destinados a combatê-la que aqueles utilizados pelos países periféricos e autocráticos. Por exemplo: em países nos quais eleições justas têm lugar regularmente, em que existe a efetiva possibilidade de alternância dos grupos políticos no poder, são maiores as possibilidades de controle da sociedade e do Estado sobre a atividade governamental e partidária, podendo-se dizer o mesmo daqueles que contam com poderes Legislativo e Judiciário independentes, bem como daqueles em que os direitos civis e políticos são plenamente assegurados. Em suma, podemos afirmar com razoável grau de precisão que o ambiente democrático e liberal revela-se muito mais desfavorável à proliferação da criminalidade dos poderosos e, particularmente, da corrupção que o autocrático e antiliberal. Na esteira da doutrina, podemos afirmar que "as manifestações da corrupção são conhecidas pelas sociedades democráticas, mas são produzidas em maior medida nas estruturas autoritárias".[22]

---

[20] Cf. BERDUGO GÓMEZ DE LA TORRE, Ignacio; FABIÁN CAPARRÓS, Eduardo A. Corrupción y derecho penal: nuevos perfiles, nuevas respuestas. *Revista Brasileira de Ciências Criminais*. São Paulo: Revista dos Tribunais, 2009. p. 15.

[21] JAPIASSÚ, Carlos Eduardo Adriano. A corrupção em uma perspectiva internacional. *Revista Brasileira de Ciências Criminais*. nº 64, São Paulo: Revista dos Tribunais, jan./fev. 2007. p. 30.

[22] BERDUGO GÓMEZ DE LA TORRE, Ignacio; FABIÁN CAPARRÓS, Eduardo A. Corrupción y derecho penal: nuevos perfiles, nuevas respuestas. *Revista Brasileira de Ciências Criminais*. São Paulo: Revista dos Tribunais, 2009. p. 8.

Tais consequências desastrosas da corrupção podem ser notadas mais facilmente nos países periféricos, ainda que os países centrais não estejam de maneira alguma imunes. Nos países subdesenvolvidos, a corrupção interfere severamente nas possibilidades de elevação dos níveis de bem-estar do povo, na medida em que os recursos destinados à satisfação de seus direitos econômicos e sociais são desviados para atender interesses puramente privados, fazendo com que se acentuem as desigualdades sociais em prejuízo dos desfavorecidos.[23] Por outro lado, nos denominados países emergentes ou em desenvolvimento, em especial naqueles em transição de uma economia fechada para uma aberta, o fenômeno da corrupção também interfere consideravelmente no âmbito do imaginário, fazendo com que a população identifique erroneamente a existência de práticas econômicas e políticas corruptas com a própria economia de mercado e com a democracia.[24] Tal realidade, somada ao fato de que em tais países não existe uma consciência individual e coletiva suficientemente amadurecida de que o interesse privados deve ceder ao interesse público em nome do bem comum, contribui de maneira significativa para a passividade generalizada da população diante do fenômeno. Por conseguinte, é correto concluir que, ao minar a confiança da própria sociedade no regime democrático de governo e na própria economia de mercado, a corrupção impede de maneira perversa que o desenvolvimento econômico democraticamente orientado possa contribuir decisivamente para a efetivação dos direitos econômicos e sociais em seu conjunto.

Por vezes, a corrupção relaciona-se à criminalidade econômica, muito embora esta última, por si só, em se tratando da macrocriminalidade econômica, tenha potencial suficiente para atingir os direitos econômicos e sociais.

O Estado social-democrático de direito interessa-se pelo funcionamento da economia nacional. O intervencionismo estatal em matéria econômica expressa uma preocupação legítima com a organização e o regular funcionamento da economia para que os seus aspectos disfuncionais não afetem os direitos econômicos e sociais. Por conseguinte, a criminalidade econômica também é um campo legítimo da intervenção do estatal no âmbito da economia. O ramo do direito penal geral dedicado à repressão e prevenção da criminalidade econômica, incluindo a macrocriminalidade econômica, é o chamado direito penal econômico.[25] O Estado social-democrático de direito, Estado fortemente intervencionista em

---

[23] Cf. ELLIOT, Kimberly Ann. Introdução. In: _____. A corrupção e a economia global. Brasília: UNB, 2002. p. 17-18.

[24] Neste sentido: ROSE-ACKERMAN, Susan. A economia política da corrupção. In: A corrupção e a economia global. Brasília: UNB, 2002, p.74. GLYNN, Patrick; KOBRIN, Stephen J; NAIM, Moisés. A globalização da corrupção. In A corrupção e a economia global. Brasília: UNB, 2002. p. 31. SOARES, Luiz Eduardo. Crime organizado. In: _____. Corrupção: ensaios e críticas. Belo Horizonte: UFMG, 2008. p. 406-407.

[25] É impossível compreender a natureza do direito penal econômico sem examinar, ao mesmo tempo, o sistema econômico no qual ele se insere. Em significativa medida, a economia nos ajuda a entender o direito, inclusive o direito penal econômico. Por conseguinte, o direito penal econômico do Estado liberal diferencia-se do direito penal econômico dos Estados intervencionistas em matéria

matéria econômica e social, não se conforma em tutelar a ordem econômica estritamente considerada, como aconteceria no Estado liberal de direito, mas pretende proteger efetivamente as relações de produção e consumo que caracterizam a economia de mercado de maneira a assegurar, inclusive, o bem-estar da população decorrente do reconhecimento jurídico e da efetivação dos direitos sociais.

Revela-se particularmente disfuncional no Estado social-democrático de direito a criminalidade econômica dos poderosos, sobretudo quando assume as características de criminalidade organizada.[26] A criminalidade organizada depende da existência de uma organização estruturada de maneira permanente com a finalidade de cometer crimes graves para obter vantagens econômicas.[27] Portanto, a criminalidade organizada implica a existência de uma organização estruturada para cometer crimes, inclusive crimes econômicos mediante práticas corruptas, tratando-se de uma forma de criminalidade, em regra, mais perigosa que a comum na medida em que apresenta maior potencial para causar dano aos direitos econômicos e sociais.

No que diz respeito aos males que produz ao desenvolvimento econômico e social de um país, a criminalidade organizada é certamente muito perigosa, considerando-se

---

econômica. Em que pese o fato de o direito penal econômico não se subordinar mecanicamente às exigências da economia, não se pode deixar de reconhecer a existência de uma (relativa) influência recíproca entre as instâncias jurídicas e econômicas da sociedade. Destarte, o estudo do direito penal econômico não pode dissociar-se do exame dos sistemas econômicos. Cf. a esse respeito: TIEDMANN, Klaus. *Derecho penal y nuevas formas de criminalidad*. Lima: IDEMSA, 2000. p. 54.

[26] A criminalidade organizada, como todo e qualquer fenômeno social, não pode ser definida facilmente, todavia, em termos legislativos, a expressão "criminalidade organizada" não é recente, uma vez que a Convenção das Nações Unidas contra a Delinquência Organizada Transnacional de 2000 (Convenção de Palermo) conceitua a organização criminosa como sendo o "grupo estruturado de três ou mais pessoas existente há algum tempo, atuando de modo planejado com o propósito de cometer uma ou mais infrações graves ou enunciadas na presente Convenção, com a intenção de obter, direta ou indiretamente, um benefício econômico ou outro benefício material" (art. 2º, alínea *a*).

[27] A organização criminosa, núcleo da noção de criminalidade organizada, pressupõe a existência de objetivos compartilhados pelos seus integrantes, os quais orientam suas decisões e atividades; a vigência de divisão de trabalho em seu interior (especialização de funções, direitos e deveres etc.), destinada à consecução de seus objetivos; existência de uma estrutura organizacional; compartilhamento de valores por seus integrantes; um sistema de tomada de decisões; um sistema de coordenação e controle das atividades desenvolvidas pelo grupo; a coesão ideológica de seus integrantes ou a existência de interesses comuns relacionados aos objetivos da organização; a capacidade de adaptação às mudanças econômicas, políticas e sociais; o intercâmbio com o ambiente empresarial e político, no qual ocorre a vinculação entre a criminalidade organizada e a econômica; a frequente utilização de instrumentos violentos para atingir seus objetivos; o cometimento de crimes reputados graves; o fim de obtenção de vantagens, sobretudo as econômicas; o caráter secreto ou clandestino; a busca da impunidade a qualquer custo (Cf. ZUÑIGA RODRÍGUEZ, Laura. *Criminalidad organizada y sistema de derecho penal*: contribución a la determinación del injusto penal de organización criminal. Granada: Comares, 2009. p. 127-133).

sua capacidade de interferir nas atividades empresariais para controlar também negócios legais adquiridos com os lucros ilícitos auferidos mediante atividades criminosas. É assim que os lucros ilegais, sobre os quais não incidem tributos, são reinvestidos em negócios legais, acarretando toda sorte de prejuízo ao bem-estar da população, afetando diretamente os direitos humanos.

Entre os estudiosos do problema da criminalidade dos poderosos e da corrupção é praticamente consensual o entendimento de que ela deve ser enfrentada também pelo direito penal. Em que pese tal entendimento, setores da doutrina penal desconfiam que a intervenção do direito penal no combate à criminalidade dos poderosos pode representar um perigo ao direito penal de garantias ou direito penal liberal.

20.3 O direito penal do Estado social-democrático de direito e a salvaguarda dos direitos econômicos e sociais

A proteção efetiva dos direitos econômicos e sociais torna imperativa a expansão do direito penal. Em termos gerais, o fenômeno conhecido como expansão do direito penal é consequência do maior intervencionismo estatal na esfera da economia e das relações sociais, do denominado processo de globalização e do que se convencionou chamar de sociedade de risco. Por conseguinte, o Estado social-democrático de direito, de natureza intervencionista e comprometido com a tutela dos direitos econômicos e sociais, precisa de um direito penal instrumentalizado com tal finalidade. Enquanto o direito penal clássico conforma-se, na maioria dos casos, em garantir os direitos individuais, o direito penal contemporâneo não é nem pode ser um direito penal mínimo, muito embora, no que diz respeito à criminalidade tradicional, ou seja, àquela que atinge bens jurídicos puramente individuais, precise sê-lo por uma série de razões cuja análise não cabe nos limites desta reflexão. Ao atingir os direitos econômicos e sociais por intermédio de práticas corruptas muitas vezes associadas à criminalidade econômica e à criminalidade organizada, a criminalidade dos poderosos, daqueles situados numa posição privilegiada de mando, impõe um inédito protagonismo ao direito penal.

Referindo-se ao que chama, um tanto impropriamente, de direito penal moderno – produto da expansão do direito penal clássico – a doutrina alemã afirma que ele tende a abandonar o princípio penal liberal da intervenção mínima, passando a ser utilizado como uma espécie de instrumento de pedagogia social destinado a "sensibilizar" as pessoas para que assumam comportamentos politicamente adequados, como ocorre com a necessidade de se respeitar o meio ambiente. Tal direito penal, diz a doutrina, nega o seu caráter subsidiário, passando, pelo contrário, a ocupar a linha de frente das reformas sociais.[28] Ademais, o direito penal moderno se afasta do compromisso assumido pelo direito penal clássico de

---

[28] Cf. HASSEMER, Winfried. *Persona, mundo y responsabilidad*: bases para una teoría de la imputación en derecho penal. Bogotá: Temis, 1999. p. 21-22.

tutela exclusiva de bens jurídicos. Enquanto neste a proteção de bens jurídicos é um "critério negativo", isto é, um critério de limitação da atividade do legislador penal no que diz respeito à criminalização, no direito penal moderno passa a ser um "critério positivo", ou seja, de fundamentação. Dito de outra forma: no direito penal moderno o conceito de bem jurídico estabelece exigências de criminalização de determinadas condutas ao legislador penal, deixando assim de ser uma barreira à criminalização, que constitui justamente uma das "promessas" do direito penal clássico. Em resumo, a doutrina nos diz que, no direito penal moderno, "a proteção de bens jurídicos se transforma num mandato de penalizar, em lugar de ser uma proibição condicionada de penalização".[29] Dessa maneira, o direito penal moderno provoca a proliferação de novas figuras de delito em âmbitos que normalmente não são alcançados pelo direito penal clássico, a exemplo do que acontece com a criminalidade econômica e a criminalidade organizada.[30] Por último, tratar-se-ia de um direito penal simbólico, vale dizer, de um direito penal que corre o risco permanente de criar a ilusão de que resolve os problemas sociais sem, contudo, poder fazê-lo, além de afetar a segurança jurídica ao permitir a proliferação de delitos de perigo abstrato, o que provoca uma diminuição das chances de defesa do acusado.[31] A solução indicada seria o recuo do direito penal às estreitas margens do direito penal clássico, reservando às condutas desviadas abrangidas pelo direito penal moderno tratamento extrapenal menos rigoroso.

Demonstrando uma compreensão mais adequada do fenômeno da expansão do direito penal, a doutrina penal espanhola percebeu muito cedo os efeitos da chamada "sociedade de risco" característica dos países de economia pós-industrial sobre o direito penal tradicional. A referida expansão se caracterizaria, basicamente, pela formulação de novos tipos penais e pela agravação dos já existentes, em outras palavras, por uma intensificação do processo de criminalização. Ademais, também se caracterizaria pelo reconhecimento de novos bens jurídico-penais e pela relativização dos princípios penais e processuais de garantia. Tal processo de expansão não decorreria de uma espécie de "perversão" do direito penal, mas sim de "uma verdadeira demanda social de maior proteção", prejudicada tão somente pela irracionalidade de suas manifestações.[32] Por conseguinte, enquanto no passado relativamente recente falava-se da criminalidade dos despossuídos, no presente é a criminalidade dos poderosos e das empresas que constitui o objeto das atenções da doutrina penal.[33] O chamado "direito penal da globalização", produzido pela expansão do direito penal, concentra-se, sobretudo, na "delinquência econômica ou organizada e em modalidades conexas", razão pela qual "em lugar do homicídio do autor individual, trata, por exemplo, de abordar atos de corrupção realizados por uma empresa que, por sua vez,

---

[29] Idem, p. 20.
[30] Idem, p. 23.
[31] Idem, p. 26-27.
[32] Cf. SILVA SÁNCHEZ, Jesús-María. *La expansión del derecho penal*: aspectos de la política criminal en las sociedades postindustriales. Madrid: Civitas, 1999. p. 17-20.
[33] Cf. Idem, p. 41.

comete crimes econômicos".[34] Dessa maneira, o direito penal contemporâneo ou "direito penal da globalização" não tem como preocupação principal os crimes que expressam a criminalidade tradicional, a exemplo dos crimes contra a vida, contra o patrimônio, dentre outros, mas novas espécies de infrações penais que são manifestações da criminalidade dos poderosos. A recente configuração do direito penal não está isenta de problemas, segundo seus críticos.

Em decorrência da ineficiência do direito penal clássico em prevenir a criminalidade dos poderosos na sociedade pós-industrial, o "direito penal da globalização" caracteriza-se pelo maior rigor punitivo. Diante da magnitude da delinquência dos poderosos, o "déficit de execução" do direito penal clássico exige uma maior severidade do direito penal contemporâneo. Se a evolução histórica do direito penal apontou no sentido da diminuição do rigor punitivo, na "sociedade da insegurança" desenvolveu-se orientação diametralmente oposta traduzida pela exigência da exacerbação das sanções penais, cuja finalidade passa a relacionar-se à prevenção geral negativa, e pela maior severidade na sua execução, traduzindo pronunciadas preocupações defensivistas no contexto de uma política criminal da "lei e da ordem".[35]

Tais características do "direito penal da globalização" repercutem no direito penal tradicional. Acredita a doutrina que a relativização do direito penal e processual penal de garantias no tocante à criminalidade dos poderosos pode afetar negativamente o tratamento conferido à criminalidade tradicional. Por conseguinte, "as soluções frente a eventuais desigualdades no trato com a criminalidade não passam pela eliminação das garantias na repressão da delinquência dos poderosos, mas, pelo contrário, por garantir que os marginalizados desfrutem realmente – e não só teoricamente – das mesmas garantias que aqueles".[36]

Realisticamente, a doutrina espanhola não acredita que a expansão do direito penal possa ser detida mediante o mero retorno ao direito penal clássico, isto é, ao direito penal que proteja somente bens jurídicos individuais e consagre apenas as garantias processuais tradicionais. Tal pretensão é manifestamente irrealizável, mesmo porque tal direito penal "na realidade nunca existiu como tal". Sendo assim, de certa maneira, o problema não é propriamente a expansão do direito penal, mas a expansão da pena privativa de liberdade. Em suma: a relativização das garantias penais não é em si mesma um problema, desde que não permita, concomitantemente, a aplicação da pena privativa de liberdade aos criminosos que violem o "direito penal da globalização". A tendência de relativização das garantias do direito penal clássico pode conviver perfeitamente com penas pecuniárias ou com penas restritivas de direito, mas, sobretudo, com penas reparatórias substitutivas da pena privativa de liberdade, a exemplo das sanções do direito civil. Este direito penal sem penas privativas de liberdade poderia ser utilizado, por exemplo, para a criminalidade

---

[34] Cf. Idem, p. 74-75.
[35] Cf. Idem, p. 97-98.
[36] Cf. Idem, p. 42.

econômica. Desse modo, ele seria um ramo do direito "menos pretensioso no tocante às garantias materiais e processuais, mas, em contrapartida, disporia de sanções menos intensas que as penas tradicionais".[37] Em suma, um ramo do direito que, diferentemente do direito penal, não se apoiasse em penas privativas de liberdade, assemelhando-se, assim, a um direito intermediário entre este e o direito administrativo, tendo princípios e dogmática próprios.[38] Tal proposta, evidentemente, implicaria, em nosso entendimento, um tratamento mais suave da delinquência dos poderosos em comparação com aquele conferido aos delinquentes tradicionais, ou seja, aos indivíduos tradicionalmente "criminalizáveis".

Porém, assim como a estrutura política e econômica da sociedade contemporânea não permite mais ao direito penal conservar-se nos limites estreitos a ele designados pela doutrina política liberal clássica do Estado liberal de direito, ou, dito de outra forma, não admite que o direito penal retroceda em sua evolução, não nos parece possível, desejável ou realista, que a criminalidade dos poderosos, consubstanciada na macrocorrupção frequentemente associada à delinquência econômica e à criminalidade organizada, deixe de ser objeto legítimo da intervenção penal. Diante dos fatores que explicam a expansão do direito penal, é difícil – para não dizer impossível – acreditar que este ramo do direito renuncie à missão de contribuir para a repressão e prevenção de comportamentos desviados de tamanha nocividade aos direitos econômicos e sociais. Assim sendo, a discussão em torno do papel a ser desempenhado pelo direito penal no mundo contemporâneo deve ater-se não apenas a programas de descriminalização, mas também de criminalização de condutas capazes de causar lesão aos direitos econômicos e sociais, considerando-se, de maneira realista, que no âmbito estrito do direito penal do Estado liberal de direito "não se podem encontrar barreiras apropriadas para enfrentar os novos modos de ameaça originados pela civilização técnica".[39] Com o perdão da analogia, é como se o médico que enfrentasse novas doenças só pudesse fazê-lo com medicamentos e técnicas do século XIX ou, ainda, como se o economista que precisasse resolver problemas relacionados ao funcionamento do mercado financeiro no mundo contemporâneo só pudesse dispor dos conhecimentos produzidos pela teoria econômica clássica.

Com efeito, considerando as características do mundo em que vivemos, não é justo ou mesmo crível que o direito penal contemporâneo abstenha-se de tentar reprimir a

---

[37] Cf. Idem, p. 119.

[38] Cf. ABANTO VÁSQUEZ, Manuel A. El llamado derecho penal del enemigo: especial referencia al derecho penal económico. In: *Derecho penal del enemigo*: un discurso penal de la exclusión. Madrid: EDISOFER, 2006. p. 42. Na realidade, mesmo os dogmáticos do direito penal econômico reconhecem que este ramo do direito penal "sofre de uma perigosa tendência a se transformar num direito penal expansivo criticável, seja porque é puramente simbólico no sentido mais negativo da expressão, seja porque inunda áreas próprias do direito administrativo sancionador". BAJO FERNÁNDEZ, Miguel; BACIGALUPO SAGGESE, Silvana. *Derecho penal económico*. Madrid: Editorial Universitária Ramón Areces, 2010, p. 34.

[39] CARO CORIA, Dino Carlos. "Sociedad de riesgo" y bienes jurídicos colectivos. In *Estudios de derecho penal*. Lima: Ara Editores, 2005. p. 36.

criminalidade dos poderosos, sobretudo os comportamentos lesivos que causam dano aos direitos econômicos e sociais. Sobretudo agora, no momento em que a ideologia neoliberal enfrenta dificuldades para impor-se em decorrência da manifesta necessidade dos Estados nacionais interferirem de maneira mais vigorosa no âmbito da economia e, particularmente, no seu sistema financeiro, não parece razoável nem sequer possível defender que o direito penal limite-se à tutela dos direitos individuais, esquecendo-se dos direitos econômicos e sociais, que constituem uma das dimensões dos direitos do homem. Neste sentido, reconhece acertadamente a doutrina espanhola do direito penal econômico que "a sociedade mudou e que existem novos perigos, razão pela qual deve a sociedade se defender contra as atividades de delinquência organizada, deve-se atender aos problemas reais das sociedades complexas e deve-se transformar o paradigma penal como se transformou a sociedade".[40]

Naturalmente, do mesmo modo que o Estado social-democrático de direito incorporou definitivamente em sua definição os direitos individuais e os direitos políticos do Estado liberal-democrático de direito, somando-os aos direitos econômicos e sociais de maneira a compor um todo indissociável, amálgama de todas as dimensões da dignidade humana, o direito penal liberal ou direito penal de garantias também deve ser, por sua vez, assimilado em todas as suas dimensões pelo direito penal do Estado social-democrático de direito. Da mesma maneira que o advento do Estado social-democrático de direito não conduz necessariamente ao sacrifício das liberdades clássicas, o surgimento do direito penal contemporâneo não precisa levá-lo forçosamente a abandonar os princípios e as garantias liberais. As dificuldades certamente existentes no processo de assimilação e de conservação de tais princípios e garantias por parte do direito penal contemporâneo são similares às enfrentadas no cotidiano pelo Estado social-democrático de direito, no tocante à possibilidade de compatibilização dos direitos individuais com os direitos econômicos e sociais. Da mesma forma que tais tensões não devem ser resolvidas mediante o abandono do Estado de bem-estar social e da capacidade que este tem de intervir nas esferas econômica e social em favor de um regresso ao liberalismo do século XIX, os conflitos no campo do direito penal também não devem ser solucionados pela renúncia da pretensão de tutelar não apenas direitos individuais, mas também os coletivos. A doutrina espanhola do direito penal econômico posiciona-se de forma clara no sentido de que "o direito penal não pode fundamentar-se em um pensamento individualista e tutelar exclusivamente os ataques que atentem contra bens jurídicos cuja natureza seja estritamente individual", considerando-se que "no âmbito econômico há bens jurídicos de natureza coletiva, interesses de todos, que indiscutivelmente devem ser tutelados pelo direito penal nuclear diante das modalidades de agressão mais intoleráveis".[41]

---

[40] BAJO FERNÁNDEZ, Miguel; BACIGALUPO SAGGESE, Silvana. *Derecho penal económico*. Madrid: Editorial Universitária Ramón Areces, 2010. p. 32.

[41] MARTÍNEZ-BUJÁN PÉREZ, Carlos. *Derecho penal económico y de la empresa*: parte general. Valencia: Tirant lo Blanch, 2007. p. 88.

Em suma: o discurso contrário à expansão ou modernização do direito penal revela-se, em última análise, "insustentável e inaceitável considerando-se a perspectiva histórico-material das existências éticas e políticas de nosso tempo".[42] Por um lado, é uma opção irrealista tentar fazer com que o direito penal retroceda no tempo e encolha-se ao ponto de abandonar a sua pretensão de intervir em defesa dos direitos econômicos e sociais mediante a imposição da pena privativa de liberdade à criminalidade dos poderosos; por outro, é injusto tentar fazê-lo mediante um direito penal desidratado, um direito penal do tipo *light*, um direito penal para os poderosos, ou seja, desprovido da possibilidade de utilização da pena, vale dizer, daquilo que o caracteriza como um ramo do direito público distinto do direito administrativo.

Neste ponto, aprofundando a discussão, talvez fosse conveniente indagar se, em homenagem ao princípio da intervenção mínima, a interferência estatal na contenção da criminalidade dos poderosos não poderia valer-se de medidas extrapenais de proteção dos direitos econômicos e sociais em substituição ao direito penal? Afinal, se o Estado social-democrático de direito pretende tutelar eficazmente os direitos humanos de segunda geração, por que não fazê-lo por intermédio do direito administrativo-econômico ou mesmo por meio de um novo ramo do direito, intermediário entre este ramo do direito e o direito penal?

Em primeiro lugar, por ser justa a opção que o Estado social-democrático de direito faz pelo direito penal em detrimento de outros ramos do direito para reprimir e prevenir a criminalidade dos poderosos e, particularmente, a criminalidade econômica, esteja ou não associada à corrupção e à criminalidade organizada. Uma das promessas do Estado de direito é o tratamento igualitário de todos os cidadãos. Todos são iguais diante da lei, proclamam solenemente não somente as declarações de direitos, mas também as cartas constitucionais.[43] Tal compromisso com o valor constitucional da igualdade é ainda mais acentuado no Estado social-democrático de direito, na medida em que este a persegue não apenas no sentido jurídico, mas também no material ou substancial. Afirmar que todos são iguais diante da lei significa dizer que a intervenção penal não pode ser discriminatória, ou seja, não pode ser dirigida tão somente aos integrantes das camadas desfavorecidas da

---

[42] GRACÍA MARTÍN, Luis. *Prolegómenos para la lucha por la modernización y expansión del derecho penal y para la crítica del discurso de resistencia*. Valencia: Tirant lo Blanch, 2003. p. 37.

[43] Se as pessoas são juridicamente iguais entre si, elas devem suportar consequências jurídicas idênticas ao praticarem condutas desviadas que tenham a mesma relevância. O princípio da igualdade "supõe o reconhecimento de um mesmo estatuto jurídico para todos os cidadãos, o que implica a garantia de paridade de tratamento na legislação e na aplicação do direito" (PÉREZ-LUÑO, Antonio E. *Los derechos fundamentales*. Madrid: Tecnos, 2004. p. 19). Desigualdades materiais baseadas na origem social dos indivíduos, de sua situação econômica, de seu sexo, de sua preferência sexual ou de sua profissão, devem ser tidas como irrelevantes ao estabelecimento de diferenciações no conteúdo e na aplicação do direito penal. A desconsideração de tais diferenças concretas, sejam naturais ou sociais, faz com que indivíduos desiguais de fato possam ser considerados iguais pelo direito (princípio da equiparação).

sociedade. Se os comportamentos desviados comumente associados aos indivíduos empobrecidos se fazem merecedores da repressão penal, o mesmo deve acontecer em relação àqueles que se encontram nas posições mais elevadas da pirâmide social. É injustificável que certos comportamentos que causam dano exclusivamente ao patrimônio individual, a exemplo do furto e da receptação, sejam criminalizados, enquanto determinadas condutas lesivas cometidas pelos poderosos, associadas ou não à corrupção, causando consideráveis danos ao sistema financeiro, à ordem econômica ou mesmo ao regular funcionamento do sistema político, não o sejam. É inconcebível, por exemplo, que a propriedade privada enquanto direito individual mereça a tutela do direito penal, e os direitos econômicos e sociais, não, considerando que todos eles em seu conjunto são direitos humanos e, como tais, indissociáveis e igualmente importantes para a promoção da dignidade humana.[44] A tal respeito, Martos Nuñez afirma que a criminalização dos comportamentos desviados de maior gravidade em matéria econômica justifica-se não somente porque "a delinquência socioeconômica ameaça a estrutura do Estado", mas, igualmente, por traduzir "um imperativo de justiça, pois, com efeito, o direito penal deve castigar efetivamente todo tipo de delinquência: tanto as grandes fraudes como os pequenos roubos".[45] Com idêntico entendimento, Gracía Martín assinala, corretamente, que o chamado direito penal moderno revela-se "revolucionário" ao expandir o seu objeto formal à "*totalidade* da criminalidade material da sociedade, ou seja, *também* à criminalidade característica das camadas sociais poderosas – especialmente no âmbito econômico –, e não apenas, como tem ocorrido até hoje, à associada às camadas mais baixas e excluídas materialmente da possessão e desfrute de um bom número de bens jurídicos que o direito penal liberal tem protegido".[46] E, na doutrina penal alemã, Schünemann conclui a respeito criminalidade dos poderosos que "não seria o abandono, mas o aperfeiçoamento da transformação da tendência do direito penal da classe baixa para o direito penal da classe alta o único meio apropriado para a defesa efetiva diante das ameaças específicas da sociedade industrial pós-moderna".[47]

No Brasil, René Ariel Dotti sustenta num tom francamente indignado que "não é possível assistir-se indiferentemente à perseguição movida pela justiça criminal somente contra os pobres [...] dispensando-se tratamento mais rigoroso somente à criminalidade

---

[44] Cf. No sentido do texto, um autor insuspeito de simpatizar com a expansão do direito penal: MOCCIA, Sergio. Dalla tutela di Beni alla tutela di funzioni: tra illusioni postmoderne e riflussi illiberali. *Rivista Italiana di Diritto e Procedura Penale*, ano 38, fas. 2, Milano: Giuffrè, 1995. p. 344-374.

[45] MARTOS NUÑEZ, Juan Antonio. *Derecho penal económico*. Madrid: Montecorvo, 1987. p. 120-121.

[46] GRACÍA MARTÍN, Luis. *Prolegómenos para la lucha por la modernización y expansión del derecho penal y para la crítica del discurso de resistencia*. Valencia: Tirant lo Blanch, 2003. p. 162-163.

[47] SCHÜNEMANN, Bernd. Del derecho penal de la clase baja al derecho penal de la clase alta: um cambio de paradigma como exigencia moral? In: ____. *Temas actuales y permanentes del derecho penal después del milenio*. Madrid: Tecnos, 2002. p. 69.

patrimonial violenta".⁴⁸ Por sua vez, em 1982, HELENO CLÁUDIO FRAGOSO constatava que "a estrutura geral de nosso sistema punitivo, em todos os seus mecanismos de aplicação, deixa inteiramente acima da lei os que têm poder econômico ou político, pois estes se livram com facilidade, pela corrupção e pelo tráfico de influência", razão pela qual, igualmente indignado, proclamava, com inteira razão: "Denunciamos, portanto, entre nós, como fenômeno generalizado, o da desigualdade com que funciona o sistema punitivo, que serve a uma estrutura político-social profundamente injusta e opressiva."⁴⁹

Por outro lado, de resto, nos parece perfeitamente legítimo que o direito penal tenha uma dimensão simbólica no sentido positivo da expressão. A prevenção geral positiva como finalidade da pena apresenta uma inegável dimensão simbólica, posto que, ao definir determinados direitos coletivos vitais à sociedade como bens jurídicos, o direito penal pretende contribuir para reforçar a consciência social no tocante à sua relevância, produzindo, em consequência, uma identificação entre o reconhecimento social e o reconhecimento jurídico no que diz respeito à imprescindibilidade de sua tutela. Por tal razão, a doutrina penal admite, corretamente, que a função simbólica de algumas figuras de delito que protegem bens jurídicos coletivos ou supraindividuais não é merecedora de crítica, mas, pelo contrário, "é necessária sempre, sempre e quando esta não seja a única função que cumpram".⁵⁰ O desenvolvimento da consciência comunitária em torno da importância dos direitos humanos e, em particular, dos direitos econômicos e sociais exige um direito penal efetivamente preocupado com a sua preservação.

Em resumo, podemos afirmar que, no que diz respeito à corrupção, à delinquência econômica e/ou à criminalidade organizada dos poderosos, formas de conduta que causam danos mais expressivos aos direitos econômicos e sociais, o direito penal revela-se um instrumento imprescindível à conservação do Estado de direito.

20.4 Conclusão: a necessária intervenção do direito penal do Estado social-democrático de direito para a preservação dos direitos econômicos e sociais

Em termos gerais, é improvável a existência de um programa político criminal mais legítimo que o minimalista. O sistema penal é certamente a instância de controle social mais violenta e uma das mais discriminatórias, características negativas que transmite ao

---

48 DOTTI, René Ariel. O direito penal econômico e a proteção do consumidor. In *Revista de Direito Penal e Criminologia*. Rio de Janeiro: Forense, jan./jul. 1982. p. 148.

49 FRAGOSO, Heleno Cláudio. Direito penal e econômico e direito penal dos negócios. *Revista de Direito Penal e Criminologia*, nº 33. Rio de Janeiro: Forense, jan./jul. 1982. p. 125.

50 CORCOY BIDASOLO, Mirentxu. Protección de bienes jurídico-penales supraindividuales y derecho penal mínimo. In: ____. *Derecho penal del siglo XX*. Madrid: Consejo General del Poder Judicial, 2008. p. 400.

direito penal, um de seus principais instrumentos. Expressando a natureza violenta do controle social exercitado pelo sistema penal, o direito penal atinge diretamente bens jurídicos de inegável relevância para o ser humano, dos quais o mais importante é a liberdade pessoal. A aplicação do direito penal acarreta aos apenados, indiretamente e de maneira ilegítima, a supressão de direitos, considerando-se a extensão e a gravidade dos danos produzidos pelo cárcere à sua saúde física e mental. Além disso, sabemos suficientemente bem que a criminalização secundária é seletiva e que a prisão contribui negativamente para a consolidação da identidade desviante do infrator. Por tais razões, a política criminal minimalista encontra-se comprometida com o princípio da intervenção mínima, expressão do direito penal liberal.

De fato, o Estado liberal de direito em matéria penal preocupa-se, por um lado, com a proteção de bens jurídicos puramente individuais (vida, integridade física, liberdades pessoais, do patrimônio etc.) contra o comportamento de indivíduos e de governos que possam lhe causar danos. Preocupa-se, portanto, com a tutela dos direitos humanos de primeira geração ou, mais precisamente, em assegurar os direitos individuais.

Tal compromisso permanece sendo uma das preocupações centrais do direito penal do Estado social-democrático de direito, na medida em que este mantém o compromisso com a preservação dos direitos individuais e políticos reconhecidos pelo Estado liberal--democrático de direito. No entanto, o Estado social-democrático de direito expande os direitos humanos de maneira a incluir no elenco dos direitos fundamentais não apenas os direitos de primeira geração, mas também os direitos econômicos e sociais. O Estado social-democrático de direito assume, consequentemente, o dever de tutelar não somente os primeiros, mas também os segundos. Com isso, a missão atribuída ao direito penal modifica-se consideravelmente. Se o direito penal do Estado liberal de direito não pode assumir outra tarefa que não a de proteger os direitos individuais contra ações delituosas de indivíduos e do próprio Estado quando não existir outros meios menos lesivos de fazê-lo, o direito penal do Estado social-democrático de direito ambiciona igualmente, em nome do bem-estar social, tutelar igualmente os direitos econômicos e sociais, desde que estes não possam ser protegidos eficazmente de outra maneira. Neste sentido, o direito penal do Estado social-democrático de direito tem a pretensão de contribuir para a concretização dos direitos econômicos e sociais, eliminando os obstáculos porventura existentes para a sua efetivação, inclusive aqueles representados pela criminalidade dos poderosos.

O direito penal do Estado social-democrático de direito não pode aderir integralmente ao minimalismo político criminal caso deseje cumprir adequadamente as tarefas que lhe são impostas pelos desafios do mundo contemporâneo, o que não significa dizer que ele se torne exatamente um direito penal de máxima ou total intervenção na realidade social. A dicotomia direito penal mínimo/direito penal máximo, de inegável utilidade analítica, não expressa inteiramente todas as possibilidades do direito penal contemporâneo. O conflito entre a noção de direito penal mínimo e de direito penal máximo não é uma operação matemática que resulta na soma zero. Ambos os modelos, na realidade, nada mais são que tipos ideais de direito penal. Por conseguinte, também o direito penal do Estado social-democrático de direito, certamente mais intervencionista que o direito penal do Estado liberal de direito, deve atuar em obediência ao princípio da intervenção mínima. Por outro lado, na tutela dos direitos econômicos e sociais ele simplesmente precisa intervir em âmbitos que tradicionalmente foram esquecidos pelo direito penal clássico, como ocorre com a criminalidade dos poderosos.

Os poderosos são aquelas pessoas que, relativamente imunes à ação do sistema penal em virtude de sua condição econômica, social ou política privilegiada, conseguem causar consideráveis danos aos direitos econômicos e sociais a partir da macrocorrupção e da macrocriminalidade econômica, associadas ou não à criminalidade organizada. O Estado social-democrático de direito, comprometido com a defesa dos direitos econômicos e sociais, não tem outro remédio senão estender a intervenção penal à criminalidade dos poderosos, em que pese manter-se comprometido com o direito penal mínimo no que concerne à criminalidade tradicional que, embora lesiva aos direitos individuais, não tem o mesmo potencial de causar danos aos direitos econômicos e sociais. Ao fazê-lo, o Estado social-democrático de direito preserva o mercado, resguarda a sua capacidade de arrecadar tributos e mantém a possibilidade de realizar intervenções em proveito do bem-estar social, a exemplo da criação e manutenção de programas de assistência social, de previdência, de saúde pública, de educação pública, dentre outros.

Como se não bastasse, em se tratando da criminalidade dos poderosos, a intervenção penal na seara dos direitos econômicos e sociais atende ao princípio da igualdade diante da lei, que é um dos valores fundamentais do Estado social-democrático de direito. Em homenagem à ideologia minimalista, também o Estado social-democrático de direito há de criminalizar somente as condutas desviantes que não possam ser contidas mediante meios mais eficazes e, ao mesmo tempo, menos nocivos aos infratores, mas, por outro lado, não pode renunciar ao controle social sobre os indivíduos integrantes das camadas mais favorecidas da sociedade, sob o risco de violação ao princípio da igualdade. A existência de um direito penal dedicado a reprimir, com exclusividade, a criminalidade tradicional associada, corretamente ou não, ao comportamento dos mais pobres é a mais pura expressão de um direito destinado, com exclusividade, à reprodução do domínio exercido pelos indivíduos e camadas sociais favorecidas em detrimento da comunidade.

Referências

ABANTO VÁSQUEZ, Manuel A. El llamado derecho penal del enemigo: especial referencia al derecho penal económico. In: _____. *Derecho penal del enemigo*: un discurso penal de la exclusión. Madrid: EDISOFER, 2006. T. 1, p.1-51.

BAJO FERNÁNDEZ, Miguel; BACIGALUPO SAGGESE, Silvana. *Derecho penal económico*. 2. ed. Madrid: Editorial Universitária Ramón Areces, 2010.

BARATTA, Alessandro. *Criminologia crítica e crítica do direito penal*: introdução à sociologia do direito penal. Tradução de Juarez Cirino. Rio de Janeiro: Revan, 1997.

BERDUGO GÓMEZ DE LA TORRE, Ignacio; FABIÁN CAPARRÓS, Eduardo A. Corrupción y derecho penal: nuevos perfiles, nuevas respuestas. *Revista Brasileira de Ciências Criminais*. São Paulo: Revista dos Tribunais, a. 17, nº 18, p. 7-35, nov./dez. 2009.

BOBBIO, Norberto. *A era dos direitos*. 2. ed. Tradução de Carlos Nélson Coutinho. Rio de Janeiro: Campus, 1982.

BOVEN, Theodor C. Van. Os critérios de distinção dos direitos do homem. In: VASAK, Karel (Org.). *As dimensões internacionais dos direitos do homem*. Lisboa: Livros Técnicos e Científicos, 1978. p. 59-71.

BRUM, Argemiro J. *O desenvolvimento econômico brasileiro*. 28. ed. Petrópolis: Vozes, 2011.

CARO CORIA, Dino Carlos. "Sociedad de riesgo" y bienes jurídicos colectivos. In: *Estudios de derecho penal*. Lima: Ara Editores, 2005. p. 31-56.

CID MOLINÉ, José; LARRAURI PIJOAN, Elena. *Teorías criminológicas*: explicación y prevención de la delincuencia. Barcelona: Bosch, 2001.

CORCOY BIDASOLO, Mirentxu. Protección de bienes jurídico-penales supraindividuales y derecho penal mínimo. *Derecho penal del siglo XX*. Madrid: Consejo General del Poder Judicial, 2008. p. 363-402.

DOTTI, René Ariel. O direito penal econômico e a proteção do consumidor. *Revista de Direito Penal e Criminologia*. Rio de Janeiro: Forense, nº 33, p. 122-129, jan./jul. 1982.

ELLIOT, Kimberly Ann. Introdução. In: _____. *A corrupção e a economia global*. Brasília: UNB, 2002. p. 17-23.

FALLETTI, François; DEBOVE, Frédéric. *Planète criminelle*: le crime, phénomène social du siècle. Paris: Presses Universitaires de France, 1998.

FRAGOSO, Heleno Cláudio. Direito penal econômico e direito penal dos negócios. *Revista de Direito Penal e Criminologia*. Rio de Janeiro: Forense, nº 33, p. 122-129, jan./jul. 1982.

FRANCO, Alberto Silva. Globalização e criminalidade dos poderosos. *Revista Portuguesa de Ciência Criminal*. Coimbra: Coimbra Editora, a. 10, f. 2º, p. 183-228, abr./jun. 2000.

GLYNN, Patrick; KOBRIN Stephen J; NAIM, Moisés. A globalização da corrupção. In: _____. *A corrupção e a economia global*. Brasília: UNB, 2002, p.27-57.

GRACÍA-MARTÍN, Luis. *Prolegómenos para la lucha por la modernización y expansión del derecho penal y para la crítica del discurso de resistencia*. Valencia: Tirant lo Blanch, 2003.

HABA, Enrique P. *Tratado básico de derechos humanos*. v. 2. San José: Juricentro, 1986.

HASSEMER, Winfried. *Persona, mundo y responsabilidad*: bases para una teoría de la imputación en derecho penal. Bogotá: Temis, 1999.

JAPIASSÚ, Carlos Eduardo Adriano. A corrupção em uma perspectiva internacional. *Revista Brasileira de Ciências Criminais*. São Paulo: Revista dos Tribunais, nº 64, p. 29-56, jan./fev. 2007.

LOEWENSTEIN, Karl. *Teoría de la Constitución*. Barcelona: Ariel, 1982.

MARTÍNEZ-BUJÁN PÉREZ, Carlos. *Derecho penal económico y de la empresa*: parte general. 2. ed. Valencia: Tirant lo Blanch, 2007.

MARTOS NUÑEZ, Juan Antonio. *Derecho penal económico*. Madrid: Montecorvo, 1987.

MAURO, Paolo. Os efeitos da corrupção sobre crescimento, investimentos e gastos do governo: uma análise de países representativos. In: _____. *A corrupção e a economia global*. Brasília: UNB, 2002.

MOCCIA, Sergio. Dalla tutela di Beni alla tutela di funzioni: tra illusioni postmoderne e riflussi illiberali. *Rivista Italiana di Diritto e Procedura Penale*: Milano: Giuffrè, a. XXXVIII, fasc. 2, p. 344-374, apr./giu. 1995.

MURIEL PATIÑO, María Victoria. Aproximación macroeconómica al fenómeno de la corrupción. In: RODRÍGUEZ GARCÍA, Nicolás; CAPARRÓS, Eduardo A. Fabián (Org.). *La corrupción en un mundo globalizado*: análisis interdisciplinar. Salamanca: Ratio Legis, 2004, p. 27-39

O'DONNELL, Guillermo. *Democracia, agência e Estado*: teoria com intenção comparativa. Tradução de Vera Joscelyne. São Paulo: Paz e Terra, 2001.

PÉREZ-LUÑO, Antonio E. *Los derechos fundamentales*. 8. ed. Madrid: Tecnos, 2004.

REIS, Fábio Wanderley. Corrupção, cultura e ideologia. In: _____. *Corrupção*: ensaios e críticas. Belo Horizonte: UFMG, 2008, p.391-397.

ROSE-ACKERMAN, Susan. *Corrupção e governo*. Lisboa: Prefácio, 2002.

_____. A economia política da corrupção. In: _____. *A corrupção e a economia global*. Brasília: UNB, 2002. p. 59-102.

SCHÜNEMANN, Bernd. Del derecho penal de la clase baja al derecho penal de la clase alta: un cambio de paradigma como exigencia moral? In: *Temas actuales y permanentes del derecho penal después del milenio*. Madrid: Tecnos, 2002. p. 49-69.

SILVA-SÁNCHEZ, Jesús-María. *La expansión del derecho penal*: aspectos de la política criminal en las sociedades postindustriales. Madrid: Civitas, 1999.

SOARES, Luiz Eduardo. Crime organizado. In: *Corrupção*: ensaios e críticas. Belo Horizonte: UFMG, 2008, p. 405-412.

TIEDMANN, Klaus. *Derecho penal y nuevas formas de criminalidad*. Lima: IDEMSA, 2000.

TRUYOL Y SERRA, Antonio. *Los derechos humanos*. 2. ed. Madrid: Tecnos, 1977.

ZUÑIGA RODRÍGUEZ, Laura. *Criminalidad organizada y sistema de derecho penal*: contribución a la determinación del injusto penal de organización criminal. Granada: Comares, 2009.

ZURBRIGGEN, Cristina. Empresários e redes rentistas. In: _____. *Corrupção*: ensaios e críticas. Belo Horizonte: UFMG, 2008. p. 433-439.

21

Direitos fundamentais e culpabilidade: o livre-arbítrio e a interpretação material da reprovação pessoal

Leonardo Siqueira

Sumário: 21.1 Introdução; 21.2 O poder de agir de maneira diversa: um exame do livre-arbítrio, das suas consequências e dificuldades; 21.3 A dirigibilidade normativa como fundamento empírico do conceito material de culpabilidade; 21.4 Conclusão: a necessidade do livre-arbítrio como manutenção de uma culpabilidade garantista.

21.1 Introdução

A culpabilidade, nas palavras de Zaffaroni,[1] constitui numa criação exclusiva do direito penal, funcionando como uma ponte entre a teoria do delito e a teoria da pena. Este elo se dá, precipuamente, no fundamento material da culpabilidade, ou seja, na interpretação material da reprovação pessoal.

Assim, busca-se demonstrar a importância de um fundamento material da culpabilidade que mantenha o homem no centro do direito penal, obstaculizando qualquer tentativa de pungir o indivíduo da sua autonomia ética, para transformá-lo em mero instrumento em prol da funcionalidade do sistema jurídico penal.

Assim, buscamos analisar as concepções de Hans Welzel, Claus Roxin e Günther Jakobs. Apesar de existirem inúmeros posicionamentos doutrinários sobre o tema, acreditamos que o exame destes três autores possibilita demonstrar a importância da culpabilidade como limite e fundamento da sanção penal.

---

[1] Cf. Zaffaroni, E. Raúl. *En torno de la cuestión penal*. Buenos Aires: BdeF, 2005.

21.2 O poder agir de maneira diversa: um exame do livre-arbítrio, das suas consequências e dificuldades

Antes de adentrarmos especificamente no desenvolvimento de Hans Welzel sobre a culpabilidade, é importante discorrer sobre a sua construção teórica e o ambiente no qual ele estava localizado, o que explica, em parte, o desenvolvimento dogmático operado pelo criador da teoria finalista da ação.

Welzel estava circunscrito num ambiente pós-Segunda Guerra Mundial, numa Alemanha destruída e com uma Constituição incipiente e bastante frágil, onde direitos humanos não tinham a força de hoje.[2] Era bastante comum, naquela época, a afirmação da validade de qualquer lei independentemente do seu conteúdo[3] – desde que seguidos os trâmites legais –, ao ponto do próprio Kelsen, que fora perseguido pelos nazistas, chegar a asseverar que o direito nazista também poderia ser considerado como direito válido.

Não é à toa que, posteriormente à derrocada e à experiência nazistas, ressurgiu com bastante força o direito natural, com o escopo principal de limitar o legislador. É claro que já não se poderia apelar para um jusnaturalismo de cunho teológico ou mesmo racional, o que evidentemente não foi o caminho seguido por Welzel, que passaremos a examinar.

O autor inicia um importante artigo sobre o tema,[4] falando da vitória do positivismo perante o direito natural racionalista,[5] mostrando, ainda segundo o autor, o esvaziamento axiológico produzido pelo positivismo, pois qualquer conteúdo jurídico estaria legitimado mesmo que carecesse de conteúdo ético, o que teria sido aprofundado pelos juristas nazistas.

O positivismo legalista acreditava na onipotência jurídica do legislador, o que seria o seu "pecado original" e, dessa forma, os juristas deveriam procurar uma forma de superá-lo.

---

[2] Zaffaroni, E. Raúl. *En torno de la cuestión penal*. Op. cit., p. 91.

[3] É importante salientar que o positivismo jurídico, cujo termo é equívoco, como nos lembra Tércio Ferraz, não se reduz ao positivismo legalista, o que se poderia deduzir erroneamente da afirmação levantada. Queremos contrapor um importante posicionamento, que tinha ainda na época muitos adeptos, com a construção posteriormente desenvolvida por Hans Welzel (Cf. FERRAZ, Tércio Sampaio. *A ciência do direito*. São Paulo: Editora Atlas, 1980, p. 30-39).

[4] WELZEL, Hans. Derecho natural y positivismo jurídico. In: _____. *Estudios de filosofia del derecho y derecho penal*. Buenos Aires: BdeF, 2006. p. 177-178.

[5] Por mais paradoxal que possa parecer, a derrocada do jusnaturalismo racional acontece no século XIX com as grandes codificações, que fora produto da aliança do direito natural racionalista com a planificação política do Iluminismo (WIEACKER, Franz. *Historia del derecho privado de la edad moderna*. Madri: Aguilar, 1957. p. 292). Assim, podemos assemelhar o triunfo do jusnaturalismo racionalista a vitória de Pirro, pois fora a positivação do direito e o fato de ter se tornado cada vez mais escrito, o fator primordial da sua derrocada. Cf. FERRAZ, Tércio Sampaio. *Introdução ao estudo do direito*. Op. cit., p. 72-81.

É claro que Welzel não cai na tentação de buscar um direito natural imutável e historicamente atemporal, pois este não seria um posicionamento retoricamente atraente.

O que ele faz, na verdade, é uma espécie de direito natural em sentido negativo, ou seja, não pretendia dizer o que era direito, mas, apenas, o que não poderia ser considerado como tal, funcionando como um limite imanente ao legislador.[6]

A primeira limitação se encontra nas estruturas lógico-objetivas das coisas, que atravessam os tempos e prescrevem regulações de vários tipos. Esse seria o maior grupo de limitações, todavia, teria "força" apenas relativa, pois só obrigaria ao legislador quando ele quisesse se valer de uma regulação que se adequasse a realidade das coisas. Ainda segundo Welzel, a violação das estruturas não significava que a regulação não seria válida, mas apenas que ela seria contraditória, lacunosa e sem objetividade, quer dizer, não atingiria o fim almejado.[7]

Para justificar o posicionamento, o autor afirma que quem quiser impor normas à ação, tem que pressupor a estrutura categorial do fazer humano, o que não pode ser modificado pelo legislador e que tem validade universal, não sendo um produto da lei.[8, 9]

Welzel continua o debate com um questionamento assaz importante sobre a existência ou não de princípios materiais imanentes que se referissem à impossibilidade estatal de não observar as estruturas lógico-objetivas, o que levaria obrigatoriamente à declaração de nulidade da regulação jurídica.

Ele afirma que existe apenas um único princípio desse tipo e esboça a sua resposta afirmando que o direito está essencialmente ligado ao normativo, uma vez que uma ordem que verdadeiramente conserva a existência, obriga. Dessa forma, o direito tem uma dupla face, tendo em vista que como poder coage e como valor obriga[10].

O que Welzel defende é a ideia de que a legitimidade do direito posto não deveria ser buscada na legalidade, por apenas por ter seguido todos os processos formais de produção legislativa. Para ele, a coação coage, mas não obriga, pois só um valor pode obrigar, e, nessa hipótese, obriga eticamente. Os deveres jurídicos só existem como deveres éticos, e a sua força obrigatória se encerra quando vai de encontro com a autônima ética

---

[6] ZAFFARONI, E. Raúl. *En torno de la cuestión penal*. Buenos Aires: BdeF, 2005, p. 90.
[7] WELZEL, Hans. Derecho natural y positivismo jurídico. Op. cit., p. 194.
[8] Idem, p. 196.
[9] Acreditamos que, com esse exemplo, ficam perceptíveis os motivos que nos levaram a discutir a base filosófica defendida por Welzel. Toda a sua construção está submetida a um núcleo comum e irradia para todas as teorizações jurídico-dogmáticas do autor. Isso explica o seu conceito final – ontológico por natureza – de ação, pois segundo ele as normas éticas e jurídicas só podem se referir a ações que são algo a mais do que simples processos naturais causais, diferenciando-se pelo momento da condução consciente dos fins, pois assim seria a forma, independentemente de qualquer lei, de agir do ser humano.
[10] WELZEL, Hans. Derecho natural y positivismo jurídico. Op. cit., p. 198.

do próximo, que é um valor próprio e independente de qualquer busca por finalidades, devendo ser respeitada em seu próprio valor e por todos os demais.[11]

O autor finaliza afirmando que onde a prescrição estatal degrada e transforma a pessoa em coisa pode coagir como força – em face da gravidade imposta, como a pena por exemplo – em caso de descumprimento, contudo não pode obrigar. Seria somente força e terror, mas nunca direito obrigatório e válido.[12]

O direito válido é justo e obrigatório a todos não por ser força, mas por ser algo que obriga o homem no seu íntimo a uma determinada ação. Onde a coação transforma o homem em mero objeto da influência causal do poder, a obrigação impõe a responsabilidade por uma ordem plena de sentido da sua vida, descobrindo e, principalmente, respeitando a sua personalidade, respeitando-o como pessoa responsável, passando a ordem social a não simplesmente coagir como poder, mas obrigar como direito.[13]

Assim, o direito pode lograr com a sua finalidade de evitar ações lesivas a bens jurídicos, uma vez que, muito mais do que coagir com a aplicação de uma sanção, consegue obrigar os indivíduos em sua consciência, funcionando como o mínimo ético comum.[14]

A culpabilidade, assunto que realmente nos importa, está assentada na mesma base, pois a reprovabilidade se afirmaria em virtude do indivíduo não ter contido os impulsos que o levaram ao delito.

Segundo Welzel, o que fundamenta a punição do indivíduo é o poder agir diferente, ou seja, o autor concreto, por ser livre, poderia ter uma resolução da vontade conforme as normas.[15] Com essa fundamentação, o autor passa a estudar o problema da livre decisão.

Welzel afirma que o problema do livre-arbítrio apresenta três aspectos diferentes: o antropológico; o caracteriológico; e o categorial. É no aspecto categorial que surge o questionamento fundamental do livre-arbítrio: como é possível ao homem o domínio da coação causal e se fazer responsável por ter adotado aquela decisão ao invés de outra?

Welzel assevera que os atos do pensamento são independentes de causas, eles se determinam segundo razões videntes. Os pensamentos se determinam a si mesmos, de acordo com a estrutura lógico-objetivo do estado de coisas. Dessa forma, o sujeito cognoscente não é objeto de seus impulsos causais, mas tem que ter, para afirmar o livre-arbítrio, a

---

[11] Idem, p. 198-199.
[12] Idem, p. 199.
[13] WELZEL, Hans. Verdad y limites del derecho natural. In: ____. *Estudios de filosofia del derecho y derecho penal*. Buenos Aires: BdeF, 2006. p. 120.
[14] WELZEL, Hans. Verdad y limites del derecho natural. Op. cit., p. 132.
[15] WELZEL, Hans. *El nuevo sistema del derecho penal*: una introducción a la doctrina de la acción finalista. Buenos Aires: BdeF, 2002. p. 133.

capacidade de compreender o impulso como uma tarefa do sentido, que deve ser afirmada frente aos impulsos contrários.[16]

E aqui Welzel inicia um diálogo com os autores que defendem o determinismo, especialmente Karl Engisch. Para o autor, o problema do livre-arbítrio era insolúvel e por isso deveria ser abandonado, deixando a porta aberta para a adoção dos postulados deterministas que permitiriam uma justificação mais coerente da responsabilidade, da culpabilidade e da utilização do poder punitivo do estado, tendo em vista que "o Direito e a Jurisprudência prática referem-se à nossa vida e têm incidência sobre ela na medida em que dia a dia, hora a hora, momento a momento, determinam os actos (sic) e omissões através dos quais nós construímos essa nossa vida".[17]

Segundo Welzel, os deterministas veem o problema do livre-arbítrio como insolúvel, tanto que a responsabilidade penal não dependia da veracidade dos postulados indeterministas. Citando Engisch, o criador da teoria finalista da ação diz que o postulado determinista defende a ideia de que

> [...] a consciência da liberdade como consciência de haver atuado de acordo com a nossa própria personalidade, sendo esta perfeitamente compatível com o sentimento de ter que responder por sua própria maneira de ser, por ser assim.[18]

O que Welzel quer fazer exatamente é utilizar do argumento do conhecimento com o fito de criticar a utilização unilateral do determinismo causal no problema do livre-arbítrio. Para ele, diferentemente dos deterministas, o ato de conhecer está na dependência tanto do sujeito cognoscente quanto na estrutura do objeto de conhecimento, e não em virtude de determinações causais, já que o conhecimento tem que ser livre de determinantes externos a dito objeto para que seja possível uma determinação conforme o sentido, de acordo com o objeto de conhecimento.[19]

Dessa forma, fica claro que o autor se afasta de uma concepção totalmente indeterminista, pois, se é certo que a execução de ato de conhecimento deve ser livre de condicionantes causais, e, portanto, cegos, o curso do pensamento não é indeterminado, e sim determinado por razões videntes do objeto, que são objetivas e inteligíveis.[20]

Dando como esgotado esse viés, Welzel passa a examinar um segundo ponto igualmente importante para o embate sobre o livre-arbítrio, ou seja, o problema de quais são os fatores determinantes na vontade de conhecer. Nesse espeque, o autor passa a criticar

---

[16] WELZEL, Hans. *El nuevo sistema del derecho penal...* Op. cit., p. 142-143.

[17] ENGISCH, Karl. *Introdução ao pensamento jurídico*. Lisboa: Fundação Calouste Gulbenkian, 2001. p. 75-76.

[18] WELZEL, Hans. Reflexiones sobre el libre albedrio. In: *Estudios de filosofia del derecho y derecho penal*. Buenos Aires: BdeF, 2006. p. 33.

[19] Idem, p. 38.

[20] WELZEL, Hans. *Derecho penal alemán*. Santiago: Editorial Jurídica de Chile, 1997. p. 174-175.

os posicionamentos que defendem que todos os conteúdos de consciência que necessariamente se convertem em motivos têm, obrigatoriamente, uma carga emocional.[21]

O indivíduo pode, segundo esse autor, liberar-se dos impulsos causais para se determinar conforme o sentido. Liberdade de vontade é a capacidade de reger-se conforme uma tarefa plena de sentido, que pode ser mantida contra os impulsos contrapostos. A conduta humana não se desenvolve apenas na esfera da força dos impulsos, mas, primordialmente, num mundo pleno de significação, no qual os motivos compreendem critérios de sentido, sendo a decisão de agir o resultado dos impulsos que predominaram, mas, frise-se, não unicamente no seu componente emocional, e sim compreendido em seu conteúdo de sentido e em sua significação valorativa para uma condução de vida justa.[22]

Essa concepção inegavelmente mantém um fundamento antropológico.[23] Ela pressupõe o ser humano como responsável dotado de livre-arbítrio e existencialmente em condições de autodeterminação e de se livrar dos impulsos causais.

Esse pressuposto da livre determinação se dá no plano abstrato, o que não quer dizer que Welzel se limite a ele. A imputabilidade é a tentativa de constatar, na situação em concreto, se o homem era capaz de autodeterminação conforme o sentido. Ou seja, é necessária uma comprovação empírico-prática da possibilidade de agir de forma diversa.[24]

Essa constatação era, segundo o próprio Welzel, algo problemático, pois não é possível objetivar o que é subjetivo, a capacidade de culpabilidade não é algo teórico, e sim existencial, comunicativo; é o reconhecimento do outro como igual, como susceptível de determinação. Não é necessária a total comprovação empírica da autodeterminação, mas apenas vestígios da mesma.

Essa tentativa de Welzel ao afirmar a possibilidade de se comprovar empiricamente o livre-arbítrio decorre da crítica recorrente de que esse conceito é metafísico, por exatamente não comportar prova empírica, não podendo ser falseado, como o fazem as concepções funcionalistas abaixo trabalhadas.

Segundo Roxin, o livre-arbítrio seria indemonstrável, metafísico, e dessa forma não seria científico, de acordo com o critério de demarcação de Popper,[25] o que levaria a um

---

[21] WELZEL, Hans. Reflexiones sobre el libre albedrio. Op. cit., p. 40.

[22] WELZEL, Hans. *Derecho penal alemán*. Santiago: Editorial Jurídica de Chile, 1997. p. 173.

[23] Quando afirmamos que Welzel mantém um fundamento antropológico, referimo-nos à antropologia filosófica, cuja tarefa não seria apenas considerar o ser humano como "natureza, como vida, como vontade, como espírito etc., mas como homem, isto é, relacionar o complexo de condições ou de elementos que o constituem com o seu modo de existência específico" (ABBAGNANO, Nicola. *Dicionário de filosofia*. São Paulo: Martins Fontes, 2003. p. 67-68).

[24] WELZEL, Hans. *Derecho penal alemán*. Op. cit., p. 181.

[25] Popper procura estabelecer um critério para definir quais as teorias que têm o *status* de científica e quais são pseudociências (metafísicas). Isso não quer dizer, como afirmavam os positivistas legalistas, que esse critério é instituído para excluir ou marginalizar os saberes metafísicos, até porque

necessário abandono dele,[26] pois para Popper a ciência ou conhecimento não começa pela pura observação dos fatos, e, sim, por problemas e pelas soluções dadas a estes, já que a solução proposta a um problema deve estar aberta a críticas, isto é, deve ser possível refutar as soluções sugeridas, uma vez que, caso uma solução não possa ser criticada, ela é considerada como pseudocientífica (empiricamente irrefutável). Se a solução tentada resiste às tentativas de refutação ela passa a ser aceita, mesmo que temporariamente, pois, no futuro, com o aumento do conhecimento científico, essa solução será ou poderá ser objeto de refutação.[27]

Podemos até mesmo concordar com o posicionamento acima exposto, porém não acreditamos que seja realmente importante esse ponto da discussão sobre o livre-arbítrio. Ser demonstrável, ou não, é, ao nosso juízo, absolutamente irrelevante, pois quando se reprova a conduta não se faz uma análise empírica do "poder agir de forma diversa", mas juízos de valor sobre aquele evento examinado.

Não existe, e nem é preciso, uma análise empírica nesse sentido, pois quando o agente, por exemplo, salva o filho duma situação de perigo atual, mesmo que em detrimento de várias pessoas, excluindo assim o estado de necessidade justificante, falamos que, segundo as palavras de Welzel, mas poderíamos citar também Roxin, o agente não poderia "agir de forma diversa" ou não tinha a "possibilidade de decisão conforme as normas".

Quaisquer dessas afirmações são completamente independentes da sua comprovação empírica, o que ocorre é um juízo de valor, ideologicamente concebido, tomando como parâmetro as próprias estruturas do sistema penal.

Quando falamos que falta liberdade de escolha ou dirigibilidade normativa, não fazemos qualquer constatação empírica, mas trabalhamos "como se" faltasse o livre-arbítrio ou "como se" inexistisse a dirigibilidade normativa do agente do fato típico e ilícito.

---

certos problemas metafísicos – como, por exemplo, as questões do átomo – podem gradualmente se transformar em teorias científicas – o que verdadeiramente ocorreu –, mas, apenas, definir as teorias científicas das que não têm esse mesmo *status*. Para tanto, o autor desenvolve o critério da falsificação, contrapondo-se ao critério da verificação adotado pelos positivistas. Por esse critério, decorrência direta da indução, uma proposição seria verdadeira caso fosse verificada empiricamente, quer dizer, todas as teorias que não adotassem o método indutivo seriam consideradas metafísicas e, consequentemente, rejeitadas. Uma das críticas à adoção desse método consiste na impossibilidade gnosiológica de se criarem enunciados gerais – tomando como ponto de partida a observação controlada dos fatos, uma vez que, esses são únicos e irrepetíveis, como já referidos acima – aplicados para todas as hipóteses, visto que as leis desenvolvidas a partir da indução só podem ser aplicadas aos fatos observados, mas, nunca a totalidade dos eventos, pois subsistem fatos que nunca foram observados (Cf. POPPER, Karl. A demarcação entre ciência e metafísica. In: CARRILHO, Manuel Maria (Org.). *Epistemologia*: posições e críticas. Lisboa: Fundação Calouste Gulbenkian, 1991. p. 203-265.

[26] ROXIN, Claus. *Derecho penal*: parte general. Madri: Civitas, 1997. p. 799.
[27] POPPER, Karl. *A lógica das ciências sociais*. Rio de Janeiro: Universidade de Brasília, 1978. p. 16.

O lugar-comum[28] que afirma a incondicionalidade do amor paterno, derivado do valor ideologizado de família – atuando o valor aqui na sua função justificadora[29] –, acaba por legitimar uma não aplicação da pena, pois afirmamos aqui uma causa de exclusão da exigibilidade. Com certeza, teríamos uma solução diferente se um primo salvasse o outro na mesma situação discorrida, até porque a exclusão da culpabilidade levando em consideração tal argumento não seria uma informação tão facilmente acreditada e internalizada pelo receptor.

É perceptível que o valor, como acima exposto, é um *topos,* pois ele funcionaria como seleção de condutas e é instrumento poderoso de controle de comportamentos, tendo em vista que persuade o agente a integrar-se ao seu sistema de expectativas, tendo em vista a sua aceitação (do *topos*) pela maioria. Isso mostra que o discurso jurídico é falsamente informativo e inovador, sendo, primordialmente, persuasivo.[30]

Isso deixa claro que, no discurso da comprovação ou não do "poder agir de forma diversa", ou na concepção de Roxin, trabalhamos com lugares-comuns, que em face da sua força de convencimento, acabam por ser utilizados decisivamente numa argumentação que define a liberdade de agir ou a dirigibilidade normativa, desvelando que não existe uma informação nova, mas apenas a tentativa de convencer o receptor do caminho seguido.

Nesse sentido podemos dizer que a questão da liberdade de escolha é uma aporia, no sentido tomado de Viehweg como uma falta de caminho, fornecendo à tópica as indicações e os caminhos de como se comportar, com a finalidade de não ficar sem saída.[31]

Se por um lado a comprovação empírica do livre-arbítrio carece de importância – e essa é a principal crítica dos funcionalistas –, não podemos dizer que o posicionamento do autor está isento de críticas, longe disso, ligadas, primordialmente, nas questões relacionadas ao ato de conhecer.

Podemos dizer que Welzel se insere dentro de uma tradição filosófica que pressupõe uma congruência entre a realidade e a linguagem, pois, como existe uma essência comum

---

[28] A expressão *topos*, ou lugar-comum, é tomada no sentido dado por Viehweg, como fórmulas persuasivas, que são utilizadas com certa frequência nas argumentações, que variam no tempo e no espaço (Cf. VIEHWEG, Theodor. *Tópica e jurisprudência*. Brasília: Departamento de Imprensa Nacional, 1979).

[29] Podemos falar na função modificadora e justificadora dos valores, consoante Tércio Sampaio Ferraz. Segundo o autor, o valor pode ser colocado como invariante e, assim, utilizado como critério para a seleção dos comportamentos, isto é, em face do valor, as condutas são selecionadas. Todavia, esse processo seletivo pode ocorrer de maneira inversa, no sentido que invariante não é mais o valor, e sim o comportamento. Aqui o valor surge para justificar o comportamento, sempre que este ocorra. No primeiro caso temos a função modificadora e, no segundo, a justificadora (FERRAZ, Tércio Sampaio. *Função social da dogmática jurídica*. Max Limonad: São Paulo, 1998. p. 180)

[30] FERRAZ, Tércio Sampaio. *Função social da dogmática jurídica*. Op. cit., p. 180-181.

[31] VIEHWEG, Theodor. *Tópica e jurisprudência*. Brasília: Departamento de Imprensa Nacional, 1979. p. 33.

a um determinado tipo de objeto, a linguagem deve designá-lo para aplicar aos diversos objetos que possuem a mesma essência. A palavra designaria não os objetos em particular, mas o comum a todos eles, ou seja, a sua essência, que o ser humano seria capaz de captar, podendo falar, assim, em conhecimento verdadeiro, onde a linguagem teria a função de designar e transmitir o que já fora anteriormente apreendido.[32]

Wittgenstein[33] resume muito bem a metafísica clássica quando discorre sobre o assunto denominado por ele como "ver o comum", assim colocado:

> Suponha que eu mostre para alguém diferentes quadros coloridos e diga: "A cor que você vê em todos esses quadros chama-se 'ocre'." – Esta é uma explicação que é entendida na medida em que o outro procura e vê o que é comum àqueles quadros. Ele pode então olhar para o comum, apontar para ele. Compare com o seguinte: Mostro-lhe figuras de formas diferentes, todas pintadas da mesma cor, e digo: "O que estas têm em comum entre si, chama-se 'ocre'". E compare com isso: Mostro-lhe padrões de diferentes matizes de azul e digo: "A cor, que é comum a todos, eu chamo de 'azul'".

Assim, para a tradição filosófica – à qual Welzel pertence – compreender uma explicação significa possuir em espírito um conceito do que foi explicado, ou seja, um padrão ou uma imagem. Quando alguém mostra cadeiras diferentes e diz "isto se chama cadeira", obtenho um conceito de cadeira, uma imagem ou padrão dela no espírito. Mas surge uma pergunta colocada por Wittgenstein, quando se questiona qual seria o aspecto que tem a imagem de uma cadeira que não apresenta uma forma determinada, e sim aquilo que é comum a todas as formas de cadeira.[34]

Parece que a razão humana enxerga o mundo a partir dessas generalizações, que seriam, dessa maneira, imprescindíveis para o próprio conhecimento, todavia essa forma de ver o mundo e de conhecê-lo é uma deficiência do ponto de vista gnosiológico, pois o mundo se apresenta para nós como ele não é, quer dizer, ordenado e lógico.[35]

A concepção tradicional da linguagem acaba por realizar processos classificatórios, dividindo, por exemplo, as coisas em gêneros, partindo, como já dito, das distinções operadas a partir dos elementos essenciais. Pode-se dizer que temos aqui um fundo antropológico bem definido, pois o homem é tomado como um ser pleno, capaz de chegar à verdade e comunicá-la por meio da linguagem.[36]

---

[32] OLIVEIRA, Manfredo Araújo de. *Reviravolta linguístico-pragmática na filosofia contemporânea*. São Paulo: Loyola, 1996. p. 120-121.

[33] WITTGENSTEIN, Ludwig. *Investigações filosóficas*. Petrópolis: Vozes; Bragança Paulista: Editora Universitária São Francisco, 2005. p. 54-56.

[34] Idem, p. 55.

[35] ADEODATO, João Maurício. *Filosofia do direito*: uma crítica à verdade na ética e na ciência. São Paulo: Saraiva, 2005. p. 236.

[36] Idem, p. 236.

Já o segundo Wittgenstein percebe a carência do ser humano ao criticar a teoria tradicional da linguagem. Mas quem já fizera isso anos atrás e de forma contundente, porém elucidativa, fora Nietzsche. Para o autor, a "coisa em si" é totalmente impossível de se aprisionar, designando unicamente as relações das coisas aos homens, ou seja, são apenas metáforas, pois segundo o autor:

> [...] Um estímulo nervoso, primeiramente transposto em uma imagem! Primeira metáfora. A imagem, por sua vez, modelada em som! Segunda metáfora. E a cada vez completa mudança de esfera, passagem para uma esfera inteiramente outra e nova [...][37]

Ainda segundo Nietzsche, essa objetividade tão requerida e desejada por Welzel – tendo em vista que o autor fala em estruturas lógico-objetivas perceptíveis na sua integralidade pelo ser humano – é impossível, uma vez que o conhecer é sempre uma perspectiva do sujeito cognoscente, quer dizer, de caráter pessoal. O autor fala em objetividade entre parênteses exatamente para enfatizar a impossibilidade de um conhecimento impessoal, frio, e quanto mais afetos, diferentes olhos aplicarmos a "coisa", mais completa seria essa "objetividade".[38]

Por outro lado, Nietzsche discorre sobre a formação dos conceitos, mostrando que a palavra torna-se conceito quando não deve servir, como recordação – verdade é esquecimento –, para a vivência primitiva, sempre única e individualizada a qual deve o seu surgimento, mas quando também deve se referir a múltiplos casos mais ou menos semelhantes, que a rigor são desiguais. O conceito nasce por igualação do não igual.

> Assim como é certo que nunca uma folha é inteiramente igual a uma outra, é certo que o conceito de folha é formado por arbitrário abandono dessas diferenças individuais, por um esquecer-se do que é distintivo, e desperta então a representação, como se na natureza além das folhas houvesse algo, que fosse 'folha', uma espécie de folha primordial, segundo a qual todas as folhas fossem tecidas, desenhadas, recortadas, coloridas, frisadas, pintadas, mas por mãos inábeis, de tal modo que nenhum exemplar tivesse saído correto e fidedigno como cópia fiel da forma primordial.[39]

Isso mostra o quão é deficiente e ilusória é a afirmação outrora citada por Welzel de que o ato de conhecer está na dependência das estruturas lógico-objetivas das coisas e que

---

[37] NIETZSCHE, Friedrich. Sobre verdade e mentira no sentido extra-moral. In: *Nietzsche*: obras incompletas. São Paulo: Abril Cultural, 1983. p. 47.

[38] MÜLLER-LAUTER, Wolfgang. *Nietzsche*: sua filosofia dos antagonismos e os antagonismos de sua filosofia. São Paulo: Editora Unifesp, 2009. p. 115.

[39] NIETZSCHE, Friedrich. Sobre verdade e mentira no sentido extra-moral. In: *Nietzsche*: obras incompletas. São Paulo: Editora Abril Cultural, 1983. p. 48.

só assim é possível uma determinação conforme o sentido. Vivemos na linguagem, não há um mundo fora dela ou fora de nós mesmos, não há verdades a serem captadas pelo intelecto, não há essência a ser desvelada por nós.

Para Hans Welzel, de forma diametralmente oposta, os reguladores biológicos que conduzem o animal com segurança, ou seja, as suas formas inatas e o instinto, por exemplo, seriam uma deficiência que tornaria o homem indefeso, pois, nesse aspecto, aproximaria o homem ao animal. Para o autor, o contraste fundamental entre homem e animal seria exatamente a sua capacidade de um pensamento racional, ordenado categorialmente, capaz de realizar condutas por meio de atos inteligentes.[40]

Assim, o ser humano teria várias "capas", sendo a mais profunda aquela ligada à autoconservação, às paixões, aos desejos, às inclinações etc. Todos esses fatores ligados ao instinto influenciam e afetam as demais "capas", contudo são regulados e dirigidos pelo "eu", que o faz conforme o sentido e o valor, tendo em vista que os atos do pensamento se apoiam em razões lógico-objetivas e pela vontade, entendida aqui como direção dos impulsos anímicos.[41]

Essa liberdade da vontade é esclarecida por Welzel com um exemplo, que, ao nosso sentir, é extremamente elucidativo e, ao mesmo tempo, evidencia a contradição em relação ao posicionamento aqui defendido e anteriormente referenciado:

> Quando se escreve durante muito tempo, ou sem a concentração necessária, se produzem frequentemente, como é sabido, erros típicos de escrita. Sempre se equivoca na mesma palavra e do mesmo modo. Se presta de novo mais atenção, e não se escreve a palavra de um modo tão mecânico, pode observar ainda claramente a tendência anímica a cometer o antigo erro: a pena se dispõe a traçar a antiga linha equivocada. Este acontecer defeituoso decorre todavia completamente por vias causais: uma determinada conexão associativa produz o resultado em um processo cego. O que resulta está prefixado por causas anteriores. Se me dou conta do equívoco constante e faço um esforço de atenção, percebo todavia a antiga tendência associativa, porém a supero por meio de um ato dirigido de acordo com o sentido e escrevo a palavra 'corretamente'.[42]

O que o autor quer dizer é que a compreensão da estrutura interna de um objeto não está inteiramente condicionada por conexões associativa anteriores ou em virtude de fatores causais, mas se determinam de acordo com o objeto que se tem em mira.[43]

---

40 WELZEL, Hans. *El nuevo sistema del derecho penal...* Op. cit., p. 135.
41 WELZEL, Hans. *Derecho penal alemán*. Op. cit., p. 172.
42 WELZEL, Hans. *El nuevo sistema del derecho penal...* Op. cit., p. 141.
43 WELZEL, Hans. *Derecho penal alemán*. Op. cit., p. 175-176.

Isso aclara a afirmação outrora feita de que Welzel se inseria, mesmo que o autor nunca tenha expressamente afirmado, dentro da tradição filosófica que afirma que as palavras "tocam" os objetos, ou seja, pressupõe uma coerência entre os objetos e a linguagem, o que é simplesmente impensável.

Na mesma esteira podemos falar que o ato de conhecer depende sim de um ato emocional, não é possível separar a razão e a emoção, como fez Welzel ao criticar aqueles que defendiam que o compreender necessitava também do querer compreender.

O próprio Platão percebera essa união indissolúvel quando discorre que Eros – Deus do Amor na tradição grega[44] – volta a sua atenção para tudo o que é belo e gracioso, está sempre a desejar e adquirir conhecimento, filosofa durante toda a sua vida, pois oscila entre a sabedoria e a tolice.[45]

Como afirma Giovanni Reale, o amor é o filósofo no sentido mais expressivo do termo, tendo em vista que, e aqui ele se vale claramente duma passagem do *Banquete*, a *sophía* somente é possuída pelos Deuses; a ignorância (tolice) por aquele que está totalmente alienado da *sophía;* já a filosofia é própria de quem não é nem sábio nem tolo, não possui o saber, mas o deseja e está sempre procurando-o, buscando sempre ir mais além tal como faz o amante.[46] O amor é aqui entendido como a aspiração pela sapiência, e, tal como aqueles que amam e desejam ter sempre mais – como uma sede insaciável –, quando não o possui ou simplesmente perde, continua na sua incessante e ávida busca.

É claro que o posicionamento de Welzel, que procuramos combater, tem um respaldo filosófico de milênios, muito bem percebido por Nietzsche, quando num aforismo afirma que Eros não morreu, mas degenerou e tornou-se vício.[47]

O que o filósofo alemão quer asseverar é a impossibilidade de um conhecimento humano puro, translúcido e cristalino, um não se envolver com o objeto de análise, ou como ele mesmo diz: "o conhecimento pelo conhecimento é o último grande truque usado pela moral e, nele, ela nos envolve completamente".[48]

As críticas feitas ao livre-arbítrio como o desenvolvido por Welzel acabam, ao nosso sentir, por desmoronar a teorização do autor, por mostrar o quão frágil ela é, tal como se um homem estivesse sobre o pico agudíssimo de um penedo, onde um leve toque ou, até

---

[44] Segundo Sócrates, que toma vida nos diálogos platônicos, Eros seria filho de Penia, a pobreza e de Poros, o esperto. Porém, é importante salientar que Poros não é uma figura da mitologia tradicional, mas, como parece, invenção de Platão. Segundo o diálogo travado no *Banquete*, Penia se aproximou de um banquete para mendigar as sobras da festa e acabou deitando ao lado de Poros e, ali, concebeu Eros.

[45] PLATÃO. *Diálogos*: Mênon, Banquete, Fedro. Rio de Janeiro: Globo, 1962. p. 159.

[46] REALE, Giovanni. *História da Filosofia Antiga*. São Paulo: Loyola, 1994. v. II, p. 219.

[47] NIETZSCHE, Friedrich. *Além do bem e do mal*. Petrópolis: Vozes, 2009. p. 91.

[48] Idem, p. 76.

mesmo, a mais leve vacilação interna seria suficiente para precipitá-lo no abismo. Evidentemente, no estágio atual em que nos encontramos, tal posicionamento é insustentável.

Isso não quer dizer, porém, que devamos abandonar e expurgar o livre-arbítrio da seara penal. Decididamente, o livre-arbítrio é uma aporia no sentido que já falamos – falta de caminho –, mas encontramos a saída do labirinto quando nos valemos dos *topos*.

A aporia permanece, até porque ainda não conseguimos provar ou não a existência de uma liberdade de escolha. Todavia, como já falamos, isso sequer é preciso, pois os lugares-comuns – aceitos pela maioria – dão uma resposta satisfatória aos questionamentos.

Assim, podemos manter a liberdade de escolha que, apesar de não perder o seu caráter aporético, ao ser usado na argumentação jurídica penal, junto com outros lugares-comuns, passa a ser também ele um *topos*, e com a vantagem de ser extremamente persuasivo e aceito pela grande maioria, tendo em vista que o direito visa convencer os receptores da coerência e justiça das suas decisões, e, parece-nos que a ideia da liberdade de escolha é aceita facilmente pela maioria das pessoas, ou seja, a sua utilização é funcional para os objetivos do sistema jurídico.

Por outro lado, como veremos a seguir, fundamentar a culpabilidade na capacidade de se autodirigir é essencial para fixar o homem dentro da teoria do delito, garantindo uma culpabilidade garantista por funcionar como limite e fundamento da pena.

Frise-se, uma última vez, que o discurso jurídico penal de uma forma geral não caminha no sentido de ser informativo, no caso específico, em buscar uma prova empírica do fundamento material de culpabilidade, e sim, frise-se novamente, persuadir o receptor da decisão tomada. Por isso devemos manter o livre-arbítrio, sem, é claro, a necessidade de uma prova científica, garantindo, dessa forma, uma culpabilidade que cumpra a função de limitar e fundamentar o poder de punir do Estado, pois mantém o homem no centro da teoria do crime e de todo o direito penal.

21.3 A dirigibilidade normativa como fundamento empírico do conceito material de culpabilidade

Roxin afirma que a culpabilidade tem uma função política de garantia da liberdade individual, pois ela funcionaria, apenas, como uma limitação do poder de punir estatal. Mas, para entendermos esse posicionamento, e, por conseguinte, o seu conceito material de culpabilidade, devemos dar um passo para trás e contextualizar a afirmação dentro das concepções do autor.

Roxin acredita que o sistema penal estava tomando um rumo perigoso, pois o minucioso trabalho sistemático da dogmática tinha atingido um grau de abstração tão grande – podemos afirmar que a dogmática é uma metalinguagem sobre a linguagem do direito – que as soluções apresentadas por ela, apesar de sua coerência intrassistemática, são, na maioria dos casos, político-criminalmente erradas.[49] Ele atribui isso à tensão existente – que remonta à famosa frase de Franz Von Liszt, que o direito penal é a barreira intransponível da política criminal – entre o direito penal, como um sistema de garantias e baseado no princípio da legalidade, e a política criminal como medidas empíricas de combate à criminalidade.

A teoria do delito estaria ainda impregnada do positivismo de Liszt, uma vez que este se caracteriza por expurgar do seu sistema as dimensões do social e do político; a própria discussão sobre a possibilidade de um pensamento tópico[50] – o que vai de encontro ao pensamento sistemático – no direito penal é deixada de lado, sob o pretexto da segurança jurídica decorrente do princípio da legalidade.

Com isso, Roxin é um árduo crítico da ideia, até então prevalecente, de um sistema fechado que isolaria a dogmática das decisões valorativas político-criminais e da realidade social.[51] Ele defende, consequentemente, que a teoria do delito também teria por conteúdo os problemas político-criminais.

Diante dessa concepção, o autor promove uma profunda modificação na teoria do crime. No tocante à culpabilidade, ele alega que ela mantém uma relação com a teoria dos fins da pena.

Para tanto, ele fornece o caso do estado de necessidade exculpante como exemplo. Ele afirma que a não aplicação de uma pena para essas hipóteses não se deve à falta de exigibilidade de conduta diversa, e sim à desnecessidade preventiva de se aplicar uma pena.[52]

Por esse motivo, Roxin prefere falar em responsabilidade ao invés de culpabilidade. A culpabilidade seria uma das formas de exclusão da responsabilidade, porém não a única.

O autor privilegia a culpabilidade como uma garantia político-criminal de limitação do poder do Estado de punir, de abusar da pena. Ele acredita que a responsabilidade não está desvinculada da teoria dos fins da pena, ou seja, é possível a graduação da mesma a partir das necessidades preventivas, não obstante a pena nunca poder ultrapassar, mesmo diante de uma necessidade preventiva, a culpabilidade do indivíduo, sendo essa o limite de toda sanção penal.

Então, conclui o autor, a responsabilidade do sujeito é uma combinação de sua culpabilidade e das necessidades preventivas da pena. Com isso, é totalmente possível uma pena inferior ao grau de culpabilidade do indivíduo, em virtude de essa sanção produzir

---

[49] ROXIN, Claus. *Política criminal e sistema jurídico-penal*. Tradução de Luís Greco. Rio de Janeiro: Renovar, 2002. p. 6-7.
[50] Um dos poucos penalistas que trataram do tema é Cláudio Brandão no artigo intitulado: "O significado político-constitucional do direito penal".
[51] ROXIN, Claus. *Política criminal e sistema jurídico-penal*. Op. cit., p. 23.
[52] Idem, p. 67-70.

um efeito contrário às necessidades preventivas, entendida aqui como a manutenção da confiança dos cidadãos no ordenamento jurídico. O que não pode, como já foi dito acima, é uma pena superior a sua culpabilidade.

Essa preocupação do autor em manter a categoria dogmática da culpabilidade na sua função política criminal de limitação do poder de punir do Estado tem fundamento. Várias são as críticas que derivam da inclusão das teorias preventivas da pena na teoria do delito, que vão desde o temor do renascimento da responsabilidade objetiva, até uma política de endurecimento penal – inclusive para crimes menos graves, em virtude de ocorrerem com uma grande frequência –, sob o manto de uma suposta necessidade de se reafirmar o direito, evitando o cometimento de crimes, e o imperativo de se restabelecer a confiança dos súditos no ordenamento jurídico, já que essa ficaria seriamente abalada com as constantes lesões.

Os funcionalistas que seguem o caminho traçado por Roxin tentam superar as críticas mencionadas, afirmando, por exemplo, que as necessidades preventivas devem ser adequadas ao modelo constitucional, quer dizer, respeitando os princípios da necessidade, da proporcionalidade, da dignidade da pessoa humana, e, é claro, da culpabilidade.[53]

Assim, o autor passa a criticar o fundamento material da culpabilidade finalista, o poder agir diverso e sua relação com as teorias retribucionistas, onde as exigências do castigo se derivam da ideia de justiça absoluta. O intento teórico é construir um conceito de culpabilidade que responda às exigências preventivas, um conceito que, segundo o próprio autor, como veremos, seja suscetível de comprovação empírica.[54]

Por outro lado, também é muito recorrente se falar sobre o parâmetro usado pelos autores finalistas para a imputação da capacidade de se motivar.

A culpabilidade é um juízo de reprovação pessoal, todavia a doutrina recorre a um critério generalizador e inexistente na realidade para afirmá-la, pois se vale da figura do homem médio, ou seja, se um homem diligente, cuidadoso e prudente na mesma situação do autor poderia agir de outra maneira.

Parece claro que se utilizar desse critério é cair em contradição com os próprios fundamentos, isto é, que o ser humano pode se comportar conforme o sentido, liberando-se, assim, dos impulsos causais, tendo em vista que não se examinaria esse mesmo homem concreto, e sim uma figura irreal colocada no lugar, na mesma situação e com os mesmos conhecimentos.

A crítica feita à adoção do homem médio pode se aprofundar quando percebemos que essa construção não é baseada numa experiência, uma vez que o homem médio é um modelo de indivíduo que uma sociedade determinada espera, mostrando que, no fundo,

---

[53] BASOCO, Juan M Terradillos. Culpabilidad y prevención: anotaciones desde el derecho penal español. In: LASCANO, Carlos Julio (Org.). *Nuevas Formulaciones en las ciencias penales*. Córdoba: Lerner, 2001. p. 235.

[54] Idem, p. 230.

estamos fazendo uma valoração da conduta concreta a partir de como a sociedade espera que o indivíduo atue.⁵⁵

Consciente das críticas e buscando superá-las, Roxin fundamenta a culpabilidade como a possibilidade de decisão por uma conduta conforme as normas.⁵⁶ Segundo o autor, esse é um fenômeno científico, pois a psicologia e a psiquiatria podem comprovar empiricamente os casos de restrições à capacidade de se autodirigir.

Dessa maneira, evitar-se-ia a utilização da figura do homem médio, pois seria possível examinar se naquele caso em específico o agente teria ou não a possibilidade de se decidir por uma conduta conforme as normas.

Essa concepção pode ser dividida em dois dados: o primeiro é o dado empírico já tratado; o segundo é o dado normativo, no sentido da possibilidade de comportamento conforme o direito.

Uma culpabilidade assim concebida seria, para os seus adeptos, uma garantia para o indivíduo e para todo o sistema penal em geral, já que um conceito que pode constatar empiricamente as restrições à capacidade de autocontrole permite estabelecer contornos nítidos ao *ius puniendi* estatal.⁵⁷

O autor ainda alega que esse conceito pode perfeitamente se adequar à ideia do poder agir de outro modo, todavia sem a necessidade de afirmar o livre-arbítrio – o doutrinador se mostra cético quanto a sua existência ou não – e toda a sua problemática relacionada, bem como a adoção do critério generalizador. É um problema que se pode evitar, afirma Roxin.⁵⁸

Só quando for empiricamente comprovável essa dirigibilidade normativa, pode-se dizer que o indivíduo é livre. Essa afirmativa poderia levar à ideia de que Roxin afirma o livre-arbítrio, o que não é correto, uma vez que ele apenas declara a utilidade social de trabalhar com a ideia de liberdade de escolha, pois a "compreensão natural do ser humano normal se baseia na ideia de liberdade".⁵⁹

Algumas críticas podem ser tecidas ao posicionamento aqui esposado. A primeira delas se refere à pobre discussão que o autor faz sobre a dirigibilidade normativa, pois ele não faz ou tece comentários suficientes sobre como ocorre essa constatação empírica. Na verdade o autor se limita, primordialmente, a utilizar argumentos de autoridade, uma vez que "joga" a responsabilidade para a psicologia e a psiquiatria, dizendo, sem, obstante,

---

⁵⁵ CÓRDOBA, Fernando Jorge. La capacidad de motivación y la imputación de culpabilidad. In: LASCANO, Carlos Julio (Org.). *Nuevas Formulaciones en las ciencias penales*. Córdoba: Lerner, 2001. p. 183-184.
⁵⁶ ROXIN, Claus. *Derecho penal*: parte general. Madrid: Civitas, 1997. p. 807.
⁵⁷ BASOCO, Juan M. Terradillos. Culpabilidad y prevención: anotaciones desde el derecho penal español. Op. cit., p. 238.
⁵⁸ ROXIN, Claus. *Derecho penal*... Op. cit., p. 808.
⁵⁹ Idem, p. 809.

afirmar como, que ambas as ciências teriam condições de provar empiricamente a falta ou não de dirigibilidade.

Assumimos que o *pathos* dessa argumentação é fortíssimo, tendo em vista que o poder de sedução e convencimento operados pela ciência[60] é formidável, pois, dizer que, por exemplo, aquele evento e as suas consequências foram provados ou são provados cientificamente soa e traz embutido em si uma afirmação e informação acreditada e aceita como verdadeira e irrefutável por derradeiro.

Talvez isso provenha de uma necessidade subjetiva atávica – necessidade biológica – de ordenar e classificar o mundo de uma forma lógica, de descobrir o "igual" com certa frequência, quer dizer, tratar o semelhante como igual.[61]

Quando se fala que algo fora provado cientificamente, passa-se a ideia de um conhecimento objetivo, desinteressado e completamente afastado do objeto em análise. Todavia, esquece-se de que entre o objeto e o conhecer existem os nossos sentidos que não são órgãos tão finos assim que permitam uma fidelidade no ato de conhecer.

Com a sua ironia fina de sempre, Nietzsche afirma que "[...] vemos exatamente uma árvore inteira sem a necessidade de olhar para todas as suas folhas, ramos, cor e forma; é para nós mais fácil imaginar um pouco mais ou menos de árvore", e completa tal pensamento dizendo que isto significa que estamos, desde priscas eras, acostumados a mentir, ou seja, somos mais artistas do que se julga.[62]

Roxin e seus seguidores esquecem-se, como visto, do caráter eminentemente retórico do discurso jurídico – conforme debatido outrora –, o que não exclui totalmente a possibilidade de ser informativo, mas que ocorre apenas de forma incidental e limitada, o que o autor sequer se refere.

Isso nos permite aduzir que o autor, até mesmo por preocupações anteriores, como, por exemplo, a impossibilidade de refutação do livre-arbítrio, acredita na possibilidade de uma teoria científica da ciência do direito penal com características que a aproximaria, em certa medida, do conceito tradicional de ciência – extremamente questionável pelos cientistas dos outros saberes –, o que gera uma discussão de que, se por um lado é extremamente ampla e problemática, por outro é de extrema importância dentro do âmbito que estamos a examinar.

Quando se fala da perspectiva tradicional (positivista) do conceito de ciência, é imprescindível, para que aquele saber tenha *status* científico, primeiramente a inalterabilidade do objeto. Dessa forma, a ciência jurídica só pode superar essa etapa caso parta de

---

[60] É importante deixar claro que o conceito de ciência como verdade – que parece ser adotado por Roxin – é obra do positivismo. É importante deixar claro que, tal como aquele, existe também outros conceitos de ciência (Cf. FERRAZ JUNIOR, Tércio Sampaio. *A ciência do direito*. São Paulo: Atlas, 1980).

[61] MÜLLER-LAUTER, Wolfgang. *Nietzsche...* Op. cit., p. 41.

[62] NIETZSCHE, Friedrich. *Além do bem e do mal*. Op. cit., p. 103.

um ordenamento fixado por princípios jurídicos invariáveis, o que é impensável, tendo em vista os condicionantes históricos, sociais e econômicos, por exemplo, envolvidos na criação do direito, o que o leva a ser concebido como uma arte ou, até mesmo, como prudência.[63]

Por outro lado, dentro da concepção de ciência aqui discorrida, temos as questões relacionadas ao método e a superação do senso comum. O método, tomado aqui como caminho para investigação do objeto, deve ser capaz de proporcionar uma observação segura dos fenômenos investigados, com o fito de examinar as regularidades existentes e, com isso, criar leis gerais e universais que se apliquem, inclusive, aos fenômenos não observados.[64]

Fica claro que o direito não pode ser considerado como conhecimento científico dentro dos parâmetros tradicionais de ciência, que só se aplicariam às ciências da natureza, mas nunca para as consideradas ciências sociais, a tal ponto que Kaufmann discute se direito não seria uma arte, tendo em vista as dificuldades do direito quando pensamos em método e objeto. Afirma o autor que não trabalhamos com categorias como "obrigatório", "necessário" e "impossível", e sim com o "plausível", "concordante" e "sustentável".[65]

O direito busca precipuamente, ao lado da explicação, compreender os fenômenos jurídicos, valorando-os. O direito penal, especificamente falando, trabalha com comportamentos humanos, e, assim, não é possível apenas explicar como se deu essa ação, a partir do sentido que damos a ela, mas, da mesma forma, é necessário examinar o sentido que o próprio agente dá, como ele analisa a sua conduta.[66]

O que se quer dizer com a discussão trazida à baila é que, independentemente de se considerar o direito como ciência a partir de qualquer paradigma, não é possível, certamente, falar-se em conhecimento científico do direito a partir dos pressupostos característicos das ciências da natureza.

Por outro lado, adotar o modelo da falsificação na ciência jurídica, como o faz Roxin, é, no mínimo, problemático. Para a adoção desse modelo tal como ele foi concebido – e acima exposto – é necessário um conhecimento científico que tenha uma estrutura lógica de proposições universais, criadas a partir de proposições individuais controladamente observadas com o objetivo de mostrar que as teorias científicas têm um caráter transitório, suge-

---

[63] NEUMANN, Ulfrid. Teoria científica da ciência do direito. In: KAUFMANN, A. HASSEMER, W. (Org.). *Introdução à filosofia do direito e à teoria do direito contemporâneas*. Lisboa: Fundação Calouste Gulbenkian, 2002. p. 465.

[64] FREITAS, Ricardo de Brito Albuquerque. As condições da pesquisa científica em direito penal. In: CARDOSO, Teodomiro Noronha (Org.). *Ciências criminais no século XXI*: estudos em homenagem aos 180 anos da faculdade de direito do Recife. Recife: Editora Universitária, 2007. p. 503.

[65] KAUFMANN, Arthur. *Filosofía del derecho*. Bogotá: Universidad Externa de Colombia, 2002. p. 132.

[66] FERRAZ, Tércio. *A ciência do direito*. São Paulo: Atlas, 1980. p. 11.

rindo sempre a sua incompletude e falhas que são aperfeiçoadas com o desenvolvimento da própria ciência, que vai progressivamente substituindo as antigas leis por novas.[67]

Decididamente, nos moldes acima traçados, o direito não pode ser considerado como ciência, e muito menos se utilizar do método da falsificação que fora desenvolvido para um diferente modelo científico.

É preciso pensar o direito a partir de outra perspectiva, não tão estreita quanto a visão positivista de ciência, mas de uma forma que o jurista possa observar e experimentar o mundo ao mesmo tempo, julgando-o, valorando-o, vivenciado as suas diversas possibilidades, enfim, vivendo-o.[68]

Aristóteles, por exemplo, já tinha percebido que o direito seria uma das três espécies de retórica, tendo em vista que ele não trabalha com argumentos verdadeiros e lógicos, e sim verossimilhantes, campo por excelência dos argumentos dialéticos.[69]

O objetivo da retórica é persuadir, ou como a define Aristóteles, a faculdade de observar em cada evento ou assunto o que é capaz de convencer, quer dizer, a retórica nos permite observar e descobrir o que é propício para persuadir em qualquer questão.[70]

Assim, a retórica examina os procedimentos pelos quais as pessoas, por exemplo, acusam e defendem-se em geral, não partindo de conhecimentos científicos, mas de opiniões prováveis, aceitáveis por todos ou à grande maioria dos homens.[71]

Podemos dizer que no aspecto formal a retórica assemelha-se à dialética, como já fora asseverado por Aristóteles ao afirmar que "a retórica é como um ramo da dialética [...]".[72] Para o Estagirista, a dialética era um método de investigação que possibilitaria raciocinar a partir de opiniões geralmente aceitas, sendo estas aquelas que todo mundo admite, ou, segundo as palavras do próprio, a maioria das pessoas, ou os filósofos, ou os mais notáveis e eminentes.[73]

Assim, muito mais do que comprovar empiricamente os seus enunciados – o que em muitos casos é simplesmente impossível, derivado da própria natureza do conhecimento

---

[67] NEUMANN, Ulfrid. Teoria científica da ciência do direito. In: KAUFMANN, A. HASSEMER, W. (Org.). *Introdução à filosofia do direito e à teoria do direito contemporâneas*. Lisboa: Fundação Calouste Gulbenkian, 2002. p. 469.

[68] Cf. ADEODATO, João Maurício. *A retórica constitucional*: sobre tolerância, direitos humanos e outros fundamentos éticos do direito positivo. São Paulo: Saraiva, 2009.

[69] ARISTÓTELES. *Retórica*. São Paulo: Edipro, 2011, p. 53

[70] Idem, p. 44-45.

[71] REALE, Giovanni. *História da filosofia antiga*. São Paulo: Loyola, 1994. v. II, p. 473.

[72] ARISTÓTELES. *Retórica*. Op. cit., p. 46.

[73] ARISTÓTELES. *Órganon*: categorias, da interpretação, analíticos anteriores, analíticos posteriores, tópicos e refutações sofísticas. São Paulo: Edipro, 2010. p. 347-348.

das ciências sociais[74] –, o direito deve fundamentá-los a partir de argumentos aceitos pela maioria, com objetivos persuasivos.

Não foi à toa que a *inventio* se desenvolvera primordialmente no campo jurídico, onde o jurista busca e descobre os argumentos adequados para tornar plausível e aceitável um posicionamento,[75] em outras palavras, fundamentá-los de forma juridicamente a ser aceitável por todos ou pela maioria.

Isso acaba por aclarar a relevância dos *Topoi* dentro da argumentação jurídica, como repositório de argumentos de extrema forma persuasiva e aceitos pela maioria, importância esta já devidamente sugerida ao discutirmos as questões relacionadas ao livre-arbítrio.

Roxin chega a criticar o direito penal da época como um sistema fechado, cujas teorizações eram, do ponto de vista sistemático, perfeitas. O autor passa a afirmar, inclusive, que a tópica nunca mereceu um estudo sério por parte dos penalistas, mas podemos dizer que ele mesmo não atentou para a obra de Viehweg, que resgata um pensar por problemas e a utilização de lugares comuns, que são adequados para a argumentação jurídica. Contraditoriamente, o autor funcionalista pensa numa ciência do direito, e do direito penal, a partir de um conceito tradicional de ciência, que, como vimos, não é possível e apropriado para o nosso tipo específico de conhecimento.

21.4 Conclusão: a necessidade do livre-arbítrio como manutenção de uma culpablidade garantista

Como já enfatizado anteriormente, a culpabilidade deve servir como limite e fundamento da pena criminal, funcionando como a conexão punitiva entre a teoria do delito e da pena, impedindo, nessa esteira, a aplicação de pena com fundamento na periculosidade do agente, tendo em vista que, neste caso, a conexão punitiva é criada na teoria da pena. Parece-nos que as correntes funcionalistas fazem essa conexão punitiva na teoria da pena, o que levaria, apesar de não ser expressamente declarado, a um direito penal do autor.

Não excluímos completamente da crítica o posicionamento de Roxin, até mesmo porque o autor fala que o *quantum* da pena se fundamenta nas questões de prevenção especial, mas que nunca poderia ultrapassar a culpabilidade. Apesar de uma evidente preocupação garantista, acreditamos que na prática, principalmente no caso brasileiro onde a mídia exerce uma influência devastadora na população, o que acaba por pressionar o Judiciário

---

[74] Cf. FREITAS, Ricardo de Brito Albuquerque. As condições da pesquisa científica em direito penal. In: CARDOSO, Teodomiro Noronha (Org.). *Ciências criminais no século XXI*: estudos em homenagem aos 180 anos da faculdade de direito do Recife. Recife: Editora Universitária, 2007; FERRAZ, Tércio. *A ciência do direito*. São Paulo: Atlas, 1980.
[75] GARAVELLI, Bice Mortara. *Manual de retórica*. Madrid: Ediciones Cátedra, 2000. p. 66-67.

a se posicionar sempre de uma forma a aumentar a repressão penal, admitir a culpabilidade unicamente como o limite para a sanção penal é, no fundo, pulverizar a própria culpabilidade que não cumpriria a função desejada abstratamente.

Para corroborarmos o alegado, podemos trazer um caso citado por Zipf, que defendia a medição da pena a partir do "triângulo mágico" formado pela culpabilidade, a prevenção geral e a prevenção especial. O autor cita o caso da venda de drogas por um jovem autor que fora induzido à prática do delito e é interiormente instável. Citando os três elementos imprescindíveis para a aplicação da pena, o autor discorre que no aspecto da prevenção geral é necessária uma firme reação estatal para conter o aumento da venda de drogas dos últimos anos. Já em relação à prevenção especial, para a compensação da deficiente força moral, requer o auxílio do Estado para formar parte da reinserção social satisfatória, o que necessita de um considerável período de tempo. Por fim, é possível constatar uma baixa culpabilidade derivada da indução e da força moral deficiente.[76]

Não resta dúvida de que, em casos como esses, que passam corriqueiramente pelo Judiciário brasileiro, a culpabilidade não funcionará como limite para as questões de prevenção especial e/ou geral, tendo em vista que o traficante é visto no Brasil como o novo inimigo do direito penal, basta examinar as constantes "quebras" de garantias constitucionais penais para quem comete tal delito. Em casos como esses, onde o apelo popular, influenciado decisivamente pela mídia brasileira – basta ver, por exemplo, o filme *Tropa de Elite* –, caminha no sentido de demonizar o traficante, é extremamente difícil justificar e legitimar uma decisão que, por exemplo, no caso trazido por Zipf, aplicasse uma pena reduzida para o traficante em face da sua baixa culpabilidade. Muito dificilmente uma pena baixa para tais casos se manteria até o trânsito em julgado da sentença condenatória.

Da mesma maneira, e até mesmo de forma mais clara, mostram-se os posicionamentos dos funcionalistas radicais, como é a teorização de Günther Jakobs. Falar sobre a relação entre culpabilidade e medida da pena para o autor não é prescindir de sua análise crítica sobre as teorias da pena, até mesmo porque ele acaba por submeter a culpabilidade a questões de natureza preventiva, mais especificamente, à prevenção geral positiva, o que na prática leva, e não estamos a exagerar, a se negar o próprio juízo de reprovação pessoal.

Isso começa quando o autor passa a discorrer e criticar a teoria da união,[77] tanto na vertente que defende a culpabilidade como limite e fundamento da pena privativa de liberdade, pois – e aqui o argumento é o mesmo de Roxin – a pena não pode se fundamentar num conceito metafísico – livre-arbítrio – e, portanto, carente de cientificidade, quanto na linha mais moderna onde a culpabilidade não seria mais o fundamento, mas, apenas, o meio de limitação da intervenção penal, não podendo, por conseguinte, a pena ser superior à culpabilidade. Ele fala, inclusive, que para essa parte da doutrina a pena poderia

---

[76] ZIPF, Heinz. *Introducción a la política criminal*. Madrid: Editorial Revista de Derecho Privado, 1973. p. 141.

[77] JAKOBS, Günther. *Sobre la teoria de la pena*. Bogotá: Universidad Externa de Colombia, 1998. p. 9-14.

ser consideravelmente inferior, por razões preventivas, à medida da culpabilidade, não existindo qualquer óbice para tal situação.

Para o autor, as teorias da união pecam por acreditar numa possível harmonização entre a culpabilidade(retribuição) e as necessidades estatais de prevenção, o que para ele seria um erro teórico e prático. Teoricamente, pois a tentativa de uni-las paralisa a necessidade retributiva ou a preventiva, pois a culpabilidade trata o indivíduo como responsável e não permite tratá-lo como mero objeto. Essa crítica também vale para a corrente que trata a culpabilidade apenas como fator limitante aos imperativos estatais, pois a culpabilidade só pode limitar aquilo que é adequado ao seu conceito, não podendo, dessa forma, limitar a educação, a intimidação ou elementos similares.[78]

Na prática forense essa união também parece impossível, afirma Jakobs, uma vez que, como parece ser o intento das teorias conciliadoras, a retribuição da culpabilidade não abre a possibilidade para um tratamento preventivo especial, basta uma perfunctória pesquisa histórica e atual sobre os níveis de reincidência, o que mostraria uma total falta de efetividade das questões preventivas especiais, e que, no dia a dia, a pena não é um tratamento limitado pela retribuição da culpabilidade. A crítica também seria para a união imposta entre a culpabilidade e a prevenção geral, tendo em vista que aquela se refere ao fato enquanto perturbação social, diferentemente da prevenção geral, que vê na gênese de uma motivação para cometer o fato, no mesmo caminho com a medida da intensidade da motivação, os fatores a serem prevenidos.[79]

Assim, Jakobs acaba por defender que a pena tem como finalidade exclusiva a confirmação da realidade das normas, ou dito de outro modo, a pena teria a função de restabelecer as expectativas normativas, com o objetivo de que elas não fiquem anuladas por sua violação.

Nesse caminho, a pena se dirige a todos os membros da sociedade, para reafirmar a vigência da norma, pois é essa vulneração à norma que solidifica a finalidade da pena, e isso só é possível caso exista um comportamento responsável, culpável em última instância.[80]

Aclarando a teoria dos fins da pena de Jakobs é que se torna possível entender a sua teorização sobre a culpabilidade, pois essa se fundamenta a partir da prevenção geral positiva, ou seja, é determinada pelo fim, visando sempre à estabilização da confiança na ordem perturbada pela conduta delitiva. Resumindo, a culpabilidade se dá em virtude de uma perturbação que o autor não evitou. A capacidade de evitar não é analisada pre-

---

[78] Idem, p. 13.
[79] Idem, p. 14.
[80] JAKOBS, Günther. *El concepto jurídico penal de acción*. Bogotá: Universidad Externa de Colombia, 1998. p. 48.

viamente, mas dentro de um instrumental de caráter normativo ou psicológico social, e nunca psicológico individual.[81]

É perceptível uma união indissociável entre culpabilidade e prevenção, no pensamento de Jakobs, de forma que a finalidade preventiva acaba engolindo a culpabilidade, tal como a conhecemos.

Só assim, ainda segundo o autor, é que podemos afirmar que a culpabilidade não é o fundamento e nem mesmo o limite da pena, tendo em vista que a determinação da culpabilidade consiste na fundamentação da necessidade de punir em uma determinada medida, para confirmar a obrigatoriedade do ordenamento frente ao cidadão fiel ao direito.[82]

A culpabilidade passa a ser entendida como a afirmação da imputação de um comportamento considerado defeituoso, que causa uma perturbação e defraudação da expectativa normativa. Com isso, a pena marca o comportamento com uma consequência penal, incrementando a possibilidade de que dito comportamento possa ser apreendido como uma alternativa ao comportamento considerado como infiel ao direito.[83]

É por esse motivo, repita-se mais uma vez, que o fundamento da culpabilidade, sem diferenças para o da pena, seria o exercício da fidelidade para com o direito, tendo em vista que é correto confiar na norma, que passa a ser quase como um costume, uma prática diária que tem de ser preservada, cultivada e exercitada.

Isso deixa à exposição o quanto é autoritária a concepção de culpa do autor. Ele, de certa forma, mas sem voltar atrás um centímetro sequer da sua posição doutrinária, percebe esse viés quando tenta, sem muito sucesso, fundamentar materialmente a culpabilidade no princípio da igualdade.

Segundo Jakobs, só é necessária uma pena quando a pessoa é igual às demais, no sentido de uma análoga competência de todos para se manifestarem sobre a configuração correta do mundo social, é o reconhecimento da pessoa que vai sofrer uma pena como igual.[84]

As exceções seriam os casos de exculpação, onde se inserem os indivíduos desiguais – menores e alienados, por exemplo –, onde as condutas realizadas não perturbam a eficácia geral do direito, não sendo, dessa maneira, necessário aplicar uma pena.

Pode-se falar que são esses os principais motivos que levam Jakobs a negar a possibilidade de a culpabilidade limitar a pena utilizada de meios socialmente funcionais, como

---

[81] RAMOS, Enrique Peñaranda; GONZÁLEZ, Carlos J. Suárez; MELIÁ, Manuel Cancio. Considereciones sobre la teoría de la imputación de Günther Jakobs. In: JAKOBS, Günther. *Estudios de derecho penal*. Madrid: Editorial Civitas, 1997. p. 48.

[82] JAKOBS, Günther. Culpabilidad y prevención. In: _____. *Estudios de derecho penal*. Madrid: Editorial Civitas, 1997. p. 77-78.

[83] Idem, p. 78-79.

[84] JAKOBS, Günther. *El principio de culpabilidad*. Estudios de derecho penal. Madrid: Editorial Civitas, 1997. p. 385.

fala a doutrina dominante. Para ele, isso não poderia ocorrer sem cair em contradição, pois a pena útil para a consecução de fins sociais, se não está limitada pela culpabilidade, trata como coisa a pessoa – diriam os adeptos do posicionamento criticado –, mas a pena limitada pela culpabilidade perde a sua funcionalidade.[85]

Essa tentativa de Jakobs não consegue mascarar o autoritarismo do seu posicionamento, tentando fundamentar materialmente a culpa no princípio da igualdade, e muito menos esconder a submissão da culpabilidade a questões preventivas, levando, no fim das contas, ao esfacelamento do conceito de culpabilidade, que passa a ser confundido com a própria prevenção geral positiva.

É improfícua a sua resposta às críticas dirigidas a sua teoria, pelo seu evidente cunho autoritário. Como se expressou o próprio autor, existe um mundo social correto que deve ser seguido, os valores estabelecidos pelo direito têm que ser professados e adotados, sob pena de a ação ser considerada como infiel a eles.

Jakobs pressupõe que a existência de apenas uma configuração correta de mundo social e que os valores positivados seriam superiores, exatamente por sua positivação, aos demais, e que todos deveriam possuí-los igualmente.

O sistema jurídico, com as suas decisões, engendra uma possibilidade de mundo social, mas nem por isso é a mais certa ou verdadeira que qualquer outra ordem social preterida e que não fora escolhida pelo sistema.

Percebe-se o quão longe está do fato delituoso essa forma de medir e aplicar uma pena privativa de liberdade, que acaba encerrando sempre uma culpabilidade maior, e, por conseguinte, a pena, para aqueles que compartilham valores diversos, que não são capazes de se motivar "corretamente", dentro dos padrões éticos estabelecidos pelo sistema jurídico.

Parece que o posicionamento de Jakobs, analisado sobre o prisma aqui tratado, mostra como a culpabilidade, na visão do autor, concebe um processo altamente eticizante e intolerante às diferenças axiológicas existentes entre os indivíduos e grupos sociais.

Resta claro que escolhas axiológicas sempre serão feitas pelo sistema, todavia, essas escolhas não podem, tendo como fio condutor a culpabilidade, medir e quantificar uma pena privativa de liberdade levando-se em consideração a distância contraposta entre os valores estabelecidos pelo sistema e os do indivíduo julgado, impondo esses mesmos valores quando do momento da execução da pena, pois isso fatalmente punge a autonomia de cada indivíduo no tocante às suas próprias escolhas éticas. A culpabilidade não pode justificar uma pena maior utilizando como argumento – muitas vezes mascarado sob a alcunha da "dirigibilidade normativa" e da "fidelidade ao direito", para ficarmos nas doutrinas discutidas – a circunstância de o sujeito não compartilhar dos mesmos valores estabelecidos pelo sistema jurídico penal.

---

[85] Idem, p. 365.

22

Direitos Humanos, Execução Penal e a afirmação do Estado Democrático de Direito

Alexis Couto de Brito

> *It is said that no one truly knows a nation until one has been inside the jails. A nation should not be judged by how it treats its highest citizens, but its lowest ones.*
>
> Diz-se que ninguém conhece verdadeiramente uma nação até que tenha estado dentro das prisões. Uma nação não deve ser julgada pela forma como trata seus cidadãos mais condecorados, mas seus marginalizados.
>
> Nelson Mandela.

Sumário: 22.1 Fundamentação teórica da natureza e da finalidade da Execução Penal; 22.2 Descaso prático da natureza e da finalidade da Execução Penal; Referências.

A relação entre a sociedade livre e o homem preso sempre representou o mais puro retrato maniqueísta entre o bem e o mal. Esta relação – bem e mal – talvez seja a mais complexa e reconhecível dicotomia interna do ser humano. Investigada por religiosos, filósofos e juristas, nunca deixou de ser retratada desde que se tem notícia da existência da humanidade. No específico ramo penal, tal discussão não foge à regra. A colaborar com esta dicotomia, ao se condenar alguém por algum delito, institucional, oficialmente confirma-se seu *status* – o de mal – e com isso deve-se transferi-lo ao seu estanque e merecido grupo. Aquele que antes era bom e encontrava-se no meio de nós agora revela sua face e deve ser banido para seu lugar de direito. A prisão revela-se como o equivalente ao inferno que abriga o anjo caído e que de lá não deve sair, para o bem dos demais.

Chamo à colação a impressão social-psicológica de Zimbardo sobre a personalidade humana, que comumente soa como verdadeira: "a maioria de nós se esconde por trás de inclinações egocêntricas que provocam ilusões de que somos especiais". Algo como um escudo autoprotetor que nos permite pensar que estaríamos acima da média em um teste de integridade. Mas, na verdade, como simboliza o autor, "muito frequentemente olhamos para as estrelas através das grossas lentes da invulnerabilidade pessoal, quando deveríamos também baixar os olhos para o declive escorregadio sob nossos pés".[1]

Por que agimos assim? Ainda na visão do mesmo sociólogo, "a ideia de que há um abismo intransponível que separa as pessoas boas das pessoas más é uma fonte de conforto". Para ZIMBARDO, ela cria uma lógica binária na qual o mal é *essencializado* e permite que a maioria das pessoas enxergue-o como uma entidade ou mesmo uma qualidade inerente somente a certas pessoas e não a outras, diga-se, aos outros, não a nós mesmos. Além disso, se é o bem uma qualidade de alguns, sustentar uma dicotomia (bem-mal) também permite que as "boas pessoas" eximam-se de sua responsabilidade, ou seja, não precisem considerar que exerçam qualquer papel em "criar, sustentar, perpetuar ou conceder condições que contribuam para a delinquência, o crime, o vandalismo, as provocações, as ameaças, o estupro, a tortura, o terror e a violência". A frase "o mundo funciona desse jeito e não há nada que possa ser feito, muito menos por mim" é um lema que deve ser entoado e seguido.[2]

Na realidade atual do sistema criminal, nenhum outro sistema revela tão contundentemente esta construção quanto o sistema carcerário em seu essencial instrumento, a pena de prisão. Condenados são tratados efetivamente como seres diversos, que em nada ou em muito pouco se assemelham aos demais, estes sim considerados humanos. Esta se revela a prática, embora do ponto de vista legal, façamos algumas concessões humanitárias.

É evidente que após todos os acontecimentos históricos e toda a evolução científica que nos conduziram a um modelo social e democrático de Estado, tal conformação deve ser refutada e severamente combatida, e para isso o ponto de partida evidente é o reconhecimento de que também e principalmente no campo da execução da pena os submetidos à sanção penal jamais podem ser tratados como seres desprovidos de humanidade e, ao contrário, por vezes mais do que outros, necessitam da tutela constante e proativa do Estado. A fundamentação da Execução Penal deve começar pelo reconhecimento dos direitos humanos.

22.1 Fundamentação teórica da natureza e da finalidade da Execução Penal

Não é de hoje que a execução da pena é vista como a última fase do sistema jurídico-penal. Não no sentido formal de derradeiro procedimento, pois evidentemente é a última

---

[1] ZIMBARDO, Philip. *O efeito Lúcifer*, p. 24.
[2] ZIMBARDO, Philip. Op. cit., p. 26.

fase, mas em termos político-criminais.³ As atenções dos atores do sistema penal voltam-se muito mais para os processos legislativos de incriminação, para a definição das categorias do delito e da dogmática e sua aplicação, e até mesmo ao processo penal de conhecimento e seus instrumentos. Quanto à execução penal e ao seu sujeito, nem tantos cientistas se interessam. Por muito tempo, no Brasil, entregou-se a execução da pena exclusivamente aos órgãos administrativos, e a produção científica limitou-se a dizer que não haveria um verdadeiro processo de execução, senão uma autoexecução da sentença que possui "força própria". E os estabelecimentos penais com alta capacidade, altos muros e torres de vigilância, importados dos sistemas europeus no século XIX como sinal de progresso, hoje regrediram a condições muito mais próximas do cárcere do século XVIII.⁴ De fato, quando os princípios e regras constitucionais passam a ser especificados pelas leis ordinárias e, pior, por decisões judiciais, sofrem um processo de debilitação que, na melhor das hipóteses, permite apenas assegurar os aspectos mais essenciais daqueles princípios.⁵

Desde este ponto de vista crítico, o entendimento de que a execução da pena pode ser apenas administrativa e que não há um verdadeiro processo judicial de execução, ou que a sentença penal executa-se por força própria demonstra um descaso que não pode ser admitido. Há uma real separação ideológica entre o processo penal e o de execução penal que os distingue em sua essência. No primeiro – processo de conhecimento – todos os atos praticados têm por objetivo um acontecimento passado, é dizer, sempre terão sua aplicação voltada a um delito já cometido. O processo penal e seus instrumentos foram idealizados para reconstruir no presente um fato do passado.

A execução da pena tem outra perspectiva: o futuro. Tudo o que se projeta em termos político-criminais olha para o futuro, futuro no qual o condenado será fatalmente colo-

---

³ SUTTINGER, Günter fala de uma posição secundária (*nebensäliche Stellung*), e que apesar da necessidade supostamente urgente e de várias tentativas, no decorrer de cem anos o Legislativo não foi capaz de criar uma base jurídica adequada, o que demonstra sua falta de prestígio entre a população e os juristas (Der Entwurf eines Strafvollzugsgesetzes und die Vollzugswirklichkeit. In: *Festschrift für Heinitz*, p. 517).

⁴ ELBERT. Carlos. Ejecución Penal y terapia social. In: *El poder penal del Estado. Homenaje a Hilde Kaufmann*, p. 137. O autor ainda aponta o problema ligado à América Latina de identidade como países independentes, como o genoetnocidio perpetrado pelos conquistadores, o controle militarizado da sociedade civil, a diversidade étnica derivada da imigração forçada ou voluntária, dentre outros fatores que impediram um desenvolvimento de uma cultura jurídica própria (Idem, p. 138-139).

⁵ MAPELLI CAFFARENA, Borja. Contenido y límites de la privación de libertad (sobre la constitucionalidad de las sanciones disciplinarias de aislamiento). In: *El nuevo Código Penal*: presupuestos y fundamentos. Libro homenaje al Profesor Doctor Don Ángel Torío López, p. 615. Mapelli Caffarena adverte que "é provavelmente no tema dos limites e conteúdos da privação da liberdade que se precisa uma maior atenção para dar materialmente por superada aquela tese vigente durante muito tempo, segundo a qual a condição de condenado à prisão representava para o sujeito entrar em um campo obscuro para o direito e para o controle judicial, no qual a administração poderia fazer e desfazer a seu capricho sem necessidade de dar conta a ninguém assegurando tão somente o fiel cumprimento da sentença".

cado em liberdade. E mirar o futuro implica a seguinte pergunta: de que forma podemos colaborar com o momento em que esta pessoa retornará ao convívio social? No Brasil são proibidas as penas perpétuas e de morte, então, aparte de qualquer discussão moral sobre uma possível aceitação ou finalidade social destas penas, do ponto de vista jurídico--constitucional, não poderão ser aplicadas. E daí a certeza de que o condenado, um dia, irá retornar ao convívio livre.

Disso decorre a lógica do sistema: tutelar (prender) o condenado para que este retorne de uma forma pior? Não há coerência lógica. Retornar da mesma forma? É o mínimo, mas já não legitima o sistema, que serviria apenas para a custódia e por ela mesma. Portanto, a única resposta lógica possível é que um sistema de execução penal deve oferecer o máximo possível de oportunidades, diante das necessidades concretas do condenado, para um voluntário incremento pessoal, que possa contribuir para seu retorno e posterior convívio harmônico, integrado aos demais cidadãos. E a razão não está na utilidade social que disso possa decorrer, mas sim no simples reconhecimento da dignidade humana e no valor intrínseco que revela.[6] Este é o papel do Estado, que por sua própria natureza jamais poderá desistir de qualquer cidadão que seja.

De uma forma lúdica, costumo dizer que a relação do Estado com o cidadão infrator funciona como a de uma pessoa montando um quebra-cabeças: para que cumpra sua tarefa, deve encaixar todas e cada uma das peças, não podendo se desfazer de nenhuma delas. Se uma peça não encaixa, não se pode alterar seu formato ou ainda livrar-se dela, sob pena de arruinar o jogo. Deverá empregar todos os esforços possíveis para encontrar seu lugar e assim cumprir sua missão. E na Execução Penal esta tarefa é ainda mais difícil, pois aquela peça que não se encaixa tem o direito, diante de sua autodeterminação, de não querer se submeter ao jogo, o que desafia a capacidade e inteligência do encarregado da tarefa. Este, porém, não tem o direito de desistir, já que sua função é exatamente essa.

Passando da lógica à expectativa social e jurídica, refletir sobre a finalidade da execução da pena pressupõe considerar os dois polos envolvidos: condenado e Estado. E isto nos obriga a apartar do debate qualquer finalidade retributiva da pena, de mero castigo. Então, qual é a sua função social? Tem ela, de fato, alguma função de prevenção especial, negativa ou positiva? Podemos esperar que ao executarmos uma sentença penal o condenado entenda seu conteúdo negativo e não reincida ao sair? Podemos atuar de forma a

---

[6] PLOCH, Amanda. Why dignity matters: dignity and the right (or not) to rehabilitation from international and national perspectives. In: *New York University Journal of International Law & Politics*, p. 902. Ao pregar um direito à reabilitação – algo como o que denominamos ressocialização –, embora reconheça outros fatores ou vantagens de caráter social, destaca que basta o reconhecimento da dignidade humana do indivíduo para garantir-lhe tal direito. A autora noticia vários julgados da Suprema Corte Americana que, mesmo sem extrair a expressão da Constituição estado-unidense, utilizam como fundamento de vários julgados a Oitava Emenda e repudiam punições desumanas (Idem, p. 923 ss). Agregando aos julgados a evolução histórica do sistema penitenciário norte--americano: LABELLE, Deborah. Bringing human rights home to the world of detention. In: *Columbia Human Rights Law Review*, p. 85 ss.

alterar sua concepção de vida de forma a obrigá-lo a atender as expectativas valorativas dos demais integrantes do contexto social?

Eis o ponto crucial do debate, porque em todo âmbito penal não há nenhuma outra matéria na qual se tornam mais impróprios os critérios da intimidação e da expiação, e mais insignificantes as sutilezas técnicas esterilizadas pelo formalismo das generalizações e das abstrações. Toda essa discussão é retratada pelos inúmeros trabalhos acadêmicos sobre a finalidade de prevenção especial negativa e positiva. E esta última – comumente reduzida à palavra *ressocialização* – tem sido quase que unanimidade entre os pensadores da matéria: em geral, incutir no condenado os valores ético-sociais para que adote um comportamento esperado pelos demais membros da comunidade e não reincida. E essa lógica está na configuração do Estado Social, pois se este persegue a integração social, também a pena deve ser ressocializante.[7]

Ressocialização é a palavra costumeiramente utilizada para resumir as finalidades da execução penal, e sua concepção sempre esteve envolta em grande discussão permeada tanto de posturas céticas quanto de absoluta fé em seu potencial e eficácia social. A rapidez de sua aceitação em ordenamentos jurídicos estrangeiros (*v.g.* italiano, espanhol, alemão) deu-se por uma clara necessidade de oposição à finalidade retributiva, mas impediu que fosse submetida a uma análise mais crítica imediata, o que passou a ser feito no início da década de 1970. Nem mesmo Liszt – propagador da prevenção especial – utilizou tal expressão (*Resozialisierung*), já que até a última edição de seu tratado produzida em vida (22. ed.) a palavra utilizada sempre foi *Besserung*, que significa melhora.

Melhorar o condenado por meio da prisão? Muitos autores extremistas respondem negativamente a esta questão. Não se trata de uma "melhora" do ponto de vista de alterar as convicções íntimas e morais do recluso, termo inclusive em desaparição desde a década de 1970 do vocabulário penitenciário, como bem nota PETERS.[8] Na tensão entre uma ordem objetiva de valores e o indivíduo, não há dúvidas de que a balança deve pender para a personalidade individual.[9] A ressocialização, nestes termos, é inaceitável como finalidade da execução penal, pois para a psicologia moderna, para realmente se conseguir tal intento, qualquer forma de punição ou de tratamento forçado deveria ser abandonada e em seu lugar investir-se em tratamentos psicoterápicos voluntários e sistemas de recompensas. Assim, autores como HOERSTER defendem que uma verdadeira teoria da ressocialização deveria conduzir a uma total abolição do sistema atual de punição e sua substituição por um sistema de tratamento voluntário, e isso implicaria uma real desnecessidade e o aban-

---

[7] PAVARINI, Massimo; GIAMBERARDINO, André. *Teoria da pena e execução penal*: uma introdução crítica, p. 32-33.

[8] PETERS, Karl. Die ethischen Voraussetzungen des Resozialisierungs – und Erziehungsvollzuges. In: *Festschrift für Heinitz*, p. 503.

[9] Idem, p. 508.

dono da determinação da qualidade e da quantidade da pena a ser imposta por um delito cometido, o que valeria tanto para casos graves quanto para os mais insignificantes.[10]

De fato, podemos pensar em várias outras instituições nas quais tal finalidade seria melhor e mais facilmente alcançada do que uma prisão. Trata-se da quase impossível função de *"prender* o homem para *libertá-lo* dos fatores que condicionaram o crime".[11] Mas, a meu ver, podemos salvar o *ideal* de ressocialização. Do ponto de vista pragmático, a pena sofrida pelo autor é experimentada pelos seus contemporâneos.[12] Nesta categoria incluem-se familiares, vítimas e toda a sociedade, enquanto o homem existir. Submeter o cidadão a uma pena deve significar, muito além da reprovação do fato cometido, disponibilizar as condições de acréscimos pessoais rumo à sintonia com os valores e a cultura vivida em sua comunidade. Somente com este conteúdo se pode pensar sobre a finalidade da execução e talvez preencher a conhecida e repetida finalidade ou o princípio de "ressocialização". Qualquer finalidade da execução deve conter todos os esforços em capacitar o recluso para conduzir de forma autorresponsável uma futura vida em sociedade.

É por isso que todos os institutos ligados à Execução Penal devem ter como finalidade diminuir os efeitos ou evitar as consequências danosas do cárcere, o que significa, no mínimo, adotar dois pressupostos essenciais: (1) assegurar a máxima efetivação dos direitos humanos; e (2) formular e aplicar institutos sempre voltados a diminuir a permanência do condenado na prisão. Nos moldes de uma execução construtivista da pena, deve-se procurar restabelecer as relações interpessoais entre os envolvidos (condenados, funcionários, técnicos, cidadãos livres) ainda que na condução desta finalidade se possa abrir mão de métodos rigorosos de "tratamento".

Lembro que não se trata de uma construção isolada e inovadora. Mapelli, ecoando a outros autores, fala que o "princípio" de ressocialização[13] pode ser entendido como constituído de uma dupla face: atenuação e *nihil nocere*. A primeira – atenuação – busca evitar que a custódia na prisão justifique-se apenas como uma mera organização da disciplina e da segurança; e a segunda – *nihil nocere* – rechaçar os efeitos nocivos da internação e os perigos da dessocialização.[14]

É o mesmo pensamento exposto por Laubenthaul, que rechaça a segurança ou a proteção da sociedade como finalidade da pena e a enxerga apenas como uma tarefa secundária ligada à prática da execução da pena, priorizando as medidas voltadas a evitar a

---

[10] Nesse sentido, HOERSTER, Norbert. Die philosophische Rechtfertigung staatlichen Strafens. In: *Zeitschrift für philosophische Forschung*, p. 377-378

[11] LYRA, Roberto. *Comentários ao código de processo penal*, v. VI, p. 9.

[12] WELZEL, Hans. *Das Deutsche Strafrecht*, p. 209: "Die Strafe erleidet der Täter und erleben seine Mitmenschen als ganze."

[13] MAPELLI CAFFARENA, Borja. *Principios fundamentales del Sistema Penitenciario Español*, p. 106.

[14] ASUA, Adela. El régimen penitenciario abierto. Consideraciones sobre su fundamentación. In: *Criminología y Derecho Penal al servicio de la persona*. Libro Homenaje al Profesor Antonio Beristain, p. 965. No mesmo sentido, CERVELLÓ DONDERIS, Vicenta. *Derecho Penitenciario*, p. 37.

despersonalização, a perda da autonomia, a adaptação ao ambiente carcerário com a consequente prisionização e subculturamento e as nefastas repercussões psíquicas que causam ao recluso.[15]

Embora denunciado há muito, nunca é demais lembrar o quão danosa é a vida no cárcere. Nele, a convivência caracteriza-se pela existência de um sistema social informal imposto pelos grupos mais fortes e constituído por normas baseadas em pseudovalores que coexistem com o sistema oficial da instituição.[16] Nesse sentido, é um mundo dominado e submisso, e por se pautar em pseudovalores eleitos produzem uma miríade de atitudes conflitantes que não permitem a definição de objetivos comunitários comuns.[17] GOFFMAN retratou com precisão os detalhes deste conflito: "cada agrupamento tende a conceber o outro através de estereótipos limitados e hostis – a equipe dirigente muitas vezes vê os internados como amargos, reservados e não merecedores de confiança; os internados muitas vezes veem os dirigentes como condescendentes, arbitrários e mesquinhos. Os participantes da equipe dirigente tendem a se sentir superiores e corretos; os internados tendem, ao menos sob alguns aspectos, a se sentir inferiores, fracos, censuráveis e culpados".[18]

Os processos de subculturamento e prisionização, na descrição de GOFFMAN, iniciam-se com a chegada do condenado ao estabelecimento, ainda com uma autoconcepção que se tornou possível por algumas disposições sociais estáveis no seu mundo doméstico. Ao entrar no cárcere, imediatamente subtrai-se-lhe todo o apoio dado por tais disposições. Constituindo-se a prisão o que se define por *instituição total*, psicologicamente inicia-se um processo de rebaixamento, degradação, humilhação e profanação do *eu*, até sua mortificação.[19] Destrói-se o arranjo social básico das sociedades modernas quando, no entender de GOFFMAN, "o indivíduo tende a dormir, brincar e trabalhar em diferentes lugares, com diferentes coparticipantes, sob diferentes autoridades e sem um plano racional geral". Isso é o que caracteriza fundamentalmente uma instituição total, o rompimento das barreiras que ordinariamente separam essas três esferas da vida: a variedade de lugares é substituída pelo único e mesmo lugar, e as diferentes autoridades transformam-se em única; toda atividade diária é rigorosamente estabelecida em horários, executada uma após as outras, e realizada na companhia de um grupo relativamente grande de outras pessoas, todas elas tratadas da mesma forma e obrigadas a fazer as mesmas coisas em conjunto; e o plano racional geral é substituído pelo único supostamente planejado de atender aos objetivos oficiais da instituição.[20] Nessas condições ocorre uma contínua negação, pela sociedade

---

[15] LAUBENTHAL, Klaus. *Strafvollzug*, p. 94-107.

[16] AROCENA, Gustavo Alberto. La ejecución Penitenciaria en el ordenamiento jurídico argentino. Principios Básicos. In: *Teoría y práctica de los derechos fundamentales en las prisiones*, p. 143

[17] CLEMMER, Donald. *Prison Community*, p. 270.

[18] GOFFMAN, Erving. *Asylums:* Essays on the social situation of mental patients and other inmates, p. 18.

[19] GOFFMAN, Erving. Op. cit., p. 24.

[20] GOFFMAN, Erving. Op. cit., p. 17.

legítima, de qualquer afirmação simbólica do valor do recluso como uma pessoa, como afirma SYKES. Segundo o autor, "sua posição como um ser rejeitado pela coletividade é evidenciada a cada momento e nos seu raros contatos com membros da comunidade livre ele acha pouco alterar o quadro de si mesmo como um fora da lei", e assim, privado desses suportes do ego, o recluso "é forçado a olhar seu colega criminoso com afeição e respeito ou tornar-se completamente isolado de relações significativas de grupos".[21]

Quanto mais longo o encarceramento, mais profundos são tais efeitos. Todavia, haverá o momento da libertação, incontestável conforme o ordenamento jurídico nacional. E aquela ocorrerá exatamente ao tempo em que o recluso já aprendeu os caminhos do mundo intramuros, e conseguiu privilégios importantes, dolorosamente descobertos e, como diz GOFFMAN, descobrirá que "a liberação significa passar do topo de um mundo pequeno para o fundo de um grande mundo".[22]

Este apocalíptico cenário poderia mudar. Se o sistema de justiça, como nos avisa MOBLEY, priorizasse como finalidade o retorno bem-sucedido do recluso ao mundo livre, então o bem-estar individual de cada prisioneiro, o respeito à sua dignidade, deveriam ser reconhecidos e levados em consideração por cada estágio do procedimento de justiça criminal em termos do sucesso desse retorno. Isto reduziria os ultrajantes índices de punitivismo, reduziria os estigmas debilitadores, aumentaria o acesso a programas de ajuda e tratamento vitais e alteraria as condições de confinamento e supervisão de livramentos condicionais.[23]

Deve-se registrar que no Brasil, a exemplo do que ocorre em outros países, a opinião pública e os políticos oportunistas têm suplantando retoricamente essa finalidade e a política criminal e, inadvertidamente, o poder público, sucumbem perante a opinião leiga, distorcida por alguns meios de comunicação, a "imprensa marrom", que não tem nenhum interesse em que uma harmoniosa convivência social interrompa a sua atividade rentável.[24]

---

[21] SYKES, Gresham M. *Crime e sociedade*, p. 94.

[22] GOFFMAN, Erving. *Asylums*..., Op. cit., p. 71.

[23] MOBLEY, Alan. Decarceration Nation? Penal Downsizing and the Human Security Framework. In: *Western Criminology Review*, p. 16. O autor lamenta que esta esperada atitude acabe sendo pressionada pela expansão econômica em que vivemos e suas consequentes crises, que desestimulam os investimentos relacionados ao cárcere.

[24] Sobre o que Anthony Bottoms convencionou chamar de punitivismo populista (*populist punitiveness*) e John Pratt converteu em populismo penal (*penal populism*) e que retrata tal situação de políticos utilizarem em proveito próprio a estância punitiva, vide DZUR, Albert W. The Myth of Penal Populism: Democracy, Citizen Participation, and American Hyperincarceration. *Journal of Speculative Philosophy*, p. 356. Vide ainda ACEVEDO MATAMOROS, Mayra. El sistema penitenciario en el contexto de la política criminal actual. *Revista Ciencias Sociales*, p. 100, que fala de "políticas criminais" destinadas a acalmar o ânimo perturbado de uma opinião pública viciada pelas más interpretações que rodeiam o fenômeno da criminalidade". Como bem nota DRAPKIN, Israel em El recluso penal, víctima de la sociedad humana. *ADPCP* XXX, p. 332, a impressão da violência que vivemos é muito maior e mais grave pela facilidade tecnológica da comunicação em massa, mas é afinal um redator

Não como único fator, mas como um preponderante, legisladores, juízes e promotores sentem-se acuados e constrangidos em seguir a Constituição, e nem ao menos à legislação rendem atenção. Leis endurecem as sanções e restringem os benefícios, castrando a individualização da pena. Juízes não têm liberdade de julgar o réu antes de condená-lo, ato praticado previamente pela imprensa. E promotores buscam aumentar as estatísticas de quantos malfeitores denunciaram publicamente. A prisão provisória transformou-se em castigo, uma solução imediata para salvar a Justiça Pública da desmoralização. O discurso voltado aos Direitos Humanos aparece como algo antiquado e selecionado, aplicável apenas aos cidadãos "de bem", e jamais aos "bandidos". A estes, a clausura, e de simplicidade espartana.[25]

Porém, sabemos que não há Estado Democrático de Direito sem obediência aos Direitos Humanos e seu catálogo jurídico de Direitos Fundamentais positivos e, portanto, sem garantia do *status* básico de cidadão livre e equivalente encarnado por tais direitos.[26]

Do ponto de vista jurídico-formal, o Estado moderno, Democrático, estrutura-se atribuindo a si mesmo uma personalidade jurídica e exatamente por isso não pode senão reconhecer análoga posição aos cidadãos, colocando-se com eles em uma relação regulada exclusivamente pelo Direito.[27]

E do ponto de vista jurídico-material, sabemos que é impossível categorizar o ser humano. Comumente falamos de um princípio de igualdade e dizemos que todos são iguais. Mas na verdade, todas as pessoas indistintamente, para serem consideradas como tal, possuem um mínimo de equivalência. Antes da igualdade jurídica vem a equivalência humana. Aqui a palavra correta é, de fato, equivalência e não igualdade como alguns costumam sugerir, porquanto equivalência faz alusão ao valer, ao "valer por igual" ou a "valer o mesmo". Todos os seres humanos valem a mesma coisa, são seres valiosos que têm em si o valor da humanidade e porque buscam os valores em sua existência para completar sua essência.

---

de jornal que determina o que será projetado, transmitido ou publicado, processo de seleção capaz de "transformar fatos em notícias".

[25] SYKES, Gresham M. *Crime e sociedade*, p. 93: "o prisioneiro é um homem reduzido às necessidades essenciais da vida, como uma questão de política pública; a igualdade severa de uma existência espartana é o objetivo – qualquer coisa a mais está propensa a levantar o clamor público contra *mimar o criminoso*" (destacado no original).

[26] VILLAVERDE MENÉNDEZ, Ignacio. *La igualdad en la diversidad*: Forma de Estado y derechos fundamentales, p. 27. Em pormenores, "a função do Estado Democrático de Direito, isto é, do próprio princípio democrático sobre o que se assenta e da soberania do povo como petição de princípio desse sistema político constitucional, cuja mistura impõe identificar a Constituição como norma suprema do ordenamento jurídico como única soberana, é garantir a dignidade da pessoa, que não é outra juridicamente que o preceito jurídico do *status* de liberdade e igualdade que se lhe pressupõe politicamente como ser humano". Loc. cit., p. 29.

[27] CANEPA, Mario; MERLO, Sergio. *Manuale di diritto penitenziario*, p. 25.

Desta equivalência decorre a humanidade e do ponto de vista jurídico, o que denominamos Direitos Humanos. A expressão é redundante, pois todo direito é humano no sentido de que é decorrência da relação jurídica humana e tem como destinatário estas mesmas relações. Contudo, o predicado humano da expressão procura fazer referência ao mínimo que distingue o ser humano dos demais seres. O direito positivo, como técnica de resolução de conflitos, trabalha no âmbito do justo, do ato justo para ser mais exato. Este ato justo pressupõe sempre uma proporcionalidade, uma conformidade com o bem comum do agrupamento social. Como nos disse MASSINI CORREAS, em razão da radical alteridade do jurídico, a aptidão deôntica apresenta-se sempre como referida a outro.[28] Este bem comum, contudo, não está em rota de colisão com o bem individual de cada um e por isso com ele mantém direta relação, um referencial moral. Não se pode dizer que o direito se confunde com a moral, mas sim afirmar que o direito tem um fundo moral, encontra-se na mesma linha, na mesma direção, e não em rota de colisão. E o bem comum envolve a todos, indistintamente, sejam condenados ou inocentes, bons ou maus.

Em parte, não é um contrassenso dizer que a pena privativa de liberdade nasceu desta exigência jurídica de equivalência: substituir com uma punição menos bárbara as penas desumanas, degradantes e extremas que marcaram por muito tempo o direito punitivo. Tornou-se necessário deixar a zona de conforto de acreditar que o criminoso é um ser diferente, anormal[29].

É certo que podemos encontrar este movimento de humanização das penas na essência da filosofia cristã, como no Concílio de Frankfurt, de 794, no qual se condenaram as penas de mutilações, e o Sínodo dos Priores da Ordem de São Bento, de 817 (Concílio de Aix-la-Chapelle), com determinações de celas separadas com possibilidade de aquecimento e locais destinados ao trabalho.[30] Embora se possam encontrar tais registros anteriores, GOTI ORDEÑA indica que "na Idade Média, quando pelo abandono em que ficou a sociedade romano-cristã com a vinda dos povos germânicos, surgiu a igreja ativa, que em defesa da cultura romana, veio a modificar a forma de aplicar o Direito Criminal na nova sociedade nascente [...] há um enfrentamento entre uma visão primitiva do mundo germânico e uma concepção mais elaborada procedente da forma de resolver os pleitos dos cristãos. Aqueles concebiam os delitos e a compensação do mal produzido como um dever da família ou clã enquanto a igreja, tendo uma visão bíblica e a experiência da *Episcopalis Audiencia*, mudará o sentido da vingança pessoal por uma imposição de penas em nome da comunidade,

---

[28] MASSINI CORREAS, Carlos. *Filosofía del derecho*. Tomo I. El Derecho, los derechos humanos y el derecho natural, p. 87.

[29] Como nota Sykes, os algozes sempre acharam confortante acreditar que o infrator deveria ser uma pessoa diferente, um canalha ou um louco, pois uma pessoa normal e inteirada na sociedade jamais poderia ser capaz de matar, roubar ou cometer outras infrações, o que refoge à nossa expectativa quanto ao ser humano (SYKES, Gresham M. *Crime e sociedade*, p. 55).

[30] SELLIN, Thorsten. Dom Jean Mabillon-A Prison Reformer of the Seventeenth Century. *Journal of Criminal Law and Criminology*, p. 584-585; também MIOTTO, Armida Bergamini. *Temas penitenciários*, p. 23-24.

com o que se abrirão bases para uma nova forma de aplicar a justiça em casos delitivos. Neste momento inicia-se um novo sistema penal".[31] Já no século XVII o abade beneditino Dom JEAN MABILLON[32] em sua conhecida obra *Réflexions sur les prisons des ordres religieux* denunciou os vários abusos que acometiam as prisões das ordens religiosas como falta de ar, luz, higiene, conforto, trabalho, privação da Missa etc. Mas a consagração de um tratamento mais humano vem de forma secularizada somente no século XIX, por influência do Iluminismo. Se em um primeiro momento a prisão surge como uma forma de controlar a atuação punitiva do Estado com BECCARIA, ou simplesmente como método de transformar a detenção em algo útil à sociedade com BENTHAM, com a evolução humanitária a prisão parecia a sanção mais indicada pela possibilidade de variação em intensidade e duração.[33]

Porém, hoje a prisão vive um paradoxo: por mais esforços que tenhamos feito ou por quantos mais que ainda possamos fazer sobre o terreno da humanização da pena de prisão e efetivação dos Direitos Humanos, é certo que tal pena apresentará limites insuperáveis e não poderá nunca ser prescrita como o melhor meio para realizar esta finalidade.[34] A prisão, para muitos, acabou por se mostrar um equívoco histórico: dela se deve retirar urgentemente a maioria, e à minoria que lá deva permanecer, por nossa incompetência ou incapacidade, deve-se garantir o tratamento de seres humanos.[35]

Em realidade, e em um futuro próximo, parece que a pena de prisão não será abolida, por mais coerentes que possam soar os argumentos das teorias abolicionistas. Destarte, enquanto existir, qualquer finalidade que se pretenda atribuir à execução da pena e à privação da liberdade passa por reconhecer a condição humana de quem se pretende "tratar". O ambiente carcerário é um dos mais propícios para a violação dos Direitos Humanos, pois tem razão autores como GOFFMAN, CLEMMER, SYKES e tantos outros que demonstram como os encarregados da manutenção do sistema prisional e representantes do Estado preocupam-se menos com o tratamento digno e mais por tentar impedir a subversão da ordem instituída a todo custo. Aliada a outros fatores, a execução da pena privativa de liberdade abriga um potencial de colocação em perigo dos Direitos Fundamentais do indivíduo, uma minimalização de tais direitos, e cabe ao Estado manter ao recluso os pressupostos de uma existência individual e social, mesmo nas prisões, ou seja, se de fato não

---

[31] GOTI ORDEÑANA, Juan. Deuda de la Ciencia Penal y la Criminología al Derecho Canónico Medieval. In: *Criminología y derecho penal al servicio de la persona*. Libro homenaje al profesor Antonio Beristain, p. 214-215.

[32] Sobre a importância histórica de Mabillon para o penitenciarismo, vide SELLIN, Thorsten. Dom Jean Mabillon-A Prison Reformer of the Seventeenth Century. In: *Journal of Criminal Law and Criminology*, p. 581 ss.

[33] A partir do século XIX a pena de prisão ocupa definitivamente o posto de pena principal e por meio da qual todo o regime penal passou a ser construído (BELEZA, José Manuel Merêa Pizarro. A pena de prisão, a reforma das cadeias e o 'Ensayo sobre o plano mais conveniente para a fundação das cadêas' (Notas para a História do Direito Penal Vintista). In: *Liber Discipulorum Jorge de Figueiredo Dias*, p. 381).

[34] VASSALI, Giuliano. *Scritti giuridici*, v. I, Tomo 2, p. 1628.

[35] Nesse sentido, FRAGOSO, Heleno. *Direito dos presos*, p. 15.

pode conceder-lhe a liberdade de locomoção, tratá-lo valorativamente como a uma pessoa livre.[36] O princípio do Estado Social exige a preocupação e a proteção social aos grupos mais deficientes, que tiveram seu desenvolvimento pessoal e social dificultados, seja por fragilidade pessoal, por sua própria culpa, incapacidade ou por descriminação social, e isto inclui os reclusos e os egressos.[37]

A efetivação dos Direitos Humanos é a peça-chave para fazer com que o sistema funcione. E este funcionar não diz respeito apenas à coerência lógico-abstrata conectada ao estético discurso, pois já pôde ser comprovado empiricamente, como destacou ANDREW COYLE, que por mais de 25 anos atuou diretamente com estabelecimentos penais, os mais diversos por todas as partes do mundo, e concluiu tal política como a mais correta e eficiente maneira de se administrar o sistema penitenciário.[38] É somente a partir da tomada de consciência de que os reclusos, apesar de o serem, não perdem sua condição de pessoa e, portanto, devem ser tratados como tais pelas autoridades, se poderá pensar em um sistema que cumpra verdadeiramente com seus objetivos próprios.[39]

---

[36] "As limitações da privação da liberdade não decorrem do art. 2, § 1º da GG ("Todos têm o direito ao livre desenvolvimento da sua personalidade, desde que não violem os direitos de outros e não atentem contra a ordem constitucional ou a lei moral") ou do princípio do Estado de Direito previsto no art. 20, § 3º da GG ("O poder legislativo está submetido à ordem constitucional; os poderes executivo e judiciário obedecem à lei e ao direito") , mas sim encontra sua barreira insuperável nas exigências do art. 1º, § 1º da GG ("A dignidade da pessoa humana é intangível. Respeitá-la e protegê--la é obrigação de todo o poder público"). LAUBENTHAL, Klaus. *Strafvollzug*, p. 14-15.

[37] Idem, p. 67.

[38] Segundo Coyle, responsável pela elaboração do *Manual de administração penitenciária* inglês elaborado pelo Centro de Estudos Prisionais e intitulado *A human rights approach to prison management* [A abordagem de direitos humanos para gestão prisional], dois são os motivos para o respeito aos Direitos Humanos nas prisões, primeiro porque é simplesmente a coisa certa a fazer, e segundo, porque de fato promove benefícios individuais e sociais, não se tratando de mero ponto adicional ao *curriculum* estatal: *"The first is that this is the right thing to do. The handbook demonstrates in many chapters the importance of managing prisons within an ethical context which respects the humanity of everyone involved in a prison: prisoners, prison staff and visitors. This ethical context needs to be universal in its application and the international human rights instruments provide this universality. There is also a more pragmatic justification for this approach to prison management: it works. This approach does not represent a liberal or soft approach to prison management. The members of the handbook advisory group and others involved in writing this handbook have worked in some of the most problematic prisons in the world. They are convinced that this style of management is the most effective and safest way of managing prisons. Time and again staff of the Centre have found that first line prison staff in different countries, from a variety of cultures, respond positively to this approach. It relates the international standards to their daily work in a manner which is immediately recognisable. What this approach underlines is that the concept of human rights is not merely another subject to be added to the training curriculum. Rather, it suffuses, and is an integral part of, good prison management"* (COYLE, Andrew. *A human rights approach to prison management* – Handbook for prison staff, p. 9).

[39] ASTROZA SUÁREZ, Paulina; RUDNICK VIZCARRA, Carolina. Protección Internacional de los Derechos Humanos de los reclusos. In: *Teoría y Práctica de los Derechos Fundamentales en las prisiones*, p.10.

Do ponto de vista formal, documentos não faltam que reconheçam a condição humana dos reclusos.[40] E a participação do Judiciário na concreta condução do processo de execução é cada vez mais indiscutível e aparentemente garantidora da filosofia humanista. O binário legalidade da execução e tutela judicial aparece como indispensável e suficiente, em oposição a *hands-off doctrine* que prevaleceu na década de 50 e 60 em vários países, por influencia do sistema norte-americano, e foi aparentemente abandonada a partir dos anos 70.[41]

Contudo, atualmente, parece que esse binário não tem sido suficiente. Parece existir uma força física contrária que impede que os responsáveis por garantir essa condição o façam na prática, e a pessoa presa converte-se no delito que praticou, e quanto mais grave o crime, mais opressão e maus-tratos, senão tortura, devem lhe ser infligidos.

22.2 Descaso prático da natureza e da finalidade da Execução Penal

Como consequência inerente de uma pena privativa de liberdade está a limitação de alguns direitos, sejam fundamentais ou não. Contudo, mesmo quando tais direitos ficam comprometidos ou deliberadamente devam ser limitados como parte da punição, isto deve ocorrer conscientemente: um direito fundamental não pode ser ignorado simplesmente por ser inconveniente e sua delimitação deve ser operada de forma a mitigar o máximo possível as implicações a estes mesmo direitos, sempre estimulando soluções que o respeitem melhor.[42] Como bem observa Mapelli Caffarena, a alguns pode parecer estranho que

---

[40] Destaquem-se as Regras Mínimas da ONU para o tratamento de pessoas presas, adotadas pelo Primeiro Congresso das Nações Unidas sobre a Prevenção do Crime e o Tratamento dos Delinquentes, realizado em Genebra em 1955, e aprovadas pelo Conselho Econômico e Social das Nações Unidas através das suas resoluções 663 C (XXIV), de 31 de Julho de 1957 e 2076 (LXII), de 13 de maio de 1977. No plano interno, a Constituição Federal, as Constituições Estaduais e a Lei de Execução Penal são fartas em proposições no mesmo sentido. Sobre a gama de direitos do recluso, vide BRITO, Alexis Couto de. *Execução Penal*, p. 123 e ss.

[41] Como o próprio nome indica, esta doutrina considerou que o funcionamento interno das instituições era demasiadamente complexo e por isso a intervenção judicial era inapropriada para ter alcance além da condenação pelo tribunal. Digo aparentemente abandonada porquanto muitos são os relatos de que cada vez menos as Cortes americanas são receptivas às petições que envolvam más condições nas prisões, especialmente após o *Prison Litigation Reform Act* (PLRA), editado em 1996. Sobre o assunto, vide especialmente PERLIN, Michael L.; DLUGACZ, Henry A. 'It's Doom Alone That Counts": Can International Human Rights Law be an effective source of Rights in Correctional Conditions Litigation? In: *Behavioral Sciences and the Law*, passim. Mais sobre a derrocada do *hands-off* em FRAGOSO, Heleno. *Direitos dos presos*, p. 19 ss.

[42] CANTON, Rob. Nonsense Upon Stilts? Human Rights, the Ethics of Punishment and the Values of Probation. *British Journal of Community Justice*, p. 10, ressoando Griffin, que "nosso direitos estão intimamente ligados a nossa humanidade e personalidade, então para dizer simplesmente que os direitos de alguém não contam é arriscar tratá-los como algo inferior ao humano".

o condenado possa se ver gravemente atingido em outros direitos como intimidade, não discriminação, inviolabilidade de domicílio, educação, autoimagem, liberdade ideológica e religiosa, segredo das comunicações e tantos outros que pouco ou nada tenham a ver com a privação da liberdade.[43]

Um curioso movimento contrário ao que foi acima exposto, e cada vez mais comum, é o de que o binômio legalidade-tutela judicial não atue mais como a garantia de respeito aos Direitos Humanos no cárcere. Um dos polos desse binômio – o Judiciário – tem se valido ou distorcido o outro – a legalidade – para justamente negar a efetivação dos Direitos Fundamentais. E este fenômeno é de fato preocupante, pois se o desrespeito parte simplesmente dos diretamente responsáveis pela segurança da instituição penal, bastaria recorrer ao binômio e recuperar a racionalidade do sistema. Para demonstrar a arbitrária violação dos Direitos Humanos apenas por terem como destinatários os condenados, e como a gama de Direitos Humanos e Fundamentais é considerávelmente extensa e muitos poderiam ser os exemplos, elegerei arbitrariamente apenas dois, que considero como os mais evidentes: (1) a proibição de tratamento desumano ou cruel, (2) o direito à intimidade.

22.2.1 *Proibição de tortura, tratamento desumano e degradante*

Soa enfadonho e desnecessário pregar, em pleno século XXI, que não deva haver tortura ou qualquer outro tratamento desumano. Como bem observou HABERMAS, o homem não pode retroceder no sistema moral alcançado, assim como não pode retroceder intencionalmente no nível de saber acumulado, e sobre isso se vão mais de dois séculos de história. Porém, se ainda precisamos garantir por textos internacionais que a tortura não seja praticada e nem tolerada nas prisões é sinal de que ainda prevalece o entendimento de desigualdade entre homem preso e livre, ainda que subliminarmente, e apesar das convicções de HABERMAS. Por mais estranho que possa soar, é um "direito a ser sancionado", e de não ser castigado, de não virar objeto de uma vingança. Em suma, a superação do *malum passionis propter malum actionis* de BOECIO. O direito a que o código penal imponha uma sanção, mas não um castigo, um maltrato, uma tortura.[44]

No sistema internacional existe o Protocolo Facultativo à Convenção contra a Tortura e outros tratamentos ou penas desumanos, cruéis ou degradantes, aprovado no Brasil pelo Decreto Legislativo nº 483, de 20 de dezembro de 2006 e promulgado pelo Decreto Federal nº 6.085, de 19 de abril de 2007, que aborda o tratamento desumano em instituições de internação e clausura. Tal protocolo estabelece um sistema de visitas regulares efetuadas por órgãos nacionais e internacionais independentes a lugares onde pessoas são privadas

---

[43] MAPELLI CAFFARENA, Borja. Contenido y límites de la privación de libertad (sobre la constitucionalidad de las sanciones disciplinarias de aislamiento). In: *El nuevo Código Penal: presupuestos y fundamentos*. Libro homenaje al Profesor Doctor Don Ángel Torío López, p. 616.

[44] BERISTAIN, Antonio. Derechos Humanos y respuestas a la delincuencia (reflexiones desde una ética de valores máximos). *ADPCP*, p. 114.

de sua liberdade (no Brasil, a Lei de Execuções Penais possui um órgão que pode ter essa função, com a denominação de Conselho da Comunidade). Este sistema visa evitar a prática da tortura, que normalmente é considerada em seu aspecto positivo, de submissão a castigos e maus-tratos como violência e ameaças. No ambiente carcerário devemos voltar a atenção não somente para a proibição de tortura pela exigência de um dever negativo de infligir tratamentos desumanos, mas também por um dever positivo de garantir que o recluso não esteja sujeito a condições de vida ou tratamento degradantes, um dever de evitar que isto aconteça. E muitas das condições às quais são submetidos os reclusos evidenciam exatamente um tratamento desumano, uma concreta forma de tortura que não é combatida como deveria pelo poder público em geral. São os casos mais evidentes de superlotação carcerária e do isolamento prolongado em cela.

As Regras Mínimas para o Tratamento de Pessoas Presas da ONU, em seu art. 9º, prevê que deva haver um espaço destinado ao descanso noturno não ocupado por mais de um recluso. Diz o item 1 que "se, por razões especiais, tais como excesso temporário de população prisional, for necessário que a administração penitenciária central adote exceções a esta regra, deve evitar-se que dois reclusos sejam alojados numa mesma cela ou local". O art. 10 define que "as acomodações destinadas aos reclusos, especialmente dormitórios, devem satisfazer todas as exigências de higiene e saúde, tomando-se devidamente em consideração as condições climáticas e especialmente a cubicagem de ar disponível, o espaço mínimo, a iluminação, o aquecimento e a ventilação". O art. 5º, 2, *in fine* da Convenção Americana de Direitos Humanos prevê que "toda pessoa privada da liberdade deve ser tratada com respeito devido à dignidade inerente ao ser humano". A Lei de Execução Penal prevê em seu art. 85 que "o estabelecimento penal deverá ter lotação compatível com a sua estrutura e finalidade", e o art. 88, parágrafo único, letra *a*, que a "salubridade do ambiente pela concorrência dos fatores de aeração, insolação e condicionamento térmico adequado à existência humana".

A superlotação carcerária é uma forma direta de tratamento desumano, e assim vem sendo considerada pelos tribunais internacionais como tortura. Ser confinado em uma cela pequena com várias outras pessoas, por 8, 10 até mesmo 16 horas por dia pode levar uma pessoa à loucura, pela ociosidade forçada e a falta de privacidade que afetam a saúde mental e comumente conduzem à depressão. O Tribunal Europeu de Direitos Humanos, ao julgar o caso *Kalashnikov v. Russia* (TEDH 2002) reconheceu que a superlotação pode em si ser considerada uma condição desumana e degradante, o que ofende o art. 3º (proibição da tortura) da Convenção Europeia sobre Direitos Humanos. Kalashnikov foi mantido em extrema condição de superlotação, e nestas circunstâncias é desnecessário que exista uma postura ativa de degradação, constituindo a própria situação algo humilhante e degradante em si.[45] Na Corte Interamericana de Direitos Humanos podem ser citados como paradigmas os casos *Cantoral Benavides Vs. Peru* (Sentença de 18 de agosto de 2000), o caso *Boyce e*

---

[45] VAN ZYL SMIT, Dirk. Humanizing Imprisonment: A European project? *European Journal on Criminal Policy and Research*, p. 111.

otros Vs. Barbados (Sentença de 20 de novembro de 2007), o caso *Bueno Alves Vs. Argentina* (Sentença de 11 de maio de 2007), e o caso *Velez Loor Vs. Panamá* (Sentença de 23 de novembro de 2010). Nestes e em muitos outros houve o reconhecimento de que "sob uma situação de superlotação obstaculiza-se o normal desempenho de funções essenciais nos centros como a saúde, o descanso, a higiene, a alimentação, a segurança, o regime de visitas, a educação, o trabalho a recreação e a visita íntima; ocasiona-se a deterioração generalizada das instalações físicas; provocam-se sérios problemas de convivência, e favorece-se a violência intracarcerária. Tudo isso em prejuízo tanto dos reclusos quanto dos funcionários que trabalham nos centros penitenciários, devido às condições difíceis e arriscadas que desenvolvem sua atividades diárias".[46]

Para o Comitê contra a Tortura da ONU, a superpopulação e as precárias condições materiais e de higiene nos estabelecimentos penais, além de descumprirem as Regras Mínimas das Nações Unidas para o tratamento das pessoas presas, agravam a privação de liberdade dos reclusos e a transformam em una pena cruel, desumana e degradante.

A falta de espaço adequado equivale à constrição física do interno a um espaço muito restrito que atinge a expressão da personalidade por meio da impossibilidade de se mover adequadamente, caminhar, desenvolver desde as mais ordinárias atividades no interior da cela como ler e escrever até os aspectos psicofísicos relacionados à intimidade (*privacy*), higiene e de saúde.[47]

Infelizmente, é comum que mesmo obtendo o direito à progressão para regime semiaberto, mais favorável, o recluso em regime fechado tenha que aguardar aí por vários meses até o surgimento de sua "vaga" no estabelecimento adequado, ficando submetido mais tempo naquele regime do que o previsto em sua sentença. O curioso é que o raciocínio inverso não é feito, o que subverte a lógica: se o recluso não puder progredir para regime menos gravoso por falta de vagas, porque poderá permanecer em regime mais rigoroso superlotado? São raros os casos decididos pelo Supremo Tribunal Federal nos quais se tem admitido que o recluso aguarde em regime aberto, ou inclusive domiciliar, até que a "vaga" apareça.

Sorte melhor não possui o tema do isolamento. O confinamento em cela solitária como técnica de administração prisional tem sido utilizado em penitenciárias há quase dois séculos. Nos Estados Unidos, os Quáqueros, que criaram as primeiras penitenciárias, encorajavam a autorreflexão e o arrependimento dos condenados, inicialmente construindo quartos individuais para a introspecção solitária, o que foi abandonado pelos transtornos psicológicos que o prolongado isolamento causava.[48] Atualmente, o isolamento equivalente também é invenção americana, conhecido como *supermax*.

---

[46] *Velez Loor Vs. Panamá*, Sentença de 23 de novembro de 2010, § 204, p. 65.
[47] TOSCANO, Atillio. *La funzione della pena e le garanzie dei Diritti Fondamentali*, p. 236.
[48] VASILIADES, Elizabeth. Solitary confinement and international human rights: why the U.S. prison system fails global standards. *American University International Law Review*

O primeiro estabelecimento *supermax* foi criado em Marion, Illinois em 1963, e a maior parte dos demais que o seguiram reproduzem sua estrutura. O projeto é o da modificação comportamental por meio de severas técnicas de isolamento. O recluso é confinado à sua cela por aproximadamente 22 horas por dia, sem contato com outras pessoas, nem mesmo durante as refeições, servidas nas próprias celas, sem participarem de atividades físicas ou educativas. STUART GRASSIAN foi um dos primeiros psiquiatras americanos a estudar profundamente os efeitos do isolamento, e em 1983, emitiu um parecer a pedido de um tribunal no qual apontou que longos períodos de segregação reduzem os estímulos normais, o que chamou de *Reduced Environmental Stimulation* ("RES"). GRASSIAN identificou que as consequências principais da RES eram a perpetuação de distorções, alucinações, fantasias agressivas, paranoia, falta de concentração e problemas de controle da impulsividade, além de causar profundos problemas psicológicos como declínio moral e tendências à violência. Concluiu que a imposição do isolamento conduz a fortes efeitos psicopatológicos.[49]

O modelo ordinário de execução deve permitir uma ampla possibilidade de movimentos dentro e fora da prisão, pois ainda que se restrinja a liberdade ambulatória do condenado, tal restrição pode e deve ser graduada de modo a preservar proporcionalmente a dignidade humana que requer o respeito à essência do Direito Fundamental.[50] A liberdade tem muito mais facetas que a ambulatória, e este conteúdo polifacetado deve ser observado.

Em contrariedade ao exposto, foi instituído no país um *supermax* denominado Regime Disciplinar Diferenciado (RDD), cuja principal característica é igualmente o isolamento por até 22 horas por dia, que na prática chega a 24 horas em estabelecimentos federais. O Supremo Tribunal Federal considera o instituto como constitucional, e o Superior Tribunal de Justiça decidiu que o legislador "atendeu ao princípio da proporcionalidade" ao instituir o Regime diferenciado, já que os "princípios fundamentais consagrados na Carta Magna não são ilimitados".[51] Com isto, desrespeita a previsão do art. 5º, inciso III, de que "ninguém será submetido a tortura nem a tratamento desumano ou degradante" e do inciso XLIX que assegura "aos presos o respeito à integridade física e moral".

---

[49] Embora a RES não tenha sido previamente reportada pela literatura médica, Vasiliades informa que resultados muito semelhantes foram observados em estudos ocorridos na Alemanha entre 1854 e 1909. Trinta e sete artigos publicados em periódicos específicos noticiaram centenas de casos de psicoses associadas às condições da prisão, descrevendo estados de alucinação, paranoia, confusões mentais, tendências dissociativas, agitação, violência e depressão. Embora na época não tenham sido expressamente identificadas as técnicas de reclusão, em mais da metade dos casos as especificas técnicas de isolamento foram citadas como responsáveis por precipitarem as psicoses (VASILIADES, Elizabeth. Solitary confinement and international human rights: why the U.S. prison system fails global standards. *American University International Law Review*, passim).

[50] MARTÍNEZ ESCAMILLA, Margarita. Derechos Fundamentales entre rejas: algunas reflexiones acerca de los Derechos Fundamentales en el ámbito penitenciario, al tiempo que un comentario de la jurisprudencia constitucional al respeto. *ADPCP*, p. 263.

[51] STJ, HC 40300/RJ, 5ª Turma, julgado em 07.06.2005, Ministro Relator Arnaldo Esteves Lima, publicado *DJ* 22.08.2005.

22.2.2 Violação do direito à intimidade

Como segundo assunto eleito, temos a intimidade, talvez o mais essencial dos direitos humanos, ao lado da vida e da liberdade. Garantir um espaço sem intromissão de pessoas não autorizadas é parte essencial da realização humana. Embora o condenado tenha sua intimidade muito limitada em decorrência da própria restrição da liberdade, existem espaços mínimos que ainda assim devem ser protegidos. Algumas restrições encontravam justificativa apenas na carência e no abandono próprios das instituições penitenciárias,[52] mas infelizmente, como em um regresso ao *hands-off*, hoje encontram respaldo em decisões judiciais. É o específico caso da intimidade relacionada às revistas ultrajantes e à comunicação do preso por meio de cartas.

De uma forma geral, a Declaração Universal de Direitos Humanos, em seu art. 12, assegura que "ninguém será sujeito a interferências na sua vida privada, na sua família, no seu lar ou na sua correspondência, nem a ataques à sua honra e reputação. Toda pessoa tem direito à proteção da lei contra tais interferências ou ataques".

Na tensa, estreita e contínua relação entre o agente penitenciário e o recluso, o conflito surge como algo inerente e, com isso, o constante perigo de afetação dos Direitos Fundamentais do recluso, especialmente em razão das sobrevalorizadas questões de segurança, disciplina e ordem interna do estabelecimento carcerário.[53] Em função de tais prioridades é frequente que os servidores vinculados ao estabelecimento penitenciário ajustem toda sua atividade para o controle do ambiente e não observem as violações aos direitos humanos que isto possa acarretar. É muito comum que, do ponto de vista prático, os funcionários responsáveis pelo estabelecimento promovam buscas nas celas e revistas pessoais nos reclusos. E sempre a preocupação com a segurança do estabelecimento acaba por impor um excessivo rigor que ultrapassa o limite do razoável. O contraditório é que sendo a prisão uma instituição total, tudo o que entra e sai deve ser rigorosamente monitorado e, portanto, somente tem ingresso por meio dos funcionários, já que o encontro com as pessoas externas deve ocorrer em espaço observado e controlado. Isso significa que as visitas não devem ocorrer jamais no interior das galerias e principalmente das celas, mas sim em alojamento ou pavilhão com essa finalidade específica, no qual se possa controlar por meios menos invasivos o encontro entre ambos.

O que se nota é a constante submissão do recluso (e de seus familiares) a revistas vexatórias, em condição de corpo desnudo e com eventuais buscas em cavidades corporais. A facilidade e a rotina com as quais isso acontece parece desprezar em absoluto a condição de instituição total e a existência de equipamentos tecnológicos capazes de identificar e fiscalizar o interior do estabelecimento.

---

[52] MAPELLI CAFFARENA, Borja. Contenido y límites de la privación de libertad (sobre la constitucionalidad de las sanciones disciplinarias de aislamiento). In: *El nuevo Código Penal*: presupuestos y fundamentos. Libro homenaje al Profesor Doctor Don Ángel Torío López, p. 617.

[53] AROCENA, Gustavo Alberto. La ejecución Penitenciaria en el ordenamiento jurídico argentino. Principios Básicos. In: *Teoría y práctica de los derechos fundamentales en las prisiones*, p. 131.

No sistema europeu, desde o caso *Van der Ven Vs. Holanda* (TEDH 2003), a frequência e o método de revista pessoal podem ser qualificados como uma violação do art. 3º da Convenção.[54] Revistas em celas em períodos noturnos ou com frequência excessiva demonstram apenas uma finalidade vexatória e constrangedora, pois se o funcionamento do estabelecimento for adequado, a possibilidade de existirem objetos proibidos deve ser mínima. De fato, a revista pessoal sem finalidade transforma o ato em puro tratamento degradante.

Porém, no Brasil, o Superior Tribunal de Justiça considera que a revista pessoal "encontra-se dentro do limite da razoabilidade a imposição de restrição, ainda que incômoda, em prol de bem jurídico maior e mais abrangente – a segurança pública em geral e a dos presídios, em específico – constituindo-se o ato em típico exercício do regime jurídico de sujeição especial que rege o vínculo entre os detentos e a administração penitenciária".[55]

Antes de analisar o argumento da "segurança pública", convém discutir também a violação da correspondência, já que em ambos os casos a segurança aparece como o principal argumento.

Os ordenamentos jurídicos em geral permitem restrição ao direito de sigilo nas comunicações, mas sempre vinculada a autorizações judiciais e nos termos de leis regulamentadoras. No Brasil, a Constituição Federal da República, seguindo o exemplo, prevê como inviolável o sigilo de correspondência. Mais ainda, a Constituição Federal o protege de forma absoluta, não prevendo exceção ao conhecimento do conteúdo de uma correspondência nem mesmo com autorização judicial. A realidade nas prisões revela exatamente o oposto. Todas as cartas, sem exceção, que entram ou saem de um presídio são abertas e seu conteúdo conhecido pelos agentes administrativos, sem nenhum acompanhamento judicial ou referência a um processo penal. Nem sequer há justificativa de que a abertura pertence à investigação de algum delito. O Supremo Tribunal Federal, decidindo contra o que dispõe a Constituição Federal, ao se manifestar sobre o assunto, afirmou que "a administração penitenciária, com fundamento em razões de segurança pública, de disciplina prisional ou de preservação da ordem jurídica, pode, proceder à interceptação da correspondência remetida pelos sentenciados".[56]

À guisa de exemplo, em países nos quais a Constituição é ainda menos garantista e não preserva a inviolabilidade da correspondência como na brasileira, em situações semelhantes, a corte constitucional espanhola considerou inconstitucional dispositivos administrativos que permitiam a violação em qualquer caso, restringindo-a a apreciação

---

[54] VAN ZYL SMIT, Dirk. Humanizing Imprisonment: A European project? *European Journal on Criminal Policy and Research*, p. 112.

[55] REsp 712.258/RS, Relator Ministro Mauro Campbell Marques. 2ª Turma, julgado em 17/12/2009, *DJe* 04/02/2010.

[56] STF, HC 470814/SP. 1ª Turma, julgado em 01.03.1994. Relator Ministro Celso de Mello. Publicado em *DJ* 24.06.1994.

fundamentada do diretor do estabelecimento e à imediata comunicação ao juiz.[57] Na Argentina, a corte constitucional decidiu de forma semelhante e decretou a inconstitucionalidade do regulamento administrativo que permitia à administração controlar a correspondência emitida e recebida pelo recluso.[58] E no mais notório e conhecido caso, o Tribunal Constitucional Alemão impulsionou[59] o parlamento a aprovar uma lei geral penitenciária (1977) após decidir sobre a retenção de uma carta por total ausência de previsão legal e que configurava a restrição de um direito fundamental à intimidade, o que provocou um total abandono da teoria tradicional do regime de "sujeição especial".[60]

Convém, então, analisar o equívoco muito comum em se confundir a ordem ou segurança pública com a segurança jurídica ou cidadã, que a ser considerada como algo comum e possível, converte o Estado de Direito em Estado Policialesco. E o que é mais preocupante é que agora tal erro não partiu de governos interessados em manter seu poder, mas sim de um Judiciário que tem por missão primeira a proteção da Constituição Democrática.

A utilização das expressões *segurança* ou *ordem pública* como um conceito vago dificulta, quando não impede, o controle do ato administrativo ou judicial e implica a diminuição do âmbito de efetividade dos direitos fundamentais.[61] E a segurança ou a intimidação jamais podem ser a finalidade da execução penal.

Contudo, um ordenamento constitucional fundado sobre o reconhecimento e sobre a tutela dos direitos humanos reconhece limites de inviolabilidade justamente para que o que se entenda por dimensão política da Democracia não exprima exclusivamente o governo da maioria, mas configure "poderosas barreiras para limitar a política de segurança pública,

---

[57] MARTÍNEZ ESCAMILLA, Margarita. Derechos Fundamentales entre rejas: algunas reflexiones acerca de los Derechos Fundamentales en el ámbito penitenciario, al tiempo que un comentario de la jurisprudencia constitucional al respeto. *ADPCP*, p. 257.

[58] CESANO, José Daniel. Limitaciones al legislador y al poder administrador. In: *Teoría y Práctica de los Derechos Fundamentales en las prisiones*, p. 71.

[59] Cf. LAUBENTHAL, Klaus. *Strafvollzug*, p. 60.

[60] Como expõe RIVERA BEIRAS, Iñaki, em: "La doctrina de las relaciones de sujeción especial en el ámbito penitenciário": "é uma construção jurídica que fundamenta uma debilidade ou minoração dos direitos dos cidadãos, ou dos sistemas institucionalmente previstos para sua garantia, como consequência de uma relação qualificada com os poderes públicos, derivada de um mandato constitucional ou de uma previsão legislativa conforme àquela que pode ser, em alguns casos, voluntariamente assumida". O regime "especial de sujeição" teve origem no direito administrativo germânico do século XIX e pressupunha um tratamento jurídico diferenciado, aparte das garantias fundamentais dos demais cidadãos. No julgado de 1972, o Tribunal Constitucional Federal pautou-se pelo art. 1º, § 3º da GG e assegurou que os direitos Fundamentais vinculam o legislador, o executivo e os juízes e por isso a Administração não pode restringir por sua vontade os Direitos Fundamentais durante a execução da pena.

[61] Neste sentido BARTOLOMÉ CENZANO, José Carlos de. *El orden público como limite al ejercicio de los derechos y libertades*, p. 23 ss.; MARTÍN-RETORTILLO BAQUER, Lorenzo, *La cláusula de orden público como límite – impreciso y creciente – del ejercicio de los derechos*, p. 08.

em nome da qual a maioria política poderia decidir sacrificar os direitos invioláveis do condenado". Analisando o conteúdo da sanção democrática como o faz Toscano, se a sanção penal pretende ser uma punição pertencente a um ordenamento jurídico que proclama ser regido pela dignidade humana e respeitador dos direitos fundamentais, deve ser um instrumento que não omita a tutela destes mesmos direitos. Em suas precisas palavras, "a sanção penal desenvolve um papel determinante na tutela dos direitos fundamentais de matriz constitucional, porque ela pode encontrar cidadania no interior do ordenamento democrático somente se consegue ser também e ao mesmo tempo instrumento de tutela do réu e de seus direitos invioláveis".[62]

Se há previsão da liberdade como direito humano e fundamental constitucional, tal liberdade conhece apenas os limites que estão previstos na mesma constituição, e assim, vige o princípio de assegurar a máxima extensão possível da faculdade inerente aos direitos fundamentais. Em função disso, a tutela dos Direitos Fundamentais do recluso consiste em primeiro lugar na individualização do concreto ponto de equilíbrio entre a exigência de liberdade e a de segurança, "sobre a mínima funcionalização da primeira e a salvaguarda da segunda".[63] Como afirma Toscano, "a funcionalização da limitação à liberdade não pode, em nenhum caso, afetar os fundamentos do Estado de Direito e do ordenamento constitucional, erigido sobre interesses e valores não degradáveis e não sujeitos a balanceamento algum".[64]

Essa linha de raciocínio faz *tabula rasa* de argumentos falaciosos como os que em nome da segurança pública inserem o recluso em um regime de "sujeição especial", no qual se poderia tratá-lo de forma diferente ou sob um contexto jurídico-legal não taxativo. Somente se pode reconhecer validade à expressão *regime especial* no que diz respeito à sujeição do recluso a um regime administrativo disciplinar que não é aplicado ao cidadão livre, e ao revés, de maior atenção e proteção dos direitos fundamentais.[65]

Poderia continuar e enumerar outras tantas violações que à margem da lei são praticadas pelos funcionários e mantidas pelos tribunais. Mas acredito que estes dois pontos destacados são suficientes para comprovar meu ponto de vista: a fragilidade do controle isolado do Judiciário sobre a pauta da legalidade e que, na prática, há muito ainda que conquistar para que se atinja a verdadeira finalidade da execução da pena, é dizer, que se apliquem efetivamente Direitos Humanos à fase de execução. Isto ocorre não porque não haja previsões positivadas e já reconhecidas na Constituição ou mesmo na lei ordinária, mas sim porque tais previsões de nada valem se não mudarmos a concepção que os apli-

---

[62] TOSCANO Attilio. *La funzione della pena e le garanzie dei Diritti Fondamentali*, p. 214.

[63] TOSCANO Attilio. Op. cit., p. 221. No mesmo sentido: LAUBENTHAL, Klaus. *Strafvollzug*, p. 81, que indica a previsão da lei alemã (StVollzG, § 2º) de proteção da coletividade contra os delitos ("Schutz der Allgemeinheit vor weiteren Straftaten") e que não pode ser priorizada como pretendem alguns na atualidade.

[64] TOSCANO Attilio. *La funzione della pena e le garanzie dei Diritti Fondamentali*, p. 222

[65] BUENO ARÚS, Francisco. *La ciencia del Derecho* Penal: un modelo de inseguridad jurídica, p. 136.

cadores têm sobre a inexistente diferença de essência entre o cidadão livre e o cidadão condenado, e que se limitam apenas às esperadas restrições ao direito de liberdade que implicam uma pena de prisão. Como recorrentemente afirma Mapelli Caffarena, estes e outros exemplos de falta de "moderação penitenciária não só chamam a atenção porque são feitas contra a lei, senão porque longe de toda a lógica jurídica são feitos contra aqueles mesmos direitos que se pretendem promover para assegurar as metas da instituição".[66]

Epílogo

Em um Estado Democrático de Direito, o primeiro objetivo da execução penal não pode ser uma imposição valorativa de caráter moral, algo tendente a alterar a individualidade de cada pessoa, torná-la desta ou daquela forma. Mas apenas o de oferecer meios a ela de, estando disposta, não mais agir em desconformidade com o bem comum. Tentar incutir uma maneira de ser, como afirma Aranda Carbonel ecoando Muñoz Conde, "pressupõe a manipulação da personalidade, o que não tem cabimento em uma sociedade democrática".[67]

O segundo objetivo, indissociável do primeiro, é garantir que esta execução se paute pelo devido processo legal e respeito à dignidade humana, para que qualquer "recuperação" ou "formação" do condenado tenha legitimidade. O que justifica a potestade estatal para a aplicação e execução da pena é a ilusória ideia de que a sanção pelo ilícito praticado será auferida com imparcialidade, proporcionalidade e razoabilidade, atributos que o ofendido pelo delito presumidamente não possui. Então, qualquer pena, para manter-se com este escopo, não poderá se afastar do estado de direito, democrático e com foco na dignidade humana. Os reclusos perdem sua liberdade, mas não sua condição humana.[68]

É, em outras palavras, a concretização de um "processo de diálogo" exaltado por Calliess no século passado, e que deve criar possibilidades ao condenado de participação nos sistemas sociais oferecendo alternativas de comportamento. E para alcançá-los não se deve impor o "tratamento" ao condenado, mas contar com sua colaboração e participação em um processo ininterrupto e dialético entre aquele e o Estado, processo este que modificará a pena cegamente infligida na sentença. A este diálogo, a participação da sociedade,

---

[66] MAPELLI CAFFARENA, Borja. Contenido y límites de la privación de libertad (sobre la constitucionalidad de las sanciones disciplinarias de aislamiento). In: *El nuevo Código Penal*: presupuestos y fundamentos. Libro homenaje al Profesor Doctor Don Ángel Torío López, p. 616.

[67] ARANDA CARBONEL, María José. *Reeducación y reinserción social*. Tratamiento Penitenciario. Análisis teórico y aproximación práctica, p. 26. No mesmo sentido: RODRIGUES, Anabela Miranda. Consensualismo y prisión: nuevos desafíos. In: *Homenaje al Dr. Marino Barbero Santos. In memoriam*, p. 382.

[68] ASTROZA SUÁREZ, Paulina; RUDNICK VIZCARRA, Carolina. Protección Internacional de los Derechos Humanos de los reclusos. In: *Teoría y práctica de los derechos fundamentales en las prisiones*, p. 07.

por meio de seus cidadãos individualmente ou de organismos independentes que tenham por finalidade a realização dos Direitos Humanos.

Parece evidente que não existe a certeza de um tratamento eficaz e milagroso por meio do qual o Estado receberá em suas instituições o autor de uma infração penal, o submeterá às fórmulas eleitas pela Lei e o devolverá recuperado, ressocializado ou reeducado. Mas em todas as situações na qual haja a possibilidade desta recuperação, ressocialização, reeducação ou, como prefiro, *incremento pessoal*, o que deve sempre haver é a disposição do Estado em oferecer as condições para que o condenado, ao final do cumprimento de sua pena, tenha acrescido à sua personalidade a percepção da escala de valores da sociedade a qual está vinculado, e da inexorável necessidade de convivência em grupo, porquanto sua natureza humana o exige.

Neste caminho, são válidas as palavras de Mapelli Caffarena: "as decisões substanciais sobre os Direitos Fundamentais dos condenados e a organização penitenciária das garantias legais não podem ser feitas pela própria administração no âmbito de autotutela". Cabe ao Judiciário e à sociedade civil a condução e fiscalização do cumprimento das leis e do reconhecimento dos Direitos Humanos mais elementares, como é a dignidade, a liberdade e a intimidade. Não há mais espaço para se falar em regime especial de sujeição, *hands-off doctrine* ou manutenção da segurança e ordem públicas, pois se corre o risco de se "converter em uma espécie de legitimação global que pode ser empregada pela administração penitenciária tanto para resolver segundo suas próprias necessidades aspectos não contemplados pelas normas penitenciárias como fazer delas interpretações mais estritas ou extensivas". Como conclui o autor, "sua própria indeterminação favorece seu uso como autêntica teoria do poder em um âmbito particularmente frágil e no qual os riscos de lesões graves e irreversíveis aos direitos fundamentais são evidentes".[69]

A lógica jurídica impõe o envolvimento social rumo à integração do recluso. Qualquer avanço na reinserção ou reintegração efetiva beneficia a todos, condenado e sociedade, no mínimo porque uma política criminal baseada no rigor gera mais violência, mais desespero e contribui pra aumentar cada vez mais a separação entre os bons e os maus.[70]

Em definitivo, há muito que ser feito, e depende de cada um dos participantes da sociedade. Em contradição à constatação de Zimbardo, que inaugura este texto, não se trata de uma relação entre bem e mal, mas de uma relação entre o justo e o bem comum, que necessariamente depende da condição inviolável de todo ser participante como ser humano. É evidenciar a condição humana, antes e depois da condenação.

---

[69] MAPELLI CAFFARENA, Borja. Contenido y límites de la privación de libertad (sobre la constitucionalidad de las sanciones disciplinarias de aislamiento). In: *El nuevo Código Penal*: presupuestos y fundamentos. Libro homenaje al Profesor Doctor Don Ángel Torío López, p. 623.

[70] BUENO ARÚS, Francisco. *La ciencia del Derecho Penal*: un modelo de inseguridad jurídica, p. 145.

Referências

ACEVEDO MATAMOROS, Mayra. El sistema penitenciario en el contexto de la política criminal actual. *Revista Ciencias Sociales*. nº 105, p. 99-105. Costa Rica: Universidad de Costa Rica, 2004.

ARANDA CARBONEL, María José. *Reeducación y reinserción social*. Tratamiento Penitenciario. Análisis teórico y aproximación práctica. Madri: Ministerio del Interior, 2006.

AROCENA, Gustavo Alberto. La ejecución Penitenciaria en el ordenamiento jurídico argentino. Principios Básicos. In: CESANO, José Daniel; PICÓN, Fernando Reviriego. *Teoría y práctica de los derechos fundamentales en las prisiones*. Buenos Aires: B. de F., 2010.

ASTROZA SUÁREZ, Paulina; RUDNICK VIZCARRA, Carolina, Protección Internacional de los Derechos Humanos de los reclusos. In: CESANO, José Daniel; PICÓN, Fernando Reviriego. *Teoría y práctica de los derechos fundamentales en las prisiones*. Buenos Aires: B. de F., 2010.

ADELA ASUA, Batarrita. El régimen penitenciario abierto. Consideraciones sobre su fundamentación. In: CUESTA ARZAMENDI, José Luis de la; DENDALUZE, Iñaki; ECHEBURÚA, Enrique (Coord.). *Criminología y derecho penal al servicio de la persona*. Libro-homenaje al Profesor Antonio Beristain. San Sebastián: Instituto Vasco de Criminología, 1989.

BARTOLOMÉ CENZANO, José Carlos de. *El orden público como límite al ejercicio de los derechos y libertades*. Madri: Centro de estudios políticos y constitucionales, 2002.

BERISTAIN, Antonio. Derechos Humanos y respuestas a la delincuencia (reflexiones desde una ética de valores máximos). *Anuario de Derecho Penal y Ciencias Penales* (ADPCP). Tomo L. Madri: Ministerio de Justicia, 1997.

BRITO, Alexis Couto de. *Execução penal*. 3. ed. São Paulo: Revista dos Tribunais, 2013.

BUENO ARÚS, Francisco. *La ciencia del derecho penal*: un modelo de inseguridad jurídica. Madrid: Civitas, 2005.

CANTON, Rob. Nonsense upon stilts? Human Rights, the Ethics of Punishment and the values of probation. *British Journal of Community Justice*. v. 7, nº 1, p. 5-22. Sheffield: Sheffield Hallam University, 2009.

CERVELLÓ DONDERIS, Vicenta. *Derecho penitenciario*. 2. ed. Valencia: Tirant lo Blanc, 2006.

CESANO, José Daniel. Limitaciones al legislador y al poder administrador. In: CESANO, José Daniel; PICÓN, Fernando Reviriego. *Teoría y práctica de los derechos fundamentales en las prisiones*. Buenos Aires: B. de F., 2010.

CLEMMER Donald. *Prison community*. 2. ed. Nova Iorque: Holt, Rinehart And Winston, 1958.

COYLE, Andrew. *A human rights approach to prison management*. Handbook for prison staff. 2. ed. Londres: International Centre for Prison Studies, 2009.

CUELLO CALÓN, Eugenio. *La moderna penologia*. Barcelona: Bosch, 1958.

DRAPKIN, Israel. El recluso penal, víctima de la sociedad humana. *Anuario de Derecho Penal y Ciencias Penales* (ADPCP). Tomo XXX, fasc. II. Mai/Ago. Madri: Ministerio de Justicia, 1977. pp. 331-350.

DZUR, Albert W. The Myth of Penal Populism: Democracy, Citizen Participation, and American Hyperincarceration. *Journal of Speculative Philosophy*. v. 24, nº 4, p. 354-379. Pensilvania: Pennsylvania State University Press, 2010.

ELBERT, Carlos. Ejecución Penal y terapia social en América Latina. In: BERGALLI, Roberto; BUSTOS RAMIRES, Juan. *El poder penal del Estado*. Homenaje a Hilde Kaufmann. Buenos Aires: Depalma, 1985.

FRAGOSO, Heleno Cláudio; CATÃO, Yolanda; SUSSEKIND, Elisabeth. *Direitos dos presos*. Rio de Janeiro: Forense, 1980.

GOFFMAN, Erving. *Asylums*. Essays on the social situation of mental patients and other inmates. Maryland: Penguin, 1961.

GOTI ORDEÑANA, Juan. Deuda de la Ciencia Penal y la Criminología al Derecho Canónico Medieval. In: CUESTA ARZAMENDI, José Luis de la; DENDALUZE, Iñaki; ECHEBURÚA, Enrique (Coord.). *Criminologia y derecho penal al servicio de la persona*. Libro-homenaje al Profesor Antonio Beristain. San Sebastián: Instituto Vasco de Criminología, 1989.

HOERSTER, Norbert. Die philosophische Rechtfertigung staatlichen Strafens. In: *Zeitschrift für philosophische Forschung*. nº 28, caderno 3, Jul-Set. Frankfurt am Main: Vittorio Klostermann, 1974. p. 368-379.

LABELLE, Deborah. Bringing human rights home to the world of detention. *Columbia Human Rigths Law Review*. v. 40, nº 1, p. 79-133. Columbia: Columbia Law School, 2008.

LAUBENTHAL, Klaus. *Strafvollzug*. 3. ed. Berlim: Springer, 2003.

LYRA, Roberto. *Comentários ao Código de Processo Penal*. Rio de Janeiro: Forense, 1945. Volume VI.

MAPELLI CAFFARENA, Borja. Contenido y límites de la privación de libertad (sobre la constitucionalidad de las sanciones disciplinarias de aislamiento). In: CEREZO MIR, José; SUÁREZ MONTES, Rodrigo Fabio; BERISTAIN IPIÑA, Antonio; ROMEO CASABONA, Carlos Maria. *El nuevo Código Penal*: presupuestos y fundamentos. Libro Homenaje al Profesor Doctor Don Ángel Torío López. Granada: Comares, 1999.

_____. *Principios fundamentales del sistema penitenciario español*. Barcelona: Bosch, 1983.

MARTÍN-RETORTILLO BAQUER, Lorenzo. *La cláusula de orden público como límite – impreciso y creciente – del ejercicio de los derechos*. Madri: Civitas, 1975.

MARTÍNEZ ESCAMILLA, Margarita. Derechos Fundamentales entre rejas: algunas reflexiones acerca de los Derechos Fundamentales en el ámbito penitenciario, al tiempo que un comentario de la jurisprudencia constitucional al respeto. *Anuario de Derecho Penal y Ciencias Penales* (ADPCP). v. LI. Madri: Ministerio de Justicia, 1998. p. 245-271.

MASSINI CORREAS, Carlos I. *Filosofía del derecho*. Tomo I. El Derecho, los Derechos Humanos y el Derecho Natural. Buenos Aires: LexisNexis: 2005.

MERÊA PIZARRO BELEZA, José Manuel. A pena de prisão, a reforma das cadeias e o 'Ensayo sobre o plano mais conveniente para a fundação das cadêas' (notas para a história do Direito Penal vintista). In: COSTA ANDRADE, Manuel da, et al. *Liber Discipulorum* para Jorge de Figueiredo Dias. Coimbra: Coimbra, 2003.

MIOTTO, Armida Bergamini. *Temas penitenciários*. São Paulo: RT, 1992.

MOBLEY, Alan. 2011. "Decarceration Nation? Penal Downsizing and the Human Security Framework". *Western Criminology Review*, v. 12, nº 2, 2011.

PAVARINI, Massimo; GIAMBERARDINO, André. *Teoria da pena e execução penal*. Uma introdução crítica. 2. ed. Rio de Janeiro: Lumen Juris, 2012.

PERLIN Michael L.; DLUGACZ, Henry A. 'It's Doom Alone That Counts': Can International Human Rights Law Be An Effective Source of Rights in Correctional Conditions Litigation? *Behavioral Sciences and the Law*, nº 27. Wiley InterScience, 2009.

PETERS, Karl. Die ethischen Voraussetzungen des Resozialisierungs- und Erziehungsvollzuges In: LÜTTGER, Hans. *Festschrift für Ernst Heinitz zum 70. Geburtstag*. Berlim: De Gruyter, 1972.

PLOCH, Amanda. Why dignity matters: dignity and the right (or not) to rehabilitation from international and national perspectives. *New York University Journal of International Law & Politics*, v. 44, nº 3. Nova Iorque, 2012. p. 887-949.

RIVERA BEIRAS, Iñaki. La doctrina de las relaciones de sujeción especial en el ámbito penitenciario. In: RIVERA BEIRAS et al. *Legalidad constitucional y relaciones penitenciarias de especial sujeción*. Barcelona: Bosch, 2000.

RODRIGUES, Anabela Miranda. Consensualismo y prisión: nuevos desafíos. In: ARROYO ZAPATERO, Luis; BERDUGO GÓMEZ DE LA TORRE, Ignácio. *Homenaje al Dr. Marino Barbero Santos. In memoriam*. Cuenca: Universidad Castilla-La Mancha e Universidad Salamanca, 2001.

SANZ DELGADO, Enrique. *El humanismo penitenciario español del siglo XIX*. Madri: Edisofer, 2003.

SELLIN Thorsten. Dom Jean Mabillon-A Prison Reformer of the Seventeenth Century. *Journal of Criminal Law and Criminology*. v. 17. Fevereiro. Illinois: Inst. Crim. L. & Criminology, 1927.

SMIT, Dirk van Zyl. Humanizing Imprisonment: A European project? *European Journal on Criminal Policy and Research*, v. 12, nº 2, p. 107-120. Springer Science and Business Media, 2006.

SUTTINGER, Günter. Der Entwurf eines Strafvollzugsgesetzes und die Vollzugswirklichkeit. In: *Festschrift für Ernst Heinitz zum 70. Geburtstag*. Berlim: De Gruyter, 1972.

SYKES, Gresham M. *Crime e sociedade*. Trad. de Walter Pinto. Rio de Janeiro: Bloch, 1069.

TOSCANO, Attilio. *La funzione della pena e le garanzie dei diritti fondamentali*. Milão: Giuffrè, 2012.

VASSALI, Giuliano. *Scritti giuridici*. Volume I. La legge penale e la sua interpretazione. Il reato e la responsabilità penale. Le pene e le misure di sicurezza. Milão: Giuffrè, 1997. t. 2.

VASILIADES, Elizabeth. Solitary confinement and international human rights: why the U.S. prison system fails global standards. *American University International Law Review*. v. 21, nº 1, p. 71-99. 2005.

VILLAVERDE MENÉNDEZ, Ignacio. *La igualdad en la diversidad*. Forma de Estado y derechos fundamentales. Madri: Centro de estudios políticos y constitucionales, 2012.

WELZEL, Hans. *Das Deutsche Strafrecht*. 7. ed. Berlin: De Gruyter, 1960.

ZIMBARDO, Philip. *O efeito Lúcifer*. Trad. Tiago Novaes Lima. São Paulo: Record, 2012.

O direito à nacionalidade

Aurélio Bôaviagem

> O problema do nosso tempo, com relação aos direitos do homem, não é mais fundamentá-los, e sim o de protegê-los.[1]

Sumário: 23.1 Direito à nacionalidade; 23.2 A nacionalidade no Direito Internacional – A Declaração Universal dos Direitos do Homem: um "sistema de princípios fundamentais da conduta humana"; 23.3 A polipatridia e a apatridia.; 23.4 A nacionalidade no Direito brasileiro – sua construção nas Cartas constitucionais; 23.5 A Constituição de 1988 – consagração dos Direitos Humanos; 23.6 A ordem jurídica brasileira perante o Direito Internacional da Nacionalidade.

23.1 Direito à nacionalidade

O direito à nacionalidade, que se inclui entre os direitos[2] assegurados pela Declaração Universal dos Direitos do Homem, das Nações Unidas (1948), é o direito de todos terem uma nacionalidade, passível de ser mudada, e que não deve ser privada arbitrariamente.

A questão dos direitos humanos, que não podem ser observados isoladamente, por constituírem um plexo (direito à vida pressupõe a segurança social; a livre locomoção à

---

[1] BOBBIO, Norberto. *A era dos direitos*. Rio de Janeiro: Elsevier, 2004. p. 45.
[2] Expressão retirada do preâmbulo da Declaração Universal dos Direitos do Homem, da Organização das Nações Unidas (1948).

nacionalidade; os direitos políticos à nacionalidade),[3] antecede a Declaração Universal, havendo quem os fundamente na Declaração dos Direitos do Homem e do Cidadão (1789):[4]

> A Declaração dos Direitos do Homem, no fim do século XVIII, foi um marco decisivo na história. Significa que doravante o Homem, e não o comando de Deus nem os costumes da história, seria a fonte da Lei, independente dos privilégios que a história havia concedido a certas camadas da sociedade ou a certas nações, a declaração era ao mesmo tempo a mostra de que o homem se libertava de toda espécie de tutela e o prenúncio de que já havia atingido a maioridade.
>
> Como se afirmava, os Direitos do Homem eram inalienáveis, irredutíveis e indeduzíveis de outros direitos ou leis, não se invocava nenhuma autoridade para estabelecê-los, o próprio Homem seria a sua origem e objetivo último. Além disso julgava-se que nenhuma lei especial seria necessária para protegê-los, pois se supunha que todas as leis se baseavam neles. O Homem surgia como o único em questões de lei, da mesma forma como o povo era proclamado como o único soberano em questões de governo. A soberania do povo (diferente da do príncipe) não era proclamada pela graça de Deus, mas em nome do Homem, de sorte que parecia apenas natural que os direitos "inalienáveis" do Homem encontrassem sua garantia no direito do povo e um autogoverno soberano e se tornassem parte inalienável desse direito.[5]

Direito humano de "primeira geração", por refletir o princípio da liberdade,[6] a Declaração Universal dos Direitos Humanos não representa o marco inicial do tratamento internacional da nacionalidade, pois antes contemplada pela Convenção da Haia de 1930, da Liga das Nações.[7] Ambas valiosas pela positivação de um dos direitos fundamentais.[8]

---

[3] Expressão de Pontes de Miranda.

[4] Há que apontam como a primeira carta dos direitos humanos o Cilindro de Ciro (539 a.C.). Indicados, ainda, como antecedentes no trato dos mesmos direitos, a Carta Magna (1215); o Bill of Rights (1628); a Declaração de Independência dos Estados Unidos (1776); a Constituição (1987) e a Declaração dos Direitos (1791), dos Estados Unidos; a Declaração dos Direitos do Homem e do Cidadão; e a Primeira Convenção de Genebra (1864). (V. <humanrights.com/pt/what-are-human-rights/brief-history/cyrus-cylinder.html>).

[5] ARENDT, Hannah. *Origens do totalitarismo*. São Paulo: Companhia das Letras, 2007. p. 324.

[6] Cf. Hannah Arendt, o "direito de liberdade, que é, às vezes, tido como a essência dos direitos humanos." (Op. cit., p. 329).

[7] Artigo Primeiro. Foi a Convenção promulgada pelo Decreto nº 21.798/1932.

[8] A valia da positivação se encontra em Robert Alexy: "a positivação de direitos fundamentais que vinculem todos os poderes estatais representa uma abertura do sistema jurídico perante o sistema moral" (ALEXY, Robert. *Teoria dos direitos fundamentais*. São Paulo: Malheiros, 2008. p. 29).

A nacionalidade pode ser definida, definição jurídica, não sociológica,[9] na linha pontiana,[10] como "o vínculo jurídico-político que liga o indivíduo a um certo Estado, fazendo deste indivíduo um componente do povo, da dimensão pessoal deste Estado, capacitando-o a exigir sua proteção e sujeitando-o ao cumprimento de deveres impostos".[11]

É certo que a nacionalidade não esgota a totalidade da dimensão pessoal do Estado, posto com ela não se confundir, pois, ao lado dos nacionais, outros também se encontram "submetidos à jurisdição, sem serem nacionais",[12] bem como os nacionais que se encontram no exterior.[13] A nacionalidade respeita à população, a qual o direito internacional só determina indiretamente ao determinar o território.[14]

---

[9] A definição sociológica agrega união de língua, história, tradições, cultura e etnias. Quanto a esta última circunstância, destaque-se que são raríssimos os Estados nos quais correspondam as suas fronteiras à fronteira étnica, consoante Pontes de Miranda (PONTES DE MIRANDA, Francisco Cavalcanti. *Comentários à Constituição Federal de 1967*. São Paulo: RT, 1967. p. 352). A etnia é desprezada pela Convenção Europeia sobre a Nacionalidade : "Artigo 2º – Definições. Para os fins da presente Convenção: a) 'Nacionalidade' designa o vínculo jurídico entre um indivíduo e um Estado, não indicando, contudo, a origem étnica desse indivíduo;" [...] Há que veja duas dimensões na nacionalidade: "Observa Paul Lagarde que a nacionalidade comporta duas dimensões. A dimensão vertical é a ligação do indivíduo com o Estado a que pertence, que lembra a relação do vassalo com o suserano, que contém uma série de obrigações do indivíduo com o Estado (v.g., a lealdade, o serviço militar etc.), com a contrapartida da proteção diplomática que o Estado estende ao indivíduo onde quer que se encontre no estrangeiro. Esta a dimensão jurídico-política. E a outra dimensão é a horizontal, que faz do nacional membro de uma comunidade, da população que constitui o Estado. Aqui a dimensão sociológica" (DOLINGER, Jacob. *Direito Internacional Privado* – Parte Geral, 10. ed. Rio de Janeiro: Forense, 2012. p. 43).

[10] "Nacionalidade é o laço jurídico-político de direito público interno, que faz da pessoa um dos elementos componentes da dimensão pessoal do Estado" (PONTES DE MIRANDA, *Comentários* ... *1967*. Op. cit., p. 352).

[11] MORAES. Alexandre de. *Direitos humanos fundamentais*. São Paulo: Atlas, 2007. p. 24.

[12] PONTES DE MIRANDA, Francisco Cavalcanti. *Comentários...* Op. cit., p. 347. A população se constitui pelos "los humanos residentes dentro del território do Estado. Se los considera como uma unidad" (KELSEN, Hans. *Principios de derecho internacional*. Buenos Ayres: El Ateneo, 1995. p. 196).

[13] REZEK, José Francisco, *Direito internacional público* – Curso elementar. 9. ed. São Paulo: Saraiva, 2002. p.170.

[14] "*El derecho internacional determina a población de un Estado sólo indirectamente al determinar el territorio del Estado: a primeira resulta del último*" (KELSEN, Hans. Op. cit., p. 197). A caracterização do território encontra-se bem posta por Celso Ribeiro Bastos: "A nós se nos afigura, contudo, que a melhor inteligência da expressão 'território' é aquela que o faz coincidir com o âmbito espacial da validade da ordem jurídica brasileira. Não importa se em terra, se no ar, se no mar, ou no continente antártico, se naquele ponto se reconhecesse a validade do ordenamento jurídico brasileiro, configurado estaria o conceito de território, para efeito da determinação da nacionalidade" (BASTOS, Celso Ribeiro Bastos; MARTINS, Ives Gandra. *Comentários à Constituição do Brasil*. São Paulo: Saraiva, 1989. v. II, p. 551).

A nacionalidade pressupõe um vínculo genuíno e efetivo entre o indivíduo e o Estado, reconhecido pelo Corte Internacional de Justiça da Haia, no caso Nottebohm (1955): "de acordo com a prática dos Estados, as decisões arbitrais e a opinião da doutrina, a nacionalidade é um elo legal que tem como base um fato social de vinculação, uma genuína conexão de existência, interesses e sentimentos, junto com a subsistência de direitos e deveres recíprocos".[15] Consagrou a Corte de Haia, assim, o princípio da nacionalidade efetiva (um dos critérios que a doutrina propõe para a solução de conflitos de leis de nacionalidade).

No mesmo tom dispôs a Corte Interamericana de Direitos Humanos ao definir a nacionalidade como o "elo político e jurídico que vincula uma pessoa com um determinado Estado, que a compromete para com este com laços de lealdade e fidelidade e que lhe confere o direito à proteção diplomática no exterior".[16]

A atribuição da nacionalidade é de ser realizada por cada um dos Estados, e representa manifestação de sua soberania, que não é de ser entendida em termos absolutos, uma vez que eles têm de se submeter às normas de direito internacional,[17] mesmo que se lembre "que os organismos internacionais possuem, em relação aos Estados que os compõem, uma *vis directiva* e não *coactiva*.[18] Embora as questões de nacionalidade estejam submetidas à jurisdição interna de cada Estado, este tem de cumprir as suas obrigações com outros Estados em conformidade com o direito internacional,[19] o que não impede que

---

[15] V. VALLADÃO, Haroldo. *Direito internacional privado* – Parte Geral. 4. ed. São Paulo: Freitas Bastos, 1974. p. 273. Sobre o Caso Nottebohn, v. DOLINGER, Jacob. Op. cit., p. 82 ss.

[16] Castillo-Petruzzi e outros X Peru. Sentença de maio de 1999. CIDH (Ser. C) nº 52, 1999.

[17] Inexistem "regras internacionais que cerceiem sua [do Estado] competência neste campo", o que pode conduzir a inconvenientes, como "uma pessoa se vê dotada de duas nacionalidades enquanto uma outra fica sem nenhuma." (BASTOS, Celso Ribeiro e MARTINS, Ives Gandra. Op. cit., p. 548). Embora a nacionalidade se constitua um problema do direito das gentes, a sua discriminação é da competência legislativa dos Estados. (V. PONTES DE MIRANDA, Francisco Cavalcanti. *Comentários*... Op. cit., p. 362).

[18] BOBBIO, Norberto. Op. cit., p. 57. Pontes de Miranda, comentando a Constituição Federal de 1946: "As fontes da nacionalidade já o dissemos, são múltiplas e variáveis. Existe, portanto, problema de técnica legislativa, que é de escolher, com senso político, o critério; ou de se escolherem os critérios, ou a combinação deles, pelos quais se possa determinar os nacionais. Problema de técnica legislativa de cada Estado, portanto de *direito interno*. Mas há a pergunta liminar: os Estados podem adotar os critérios que entenderem, ou há *número limitado deles*? Se os Estados estão inteiramente livres na escolha, é que o direito das gentes não vai (ou *ainda* não vai) até aí, não existe qualquer regra do direito das gentes concernentes à nacionalidade, todo o domínio é reservado ao Estado e todo o assunto da nacionalidade é *branco* que os Estados enchem como querem. Não faltam escritores e tratadistas do direito das gentes que, com certa fundamentação positiva pensam assim" (PONTES DE MIRANDA, Francisco Cavalcanti. *Comentários à Constituição de 1946*, Rio de Janeiro: Henrique Cahen, 1947. v. III, p. 21-22).

[19] Tribunal Permanente de Justiça Internacional. Parecer consultivo sobre decretos de nacionalidade, de 1923, da Tunísia e de Marrocos: "A questão de saber se uma determinada matéria está ou

a "larga e profunda" divergência legislativa conduza a conflitos de leis de nacionalidade,[20] que pode limitar a aplicabilidade de um direito fundamental ao interesse público interno de um Estado.[21] Conduz, ainda, a conflitos de nacionalidade, por consagrar polipátridas e apátridas, cuja solução representa séria dificuldade para a doutrina de direito internacional privado.

Contraponto à preocupação com a diversidade legislativa na atribuição da nacionalidade, poderá se apresentar o fenômeno da globalização, que enfraquece os laços territoriais, desconsidera a importância das fronteiras, faz repensar a soberania, acarretando o deslocamento do foco da cidadania tradicional, e, consequentemente, da nacionalidade, posto esta daquela decorre.[22]

23.2 A nacionalidade no Direito Internacional – A Declaração Universal dos Direitos do Homem: "um sistema de princípios fundamentais da conduta humana"

Os direitos humanos têm estado na agenda internacional, pela sua universalização. Não se constitui exagero afirmar que a sua violação, seja onde for, repercute no restante do mundo.[23]

A competência dos Estados para a atribuição da nacionalidade já havia sido antevista pela Sexta Conferência Internacional Americana (1928) que aprovou o Código de

---

não submetida à jurisdição de um Estado é uma questão essencialmente relativa: depende do desenvolvimento das relações internacionais."

[20] VALLADÃO, Haroldo. Op. cit., p. 272.

[21] A nacionalidade comporta forte presença da política (em especial de política de imigração), haja vista os dois tradicionais critérios para a sua atribuição, o *jus sanguinis* e o *jus soli*, aquele próprio dos países exportadores de contingentes migracionais, este para os países de colonização.

[22] "Atualmente muita ênfase é conferida ao processo de globalização econômica, que tem por objetivo a eliminação das fronteiras nacionais para a criação de um mercado global. A transnacionalização dos mercados traz como reflexo imediato a necessidade de revisão do conceito tradicional de soberania do Estado, que passa a sofrer um processo de relativação." [PIOVESAN, Flávia. Direitos Humanos e Globalização. In: SUNDFELD, Carlos Ari; VIEIRA, Oscar Vilhena (Coord.). *Direito global*. São Paulo: Max Limonad, 1999. p. 195].

[23] "É de lembrar KANT – o processo pelo qual todos os povos da terra estabeleceram uma comunidade internacional chegou ao ponto que uma violação de direitos em uma parte do mundo é sentida em toda parte, isto significa que a ideia de um direito cosmopolita não é mais uma ideia fantástica ou extravagante. É um complemento necessário ao direito civil e internacional, transformando-o em direito público da humanidade (ou direitos humano)" [...]. (HABERMAS, Jurgen. *A inclusão do outro*. São Paulo: Loyola, 2002. p. 127).

Direito Internacional Privado (Código de Bustamante), recepcionado pelo Brasil,[24] mas a Convenção de Haia sobre a Nacionalidade (1930), promovida pela Sociedade das Nações, reveste-se de maior importância, pela mais larga participação de convenentes. Estabeleceu a Convenção em seu artigo inaugural:

> Artigo Primeiro. Cabe a cada Estado determinar, segundo a sua própria legislação, quem são os seus cidadãos. Esta legislação será reconhecida por outros Estados na medida em que seja compatível com as convenções internacionais, o costume internacional e os princípios de direito geralmente reconhecidos em matéria de nacionalidade.

Poder-se-á objetar a utilização do termo *cidadãos*, por contar com conteúdo diverso e maior (nacional em gozo de direitos políticos)[25] que a nacionalidade, mas é importante ressaltar da regra transcrita, a consagração da competência de cada Estado para definir os seus nacionais, definição que é de ser conforme o direito das gentes, limitado o agir do Estado pela vedação de "declarar alguém nacional de outro Estado".[26]

Segue-se a Declaração Universal dos Direitos do Homem da Organização das Nações Unidas (1948), inspirada nos princípios da Carta das Nações Unidas, de 1945, que previa o estímulo e "o respeito aos direitos humanos e às liberdades fundamentais",[27] no momento em que, com o término da Segunda Guerra Mundial, o mapa político, em especial o europeu, sofrera grande modificação, com reflexos na questão da nacionalidade.

---

[24] Decreto nº 18.871/1929: "Artigo 9º – Cada Estado contratante aplicará o seu direito próprio à determinação da nacionalidade de origem de toda pessoa individual" [...]. "Artigo 13 – Às naturalizações coletivas, no caso de independência de um Estado, aplicar-se-á a lei do Estado novo, se tiver sido reconhecido pelo Estado julgador, e, na sua falta, a do antigo" [...]. "Artigo 14 – À perda da nacionalidade deve aplicar-se a lei da nacionalidade perdida." "Artigo 15 – A recuperação da nacionalidade submete-se à lei da nacionalidade que se readquire."

[25] Haroldo Valladão distinguia naturalidade, nacionalidade e cidadania, por vezes e por muitos confundidas, inclusive pela Convenção de Haia, de 1930. (V. VALLADÃO, Haroldo. Op. cit., p. 275). No mesmo sentido, José Afonso da SILVA: "No Direito Constitucional vigente, os termos nacionalidade e cidadania, ou nacional e cidadão, têm sentido distinto, Nacional é o brasileiro nato ou naturalizado, ou seja, aquele que se vincula, por nascimento ou naturalização, ao território brasileiro. Cidadão qualifica o nacional no gozo de direitos políticos e os participantes da vida do Estado (arts. 1º, II e 14). Surgem, assim, três situações distintas: a do nacional (ou da nacionalidade), que pode ser nato ou naturalizado, a do cidadão (ou da cidadania) e a do estrangeiro, as quais envolvem, também, condições jurídicas distintas" (SILVA, José Afonso da. *Curso de direito constitucional positivo*. 29. ed. São Paulo: Malheiros, 2007. p. 319). A confusão entre nacionalidade pode ter advindo da Emenda XIV da Constituição Americana (cf. DOLINGER, Jacob. Op. cit., p. 43).

[26] VALLADÃO, Haroldo. Op. cit., p. 272.

[27] Capítulo I – Propósitos e Princípios. Artigo 1º Os propósitos das Nações Unidas são: [...] 3. Conseguir a cooperação internacional para resolver os problemas internacionais de caráter econômico, social, cultural ou humanitário, e para promover e estimular o respeito aos direitos humanos e às liberdades fundamentais para todos, sem distinção de raça, sexo, língua e religião; [...].

Norberto Bobbio realça a importância da Declaração Universal:

> Não sei se se tem consciência de até que ponto a Declaração Universal representa um fato novo na história, na medida em que, pela primeira vez, um sistema de princípios fundamentais da conduta humana foi livre e expressamente aceito, através de seus respectivos governos, pela maioria dos homens que vivem na Terra. Com essa declaração, um sistema de valores é – pela primeira vez na história universal –, não em princípio, mas *de fato*, na medida em que o consenso sobre a sua validade e sua capacidade para reger os destinos da comunidade futura de todos os homens foi explicitamente declarado.[28]

A Declaração Universal é processo, e como tal, necessariamente dinâmica. Manifestação da liberdade[29] há que se constantemente atualizada, pois representou, quando de sua edição, uma concepção então vigente dos direitos humanos.[30] "A Declaração Universal representa a consciência histórica que a humanidade tinha dos seus próprios valores fundamentais na segunda metade do século XX. É uma síntese do passado e uma inspiração para o futuro: nas suas tábuas não foram gravadas de uma vez para sempre."[31]

A materialização da Declaração não se deu por um Tratado, mas sim por uma Resolução da Assembleia Geral da Organização das Nações Unidas, o que explica o momento político no qual foi gestada.

> [...] por isso os seus dispositivos não constituem exatamente uma obrigação jurídica para cada um dos Estados representados na Assembleia Geral quando, sem qualquer voto contrário, adotou-se o respectivo texto sob a forma de uma *resolução* da Assembleia.[32]

---

[28] BOBBIO, Norberto. Op. cit., p. 47-48.

[29] "*La liberté, notre liberté, n'est pás dans la nature des choses. Elle est une conquête de l'homme sur lui-même. Conquête fugitive, conquête de tous les instants*" (MOUSKHELY, M. M. Les fondements philosophiques et sociologiques des droits de l'homme. In: *La protection international des droits de l'homme dans le cadre europeen*: travaux du colloque organizé par la Faculté de droit et des sciences politiques et économiques de Strasbourg, em liaison avec la Direction de droits de l´homme Du Conseil de l'Éurope, 14-15 novembre 1960. Paris: Dalloz, 1961. p. 38).

[30] "Introduz ela a concepção contemporânea dos direitos humanos, caracterizada pela universalidade e indivisibilidade desses direitos. Universalidade porque clama pela extensão universal dos direitos humanos, sob a crença de que a condição de pessoa é o requisito único para a dignidade e a titularidade de direitos. Indivisibilidade porque a garantia dos direitos civis e políticos é condição para a observância dos direitos sociais, econômicos e culturais e vice-versa. Quando um deles é violado, os demais também o são. Os direitos humanos compõem assim uma unidade indivisível, interdependente e interrelacionada" (PIOVESAN, Flávia. *Direitos Humanos e Globalização*..., Op. cit., p. 196).

[31] BOBBIO, Norberto. Op. cit., p. 53.

[32] REZEK, José Francisco. Op. cit., p. 211.

A forma adotada fez com que "mais de uma vez, ante gestões externas fundadas no zelo pelos direitos humanos, certos países reagissem lembrando o caráter não convencional da Declaração",[33] discussão que foi superada por sucessivas convenções, a exemplo da Convenção sobre os Direitos do Homem, da Europa Comunitária (1950), do Pactos sobre Direitos Civis e Políticos e do Pacto sobre Direitos Econômicos, Sociais e Culturais (1966), que encontraram na Declaração "seu princípio e sua inspiração".[34]

Estipula a Declaração Universal:

> Artigo XV: "1. Toda pessoa tem direito a uma nacionalidade. 2. Ninguém será arbitrariamente privado de sua nacionalidade, nem do direito de mudar de nacionalidade."

Assentado, desde antes, que a atribuição da nacionalidade seria privativa de cada um dos Estados, a Declaração estabeleceu o direito de todos de deter uma nacionalidade, a qual poderá sofrer mudança (voluntária, pois veda a sua privação por ato arbitrário do Estado).

Seguiram-se outros documentos internacionais. Guardada a cronologia, no âmbito americano, a Declaração Americana dos Direitos e Deveres do Homem (Bogotá, 1948), documento que insiste no direito à nacionalidade e a sua mudança.[35]

Em um só mês e ano (dezembro de 1966) duas convenções enfatizam a preocupação com os direitos humanos e fundamentais (nos quais se encontra a nacionalidade), o Pacto Internacional sobre Direitos Civis e Políticos[36] e o Pacto Internacional dos Direitos Econômicos, Sociais e Culturais.[37]

---

[33] REZEK, José Francisco. Op. cit., p, 211.

[34] REZEK, José Francisco. Op. cit., p, 211. Fábio Konder Comparato realça a importância da Declaração Universal dos Direitos do Homem na internacionalização dos direitos humanos: "Ela é assinalada pelo aprofundamento e a definitiva internacionalização dos direitos humanos. Meio século após o término da 2ª Guerra Mundial, 21 convenções internacionais, exclusivamente dedicadas à matéria, haviam sido celebradas no âmbito da Organização das Nações Unidas ou das organizações regionais. Entre 1945 e 1998, outras 114 convenções foram aprovadas no âmbito da Organização Internacional do Trabalho. Não apenas os direitos individuais, de natureza civil e política, ou os direitos de conteúdo econômico e social foram assentados no plano internacional. Afirmou-se também a existência de novas espécies de direitos humanos: direitos dos povos e direitos da humanidade" (COMPARATO, Fábio Konder. *Afirmação histórica dos direitos humanos*. 3. ed. São Paulo: Saraiva, 2003. p. 56).

[35] Artigo XIX. Toda pessoa tem direito à nacionalidade que legalmente lhe corresponda, podendo mudá-la, se assim desejar, pela de qualquer outro país que estiver disposto a concedê-la.

[36] Artigo 5º [...] 2. Não se admitirá qualquer restrição ou suspensão dos direitos humanos fundamentais reconhecidos ou vigentes em qualquer Estado-parte do presente Pacto em virtude de leis, convenções, regulamentos, ou costumes, sob pretexto de que o presente Pacto não os reconheça ou os reconheça em menor grau (Adotado pela XXI Sessão da Assembleia Geral das Nações Unidas, aprovado pelo Brasil pelo Decreto Legislativo nº 226/1991 e promulgado pelo Decreto nº 592/1992).

[37] Artigo 5º, 2. Mesma redação emprestada ao Artigo 5º, 2, do Pacto Internacional sobre Direitos Civis e Políticos (v. nota imediatamente anterior). Adotado pela XXI Sessão da Assembleia Geral

Retornando ao âmbito americano, encontra-se o Pacto de San José da Costa Rica, a Convenção Americana sobre Direitos Humanos (1969), o qual repete o contido da Declaração Universal, ao insistir que todos têm o direito a uma nacionalidade, bem como o de poder trocá-la, vedada a sua privação de forma arbitrária. De novidade, estipula o Pacto de San José, um critério subsidiário para a atribuição da nacionalidade, a do Estado em que tenha nascido em se tratando de apátrida (adoção do *jus soli*).[38]

Da preocupação europeia quanto à nacionalidade resultou a realização, pelo Conselho da Europa, em Estrasburgo (1997), da Convenção Europeia sobre a Nacionalidade, preocupação que é revelada por versar a convenção sobre questões ausentes em anteriores: após também reconhecer que a determinação da nacionalidade é da competência de cada Estado,[39] versa sobre a pluralidade de nacionalidades e a sua ausência (apatridia).[40]

---

das Nações Unidas, aprovado pelo Brasil pelo Decreto Legislativo nº 226/1991 e promulgado pelo Decreto nº 591/1992.

[38] "Parte I, Capítulo II, Artigo 20 – Direito à nacionalidade. 1. Toda pessoa tem direito a uma nacionalidade. 2. Toda pessoa tem direito à nacionalidade do Estado em cujo território houver nascido, se não tiver direito à outra. 3. A ninguém se deve privar arbitrariamente de sua nacionalidade, nem do direito de mudá-la. (Conferência Especializada Interamericana sobre Direitos Humanos. Aprovada pelo Brasil pelo Decreto Legislativo nº 27/1992 e promulgada pelo Decreto nº 678/1992).

[39] "Artigo 3º – Competência do Estado. 1 – Cada Estado determinará que são seus nacionais nos termos do seu direito interno. 2 – Tal direito será aceito por outros Estados na medida em que seja consistente com as convenções internacionais aplicáveis, com o direito internacional consuetudinário e com os princípios legais geralmente reconhecidos no tocante à nacionalidade."

[40] "Os princípios fundamentais da Convenção são a prevenção do apátrida, a não discriminação no tocante a assuntos relacionados com a nacionalidade e o respeito pelos interesses legítimos privados e públicos. A Convenção destina-se a simplificar tanto a aquisição de uma nova nacionalidade como a recuperação de uma nacionalidade anterior, assegurar que só se pode perder uma nacionalidade por motivos justificados e que esta não pode ser retirada arbitrariamente, bem como garantir que os procedimentos que se aplicam aos pedidos de obtenção de uma nacionalidade sejam justos, equitativos e susceptíveis de recurso. A Convenção estabelece igualmente os princípios que se aplicam às pessoas que correm o risco de ficarem apátridas devido a uma sucessão de Estados e as obrigações militares dos que possuem mais de uma nacionalidade" (Resposta fornecida pelo Parlamento Europeu à consulta que lhe foi formulada. Disponível em: <http://www.europarl.europa.eu/sides/getDoc.do?pubRef=-//EP//TEXT+WQ+E-2006-0595+0+DOC+XML+V0//PT>). Sobre a Convenção adverte Flávia Piovesan que "visa internacionalizar os direitos humanos no plano regional" e que, inspirada pelos valores e princípios da Declaração Universal, não se apresenta como dicotômica com o sistema global, mas lhe é complementar (Direitos humanos e globalização..., Op. cit., p. 199). Quanto à regionalização, adverte Enrique Ricardo Lewandowski que, os Estados, associados, podem enfrentar melhor os desafios da globalização em outros campos, como o ambiental e o cultural." [...] "Enquanto a globalização possui uma dinâmica própria, derivada desse modelo de produção capitalista, sobre os quais os distintos países isoladamente não têm domínio, a regionalização permite um certo controle sobre as variações do processo, dentro de um espaço territorial menor" (LEWANDOWSKI, Enrique Ricardo. Globalização e Soberania. In: *Direito internacional, humanismo e globalidade*. Guido Fernando Silva Soares, Amicorum Disciplinorum Liber. São Paulo: Atlas, 2008. p. 294).

23.3 A polipatridia e a apatridia

A pluralidade de nacionalidades, ou seja, mais de um Estado conferir a sua nacionalidade a uma mesma pessoa, apresenta-se frequente pela simples utilização por parte dos países dos critérios do *jus soli* e do *jus sanguinis*. Este dicotomia não é a única razão para tanto, havendo outras, como, por exemplo, a extensão da nacionalidade por casamento, a extensão da nacionalidade aos filhos etc.

Assim,

> Ninguém está imune a ser beneficiado por uma segunda nacionalidade. Em outras palavras, qualquer pessoa pode, independentemente da nacionalidade que já possui, ser colhida pela lei de outro país, que informada por outros princípios, defira-lhe também uma outra nacionalidade.[41]

Pela distinta atribuição da nacionalidade pelos Estados, é possível se cogitar que a uma mesma pessoa possam ser atribuídas duas, ou mesmo três nacionalidades.[42] A utilização de princípios diversos, outros Estados que não o de nacionalidade da pessoa, pode-lhe deferir outras nacionalidades.[43] "Os Estados podem dizer quais são os seus nacionais. Só eles o podem fazer, e não podem dizer que os seus nacionais não no são de outros Estados"... Em resumo: o Estado "só legisla sobre a aquisição e perda de 'sua' nacionalidade".[44]

As convenções internacionais não agem no sentido de resolver as questões de múltipla nacionalidade. Enquanto outras silenciam, não socorre a Convenção Europeia sobre a Nacionalidade (1997) uma vez que, ao contrário de eliminar a ocorrência, chega a admiti-la para os menores que "automaticamente" tenham adquirido outra nacionalidade quando do nascimento (simples aplicação dos princípios *jus sanguinis* e *jus soli*) e quando de nacionalidade adquirida "automaticamente" pelo casamento (naturalização tácita).[45] Demais casos de nacionalidade múltipla são deixados a critério de cada Estado, admitindo que os Estados consagrem a sua conservação.[46]

---

[41] BASTOS, Celso Ribeiro. Op. cit., p. 564.

[42] Serve de exemplo, uma pessoa que nasce em país que adota o *jus soli*, filho de pais, de nacionalidades diversas, ambos regidas pelo *jus sanguinis*.

[43] Cf. BASTOS, Celso Ribeiro. Op. cit., p. 564.

[44] PONTES DE MIRANDA. Francisco Cavalcanti. *Comentários...* Op. cit., p. 368.

[45] "Artigo 14º – Casos de pluralidade *ex lege* – 1 – Os Estados Partes permitirão que: a) Os menores que possuem diferentes nacionalidades, automaticamente adquiridas por nascimento possam conservar tais nacionalidades; b) Os seus nacionais possuam outra nacionalidade nos casos em que esta seja automaticamente adquiridas por casamento." [...]

[46] "Artigo 15º – Outros casos possíveis de pluralidade de nacionalidades – As disposições da presente Convenção não obstarão a que um Estado Parte estabeleça no seu direito interno que: a) Os seus nacionais que adquiram ou possuam a nacionalidade de um outro Estado conservem ou percam a sua nacionalidade; b) A aquisição ou a conservação fique sujeita à renúncia ou à perda da outra nacionalidade."

O Conselho da Europa, pela mencionada Convenção Europeia sobre a Nacionalidade "considerando que os casos de nacionalidade múltipla são susceptíveis de causar dificuldades e que uma ação comum para reduzir tanto quanto possível, nas relações entre os Estados membros, o número de casos de nacionalidade múltipla, corresponde aos objetivos do Conselho da Europa",[47] propôs a "redução dos casos de nacionalidade múltipla" e cuidou da perda da nacionalidade por naturalização, opção ou recuperação, voluntárias, e a renúncia.[48]

---

[47] Cf. Preâmbulo da Convenção.

[48] "Artigo 1º 1. Os nacionais das Partes Contratantes que sejam maiores de idade e que adquiram, por sua livre vontade, a nacionalidade de outra Parte, por via de naturalização, opção ou recuperação, perderão a sua nacionalidade anterior. Não serão autorizados a conservar a sua nacionalidade anterior. 2. Os nacionais das Partes Contratantes que sejam menores e adquiram pelos mesmos meios a nacionalidade de outra Parte perderão também a sua nacionalidade anterior se, prevendo a sua lei nacional a perda de nacionalidade em tais casos, tiverem estado devidamente habilitados ou representados. Não serão autorizados a conservar a sua nacionalidade anterior. 3. As crianças menores, à exceção das que sejam ou tenham estado casadas, perderão igualmente a sua nacionalidade anterior em caso de aquisição *ipso jure* da nacionalidade de outra Parte Contratante no momento e em consequência da naturalização ou do exercício de uma opção de recuperação da nacionalidade pelo seu pai e pela sua mãe. Caso apenas um dos pais perca a sua nacionalidade anterior, a legislação da Parte Contratante cuja nacionalidade o menor possuía determinará de qual dos pais derivará a sua nacionalidade. Neste último caso, a referida legislação pode fazer depender a perda de nacionalidade de consentimento prévio do outro progenitor ou do tutor para a aquisição da nova nacionalidade. Porém, sem prejuízo das disposições da legislação de cada uma das Partes Contratantes relativamente à recuperação de nacionalidade, a Parte da qual o menor referido no parágrafo precedente possua a nacionalidade pode estabelecer condições especiais que lhe permitam recuperar essa nacionalidade, por sua livre vontade, após atingir a maioridade. 4. No que respeita à perda de nacionalidade prevista no presente artigo, a idade de maioridade e menoridade e os requisitos de capacidade e de representação serão determinados pela legislação da Parte Contratante cuja nacionalidade o interessado possua. 5. Sem prejuízo das disposições dos parágrafos 1 e, se aplicável, 2, *supra*, sempre que um nacional de uma Parte Contratante adquira a nacionalidade de outra Parte Contratante em cujo território tenha nascido e resida, ou onde tenha residido habitualmente durante um prazo que se comece a contar antes dos 18 anos de idade, cada uma destas Parte pode prever que a pessoa conserve a sua nacionalidade de origem. 6. Sem prejuízo das disposições dos parágrafos 1 e, se aplicável, 2 e 5, *supra*, em caso de casamento entre nacionais de diferentes Partes Contratantes, cada uma destas Partes pode prever que o cônjuge que adquira, por sua livre vontade, a nacionalidade do outro cônjuge, conserve a sua nacionalidade de origem. 7. Sem prejuízo das disposições do parágrafo 2, *supra*, se aplicável, caso um nacional de uma Parte Contratante que seja menor e cujos pais sejam nacionais de diferentes Partes Contratantes adquira a nacionalidade de um dos seus pais, cada uma destas Partes pode prever que a pessoa conserve a sua nacionalidade de origem. (5, 6 e 7, acrescidos pelo Segundo Protocolo de Emenda à Convenção (1995). Artigo 2º 1. Uma pessoa que possua a nacionalidade de duas ou mais Partes Contratantes poderá renunciar a uma ou mais destas nacionalidades, com o consentimento da Parte Contratante a cuja nacionalidade deseje renunciar. 2. Este consentimento não poderá ser recusado pela Parte Contratante cuja nacionalidade uma pessoa maior de idade possua *ipso jure*, desde que a dita pessoa tenha tido a sua residência habitual, nos dez anos anteriores, fora do território dessa

Séria a questão da plurinacionalidade quando se tem em mente a possibilidade da ocorrência de conflitos de nacionalidade quando a norma colisional (de cada Estado) a consagra como elemento de conexão, fazendo com que a doutrina tenha de construir grande número de critérios para a sua solução, primeira nacionalidade, última nacionalidade adquirida, opção, nacionalidade efetiva, e até mesmo, contrariando aquela norma, ao eleger diversa circunstância de ligação, o domicílio. Neste prisma parece não proceder a opinião de que há grave confusão na crítica da dupla ou múltipla nacionalidade, pois inexiste contradição fundamental entre a atribuição da nacionalidade a uma mesma pessoa por distintos Estados. A questão é diversa, outra não é senão a busca da solução do conflito.[49]

Preocupa também a questão da apatridia, pois

> Ser privado da nacionalidade é como ser privado da pertença ao mundo, é como retornar ao estado natural, como homens das cavernas ou selvagens [...] O homem que não é nada mais que um homem perdeu aquelas qualidades que tornaram possível para outras pessoas o tratarem como igual... Pode viver ou morrer sem deixar vestígios, sem ter contribuído em nada para o mundo comum.[50]

A apatridia tem sido objeto de tratamento por parte do direito das gentes, razão de preocupação da Organização das Nações Unidas,[51] da qual resultaram a Convenção Relativa ao Estatuto dos Apátridas (1954) e a Convenção sobre a Redução dos Casos de Apatridia (1961).

Da primeira das duas Convenções, entre as suas disposições de proteção ao apátrida, consagra o domicilio, ou subsidiariamente, a residência como a lei de regência do seu

---

Parte e também desde que tenha a sua residência habitual no território da Parte cuja nacionalidade pretenda conservar. O consentimento não poderá igualmente ser recusado pela Parte Contratante no caso de menores que preencham os requisitos estabelecidos no parágrafo precedente, desde que a sua lei nacional lhes permita renunciar à sua nacionalidade mediante simples declaração e também desde que tenham estado devidamente habilitados ou representados. 3. A idade de maioridade e menoridade e os requisitos de habilitação e de representação serão determinados pela legislação da Parte Contratante a cuja nacionalidade o interessado deseje renunciar."

[49] É a opinião de Pontes de Miranda: Confusão grave é a que se observa na critica à *dupla* ou *múltipla nacionalidade*. Há os que a isso reputam sem solução, portanto – fato que se tem de sofrer; e os que, relembrando CÍCERO, querem que pelo cerne se corte a possibilidade: *Duarum civitatum civilis esse, nostro iure civile, nemo potest*. [...] Não existe contradição fundamental entre a atribuição da nacionalidade por um Estado a atribuição da nacionalidade por outro ou por outros, tanto é assim que vemos coexistirem e funcionarem duas ou mais nacionalidades, o que a Constituição espanhola de 1931 previra" [...] (PONTES DE MIRANDA, Francisco Cavalcanti. Comentários... Op. cit., p. 349-350).

[50] ARENDT, Hannah. Op. cit., p. 324.

[51] Preâmbulo da Convenção Relativa ao Estatuto dos Apátridas: "Considerando que a Organização das Nações Unidas tem manifestado, em diversas ocasiões, a sua profunda preocupação com as pessoas apátridas, e procurando assegurar a estas pessoas o exercício mais amplo possível de tais direitos e liberdades fundamentais."

estatuto pessoal,[52] e conclama os Estados a facilitar a naturalização.[53] Já a segunda das Convenções, visando à redução dos casos de apatridia, estabelece uma série de regras entre as quais, pela relevância, se destacam: a concessão da nacionalidade aos nascidos em seu território que, "assim não sendo" se tornem apátridas;[54] e às crianças abandona-

---

[52] "Artigo 12º – Estatuto Pessoal – 1. O estatuto pessoal do apátrida será regido pela lei do país do seu domicílio ou, na falta de domicílio, pela lei do país da sua residência. 2. Os direitos anteriormente adquiridos pelo apátrida e dependentes do seu estatuto pessoal, especialmente os que resultem do casamento, serão respeitados por cada Estado Contratante, ressalvando-se, quando seja caso disso, o cumprimento das formalidades exigidas pela legislação do Estado em causa, e desde que o direito em questão tivesse sido reconhecido pela legislação desse Estado se a pessoa não se tivesse tornado apátrida."

[53] "Artigo 32º – Naturalização – Os Estados Contratantes deverão, tanto quanto possível, facilitar a integração e naturalização dos apátridas. Deverão, em particular, envidar todos os esforços para acelerar os processos de naturalização e diminuir, tanto quanto possível, as taxas e encargos de tais processos."

[54] "Artigo 1º – 1. Todo Estado Contratante concederá sua nacionalidade a uma pessoa nascida em seu território e que de outro modo seria apátrida. A nacionalidade será concedida: (a) de pleno direito, no momento do nascimento; ou (b) mediante requerimento apresentado à autoridade competente pelo interessado ou em seu nome, conforme prescrito pela legislação do Estado em questão. Nos termos do disposto no parágrafo 2 deste Artigo, nenhum requerimento poderá ser indeferido. Todo Estado Contratante cuja legislação preveja a concessão de sua nacionalidade mediante requerimento. segundo a alínea (b) deste parágrafo, poderá também conceder sua nacionalidade de pleno direito na idade e sob as condições prescritas em sua legislação nacional. 2. Todo Estado Contratante poderá subordinar a concessão de sua nacionalidade segundo a alínea (b) do parágrafo 1 deste Artigo a uma ou mais das seguintes condições: (a) que o requerimento seja apresentado dentro de um período fixado pelo Estado Contratante, que deverá começar não depois da idade de dezoito anos e terminar não antes da idade de vinte e um anos, de modo que o interessado disponha de um ano, no mínimo, durante o qual possa apresentar o requerimento sem ter de obter autorização judicial para fazê-lo; (b) que o interessado tenha residido habitualmente no território do Estado Contratante por período, fixado por este Estado, não superior a cinco anos imediatamente anteriores à apresentação do requerimento nem a dez anos ao todo; (c) que o interessado não tenha sido condenado por crime contra a segurança nacional nem tenha sido condenado. em virtude de processo criminal, a cinco anos ou mais de prisão; (d) que o interessado sempre tenha sido apátrida. 3. Não obstante o disposto nos parágrafos 1 (b) e 2 do presente Artigo, todo filho legítimo nascido no território de um Estado Contratante e cuja mãe seja nacional daquele Estado, adquirirá essa nacionalidade no momento do nascimento se, do contrário, viesse a ser apátrida. 4. Todo Estado Contratante concederá sua nacionalidade a qualquer pessoa que do contrário seria apátrida e que não pôde adquirir a nacionalidade do Estado Contratante em cujo território tiver nascido por ter passado da idade estabelecida para a apresentação de seu requerimento ou por não preencher os requisitos de residência exigidos, se no momento do nascimento do interessado um de seus pais possuía a nacionalidade do Estado Contratante inicialmente mencionado. Se seus pais não possuíam a mesma nacionalidade no momento de seu nascimento, a legislação do Estado Contratante cuja nacionalidade estiver sendo solicitada determinará se prevalecerá a condição do pai ou da mãe. Caso seja necessário requerimento para tal nacionalidade, tal requerimento deverá ser apresentado à autoridade competente pelo interessado ou em seu nome, conforme prescrito pela

das encontradas no território do Estado.[55] Condiciona a perda da nacionalidade,[56] e a sua renúncia, à posse ou a aquisição de outra nacionalidade,[57] devendo a privação da nacionalidade se sujeitar à lei, assegurada a ampla defesa.[58] Antes dessas duas convenções, o

---

legislação do Estado Contratante. Nos termos do disposto no parágrafo 5 do presente Artigo, nenhum requerimento poderá ser indeferido. 5. Todo Estado Contratante poderá subordinar a concessão de sua nacionalidade, segundo o parágrafo 4 do presente Artigo, a uma ou mais das seguintes condições: (a) que o requerimento seja apresentado antes de o interessado atingir a idade determinada pelo Estado Contratante, a qual não poderá ser inferior a 23 anos; (b) que o interessado tenha residido habitualmente no território do Estado Contratante por período, fixado por este Estado, não superior a três anos; (c) que o interessado sempre tenha sido apátrida."

[55] "Artigo 2º Salvo prova em contrário, presume-se que um menor abandonado que tenha sido encontrado no território de um Estado Contratante tenha nascido neste território, de pais que possuem a nacionalidade daquele Estado."

[56] "Artigo 5º 1. Caso a legislação de um Estado Contratante imponha a perda de nacionalidade em decorrência de qualquer mudança no estado civil de uma pessoa, tal como casamento, dissolução da sociedade conjugal, legitimação, reconhecimento ou adoção, tal perda será condicionada à titularidade ou aquisição de outra nacionalidade. 2. Se, de acordo com a legislação de um Estado Contratante, um filho natural perder a nacionalidade daquele Estado como conseqüência de um reconhecimento de filiação, ser-lhe-á oferecida a oportunidade de recuperá-la mediante requerimento apresentado perante a autoridade competente, requerimento este que não poderá ser objeto de condições mais rigorosas do que aquelas determinadas no parágrafo 2 do Artigo 1º da presente Convenção."

[57] "Artigo 7º 1. (a) Se a legislação de um Estado Contratante permitir a renúncia à nacionalidade, tal renúncia só será válida se o interessado tiver ou adquirir outra nacionalidade. (b) A disposição da alínea (a) deste parágrafo não prevalecerá quando sua aplicação for incompatível com os princípios enunciados nos Artigos 13 e 14 da Declaração Universal dos Direitos Humanos, aprovada em 10 de dezembro de 1948 pela Assembléia Geral das Nações Unidas. 2. A pessoa que solicitar a naturalização em um país estrangeiro, ou tenha obtido uma permissão de expatriação com esse fim, só perderá sua nacionalidade se adquirir a nacionalidade desse país estrangeiro. 3. Salvo o disposto nos parágrafos 4 e 5 deste Artigo, o nacional de um Estado Contratante não poderá perder sua nacionalidade pelo fato de abandonar o país, residir no exterior ou deixar de inscrever-se no registro correspondente, ou por qualquer outra razão semelhante, se tal perda implicar sua apatridia. 4. Os naturalizados podem perder sua nacionalidade pelo falo de residirem em seu pais de origem por um período que exceda o autorizado pela legislação do Estado Contratante, que não poderá ser inferior a sete anos consecutivos, se não declararem perante as autoridades competentes sua intenção de conservar sua nacionalidade. 5. Em caso de nacionais de um Estado Contratante nascidos fora de seu território, a legislação desse Estado poderá subordinar a conservação da nacionalidade, a partir do ano seguinte à data em que o interessado alcançar a maioridade, ao cumprimento do requisito de residência. naquele momento, no território do Estado ou de inscrição no registro correspondente. 6. Salvo nos casos aos quais se refere este Artigo, uma pessoa não perderá a nacionalidade de um Estado Contratante se tal perda puder convertê-la em apátrida, ainda que tal perda não esteja expressamente proibida por nenhumas outras disposições da presente Convenção."

[58] "Artigo 8º 1. Os Estados Contratantes não privarão uma pessoa de sua nacionalidade se essa privação vier a convertê-la em apátrida. 2. Não obstante o disposto no parágrafo 1 deste Artigo, uma pessoa poderá ser privada da nacionalidade de um Estado Contratante: (a) nos casos em que, de

Pacto de San José da Costa Rica também se preocupou com a apatridia, elegendo o *jus soli* como critério subsidiário para a atribuição da nacionalidade.[59]

Quanto à plurinacionalidade, as normas internacionais se mostram insuficientes, minimizadas para o âmbito regional (a Europa).[60] Melhor tratamento, como visto, merece a questão da apatridia: são os Estados conclamados "a facilitar a naturalização", a concessão da nacionalidade aos nascidos em seu território (*jus soli*) quando, assim não ocorrendo, caracterizar-se-ia a ausência de nacionalidade, e às crianças abandonadas em seu território. Visando eliminar a apatridia, subordina a perda e a renúncia à nacionalidade à posse ou à aquisição de outra.

Do posicionamento internacional da questão da nacionalidade podem ser destacados pontos relevantes: (a) a sua atribuição é própria de cada Estado, com regras que devem "ser compatíveis com as convenções internacionais, o costume internacional e os princípios de direito geralmente reconhecidos"; (b) a consagração de sua mudança, voluntária; e o seu impedimento de forma arbitrária; (c) a inibição da renúncia, condicionada à aquisição de uma nova nacionalidade; e (d) o reconhecimento da plurinacionalidade e da apatridia.

23.4 A nacionalidade no Direito brasileiro – sua construção nas Cartas constitucionais

O regramento atual é o contido na Constituição Federal de 1988, local oportuno, também utilizado nas anteriores Cartas Magnas,[61] mas procede-se um retrospecto, para

---

acordo com os parágrafos 4 e 5 do Artigo 7, uma pessoa seja passível de perder sua nacionalidade; (b) nos casos em que a nacionalidade tenha sido obtida por declaração falsa ou fraude. 3. Não obstante o disposto no parágrafo 1 deste Artigo, os Estados Contratantes poderão conservar o direito de privar uma pessoa de sua nacionalidade se, no momento da assinatura, ratificação ou adesão, especificarem que se reservam tal direito por um ou mais dos seguintes motivos, sempre que estes estejam previstos em sua legislação nacional naquele momento: a) quando, em condições incompatíveis com o dever de lealdade ao Estado Contratante, a pessoa: i) apesar de proibição expressa do Estado Contratante, tiver prestado ou continuar prestando serviços a outro Estado, tiver recebido ou continuar recebendo dinheiro de outro Estado; ou ii) tiver se conduzido de maneira gravemente prejudicial aos interesses vitais do Estado; b) quando a pessoa tiver prestado juramento de lealdade ou tiver feito uma declaração formal de lealdade a outro Estado, ou dado provas decisivas de sua determinação de repudiar a lealdade que deve ao Estado Contratante. 4. Os Estados Contratantes só exercerão o direito de privar uma pessoa de sua nacionalidade, nas condições definidas nos parágrafos 2 ou 3 do presente Artigo, de acordo com a lei, que assegurará ao interessado o direito à ampla defesa perante um tribunal ou outro órgão independente."

[59] Art. 20. do Pacto de San José da Costa Rica.
[60] Convenção Europeia sobre a Nacionalidade. Op. cit.
[61] "As leis sobre a aquisição e perda da nacionalidade pertencem ao direito substancial (direito material e direito formal), e não a qualquer ramo do sobredireito, seja o internacional privado, seja

que se resgate o posicionamento do direito brasileiro quanto à matéria, suas constantes, e suas alterações. Antes mesmo se assim proceder, lembre-se o direito do Reino:

> As Ordenações Filipinas (Livro II, Título 55) trataram da nacionalidade. [...] cogitava "das pessoas que devem ser havidas como naturais destes Reinos". "Para que cessem as dúvidas que podem suceder sobre quais pessoas devam ser havidas por naturais destes Reinos de Portugal e Senhorios deles, para efeito de gozarem dos privilégios, graças, mercês e liberdades concedidas aos naturais deles" [...].[62]

O fato de haver o Brasil sempre tratado a nacionalidade a nível constitucional,[63] desde a Constituição Imperial (1824),[64] tornou comum a expressão: as hipóteses de aquisição e perda da nacionalidade brasileira se encontram exclusivamente na Constituição, afirmação que, a rigor, mostra-se imprecisa, em face de lei vigente, de constitucionalidade discutida.[65]

A Constituição Imperial (1924), a mais longeva das nossas Cartas, referiu-se a "cidadãos"[66] apartando-os em natos e naturalizados,[67] outra constante em todas as Cartas

---

o administrativo internacional. O lugar próprio para se tratar da nacionalidade é a Constituição de um país, ou suas leis de direito público e nunca jamais as suas leis sobre a incidência das normas jurídicas no Espaço" (PONTES DE MIRANDA, Francisco Cavalcanti. *Comentários...* Op. cit., p. 10).

62 PONTES DE MIRANDA . Francisco Cavalcanti. *Comentários...* , Op. cit., p. 405.

63 "É da tradição pátria inscrever nas constituições as regras sobre nacionalidade" SILVA, José Afonso da. Op. cit., p. 319.

64 "Art. 6. São Cidadãos Brasileiros: I. Os que no Brasil tiverem nascido, quer sejam ingênuos, ou libertos, ainda que o pai seja estrangeiro, uma vez que este não resida por serviço de sua Nação. II. Os filhos de pai brasileiro, e os ilegítimos de mãe brasileira, nascidos em país estrangeiro, que vierem estabelecer domicilio no Império. III. Os filhos de pai brasileiro, que estivesse em país estrangeiro em serviço do Império, embora eles não venham estabelecer domicilio no Brasil. IV. Todos os nascidos em Portugal, e suas Possessões, que sendo já residentes no Brasil na época, em que se proclamou a Independência nas Províncias, onde habitavam, aderiram a esta expressa, ou tacitamente pela continuação da sua residência. V. Os estrangeiros naturalizados, qualquer que seja a sua Religião. A Lei determinará as qualidades precisas, para se obter carta de naturalização."

65 Lei nº 818/1949.

66 Numa visão do século XVIII "cidadão era, e é, o membro do estado ou associação política, governada pela sua própria autoridade soberana, como foram Roma e Atenas, e são atualmente todos os países constitucionais" (SOUZA, Joaquim Rodrigues de. *Análise e Comentário da Constituição Política do Império do Brasil*. São Luiz: 1867. p. 33).

67 "Certo, dentro de cada direito interno, é possível proceder-se a distinções *interiores* ao conceito de nacional (nacionais *natos*, nacionais *naturalizados* etc.) e nada obsta a que se atribua a estrangeiros certos direitos políticos; cada estado distribui o que é seu como bem quer. Mas o conceito de nacionalidade não se torna deformável ao talante dos Estados pelo fato de lhe caber a legislação. Já no direito das gentes está o conceito, como está o próprio conceito de Estado; apenas se trata de um conceito cujo conteúdo pode ser menor de que aquele que constituiria o máximo tolerado pelo direito das gentes. O direito das gentes não diz quais os direitos e deveres que têm os nacionais no

Constitucionais, e, em sendo o Brasil país de colonização, adotou como regra geral para a concessão da nacionalidade originária o *jus soli*. Excepcionalmente, contemplou o *jus sanguinis*, alcançando nascidos no estrangeiro[68] e excluindo nascidos no Brasil (os filhos de pai estrangeiro a serviço de seu país), aliado ao *jus laboris*, em ambas as situações.

Outra exceção, em favor do *jus domicilii*, tornava brasileiros natos os nascidos em Portugal e suas Possessões desde residentes no Brasil quando da Independência e que aqui continuassem na vigência da Constituição, por adesão (expressa ou tácita). Explica esta regra:

> Fazendo o Brasil com Portugal e suas possessões um só reino, e sendo naturais dele todos os nascidos no respectivo território, conforma a Ord. L. 2º Tit. 55, muitos cidadãos europeus haviam neste país com empregos públicos, vivendo outros de comércio e indústria. Tendo uns por fatos e serviços, outros por continuação de residência, aderido à independência, justamente reconheceu-os a Constituição cidadãos brasileiros sem diferença dos nascidos no país. Nesta conformidade, declarou a assembleia geral, por decreto de 14 de agosto de 1828, cidadão brasileiro naturalizado todo o estrangeiro naturalizado português existente no Brasil antes da independência, que à mesma aderiu pela continuação da residência.[69]

Entretanto, as previsões da Carta Imperial deixaram um vácuo, relativamente aos escravos, vez seriam brasileiros (natos) os nascidos no Brasil, mesmo que ingênuos[70] ou libertos: os escravos não eram contemplados pela regra.

---

direito público do *seu* Estado; mas diz que a atribuição da nacionalidade (ou a não-atribuição de nacionalidade) tem efeitos de direito das gentes" (PONTES DE MIRANDA, Francisco Cavalcanti. *Comentários...*, Op. cit., p. 13). Em outra oportunidade diz o mesmo Pontes de Miranda: "*O Estado é obrigado à distinção 'nacionais, estrangeiros' porque a dicotomia mesma* (não os conceitos), quer dizer a *linha* por onde se procede à separação, é de *direito das gentes*. A instituição da nacionalidade é supra-estatal; a concepção dela, as regras sobre aquisição e perda da nacionalidade, dentro de um certo *branco*, são de direito interno. A ordem jurídica do Estado não pode ignoram a dualidade 'nacionais, estrangeiros', aliás a tríade 'nacionais, apátridas e nacionais de outro Estado', e tem de tratar de certa maneira os nacionais de outro Estado, os apátridas e seus nacionais, conforme princípios do direito das gentes relativos à concepção supra-estatal dos homens. Hoje, já não se pode dizer que a apátrida seja privado de proteção" [...] (PONTES DE MIRANDA, Francisco Cavalcanti. *Comentários...*, Op. cit., p. 366).

[68] A Constituição considerou como "nascidos na pátria os filhos que os cidadãos [brasileiros] têm nos países estrangeiros, em que se acham empregados em serviço nacional; pois, além de ser justo, ninguém quereria uma comissão, de ordinário importante e pesada, fora do país, se a bem de seus direitos e interesses não fosse considerado existente nele". (SOUZA, Joaquim Rodrigues de. Op. cit., p. 46).

[69] SOUZA, Joaquim Rodrigues de. Op. cit., p. 47.

[70] "Filho de escravo nascido após a lei da emancipação" (FERREIRA, Aurélio Buarque de Holanda. *Novo Dicionário Aurélio da Língua Portuguesa*. 2. ed. Rio de Janeiro: Nova Fronteira, 1986. p. 946.

Por outro lado, o "cidadão" brasileiro perderia esta qualidade pela naturalização "em país estrangeiro";[71] os que aceitassem, sem licença do Imperador, emprego, pensão ou condecoração de país estrangeiro; e os banidos por sentença. Pela naturalização, por se desligar "da associação política brasileira, acabam-se os direitos e deveres de membro dela";[72] não se apresentava como razoável o brasileiro receber "mercê ou favor de governo estrangeiro" sem autorização do Governo Imperial, juiz da conveniência de tal situação;[73] e o banimento, por seu caráter infamante, se impunha somente mediante sentença judicial.[74]

Com o advento da República, a Constituição de 1891, nos moldes da Constituição Imperial, indicou os "cidadãos" brasileiros,[75] mantendo a regra do *jus soli*, para a atribuição da nacionalidade originária: os nascidos no Brasil independentemente da nacionalidade do pai. Consagrou exceções ao princípio, como o fizera a Carta anterior, dependentes da nacionalidade brasileira do pai ou mãe, ora adotando a *lex domicilii*,[76] ora o *jus laboris*.[77] Consagrou, ainda, a possibilidade de naturalização, "por outro modo" (?).[78]

---

[71] Art. 7. "Perde os Direitos de Cidadão Brasileiro: I. O que se naturalizar em pais estrangeiro. II. O que sem licença do Imperador aceitar Emprego, Pensão, ou Condecoração de qualquer Governo Estrangeiro. III. O que for banido por sentença."

[72] SOUZA, Joaquim Rodrigues de. Op. cit., p. 50.

[73] "O respeito ao Soberano, os deveres para com a Nação não permitem que, sem licença do Imperador, receba algum cidadão mercê ou favor de governo estrangeiro. É o governo imperial quem sabe se não há nisto inconveniente, se não há necessidade de estar o cidadão desligado para com esse governo de deveres de gratidão, que de algum modo o inibam de prestar ao país todos os sérvios, que lhe deve" (SOUZA, Joaquim Rodrigues de. Op. cit., p. 51).

[74] "Não só perde o brasileiro os direitos de cidadão, exercendo o direito individual de mudar de nacionalidade, como por crime, a que corresponde a perda daquele direito. Pode o cidadão vir a ser tão indigno e infenso ao país, que seja preciso bani-lo, da mesma sorte que ao corpo humano amputa-se um membro podre; pelo que sempre é infamante a pena de banimento [...] nem o governo, como defensor da sociedade, nem mesmo a assembleia geral, como representante dela, podem privar o brasileiro, por meio do banimento, de seus direitos de cidadão; e em garantia do mesmo só realizar-se esta perda por sentença judicial da forma dita" (SOUZA, Joaquim Rodrigues de. Op. cit., p. 51-52).

[75] "Art 69 – São cidadãos brasileiros: 1º) os nascidos no Brasil, ainda que de pai estrangeiro, não residindo este a serviço de sua nação; 2º) os filhos de pai brasileiro e os ilegítimos de mãe brasileira, nascidos em país estrangeiro, se estabelecerem domicílio na República; 3º) os filhos de pai brasileiro, que estiver em outro país ao serviço da República, embora nela não venham domiciliar-se; 4º) os estrangeiros, que achando-se no Brasil aos 15 de novembro de 1889, não declararem, dentro em seis meses depois de entrar em vigor a Constituição, o ânimo de conservar a nacionalidade de origem; 5º) os estrangeiros que possuírem bens imóveis no Brasil e forem casados com brasileiros ou tiverem filhos brasileiros contanto que residam no Brasil, salvo se manifestarem a intenção de não mudar de nacionalidade; 6º) os estrangeiros por outro modo naturalizados."

[76] Art. 69, 2º V. nota imediatamente anterior.

[77] Art. 69, 3º V. nota 74.

[78] Este "outro modo" viria a se materializar através da Lei nº 904/1902.

Duas estipulações quanto à aquisição da nacionalidade consagraram a "grande naturalização", objeto de fortes críticas, pois ambas, que visavam aos estrangeiros que se achavam no Brasil quando da proclamação da República, e os que possuíssem bens no Brasil e fossem casados com brasileiro ou com filhos brasileiros, com residência no país,[79] Fundavam-se, ambas, na inércia das pessoas, posto que somente não incidiria quando houvesse manifestação em *sentido contrário*: Entre os críticos da "grande naturalização" encontrava-se o futuro Presidente da República, Epitácio Pessoa, e merece destaque representação, sem êxito, formulada pelo Apostolado Positivista à Constituinte:

> Mas, além de incoerente, a lei sanciona uma imoralidade, estabelecendo a naturalização tácita. Só o vício, só o crime têm medo de publicidade. Se a adoção de uma pátria nova é um ato digno, porque rodeá-lo de tamanho mistério? Pois não natural que a Pátria se regozije quando adquire um novo filho? Pois não é justamente por isso que se determina que cada pai vá declarar.[80]

O Deputado Constituinte Dutra Nicácio, no mesmo sentido:

> Estou de acordo em que se considerem brasileiros os estrangeiros residentes no Brasil a 15 de novembro, em equipará-los mesmos aos brasileiros natos; mas discordo inteiramente do modo em que estabelece o projeto constitucional, porque ele quer que a adoção da nova nacionalidade pelos estrangeiros aqui residentes seja, por assim dizer, depreendida do silêncio deles.
>
> Ora, senhores, isto tem um grave inconveniente; parece que o legislador constitucional devassa as intenções dos indivíduos para apurar se eles querem adotar a nacionalidade brasileira.[81]

A primeira Constituição republicana contemplava situações de suspensão e de perda da condição de "cidadão": suspensão, por "incapacidade física ou moral" e por condenação judicial; perda, por naturalização ou por aceitar, emprego ou pensão de Governo estrangeiro, sem prévia licença.[82]

---

[79] Art. 69, 4º e 5º V. nota 74.

[80] V. ROURE, Agenor. *A Constituinte Republicana*. Rio de Janeiro: Imprensa Nacional, 1918. v. II., p. 266.

[81] V. ROURE, Agenor. Op. cit., p. 273-274.

[82] "Art. 71. Os direitos de cidadão brasileiro só se suspendem ou perdem nos casos aqui particularizados. § 1º – Suspendem-se: a) por incapacidade física ou moral; b) por condenação criminal, enquanto durarem os efeitos. § 2º – Perdem-se: a) por naturalização em país estrangeiro; b) por aceitação de emprego ou pensão de Governo estrangeiro, sem licença do Poder Executivo federal. § 3º – Uma lei federal determinará as condições de reaquisição dos direitos de cidadão brasileiro."

A Constituição Federal de 1934[83] conservou a regra do *jus soli*, abrindo exceção em favor do *jus sanguinis*, combinado com o *jus laboris*, em duas oportunidades, uma concessiva da nacionalidade (filho de pai brasileiro ou mãe brasileira, a serviço do Brasil, nascido no estrangeiro)[84] e outra em sentido negativo (nascido no país, filho de pai estrangeiro a serviço do seu país). O *jus domicilii* foi consagrado, estipulando a Carta a necessidade de opção, por filho de brasileiro, pós-maioridade. Previu a possibilidade da naturalização, aos "estrangeiros por outro modo naturalizados"). Insistiu a Constituição de 1934 na "grande naturalização" (reafirmando brasileiros os que "já adquiriram a nacionalidade brasileira em virtude do art. 69, n⁰ˢ 4 e 5, da Constituição, de 24 de fevereiro de 1991). Constituição que vigorou por apenas três anos, objeto de crítica por parte de Pontes de Miranda, que reclamava de sua sistemática quanto à disposição dos dois Capítulos que enfeixavam a "Declaração de Direitos",[85] elegeu como hipóteses de perda da nacionalidade brasileira a naturalização voluntária de outra nacionalidade; o aceitar, sem licença presidencial, pensão, emprego ou comissão, remunerados; e o cancelamento da naturalização, por sentença judicial.[86]

---

[83] "Art. 106 – São brasileiros: a) os nascidos no Brasil, ainda que de pai estrangeiro, não residindo este a serviço do Governo do seu país; b) os filhos de brasileiro, ou brasileira, nascidos em país estrangeiro, estando os seus pais a serviço público e, fora deste caso, se, ao atingirem a maioridade, optarem pela nacionalidade brasileira; c) os que já adquiriram a nacionalidade brasileira, em virtude do art. 69, n⁰ˢ 4 e 5, da Constituição, de 24 de fevereiro de 1891; d) os estrangeiros por outro modo naturalizados."

[84] Embora pai ou mãe de nacionalidade brasileira, o texto referia-se a: "estando seus pais a serviço".

[85] "Na Constituição de 1934, já o Título III, que tratava, 'Da Declaração de Direitos', compunha-se de dois Capítulos: o Capítulo I, cujo objeto eram os direitos políticos, e o Capítulo II, relativos aos direitos e garantias individuais. Desde logo observáramos que a colocação deles não era feliz. Alguns direitos e garantias individuais, sendo, por sua natureza e pelos princípios do direito das gentes, independentes da nacionalidade, deviam ser versados antes dos direitos políticos, que são ligados àqueles ou efeitos da atribuição, necessariamente estatal, der nacionalidade. Os artigos 106-112 constituíam regras de direito constitucional em que só se cogitava das pessoas sujeitas, imediatamente, à competência legislativa do Estado Brasileiro; ao passo que os arts. 113 e 114 eram, na maioria dos casos, referentes a Brasileiros e a estrangeiros residentes no país" (PONTES DE MIRANDA. *Comentários...*, Op. cit., v. III, p. 9).

[86] "Art. 107. Perde a nacionalidade o brasileiro: a) que, por naturalização, voluntária, adquirir outra nacionalidade; b) que aceitar pensão, emprego ou comissão remunerados de governo estrangeiro, sem licença do Presidente da República; c) que tiver cancelada a sua naturalização, por exercer atividade social ou política nociva ao interesse nacional, provado o fato por via judiciária, com todas as garantias de defesa."

Na Constituição de 1937,[87] com pouca diferença (redacional apenas), foram mantidas as previsões da Constituição de 1934, quanto à aquisição[88] e à perda;[89] "voltou-se à separação das matérias (nacionalidade, direitos políticos; declaração de direitos), a exemplo da Constituição de 1891".[90] Quanto à perda da nacionalidade por sentença judicial, utilizou a palavra revogação em substituição de cancelamento da nacionalidade, expressão esta utilizada pela Carta de 1934 e contida nas posteriores.

Para a Constituição Federal de 1946, a atribuição da nacionalidade brasileira não dissentiu das previsões das Cartas anteriores, até mesmo reportando-se, 55 anos depois, a situações previstas na primeira Constituição republicana (1891), aquelas da "grande naturalização".[91] Previu a naturalização, não somente remetendo-a à lei ordinária, mas preservando uma situação de "naturalização constitucional", contemplando os portugueses residentes no país. Manteve a Carta de 1946 previsões semelhantes à de 1937 quanto à perda da nacionalidade.[92]

---

[87] "Art. 115. São brasileiros: a) os nascidos no Brasil, ainda que de pai estrangeiro, não residindo este a serviço do governo do seu país; b) os filhos de brasileiro ou brasileira, nascidos em país estrangeiro, estando os pais a serviço do Brasil e, fora deste caso, se, atingida a maioridade, optarem pela nacionalidade brasileira; c) os que adquiriram a nacionalidade brasileira nos termos do art. 69, n.ºs 4 e 5, da Constituição de 24 de fevereiro de 1891; d) os estrangeiros por outro modo naturalizados."

[88] "Art. 115. São brasileiros: a) os nascidos no Brasil, ainda que de pai estrangeiro, não residindo este a serviço do governo do seu país; b) os filhos de brasileiro ou brasileira, nascidos em país estrangeiro, estando os pais a serviço do Brasil e, fora deste caso, se, atingida a maioridade, optarem pela nacionalidade brasileira; c) os que adquiriram a nacionalidade brasileira nos termos do art. 69, n.ºs 4 e 5, da Constituição de 24 de fevereiro de 1891; d) os estrangeiros por outro modo naturalizados."

[89] "Art. 116. Perde a nacionalidade o brasileiro: a) que, por naturalização voluntária, adquirir outra nacionalidade; b) que, sem licença do Presidente da República, aceitar de governo estrangeiro comissão ou emprego remunerado; c) que, mediante processo adequado tiver revogada a sua naturalização por exercer atividade política ou social nociva ao interesse nacional."

[90] PONTES DE MIRANDA. Francisco Cavalcanti Pontes de. *Comentários...*, Op. cit., v. III, p. 9.

[91] "Art. 129. São brasileiros: I – os nascidos no Brasil, ainda que de pais estrangeiros, não residindo estes a serviço do seu país; II – os filhos de brasileiro ou brasileira, nascidos no estrangeiro, se os pais estiverem a serviço do Brasil, ou, não o estando, se vierem residir no País. Neste caso, atingida a maioridade, deverão, para conservar a nacionalidade brasileira, optar por ela, dentro em quatro anos; III – os que adquiriram a nacionalidade brasileira nos termos do art. 69, n.ºs IV e V, da Constituição de 24 de fevereiro de 1891; IV – os naturalizados pela forma que a lei estabelecer, exigidas aos portugueses apenas residência no País por um ano ininterrupto, idoneidade moral e sanidade física."

[92] "Art. 130. Perde a nacionalidade o brasileiro: I – que, por naturalização voluntária, adquirir outra nacionalidade; II – que, sem licença do Presidente da República, aceitar de governo estrangeiro comissão, emprego ou pensão; III – que, por sentença judiciária, em processo que a lei estabelecer, tiver cancelada a sua naturalização, por exercer atividade nociva ao interesse nacional."

Sucederam-se a Constituição Federal de 1967[93] e a Emenda Constitucional nº 01, de 1969,[94] com disposições símiles quanto à aquisição da nacional originária. Quanto à naturalização, ambas remeteram à forma à lei ordinária,[95] mas acresceram à "naturalização constitucional" duas outras hipóteses, ambas visando contemplar menores, às quais se juntaram àquela dos portugueses, tendo todas em comum a residência no país. Regras semelhantes às contidas na Constituição de 1946 são reproduzidas, tanto em 1967 como em 1969 quanto à perda da nacionalidade.[96]

---

[93] "Art. 140. São brasileiros: I – natos: a) os nascidos em território brasileiro, ainda que de pais estrangeiros, não estando estes a serviço de seu país; b) os nascidos fora do território nacional, de pai ou de mãe brasileiros, estando ambas ou qualquer deles a serviço do Brasil; c) os nascidos no estrangeiro, de pai ou mãe brasileiros, não estando estes a serviço do Brasil, desde que, registrados em repartição brasileira competente no exterior, ou não registrados, venham a residir no Brasil antes de atingir a maioridade. Neste caso, alcançada, esta, deverão, dentro de quatro anos, optar pela nacionalidade brasileira; II- naturalizados: a) os que adquiriram a nacionalidade brasileira, nos termos do art. 69, nºˢ IV e V, da Constituição de 24 de fevereiro de 1891; b) pela forma que a lei estabelecer: 1 – os nascidos no estrangeiro, que hajam sido admitidos no Brasil durante os primeiros cinco anos de vida, radicados definitivamente no território nacional. Para preservar a nacionalidade brasileira, deverão manifestar-se por ela, inequivocamente, até dois anos após atingir a maioridade; 2 – os nascidos no estrangeiro que, vindo residir no País antes de atingida a maioridade, façam curso superior em estabelecimento nacional e requeiram a nacionalidade até um ano depois da formatura; 3 – os que, por outro modo, adquirirem a nacionalidade brasileira; exigida aos portugueses apenas residência por um ano ininterrupto, idoneidade moral e sanidade física."

[94] "Art. 145. São brasileiros: I – natos: a) os nascidos em território, embora de país estrangeiros, desde que estes não estejam a serviço de seu país; b) os nascidos fora do território nacional, de pai brasileiro ou mãe brasileira, desde que qualquer deles esteja a serviço do Brasil; e c) os nascidos o estrangeiro, de pai brasileiro ou mãe brasileira, embora não estejam estes a serviço do Brasil, desde que registrados em repartição brasileira competente no exterior ou, não registrados, venham a residir no território nacional de atingir a maioridade; neste caso, alcançada esta, deverão, dentro de quatro anos, optar pela nacionalidade brasileira; II – naturalizados: a) os que adquiriram a nacionalidade brasileira, nos termos do artigo 69, itens IV e V, da Constituição de 24 de fevereiro de 1891; b) pela forma que a lei estabelecer: 1 – os nascidos no estrangeiro, que hajam sido admitidos no Brasil durante os primeiros cinco anos de vida, estabelecidos definitivamente no território nacional. Para preservar a nacionalidade brasileira, deverão manifestar-se por ela, inequivocadamente, até dois anos após atingir a maioridade; 2 – os nascidos no estrangeiro que, vindo residir no País antes de atingida a maioridade, façam curso superior em estabelecimento nacional e requeiram a nacionalidade até um ano depois da formatura; 3 – os que, por outro modo, adquirirem a nacionalidade brasileira, exigidas aos portugueses apenas residência por um ano ininterrupto, idoneidade moral e sanidade física."

[95] Lei nº 6.815/1980.

[96] Constituição de 1967: Art. 141 – Perde a nacionalidade o brasileiro: I – que, por naturalização voluntária, adquirir outra nacionalidade; II – que, sem licença do Presidente da República, aceitar comissão, emprego ou pensão de Governo estrangeiro; III – que, em virtude de sentença judicial, tiver cancelada a naturalização por exercer atividade contrária ao interesse nacional. Emenda Constitucional nº 01, de 1969: Art. 146. Perderá a nacionalidade o brasileiro que: I – por naturalização voluntária, adquirir outra nacionalidade; II – sem licença do Presidente da República, aceitar

23.5 A Constituição de 1988 – consagração dos Direitos Humanos

A edição da Constituição Federal de 1988 representou a institucionalização dos direitos humanos[97] – o que não o fizeram a Constituição de 1967 e a Emenda Constitucional nº 01, de 1969 (não obstante o tratamento internacional já existente) – ao consagrar o primado do respeito aos direitos humanos como um dos seus fundamentos.[98] Primado que

---

comissão, emprego ou pensão de governo estrangeiro; ou III – em virtude de sentença judicial, tiver cancelada a naturalização por exercer atividade contrária ao interesse nacional. Parágrafo único. Será anulada por decreto do Presidente da República a aquisição de nacionalidade obtida em fraude contra a lei.

[97] Oportuna a visão de Flávia Piovesan: "4) Inovações extremamente significativas no plano das relações internacionais foram introduzidas com a Constituição de 1988. Se, por um lado, esse Texto reproduz tanto a antiga preocupação vivida no Império no que se refere à independência nacional e à não intervenção, como reproduz ainda as ideias republicanas voltadas à defesa da paz, a Carta de 1988 inova ao realçar uma orientação internacionalista jamais vista na história brasileira. A orientação internacionalista se traduz no princípio da prevalência dos direitos humanos, da autodeterminação dos povos, do repúdio ao terrorismo e racismo e da cooperação entre os povos para o progresso da humanidade, nos termos do art. 4º, II, III, VIII e IX, da Carta. 5) Ao romper com a sistemática das Cartas anteriores, a Constituição de 1988, ineditamente, consagra o primado do respeito aos direitos humanos, como paradigma propugnado para a ordem internacional. Esse primado invoca a abertura da ordem jurídica interna ao sistema internacional de proteção dos direitos humanos. A partir do momento em que o Brasil se propõe a fundamentar as suas relações internacionais com base na prevalência dos direitos humanos, está ao mesmo tempo reconhecendo a existência de limites e condicionamentos à noção de soberania estatal, do modo pelo qual tem sido tradicionalmente concebida. Isto é, a soberania do Estado brasileiro fica submetidas a regras jurídicas tendo como parâmetro obrigatório a prevalência dos direitos humanos. Surge, pois, a necessidade de interpretar os antigos conceitos de soberania nacional e não intervenção à luz de princípios inovadores da ordem constitucional; entre eles, destaque-se o princípio da prevalência dos direitos humanos. Esses são os novos valores incorporados pelo Texto de 1988 e que compõem a tônica do constitucionalismo contemporâneo. 6) Se para o Brasil a prevalência dos direitos humanos é princípio a reger o Estado no cenário internacional, admite-se consequentemente a concepção de que os direitos humanos constituem tema de legítima preocupação e interesse da comunidade internacional. Os direitos humanos, nessa concepção, surgem para o constituinte de 1988 como tema global. De forma inédita, a Carta de 1988 estabelece, ao fim da extensa Declaração de Direitos por ela prevista, que os direitos e garantias expressos no Texto 'não excluem outros decorrentes do regime e dos princípios por ela adotados, ou dos tratados internacionais em que a República Federativa do Brasil seja parte' (art. 5º, § 2º). A Carta inova, assim, ao incluir entre os direitos constitucionalmente protegidos os enunciados nos tratados internacionais de que o Brasil seja signatário. Ao efetuar tal incorporação, a Carta atribui aos direitos internacionais uma natureza especial e diferenciada, qual seja, a de norma constitucional" (PIOVESAN, Flávia. *Direitos humanos e o direito constitucional internacional*. 11. ed. São Paulo: Saraiva, 2010. p. 365-366).

[98] Art. 1º A República Federativa do Brasil, formada pela união indissolúvel dos Estados e Municípios e do Distrito Federal, constitui-se em Estado Democrático de Direito e tem como fundamentos: [...] III – a dignidade da pessoa humana; [...]

"invoca a abertura da ordem jurídica brasileira ao sistema internacional de proteção aos direitos humanos e, ao mesmo tempo, exige uma nova interpretação dos princípios tradicionais como a soberania nacional".[99] Daí decorre que se prenuncia "o fim de uma era que a forma pela qual o Estado tratava seus nacionais era concebida como um problema de jurisdição doméstica"[100] apenas.

A abertura brasileira para o sistema internacional de proteção aos direitos humanos torna-se evidente com a possibilidade de incorporação dos tratados e convenções relativas aos direitos humanos, como norma constitucional, diversamente dos demais tratados, internalizados como lei ordinária.[101]

A Constituição de 1988 disciplina a aquisição e a perda da nacionalidade brasileira, do mesmo modo que as anteriores.[102] Apartando brasileiros natos e naturalizados, mantém como regra o *jus soli*, afirmando brasileiros de origem todos os que nascerem no país, independentemente da nacionalidade dos pais, salvo se a serviço de seu país. Abre exceções, afirmando brasileiros natos os nascidos no estrangeiro, de pai brasileiro ou mãe brasileira, a serviço do Brasil (*jus sanguinis* mais *jus laboris*);[103] ou os registrados em repartição consular ou que venham a residir no Brasil enquanto menores e realizem, pós-maioridade, e a qualquer tempo, opção pela nacionalidade brasileira (*jus sanguinis* + *jus domicilii*).

As disposições relativas à atribuição da nacionalidade originária foram fruto de duas Emendas, sendo que a primeira afastou o registro consular como prova de nacionalidade

---

[99] PIOVESAN, Flávia. *Direitos humanos e globalização*..., Op. cit., p. 205.

[100] PIOVESAN, Flávia. *Direitos humanos e globalização*..., Op. cit., p. 197.

[101] "Art. 5º [...] § 3º Os tratados e convenções internacionais sobre direitos humanos que foram aprovados, em cada casa do Congresso Nacional, em dois turnos, por três quintos dos votos dos respectivos membros, serão equivalentes às emendas constitucionais." [...]

[102] Esta a redação original: "Art. 12. São brasileiros: I – natos: a) os nascidos na República Federativa do Brasil, ainda que de pais estrangeiros, desde que estes não estejam a serviço de seu país; b) os nascidos no estrangeiro, de pai brasileiro ou mãe brasileira, desde que qualquer deles esteja a serviço da República Federativa do Brasil; c) os nascidos no estrangeiro, de pai brasileiro ou de mãe brasileira, desde que sejam registrados em repartição brasileira competente, ou venham a residir na República Federativa do Brasil antes da maioridade e, alcançada esta, optem, em qualquer tempo, pela nacionalidade brasileira; II – naturalizados: a) os que, na forma da lei, adquiram a nacionalidade brasileira, exigidas aos originários de países de língua portuguesa apenas residência por um ano ininterrupto e idoneidade moral; b) os estrangeiros de qualquer nacionalidade, residentes na República Federativa do Brasil há mais de trinta anos ininterruptos e sem condenação penal, desde que requeiram a nacionalidade brasileira. [...] § 4º Será declarada a perda da nacionalidade do brasileiro que: I – tiver cancelada sua naturalização, por sentença judicial, em virtude de atividade nociva ao interesse nacional; II – adquirir outra nacionalidade por naturalização voluntária."

[103] Sanou a Constituição dificuldade encontrada nas Cartas anteriores por conta da expressão: "pais a serviço".

brasileira, modificação ensejadora de apatridia,[104] motivando uma outra Emenda Constitucional para restaurar o registro consular como prova da atribuição da nacionalidade brasileira de origem.[105] A mesma emenda acresceu dispositivo ao Ato das Disposições Constitucionais Transitórias, no intuito de afastar possíveis situações de apatridia, em face da disposição constitucional que alterou.[106]

Luís Roberto Barroso ao examinar a concessão da nacionalidade prevista na letra c do art. 145 da Emenda Constitucional de nº 01/1979 – raciocínio que se presta em se tratando da Constituição de 1988 –, afirmou que o dispositivo comportaria duas leituras: a primeira, de Pontes de Miranda e José Afonso da Silva, divisava duas hipóteses, diversamente tratadas: pelo registro consular, e pela manifestação da opção, desde que residente no Brasil antes da maioridade. Ou seja, a atribuição da nacionalidade brasileira de origem mediante registro consular, independeria de residência e de opção. A segunda leitura é a efetuada por Haroldo Valladão, para quem o registro consular não dispensaria a opção, interpretação que "é muito mais adequada a uma compreensão sistemática da matéria no direito brasileiro, além de se revestir de melhor lógica".[107]

Jacob Dolinger, crítico da previsão constitucional presente (chega a sugerir a futuro revisor do texto constitucional uma nova redação para a letra c do art. 12 da Constituição),[108] afirma que "o legislador brasileiro vem ziguezagueando há muitos anos sobre a redação a ser dada à terceira hipótese de nacionalidade originária. As três fórmulas – 1) produzida

---

[104] Emenda de Revisão nº 03/1994, que deu nova redação à letra c do inciso I do art. 12: assim restou o texto: "c) os nascidos no estrangeiro, de pai brasileiro ou mãe brasileira, desde que venham a residir na República Federativa do Brasil e optem, em qualquer tempo, pela nacionalidade brasileira;".

[105] Emenda Constitucional nº 54/2007: "c) os nascidos no estrangeiro, de pai brasileiro ou mãe brasileira, desde que sejam registrados em repartição brasileira competente ou venham a residir na República Federativa do Brasil e optem, em qualquer tempo, depois de atingida a maioridade, pela nacionalidade brasileira;"

[106] "Art. 95. Os nascidos no estrangeiro entre 7 de junho de 1994 e a data da promulgação desta Emenda Constitucional [21/09/2007], filhos de pai brasileiro ou mãe brasileira, poderão ser registrados em repartição diplomática ou consular brasileira competente ou em ofício de registro, se vierem a residir na República Federativa do Brasil."

[107] BARROSO, Luís Roberto. Duas questões controvertidas sobre o Direito Brasileiro da Nacionalidade. In: DOLINGER, Jacob (Coord.). et al. *A Nova Constituição e o Direito Internacional*. Propostas e Sugestões. Rio de Janeiro: Freitas Bastos, 1987, p. 46. Resgata o autor as palavras de Haroldo Valladão: "Evidentemente o registro ou não nos consulados do Brasil, *ato do pai ao tempo do nascimento, não podia decidir em definitivo,* sem a residência e a opção, *a nacionalidade do filho*. Seria, em caso afirmativo, uma nacionalidade adquirida sem a mínima integração do filho recém-nascido com o Brasil, nem real (residência) nem pessoal (opção)" [...] (VALLADÃO, Haroldo. Op. cit., p. 281).

[108] "c) os nascidos no estrangeiro, de pai brasileiro ou mãe brasileira, desde que se domiciliem no Brasil antes de atingir a maioridade, e, a partir desta, optem, no prazo de quatro anos, pela manutenção da nacionalidade brasileira" (Op. cit., p. 69).

pela Assembleia Constituinte; 2) introduzida pela EC de Revisão n. 3; 3) formulada pela EC 54 são falhas, apresentando incongruências e ilogicismos".[109]

Com a Emenda Constitucional 54, diz Jacob Dolinger que

> Voltamos, assim, ao texto original da Constituição de 1988, com todas as falhas que a caracterizam, a saber, mero registro não deve outorgar nacionalidade brasileira, mas se o registro no exterior resulta na nacionalidade, porque não dar o mesmo efeito ao registro no Brasil, sem necessidade de opção, agravada pela fórmula introduzida pela EC 54 em relação ao constante no texto constitucional original, pois, enquanto este exigia a vinda ao Brasil antes de alcançada a maioridade, pela EC 54, não está claro que a pessoa deva vir ao Brasil antes de alcançada a maioridade, pois a exigência de que a opção se formule depois de atingida a maioridade, não significa que a vinda para o Brasil se dê necessariamente antes deste momento. Poder-se-á interpretar que a opção não se pode efetuar antes da maioridade, mas depois desta se faz a qualquer tempo, tenha a pessoa chegado ao Brasil antes ou depois da maioridade.[110]

Parece ser possível que uma pessoa que tenha chegado ao Brasil, mesmo já alcançada a maioridade, exercite a sua opção pela nacionalidade brasileira originária, a teor do texto constitucional. Antes a previsão constitucional consagrava a residência no país "antes de alcançar a maioridade". A ausência da expressão na Carta de 1988, afastou a restrição temporal. A leitura da previsão do dispositivo é no sentido que tanto a residência como a opção podem ocorrer a qualquer tempo.

Uma outra questão relativa à opção é relevante: como a Constituição estabelece que a opção pela nacionalidade brasileira[111] apenas se realize *depois da atingida a maioridade*, é de cogitar da figura da "opção provisória da nacionalidade", materializada através do cumprimento das condições e na forma, consignadas pela Lei de Registro Público,[112] sem dúvida recepcionada pela Constituição de 1988. Isto não obstante a insurgência de Jacob

---

[109] Op. cit., p. 68.

[110] Op. cit., p. 59.

[111] Opção que, enquanto não manifestada, "passa a constituir-se como condição suspensiva da nacionalidade brasileira" (RE 415.957), como condição suspensiva gera efeitos *ex tunc* (AC70-QO).

[112] "Art. 32. Os assentos de nascimento, óbito e de casamento de brasileiros em país estrangeiro serão considerados autênticos, nos termos da lei do lugar em que forem feitos, legalizadas as certidões pelos cônsules ou quando por estes tomados, nos termos do regulamento consular. [...] § 2º O filho de brasileiro ou brasileira, nascido no estrangeiro, e cujos pais não estejam ali a serviço do Brasil, desde que registrado em consulado brasileiro ou não registrado, venha a residir no território nacional antes da maioridade, poderá requerer, no juízo do seu domicílio, se registre no Livro "E" do 1º Ofício do Registro Civil, o termo de nascimento. § 3º Do termo e das respectivas certidões de nascimento registrado na forma do parágrafo antecedente constará que se valerão como prova da nacionalidade brasileira, até quatro (4) anos depois de atingida a maioridade." [...]

Dolinger, que se apoia em decisão do Superior Tribunal de Justiça[113] que considerou inconstitucional o § 4º do art. 34 da Lei de Registros Públicos: "a rigor, o mesmo ocorre com o § 3º do mesmo dispositivo, e, a partir da Emenda de Revisão 3 é igualmente inconstitucional o § 2º".[114]

Como existe a possibilidade de que uma pessoa nasça no Brasil e não lhe seja atribuída a nacionalidade brasileira, embora filha de pai brasileiro ou mãe brasileira, mas estando o outro, pai ou mãe, estrangeiro a serviço de seu país, é de ser trazida à colação a hipótese infraconstitucional (legal) de aquisição da nacionalidade brasileira nata, da qual se discute sua constitucionalidade.[115]

A discussão da constitucionalidade da regra, opõe autores, como Haroldo Valladão[116] a outros, como Oscar Tenório[117] e Jacob Dolinger, pugnam pela sua inconstitucionalidade. Para este último reclama da norma criada pelo legislador ordinário, pois "em nosso sistema – de acordo com a melhor doutrina – não é permitido, eis que [...] cabe exclusivamente à Constituição estabelecer as condições de nacionalidade, tanto originária, como derivada".[118]

Em verdade, seria dispensável a regra da opção porquanto se tratando de filho de brasileiro (pai ou mãe), seria brasileiro nato, independentemente da nacionalidade do pai ou mãe estrangeiro, a serviço de seu país, mas parece que a mesma, não obstante o argumento de Jacob Dolinger, não se reveste de inconstitucionalidade, agindo o legislador ordinário em consonância à matriz da atribuição da nacionalidade originária da Constituição vigente (de 1946) da qual, neste aspecto, não diverge da atual.

Relativamente aos brasileiros naturalizados,[119] a Constituição remete, como já era feito anteriormente, ao legislador ordinário, embora preserve, como o fez edições anteriores da Carta, "naturalizações constitucionais".[120] As previsões de tais naturalizações pecam pela imprecisão em sua redação, a partir de quando uma das situações que consagra refere-se

---

[113] Conflito de Competência 1.039.

[114] Op. cit., p. 60.

[115] Lei nº 818/1949: "Art. 2º Quando um dos pais for estrangeiro residente no Brasil, a serviço de seu governo, e o outro for brasileiro, o filho, aqui nascido, poderá optar pela nacionalidade brasileira, na forma do art. 145, I, c, da Emenda Const. 1 [hoje, art. 12, I, c]".

[116] Op. cit., p. 282.

[117] TENÓRIO. Oscar. *Direito Internacional Privado*. 11. ed. Rio de Janeiro: Freitas Bastos, 1976. v. 1, p. 200.

[118] Op. cit., p. 63.

[119] A naturalização conta com "caráter meramente declaratório", retroagindo os seus efeitos à data do requerimento (RE 264.848).

[120] Art. 12. São brasileiros: [...] II – naturalizados: a) os que, na forma da lei, adquiram a nacionalidade brasileira, exigidas aos originários de países de língua portuguesa apenas residência por um ano ininterrupto e idoneidade moral; b) os estrangeiros de qualquer nacionalidade, residentes na República Federativa do Brasil há mais de quinze anos ininterruptos e sem condenação penal, desde que requeiram a nacionalidade brasileira. (Redação da Emenda de Revisão nº 3/1994).

a "originários de países da língua portuguesa", e não *nacionais*, todos estes beneficiários do excepcional tratamento constitucional, e não apenas os originários, os natos. Ademais, parece – o que não é – consagrar naturalização automática, pois quando se refere a estrangeiros residentes por "mais de quinze anos ininterruptos e sem condenação penal", demanda provocação ("desde que requeiram a nacionalidade brasileira"), silenciando quanto à exigência aos "originários de países de língua portuguesa". Em ambas as situações, impõe-se o requerimento do interessado à naturalização, sob pena de se consagrar a naturalização tácita.

A perda da nacionalidade brasileira sempre foi objeto do tratamento constitucional. Afastado o banimento, causa consagrada pela Constituição Imperial, a Constituição atual, originalmente, contemplava aquela própria dos naturalizados, por força de condenação judicial ("por atividade nociva ao interesse nacional"), e a aquisição voluntária de um nova nacionalidade, a exemplo das Cartas anteriores.[121]

Entretanto, a perda da nacionalidade sofreu esvaziamento com a edição da Emenda Constitucional de Revisão nº 03/1997, que emprestou a redação ora vigente:

> Art. 12. [...] § 4º Será declarada a perda da nacionalidade do brasileiro que: I – tiver cancelada sua naturalização, por sentença judicial, em virtude de atividade nociva ao interesse nacional; II – adquirir outra nacionalidade, salvo nos casos: a) de reconhecimento de nacionalidade originária pela lei estrangeira; b) de imposição de naturalização, pela norma estrangeira, ao brasileiro residente em estado estrangeiro, como condição para permanência em seu território ou para o exercício de direitos civis;

Somente restou nítida a perda da nacionalidade do naturalizado em virtude de sentença judicial. Perderam a nitidez as situações de aquisição de nova nacionalidade, mesmo que voluntária, por conta das exceções que afastam a incidência da perda: a aquisição de outra nacionalidade, quando se tratar de reconhecimento de nacionalidade originária, ou por imposição de naturalização, pela norma estrangeira, ao brasileiro residente em estado estrangeiro, como condição para permanência em seu território ou para o exercício de direitos civis.

Questiona-se a má redação da previsão de perda, por "imposição de naturalização [...] como condição de permanência": tratando-se de imposição, ausente a voluntariedade, traço permanente em todas as Cartas. De qualquer sorte, habilita a plurinacionalidade, circunstância que se agrava quanto a nova nacionalidade é adquirida para habilitar "o exercício de direitos civis", conceito aberto, de larguíssima extensão.

---

[121] "Art. 12 [...] § 4º Será declarada a perda da nacionalidade do brasileiro que: I – tiver cancelada sua naturalização, por sentença judicial, em virtude de atividade nociva ao interesse nacional; II – adquirir outra nacionalidade por naturalização voluntária."

Como a nacionalidade não tem o caráter de perpetuidade, permitindo a sua mudança, pode ser cogitada a figura da reaquisição de nacionalidade, disciplinada, não pela Constituição, mas objeto de lei ordinária.[122] Por ela, o ex-brasileiro, aquele que perdeu a nacionalidade brasileira de forma voluntária, poderá readquiri-la, desde que domiciliado no Brasil e que a perda não tenha sido motivada para se eximir de obrigações a que estaria sujeito na condição de brasileiro. Esta a única situação que permite à reaquisição, jamais deferida àquele (naturalizado) cuja perda decorreu de sentença judicial. Embora a lei refira-se a uma outra hipótese de reaquisição, esta não foi recepcionada pela Carta de 1988 (aceitar comissão, emprego ou pensão de governo estrangeiro sem autorização).

Limitadas as situações de perda da nacionalidade não é de se cogitar de renúncia, outrora existente, afastada a antiga figura da abdicação.

Este o quadro da atribuição da nacionalidade brasileira. É de indagar se corresponde aos ditames da ordem internacional relativamente a este direito humano fundamental?

23.6 A ordem jurídica brasileira perante o Direito Internacional da Nacionalidade

Da observação do direito das gentes quanto à nacionalidade foram destacados pontos relevantes, o primeiro, o de que a atribuição da nacionalidade guarde compatibilidade com as convenções internacionais, o costume internacional e os princípio de direito atinentes à nacionalidade.

Os critérios adotados pelo Brasil para a atribuição da nacionalidade são aqueles que a prática internacional utiliza: consagra o critério do *jus soli*, temperado com o *jus sanguinis*, o *jus laboris* e o *jus domicilii*, sendo importante destacar que nenhum país guarda exclusividade para um único critério.

Consagra o sistema brasileiro a possibilidade de mudança de nacionalidade, de formas positiva (pela naturalização e pela reaquisição) e negativa (pela perda), desde que não resulte em apatridia. A perda, quando não resulta da vontade individual, decorre de normal procedimento judicial, assegurada a ampla defesa.

---

[122] "Art. 36. O brasileiro que, por qualquer das causas do art. 22, números I e II, desta lei, houver perdido a nacionalidade, poderá readquiri-la por decreto, se estiver domiciliado no Brasil. § 1º O pedido de reaquisição, dirigido ao Presidente da República, será processado no Ministério da Justiça e Negócios Interiores, ao qual será encaminhado por intermédio dos respectivos Governadores, se o requerente residir nos Estados ou Territórios. § 2º A reaquisição, no caso do art. 22, nº I, não será concedida, se apurar que o brasileiro, ao eleger outra nacionalidade, o fez para se eximir de deveres a cujo cumprimento estaria obrigado, se se conservasse brasileiro. § 3º No caso do art. 22, nº II, é necessário tenha renunciado à comissão, ao emprego ou pensão de Governo estrangeiro."

Inadmitida a renúncia, embora consagrada no âmbito internacional em casos de multinacionalidade.[123]

Reconhece o sistema constitucional brasileiro a possibilidade da plurinacionalidade (uma vez que a cada Estado compete a atribuição de *sua* nacionalidade), admitida nos foros internacionais, em situações como a aquisição de outra nacionalidade de origem, como condição de permanência em território estrangeiro, ou como condição para o exercício de direitos civis. Curva-se o Brasil ao posicionamento internacional, mas não deixa de ser preocupante na ótica precisa de que a concorrência de nacionalidades dificulta a solução de relações jurídicas multiconectadas (envolvendo sistemas jurídicos diversos) nas quais a nacionalidade seja a determinante (elemento de conexão) da escolha da lei de regência.

Quanto ao fenômeno da apatridia, embora seja o Brasil signatário da Convenção Relativa ao Estatuto dos Apátridas (1954),[124] não se encontra nas normas que presidem a naturalização[125] nenhum tratamento que facilite a naturalização do apátrida, sujeitos às regras comuns a quaisquer estrangeiros (salvo nas hipóteses reservadas pela Constituição). Ficam os apátridas sujeitos, como os demais, por exemplo, a contar com um largo período, quatro anos, de residência no país, para requerer a naturalização brasileira. Ademais, não consagra o sistema jurídico brasileiro – como propugna a norma internacional – conceder a nacionalidade brasileira aos nascidos em seu território quando, em assim não ocorrendo, reste caracterizada ausência de nacionalidade, bem como às crianças abandonadas em seu território.

O sistema jurídico brasileiro, que internalizou diversas convenções internacionais (p. e., a Convenção de Haia, de 1920, o Código de Bustamante, de 1928), e o Pacto de San José da Costa Rica de 1969) embora careça de aperfeiçoamentos, inclusive por conta destas mesmas convenções, caminha na senda traçada pelo direito das gentes relativamente ao "direito humano fundamental" à nacionalidade, de nenhuma sorte com ele sendo conflitante. Nada impede, ainda, que o legislador venha a tornar nacionais previsões constantes da Convenção Europeia sobre a Nacionalidade.

---

[123] Convenção Europeia sobre a Nacionalidade. V. nota 48.
[124] Promulgada pelo Decreto nº 4.246/2002.
[125] Arts. 111 ss. da Lei nº 6.815/1980.

Direitos humanos e processo penal: prova ilícita

Jacinto Nelson de Miranda Coutinho

> Eu não posso lhe dar a fórmula para o sucesso, mas eu posso lhe dar a fórmula do fracasso: tente agradar todo mundo.
>
> (Atribuída a Herbert Bayard Swope)
>
> Não posso lhe dar a fórmula do sucesso, mas a do fracasso é querer agradar a todo mundo.
>
> (Atribuída a John Fitzgerald Kennedy)

Sumário: 24.1 Breve introdução; 24.2 Estado da arte da matéria; 24.3 Por uma efetivação plena da Constituição da República.

24.1 Breve introdução

Até a Constituição da República de 1988 não havia, no Brasil, qualquer previsão para a inadmissibilidade das provas ilícitas.

Com ela (a previsão), aparentemente a matéria teria ganho contornos definitivos e posturas consolidadas, sem maiores discussões, mesmo porque inserta no Capítulo I (Dos Direitos e Deveres Individuais e Coletivos), do Título II (Dos Direitos e Garantias Fundamentais), isto é, no "art. 5º, LVI – são inadmissíveis, no processo, as provas obtidas por meios ilícitos", ou seja, como *cláusula pétrea*.[1] Trata-se, tal conclusão, de ledo engano!

---

[1] "CR, art. 60. A Constituição poderá ser emendada mediante proposta: [...] § 4º Não será objeto de deliberação a proposta de emenda tendente a abolir: [...] IV – os direitos e garantias individuais."

Eis por que na velha faina – por incrível que possa parecer –, seguem todos aqueles que querem dar efetividade plena à CR e, ao mesmo tempo, todos os seus inimigos (que não são poucos), dado que têm feito o possível e o impossível para evitar o óbvio, isto é, a devida aplicação. Assim, é impressionante como pessoas que devem ter um determinado comportamento para não levarem o *meio de prova*, encontrado ou constituído, a perfazer o preceito constitucional insistam, por ignorância ou má-fé, na sua realização, o que é muito grave mas, seguramente, não mais que aqueles que cientes de tal situação laboram para dar a tais atos uma *roupagem de licitude* e, por isso, criam um sem-número de argumentos, todos inconstitucionais, para tentar salvar condutas – elas sim – ilícitas e antidemocráticas.

Na base da repulsa, da tentativa de não ganhar vida o preceito constitucional estão teses de duas ordens, isto é, ligadas à principal matriz teórica brasileira, ou seja, aquela italiana e, por outro lado, ao modelo jurisprudencial norte-americano. Do primeiro, como se sabe, veio a estrutura conceitual; do segundo, vieram os parâmetros ligados à extensão da aplicação. Ambos, porém, não admitem aplicação direta e sem o devido cuidado no sistema processual penal brasileiro (como se tem feito), mormente aquele que se funda na CR e por uma razão primária: *na Itália e nos EUA não há a previsão constitucional que se tem no Brasil!*

24.2 Estado da arte da matéria

Os italianos, de uma maneira geral, trabalharam a inadmissibilidade da prova ilícita, mesmo dentro do marco da Filosofia da Consciência, pela legalidade/ilegalidade, o que leva a uma possível separação entre a admissibilidade/inadmissibilidade determinada pelo ordenamento processual penal e aquele diverso, inclusive constitucional.

Lógico, portanto, que tenham chegado à *admissibilidade da prova ilícita* se, para o caso concreto, não há preceito processual penal tornando-a inadmissível, ficando a questão referente à ilicitude a ser resolvida no campo próprio. Vale, neste passo, pela clareza, a lição de Franco Cordero: "Carrara dizia: 'o princípio que proscreve a imoralidade dos meios é preambular e quase prejudicial ao princípio que queria o perfeito triunfo da verdade'; do que se deduz: 'não é consentido se valer de uma prova da qual os auxiliares do ministério público se apoderaram ilicitamente'; a premissa é: 'se um ato é valorado como ilícito, aquele ato e os outros que dele dependem são ineficazes para os fins do processo'. O observador atento nota logo que o argumento é incorreto, em linha de lógica, até que se não demonstre que a valoração da ilicitude do ato implica aquela da inadmissibilidade da prova; uma pertence ao direito substancial e a outra se resolve em um fenômeno processual. É necessário, portanto, procurar uma norma *processual* que diga: 'o ato ilícito e as consequências que de fato dele derivam são processualmente irrelevantes e, assim, ineficazes'. Fora de uma busca como esta, o argumento é apodítico, enquanto parece falso se uma norma daquele conteúdo não existe."[2]

Assim, para os que pensam como Cordero,[3] se a prova foi obtida por meio ilícito mas não há preceito processual penal que proíba sua produção no processo ou mesmo o juiz poderia, por si só, decidir sobre aquela aquisição e produção, tudo se resolveria no campo da ilicitude sem, portanto, prejudicar sua introdução e utilização no processo penal. Valem, aqui, as conclusões de Cordero: "Em suma, é necessário verificar os poderes do órgão jurisdicional, que são mais amplos do que aqueles da polícia em matéria de apreensão coativa das 'coisas pertinentes ao crime'. Admitido que o auxiliar se apoderou ilicitamente das provas e que a posse, portanto, seja ilícita, a aquisição por parte do juiz (que poderia determinar o sequestro) interrompe a sequência: o ato do funcionário era e resta ilícito, mas se pode dispor validamente da prova porque o juiz, no instante em que a adquire, age segundo a medida dos seus poderes: do que o conceito se quer exprimir imaginativamente com a fórmula 'male captum bene retentum'."[4]

Como se sabe, tal fórmula foi utilizada no Brasil largamente, como concluiu Ada Pellegrini Grinover em texto de 1976, muito conhecido e discutido: "É, em última análise, a teoria do *male captum bene retentum*, afirmada também pela jurisprudência brasileira. E nem assim poderia deixar de ser, em face do ordenamento processual, porque: a) não existe nulidade cominada para o ato processual de admissão da prova vedada, que retire eficácia jurídica à prova produzida *contra legem*; b) ainda que uma sentença condenatória

---

[2] CORDERO, Franco. Dialogo sulle prove. In: *Ideologie del processo penale*. Milano: Giuffrè, 1966. p. 76-77: "*Carrara diceva: 'il principio che proscrive l'immoralità dei mezzi è preambolo e quasi pregiudiziale al principio che vorrebbe il perfetto trionfo del vero'; dal che si deduce: 'non è consentito valersi di una prova, di cui gli ausiliari del pubblico ministero si siano impossessati illecitamente'; la premessa è: 'se un atto è valutato come illecito, quell'atto e gli altri che ne dipendono, sono inefficaci ai fini del processo'. L'osservatore atento nota sùbito che l'argomento è scorretto, in linea logica, finchè non si dimostri che la valutazione d'illiceità dell'atto implica quella di inammissibilità della prova; una appartiene al diritto sostanziale e l'altra si risolve in un fenomeno processuale. Bisogna dunque cercare una norma processuale che dica: 'l'atto illecito e le conseguenze che di fatto ne derivano sono processualmente irrilevanti e cioè inefficaci.' Fuori di una simile ricerca, l'argomento è apodítico, mentre appare falso se una norma di quel contenunto non existe.*"

[3] E não são poucos, inclusive no Brasil, onde a situação é muito pior, mormente depois da CR/88. Se a posição de Cordero tinha lógica no sistema italiano e foi adotada no Brasil, em que pese alguma resistência, perdeu, depois do preceito constitucional precitado (art. 5º, LVI), qualquer fundamento; e o ex-professor da La Sapienza, por certo, diante do preceito da CR brasileira, mudaria de posição.

[4] CORDERO, F. Dialogo..., Op. cit., p. 78: "*Insomma, bisogna guardare ai poteri dell'organo giudiziario, che sono più estesi di quelli della polizia in matéria di apprensione coattiva delle 'cose pertinenti al reato'. Ammesso che l'ausiliare si sia impossessato illecitamente della prova, e che il possesso quindi sia illecito, l'acquisicione da parte del giudice (che avrebbe potuto disporre il sequestro) interrompe la sequenza: l'atto del funzionario era e resta illecito, ma si può disporre validamente della prova, perché il giudice, nell'istante in cui la acquisisce, agisce secondo la misura dei suoi poteri: il qual concetto si suol esprimere imaginosamente con la formula 'male captum bene retentum'.*"

se baseasse em provas desse jaez, a sentença não seria rescindível, nem caberia *habeas corpus*. Tudo se resolve, apenas, no plano material, pela aplicação da penalidade pelo ilícito cometido, sem qualquer correlação entre a transgressão e a concreta inadmissibilidade da prova ilícita."[5]

A doutrina italiana – sabem todos – foi engenhosa ao criar teorias para sustentar, sempre em uma base endógena ao jurídico, argumentos capazes de tornar inadmissível a prova ilícita, seja em razão da unidade do ordenamento jurídico e em vista de ser a ilicitude um conceito geral do Direito e não de um específico ramo,[6] seja em face da inconstitucionalidade,[7] por sinal com a pretensão de estar para além da matriz norte-americana mas visivelmente partindo dela.

Tais posicionamentos são factíveis e poderiam vingar se se levassem a sério a Teoria do Direito e a Constituição, mormente se a ambas se desse um tratamento marcado pela Filosofia da Linguagem e, portanto, por uma *linguagem protagonista e não mais de mera intermediária*, coisa que até hoje não se fez da forma devida, razão por que se segue com as mesmas dificuldades, inclusive na Itália.[8]

Por outro lado, os norte-americanos, por sua Suprema Corte, construíram a partir da Emenda IV à Constituição de 1787[9] as chamadas *rules of exclusion* e, não havendo preceito ou regra específica sobre a matéria (a referida Emenda não trata da inadmissibilidade), é a partir daí que delimitam o tema da vedação à prova ilícita (*illegally obtained evidence*), tomando-a como inconstitucional em face das *"unreasonable searches and seizures"*.[10]

---

[5] GRINOVER, Ada Pellegrini. *Liberdades públicas e processo penal*: as interceptações telefônicas. São Paulo: Saraiva, 1976. p. 198.

[6] Por todos, v. NUVOLONE, Pietro. Le prove vietate nel processo penale nei paesi di diritto latino. *Rivista di Diritto Processuale*. Padova: Cedam, 1966, p. 442 ss, especialmente 474.

[7] Por todos, v. VIGORITI, Vincenzo. Prove illecite e constituzione. *Rivista di Diritto Processuale*. Padova: Cedam, 1968, p. 64 ss, especialmente 73; VIGORITI, Vincenzo. Sviluppi giurisprudenziali in tema di prove illecite (Corte Costituzionale, Sentenza 2 dicembre 1970, nº 175, Presidente Branca, Relatore Bonifacio). *Rivista di diritto processuale*. Padova: Cedam, 1972, p. 322 ss, especialmente 324-5.

[8] CORDERO, F. *Procedura penale*. 5. ed. Milano: Giuffrè, 2000. p. 589 ss.

[9] Emenda IV – "*The right of the people to be secure in their persons, houses, papers, and effects, against unreasonable searches and seizures, shall not be violated, and no warrants shall issue, but upon probable cause, supported by oath or affirmation, and particularly describing the place to be searched, and the persons or things to be seized*" [O direito do povo de estar seguro em suas pessoas, casas, papéis, e demais pertences, contra desarrazoadas buscas e apreensões, não poderá ser violado, nem mandados poderão ser expedidos, senão baseados em causa provável, suportada por juramento ou afirmação, e particular descrição do local a ser buscado e das pessoas e coisa a serem apreendidas.]

[10] "*Unreasonable searches and seizures*", do texto da Emenda IV, com frequência é expresso como "unlawfull searches", ou seja, em português, *busca arbitrária*, embora não se possa deixar fora a noção de *busca irrazoável*, em face de tudo o que se tem dito, no Brasil, desse *argumento de lógica* que é a *razoabilidade*. Doutra parte, "*seizures*", como se sabe, também pode ser *busca* mas, na hipótese, está ligado ao resultado dela, *apreensão*.

Para eles o marco é o famoso caso *Weeks v. United States*,[11] de 1914, no qual, com base na Emenda IV se fixou a "regra de exclusão", porque se não fosse assim a garantia de liberdade de domicílio perderia o seu significado e poderia ser deixada de lado sem se ofender à Constituição. Portanto, não se tratava de uma mera nulidade ou mesmo de deixar a prova sem efeito e sim da sua exclusão, ou seja, de não poder ser levada em consideração no processo. Restava, porém – como resta até hoje – fixar até que ponto tal regra poderia chegar, isto é, a sua extensão.

O ponto mais distante a que chegaram os americanos se deu no caso *Silverthorne Lumber Co. v. United States* (1920),[12] quando se consolida a *Teoria dos Frutos da Árvore Envenenada*, uma metáfora para explicar que se a prova é ilícita, também deveria ser tudo o que dela fosse consequência e, assim, os resultados obtidos, ainda que indiretos, derivados, como os frutos de uma árvore envenenada. O escopo é nítido: excluir tudo para evitar a tentação de se querer colher alguma prova ilicitamente na esperança de que, mesmo não sendo admissível no processo, pudesse levar a outras provas.[13] No caso, decidiu-se que se não poderia usar o conhecimento decorrente de uma busca ilegal para, a partir dele, notificar as pessoas a entregarem os mesmos documentos ilegalmente vistos e, assim, chegar naquele resultado, isto é, o conhecimento, só que agora pela aparente via da legalidade. No famoso voto do *Justice* Holmes (um dos nomes mais importantes do chamado *Realismo Jurídico Norte-americano*) ficou demarcada a posição, mas também a abertura para aquilo que viria depois, ou seja, a eterna discussão, em cada caso concreto onde aparece o problema, sobre a admissão ou não da prova ilícita nos casos que estivessem fora da chamada *"exclusionary rule"* e, assim, deixando-se ao juiz a *discricionariedade* da produção e avaliação. E tudo porque afirmou, no melhor estilo pragmático, que tal prova não era admissível, mas nem por isso seriam os fatos dos quais o conhecimento teria vindo dessa forma *"sacred and inaccessible"*, isto é, invioláveis e inacessíveis.[14]

Foi tal posição, então, que levou à *doutrina da atenuação* (*"attenuation doctrine"*): "Em *Nardone v. United States* [...] (1939), no qual se usou pela primeira vez a expressão 'fruto da árvore envenenada', a Corte, pelo *Justice* Frankfurter, recusou permitir à acusação inva-

---

[11] *Weeks v. United States, 232 U.S. 391 (1914).*
[12] *Silverthorne Lumber Co. v. United States, 251 U.S. 385 (1920).*
[13] SCAPARONE, Metello. *"Common law" e processo penale.* Milano: Giuffrè, 1974. p. 167.
[14] *"The essence of a provision forbidding the acquisition of evidence in a certain way is that it shall not be used at all. Of course this does not mean that the facts thus obtained become sacred and inaccessible. If knowledge of them is gained from an independent source they may be proved like any others, but the knowledge gained by the Government's own wrong cannot be used by it in the way proposed"* ["A essência de uma previsão proibindo a aquisição de prova de uma certa forma é que não somente a prova assim adquirida não deve ser usada perante a Corte, mas que ela não deve ser usada de forma alguma. Claro que isto não significa que os fatos desta maneira obtidos se tornam intocáveis e inacessíveis. Se o conhecimento sobre eles é obtido de uma fonte independente, eles podem ser demonstrados como quaisquer outros, mas o conhecimento adquirido pela própria conduta incorreta do Governo não pode ser usado por ele da forma proposta."]

lidar uma inquirição sobre uso de informação obtida por ela através de interceptações telefônicas ilegais, observando que 'proibir o uso direto de métodos, [mas] não colocar freios no seu uso total indireto, somente atrairia os mesmos métodos reputados 'inconsistentes com os padrões éticos e destrutivos da liberdade individual.'. O caso também estabeleceu a doutrina da 'atenuação', sendo o primeiro a oficialmente reconhecer que mesmo onde a prova questionada não teve uma 'fonte independente' ela ainda assim seria admissível: 'Um argumento sofisticado pode provar uma conexão causal entre a informação obtida pela interceptação ilícita e a prova do Governo. Como uma questão de bom-senso, entretanto, tal conexão pode ter-se tornado tão atenuada que se dissipe a mácula'".[15]

Quando o conhecimento decorre de uma "fonte independente" daquela prova que se toma como ilícita, ou mesmo dela derivada, não se aplica a regra de exclusão. A hipótese é lógica e aparece em *Wong Sun v. United States* (1963),[16] no qual se usa uma proposição que está em *Silverthorne Lumber Co. v. United States* (1920). É como se se afirmasse que o fruto tem uma relação com a árvore envenenada marcada por uma *conditio sine qua non*.[17]

Por fim, a questão mais problemática e que de certa forma põe à prova a postura dos norte-americanos na defesa da Emenda IV diz com a chamada *"inevitable descovery"* (descoberta inevitável) ou "hypothetical independent source" (fonte hipotética independente). Como está em Yale Kamisar et al.,[18] "Uma variação da exceção da 'fonte independente' é a 'descoberta inevitável' ou 'fonte hipoteticamente independente', uma doutrina utilizada há tempos por muitas cortes inferiores e recentemente adotada pela Suprema Corte dos EUA (cita *Nix v. Williams [1984]*[19]). Esta doutrina difere da exceção da 'fonte independente' no

---

[15] KAMISAR, Yale; LaFAVE, Waye R.; ISRAEL, Jerold H.; KING, Nancy J. *Modern criminal procedure*: cases, comments and questions. 10. ed. Saint Paul: West, 2002. p. 764-765: "In Nardone v. United State, 308 U.S. 338, 60 S. Ct. 266, 84 L. Ed. 307 (1939), *which first used the phrase 'fruit of the poisonous tree,' the Court, per Frankfurter, J., refused to permit the prosecution to avoid an inquiry into its use of information gained by illegal wiretapping, observing that 'to forbid the direct use of methods [but] to put no curb on their full indirect use would only invite the very methods deemed 'inconsistent with ethical standards and destructive of personal liberty.' The case also established the 'attenuation' doctrine, being the first to authoritatively recognize that even where the challenged evidence did not have an 'independent source' it might still be admissible: 'Sophisticated argument may prove a causal connection between information obtained through illicit wire-tapping and the Government's proof. As a matter of good sense, however, such connection may have become so attenuated as to dissipate the taint.*"

[16] *Wong Sun v. United States*, 371 U.S. 471 (1963).

[17] Para tal matéria, em geral se usa o chamado *"but for test"*. Ele funciona para definir a causalidade em alguns casos (de negligência, por exemplo) e é semelhante à fórmula da eliminação hipotética: *but for* = exceto se.

[18] KAMISAR, Y. et al. Modern..., Op. cit., p. 766: "*A variation of the 'independent source' exception in the 'inevitable discovery' or 'hypothetical independent source' rule, a doctrine long utilized by many lower courts and recently accepted by the U.S. Supreme Court. This doctrine differs from the 'independent source' exception in that the question is not whether the police actually certain evidence by reliance upon an untainted source, but whether evidence in fact obtained illegally would inevitably or eventually or probably have been discovered lawfully.*"

[19] Conhecido como *Williams II*: *Nix v. Williams*, 467 U.S. 431 (1984).

sentido de que a questão não é se a polícia *em realidade* obteve certa prova confiando em uma fonte não maculada, mas se a prova de fato obtida ilegalmente seria inevitavelmente ou eventualmente ou provavelmente descoberta de forma legal."

Diante desta breve síntese pode-se concluir que *tanto italianos como norte-americanos continuam sofrendo com três problemas cruciais* (além de outros de menor importância) diante das posições que assumem majoritariamente – *sempre lembrando que para eles não há um preceito específico prevendo a inadmissibilidade da prova ilícita e isso é determinante nos seus modos de pensar* –, isto é, 1º, a imensa dificuldade de *"individualizar a norma"*;[20] 2º, a extensão que se deve dar à adequação típica,[21] mormente quando, sem preceito proibitivo da inadmissibilidade, deva-se trabalhar com preceitos indeterminados como, por exemplo, aquele de *razoabilidade*[22] e, por fim, 3º, as consequências que se deva ter no plano da violação concreta de preceitos extraprocessuais penais.[23]

No *primeiro problema*, a dificuldade de "individualizar a norma" diz com a tipificação do ato, ou seja, se ele em sendo ilegal (sempre) é ilegítimo ou ilícito.[24]

É o problema eterno da relação sujeito-objeto, de todo insolúvel no âmbito da Filosofia da Consciência e que, observado desde a imperatividade (seria, em verdade, uma pretensão absurda da razão, como se sabe) de se "dizer a Verdade", mais propriamente de "eu dizer a Verdade", *só levou e leva à desilusão e ao absurdo*, como mostraram Sartre, Camus, Ionesco, dentre outros.

---

[20] NUVOLONE, P. Le prove..., Op. cit., p. 474.

[21] AMAR, Akhil Reed. *The constitution and criminal precedure*: first principles. New Haven and London: Yale University Press, 1997, pp. 1-45.

[22] Como aquele da Emenda IV da Constituição norte-americana que fala de *"unreasonable searches and seizures"*. V. nota nº 10, supra.

[23] Por todos, v. SCAPARONE, M.. *Common*... cit., p. 162: "*La tesi favorevole alla regola di esclusione è invece dettata dalla preoccupazione di assicurare in ogni caso la legalità della repressione del reato. Essa può venire giustificata*, com'è tradizionalmente giustificata dalla Corte suprema americana, con la considerazione che le sanzioni previste per l'illecito del funzionario di polizia vengono applicate raramente, *sicchè solo la prevista inutizzabilità nel processo penale della prova di colpevolezza illegalmente ottenuta può assicurare la legalità dell'azione dell'inquirente.*" ["A tese favorável à regra de exclusão é pelo contrário ditada pela preocupação de asegurar em cada caso a legalidade da repressão ao crime. Essa pode ser justificada, *como é tradicionalmente justificada pela Corte Suprema americana, com a consideração que as sanções previstas para o ilícito do funcionário de polícia vêm aplicada raramente*, assim como só a previsão da inutilizabilidade no processo penal da prova de culpabilidade ilegalmente obtida pode asegurar a legalidade da ação do inquirente."] (Grifou-se).

[24] NUVOLONE, P. Le prove... cit., p. 470: "*La violazione del divieto costituisce in entrambi i casi un'illegalità; ma mentre, nel primo caso [divieto ha natura esclusivamente processuale], sarà solo un atto illegittimo*, nel secondo caso [divieto ha natura sostanziale] sarà anche un *atto illecito.*" (A violação da proibição constitui, em ambos os casos, uma ilegalidade; mas enquanto no primeiro caso [proibição tem natureza processual] será só um *ato ilegítimo*, no segundo caso [proibição tem natureza substancial] será também um *ato ilícito.*")

No fundo, tal perspectiva é ingênua e ideológica seja porque a relação só se expressa pela linguagem e, portanto, o objetivo e o subjetivo não podem ser apreendidos como parece à primeira vista, seja porque a própria linguagem se dá ao furo produzido desde uma outra cena, de todo inconsciente, como mostraram Freud, Lacan e tantos outros.

Por isso, quando muito se poderia tentar uma separação desde as *categorias axiológicas binárias* como, para o ordenamento processual penal a base *admissível/inadmissível e/ou eficaz/ineficaz*; e para aquela do ordenamento substantivo *lícito e ilícito*, como querem Castanheira Neves[25] e Jorge de Figueiredo Dias[26] para marcar a única e verdadeira diferença possível entre o ordenamento processual penal e aquele penal. É só pensar nas chamadas "normas bifuncionais", ou seja, as de uma zona cinzenta, opaca, entre os dois ramos, do que é exemplo marcante (e quase insolúvel, hoje) as referentes à prescrição.

Na hipótese em discussão (diferença entre prova ilegítima e prova ilícita), porém, a questão não é tão simples e mereceria uma maior reflexão, mormente para se pensar no "ilícito" decorrente da violação dos preceitos dos ordenamentos processuais civil, trabalhista, fiscal etc.

Em suma, a diferenciação entre as modalidades de prova feita pelos italianos – no caso a elaboração é de Pietro Nuvolone, no texto citado – é inteligente e aguda, mas não abarca uma possível solução à *arbitrariedade* (aos anglo-saxões, *discricionariedade*) da adequação típica, mormente se falta o preceito proibitivo da admissibilidade, o que dificulta sobremaneira o tratamento da matéria.

No *segundo problema* está a questão da *extensão da tipificação* e, portanto, tudo aquilo que se não pretende com um ordenamento criminal (*lato sensu*) fincado na *legalidade*, isto é, na *reserva de lei*, na *tipicidade* e na *taxatividade*.

Ora, neste passo seria inconstitucional tudo o que ferisse, na obtenção da prova ilícita, a legalidade e, portanto, qualquer daqueles princípios, promulgados como regras ou não. Diante disso, como seria possível admitir, no processo penal, uma prova inconstitucional? A corrente majoritária italiana, todavia, não pensa assim, porque dando mais valor à absurda "descoberta da verdade" (na qual, em geral, acreditam), mesmo que a qualquer preço, acabam por se socorrer da falta de um preceito proibitivo da admissibilidade de tal prova, o qual só poderia ser aquele interno ao ordenamento processual penal. Tal tese é sugestiva e muito difícil de rebater, mas tropeça no seu próprio passo, isto é, por um lado apostando na falta de um preceito secundário na Constituição e, por outro, na inviabilidade de algumas provas que, mesmo presentes no ordenamento processual penal e por elas se tendo chegado ao resultado desejado, não deram conta da estrutura interna do ato como, por exemplo, no caso do interrogatório feito com o uso do *detector de mentiras*, porque "as confissões e os depoimentos extorquidos são processualmente irrelevantes [ou] uma

---

[25] CASTANHEIRA NEVES, António. *Sumários de processo penal*. Coimbra: Coimbra Editora, 1968. p. 11 ss.

[26] FIGUEIREDO DIAS, Jorge de. *Direito processual penal*. Coimbra: Coimbra Editora, 1974. p. 34

manifestação narrativa obtida com o uso de procedimentos narcoanalíticos [...] [porque] falta uma declaração consciente do *sujeito*".[27]

O problema mais grave, sem dúvida, *na questão da extensão*, diz com a abertura que se dá ao *solipsismo*, por sinal atitude típica das posturas positivistas. E não se trata simplesmente de não entender que *a adequação típica é complexa porque os preceitos estão prenhes de indeterminação* e, portanto, que a vida não se deixa apreender com tanta facilidade. Trata-se, isso sim, de ter escrúpulo e *não permitir que qualquer um diga qualquer coisa sobre qualquer coisa*, como têm insistido Lenio Luiz Streck[28] e tantos outros. Enfim, vai-se a um ponto tal que se está a formular enunciados que ofendem ao *princípio aristotélico da não contradição* e, por isso, desafia-se a inteligência da civilização ocidental (que se organizou dentro de um padrão lógico mínimo) e o último bastião de uma racionalidade minimamente coerente.

O próprio Cordero, neste tema – de que se está a depender do órgão jurisdicional – é desconfiado, embora elogie a experiência norte-americana: "Os termos do problema, intui-se rápido, colocam-se de modo totalmente diverso sobre o terreno de uma jurisprudência criativa, de um direito de origem pretoriana: aqui a solução varia em relação aos comportamentos determinados pela consciência social e desde a *Weltanschauung* (concepção de mundo) política, fora de qualquer esquema preestabelecido."[29] Em verdade, não seria preciso muito mais: quando a consciência social e a concepção política fazem variar as soluções, esvai-se logo a *impessoalidade* e, neste compasso, resta aos cidadãos conviver com a *fulanização* do processo penal, que lhe deixa de ser uma *garantia* para se tornar uma *ameaça indevida*.

No *terceiro problema*, a questão não é mais diretamente ligada a temas que em especial devam resolver italianos e norte-americanos como consequência da falta de preceito proibindo a admissibilidade da prova ilícita e sim a uma matéria que diz respeito tanto a eles quanto aos brasileiros: a perseguição dos que violam as leis extraprocessuais penais para obter provas ilícitas.

Antes de tudo, estranha como os agentes responsáveis pela perquirição atuem contra a lei e nada ou muito pouco lhes aconteça. Do ponto de vista psíquico, o que se pode dizer *prima facie* é que se *não tem limite* mas, de antemão, sabe-se não ser isso verdadeiro. Não

---

[27] CORDERO, F. Prove illecite nel processo penale. *Rivista Italiana di Diritto e Procedura Penale*. Milano: Giuffrè, 1961. p. 52-3: *"le confessione e la deposizione estorte sono processualmente irrilevanti [o] una manifestazione narrativa ottenuta con l'uso di procedimenti narcoanalitici [...] [perché] manca una dichiarazione cosciente del soggeto."*

[28] STRECK, Lenio Luiz. *Hermêutica jurídica (e)m crise*. 10. ed. Porto Alegre: Livraria do Advogado, 2011. p. 403.

[29] CORDERO, F. Prove..., Op. cit., p. 39: *"I termini del problema, lo si intuisce súbito, si pongono in tutt'altro modo sul terreno d'una giurisprudenza creativa, di un diritto d'origine pretoria: qui la soluzione varia in relazione agli atteggiamenti della coscienza sociale ed alla* Weltanschauung *politica, al di fuori d'ogni schema prestabilito."*

só há limite – representado pelo preceito secundário dos textos legais – como, em alguns casos, são eles altamente ameaçadores ao direito de ir e vir, havendo previsão de penas altíssimas para os casos mais graves como, por exemplo, a tortura. Sendo assim, parece sobrar pouco para se indagar sobre a ineficácia do efeito deterrente de tais ameaças, *a não ser que elas não sejam levadas à prática*, algo tão só possível através do *devido processo legal*. Pois é exatamente o que se tem passado!

Como observou Vincenzo Vigoriti, "nem se pode esquecer – e eis um outro ponto no qual o estudo do ordenamento americano se revela útil – que declarar as provas ilegitimamente obtidas admissíveis, reservando-se para depois punir os funcionários autores do ilícito é remédio absolutamente insuficiente para proteger os indivíduos de perquirições e sequestros ilegítimos. Desde que verdadeiro, na Itália e nos Estados Unidos ocorre que os agentes responsáveis sejam raramente e de qualquer forma ineficientemente punidos em sede penal e disciplinar, com a consequente renovação dos comportamentos lesivos por parte dos perquiridores, razão por que se não pode ter como injustificado, em um plano de conveniência política, reforçar a tutela do cidadão contra o ilícito da autoridade, com a proibição de utilizar provas ilegitimamente obtidas, proibição que ao contrário não seria proporcionada quando o ilícito fosse cometido por um particular".[30]

Parece induvidoso, assim, que *desencadear a persecução contra os infratores – todos! – é medida imprescindível para se criar uma cultura de não violação às regras estabelecidas para obtenção das provas*, algo que, ao contrário, acaba incentivado se aqueles que devem provocar os atos persecutórios não o fazem. Tal medida, como se sabe, é ditada, como precitado, pela conveniência política mas, sobretudo, pela lei.

24.3 Por uma efetivação plena da Constituição da República

No Brasil o legislador constituinte de 1988 sabia de toda a problemática que o mundo enfrentava sobre o tema das provas ilícitas e a opção que se fez pela redação do art. 5º, LVI, da CR, foi, sem dúvida, a melhor possível; ou quase.

A referida redação do inciso LVI ("*são inadmissíveis, no processo, as provas obtidas por meios ilícitos*") vai ao coração da problemática e *deixa taxativo a inadmissibilidade*, no pro-

---

[30] VIGORITI, V. Prove... cit., p. 72: "*Né si può dimenticare – ed ecco un altro punto in cui lo studio dell'ordinamento americano si rivela utile – che dichiarare le prove illegittimamente acquisite ammissibili, riservandosi poi di punire i funzionari autori dell'illecito, è rimedio assolutamente insufficiente a proteggere i singoli dalle perquisizioni e sequestri illegittimi. Poiché invero, in Italia come già negli Stati Uniti, accade che gli agenti responsabili siano raramente e comunque inefficacemente puniti in sede penale e disciplinare, con il conseguente rinnovarsi di comportamenti lesivi da parte dei perquirenti, non si può ritenere ingiustificato, su un piano di convenienza politica, rafforzare la tutela del cittadino contro l'illecito dell'autorità, con il divieto di utilizzare prove illegittimamente acquisite, divieto che non sarebbe invece proporzionato quando l'illecito fosse commesso da un privato.*"

cesso, das provas ilícitas, ou melhor, daquelas "obtidas por meios ilícitos". Com isso e sem se fazer confusão entre objeto de prova e meio de prova – sempre tão frequente na dogmática processual penal, mormente na jurisprudência –, percebeu-se que a prova tornava-se írrita em razão da maneira como era *encontrada ou construída* e, portanto, *obtida*. Justo porque *é ali que se dá a violação ao preceito legal, seja ele qual for*, mesmo porque o preceito constitucional não faz qualquer diferença e *não seria o intérprete aquele que poderia fazer*, por sinal e como é primário, nem o legislador infraconstitucional, dado que o *due process of law* chega até tal ponto, o que é despiciendo discutir. Por isso, *em se tratando de preceito que expressa um direito individual referente ao devido processo legal* (pelo *"são inadmissíveis, no processo*) *e limita a conduta de quem quer que seja, dos servidores públicos aos privados (pelo "as provas obtidas por meios ilícitos")*, não pode receber, de forma alguma, *interpretação restritiva*, como insistentemente vêm alguns querendo fazer, sem esquecer que se tratam das *provas obtidas* e, por isso, *todas*! E assim, como se diz na prática, não se pode porque o texto não admite, ou melhor e para tentar ser mais preciso, porque as palavras do preceito não comportam uma redução que, vê-se logo, nele não está justo em razão de ser o que se não pretendia. De qualquer maneira, o próprio art. 5º, § 2º, da CR[31] (para quem precisa da autorização legal!), combinado com o art. 3º, do CPP,[32] abrem espaço para a aplicação do Canon 18, do Código Canônico,[33] com todos os princípios que o suportam, o que inexplicavelmente segue desconhecido solenemente *in terrae brasilis*:

---

[31] CR, art. 5º, § 2º "Os direitos e garantias expressos nesta Constituição não excluem outros decorrentes do regime e dos princípios por ela adotados, ou dos tratados internacionais em que a República Federativa do Brasil seja parte."

[32] CPP, art. 3º "A lei processual penal admitirá interpretação extensiva e aplicação analógica, bem como o suplemento dos princípios gerais de direito."

[33] Perceba-se pelo lado oposto, a mesma posição: MIRANDA COUTINHO, Jacinto Nelson de. A absurda relativização absoluta de princípio e normas: razoabilidade e proporcionalidade. In: MIRANDA COUTINHO, J. N; FRAGALE FILHO, Roberto; LOBÃO, Ronaldo. Constituição e ativismo judicial. Rio de Janeiro: Lumen Juris, 2011. p. 194: "Perceba-se: a regra é o Estado proteger a vida na sua totalidade, pois veio para tanto. Mas não é possível matar? Sim, mas tão só no **espaço estritamente fixado pela Constituição**, justo por ser – como se percebe – a exceção. Aqui, o que se deve ressaltar é *delimitação estrita da exceção*, pela sua natureza. **Logo, se a regra é excepcional, não poderia ter, em hipótese alguma, interpretação extensiva, tudo ao contrário do que vêm sustentando os arautos da relativização das regras e princípios.** 'Leges quae poenam statuunt aut liberum iurium exercitium coarctant aut exceptionem a lege continent, strictae subsunt interpretationi' é a regra do Cânon 18 do Código Canônico e no Brasil aplicável, dentre outras, pela regra do art. 5º, § 2º, da CR. Tal cânon, como se vê pela literalidade, fixa vários princípios, dos quais se ressalta aquele referente à **odia sunt restringenda et favores ampliandi**, ou seja, **interpretação lata dos favores e estrita das limitações**. Deste modo, **não há dúvida que as exceções (necessariamente) abertas à inviolabilidade dos direitos fundamentais e seus consequentes, dentro dos limites que têm (ou são), não admitem, em nome de nada e de ninguém, qualquer violação**, o que se dá com a extensão da interpretação."

> "*Leges quae poenam statuunt aut liberum iurium exercitium coarctant aut exceptionem a lege continent, strictae subsunt interpretation.*"[34]

Mas é exatamente no fato de se ter lei prevendo a inadmissibilidade da prova ilícita que tudo parecia resolvido em um Brasil a caminho da efetivação democrática plena no pós-88 mas, como se sabe bem, a solução começou logo a ser vivida como pesadelo; e já não era mais, obviamente, por falta de lei. E que lei!

Em verdade, por um mundo de motivos, não se consegue fazer viva a Constituição; e seguramente aqui se está diante de um dos pontos mais escabrosos. Afinal, quando não se tem nada para discutir e inventar em termos de hermenêutica, por força de um texto que diz quase tudo que pode dizer, aí sim é que se inventa. Chega, por certo, a ser paradoxal se se leva em consideração tudo aquilo que se estuda no Direito a partir das escolas positivistas, começando por Kelsen e sua moldura. É como se o texto oferecesse uma moldura perfeita (ou quase) e não se tivesse nada para agregar e, mesmo assim, seja lá por que for, cria-se uma brecha pela qual o que se pretende é não deixar o preceito se efetivar. Está-se diante, dentre outras coisas, da maior expressão do *jogo ideológico*, mormente porque *o texto constitucional, como se sabe, é incompatível com os postulados do pensamento neoliberal dominante* e que quer ser um *pensamento único*, como exprimiu Ignácio Ramonet. Natural, então, que, onde não se tenha um aparente furo de linguagem, crie-se o tal furo e, para ele, a linguagem adequada para tamponá-lo. Na falta da palavra, colocam-se... palavras. Trata-se, porém, de uma *vergonhosa tentativa*, logo desmascarada porque se não podem tomar todos, em todo tempo, como parvos, dado não serem. Sobra, todavia, principalmente quando em questão estão os espaços do poder (como o do Judiciário e sua relação com o Executivo e Legislativo), um enorme sofrimento ao povo e se abala os alicerces da nação pois, do ponto de vista do registro simbólico, só faz aumentar a descrença nas instituições (começando pelas de Brasília), nas leis (começando pela constitucional) e nos homens, começando pelos *públicos*.

No fundo, tudo isso demonstra a fragilidade da estrutura fundada na Filosofia da Consciência (como antes referido) e no fato de que seu ocaso não tem propiciado emergir a Filosofia da Linguagem como modelo de pensamento pois, como se sabe (ou já não se deveria desconhecer), *tem prevalecido o pensamento econômico neoliberal*, essa desgraça criada por Hayek como *epistemologia* e difundida aos incautos como panaceia pelo monetarismo de Friedman e seus discípulos. O resultado desse absurdo conhecem todos (na onda, por ora, estão os europeus, de gregos a portugueses, passando por espanhóis, italianos e outros), mas *alguns na própria carne ou na psique*. Está-se diante do quadro das discussões referentes à prova ilícita.

Os tribunais brasileiros nunca conviveram bem com a prova ilícita obtida mediante tortura, mesmo antes da CR 88 e quando se admitia na sua mais larga extensão o *male*

---

[34] Código Canônico, Canon 18 – "As leis que estabelecem pena ou limitam o livre exercício dos direitos ou contêm exceção à lei devem ser interpretadas estritamente."

captum bene retentum, ainda que contra boa parte da doutrina. Enfim, encontrava-se uma solução jurídica para inviabilizar a prova e não a admitir no processo. Sem embargo, já neste período se criavam diatribes a um discurso mais *liberal* ou mesmo *alternativo*, inventando-se, para o caso concreto, dificuldades que não deveriam aparecer como, por exemplo, a *inversão do ônus da prova*, a *exclusão dissimulada em decisões condenatórias forjadas no conjunto probatório e por força do livre convencimento* e, até mesmo, pela aplicação – por mais escandalosa que pudesse ser – do *pas de nullitè sans grief*. Por trás disso tudo se movia pela prevalência – insuportável – da *"busca da verdade real"* sobre a *dignidade da pessoa humana*, a qual tinha como resultado, mais ou menos, o aforismo, de todo antidemocrático, de que *os fins justificam os meios*. E assim era porque a situação criava um quadro similar àquele esquizofrênico na cabeça pouco esperta de alguns menos preparados ou mesmo, quando bem intencionados, fiéis seguidores da literalidade das leis. Foi por esses, enfim, que o texto constitucional referente à inadmissibilidade da prova ilícita se fez necessário.

De qualquer modo e como não poderia deixar de ser, *o simples preceito constitucional não bastou*, como sói acontecer, em função de que *o problema não é de ordem legal ou filosófico e sim em razão da questão ideológica* e que desaguou, sobretudo, no *solipsismo jurídico*. Um coisa é certa e deve ser dita desde logo: *com regras e princípios constitucionais não se brinca, não se negocia, não se relativiza – como se tem feito e nome de deuses menores –, sob pena de se inviabilizar os próprios direitos e garantias individuais*. Assim, textos que nascem para prever taxativamente as limitações ao alcance hermenêutico não podem, por motivo algum, salvo onde a discussão pode ser admitida, receber extensão ou restrição.

Por tal motivo que se diz que *"são inadmissíveis, no processo, as provas obtidas por meios ilícitos"* e não se dá – como de fato o legislador não deu – espaço para as restrições, razão por que elas não podem ser acolhidas, logo, *todas as provas, se forem obtidas por meios ilícitos, não devem ser admitidas*. Fica simples, deste modo, sustentar que se não pode ter, no Brasil, os problemas que têm italianos e norte-americanos. A prática, contudo, dos órgãos de investigação aos tribunais, passando pela opinião pública regida pelos meios de comunicação e pelo magistério jurídico, desaconselha uma conclusão simplista. *Habemus legis; ma non troppo*.

Isso se pode ver, claramente, no caso paradigmático das *interceptações telefônicas*. Nele, o egrégio STF,[35] para espanto e desapontamento da nação que quer ver efetivada a CR, cedendo aos interesses dos órgãos do Poder Executivo, máxime aqueles de investigação mas não deixando de fora as CPIs, acabou por entender, em face da Lei nº 9.296/96, que 15 dias mais 15 dias não são 30 dias e sim uma eternidade. Era como se se tivesse dito não existir lei a respeito do assunto (mesmo ela estando lá em vigência) e, assim, chegou-se a centenas ou milhares de *interceptações telefônicas*, nem todas devidamente autorizadas e, algumas, ainda que recebendo o aval do Judiciário, evidentemente ilícitas porque levadas a efeito por meses e até anos. Para tal matéria, porém, vale o *leading case*

---

[35] Depois de ter decidido pela inadmissibilidade no HC nº 72.588-1, da Paraíba, Tribunal Pleno, rel. o Min. Maurício Corrêa, julg. em 12.06.96, D.J de 04.08.2000, dentre outros.

do STJ, em acórdão da lavra do Min. Nilson Naves, um dos melhores juízes que o país já teve em toda a sua história, no *Habeas Corpus* nº 76.686 -PR (2007/0026405-6),[36] em que ficou ementado:

> Comunicações telefônicas. Sigilo. Relatividade. Inspirações ideológicas. Conflito. Lei ordinária. Interpretações. Razoabilidade.
>
> 1. É inviolável o sigilo das comunicações telefônicas; admite-se, porém, a interceptação 'nas hipóteses e na forma que a lei estabelecer'.
>
> 2. Foi por meio da Lei nº 9.296, de 1996, que o legislador regulamentou o texto constitucional; é explícito o texto infraconstitucional – e bem explícito – em dois pontos: primeiro, quanto ao prazo de quinze dias; segundo, quanto à renovação – 'renovável por igual tempo uma vez comprovada a indispensabilidade do meio de prova'.
>
> 3. Inexistindo, na Lei nº 9.296/96, previsão de renovações sucessivas, não há como admiti-las.
>
> 4. Já que não absoluto o sigilo, a relatividade implica o conflito entre normas de diversas inspirações ideológicas; em caso que tal, o conflito (aparente) resolve-se, semelhantemente a outros, a favor da liberdade, da intimidade, da vida privada, etc. É que estritamente se interpretam as disposições que restringem a liberdade humana (Maximiliano).
>
> 5. Se não de trinta dias, embora seja exatamente esse, com efeito, o prazo de lei (Lei nº 9.296/96, art. 5º), que sejam, então, os sessenta dias do estado de defesa (Constituição, art. 136, § 2º), ou razoável prazo, desde que, é claro, na última hipótese, haja decisão exaustivamente fundamentada. Há, neste caso, se não explícita ou implícita violação do art. 5º da Lei nº 9.296/96, evidente violação do princípio da razoabilidade.
>
> 6. Ordem concedida a fim de se reputar ilícita a prova resultante de tantos e tantos e tantos dias de interceptação das comunicações telefônicas, devendo os autos retornar às mãos do Juiz originário para determinações de direito.

Não se pode ter dúvida, portanto, que qualquer manipulação do preceito constitucional, na via hermenêutica, é espúrio. E isso deve atingir, ainda que alguns não queiram, aquilo que os norte-americanos chamam de "*hypothetical independent source*", ou seja, algo que só faz sentido quando não se tem previsão expressa da inadmissibilidade, como é sintomático. No caso brasileiro, *a legalidade* não permite nenhuma concessão a uma *fonte meramente hipotética*, ou seja, a *mero produto mental* e, assim, insustentável dado que dos *significantes* não se pode retirar nada de *significado* a garantir alguma coisa, por mais que

---

[36] HC nº 83.515, do Rio Grande do Sul, Tribunal Pleno, rel. o Min. Nelson Jobim, julg. em 16.09.2004, DJ de 04.03.2005.

as aparências possam apontar naquela direção. Para isso perceber basta analisar com um pouco mais de cautela o famoso caso *Nix v. Williams*, conhecido como *Williams II*: nada garante que haveria uma *"descoberta inevitável"* no rastreamento que os investigadores estavam fazendo até porque o corpo (enterrado logo em seguida ao ponto onde a busca parou) não havia sido achado ainda e, em verdade, bastava uma desatenção para que o investigador não o percebesse. Logo, *dizer da descoberta que ela era inevitável não passa de mera elucubração mental*, arredia por completo da previsão constitucional brasileira.

Por outro lado, quando se tem a prova obtida como ilícita, a solução, no processo, como balizado pelo art. 157, do CPP,[37] é a *inutilização* após o *desentranhamento*, de modo que não seja usada no fundamento das decisões e, se possível, nem gere a tentação de o ser.

Se a atividade é criminosa (aquela levada a efeito para se obter o meio de prova), seja em que hipótese for, isto é, por abuso de autoridade (Lei nº 4.898/65) ou outro, *deve a autoridade comunicar expressamente as autoridades competentes e/ou com atribuições para proceder à persecução penal*, na forma da lei, tudo de modo a que se possa ir criando uma cultura democrática na busca e obtenção da prova.

Por fim, os órgãos do Poder, mormente aqueles do Judiciário, não têm e nem podem ser lenientes com posturas – por certo criminosas – de agentes persecutórios que se pensam acima da lei. Em face do registro simbólico, essas pessoas, dentro de um espírito *justiceiro*, acham-se incentivadas a continuar praticando tais condutas *contra legem*, só que se sentem amparadas e, de certa forma, estão se, contra suas condutas, nada se faz. Para isso concluir é só lembrar o que se passou nos *"porões do último regime militar"* e o pouco caso que se fez à tortura e outras ações ilícitas, sendo induvidoso que isso gerou um aumento de tais práticas em relação aos crimes comuns.

Em definitivo, não é possível agradar a elas e à nação ao mesmo tempo. Como referido nas frases lapidares atribuídas a Herbert Bayard Swope, grande jornalista americano, e a John Fitzgerald Kennedy, fazer algo do gênero é, por certo, o *caminho do fracasso*, ou seja, aquele de "querer agradar a todo mundo".

---

[37] CPP, art. 157, com redação dada pela Lei nº 11.690, de 2008: "São inadmissíveis, devendo ser desentranhadas do processo, as provas ilícitas, assim entendidas as obtidas em violação a normas constitucionais ou legais.

§ 1º São também inadmissíveis as provas derivadas das ilícitas, salvo quando não evidenciado o nexo de causalidade entre umas e outras, ou quando as derivadas puderem ser obtidas por uma fonte independente das primeiras.

§ 2º Considera-se fonte independente aquela que por si só, seguindo os trâmites típicos e de praxe, próprios da investigação ou instrução criminal, seria capaz de conduzir ao fato objeto da prova.

§ 3º Preclusa a decisão de desentranhamento da prova declarada inadmissível, esta será inutilizada por decisão judicial, facultado às partes acompanhar o incidente."

25

Direitos humanos: notas de uma concepção interdisciplinar

George Browne

A expressão *Direitos Humanos* deve ser primeiramente entendida na sua mais ampla e transparente acepção, para que, em sucessivo, se discutam os seus desdobramentos, especificidades, repercussões e conexões com outras áreas do saber e do fazer humanos. O propósito dessa escolha metodológica consiste em possibilitar a abertura de uma perspectiva filosófica que contemple o tema e os seus problemas, nomeadamente a partir de alguns dos seus enfoques multidisciplinares, a saber: o direito, a ética, a ciência política, a religião e a arte.

Ademais, a questão da origem dos direitos humanos é um tema que tem suscitado não poucas controvérsias. Trata-se, por exemplo, de um direito cuja raiz é jusnaturalista ou seria uma direito também suscetível de positivação? Ter-se-ia que buscar a sua explicação num fundamento moral? Seriam direitos universais, ou variariam no curso da história em função dos contextos culturais em que se desenvolvem? São algumas das questões problemáticas envolvidas na elucidação do tema, cuja complexidade pressupõe uma reflexão mais aprofundada sobre a sua natureza.

Em obediência aos limites impostos ao trabalho, evitar-se-á, ademais, retroceder, numa detalhada incursão histórica, acerca da problemática dos Direitos Humanos que remonte às suas conquistas na modernidade, como, por exemplo, aquelas relativas às Revoluções Francesa e Americana.

Uma primeira e mais abrangente aproximação do problema nos termos anteriormente sugeridos terá como ponto Alfa o paradigma contido no Artigo VI, da Declaração Universal dos Direitos Humanos de 1948, segundo a qual "Todo homem, tem direito de ser, em todos os lugares, reconhecido como pessoa perante à lei."

De logo, infere-se que tal definição de "Direitos Humanos" pretende, em interligando o universo jurídico a toda a humanidade, torná-la, em consequência, uma categoria aplicável subjetiva e primeiramente, a qualquer pessoa, sobretudo no que concerne ao respeito à sua dignidade, vista sob uma perspectiva ético-jurídica; mas, se, por um lado, eles se direcionam de modo específico a cada indivíduo, enquanto pessoa singular considerada em si mesma, por outro, se estendem a toda espécie humana, independentemente da raça, cultura, crença, situação socioeconômica, nível de educação e condições biopsicológicas ou mentais.

Não há que se cogitar, como se tem por vezes sugerido, que a expressão *Direitos Humanos* possa ser considerada como tautológica, sob o argumento de que só existam direitos entre e para os humanos. É sobejamente sabido que há também outra sorte de direitos não diretamente categorizados como humanos, embora estejam com eles umbilicalmente relacionados. Ademais, alega-se ainda, sendo o direito, no entender de um número significativo de sociólogos e juristas, um produto da cultura hão, portanto, de se admitir entre diferentes sociedades e grupos sociais características idiossincráticas e mesmo certos antagonismos culturais que, por seu turno, se refletem na diversidade das suas concepções ético-jurídicas, descaracterizando, consequentemente, a existência de um conceito de direitos humanos, cujo significado e aplicação possam ser uníssona e invariavelmente admitidos; logo, partindo desse raciocínio seria forçoso reconhecer que tais pretensões universalistas restariam então fulminadas por força das naturais diferenças entre povos ou nações.

Por outro lado, defensores dos direitos humanos não consideram esse relativismo cultural como uma barreira intransponível à formulação pragmática dos direitos do homem. Assentem, assim, que tais direitos possam ser, de alguma forma, atribuídos a todos os seres humanos, seja enquanto indivíduos particularizados, seja como seres enredados na teia das relações sociais. Em outras palavras, na medida em que se torne possível identificar a existência de interesses e valores comuns a toda a espécie, independentemente das variações culturais que lhe são inerentes, tornar-se-ia possível admitir-se a hipótese de conferir à totalidade dos indivíduos certas notas genéricas, cuja inclusividade globalizada assumiria a forma de princípios e valores, atribuíveis a toda e qualquer pessoa enquanto ser humano.

É sabido que a problemática dos Direitos Humanos representou historicamente uma constante preocupação ao longo de todo o processo civilizatório. Do ponto de vista da filosofia clássica, por exemplo, o estoicismo já considerava que a pessoa, como um ser harmonicamente integrado ao universo natural e humano, constituía a pedra de toque de uma comunhão universal. Não poucas foram, ademais, as tentativas clássicas e modernas de formulá-los doutrinariamente e mesmo de institucionalizá-los formalmente. Nunca, contudo, sua ausência suscitou tão premente necessidade de introduzi-los no cenário mundial do que quando da ocorrência dos dois grandes conflitos bélicos que afligiram a humanidade na primeira metade do século XX.

Foi então, a partir dessas comoções internacionais, produzidas por tais acontecimentos que os Direitos Humanos ganham fóruns mais solidamente institucionalizados e abrangentes, na base da convicção de que os interesses econômicos, políticos e morais da humanidade deveriam juridicamente prevalecer sobre os hegemônicos nacionalismos.

Uma vez proclamada e reconhecida a identidade de certos interesses comuns a todos os homens, os conflitos e controvérsias entre estados soberanos – supunha-se – deveriam, a partir de então, ser dirimidos de forma pacífica e conciliadora, através do Direito Internacional e seus respectivos Tribunais. A Liga das Nações, juntamente com a Organização Internacional do Trabalho, criadas ao término da Primeira Guerra Mundial, instituíram barreiras aos usos e abusos da soberania estatal, relativamente aos indivíduos, rompendo com o clássico conceito de um Direito Internacional que cuidava tão somente das relações contratuais entre Estados, à revelia dos direitos do homem cidadão. Só ao término da Segunda Guerra Mundial a ONU torna-se um modelo ambicioso, que se propõe a erigir a humanidade ao nível de uma sociedade universal.

Nesse sentido, o Tribunal de Nuremberg representou uma criação paradigmática de julgamento e punição daqueles responsáveis pelo desrespeito aos Direitos Humanos pela Alemanha Nazista, durante a Segunda Guerra Mundial.

Uma breve análise da origem desse organismo internacional intitulado de ONU e da consequente enunciação dos Direitos Universais do Homem já permite que se descortinem algumas das mais ingentes preocupações dos seus idealizadores, relativamente à própria natureza dos Direitos Humanos e as condições de possibilidade de torná-los instrumentalmente viáveis e eficazes.

Assim é que, reunidos no verão de 1948 para participar de um Colóquio promovido pela Unesco sobre Direitos do Homem, espécie de *"ouverture"* comemorativa à Declaração dos Direitos Humanos, líderes mundiais e filósofos como Jacques Maritain, Gandhi, Benedetto Croce, Teilhard de Chardin, Audous Huxley e outros, já deixavam, naquela oportunidade, transparecer o clima de entusiasmo e as alvissareiras expectativas que se sucederiam a esse inesquecível momento histórico.

O conhecido filósofo neotomista Jacques Maritain, entretanto, não desconhecia a complexidade de, no rol de tão diferentes concepções acerca da natureza humana, encontrar um denominador comum que pudesse conciliar interesses e valores por vezes tão discrepantes. Todavia, acrescentava ele, não há uma sinonímia entre dificuldade e impossibilidade. Logo, é viável encontrar alternativas comuns, soluções que conduzam a verdades práticas que atendam os anseios coletivos de todos os homens, inobstante suas reais diferenças. Nesse sentido, Maritain expõe os seus argumentos afirmando:

> Seria vão procurar uma justificação racional comum dessas conclusões práticas e destes direitos. Empenhando-se nesta via, correr-se-ia o risco tanto de querer impor um dogmatismo arbitrário, como de ver-se imediatamente fechado em divergências inultrapassáveis. Se parece altamente desejável formular uma Declaração universal dos direitos do homem que seja como que o prefácio de uma carta moral do mundo civil, parece claro que, no que concerne a uma tal

Declaração, um acordo prático é possível, mas que um acordo teórico é impossível entre os espíritos (LEONE, 2001, p. 306).

Uma maior explicitação do princípio que consagra o papel e a função dos direitos humanos insculpidos no pré-citado Artigo VI da Declaração dos Direitos Humanos foi enfaticamente ressaltada, na Conferência Mundial de Direitos Humanos, realizada em Viena, em 1993, que categórica e formalmente consignou:

> Todos os Direitos Humanos são universais, indivisíveis, interdependentes e inter-relacionados. A comunidade internacional deve tratar os direitos humanos globalmente, de modo justo e equitativo, com o mesmo fundamento e a mesma ênfase. Levando em conta a importância das particularidades nacionais e regionais, bem como os diferentes elementos de base históricos, culturais e religiosos, é dever dos Estados, independentemente dos seus sistemas políticos, econômicos e culturais, promover e proteger todos os direitos humanos e as liberdades fundamentais.

Do ponto de vista de uma Filosofia do Direito que se propõe a conciliar juridicamente as diferenças culturais e os valores humanos universais, seria oportuno trazer aqui à colação a concepção neokantiana de Rudolf Stammler.

Para o professor de Malburgo e Berlim, o caráter formal do direito não comporta a noção de que o seu conteúdo provenha do mundo da empiricidade, sob pena de, em o fazendo, abrir mão da sua inarredável natureza universalizante. Com efeito, o direito existe na e para a sociedade: *ubi societas ib jus*. Mas, o elo que entrelaça o direito à vida social – esclarece Stammler – guarda uma certa analogia com aquele que ocorre na relação entre a matemática e o conhecimento sistemático das ciências empíricas. Se os conceitos matemáticos servem analiticamente de instrumentos ordenadores da realidade, a função do direito – analogamente àqueles – consiste em emprestar sua estrutura lógica à vida social, dando-lhe sentido e significado; os parâmetros de justiça que disciplinam e regem os comportamentos humanos devem estar, portanto, ao abrigo das variações e interveniências histórico-culturais, as quais, não raro, produzem anseios e expectativas contraditórias e de difícil controle na vida comunitária.

Referindo-se ao conceito do justo, Stammler afirma que é por intermédio da política que se chega ao desiderato da justiça. Mas, diz ele, é preciso estar atento, pois os problemas políticos se colocam sob a forma de questões concretas; mister do político é, sem dúvida, atingir os fins concretos que se pretende socialmente alcançar; todavia, há um caos de questões concretas desarticuladas, um número infinito de aspirações políticas que não se encaixam num eixo invariável de ordenação e estabilidade. Ao considerar a política uma arte o filósofo afirma:

> *Es cierto que la capacidad para resolver debidamente los problemas políticos difiere en los diversos pueblos e individuos según sus dotes, sus tradiciones y su educación.*

> *Y tiene también una gran importancia para la política la habilidad en materia de psicología práctica. Pero no basta esto ni es ello lo más importante: es necesario sobre todo tener una clara visión de las líneas directas fijas a que la actuación política se debe ajustar. Y si el saber aplicarlas es un arte, tendrá que descansar evidentemente en una base científica.* (STAMMLER, 1925, p. 529-530)

Todavia, é prudente que se esclareça o que Stammler quer dizer com a expressão "descansar evidentemente sobre uma base científica". Acerca da aplicabilidade do direito na regulação da vida social e política como manifestações atinentes à vontade humana, Stammler criticamente adverte sobre a impropriedade de se pretender estender a essa ordem de investigações as teorias e métodos das ciências naturais: *"No es el conocimiento del mundo físico lo que se investiga, sino la ordenación de actos volitivos en la relación condicionante de medio a fin"* (STAMMLER, 1925. p. 519).

Fiel à tradição da filosofia crítica, Stammler esclarece que as bases de uma política científica do direito pressupõe seu direcionamento no sentido de avaliar se as aspirações fundamentais da comunidade, que se refletem no fórum íntimo de cada indivíduo, estão canalizadas para um ideal social e não para visões parciais e subjetivistas que traduzem meramente manifestações egoístas e impulsos pessoais. Invocando Kant, Stammler reporta-se à obra *A Paz Perpétua*, a qual estabelece, como um dos critérios essenciais de uma política baseada na liberdade e respeito à autonomia dos indivíduos, a publicidade. A autoridade política que escamoteia a publicidade resvala pelos desvãos da injustiça, enquanto, legítimo é todo poder político que se vale dela para efeito de universalizar os referidos ideais sociais. Por conseguinte, sendo indispensável a efetiva presença de um poder que se encarregue da administração da justiça, é imperativo que o faça com amor, fomentando nos homens a educação para amar o justo, que é, em última análise, a missão da própria religião (Cf. STAMMLER, 1925, p. 524-525).

A ideia de Direito, segundo Stammler, adquire, desse modo, um sentido análogo àquele do dever-ser kantiano; portanto, ele existe, à margem de comprometimentos ideológicos ou hipoteticamente valorativos, mercê da liberdade e autonomia inerentes ao ser humano.

Cada indivíduo, apesar das forças condicionantes do meio em que se encontra imerso, é um fim em si mesmo, intangível no que concerne à sua dignidade enquanto pessoa. Ao preservar a liberdade e a autonomia do indivíduo, o direito, apesar de ser historicamente positivo, se manifesta, por natureza, justo.

Stammler procura assim encontrar um denominador comum entre a dimensão lógica do direito, gnoseologicamente atribuível a todos os indivíduos e as suas diversas manifestações no tempo e no espaço, configuradas na variabilidade intrínseca aos direitos positivos. A expressão que definiu a proposta filosófico-jurídica idealizada por Stammler passou então a ser conhecida como: *Direito Natural de Conteúdo Variável*.

As conclusões a que chega Stammler, *modus in rebus*, assemelham-se àquelas já anteriormente mencionadas ao longo deste trabalho, particularmente no que concerne à importância do ideal de justiça como terapia às armadilhas de um direito subjetivista e denotativo que não tenha como instrumento de mensuração o bem comum. Nesse sentido, ele esclarece:

> *La reflexión sobre la Idea de justicia nos enseña que la convivencia social no quede nunca una persona a merced de los caprichos meramente subjetivos de otro. Dentro de estos límites, y en cuanto elle sea posible, sin abandonar este ideal de evitar todo subjetivismo, se deberá, sin duda, fomentar el bienestar de los individuos. Pero siempre viendo ello la materia de la actuación política y non su norma, como irracionalmente pretenden los que aspiran una igualdad cuantitativa* (STAMMLER, 1925, p. 532).

Prosseguindo na sua apologia ao direito e à justiça Stammler é como que tomado de um misto de romantismo e de uma fé missionária, quando enfática e elegantemente afirma:

> *La justicia, que es la idea del Derecho perdura como segura estrella polar a través de todos los tiempos. Se siegue de la idea de la pureza de voluntad en su aplicación a la vida social, y es en cuanto a su contenido la idea de una comunidad de hombres de voluntad libre. Como tal se debe dilucidar y aplicar prácticamente* (STAMMLER, 1925, p. 533).

Finalmente, acerca do mito da igualdade entendida no sentido quantitativo, Stammler a considera uma espécie de hedonismo cuja pretensão consiste em distribuir igualmente prazeres entre os homens; essa falácia redundaria, inevitavelmente, num individualismo pernicioso, uma vez que cada um elegeria como critério para suas escolhas os seus próprios prazeres pessoais, conduzindo, dessa forma, a uma insuperável contradição, a saber: o se pretender consagrar fins relativos de determinados indivíduos à estatura de critérios valorativos absolutos, supostamente fundamentadores de um pretenso ideal de justiça. Os homens só são iguais – afirma Stammler – perante Deus:

> *Cada individuo comparece por su cuenta ante la noción de lo absoluto. La imperfección humana se puede mostrar de muy diverso modos; lo único que aquí nos interesa es saber que todos los hombres son igualmente imperfectos ante la santidad divina* (STAMMLER, 1925, p. 535).

Retomando as considerações esposadas na aludida Conferência Mundial de Direitos Humanos de 1993, acerca da ingente necessidade de encontrar, de algum modo, um denominador comum capaz de conciliar as peculiaridades que tipificam as diferentes formas de estrutura e organização sociocultural com as necessidades e valores inerentes ao próprio gênero humano é possível então observar que Maritain e Stammler, cada um à sua maneira, se esforçam para tornar essa conciliação possível.

Entretanto, essa difícil conciliação traz à tona outras implicações. É que essa pretendida compatibilização pressupõe, ademais, que a valorização desses postulados humanísticos não seja interpretada de maneira hierárquica e excludente. Ela também se infiltra por outras esferas da vida que não especificamente a humana, abrangendo não só as demais espécies vivas, mas também as condições físico-ambientais em que o homem se encontra circunscrito. Todas, inquestionavelmente, suscetíveis de serem preservadas e protegidas, inclusive pelo manto da ordem jurídica, tanto nacional quanto internacional.

Para avaliar a relevância e a inadiável urgência de estabelecer uma interação saudável e rica entre o homem e o meio ambiente e como a preservação desse último representa uma *conditio sine qua* à própria sobrevivência, não só do primeiro, mas de todas as espécies, é imperioso que se ouça a advertência de 1.350 cientistas, oriundos de 95 diferentes países que, em 2005, por recomendação da ONU, promoveram um criterioso balanço das condições ambientais do planeta e de seus possíveis efeitos e consequências para a vida humana e todo o ecossistema. Num documento intitulado uma "Avaliação Ecossistêmica do Milênio" as previsões ali delineadas são aterradoras e catastróficas. Segundo eles:

- Mais de um bilhão de pessoas não têm acesso a abastecimento de água potável adequado e quase três bilhões (ou seja, praticamente a metade da humanidade) não dispõem de infraestrutura de saneamento. O consumo de água potável aumenta em 20% em cada dez anos, desde 1960.
- A concentração de dióxido de carbono na atmosfera cresceu 32% de 1750 (início da Revolução Industrial) até hoje.
- Mais terras foram convertidas em lavoura e pasto após 1945 do que durante os séculos XVIII e XIX.
- Hoje, entre 10 e 30% de todas as espécies de anfíbios, mamíferos e aves estão ameaçadas de extinção. Pelo menos 1/4 das espécies de peixes estão submetidas à superexploração empresarial.
- Cerca de 20% dos recifes e 35% dos manguezais existentes no mundo foram destruídos nas últimas décadas

Seria absolutamente ocioso, pela obviedade dos dados e argumentos trazidos à colação, procurar estender a discussão em torno das consequências e dos efeitos que a ausência de uma política preocupada com tais previsões poderia acarretar para a sustentabilidade da tese dos direitos humanos e da outra categoria de direitos que lhes são correlatos, em particular os direitos de proteção ambiental, uma vez que há – como já se argumentou – à margem das suas características distintivas, uma intrínseca, visceral e necessária inter--relação entre eles.

A interveniência desses fatores que abalam o equilíbrio ambiental, afetando de maneira drástica e ameaçadora a vida do homem e o seu habitat natural, estão, obviamente, a requerer o indispensável concurso de vários especialistas dentre os quais os juristas têm, indiscutivelmente, um papel decisivo. Contudo, engajá-los nessa profunda e participativa reflexão pressupõe logicamente a utilização de uma abordagem multidisciplinar; ou seja, de uma metodologia que permita articular os esforços cooperativos de variados especialistas – respeitadas as suas respectivas competências – de sorte a direcionar todas as ações para propósitos conjuntos e solidários, materializando-os através de programas capazes de promover uma urgente e eficaz intervenção no cerne dessa problemática.

Essa salutar abertura que pressupõe a já referida conjunção cooperativa entre diferentes saberes, direcionada a um fim comum, serve não só para fundamentar, mas sobremodo para mais uma vez enfatizar a importância da interdisciplinaridade como método de ampliar e enriquecer o conhecimento humano, inclusive o do próprio direito cujo mister consiste numa interminável faina de acompanhar e regular o curso evolutivo das ações humanas, intervindo naquelas situações problemáticas que possam acarretar perniciosas repercussões e indesejados efeitos para o bem-estar e sobrevivência dos homens e correlativamente a todas as espécies de vida do planeta terra.

A discussão acerca dessa indispensável sintonia que deve presidir as interações entre o ser humano e o meio ambiente remete ao intrigante e problemático desafio de encontrar um denominador comum entre ciência, tecnologia e desenvolvimento e os princípios éticos que constituem o conteúdo e os fundamentos dos Direitos Humanos.

Denis Goulet, filósofo canadense, autoridade internacionalmente reconhecida pelos seus trabalhos e pesquisas relacionados aos problemas do desenvolvimento em diferentes regiões do planeta, trabalhou, como pesquisador e consultor internacional, na África, no Oriente Médio na Europa e na América Latina. Sua principal preocupação consiste em encontrar um ponto ótimo de convergência entre a ética e o desenvolvimento social, econômico e político das nações no mundo contemporâneo. Como filósofo seguiu as pegadas do já aqui referido pensador francês Jacques Maritain. Foi discípulo do Padre Lebret o qual o orientou na sua tese de doutoramento, defendida na Faculdade de Ciências e Letras da Universidade de São Paulo, sob o título Ética do d*esenvolvimento*.

Se fosse possível resumir a profundidade e amplitude das suas preocupações como filósofo e pesquisador numa única equação, talvez a que mais se aproximasse desse desiderato pudesse ser traduzida num aporético confronto entre o que ele define como a ética do poder *versus* o poder da ética (Cf. GOULET, 1971, p. 335). Segundo Goulet, a ética do poder – com o foco voltado para o poder político – pode ser definida como: a capacidade de certos dirigentes de, através de uma forma previamente concebida, induzir, pelo convencimento ou pela força, certos padrões de conduta a indivíduos ou grupos. Configurada a hipótese de que esses indivíduos ou grupos não participem dessas mesmas decisões então o poder é exercido unilateral e mecanicamente e não de forma orgânica, compartida. Eis então, em poucas palavras, o seu entendimento sobre o que ele intitula de a ética do poder. Entretanto, esse uso distorcido do poder – mormente nos países subdesenvolvidos ou em estágio de desenvolvimento – não deve ser apenas tributado ao seu corpo político, mas também a causas estruturais. Se, por um lado, a organização social desses países favorece que apenas certos indivíduos ou grupos tenham acesso aos bens materiais e culturais, bem como o domínio das informações que influenciam determinadas políticas, não é o simples rodízio do poder que vai reverter a estrutura sociopolítica, pois esta continuará a preservar os mesmos privilégios.

Já o poder da ética parte da refutação da falácia de que as mudanças sociais decorrem de uma regulação normativa hierárquica, que seja imposta de cima para baixo e respaldada em cálculos matemáticos e raciocínios tecnicistas; particularmente, aqueles pinçados das teorias economicistas; tampouco, devem ter respaldo no absolutismo metafísico cuja justificação decorre de premissas logicamente dedutíveis através de silogismos categóricos. Aqui é crucial que o filósofo, e nomeadamente o filósofo do direito, pragmaticamente elabore princípios e normas hábeis a atender às autênticas finalidades do homem, pugnando contra sua fragmentação, sua subordinação a interesses não criteriosos e às dependências psicossociais e políticas. Segundo ele, não é incompatível que o filósofo conviva com o sociólogo, o demógrafo, o engenheiro o economista ou o cientista natural sob a alegação de que suas escolhas se voltem apenas ao desvelamento das causalidades imbricadas no real. Ao filósofo não compete o papel de um moralizador dos problemas econômicos ou políticos, nem o de ser um imperialista da razão ou muito menos um absolutista do desejável. Mas a sua missão poderia ser assim sumarizada:

> O filósofo se interessa *ex-professo* pelos caminhos escolhidos pelas repercussões que essa escolha terá sobre os valores do homem, pelos tipos de civilização criados, pelas dificuldades que nascerão para conservar um grau mais ou menos alto de humanismo ou de liberdade, de justiça, ou de transcendência de objetividade ou de arbitrário. Quererá explorar os problemas relativos às normas segundo às quais os homens preferem se desenvolver, porque, para ele, o desenvolvimento econômico ou mesmo sócio-econômico não passa de uma ou duas dimensões do desenvolvimento integral do homem. [...] Em resumo, o desenvolvimento é normativo ao mesmo tempo que empírico: as duas perspectivas são complementares e indispensáveis. [...] Que o trabalho seja, obrigatoriamente, interdisciplinar é uma decorrência da ótica sintética a que já nos referimos (GOULET, 1966, p. 35-35).

Na sua obra *The uncertain promisse*: Value conflicts in technology transfer, Goulet, servindo-se das ideias de E.F. Schumacher, critica o que ele chama de "idolatria tecnológica", como uma forma alienante de promover um pretenso desenvolvimento o qual deve ser guiado por uma sabedoria cultural que lhe imprima rumos interdisciplinares".[1]

O que Goulet pretende realmente advertir é que do ponto de vista das teorias de mudança social, ironicamente, as sociedades tecnologicamente mais avançadas têm sido

---

[1] Segundo ele: *Wisdom demands a new orientation of science and technology towards the organic, the gentle, the non-violent, the elegant and beautiful. We must look for a revolution in technology to give us inventions and machines which reverse the destructive trends now threating us all* (GOULET, 1977, p. 246-247).

vítimas de um processo generalizado de anomia. Tal anomia decorre da voracidade consumista e a impotência de uma geração condicionada pelo progresso material de poder canalizar criativamente o processo civilizatório para demandas nos domínios ético, estético e espiritual. O resultado é que o preço que se paga pelas inovações no campo da ciência e da tecnologia tem como contrapartida uma acentuada regressão do ponto de vista social.

Ínsita à mensagem que todos esses pensadores pretendem transmitir encontra-se, como um dos seus mais fundamentais corolários, a advertência de que se torna fundamental ao destino da nossa civilização não considerar a ciência e a tecnologia como panaceias milagrosas capazes de curar todo o *mal-estar* da civilização, para usar, alegoricamente, a expressão freudiana. Devemos imergir naquilo que a fenomenologia alemã introduziu no seu rico vocabulário através da expressão *Lebenswelt*, querendo, com isso dar destaque à forma existencial e criativa de conceber as vivências (*Erlebenis*) do homem no mundo, como o ponto ômega, extrapolando, assim, o enfoque restritamente voltado à conquista da natureza. Essa revolucionária teoria do conhecimento pressuporia primeiramente uma nova e mais aberta concepção e aplicação da ciência que passaria a integrar e compartilhar interesses que, transcendendo às fronteiras da pura e autossuficiente investigação científica *stricto sensu* e suas aplicações técnicas, insinuar-se-ia, *lato sensu*, na esfera de outros saberes, a exemplo dos éticos, estéticos e culturais. Tudo isso artesanalmente articulado a uma abordagem interdisciplinar. Interdisciplinaridade, inclusive, indispensável – como já se ressaltou – à análise dos problemas jurídicos, particularmente no que tange às relações entre direitos humanos e meio ambiente.

O leque das perplexidades inerentes a essa comunhão de propósitos que ora se abre à busca de uma inovadora travessia, suscita um meio-termo entre a inexorável marcha ascensional de um desenvolvimento econômico, a reboque do progresso científico-tecnológico e as imperiosas e intransferíveis medidas de preservação do humano e do ambiental. Mais do que um desafio essa missão está a requerer uma espécie de nova Cruzada. Uma mobilização capaz de recrutar especialistas das mais diversificadas esferas do saber filosófico, jurídico, científico, social, político e inclusive artístico para tornar esse desiderato viável. O concurso do direito seria, nessa hipótese, o desfecho de todo esse esforço. Corresponderia, diga-se assim, à força tarefa de assentar os princípios alicerçais que dariam uma sustentabilidade formal, solidária e mesmo compulsória às ações planejadas.

Em síntese, o convite a essas reflexões e, em particular, às demandas por ações conjuntas em torno dessa gama de problemas, estão – como se pode claramente inferir das considerações antecedentes – umbilicalmente relacionadas a um *know-how*, uma nova e humanizada tecnologia que estrategicamente venha possibilitar uma superação dessas aporias.

O que se pretende com isso, em última análise, é descobrir uma via de conciliação difícil que possibilite articular os direitos e obrigações fundamentais do homem, enquanto indivíduo e enquanto cidadão, com os seus indissociáveis compromissos, com o meio ambiente social e natural. A incerteza que persiste não está propriamente na identificação do problema, o qual, de há muito, já vem sendo teoricamente delineado, mas sim o de se saber em que medida é possível metodológica e praticamente abordá-lo e pragmaticamente resolvê-lo. Encontrar uma síntese capaz de superar esse dualismo constitui o cerne dessa fantástica epopeia.

Para ilustrar esse dilema, não seria impertinente invocar, alegoricamente, uma imagem de uma divindade mitológica romana: Jano. Deus, dotado da mais aguda prudência, Jano tinha o passado e o presente sempre diante dos seus olhos e era o porteiro do céu. Como divindade encarregada do Cronos, era responsável pela sequência dos anos e dos meses, pelo curso da história. Sua representação consistia na figura de dois rostos colocados em sentido oposto, para simbolizar as portas sob seu controle que se abriam e fechavam para dois lados. Ovídio, o grande poeta romano – relata Commelin – referia-se à dupla face de Jano, esclarecendo que seu poder se exerce sobre o céu, sobre o mar e sobre a terra.

> Preside as portas do céu e guarda-a junto com as Horas. Observa ao mesmo tempo o oriente e o ocidente. É representado tendo na mão uma chave e, na outra, uma vara, para assinalar que é o guardião das portas e que preside os caminhos (COMMELIN, 2008, p. 166).

Essas duas faces de Janus se projetam – diga-se assim – como uma espécie de espelho côncavo, refletindo, num certo ângulo de inflexão, o caminho da virtude, da beleza, do bom e do justo e, do outro, a imagem que expressa a sua contrafacção. Figurativamente, esse contraste suscitaria o audacioso, mas não menos fascinante desafio, de dar forma e expressão a uma síntese capaz de filosófica e juridicamente encontrar a chave da porta que indicaria o verdadeiro caminho para a continuidade e a harmônica interação entre os requerimentos dos direitos humanos e dos direitos ambientais.

Referências

COMMELIN, Pierre. *Mitologia grega e romana*. São Paulo: Martins Fontes, 2008.

GOULET, Denis. *Ética do desenvolvimento*. São Paulo: Livraria das Duas Cidades, 1966.

_____. *The cruel choice*. New York: Atheneum, 1971.

_____. *The uncertain promise*. New York: IDOC, 1977.

LEONE, Salvino. *Dicionário de bioética*. São Paulo: Santuário, 2001.

STAMMLER, Rudolf. *Tratado de filosofía del derecho*. Madrid: Reus, 1925. (Clásicos Del Derecho)

26

O consenso coincidente e a fundamentação racional dos direitos humanos

Clóvis Falcão

Sumário: Introdução; 26.1 A teoria de John Rawls; 26.2 O caráter estético do consenso coincidente; Conclusão: a estética como fundamento racional de direitos; Referências.

Introdução

A filosofia, na sua tendência a encontrar estruturas racionais por trás da realidade sensível, depara com desafios como os relacionados aos direitos humanos. Mais do que pura compreensão, a apreensão racional desse fenômeno é também uma reconstrução: conquistas históricas determinaram a ideia de dignidade e igualdade, e é na história que esses elementos são constantemente refeitos. Na compreensão filosófica de direitos – especialmente quando não positivados –, descrever é, de certa forma, reconhecer e fundamentar. Uma atitude teórica neutra, meramente descritiva, não é o papel da filosofia; quando ela se debruça sobre o tema dos direitos humanos, é imperativo que ela também se posicione.

Como o discurso dos direitos humanos é essencialmente um discurso sobre a justiça, a teoria da justiça de John Rawls pode lhe ser útil. Na busca por conceitos e instituições capazes de garantir uma efetivação desses direitos, uma teoria da justiça procedimental como a dele se faz esclarecedora, especialmente em sua segunda fase, que para o próprio autor representa a adoção um discurso "político, não metafísico". Nessa fase, menos racionalista que a primeira, o caráter construtivo de sua teoria se manifesta mais claramente.

Rawls é um autor que expressa uma grande fé na razão, mas nem por isso deixa de empregar recursos que escapam a uma demonstração puramente racional e dedutiva.

Metáforas como "véu da ignorância", "consenso coincidente", "posição original", "estrutura básica", "equilíbrio refletido", entre outras, compõem uma narrativa que é, ao mesmo tempo, descritiva e propositiva, literal e figurada. Se, à primeira vista, os elementos figurados podem ser vistos como pontos fracos de uma teoria que se apresenta como racionalização da justiça, a realidade é que as figuras de linguagem são essenciais a essa construção teórica. Esse artigo se interessa, principalmente, pelo papel de elementos figurados na composição racional de teorias da justiça e, por conseguinte, no papel deles como elementos racionais num discurso sobre direitos humanos.

A partir do pragmatismo filosófico de John Dewey, ver-se-á como o consenso coincidente dá um apoio discursivo a debatedores que, de outra forma, talvez nem soubessem por onde começar a discussão. Esse conceito possui o mérito de facilitar a descrição e a compreensão das crenças sobre a justiça, eliminando muito do ruído que prejudica um diálogo racional sobre os direitos humanos e outras questões sobre o justo. Dewey, com sua peculiar compreensão da estética e com o pensamento qualitativo, ajuda a compreender o papel retórico do consenso coincidente.

16.1 A teoria de John Rawls

26.1.1 Sobre teorias da justiça

Para fins dessa exposição, sem muita pretensão, considera-se que as teorias da justiça podem ser de duas formas. A primeira, mais conceitual e individual, identifica a justiça como um valor separado das situações particulares, uma qualidade possuída por quem também possui sabedoria e prudência. A faculdade de ser justo é a de pôr as coisas em seu devido lugar, viver honestamente, dar a cada um o que é seu. Essa primeira forma de justiça é tratada como a capacidade de tomar decisões corretas, e pode ser uma qualidade inata ou adquirida. As teorias da interpretação no direito costumam usar essa versão quando concentram as variáveis do justo no momento da decisão judicial; as leis da argumentação e racionalidade jurídicas atuam, nesses casos, como limitadores da injustiça e do subjetivismo.

Uma segunda forma de teoria da justiça não nega que um indivíduo possa ser prudente ou que a prudência possa ser, até certo ponto, racionalmente sistematizada, mas a ênfase maior é no contexto social e nas instituições que condicionam situações justas. Uma teoria da justiça desse tipo pressupõe valores sociais, prefere uns e não outros, e se preocupa em detalhar como uma sociedade pode institucionalmente garantir e promover esses valores. A justiça aqui é social, impura, inserida muitas vezes em um ambiente competitivo, povoado por agentes racionais que buscam seu próprio bem. Essa teoria da justiça tira do indivíduo a responsabilidade de ser justo – ele é livre –, concentrando seus esforços nos símbolos sociais e nas relações que os indivíduos mantêm através desses símbolos. Como os indivíduos, para essa segunda forma, são independentes, diferentes e egoístas, fazer justiça é minimizar institucionalmente o mal que um ser humano tende naturalmente a causar a outro.

John Rawls (2002) adota a segunda forma. Para ele, a justiça é garantida pelo procedimento que incorpora princípios numa estrutura social equilibrada. Elaborando um meio-termo entre um sistema puramente eficiente (utilitarismo) e um sistema de rígidos princípios morais (intuicionismo), ele desenvolve uma teoria da justiça que não diz, inicialmente, por que os princípios que escolhe são os mais justos, pois confia na identificação do leitor com sua descrição de sociedade bem ordenada.

Metodologicamente interessante é a expressa aceitação, por parte de Rawls, do caráter estético do discurso racional. A estética, como compreendida por John Dewey, não é uma característica exclusiva das obras de arte, mas pertence a qualquer atividade humana dotada de sentido. Ao abraçar as ficções e as figuras de linguagem, John Rawls introduz deliberadamente no discurso racional elementos que, à primeira vista, não parecem tão sofisticados como outras partes de sua teoria, e parecem deslocados no meio de tantas descrições tecnicamente precisas. Um olhar mais cuidadoso, no entanto, revela que essas alegorias são um valioso recurso num processo de exposição que, acima de qualquer coisa, deve provocar as intuições individuais de justiça e ordem pública. Num mundo que necessita mais de diálogo do que de respostas prontas, esse é um interessante recurso para discutir os direitos humanos e os mecanismos mais adequados para garanti-los.

26.1.2 O consenso coincidente

A discussão sobre a obra de John Rawls pode assumir um caráter técnico e obscuro, visto que os problemas de que ele cuida, principalmente em *Uma teoria da justiça* (2002), são ética e filosoficamente complexos. Além disso, ele possui um método de exposição próprio, com um vocabulário específico. Para se discutirem os aspectos mais simples de sua teoria, é necessária uma explicação prévia de termos técnicos como "equilíbrio refletido" ou "posição original". Ele é um escritor claro, mas não é simples; sua teoria é uma colcha de retalhos, que muitas vezes esconde seu valor por trás de um vocabulário que só os iniciados conseguem manejar. Por vezes, parece que ele próprio jogou um véu de ignorância sobre a sua teoria.

Talvez ele não tenha culpa. Uma mente poderosa tem a tendência, especialmente na juventude, de perceber o mundo muito mais simples do que ele realmente é. Os gênios, quando aparecem cedo e com ambição, não raramente declaram que o mundo está invertido e que suas ideias o colocarão em ordem. Mais tarde, com a experiência, mesmo mantendo muitas das opiniões da juventude, descobrem que os problemas não são tão facilmente solucionáveis; é possível até que o mundo já conheça a solução para seus problemas principais, mas não a deseje colocar em prática.

No caso de Rawls, possuidor de uma boa tese de base e uma grande capacidade de trabalho, foi fácil crer que os problemas políticos poderiam ser reduzidos a um cálculo racional. Sua vontade de elaborar soluções engenhosas para problemas complexos comprova, desde o princípio, que se trata de um filósofo ambicioso (v. RAWLS, 1974). A sua é uma teoria competente, sem dúvida: sendo aceitos os pressupostos que ele carregava na juventude, não são possíveis grandes objeções a suas teses fundamentais. No entanto, com a experiência, ele mesmo percebeu que suas conclusões não derivavam de uma teoria da decisão racional, objetiva, que elevava a um outro estágio o contratualismo de Locke e Kant; na verdade, ele estava inserindo suas próprias convicções em um esquema perfeitamente racional, mas cuja base era formada por uma série de suposições. Seu amadurecimento, representado por uma obra de 1993 chamada *O liberalismo político* (RAWLS, 2005), não vem do abandono de seu método ou da descrença em uma teoria da justiça; vem, na verdade, da constatação simples de que há opiniões diferentes das suas e igualmente racionais. Na juventude, é fácil pensar que as convicções e aspirações mais profundas são compartilhadas por todas as pessoas; quando se une isso a uma mente analítica e criativa, é fácil também pensar que o desenvolvimento racional dessas convicções é a resposta para os problemas de todos. Depois, o tempo dá a perspectiva correta.

Essa lição da experiência não é nada trivial para o autor, pois o faz mudar os problemas dos quais se ocupa. Se em sua primeira fase ele desenvolve a ideia de justiça como equidade e a considera fundamento racional da estrutura básica da sociedade, em sua segunda fase ele se ocupa mais da legitimidade desse sistema e de como ele pode se manter estável ao longo do tempo. Não basta ter uma boa concepção de justiça, pois há que se preocupar também sobre como, em sociedades contemporâneas, as pessoas aceitarão e aplicarão os princípios básicos de justiça (v. RAWLS, 1997). A democracia – e a política em geral – é uma atividade contínua, e a legitimidade dos sistemas é constantemente renovada; a estabilidade dos princípios básicos nesse ambiente dinâmico e pluralista é o tema central de sua fase madura.

Uma descrição acertada da passagem do "primeiro" para o "segundo" Rawls é feita por Burton Dreben (2003), num artigo para a *Cambridge Companion* intitulado "Sobre Rawls e o liberalismo político". Nesse texto, Dreben não cuida somente de separar as duas fases do autor, mas também de encontrar a continuidade entre elas. Isso é importante, pois os aspectos estéticos da teoria da justiça, aqui comentados, aparecem com muita força na segunda fase de Rawls, mas já estão presentes em *Uma teoria da justiça*. Segundo a leitura aqui desenvolvida, o uso desses elementos metafóricos não marca a mudança de uma teoria analítica para uma teoria política; o que marca é a ênfase, na segunda fase, em um construtivismo a partir de crenças compartilhadas e da esperança do consenso racional em sociedades plurais.

Dreben inicia seu texto mostrando por que se faz necessária, além de uma concepção moral da justiça, uma teoria da legitimidade política.

> Quando se fala da natureza da justiça, pelo menos de acordo com Rawls, não é necessário apenas aparecer com uma teoria da justiça; é necessário também indicar por que a teoria que você estabelece é estável, por que a sociedade

baseada nessa teoria permanecerá indefinidamente. Não é suficiente aparecer com algo absolutamente bom no paraíso de Platão; é importante também ter algo que será bom na terra de Platão e que continuará sendo considerado útil (DREBEN, 2003, p. 317).[1]

Rawls já havia se preocupado com a estabilidade do sistema político na última parte de *Uma teoria da justiça*, mas em sua segunda fase ele percebe que o contexto exige considerações adicionais. O autor se considera um legítimo representante da ética kantiana, e a ética de Kant pressupõe leis morais, mas também (e principalmente) a autonomia do sujeito, uma vez que é este quem determina o conteúdo das regras. Acontece que, em uma sociedade que pressupõe a autonomia do indivíduo, é possível que ele, no véu da ignorância, resolva tomar medidas diferentes das que ajudem os menos privilegiados, ou dê prioridade ao avanço científico ou artístico em detrimento da liberdade política; é possível que ele tenha um plano de vida que aceite o risco, ou não acredite que um benefício para os menos privilegiados é um benefício para toda a sociedade. Não há nada estritamente racional, na posição original, que force os sujeitos a decidirem como Rawls descreveu que decidiriam; o véu da ignorância não leva necessariamente a uma social democracia, muito menos a uma social democracia baseada numa aversão universal ao risco (HART, 1973).

Rawls (1997) reconhece essas dificuldades e, finalmente, aceita como elemento central de sua teoria um dado fundamental de qualquer sociedade democrática de hoje: o pluralismo. Se os indivíduos são livres, naturalmente terão diferentes concepções de mundo, nem sempre compatíveis. O desafio da teoria da justiça não é criar um conjunto de regras com o qual todos possam concordar, mas sim administrar as divergências na manutenção de uma ordem comum. O debate público é necessário, dadas as diferentes concepções de mundo e a contínua necessidade de ajustes dos interesses individuais na praça pública; não basta ter uma sociedade estável, pois a estabilidade pode ser conseguida por um governo autoritário através da força. Para respeitar a autonomia do indivíduo, é necessário que haja um consenso pelas razões certas, ou seja, derivado de negociações razoáveis na esfera pública, respeitados o direito à informação e a autonomia dos cidadãos.

Esse é, aparentemente, um problema insolúvel, pois cidadãos livres pensarão diferentemente sobre assuntos moralmente fundamentais, como o aborto, eutanásia ou liberdade religiosa. O indivíduo é uno e não pode ser separado em um ser humano com crenças profundas, dogmáticas, e um ser humano razoável e disposto a abdicar de suas crenças fundamentais na esfera pública. De alguma forma, na democracia devem ser compatíveis as doutrinas religiosas de um indivíduo e uma ordem pública neutra e tolerante, mas não se sabe exatamente como. Está claro que esse é um grande problema, mas deve ser

---

[1] *"When you talk about the nature of justice, at least according to Rawls, you are not merely to come up with a theory of justice; you also have to point out why the theory that you are establishing is stable, why the society based on the theory will continue to endure indefinitely. It is not enough to come up with something that will be absolutely good in Plato's heaven; it is quite important to have something that will be good on Plato's earth and will continue to be seen as usable."*

enfrentado: se não for possível um consenso tolerante, a democracia como sistema estável também não é possível.

Não deixando totalmente de lado os hábitos racionalistas, Rawls traça uma distinção entre "doutrina abrangente" (*comprehensive doctrine*) e "concepção particular" (*particular conception*). Ele assim define os dois termos: "Usarei o termo 'doutrina' para as noções compreensivas de todos os tipos e o termo 'concepção' para uma concepção política e suas partes componentes, como a concepção da pessoa como cidadã" (RAWLS, 1997, p. 766).

Simplificando: uma doutrina é abrangente quando funda as crenças essenciais de um indivíduo, sejam religiosas, filosóficas ou políticas; a concepção é uma noção mais modesta, correspondente à parte das crenças capaz de servir como argumento na praça pública. Há, então, uma transição ou tradução das crenças privadas (doutrinas) em argumentos públicos (concepções), fazendo as doutrinas abrangentes participarem de um mesmo jogo de linguagem. Não se trata de deixar em casa a fé em Deus ou os sentimentos anarquistas, mas em os colocar em praça pública de uma forma que possibilite a comparação com outras ideias e possa, a partir daí, ser decidido o melhor rumo para a sociedade. Um católico, nessas circunstâncias, não poderia reivindicar a proibição legal do aborto com base na sua fé ou na ideia de que a vida é sagrada e inicia na concepção; ele precisaria compatibilizar seus argumentos com os princípios morais aceitos em geral, como o direito à vida ou a dignidade da pessoa humana. É isto que o autor argumenta em "Justiça como equidade: política e não metafísica" (1985): nenhuma doutrina abrangente que trabalhe com a ideia de razão e verdade pode ser elevada à condição de regra geral, se quisermos uma sociedade livre e justa. Todas as concepções políticas, inclusive as defendidas pelo autor em *Uma teoria da justiça*, devem se apresentar em praça pública não como resultados de reflexões racionais ou revelações que devem por todos ser aceitas, mas como concepções que entram no mercado das ideias e disputam, no espaço público, um lugar no consenso racional.

Essa transformação pela qual as doutrinas abrangentes devem passar a ser discutidas em praça pública é chamada por Rawls de proviso. Podemos defini-lo como um jogo de linguagem do razoável, e não do verdadeiro, que aceita a divergência e admite abrir mão de uma verdade absoluta em nome da convivência. Segundo o próprio autor:

> Discutir em praça pública é apelar para uma dessas concepções políticas [...] quando debatidas questões políticas fundamentais. Esse requisito ainda nos permite introduzir na discussão pública a qualquer momento nossa doutrina abrangente, religiosa ou não religiosa, desde que, quando necessário, ofereçamos razões públicas adequadas para sustentar os princípios e medidas que nossa doutrina abrangente diz sustentar (RAWLS, 1997, p. 776).[2]

---

[2] "To engage in public reason is to appeal to one of these political conceptions – to their ideals and principles, standards and values – when debating fundamental political questions. This requirement still allows us to introduce into political discussion at any time our comprehensive doctrine, religious or nonreligious, provided that, in due course, we give properly public reasons to support the principles and policies our comprehensive doctrine is said to support."

As concepções políticas, com o proviso, devem ser discutidas de forma independente das doutrinas abrangentes, que ficam na casa; em praça pública, todos devem estar dispostos a abrir mão de suas concepções individuais e trabalhar para um consenso que evite ao máximo os termos controversos. A democracia é um processo cujos princípios se constroem na ação, e uma ação organizada é aquela a que todos vão desarmados de suas crenças metafísicas e tentam entender a condição do outro. A estrutura básica da sociedade, portanto, não pode ser deduzida de princípios racionais abstratos, mas deve ser decidida no confronto das concepções divergentes. Isso inclui não apenas a responsabilidade de formular o conjunto básico de princípios, como também a disposição pessoal a se submeter aos valores do consenso, quando um consenso for atingido.

O erro de *Uma teoria da justiça* foi tentar aplicar à estrutura básica, em abstrato, uma concepção particular de justiça – a justiça como equidade. Na fase tardia de Rawls, o método de justificação dos princípios básicos essencialmente se mantém, mas se admitem em *O liberalismo político* resultados distintos dos apresentados em Uma teoria da justiça porque, em praça pública, surgem outras concepções através das doutrinas abrangentes e do proviso. A ordem pública racional, agora, é derivada das concepções profundas transformadas pelo proviso. É uma ordem política e dialógica, e não metafísica e racional. Por isso, diz-se que há uma virada pragmática, ou política, do autor: o direito como equidade perde *status* e passa a ser político, e não metafísico (RAWLS, 1985).

Simplificando-se a discussão exposta acima, pode-se mostrar em três etapas a mudança de posição de John Rawls.

I) Após receber críticas pelo racionalismo excessivo em *Uma teoria da justiça*, o autor resolveu diminuir *o status* da justiça como defendida lá, e aceita a inclusão, na praça pública, de concepções divergentes para, num consenso racional, ser definida a estrutura básica da sociedade.

II) A mudança é importante para sua teoria se mostrar aceitável em sociedades contemporâneas, pois o pluralismo é um fato, e as pessoas possuem diferentes visões de mundo, já que são seres autônomos. Muitas vezes essas visões de mundo são incompatíveis. Uma teoria da justiça deve minimizar os males do pluralismo e garantir a convivência pacífica em meio à divergência, e não substituir a discussão política por uma dedução racional. O consenso público razoável não pode ser reduzido a um cálculo.

III) Como não se podem jogar fora as doutrinas particulares, mesmo as mais dogmáticas, em nome da convivência é necessário que em praça pública elas assumam uma forma razoável e tolerante, processo que o autor chama de proviso. Discutem-se razões e interesses, e não verdades; as pessoas aceitam participar do processo na condição de que os outros obedeçam às mesmas regras do debate, e todos se submetam a suas consequências quando concluído. Não se trata apenas de um procedimento segundo regras de discurso, mas da existência de valores morais compartilhados por todas as doutrinas razoáveis; condição para viverem em sociedade é aceitarem uma estrutura básica e a forma razoável de resolverem os assuntos comuns. Na democracia não há espaço para os intolerantes.

Para Rawls (1987), o consenso coincidente é uma ideia simples, quase invisível: não há nenhum argumento fora da história que sustente o consenso democrático, a ideia de cidadania, dignidade da pessoa humana, o dever de tolerância, entre outras concepções que formam a estrutura básica. Esse consenso não é deduzido da razão, nem é uma necessária evolução do nosso sistema político, nem está inscrito no nosso DNA. Qualquer especulação desse tipo é desnecessária, uma vez constatada uma informação básica: o consenso existe. Simplesmente existe. Pouco importa se um indivíduo defende o direito à vida por uma convicção religiosa, moral, econômica ou medo da sanção estatal; o que importa é que, seja qual for a doutrina abrangente, ela concorde com esse ser um direito de todos. Entre votar contra ou a favor a proteção da vida, o indivíduo de uma sociedade democrática votará a favor; isso é o que importa para uma teoria política, e o resto é metafísica. A importância do consenso coincidente é que ele só capta das doutrinas abrangentes a parte necessária para os temas da praça pública. Dessa forma, o proviso seria necessário não por um capricho analítico, mas pela necessidade de manter longe da praça informações que trariam controvérsia sem resolver situações práticas. É um princípio totalmente prático. Veja-se o que diz Dreben, sobre se justificar racionalmente o consenso democrático é um projeto válido:

> Nós já temos problemas suficientes, e falo sério. Como eu disse, o verdadeiro problema é ver como se pode construir uma concepção coerente de uma democracia liberal constitucional. O que Rawls diz é que existe em uma democracia liberal constitucional uma tradição de pensamento, e nosso trabalho é investigar e ver se essa tradição pode ser coerente e consistente. Isso já é uma tarefa suficientemente difícil. [...] Uma das virtudes de Rawls é que ele não perde tempo discutindo sobre autocracia ou totalitarismo (DREBEN, 2003, p. 328).[3]

Rawls é um filósofo competente o suficiente para saber que os homens discordam sobre os mais variados assuntos, e por isso é impossível alcançar um perfeito consenso racional numa sociedade democrática. Ele também sabe que filósofos há milênios tentam entender a justiça, a igualdade e a legitimidade, sem chegarem a um resultado válido para todos os viventes. Ele sabe que um projeto racional da justiça social é impossível ou, no mínimo, altamente controverso. Ele conhece esse fatos, assim como os conhece qualquer estudante de filosofia mediano; isso não é segredo, e ele não desconsiderou essas dificuldades. Por isso, ele se recusa a nomear claramente as regras do proviso, por isso também ele não define em abstrato a democracia ou a justiça. Suas definições são circulares, e sem-

---

[3] "We feel we have enough problems. I am quite serious. As I said, the genuine problem is to see how one can set up a coherent conception of a constitutional liberal democracy. What Rawls is saying is that there is in a constitutional liberal democracy a tradition of thought which it is our job to explore and see whether it can be made coherent and consistent. That is hard enough to do. We are not arguing for such a society. [...] One of the virtues of Rawls is that he does not waste time arguing about autocracy or totalitarianism."

pre remetem à prática dos participantes de uma sociedade real, a uma espécie de intuição democrática ("É uma argumentação circular, mas um círculo bem grande", diz Dreben.)

Esse movimento em direção às coisas práticas caracteriza a segunda fase de Rawls, mas também aparece, de forma menos central, na primeira fase do autor. Como observa Dreben, em *Uma teoria da justiça* o autor até fundamentou dedutiva e rigorosamente seus pressupostos, mas também indicou que o leitor buscasse sua intuição e, comparando esta à teoria da justiça, alcançasse um equilíbrio refletido. Como ser autônomo, o leitor possui esse equilíbrio, é dele a reflexão sobre a justiça. Além disso, o objeto da teoria da justiça é uma estrutura básica, não uma estrutura total do Estado – a rigor, a teoria nem mesmo determina se a garantia dos princípios de justiça deve ser responsabilidade do Estado. O estilo de Rawls colabora para uma leitura racionalista de sua filosofia; não se pode negar que é uma teoria erudita, e dessa erudição deriva grande parte de seu prestígio. No entanto, o que a ideia de um consenso coincidente escancara é que, mesmo sustentando uma teoria da justiça analítica, quando se fala em teoria social, lidamos com elementos intuitivos e estéticos, e cedo ou tarde esses aparecem com força. Pode-se concluir das obras de Rawls que ele constrói um belo edifício analítico, mas ele, como qualquer outro autor, pensa a partir de suas crenças mais profundas, e construir uma explicação coerente para essas crenças é uma das grandes razões de sua obra.

Assim, a virtude da teoria da justiça é destrinçar adequadamente os nossos instintos de justiça, articulando-os em praça pública, e não nos explicar quais devem ser esses instintos. Uma compreensão analítica e reflexiva de nossas intuições pode nos tornar cidadãos mais razoáveis e facilitar o debate público, mas não mais do que isso. O que o consenso coincidente mostra é que há um elemento intuitivo numa ideia de ordem pública que, no fim das contas, é estética: deve ser capaz de nos motivar adequadamente na busca do consenso. Estético aqui não significa belo ou artístico, mas dotado de sentido, constituinte de uma relação simbólica que revela um propósito maior do que o dado imediato. A mera suposição de um consenso coincidente já é real, na medida em que engaja os cidadãos no ajuste público das expectativas de justiça. Sua realidade, retórica, é composta por duas crenças: a de que todos concordam sobre elementos básicos de justiça e a de que podem, a partir disso, construir uma ordem pública estável por um bom tempo.

26.2 O caráter estético do consenso coincidente

De um ponto de vista prático, pode-se questionar a utilidade de um conceito como o proviso ou a acuidade da fundamentação dos nossos direitos em um consenso coincidente. Rawls faz referência à argumentação da Suprema Corte para exemplificar como seria a discussão com proviso, mas a forma do discurso de uma corte constitucional não pode ser generalizada para toda a sociedade. Dificilmente um modelo de discurso, por melhor que seja, substitui a contento os infindáveis tipos de diálogo em uma sociedade aberta, por razões que vão desde necessidade de testar e adaptar a forma de discurso para as diferentes situações sociais à necessidade de convencer as pessoas a mudar a forma de agir a que estão acostumadas.

Do ponto de vista teórico, por outro lado, a teoria de Rawls possui elementos interessantes, e um aqui merece destaque: o caráter deliberadamente estético de alguns conceitos centrais. As metáforas que ele utiliza parecem, para alguns (v. POSNER, 2009), um elemento de propaganda acadêmica com o objetivo de atrair leitores e dar um aspecto imponente a ideias fracas. Vemos de outra maneira. Aqui se considera a ideia de verdade estética como apresentada pelo pragmatismo clássico, especialmente com John Dewey, e para ela a utilização de metáforas numa construção teórica abre possibilidades que uma descrição meramente analítica ou conceitual não possui. Mais: a utilização de figuras de linguagem potencializa um elemento estético (ou qualitativo) que está na base de qualquer descrição racional; mais do que uma estratégia, seria o reconhecimento de que a lógica depende de elementos intuitivos e contextuais, e a incorporação dessa ideia no método de exposição da teoria.

Dewey (1931; 1980) apresenta essa dependência ao apresentar duas formas de pensamento: a qualitativa e a quantitativa. A primeira se refere a um pensamento total, sem compartimentos, englobando todos os aspectos da experiência. A segunda corresponde ao raciocínio analítico que, utilizando conceitos, compartimenta a experiência e torna eficiente a ação. As duas formas de pensamento são essenciais e se complementam, mas o pensamento qualitativo tem ascendência sobre o quantitativo, uma vez que a função deste, depois de destacado da experiência, é retornar e enriquecer a própria experiência, ou seja, contribuir para um aumento qualitativo.

O quantitativo está para o qualitativo como a forma para o conteúdo, ou a parte para o todo – desde que se tenha em mente que a soma das partes não é igual ao todo. A compreensão do todo é um pressuposto da análise, pois, para separar em partes, é necessário conhecer como algo pode ser dividido sem perder a unidade. Tomando como exemplo um texto, cada termo tem seu próprio significado, mas apenas ao observar o texto completo é possível captar a importância daquele para a mensagem, e é para a mensagem que o termo existe; sem ela, o termo nada sinaliza. A filosofia analítica da linguagem, na busca pelo átomo linguístico, pareceu não perceber que o contexto faz parte do texto, e que a fragmentação da experiência pressupõe a vivência. A análise pressupõe a compreensão, isto é, o pensamento quantitativo pressupõe o pensamento qualitativo.

> Supomos que a experiência tem os mesmos limites precisos das coisas com as quais ela se ocupa. Mas qualquer experiência, por mais ordinária que seja, repousa em um ambiente indefinido. Esse é o pano de fundo qualitativo que é definido e se faz perceptível nos objetos particulares e nas propriedades e qualidades específicas. Há algo místico associado à palavra intuição, e qualquer experiência se torna mística na medida em que a sensação, o sentimento do ili-

mitado pacote se torna intenso – assim como acontece quando se experienciam objetos de arte (DEWEY, 1980, p. 193).[4]

A ascendência do pensamento qualitativo sobre o quantitativo mostra, em Dewey, o caráter estético atribuído por ele à experiência em geral. Para o autor, a arte é uma importante manifestação do caráter qualitativo da experiência, mas este está presente em qualquer situação dotada de sentido, propósito, valor. Uma experiência rica é aquela que entra em uma sequência de acontecimentos que constituem a personalidade do sujeito. Seus desejos, suas crenças, suas concepções políticas, o legado da tradição, todos esses elementos fazem parte da história de um ser que se renova a cada momento. Isso não significa que cada momento carregue toda a história de um sujeito, mas sim que nenhum elemento da história de vida pode ser excluído de antemão. Como a razão é um instrumento de adaptação e evolução do homem no meio social, toda ciência tem um propósito ligado à história de quem a põe em prática; a parte só tem importância se conectada com um todo que é psicológico, histórico, valorativo, individual e social.

Na vida prática, até mesmo a ciência objetiva é um instrumento para o sujeito que age, subordinado a seus propósitos. A razão é um instrumento de sobrevivência, e a ideia de que o conhecimento é instrumental exerce um importante papel na compreensão qualitativa da experiência. Sendo uma ferramenta, entende-se que o conhecimento objetivo – quantitativo – é subordinado à vontade do homem – qualitativa. Sobre essa característica do conhecimento racional, diz o autor:

> Eu tenho de tempos em tempos trazido a concepção do conhecimento como sendo "instrumental". Significados estranhos foram imputados a essa concepção pelos críticos. Seu conteúdo real é simples: o conhecimento é instrumental para o enriquecimento da experiência imediata através do controle da ação exercida por ele (DEWEY, 1980, p. 290).[5]

O caráter instrumental aparece com clareza na construção de um modelo político, uma vez que um modelo como esse é um símbolo explicando símbolos. Uma teoria como a de Rawls é um instrumento para alcançar a concepção mais equilibrada do justo, uma tentativa para desenvolver racionalmente as intuições de justiça. Nesse processo, é impor-

---

[4] "We suppose the experience has the same definite limits as the things with which it is concerned. But any experience the most ordinary, has a indefinite total setting. [...] This is the qualitative background which is defined and made definitely conscious in particular objects and specified properties and qualities. There is something mystical associated with the word intuition, and any experience becomes mystical in the degree in which the sense, the feeling, of the unlimited envelope becomes intense – as it may do in experience of an object of art."

[5] "I have from time to time set forth a conception of knowledge as being 'instrumental'. Strange meanings have been imputed by critics to this conception. Its actual content is simple: knowledge is instrumental to the enrichment of immediate experience through the control over action that it exercises."

tante lançar elementos que deem consistência ao diálogo, servindo como pontos de apoio retóricos. Com essa função em mente, ficções como o véu da ignorância são instrumentos úteis, uma vez que despertam intuições relacionadas ao processo democrático e, em seu desenvolvimento, é possível ter uma ideia mais equilibrada das instituições necessárias à ordem pública. As figuras de linguagem reforçam o caráter qualitativo da experiência, facilitando a intuição, a compreensão pública dessas intuições e o engajamento em relação à estabilidade de um acordo racional. Em outras palavras, essas figuras de linguagem aproximam a teoria da justiça da intuição, dando-lhe um caráter imediato e qualitativo que ela dificilmente teria de outra forma.

O proviso, como espécie de filtro para o que pode ser discutido na esfera pública, corre o risco, na prática, de servir de instrumento ideológico, só permitindo na praça o discurso legitimador do sistema hegemônico. Esse engessamento do diálogo, naturalmente, é contrário à ideia de direitos humanos, pois estes pressupõem a abertura, a inclusão. O proviso corre o risco de se tornar um instrumento ideológico, mas o risco diminui quando é compreendido como um pressuposto prático, e não um manual de conduta pronto e acabado. Há um trecho em "A ideia da ordem pública, revista" em que o autor considera essa questão.

> Obviamente, muitas questões são levantadas acerca de como satisfazer o proviso. Uma é: quando ele precisa ser cumprido? No mesmo dia ou mais adiante? Também, sobre quem recai a obrigação de honrá-lo? É importante que fique claramente estabelecido que o proviso é para ser cumprido de boa-fé. Ainda, os detalhes sobre como satisfazer o proviso devem ser trabalhados na prática e não podem facilmente serem governados por um grupo de regras decididas de antemão (RAWLS, 1997, p. 784).[6]

Por esse trecho, ficam claras duas coisas. A primeira, Rawls não acredita que regra alguma possa definir de antemão o proviso: cabe à sociedade decidir, dia após dia, como as doutrinas abrangentes podem entrar no debate público. A segunda, para que o projeto dê certo é necessário o compromisso das pessoas com uma razão pública separada das razões privadas, e colaborem na construção de um fórum público em que não entrem argumentos metafísicos.

A estrutura básica, o proviso e o véu da ignorância não existem como as árvores ou os automóveis, mas sua realidade no discurso é garantida pela esperança de uma ordem social racional. Essa ordem não precisa ser exatamente como diz a teoria; só o fato de ser

---

[6] *"Obviously, many questions may be raised about how to satisfy the proviso. One is: when does it need to be satisfied? On the same day or some later day? Also, on whom does the obligation to honor it fall? It is important that it be clear and established that the proviso is to be appropriately satisfied in good faith. Yet the details about how to satisfy this proviso must be worked out in practice and cannot feasiblely be governed by a clear family of rules given in advance."*

pressuposta e aceita como gatilho de um diálogo em busca de uma sociedade mais justa é razão suficiente para ser considerada válida. Na discussão sobre os fundamentos dos direitos humanos, muitas vezes existe a preocupação de dar respostas, de criar um modelo a partir do qual possam ser decididos os casos particulares, e de também rejeitar um modelo quando ele apresenta uma descrição que se afasta dos problemas reais. O que o pensamento qualitativo mostra é que a ficção pode ser um recurso útil, adequado ao caráter qualitativo existente, em maior ou menor grau, em qualquer teoria. Não se trata de substituir um diálogo equilibrado por fantasias, mas de utilizar construções estéticas como recurso na compreensão da ordem pública.

Isso não faz a teoria de Rawls uma teoria perfeita, ou mesmo a mais adequada para discutir a estrutura institucional que promova os direitos humanos. O que neste artigo se destacou foi o valor prático de elementos estéticos para a construção de teorias da justiça, a partir da figura do consenso coincidente. Essa ideia pode ter um alcance filosófico muito maior do que o aqui descrito – é possível, levando a ideia ao limite, entender que toda verdade seja estética, ou possua elementos estéticos. Felizmente, não é necessário ir tão longe para compreender a utilidade dessas figuras para uma teoria que lida com um ambiente plural. Num ambiente assim, provocar uma discussão equilibrada é mais útil do que oferecer uma resposta pronta, e esse é um dos méritos da teoria da justiça aqui comentada. Para a leitura aqui proposta, contribui o pragmatismo filosófico e seus conceitos de estética e pensamento qualitativo mas, frise-se, essa não é a única filosofia que inspira essa percepção.[7]

Conclusão: a estética como fundamento racional de direitos

A filosofia, ao trabalhar temas como os direitos humanos, procura os elementos mais gerais e tenta, com eles, elaborar uma descrição racional e equilibrada do cenário. Em campos menos teóricos, os direitos humanos são representados por lutas contra a desigualdade, pela valorização das minorias, a erradicação da miséria e outros temas referentes à justiça e à dignidade da pessoa. Em uma sociedade que luta por diminuir as diferenças, soa artificial uma teoria como a de John Rawls, que apresenta elementos metafóricos como o véu da ignorância ou o consenso coincidente, ainda mais quando o discurso de justificação, mesmo em ambientes favoráveis aos valores que ele defende, dificilmente adotaria um manual teórico de qualquer natureza.

Assim, é comum que construções teóricas, mesmo as mais abertas, pareçam insuficientes para lidar com o crescente número e complexidade dos temas que envolvem os direitos humanos. Quando se exige delas uma explicação puramente racional para os problemas

---

[7] A ideia de que a verdade é, no fim das contas, estética, estaria já presente nos mitos da antiguidade, e reapareceria em outros momentos na história do pensamento. Essa ideia possui desdobramentos, a serem trabalhados em textos futuros.

da justiça, salta aos olhos a grande diferença entre prática e teoria. No entanto, quando se compreendem as teorias não como espelhos da verdade, mas como elementos estéticos do discurso, que procuram provocar as intuições de justiça e fomentam o diálogo aberto, revela-se um interessante elemento narrativo, o que explicita o caráter criativo das teorias e, indiretamente, ajuda a compreender as intuições de justiça.

Reconhecendo a construção histórica dos valores fundamentais da sociedade, John Rawls vê na estética do consenso coincidente uma forma de explicar, sem ontologias, o papel de nossas crenças mais profundas na construção da ordem pública. Forjadas por um processo histórico que se renova todos os dias, as sociedades contemporâneas dificilmente se enquadram em um modelo teórico de deliberação racional. As teorias da sociedade democrática, como a de Rawls, reconhecem ser o diálogo o fundamento mais firme da estrutura básica da sociedade. Quando esse autor põe figuras de linguagem no núcleo de sua explicação, reconhece que para a construção de uma sociedade justa é suficiente reconhecer que compartilhamos um conjunto de crenças fundamentais e buscamos o consenso no diálogo. Cabe a cada sociedade, uma vez aceitos esses princípios básicos, decidir como os deve pôr em prática.

Referências

DEWEY, John. Qualitative Thought. In: *Philosophy and Civilization*. New York: Minton, Balch and Co., 1931.

_____. *Art as experience*. New York: Perigee, 1980.

DREBEN, Burton. On Rawls and Political Liberalism. In: FREEMAN, Samuel (Org.). *The Cambridge Companion to Rawls*. Cambridge: Cambridge University Press, 2003. p. 316-346.

HART, H. L. A. Rawls on liberty and its priority. *The University of Chicago Law Review*, v. 40, nº 3, p. 534-555, 1973.

POSNER, Richard. *Para além do direito*. São Paulo: Martins Fontes, 2009.

RAWLS, John. The independence of moral theory. *Proceedings and addresses of the American Philosophical Association*, v. 48, p. 5-22, 1974.

_____. Justice as fairness: political not metaphysical. *Philosophy Public Affairs*, v. 14, nº 3, p. 223-251, 1985.

_____. The idea of an overlapping consensus. *Oxford Journal of Legal Studies*, v. 7, nº 1 , p. 1-25, 1987.

_____. The idea of public reason revisited. *The University of Chicago Law Review*, v. 4, nº 13, p. 765-807, 1997.

_____. *Uma teoria da justiça*. São Paulo: Martins Fontes, 2002.

_____. *Political liberalism*. New York: Columbia University Press, 2005.

27

Partilha de recursos curativos: entre a proteção ao patrimônio (genético e intelectual) e a distribuição universal de benefícios

Maria Auxiliadora Minahim

> Sumário: 27.1 Introdução; 27.2 Justiça distributiva; 27.3 Direito de propriedade intelectual e direito à preservação da diversidade genética; 27.4 Biopirataria e preservação da biodiversidade no Brasil; 27.5 De Patrimônio comum da humanidade a direito de propriedade intelectual; 27.6 O Brasil entre a licença compulsória de medicamentos e a exigência de distribuição de benefícios para acesso ao patrimônio genético; 27.7 Conclusão.

27.1 Introdução

O princípio da justiça que integra a Bioética principialista tem aplicação no âmbito individual e também coletivo. Nesta última perspectiva, é convocado pela Bioética para orientar o acesso e distribuição de recursos terapêuticos os quais proporcionam a realização do direito fundamental à saúde. A concretização desse valor, todavia, encontra obstáculos os quais, muitas vezes, decorrem do confronto com outros direitos também assegurados no plano coletivo e individual. Assim ocorre com o direito da propriedade intelectual o que tem repercutido de forma expressiva nos preços de medicamentos, tornando-os, por vezes, inacessíveis exatamente para aqueles que deles necessitam, em razão de sua vulnerabilidade. Por sua vez, a tutela do meio ambiente inclui a proteção da diversidade e da integridade do patrimônio genético do País e constitui direito assegurado constitucionalmente, pelo qual o Estado tem o dever de preservá-lo não só para a atual geração, mas também em benefício das futuras.

Com vistas a realizar o princípio da justiça quanto à distribuição de medicamentos, o Brasil recorre, por vezes, ao licenciamento compulsório de patentes de remédios, com vistas a torná-los acessíveis à parcela desfavorecida da população e, portanto, em situação de vulnerabilidade que requer maior assistência. Na outra ponta, porém o país estabelece pesadas sanções financeiras pelo acesso ilegal aos recursos naturais e práticas curativas a eles associadas, impondo diversos ônus àqueles que, teoricamente, apenas buscam maximizar o conhecimento terapêutico dos povos da floresta.

A atitude parece contraditória, mas deve ser interpretada, todavia, como forma de realização de justiça, protegendo-se os diferentes, em razão de sua vulnerabilidade e restringindo-se os ganhos dos mais privilegiados.

27.2 Justiça distributiva

Teorias da justiça são geralmente condicionadas pela perspectiva de que a justiça deve ser explicada pela dicotomia igualdade-desigualdade, o que de certa forma tem origem na formulação de Aristóteles de que se deve tratar aos iguais de forma igual e aos iguais desigualmente. Essa perspectiva permite que se compreendam como justas as ações que visam a minimizar as carências dos membros menos privilegiados da sociedade e, se necessário, constringir os benefícios dos mais bem aquinhoados. De certa forma, John Rawls[1] oferece suporte a tal compreensão quando enfatiza a maximização da sociedade de bem-estar que apenas se constitui verdadeiramente com a inclusão dos mais desvalidos.

No âmbito da Bioética o princípio tem, sobretudo, o significado de justiça distributiva, ou melhor, da partilha dos benefícios tecnocientíficos conquistados pela sociedade contemporânea. Esta noção surgiu desde o Relatório Belmont, no qual se registra que há justiça quando os proveitos e ônus resultantes de pesquisas científicas são repartidos entre todos. Para Beauchamp e Childress, o princípio da justiça está ligado à distribuição equitativa de recursos, impondo-se o dever de repartição de bens e serviços de saúde entre todas as pessoas.

Qualquer que seja a acepção com que seja compreendido o termo *justiça*, é possível afirmar que, no plano coletivo, a concepção predominante está ligada à justiça distributiva e à solidariedade social. Dessa compreensão decorre que todos têm direito a usufruir dos avanços conquistados pela humanidade, sobretudo quando se trata de recursos que concretizam o direito à saúde. Uma sociedade justa desenvolve os meios necessários para que seja possível partilhar as informações e conhecimentos capazes de proporcionar a cura ou trazer alívio aos enfermos.

O mapa das doenças no mundo retrata, todavia, muitas diferenças entre as populações dos diversos Estados, ignorando-se o respeito à igualdade e o direito de cada um a ter

---

[1] RAWLS, John. *Um conceito de justiça*. São Paulo: Martins Fontes, 2008. Passim.

acesso aos recursos terapêuticos disponíveis. O que se constata, em verdade, é que enfermidades superadas ou tratáveis no países desenvolvidos ainda grassam em outros. Sabe-se que, por exemplo, no continente africano a pandemia de HIV/AIDS está revertendo décadas de melhoria da expectativa de vida, na medida em que reduz a expectativa de vida em alguns países expressivamente. Por exemplo, em Lesoto, a expectativa de vida que era de 60 anos em 1995 caiu para 35 anos, em 2010, enquanto na África Subsaariana, esta mesma expectativa caiu de 62 para 47 anos, por causa do HIV/AIDS. Nesta região, aliás, a malária também continua representando um sério fator epidêmico, bem como a tuberculose, estimando-se que 250 pessoas em um universo de 100 mil estejam contaminadas com o bacilo de Koch. Índia, Paquistão, Bolívia e Peru, também apresentam um índice alto de indivíduos contaminados.[2] Não é surpresa que tais doenças estejam alojadas no cone sul porque se tem afirmado que a tuberculose, por exemplo, é um mal socialmente determinado, produto do acentuado desnível social e econômico entre as diversas camadas da população.

Ocorre que existem remédios que podem curar ou minimizar os efeitos dessas enfermidades, embora a um custo inalcançável para grande parte da população. Há medicamentos que chegam a custar US$ 409,5 mil, a exemplo do Soliris, da Alexion, que combate doença rara no sistema imunológico; o Elaprase, da Shire, vendido por US$ 375 mil e que trata a ultrarrara Síndrome de Hunter, uma disfunção do metabolismo que atinge 500 norte-americanos; além do Naglazyme, da BioMarin, no valor de US$ 365 mil, que deve ser ministrado aos portadores de outra rara doença metabólica, e do Cinryze, da Viropharma que tem o preço de US$ 350 mil e previne um perigoso inchaço na pele.[3] Embora causem admiração os custos da fertilização assistida e da geração de um filho através da maternidade sub-rogada, surpreendem, muito mais, os gastos que são feitos com tratamentos estéticos.[4]

---

[2] Os dados apontam para cerca de 100 a 249 pessoas contaminadas em um universo de 100 mil de acordo com *Epoch Times* em: Desenvolvimento da África perturbado pela doença. Agosto 05, 2012. Disponível em: <http://www.epochtimes.com.br/desenvolvimento-da-africa-perturbado-pela-doenca/>. Acesso em: 7 set. 2013.

[3] Remédio mais caro do mundo custa US$ 409 mil por ano. Em: *Radar Econômico*. Disponível em: <http://blogs.estadao.com.br/radar-conomico/2010/02/22/remedio-mais-caro-do-mundo-custa-us-409-mil-por-ano/>. Acesso em: 7 set. 2013.

[4] Tem-se conhecimento que alguns Spas oferecem banho de banheira com água Evian, por US$ 5 mil enquanto outros cobram US$ 1.034 por uma massagem e esfoliação. Informação disponível em: Tratamentos de beleza mais caros do mundo - dia 1. Disponível em: <http://blingreality.blogs.sapo.ao/303212.html>. Acesso em: maio 2013.

27.3 Direito de propriedade intelectual e direito à preservação da diversidade genética

É óbvio que a sofisticação das tecnologias e sua eficácia no combate às enfermidades exigem altos investimentos da indústria farmacêutica. Assim, se numa perspectiva ética, o princípio da justiça deve orientar as ações na área de saúde, mas numa perspectiva privatística, os inventores têm direito à propriedade de seu invento, através da concessão de patentes de invenções e de modelo de utilidade, que lhes garantem o direito de exploração de seu invento. Tal direito representa uma remuneração pelos investimentos feitos em pesquisa e estimularia novas criações, recompensando-se, ademais, o inventor por seu trabalho. Nessa perspectiva, a patente poderia ter valor no plano nacional, já que ela possibilitaria, para os países que se filiaram ao sistema de proteção de patentes, pesquisas cientificas voltadas para dar uma resposta a doenças e males destes países.

O patrimônio genético dos países megadiversos não pode ser subtraído dessa apreciação porque pode oferece a esperança de novas alternativas terapêuticas para diversas enfermidades. Por isto mesmo, é, frequentemente, objeto de exploração de empresas situadas em países desenvolvidos. Para proteger sua riqueza natural e o conhecimento a ela associado, tais países estabelecem normas protetivas de seus recursos ambientais, fazendo corresponder à obtenção do material uma contraprestação às comunidades sob forma de retribuição direta, de benefícios ou de remuneração pelo acesso ao material genético coletado ou ao conhecimento associado a esse patrimônio.

Trata-se, portanto de interesses, ao que tudo indica, distintos, diante dos quais é preciso conciliar lógicas aparentemente opostas, com o objetivo de permitir uma forma de partilha justa das conquistas científicas, seja pelo acesso às matérias-primas, seja pelo poder de compra ou distribuição de medicamentos, seja pelo incentivo a novas pesquisas terapêuticas.

A proposta pode parecer simples demais, mas reconhece a complexidade presente quando se trata de restringir alguns benefícios dos mais privilegiados para repassá-los, prioritariamente, aos membros menos privilegiados da sociedade global. A implementação do princípio da justiça, sem perder de vista questões específicas, ou não se poderia falar em justiça, deve sopesar entre o direito à propriedade intelectual, ao respeito ao privilégio de invenção – direito individual – com a coletivização do uso de um bem que pode efetivar o direito fundamental à saúde.

Isso envolve o conhecimento das razões das partes envolvidas, países megadiversos de um lado, e, em geral, sem recursos financeiros e tecnológicos para expandir o conhecimento associado ao patrimônio genético, e países competentes para desenvolver em escala industrial medicamentos cada vez mais eficazes. No meio, estão as políticas tarifárias, sociais e desenvolvimentistas dos Estados interessados em fazer crescer, pela via da tributação, a arrecadação pública.

27.4 Biopirataria e preservação da biodiversidade no Brasil

A preocupação com o meio ambiente em sua totalidade e com o patrimônio genético como elemento que lhe integra tem ocupado um lugar importante nas discussões travadas por muitos países, em razão do ataque continuado aos esses recursos. Autores referem-se à erosão da diversidade biológica para definir o ataque indisciplinado ao ambiente natural do Brasil.[5]

O Brasil integra o bloco dos chamados megadiversos – um grupo formado por 17 países que, juntos, possuem cerca de 70% da biodiversidade do planeta – e faz-se, por isto, responsável pela preservação das múltiplas formas de vida que abriga. No plano internacional, o Grupo de Países Megadiversos Afins (GPMA) procura, além de oferecer proteção dos seus recursos naturais, desenvolver também modelos sustentáveis de compartilhamento com os demais países, buscando para tanto a fixação de um Regime Internacional de Acesso e Repartição de Benefícios.[6]

No caso do Brasil, tem-se demonstrado que o país não tem sido capaz de fazer uso sustentável de sua biodiversidade porque não investe suficientemente na criação ou melhoria de laboratórios, nem dispõe de pesquisadores quantitativamente qualificados para este fim. Esta situação facilita a introdução irregular de equipes de exploradores, por vezes oriundas de países mais poderosos e, de outras, integrantes de empresas nacionais, que cobiçam o potencial contido em solo brasileiro.[7] A ação dos grupos privados e empresas transnacionais tem sido designada como biopirataria, embora os autores deem à expressão múltiplos significados. Em sentido lato, tem-se entendido como tal, desde o tráfico de animais, à exportação ilegal de madeira, compreendendo também apropriação indevida de recursos genéticos por estrangeiros. Por isto mesmo já foi dito que as diversas acepções dadas ao termo permitem que se conclua que, sob seu abrigo, é possível se agasalhar muitas atividades suspeitas, envolvendo plantas e animais. Há, todavia, uma concepção estrita de biopirataria.

---

5   CUNHA Manuela Carneiro das Populações tradicionais e a Convenção da Diversidade Biológica. Disponível em: <http//www.Scielo.br>. Acesso em: 2 ago. 2013.

6   De acordo com o CDB são megadiversos: África do Sul, Bolívia, Brasil, China, Colômbia, Costa Rica, Equador, Filipinas, Índia, Indonésia, Madagascar, Malásia, México, Peru, Quênia, República Democrática do Congo e Venezuela. Disponível em: <http://www.itamaraty.gov.br/sala-de-imprensa/notas-a-imprensa/2010/03/11/reuniao-do-grupo-de-paises-megadiversos-afins>. Acesso em: 29 ago. 2013.

7   Para se ter ideia, o IPEA, por exemplo, atribui à biodiversidade brasileira o valor de US$ 2 trilhões (quatro PIBs nacionais). Sociedade e Economia: estratégias de crescimento e de crescimento e desenvolvimento – Ipea. Disponível em: <www.ipea.gov.br/agencia/images/stories/.../Livro_SociedadeeEconomia.pdf>. Acesso em: 15 maio 2013.

Alguns doutrinadores, a exemplo de Geraldo Lopes,[8] ressaltam o aspecto imaterial da conduta, qual seja, a apropriação do conhecimento e consequente proveito econômico. A prática ilegal, segundo o autor, está intrinsecamente ligada ao aproveitamento econômico que se pode fazer, do conhecimento de nossa biodiversidade e da sabedoria indígena associada, sem repartição de benefícios, sejam financeiros ou tecnológicos.

Na mesma linha, Ronaldo Delcino[9] diz que a prática consiste na exploração ilegal de recursos naturais – animais, sementes e plantas de florestas brasileiras – e também na apropriação e monopolização de saberes tradicionais dos povos da floresta além da questão econômico visada.

De outras vezes, o acento é posto apenas nos aspectos econômicos e na violação à propriedade intelectual, como ocorre no pensar de Marilena Lavorato. Para a autora, "a biopirataria é o desvio ilegal das riquezas naturais (flora, águas e fauna) e do conhecimento das populações tradicionais sobre a utilização dos mesmos".[10]

Juliana Santilli orienta-se também por esta compreensão, mas ressalta, como elemento caracterizado, a ausência de concordância "dos países de origem dos recursos genéticos para as atividades de acesso", bem como a falta repartição justa dos benefícios.[11]

De fato, a falta de anuência do Estado para o acesso é fator que indica, de antemão, a inexistência de celebração de termo ou de contrato que, além de analisar a licitude das pesquisas e os meios de realização, estabelece a repartição dos benefícios. O cerne da conduta designada como biopirataria é esta omissão na obtenção de autorização para fins de bioprospecção ou de desenvolvimento tecnológico que implicará, ao final, em perda dos retornos previstos para o país.

A norma que disciplina a matéria no Brasil extingue as dúvidas que possam persistir sobre o conceito preciso de biopirataria e sobre o bem tutelado. No art. 18 do Decreto nº 5.459,[12] está disposto que é ilícita a conduta de quem deixa de repartir, quando existentes, os benefícios resultantes da exploração econômica de produto ou processo desenvolvido a partir do acesso a amostra do patrimônio genético ou do conhecimento tradicional

---

[8] LOPES, Geraldo Biodiversidade e Biopirataria. Disponível em: <www.geografiafacil.pop.com.br>. Acesso em: 28 jan. 2009.

[9] DECICINO Ronaldo. Exploração ilegal de recursos no Brasil. Disponível em: <http://educação.uol.com.br/biologia/biopirataria.jhtm>. Acesso em: 29 jan. 2010.

[10] LAVORATO, Marilena Lino de Almeida. *Biodiversidade, um ativo de imenso valor*; Biopirataria, plantas medicinais e etnoconhecimento. São Paulo: s.e., 2005. p. 64.

[11] SANTILLI, Juliana. Patrimônio imaterial e direitos intelectuais coletivos. In: MATHIAS, Fernando; NOVIUON, Henry de (Org.). *As encruzilhadas da modernidade*: debate sobre biodiversidade, tecnociência e cultura. São Paulo: Instituto Socioambiental, 2006. p. 85 (Série documentos do ISA, 9).

[12] O Decreto nº 5.459, da Presidência da República, regulamenta o art. 30 da Medida Provisória nº 2.186-16, de 23 de agosto de 2001, disciplinando as sanções aplicáveis às condutas e atividades lesivas ao patrimônio genético ou ao conhecimento tradicional associado e dá outras providências.

associado com quem de direito. Tais benefícios, conforme o art. 26 do mesmo Decreto, podem consistir em divisão de lucros, pagamento de *royalties*, licenciamento livre de ônus de produtos e processos e capacitação de recursos humanos.

O patrimônio genético não consiste, portanto, em um conjunto de bens materiais, mas sim em um conjunto de informações como bem afirmou Paulo Bessa Antunes.[13] Não é o meio ambiente o bem tutelado como equivocadamente supõem alguns, mas a exploração econômica de produto ou processo desenvolvido a partir da amostra de componente do patrimônio genético ou de conhecimento tradicional associado, sem as contrapartidas fixadas na norma.

Para impedir a biopirataria, o governo brasileiro editou o Decreto nº 5.459, que impõe multas severas aos pesquisadores em situação de irregularidade. Afirma-se, mesmo que foram arrecadados alguns milhões em multas, cujo total foi estimado em 29 milhões de dólares. Na imprensa norte-americana,[14] houve algum destaque para as providências tomadas pelo Brasil, afirmando-se que as medidas antibiopirataria muitas vezes impedem a remessa de amostras ao exterior para análise médica, o que poderia trazer benefícios para todos. Criticou-se, sobretudo, a barreira imposta pela legislação ao livre desenvolvimento de pesquisas e à investigação científica. Outros jornais destacaram a motivação das multas, qual seja, a falta de compensação financeira às comunidades de origem.

Essas manifestações seriam, aparentemente, comprometidas com a partilha de recursos e o princípio da justiça se as comunidades nativas fossem recompensadas no recebimento de contrapartidas justas. Ocorre que, na maioria das vezes, elas são logradas e não recebem qualquer valor como retribuição ou obtêm recompensas ínfimas.

É fato do conhecimento geral, porém, que espécies únicas do Brasil foram exploradas durante séculos por empresas, que algumas vezes fizeram fortunas e neglicenciaram as comunidades locais. Dentre os muitos exemplos, pode-se apontar o do sapo kambo, encontrado no estado do Acre, que excreta uma substância usada por empresas farmacêuticas para desenvolver medicamentos anti-inflamatórios sem conceder qualquer contrapartida aos povos da floresta. Há, ainda, o caso do cupuaçu, patenteado por uma companhia japonesa em 2003, e que acabou resultando na Lei nº 11.675/08, que declarou o cupuaçu como fruta nacional do Brasil. Na mesma linha, há o caso do Captopril fabricado pela Squibb e muitos outros.

---

[13] ANTUNES, Paulo Bessa. *Diversidade biológica e conhecimento tradicional associado*. Rio de Janeiro: Lumen Iuris, 2002. p. 41.
[14] Vide dentre outras as seguintes matérias: *Brazil to step up crackdown on biopiracy in 2011*. Disponível em: <www.reuters.com/.../us-brazil-biopiracy-idUSTRE6BL37820101222 22 dec 2010>. Acesso em: 15 jan. 2011. *This week in review ... Brazil to step up fight against biopiracy* Disponível em: <http://tkbulletin.wordpress.com/2010/12/29/this-week-in-review-%E2%80%A6-brazil-to-step-up-fight-against-biopiracy/>. Acesso em: 25 fev. 2011.

27.5 De Patrimônio comum da humanidade a direito de propriedade intelectual

Seria de desejar, ao menos no plano ideal, que os medicamentos e os recursos genéticos e conhecimentos tradicionais associados, por representarem a esperança para mitigar os sofrimentos da espécie humana, tivessem livre circulação entre os diversos Estados. Ocorre, porém, que, na outra ponta desta questão, estão os direitos dos inventores e dos que investiram em pesquisas longas e custosas para os quais a proteção das patentes permite não só a remuneração do investimento financeiro e intelectual, mas, teoricamente, a criação de novos medicamentos.

Desde a Convenção de Paris, em 1883, a proteção da propriedade industrial e dos subsistemas patente, marcas e desenho industrial ganhou reconhecimento, no plano internacional, através de um sistema normativo de proteção. Quanto ao direito específico de concessão de patentes de remédios, Flavia Piovesan[15] faz remontar a 1962, quando a ONU reconheceu que as patentes farmacêuticas tinham expressiva importância, tanto no âmbito econômico quanto social. Foi criada, então, a Organização Mundial da Propriedade Intelectual (OMPI), no âmbito da ONU, como agência especializada para assuntos de propriedade intelectual, foro cuja preocupação tem sido centrada na defesa da propriedade intelectual, aliada à atenção aos países em desenvolvimento e suas peculiaridades.

Segundo autores,[16] a preocupação dos países do hemisfério norte com a arrecadação de recursos através dos *royalties* – que deixavam de ser pagos, em plenitude, no sistema até então vigente, motivou um encontro chamado de Rodada Uruguai no qual foi decidido que as patentes deveriam ser respeitas mundialmente. Em outras palavras, decidiu-se pela obrigação de outorgar patentes às invenções em todos os campos da tecnologia, quando, anteriormente, cada Estado poderia livremente escolher o que lhe convinha proteger via patente. À violação das normas de proteção à propriedade intelectual, corresponderiam sanções comerciais. Com isto, buscava-se fazer respeitar, em qualquer país, os direitos da propriedade intelectual independentemente do seu lugar de origem. Tais decisões resultantes do TRIPS – Acordo sobre Aspectos dos Direitos de Propriedade Intelectual relacionados ao Comércio (TRIPS), vinculado à OMC – produziu bons resultados financeiros nos Estados que já faziam sólidos investimentos tecnológicos e nos quais existiam grandes laboratórios. Os países em desenvolvimento da África, Ásia e América do Sul não lograram qualquer benefício com a nova orientação, tudo indicando que se trata de realizar não o princípio da justiça, mas concentração de mais recompensas aos já bem aquinhoados.

---

[15] PIOVESAN1, Flávia, CARVALHO, Patrícia Luciane de. Políticas para a implementação do direito ao acesso a medicamentos no Brasil. *Novos estudos jurídicos*. v. 13, nº 2, p. 35-59. ISSN Eletrônico 2175-0491. Disponível em: <http://br.vlex.com/vid/politicas-direto-acesso-medicamentos-64929415>. Acesso em: 30 maio 2013.

[16] Vide o trabalho de CUNHA, Manuela Carneiro da. *Populações tradicionais e a Convenção da Diversidade Biológica*, no qual a autora expõe sua singular e fundada posição sobre o tema. Disponível em: <www.scielo.br/scielo.php?pid=S0103-40141999000200008&script>. Acesso em: 12 ago. 2013.

Os padrões estabelecidos pelo TRIPS incluem o prazo durante o qual as patentes devem ser concedidas – um período mínimo de 20 anos – a concessão de patentes para produtos e processos e dispõem, também, sobre quais são as informações de testes de medicamentos podem ser protegidas contra o "uso comercial desleal". A concretização dos modelos de propriedade intelectual previstos no TRIPS, e os acordos bilaterais e regionais que lhe sucederam.[17] As orientações aprovadas afetaram, de forma expressiva, o acesso a medicamentos não só em razão do aumento de preços, mas também porque inibiram a produção interna dos países.

É importante destacar que, no seu bojo, o TRIPS abrigou também a possibilidade de restrição à concessão de patentes em exceções limitadas conforme o art. 30, quando estabelece que os Estados-membros possam dispor sobre as exceções aos direitos exclusivos conferidos pela patente, porém de forma que não conflitem de forma desarrazoada com a exploração da patente e que não prejudiquem os legítimos interesses de seus detentores. O art. 31, por seu turno, estabelece a possibilidade de os Estados signatários utilizarem-se da concessão da licença compulsória, dentre outras flexibilidades previstas.

Essa abertura do TRIPS para concretização do ideal de justiça e solidariedade tem-se expandido para que sejam revistos aspectos que aumentaram o desequilíbrios entre os estados, fazendo preponderar o direito à saúde sobre interesses comerciais. Nesse exame, deve-se considerar, conforme Flavia Piovesan, que "o direito de propriedade fica condicionado ao atendimento do interesse social", uma vez que não se trata apenas "de uso razoável ou ponderável entre os direitos".[18]

A Declaração de Doha reafirma o direito dos países em utilizar as salvaguardas do TRIPS, como licenças compulsórias ou importação paralela, para superar as barreiras à promoção do acesso a medicamentos e indicaram aos países como utilizá-las.

27.6 O Brasil entre a licença compulsória de medicamentos e a exigência de distribuição de benefícios para acesso ao patrimônio genético

O Brasil foi um dos países que recorreu, com frequência, entre os anos de 2001 e 2007, à ameaça de uso da licença compulsória de medicamentos, para ter poder de negociação com os laboratórios.[19] Tal hipótese foi possibilitada pela Lei que regula direitos e obrigações relativos à propriedade intelectual no Brasil (Lei nº 9.279/96) e, mais espe-

---

[17] Posteriormente ao TRiPS, surgiram acordos bilaterais e regionais (TRIPS-Plus) cujo conteúdo, de forma geral, contém distorções que afetam o comércio internacional e são prejudiciais ao "países em desenvolvimento e menor desenvolvimento relativo", conforme Flavia Piovesan. Op. cit., p. 46-47.

[18] Op. cit., s/p.

[19] Vide FIGUEIREDO, Luciano Lima. *A função social das patentes de medicamentos*. Salvador: Podium, 2009. p. 222.

cificamente, por seu art. 71 regulamentado pelo Decreto nº 3.201 de 1999. Este Decreto estabelece que poderá ser concedida, de ofício, licença compulsória de patente, nos casos de emergência nacional ou interesse público. Limita, porém, no caso de interesse público a licença apenas para uso público não comercial.

Em verdade, apenas em 2007 o governo brasileiro licenciou compulsoriamente, por interesse público, as patentes do medicamento Efavirenz, do laboratório Merck, Sharp & Dohme, sem deixar, todavia de garantir *royalties* no valor de 1,5% sobre a comercialização ao titular do direito intelectual. O objetivo foi, sem dúvida, tornar a droga acessível para os 75 mil pacientes que necessitavam do antirretroviral. Poder-se-ia também falar que, em assim agindo, concretiza justiça social, impedindo a morte e sofrimento de cidadãos brasileiros. Luciano Lima lembra que a redução da excessiva carga tributária imposta pelo governo brasileiro ao setor de remédios produziria bons resultados na ampliação do acesso aos mesmos tendo maior horizontalidade porque atingiria escala maior de produtos.[20]

A posição do governo brasileiro, quando se trata de patrimônio genético e conhecimento associado – que já fora considerado patrimônio da humanidade – aparentemente, diverge do ideal de justiça que motiva o licenciamento compulsório. Isto porque a Medida Provisória nº 2.186-16, que disciplina o acesso ao patrimônio genético, a proteção e o acesso ao conhecimento tradicional associado, a repartição de benefícios e o acesso à tecnologia e transferência de tecnologia para sua conservação e utilização, também demonstra preocupações de ordem financeira e compensação pelo uso dos recursos nacionais. Não que o patrimônio genético seja patenteável, o que não impede que o conhecimento a ele associado possa vir a sê-lo desde que seja considerado como biotecnologia.[21, 22] O que pode vir a ser objeto de patente são o produto ou o processo desenvolvidos com a exploração econômica da amostra de componente do patrimônio genético ou de conhecimento tradicional associado Neste caso é que os benefícios devem ser partilhados, inibindo-se, ainda que de forma acanhada, a erosão da cultura local e da diversidade biológica nacional.

Antropólogos têm apoiado a submissão da produção e transmissão do conhecimento associado ao patrimônio genético pelos grupos locais à lógica dos *royalties* pode significar o desgaste das condições de produção do conhecimento local e, "embora valorize sua contribuição, pode implicar paradoxalmente o fim da produção desse conhecimento", como afirma Manuela Carneiro da Cunha.[23]

---

[20] Idem, p. 224.

[21] Em apoio a essa perspectiva, pode-se recorrer à lei brasileira (Lei nº 9.279/96) que não considera invenção nem modelo de utilidade: o todo ou parte de seres vivos naturais e materiais biológicos encontrados na natureza, ou ainda que dela isolados, inclusive o genoma ou germoplasma de qualquer ser vivo natural e os processos biológicos naturais (inciso IX do art. 10).

[22] Dispõe também, o mesmo texto legal, sobre a não patenteabilidade do todo ou parte dos seres vivos, exceto os micro-organismos transgênicos que atendam aos três requisitos de patenteabilidade – novidade, atividade inventiva e aplicação industrial (Inciso III do artigo XVIII).

[23] CUNHA, Manuela Carneiro da. *Populações tradicionais e a Convenção da Diversidade Biológica*. Op. cit., p. 14.

27.7 Conclusão

De uma política muitas vezes canhestra, é difícil falar de acertos, e mais complicado ainda, é tentar aproximá-la dos ideais de justiça de John Rawls. No caso da repartição de benefícios por acesso e uso de informações referentes ao patrimônio genético, é possível afirmar-se, pelo menos, que o valor que rege as proibições não está ligado às vantagens financeiras provenientes dos *royalties*, mas sim à preservação do conhecimento, das práticas e valores das comunidades indígenas e de locais que incorporam estilos de vida tradicionais relevantes para a conservação e o uso sustentado da diversidade biológica, conforme dispõe a Convenção da Diversidade Biológica no seu art. 8º, *j*.

O livre acesso aos recursos terapêuticos *in natura* ou industrializados, embora possa constituir um ideal da humanidade, por sua escassez, pela necessidade de garantir a justa distribuição entre os mais bem aquinhoados e os vulneráveis, precisa ser disciplinado. É bem possível que as alternativas buscadas para a concreção da solidariedade no âmbito das práticas terapêuticas sejam insuficientes em si mesmas, o que não impede que o princípio da justiça informe sempre as condutas nesta área.

28

Desenvolvimento da hermenêutica constitucional na Alemanha a partir de Weimar e sua repercussão como flexibilização dos efeitos das decisões em sede de controle de constitucionalidade

Graziela Bacchi Hora

Sumário: Introdução; 28.1 O enfraquecimento da dicotomia direito *versus* política como decorrência da expansão dos direitos fundamentais e condição para as modificações da hermenêutica constitucional na Alemanha; 28.2 O método concretista de Friedrich Müller como decorrência dos estudos integracionistas de Weimar e a separação entre texto e norma; 28.3 As técnicas de decisão utilizadas pelo *Bundesverfassungsgericht* e o art. 27 da Lei nº 9.868/99 como flexibilização das decisões em sede de jurisdição constitucional; 28.4 Entre arbítrio e formalismo: a busca do equilíbrio no exercício da Jurisdição Constitucional; Referências.

Introdução

O presente estudo intenta uma contribuição em certa medida referente ao direito comparado, não procedendo ao cotejo da legislação de diferentes Estados, mas englobando o estudo científico do contexto geral no qual a norma se insere. Torna-se relevante a consideração da atividade jurisprudencial e doutrinária, além da mera pesquisa dos textos normativos. Importa o estudo dos sistemas jurídicos globalmente considerados.[1]

---

[1] Cf. DANTAS, Ivo. *Direito constitucional comparado*: introdução, teoria e metodologia. Rio de Janeiro, Renovar, 2000.

Nesse sentido, se nos demonstra extremamente oportuna a pesquisa a respeito das técnicas de decisão adotadas pelo Tribunal Constitucional Federal Alemão, uma vez que a Lei nº 9.868/99, em seu art. 27, que diz respeito a mitigação dos efeitos retroativos do juízo a respeito da inconstitucionalidade normativa, recebeu inspiração dos expedientes tedescos por intermédio dos trabalhos doutrinários empreendidos pelo membro da comissão elaboradora do anteprojeto que se converteu na Lei nº 9.868/99, hoje ministro do STF, Gilmar Mendes.

Cumpre-nos, primeiramente, observar as implicações teóricas da adoção de formas mais flexíveis e intermediárias em relação ao posicionamento clássico que considerava apenas duas possibilidades: a da decretação da inconstitucionalidade com a consequente declaração da nulidade da norma desde o seu nascedouro ou a rejeição da arguição de inconstitucionalidade com a reafirmação da validade da norma.

Demais disso, resta-nos destacar possíveis semelhanças e diferenças político-culturais, observadas pela doutrina referente a ambos os ordenamentos, entre o papel exercido pelo STF e o *Bundesverfassungsgericht*, que nos permitam a crítica do que pode ser qualificado como recepção legislativa operada no Brasil dos mecanismos de decisão verificados na Alemanha.

Gilmar Ferreira Mendes, em momento anterior ao das modificações legislativas que resultaram na possibilidade insculpida no art. 27 da Lei nº 9.868/99, chama a atenção para o fato de o *Bundesverfassungsrericht* já ter desenvolvido "há muito" variantes de decisões que superam a clássica possibilidade de ser a lei ou situação jurídica declaradas meramente constitucionais ou inconstitucionais. A criação de outros recursos processuais mais flexíveis proporcionaria uma maior sofisticação no entendimento da separação entre direito e política, permitindo, outrossim, que a lei seja declarada ainda constitucional com a determinação para o legislador de que proceda às devidas modificações, como é o caso do *Appellentscheidung* ou que o Tribunal constate a inconstitucionalidade da lei sem que disso decorra a declaração de nulidade, como é o caso do instituto da *Unvereinbarkeitserklärung*.[2]

Realmente, ainda que não se concorde com os expedientes utilizados, temos que admitir, no que diz respeito ao desenvolvimento da hermenêutica constitucional, que é notória a evolução para um patamar em que sejam considerados métodos de interpretação que reconheçam a peculiar situação do direito constitucional como arena de discussão e aproximação entre política e direito.

Nesse sentido, contemporaneamente tornam-se fonte inesgotável para discussões os fenômenos da politização da justiça, bem como da juridicização da política, preocupando-se os teóricos em salientar tanto a inevitabilidade quanto os excessos representados pelos dois movimentos, ambos fruto da aproximação entre política e direito.

---

[2] MENDES, Gilmar Ferreira. O Apelo ao Legislador – Appellentscheidung – na Práxis da Corte Cosntitucional Federal Alemã. *Revista de Direito Administrativo*. nº 188. abr./jun. Rio de Janeiro, p. 36-63, 1992. (aqui, p. 36-37).

Para que tenhamos ideia deste desenvolvimento teórico-doutrinário, é mister que procedemos a o delineamento histórico-evolutivo da Teoria da Constituição e do gradativo abandono da perspectiva formalista que apenas permitiria a conclusão a respeito da compatibilidade ou incompatibilidade de determinada lei ou ato normativo em relação à Constituição.

Note-se que o desenvolvimento teórico se dá com assento especial nas transformações ocorridas na Alemanha, com especial relevo para a contribuição da República de Weimar, da qual trataremos a seguir.

28.1 O enfraquecimento da dicotomia direito *versus* política como decorrência da expansão dos direitos fundamentais e condição para as modificações da hermenêutica constitucional na Alemanha

O distanciamento entre as abordagens do direito e da política que se processou historicamente, culminando na modernidade, pode explicar a negligência à qual foi submetido o tema da interpretação constitucional. De fato, o pouco relevo do tema na seara da teoria jurídica é acentuado quando o contrastamos com o interesse destinado a outros setores do ordenamento jurídico, mormente no âmbito do direito privado.

Tocante à teoria política, processou-se a adoção de temas envolvendo valores, estruturas, atos e fins em sentido concreto, ao passo que, a teoria jurídica, teria se concentrado em problemas metodológicos ligados à conceituação, classificação e distinção. Esta tendência observou-se notadamente no direito privado que se conservou sempre mais formal e distanciado da política. Em certo sentido, por isso mesmo, foi visto como mais "jurídico" do que direito público.[3]

O prestígio gozado pelo direito privado dentro da teoria jurídica foi parcialmente responsável pelo não reconhecimento das peculiaridades atinentes à interpretação constitucional.

Surge, em primeiro lugar, a restrição metodológica decorrente da equiparação da Constituição à lei, responsável pela recepção acrítica de critérios hermenêuticos próprios do direito privado para a interpretação constitucional.

A tradição romanista, o prestígio do Código Civil de Napoleão e a influência do pensamento liberal, a partir do qual o direito constitucional assumira a função restrita de proteção de liberdades individuais frente ao Poder Público, reservam-lhe a função de instrumentalizar a garantia das relações civis e mercantis.[4]

---

[3] SALDANHA, Nelson. *Da teologia à metodologia*: secularização e crise no pensamento jurídico. Belo Horizonte: Del Rey, 1993. p. 8.

[4] VERDÚ, Pablo Lucas. *El sentimiento constitucional*. Madri: Editorial Reus, 1985. p. 115.

Outrossim, interpretação constitucional atraiu suspeitas por referir-se a uma estrutura normativa de conteúdo político. Estaria permeável à ação das forças políticas e frágil em substância, donde se supunha a inviabilidade da utilização de critérios preponderantemente jurídicos para direcioná-la.[5]

Será a compreensão material da natureza da Constituição que permitirá o vislumbramento de um espaço mais rico a ser explorado doutrinariamente de modo a abarcar os conteúdos essenciais para a comunidade organizada em forma de Estado Constitucional. A jurisdição constitucional é fruto desse alargamento e do correspondente alargamento da concepção dos direitos fundamentais.

O método interpretativo clássico, de inspiração formalista, exprimia uma perfeita adequação ao Estado de Direito de concepção liberal, que necessitava como condição prévia da harmonia e do consenso do pensamento político com a forma de convivência estabelecida, não cogitando sequer de conflitos entre a Constituição e a Sociedade.[6]

A partir de 1927, a reação antiformalista contra a atitude ideológica dos teóricos do II Reich fez com que os estudos acerca das relações entre a Constituição Formal e a realidade social, entre direito e política, elaborados por autores como Smend, Schmitt e Heller, introduzissem as preocupações por uma teoria material da Constituição e trouxessem de volta os juízos de valor para a dogmática constitucional.

A república de Weimar representa o giro do Estado Liberal para o Estado Social. A novel concepção de um Direito condicionado politicamente enseja o desenvolvimento de um novo constitucionalismo sensível à concretude social, pois que o antigo modelo não se mostra passível de solucionar as novas questões relativas aos direitos fundamentais já então surgidos.

Obviamente não se olvida o fato da Constituição mexicana ter assumido o papel de pioneira na instituição de direitos sociais. Quanto a isso nem se venha objetar que os direitos alçados ao *status* constitucional naquele diploma terem se restringido ao âmbito do direito do trabalho. No entanto, será a expansão teórica observada pelo constitucionalismo de Weimar a responsável pela propagação de modificações no pensamento jurídico ocidental de forma peculiarmente expressiva, de modo a tornar-se referência inarredável do constitucionalismo contemporâneo.[7]

---

[5] VIGO, Rodolfo Luis. *Interpretación constitucional*. Buenos Aires: Abeledo Perrot, 1993. p. 194.

[6] CANOTILHO, José Joaquim. *Direito constitucional*. Coimbra: Almedina, 1993. p. 219.

[7] "Em uma interpretação mais acurada, verifica-se que a Constituição Social Mexicana foi o primeiro Pacto Político moderno a fixar uma declaração ideológica de direitos sociais e econômicos como consequência de um processo revolucionário. O núcleo central dos debates e negociações da Constituição Mexicana foi a discussão acerca das novas condições legais econômico-sociais, como decorrência do triunfo de segmentos mais radicais e progressistas, diante dos setores legalistas e moderados. [...] Já a Constituição da República de Weimar foi (disso não resta dúvida) o ponto de maior influxo no contexto do Constitucionalismo ocidental contemporâneo: uma espécie de marco inicial do próprio Constitucionalismo Social. [...] A Constituição Alemã, ao integrar a ordem

Na Alemanha, desenvolve-se a teoria da integração (*Integrationslehre*), que pressupõe a existência peculiar do Estado, como afirmado por Renam: "O Estado é um plebiscito cotidiano". Segundo Smend, captar essa existência peculiar exigiria o recurso à "integração": atualização e desenvolvimento contínuo da dinâmica vital do Estado.[8]

Na verdade, a força normativa positiva da Constituição implicará uma assunção pelo Poder Judiciário de tarefas que incluem a sensibilidade para os condicionamentos prospectivos que englobam a ciência da conjuntura política por parte de uma hermenêutica que não mais poderá restringir-se ao momento subsuntivo do fato à norma.

Assim, em termos formais, teríamos que a Constituição apontaria âmbitos de delimitação para a atuação das faculdades legislativas de configuração na determinação de prioridades no recurso a meios prescritivos, enquanto o governo seria livre para determinar sua política interior e exterior. Nesse sentido, o Tribunal Constitucional Federal (*Bundesverfassungsrericht*) não teria competência para analisar se qualquer desses órgãos observaram adequadamente suas responsabilidades ou se deram a solução mais justa ou funcional.

No entanto, esses limites exatos só poderiam existir se as máximas constitucionais estabelecessem barreiras apenas negativas. Ocorre que a atual ideia de Constituição traz pautas para ação dos outros órgãos do Estado nas responsabilidades que lhes são atribuídas. Nesse sentido a realização material dos direitos fundamentais.

Nesse sentido, ouve-se o reconhecimento de que a Corte Alemã vem reforçando a eficácia e a força configuradora da Constituição e, inclusive, melhorado a qualidade de vida e convivência de uma ordem que tem como referencia última a dignidade humana.[9]

Isso traz como consequência para o tribunal a necessidade de intervir na atuação de outros órgãos do Estado. No entanto, o tribunal carece de iniciativa e não pode produzir jurisprudência conformadora, já que não é responsável pela conformação da comunidade e seu futuro.

Em relação à autonomia configuradora do legislador, temos que para o tribunal vale a possibilidade de sugerir como *obiter dicta* ou através de argumentações simples furtando-se a recomendar fórmulas alternativas em substituição a uma regulação inconstitucional. Assim, as recomendações não são vinculantes, mas atuariam indiretamente no processo político.

---

político-institucional aos imediatos objetivos econômicos da sociedade, buscou definir um projeto alternativo social-democrático que satisfizesse os diversos segmentos sociais, presos, de um lado, às concepções da clássica democracia burguês-individualista, e, de outro, ao crescente fluir de princípios e proposições socialistas" (WOLKMER, Antônio Carlos. *Constitucionalismo e direitos sociais no Brasil*. São Paulo: Acadêmica, 1989. p. 18-20).

[8] SMEND, Rudolf. *Constitución y derecho constitucional*. Madrid: Centro de Estudios Constitucionales, 1985. p. 63.

[9] SIMON, Helmut.La jurisdicción constitucional. In: BRENDA, Ernst; MIHOFER, Werner; VOGEL, Hans-Jochen; HESSE, Konrad; HEYDE, Wolfgang (Hrsg.). *Manual de Derecho Constitucional*. Madrid: Marcial Pons, 1996. p. 823-860 (aqui, p. 852).

28.2 O método concretista de Friedrich Müller como decorrência dos estudos integracionistas de Weimar e a separação entre texto e norma

A tentativa de integrar ao próprio conceito de Constituição as dimensões socioculturais da realidade surge como fundamental ao posterior desenvolvimento dos métodos concretistas de interpretação constitucional.

As perspectivas chamadas dialético-culturais representadas por Heller e Smend são passíveis de serem criticadas contemporaneamente por não terem radicalizado suficientemente a questão a ponto de vislumbrarem o próprio dever-ser como parte da realidade. Neste sentido, ainda não teria sido satisfatoriamente superada a antiga dicotomia norma/realidade.[10]

Avançando nesta direção, os métodos concretistas abandonam a tarefa aplicadora dos textos, considerando a concretização das normas com a inclusão dos dados reais normativamente relevantes.[11]

Cabe notar que a metódica estruturante do direito desenvolvida por Müller experimenta grande difusão doutrinária como método concretista veiculado dentre os constitucionalistas pátrios.

Assim é que Paulo Bonavides afirma que as necessidades observadas no Brasil de novas perspectivas metodológicas para uma hermenêutica constitucional encontram-se satisfeitas pela obra de Friedrich Müller.[12]

No mesmo sentido, João Maurício Adeodato considera que a obra de Müller reforça a ligação entre o Brasil e a cultura germânica no sentido de ser um exemplo de teorização profícua para a compreensão da aplicação do direito estatal na atualidade.[13]

Na metódica estruturante, não se trata de aplicar a norma, mas de produzi-la a partir da combinação de seus componentes primariamente linguísticos com os seus componentes empíricos concretos, ambos em relação de implicação recíproca dentro do processo de concretização. A partir do reconhecimento destes dois níveis chamados a compor a norma jurídica, desenvolvem-se os conceitos de âmbito normativo (*Normbereich*) e programa normativo (*Normprogram*). Este último surgido da interpretação dos dados primariamente linguísticos em conjunto (textos normativos e não normativos como doutrina, textos históricos e outros referentes à técnica de solução de casos), enquanto o primeiro

---

[10] NEVES, Marcelo. *A constitucionalização simbólica*. São Paulo: Acadêmica, 1994. p. 60-61.
[11] Idem, p. 76-77.
[12] BONAVIDES, Paulo. *Teoria Constitucional da Democracia Participativa*: por um Direito Constitucional de luta e resistência por uma Nova Hermenêutica por uma repolitizaçãoda legitimidade. 2. ed. São Paulo: Malheiros, 2003. p. 206.
[13] ADEODATO, João Maurício. *Ética e Retórica*: para uma teoria da dogmática jurídica. São Paulo: Saraiva, 2002. p. 222.

(*Normbereich*) captado a partir dos dados primariamente reais a serem intermediados pela linguagem normativa.[14]

É evidente que este tipo de preocupação serve ao estabelecimento de novas técnicas de decisão para o controle de constitucionalidade que advoguem a existência apartada da norma em relação ao texto, de modo que se torne possível vislumbrar uma interpretação mantenedora do texto a despeito de se considerar a normatividade como processo que engloba a observação política do contexto material de sua aplicação.

28.3 As técnicas de decisão utilizadas pelo *Bundesverfassungsgericht* e o art. 27 da Lei nº 9.868/99 como flexibilização das decisões em sede de jurisdição constitucional

O problema da força normativa positiva do Direito Constitucional irá trazer a discussão a respeito dos contornos políticos à atuação do Judiciário que já se fizeram sentir fortemente com o problema da caracterização do que seria considerado o silêncio transgressor ou a inércia do legislador.

A devida caracterização da omissão inconstitucional escapa aos propósitos deste trabalho, no entanto é interessante pontuar que muitos dos problemas que são objeto de solução a partir das técnicas utilizadas pelo Tribunal Federal Constitucional Alemão, como também pelo Surpemo Tribunal Constitucional, podem ser abordadas a partir de vários institutos.

Dentre as técnicas de decisão que no quadro da jurisdição constitucional alemã incorporam essa maior flexibilidade da produção de efeitos das declarações, destacamos além da interpretação conforme a constituição, o apelo ao legislador, a declaração de incompatibilidade ou de inconstitucionalidade sem pronúncia de nulidade e a declaração de norma ainda constitucional em trânsito para a inconstitucionalidade.

Dentre esses expedientes, somente em relação ao apelo ao legislador a arguição de inconstitucionalidade e efetivamente rejeitada.

Nesse caso específico há uma advertência por parte do Tribunal Federal Constitucional para que se disponha a alterar, substituir ou complementar a legislação sob pena de em momento posterior o tribunal vir a decidir de forma contrária.

Observe-se que quanto ao *Appelllentscheidung* não há qualquer efeito estritamente jurídico a ser extraído da decisão.

A atuação da Corte Constitucional se dá como se de aconselhamento se tratasse, o que nos permite a enquadrá-la como um caso em que a mora legislativa é antecipadamente anunciada. Assim como no caso da declaração de norma ainda constitucional em

---

[14] MÜLLER, Friedrich. *Juristische Methodik*. 7., stark erw. und bearb. Aufl. Berlin: Duncker und Humblot, 1997. p. 33.

trânsito para a inconstitucionalidade (*noch verfassungsmässige Rechtslage*) pode ocorrer observação da alteração das situações fáticas que não poderia ser prevista pelo legislador. A justificativa para a iminente e provável inconstitucionalidade repousa na evolução histórica das relações ou do estado de coisas, trata-se de uma alteração na realidade empírica que é evocada como capaz de justificar a necessidade de alteração do sistema de ordenamento jurídico. O juiz funcionaria como um observador autorizado dessa realidade concreta, capaz de anunciá-la ao poder legislativo incumbido da conformação legislativa.

Oportunamente, vale lembrar que a inconstitucionalidade por omissão parcialmente detectada também poderá ser utilizada para casos semelhantes. Podemos observar, como um tema passível de ser solucionado a partir de vários recursos processuais a realização do princípio da igualdade. Ocorre que no tocante aos casos em que a desigualdade inconstitucional significa um avanço institucional para determinado segmento que foi beneficiado há a possibilidade de se entender que a declaração de nulidade poderia conduzir a um estado mais grave de inconstitucionalidade.

Na verdade, há uma grande dificuldade na distinção dos institutos e da caracterização da aplicação de uma modalidade determinada em detrimento de outra ou outras para a solução dos casos em que não há uma clara inconstitucionalidade ou constitucionalidade dos dispositivos.

Nesse sentido, afirma Clèmerson Merlin Clève: "Na República Federal Alemã, entre anular (ou declarar não conforme a Constituição isto que é nulo) o que positivamente e parcialmente disposto, ou estender a incidência da norma a casos não expressamente previstos, prefere-se uma terceira e mais complexa solução: declarar a não conformidade da disposição com a Constituição, definindo-se prazo (ainda que indiretamente determinado) – uma *Appellentscheidung* – para que o parlamento atue, no mais pleno e correto exercício de sua liberdade de conformação, no sentido de eliminar a disparidade de tratamento declarada pela Corte como subsistente, com reserva de removê-la diretamente em caso de persistente omissão. Considera-se, de fato, inadmissível uma interpretação que implique a criação de uma nova prescrição legislativa".[15]

Ocorre que, não é tão clara a preferência por um ou outro expediente também na Alemanha, como também não são claros os limites ou efeitos do "apelo ao legislador".

Observe-se que o *Appellentscheidung* não encontra disposição em direito positivo de seus efeitos. Apesar de a prática do Tribunal considerar que da parte dispositiva da decisão deva constar apenas a declaração de constitucionalidade da lei, conforme assevera Gilmar Mendes,[16] recentemente, passou o Tribunal a declarar, na parte dispositiva, a constitucio-

---

[15] CLÈVE, Clemerson Merlin. *A fiscalização abstrata da constitucionalidade no direito brasileiro*. 2. ed. São Paulo: Revista dos Tribunais, 2000. p. 335.

[16] MENDES, Gilmar Ferreira. O Apelo ao Legislador – *Appellentscheidung* – na Práxis da Corte Cosntitucional Federal Alemã. *Revista de Direito Administrativo*. nº 188. abr./jun. Rio de Janeiro, p. 36-63, 1992 (aqui, p. 58).

nalidade da lei "consoante os fundamentos da decisão". Segundo o autor essa referência na parte dispositiva da sentença aos fundamentos deveria cumprir o papel de advertência para que num futuro próximo a decisão pudesse ser revertida com a consequente declaração de inconstitucionalidade.

De acordo, ainda com Gilmar Mendes, em trabalho no qual defende o projeto de Lei nº 2.960, de 1997 – que se converteu posteriormente na Lei nº 9.868/99 – defende a instituição insculpida no art. 27 da Lei da possibilidade de que o STF a partir de maioria diferenciada decida sobre os efeitos da declaração de inconstitucionalidade nos casos em que a segurança jurídica e o interesse social apontem para incompatibilidade da declaração de nulidade com a "vontade constitucional" – esta possibilidade de flexibilização da técnicas estaria de acordo com o encaminhamento experimentado pela evolução das Cortes Constitucionais e funcionaria como solução para os casos em que havia a limitação dos mecanismos e a inadequação da declaração de nulidade. Este seria o caso quando se trata de ofensa ao princípio da isonomia.[17]

28.4 Entre arbítrio e formalismo: A Busca do Equilíbrio no Exercício da Jurisdição Constitucional

Se partirmos do posicionamento de Otto Bachof, em sua célebre monografia *Normas constitucionais inconstitucionais?*, temos que a faculdade de controle da validade das normas seria uma exigência do próprio *status* de juridicidade. Para defender tal posicionamento, vale-se da docência de Kelsen para quem os atos inconstitucionais que não estejam passíveis de controle não teriam completa obrigatoriedade jurídica, não passando de meros desejos sem poder de vincular. Bachof, aliás, vai além da possibilidade vislumbrada por Kelsen, quando identifica a possibilidade de controle com base num direito "supralegal".[18] Também em relação a essa dada ordem jurídica assente em valores transcendentes seria imposta a partir da possibilidade de uma faculdade judicial de controle.

---

[17] MENDES, Gilmar Ferreira. Lei 9868/99: processo e julgamento da ação direta de inconstitucionalidade e da ação declaratória de constitucionalidade perante o Supremo Tribunal Federal. *Jus Navigandi*, Teresina, ano 4, nº 41, mai. 2000. Disponível em: <http://jus2uol.com.br/doutrina/texto/.asp?id=130>. Acesso em: 10 jan. 2006.

[18] BACHOF, Otto. *Normas constitucionais inconstitucionais?* Coimbra: Almedina, 1994. p. 40-48, refere-se a um direito supralegal, pré-estatal, dotado de objetividade que se chocaria com uma autonomia ilimitada do poder constituinte originário. A positivação deste direito teria caráter declaratório e não constitutivo, relatando que a própria Comissão para questões fundamentais que precedeu a redação da Lei Fundamental de Bonn resolveu expressamente acolher os "direitos pré-constitucionais".

Observe-se que, em relação à segurança jurídica, Bachof aduz ainda que a despeito da faculdade de controle ensejar alguns perigos, esses seriam menores que os ensejados pelos abusos verificados por parte do Legislativo.[19]

Não é de se admirar que no momento do segundo pós-guerra, Otto Bachof tenha se posicionado dessa forma. Devemos considerar que sua monografia, datada de 1951, está sob os influxos do movimento de revalorização da filosofia dos valores e do direito natural em contraposição aos excessos proporcionados por certa leitura talvez distorcida do normativismo positivista de Kelsen. No entanto, hoje já é possível verificar-se uma reação em sentido diametralmente oposto por parte da doutrina alemã quanto aos poderes reservados ao controle de constitucionalidade.

Neste sentido, Ingeborg Maus acentua o caráter criador da interpretação constitucional enquadrando-o como uma regressão a valores pré-democráticos de integração social, a partir dos quais a Justiça, em sua atual conformação, além de substituta do imperador, seria o próprio monarca substituído.[20]

Segundo a autora, a integração social dar-se-ia através de mecanismos sublimadores, seriam as fórmulas da unidade do direito e da unidade da constituição que conduziriam a um suposto produto da sistemática jurídica de valores diverso da mera soma de normas isoladas. Estes e outros exemplos permitem que se fale de uma teologia constitucional no lugar de interpretação constitucional. A função controladora da Justiça em sua feição atual seria correspondente à infantilização da sociedade, que incapaz de exercer responsavelmente o poder presente nas decisões políticas recorreria à delegação cega de atribuições aos juízes. Deste modo, a tarefa central de sintetizar a heterogeneidade social caberia ao juiz que a exerceria de forma paternal ou como um sacerdote-mor de um novo tipo de direito divino cuja cognição seria acessível apenas em forma de revelação pela decisão judicial.[21]

Nesse mesmo sentido crítico, denuncia Norbert Géis[22] a possibilidade de abuso de poder por parte do *Bundes Verfassungsgericht*.

O autor, em obra comemorativa dos cinquenta anos do Estado Democrático de Direito, comenta e reconhece o poder do Tribunal Constitucional, acima de quem paira apenas o céu azul, e pontua a falta de responsabilização do Tribunal, a falta de uma instância de controle e o poderio inquestionável nos últimos 50 anos que, no entanto, estaria sendo questionado nos últimos tempos pelos próprios cidadãos, fazendo com que o autor tema a

---

[19] Idem, p. 78-80.

[20] MAUS, Ingeborg. Judiciário como superego da sociedade. Novos Estudos CEBRAP, nº 58, p. 183-202, nov. 2000.

[21] Idem, p. 196 e passim.

[22] GEIS, Norbert. Autoritat und Macht des Verfassungsgerichtes: Kritik am Verfassungsgericht, insbesondere unter Berücksichtigung der Entscheidungen zum Ehrenschutz und zur abtreibungsfrage. *Funfzig Jahre freiheitlichdemokratischer Rechtsstaat*: Vom Rechtsstaat zum Rechtswegestaat. Bernd Rill (HRSG) Baden-Baden: Nomos Verlagsgesellschaft, 1999. p. 137-150.

existência de uma revolução por cima. O poder seria oponível tanto ao parlamento quanto ao governo, podendo ainda influenciar um processo civil entre os partidos ou administrativo, e ainda um processo trabalhista, sendo a única forma de pressão contra o tribunal a pressão moral.

O Tribunal provocaria efeitos não apenas em relação às sentenças prolatadas, mas também pela sua própria existência. Nesse sentido, menciona um grande temor por parte dos parlamentares em relação ao Tribunal.

Essa relação do Tribunal que o permite sobrepor-se ao Parlamento inclusive aos processos legislativos funciona igualmente para o governo, o que permite que Geis chegue a mencionar no final de seu artigo o risco de se ter uma revolução efetivada "por cima" na Alemanha.

Ao mesmo tempo que é incontestável o valor político de uma decisão judicial que declara que o Estado está em mora com suas obrigações constitucionais, econômicas e sociais e culturais, conforme acentua Andreas Krell, o STF não goza do mesmo prestígio no jogo da separação de poderes quando comparado ao Tribunal Alemão.

Por conta dessa diferença, considera que algumas técnicas não encontrariam a mesma repercussão caso utilizadas para o caso brasileiro. No entanto, reconhece que algumas vezes também na Alemanha as orientações do Tribunal podem encontrar resistência, o que atenua o que foi dito a respeito do risco de uma revolução encampada pelo *Bundesverfassungsgericht*, Vejamos:

> [...] uma aplicação do modelo da "decisão de apelo" (*Appellentscheidung*) da Corte Constitucional Alemã provavelmente não lograria causar os mesmos efeitos no Brasil, em virtude das relações políticas e sócio-culturais bastante diferentes dos órgãos constitucionais supremos entre si. O cumprimento de um mandamento apelativo pressupõe um clima de respeito mútuo e autoridade do Supremo Tribunal em relação ao Governo e o Congresso Nacional, o que nem sempre tem existido na realidade brasileira dos últimos anos.
>
> Na própria Alemanha, apesar de o legislador ter, na maioria dos casos, respeitado as decisões da Corte e deduzido delas as conseqüências necessárias, ele nem sempre tem assumido totalmente as instrucçoes judiciais, Como exemplo, serve o caso do financiamento dos partidos políticos, onde a Corte obrigou o legislador várias vezes a "melhorar" suas medidas.
>
> Em geral, encontramos no Brasil uma resistência ao controle judicial do mérito dos atos do Poder Público, aos quais se reserva um amplo espaço de atuação autônoma, discricionária, onde as decisões do órgão ou do agente pùblico são insindicáveis quanto à conveniência e oportunidade.[23]

---

[23] KRELL, Andreas J. *Direitos sociais e controle judicial no Brasil e na Alemanha*: os (des) caminhos de um direito constitucional "comparado". Porto Alegre: Fabris, 2002. p. 87.

Este posicionamento, sem dúvida, encontra-se em consonância com o que considera Gilmar Mendes ao apontar para a necessidade de um maior ativismo judicial por parte do STF.

No entanto, podemos encontrar na doutrina pátria o mesmo sentimento de receio em relação à expansão dos poderes da jurisdição constitucional que se fazem notar em autores alemães.

Nesse sentido, discute-se a inconstitucionalidade do próprio art. 27 da Lei nº 9.868/99, bem como a vagueza dos conceitos de segurança jurídica e interesse social como requisitos ensejadores da determinação de efeitos diferenciados no controle de constitucionalidade.[24]

Ainda outras posições intermediárias são encontradiças na doutrina pátria. Vale a pena transcrever a opinião de Juarez Freitas que, apesar de reconhecer a utilidade do advento da Lei nº 9.868/99, considera inapropriada a importação da figura do *Appellentscheidung*:

> Ao salientar tal dimensão hierarquizadora, conscientemente adoto a postura constitucionalista em lugar da legalista estrita, isto é, a ponderação revela-se, sem a menor dúvida, mais significativa do que a subsunção para o intérprete constitucional (vide as valiosas lições de Eros Roberto Grau in *A ordem econômica na Constituição de 1988*, 4. ed., São Paulo, Malheiros Editores, 1998). Nesta linha, não surpreende, por exemplo, que, na ação direta de inconstitucionalidade, ocasionalmente a liminar possa ter efeitos *ex tunc* e, por igual, nada surpreende que a declaração definitiva da inconstitucionalidade nem sempre deva operar efeitos *ex tunc* (medite-se, neste diapasão, sobre o alcance do art. 282 da Constituição portuguesa e, mais recentemente, a propósito do art. 27 da nossa Lei nº 9.868/99). Evidente que se espera moderação e parcimônia na exegese destes dispositivos, mas, sem dúvida, desde que interpretados nas proporções devidas, evitam ou permitem evitar o mal maior da não declaração de inconstitucionalidade pelo temor no que concerne a efeitos nocivos que uma eventual declaração irrestrita, imponderada e irrefletida poderia ensejar em termos de segurança das relações jurídicas e mesmo de justiça material. O dar vida reclama a superação de aparentes paradoxos. Nisso, como em tudo, observa-se a necessidade do preconizado justo equilíbrio entre formalismo e pragmatismo. Menciono, no entanto, e de passagem, que justamente em função do apreço a tal equilíbrio não parece recomendável, por ora, que façamos a importação da figura do "apelo ao legislador" ("*appellentscheidung*"), dado que conducente a

---

[24] Ver CATTONI, Marcelo. Direito constitucional processual e direito processual constitucional: limites da distinção em face do modelo constitucional brasileiro de controle jurisdicional de constitucionalidade. In: CATTONI, Marcelo (Org.). *Jurisdição e Hermenêutica Constitucional*. Belo Horizonte: Mandamentos, 2004. p. 463-467.

excessos que produziriam, entre nós, o agravamento da insegurança jurídica e do quadro de frenética imprevisibilidade.[25]

Como se vê, hodiernamente, apesar institucionalização da jurisdição constitucional, muito ainda se discute a respeito da adequação ou do sentido da abrangência de suas competências. Estas discussões representam o outro lado da questão a respeito dos métodos a serem adotados na interpretação constitucional. Na medida em que esta discussão a respeito da adoção de métodos permanece aberta, longe de chegar perto de um consenso, torna-se imperativo o exercício crítico, para além daquilo que é expressado como método pelos tribunais. Este seria o primeiro passo a ser dado em direção à "consolidação da interpretação constitucional".[26]

Segue servindo-nos de advertência a respeito da relevância da jurisdição constitucional no estabelecimento dos contornos do Direito Constitucional a afirmação de Bidart Campos que, apesar do direito judicial não ser a única via de aquisição ou perda de vigência da constituição, seu peso é de relevante na dinâmica constitucional, a ponto de ser de fácil compreensão o modo como *"el derecho constitucional vive y respira em gran parte merced a la actividad judicial em su materia propria."*[27]

Cabe-nos, diante da amplitude do poder reservado à função judicial, observar a necessidade de uma atitude ponderada do Poder Judicial em relação ao controle de constitucionalidade.

Segundo as palavras de Santiago Nino, preocupado com as atitudes extremas que o Poder Judicial pode ensejar em sede de controle de constitucionalidade: *"Allí debe evitarse la oscilación entre uma actitud de deferencia hacia el poder político, aun autoritario, y um elitismo epistémico que lleva a los jueces, a veces, a sustituir al proceso político democrático em la determinación de soluciones sustantivas."*[28]

Ainda que historicamente se explique a transformação do poder judicial, a controvérsia a respeito de sua justificação permanece acesa. Acompanhada da dúvida persistente a respeito de não se poder falar em legitimidade do controle de constitucionalidade a não ser através do "mito da Constituição".[29]

---

[25] FREITAS, Juarez. O interprete e o poder de dar vida à Constituição: Preceitos de exegese constitucional. *Revista do Tribunal de Contas do Estado de Minas Gerais*. ano 18, nº 2, 2000.

[26] BÖCKENFÖRDE, Ernst-Wolfgang. *Staat, Verfassung, Demokratie, Studien zur Verfassungstheorie und zum Verfassungsrecht*. 2. Aufl. Frankfurt: Suhrkamp, 1992. p. 53-54.

[27] BIDART CAMPOS, German J. *Filosofia Del Derecho Constitucional*. Buenos Aires: Ediar, 1969. p. 114.

[28] Idem. Ibidem, p.712

[29] WOLFE, Christopher. *La transformación de la interpretación constitucional*. Madrid: Civitas, 1991. p. 26.

Tanto em virtude da natureza das normas constitucionais, como pelo fato de que o resultado de sua interpretação irá repercutir na realidade social, política e econômica, o que pressupõe uma avaliação de suas consequências, temos que o intérprete deve mover-se constantemente entre norma e contexto social.

O delineamento destes fatores revela que, além da preocupação política decorrente dos temas apresentados à jurisdição constitucional, é imperiosa a adoção de uma Teoria da Constituição adequada, que forneça premissas à interpretação, mormente em virtude de seu caráter reflexivo na medida em que tematiza a si própria.

Aduz, ainda, Böckenförde[30] competir à Teoria da Constituição orientar normativamente e de forma vinculante a interpretação constitucional, dada a conexão recíproca entre o método de que se utiliza o intérprete e a teoria ou conceito de Constituição que lhe serve de fundamento. Exprime igualmente este raciocínio a afirmação acerca da interdependência entre interpretação constitucional e *fórmula política*.[31]

Uma tal teoria da Constituição deve se espelhar nas opções fundamentais da própria constituição. Uma vez que as bases para a construção de um método de interpretação estejam plasmadas na própria Constituição, surgirá como decorrência da normatividade a natureza vinculante deste método.

A falta de uma orientação semelhante leva, inevitavelmente, a um arbítrio na configuração interpretativa ou até mesmo ao distanciamento entre norma e realidade,[32] ensejador de um "hiato normativo"[33] que atormenta desde há muito as reflexões dos constitucionalistas.[34]

A perseguição de um projeto capaz de atender as necessidades de controle da determinação do significado dos preceitos constitucionais converte-se em problema mais agudo em face do conteúdo político do texto, da frequente estruturação através de princípios do texto.

Trata-se de um projeto comum a muitas formulações que, no entanto, divergem de forma crassa no tocante aos meios através dos quais deveria ser obtido o almejado controle.[35]

---

[30] BÖCKENFÖRDE, Ernst-Wolfgang. Los métodos de la interpretación constitucional. In: _____. *Escritos sobre derechos fundamentales*. Baden-Baden: Nomos Verlag, 1993. p. 37.

[31] VERDÚ, Pablo Lucas. *Curso de derecho político*, v. II. 3. ed. Madri: Tecnos, 1986, p. 531-532.

[32] BÖCKENFÖRDE, Ernst-Wolfgang. Los métodos de la interpretación constitucional. In: _____. *Escritos sobre derechos fundamentales*. Baden-Baden: Nomos Verlag, 1993. p. 38-39.

[33] DANTAS, Ivo. *Constituição Federal*: teoria e prática, v. I. Rio de Janeiro: Renovar, 1994. p. 18.

[34] Recorde-se a posição sociológica de Lassale, para quem a Constituição escrita "folha de papel" apenas guardaria eficácia a partir da correspondência com os "fatores reais de poder", ... *"si este divorcio existe, la Constitución escrita está perdida, y no hay Dios ni hay grito capaz de salvarla"* (LASSALLE, Ferdinand. *Qué es una Constitución?* Bogotá : Temis, 1992. p. 76).

[35] STERN, Klaus. *Derecho des estado de la Republica Federal Alemana*, v. I. Madrid: Centro de Estudios Constitucionales, 1987. p. 290.

A discussão é de importância central para a teoria da Constituição e do Direito. Interessante observar, entre nós, os argumentos a respeito das relações entre Direito e Política ou Entre Direito e outros domínios relevantes para um caso especifico têm emergido numa espécie de reflexão doutrinária que leva à contraposição entre princípios e regras Observa-se certa disputa pela preponderância ora de uma espécie normativa ora de outra a depender justamente do posicionamento ideológico que valorizaria uma atitude formalista ou a inversa atitude principiológica. Vale conferir a respeito as considerações de Humberto Ávila,[36] por exemplo, a respeito dos riscos apresentados pelo movimento do neoconstitucionalismo, vertente que se alinha à defesa da abertura principiológica. Segundo preconiza o autor, não haveria suporte no ordenamento jurídico brasileiro para uma preferência ao julgamento orientado por princípios, que seria em tese mais sensível à realização da justiça *in casu* por intermédio da ponderação substituta da supostamente obsoleta subsunção. Ocorreria que a Constituição seria basicamente composta de regras, além do que seriam os próprios princípios da separação de poderes, como da legalidade malferidos em virtude de uma contranormativa e distorcida visão da ponderação como ápice de uma espécie de evolução redentora da metodologia de interpretação constitucional.

Sem que possamos no presente trabalho aprofundar a discussão, finalizamos por sugerir como ilustração para uma postura judicial equilibrada a do Juiz Iolau, sugerida por Marcelo Neves,[37] que entende que o juiz não possa "afogar-se" no mundo dos princípios, decidindo *ad hoc* ao sabor de preferências particularistas, tampouco isolar-se na atuação técnica de regras. A fim de evitar o efeito surpresa das deliberações e o aumento da insegurança jurídica Iolau recorre cuidadosamente à técnica ponderativa – e aqui talvez possamos recomendar o mesmo cuidado para qualquer técnica que reforce o ativismo judicial – orientando-se para um modelo de sopesamento definitório, ou seja, que não faça com que o mundo deliberativo jurídico inicie do ponto nulo a cada novo caso.

Referências

ADEODATO, João Maurício. *Ética e Retórica*: para uma teoria da dogmática jurídica. São Paulo: Saraiva, 2002.

ÁVILA, Humberto. "NEOCONSTITUCIONALISMO": ENTRE A "CIÊNCIA DO DIREITO" E O "DIREITO DA CIENCIA". *Revista Eletrônica de Direito do Estado (REDE)*, Salvador, Insti-

---

[36] ÁVILA, Humberto. "NEOCONSTITUCIONALISMO": ENTRE A "CIÊNCIA DO DIREITO" E O "DIREITO DA CIENCIA". *Revista Eletrônica de Direito do Estado (REDE)*, Salvador, Instituto Brasileiro de Direito Público, nº 17, janeiro/fevereiro/março, 2009. Disponível em: <http://www.direitodoestado.com.br/rede.asp>. Acesso em: 10 ago. 2011.

[37] NEVES, Marcelo. *Entre Hidra e Hércules*: princípios e regras constitucionais. São Paulo: Martins Fontes, 2013.

tuto Brasileiro de Direito Público, nº 17, janeiro/fevereiro/março, 2009. Disponível em: <http://www.direitodoestado.com.br/rede.asp>. Acesso em: 10 ago. 2011.

BIDART CAMPOS, German J. *Filosofia Del Derecho Constitucional*. Buenos Aires: Ediar, 1969.

BÖCKENFÖRDE, Ernst-Wolfgang. Los métodos de la interpretación constitucional. In: _____. *Escritos sobre derechos fundamentales*. Baden-Baden: Nomos Verlag, 1993.

_____. *Staat, Verfassung, Demokratie, Studien zur Verfassungstheorie und zum Verfassungsrecht*. 2. Aufl. Frankfurt: Suhrkamp, 1992.

BONAVIDES, Paulo. *Teoria Constitucional da Democracia Participativa*: por um Direito Constitucional de luta e resistência, por uma Nova Hermenêutica, por uma repolitização da legitimidade. 2. ed. São Paulo: Malheiros, 2003.

CANOTILHO, José Joaquim. *Direito constitucional*. Coimbra: Almedina, 1993.

CATTONI, Marcelo. Direito constitucional processual e direito processual constitucional: limites da distinção em face do modelo constitucional brasileiro de controle jurisdicional de constitucionalidade. In: CATTONI, Marcelo (Org.). *Jurisdição e Hermenêutica Constitucional*. Belo Horizonte, Mandamentos, 2004, p.463-467.

CLÈVE, Clemerson Merlin. *A fiscalização abstrata da constitucionalidade no direito brasileiro*. 2. ed. São Paulo: Editora Revista dos Tribunais, 2000.

DANTAS, Ivo. *Constituição Federal*: teoria e prática, v. I. Rio de Janeiro: Renovar, 1994.

_____. *Direito constitucional comparado*: Introdução. Teoria e metodologia. Rio de Janeiro: Renovar, 2000.

FREITAS, Juarez. O intérprete e o poder de dar vida à Constituição: Preceitos de exegese constitucional. *Revista do Tribunal de Contas do Estado de Minas Gerais*. Edição 2 de 2000, ano XVIII.

GEIS, Norbert. Autoritat und Macht des Verfassungsgerichtes: Kritik am Verfassungsgericht, insbesondere unter Berücksichtigung der Entscheidungen zum Ehrenschutz und zur abtreibungsfrage. In: *Funfzig Jahre freiheitlichdemokratischer Rechtsstaat*: Vom Rechtsstaat zum Rechtswegestaat. Bernd Rill (HRSG) Baden-Baden, Nomos Verlagsgesellschaft, 1999. p. 137-150.

KRELL, Andreas J. *Direitos Sociais e Controle Judicial no Brasil e na Alemanha*: os (des) caminhos de um direito constitucional "comparado". Porto Alegre, Fabris. 2002.

LASSALLE, Ferdinand. *Qué es una Constitución?* Bogotá: Temis, 1992.

MENDES, Gilmar Ferreira. Lei 9868/99: processo e julgamento da ação direta de inconstitucionalidade e da ação declaratória de constitucionalidade perante o Supremo Tribunal Federal. *Jus Navigandi*, Teresina, a. 4, nº 41, mai. 2000. Disponível em: <http://jus2uol.com.br/doutrina/texto/.asp?id=130>. Acesso em: 10 jan. 2006.

MENDES, Gilmar Ferreira. O Apelo ao Legislador – Appellentscheidung – na Práxis da Corte Constitucional Federal Alemã. *Revista de Direito Administrativo*. nº 188. abr./jun. Rio de Janeiro, p. 36-63, 1992.

MÜLLER, Friedrich. *Juristische Methodik*. 7., stark erw. und bearb. Aufl. Berlin: Duncker und Humblot, 1997.

NEVES, Marcelo. *Entre Hidra e Hércules*: princípios e regras constitucionais. São Paulo: Martins Fontes, 2013.

_____. *A constitucionalização simbólica*. São Paulo: Acadêmica, 1994.

SALDANHA, Nelson. *Da teologia à metodologia*: secularização e crise no pensamento jurídico. Belo Horizonte: Del Rey, 1993.

SIMON, Helmut. La jurisdicción constitucional. In: BRENDA, Ernst; MIHOFER, Werner; VOGEL, Hans-Jochen; HESSE, Konrad; HEYDE, Wolfgang (Hrsg.). *Manual de Derecho Constitucional*. Marcial Pons, Madrid, 1996

SMEND, Rudolf. *Constitución y derecho constitucional*. Madrid: Centro de Estudios Constitucionales, 1985.

STERN, Klaus. *Derecho des estado de la Republica Federal Alemana*, v. I. Madri: Centro de Estudios Constitucionales, 1987, p. 290.

VERDÚ, Pablo Lucas. *El sentimiento constitucional*. Madrid: Editorial Reus, 1985.

VIGO, Rodolfo Luis. *Interpretación constitucional*. Buenos Aires: Abeledo Perrot, 1993.

WOLFE, Christopher. *La transformación de la interpretación constitucional*. Madrid: Civitas, 1991. p. 26.

WOLKMER, Antônio Carlos. *Constitucionalismo e direitos sociais no Brasil*. São Paulo: Acadêmica, 1989.

Direito Fundamental à Educação

Moaci Alves Carneiro

> Sumário: 29.1 Direito educacional e legislação do ensino: a comunicação intertextual; 29.2 O Estado democrático, os direitos fundamentais prestacionais e a ordem da cidadania qualificada; 29.3 Educação: direito de todos e dever do Estado; 29.4 Princípios-pilares do conhecimento e da educação escolar de qualidade social; 29.5 As deslinearidades sociais e a educação como alavanca para a igualação de direitos; 29.6 Responsabilidades do Estado: equalização e qualidade; 29.7 Categorias atributivas da educação de qualidade como direito fundamental; Referências.

29.1 Direito educacional e legislação do ensino: a comunicação intertextual

De partida, cabe estabelecer as fronteiras semânticas entre Legislação do Ensino e Direito Educacional. Este possui unidade doutrinária, marcação teórica, sistematização de princípios e, ainda, metodologias estruturadoras de um corpo jurídico pleno e coerente. De acordo com conceituação de Melo Filho (1983, p. 54),

> [...] pode ser entendido como um conjunto de técnicas, regras e instrumentos jurídicos sistematizados que objetivam disciplinar o compartilhamento humano relacionado à educação.

A legislação do Ensino, por outro lado, é "uma pletora de normas que vão desde leis federais, estaduais, municipais, decretos do Poder Executivo, portarias ministeriais até estatutos e regimentos das escolas". Importa dizer que o Direito Educacional compreende a Legislação do Ensino, porém, não se esgota nela.

Pode-se afirmar que o Direito Educacional, a par do desenvolvimento da educação, resulta do próprio desenvolvimento das ciências jurídicas, na perspectiva posta por Paulo Nader (1996), segundo a qual

> [...] a árvore jurídica, a cada dia que passa, torna-se mais densa, com o surgimento de novos ramos que, em permanente adequação às transformações sociais, especializam-se em sub-ramos (NADER, 1996, p. 2).

Esta concepção hospeda-se *in totum* no pensamento do jurista Celso Afonso Bandeira de Mello (1995, p. 23), ao formular a seguinte definição lapidar para ramo do Direito:

> Diz-se que há uma disciplina jurídica autônoma quando corresponde a um conjunto sistematizado de princípios e normas que lhe dão identidade, diferenciando-se das demais ramificações.

Como disciplina recente no palco acadêmico, o Direito Educacional extrapola os limites da legislação, entendida esta como "uma coleção de leis esparsas, e encorpa um sistema jurídico dotado de unidade doutrinária e precisos objetivos...", para usar expressões de Sussekind e Boaventura (1996, p. 46).[1]

Em conclusão, o Direito Educacional compõe o campo do Direito Positivo ao ocupar-se do universo constituinte do ordenamento normativo coativo do complexo campo da educação. A Lei de Diretrizes e Bases da Educação Nacional (Lei nº 9.394/96) põe-se como código central deste ordenamento, desdobrada e complementada por um entranhado de leis conexas e estatutos normativos complementares. Todo este universo legal e normativo enraíza-se na seção especial da Constituição Federal, cujos princípios fundantes aí se veem inscritos.

Ao lado do direito público subjetivo à educação, há o dever do Estado não apenas de garantir este direito, mas também de assegurar, à cidadania concreta, o acesso à justiça para postular, quando for o caso, tal direito. Ferraz (1982/1983, p. 28-29) é conclusiva nesta percepção, como se vê:

> Existe o direito educacional no sentido objetivo, ou seja, no sentido de um conjunto, de um riquíssimo conjunto de normas e princípios jurídicos regulamentadores da atividade educacional, desenvolvidas pelo Estado e pelas pessoas e entidades particulares, por ele autorizadas e fiscalizadas. Tais normas e princípios possuem uma suficiente especificidade para merecer tratamento científico por

---

[1] SUSSEKIND, Arnaldo et al., falando sobre legislação trabalhista e Direito do Trabalho, formularam este entendimento Apud (BOAVENTURA, 1996, p. 46).

parte da dogmática jurídica, sendo considerados uma categoria e um capítulo do direito administrativo, quando não numa linha mais ambiciosa, um ramo dessa disciplina, ou até mesmo, uma disciplina autônoma, exatamente porque a matéria tratada por essas leis – a educação – é de uma tal especificidade, de uma tal dignidade, diz tão de perto o respeito ao maior interesse da criatura humana, que é a educação, que deveria ser regulada em capítulo à parte, para bem, até mesmo, do Poder Judiciário, na hora de aplicar a lei.

29.2 O Estado Democrático, os direitos fundamentais prestacionais e a ordem da cidadania qualificada

A concepção de Estado Social Democrático de Direito, marca registrada no conteúdo das Constituições contemporâneas desde o segundo pós-guerra, entranha-se na ideia de direitos fundamentais. Neste horizonte, constrói-se o alinhamento nocional de um Estado, de uma sociedade e de identidades cidadãs vazados no princípio fundador de democracia. Em outros termos, o feixe de direitos fundamentais e seus contornos de igualação na vida em sociedade são vias expressas para a conformidade e consolidação do máximo desejado para a vida. É precisamente nesta direção que Sarlet (1998, p. 60-61) postula o vínculo inafastável e a indissociabilidade entre Constituição e Estado de Direito.

É no amplo cenário, portanto, do Estado Democrático de Direito que emerge e se impõe uma gama de direitos fundamentais prestacionais, explicitados pela presença afirmativa do Estado, mediante a disponibilização e oferta concreta de meios materiais e aportes de ordem institucional e complementar para atendimento às demandas da população naquilo que constitui a ordem da sobrevivência e as condicionantes da cidadania. Por esta razão, advoga Canotilho (1994, p. 391) que a Constituição Dirigente "[...] pressupõe que o Estado por ela conformado não seja um Estado mínimo, garantidor de uma ordem assente nos direitos individuais e no título de propriedade, mas um Estado social, criador de bens coletivos e fornecedor de prestações". Este Estado possui, portanto, um corpo de atribuições de cuja musculatura participam os direitos sociais, encorpados em formatos diversos de prestação gratuita universal dos serviços públicos como educação, saúde, assistência social e outros.

Face a esta compreensão, semelha contraditório vincular as reivindicações históricas de democratização da educação, hospedadas hoje, de forma explícita e peremptória, na Constituição Brasileira e na Lei de Diretrizes e Base da Educação Nacional – LDB, Lei nº 9.396/2002, aos princípios de desempenho, competitividade e descentralização.

É induvidoso que, no mundo globalizado, o conhecimento é exibido como a variável principal para esclarecer as novas formas de organização social e econômica. No entanto, este mesmo conhecimento, disponibilizado de forma desigual para as coletividades, é fonte e razão de mais desigualdades. Como direito fundamental do cidadão e como direito social reconhecido à cidadania, a educação pública de qualidade social extrapola, nos termos da nossa Constituição e da legislação infraconstitucional, os limites de uma política educacional, posta nos marcos das políticas sociais, "como uma política de caráter instrumental e subordinada à lógica econômica" (KRAWCZYK, Nora, 2010, p. 12). A ordem da nossa Constituição e da legislação é o avesso desta ótica. Uma constituição adequada e uma legislação apropriada são bússolas para a cidadania concreta em cujos entranhas se percebe que

> [l]a fundamentación de los derechos humanos en las necesidades permite un planteamiento menos abstracto, menos cerrado y menos circular de la cuestión que el tradicional basado en el ius suum cuique tribuendi (LUÑO, 1999, p. 203).

29.3 Educação: direito de todos e dever do estado

A Constituição Federal de 1988 representa um passo fundamental no campo da educação. Até então, a obrigatoriedade de oferta pelo Estado restringia-se à esfera rotineira da Administração Pública cujo poder de discricionaridade repartia-se com critérios e exigências contextuais de conveniência e oportunidade. Curiosamente, a matrícula era obrigatória, porém, delegava-se a regulamentação da estrutura, organização e funcionamento da escola a leis ordinárias.

Contrariamente a esta frouxidão legal em relação à escolaridade obrigatória, o Título II da Carta Magna, que trata "Dos Direitos e Garantias Fundamentais", já posiciona, a educação como um direito social, precisamente no art. 6º. No capítulo III, posto em moldura do Título VIII, "Da Ordem Social", o art. 205, em articulação com o artigo 6º retrorreferido, confirma a educação no patamar dos direitos fundamentais, ao declarar que a educação é direito de todos, consagrando, como afirma Sifuentes (2009, p. 127), "o princípio da universalidade", realçado pela cláusula de que é "a educação direito de todos e dever do Estado e da família".

Percebe-se, com muita frequência, o afrontamento ao direito fundamental à educação por partes dos organismos internacionais[2] que, patrocinando empréstimos de financiamento externo para reformas do ensino e sob o argumento de receituário único, ignoram os contextos concretos de vida do indivíduo-cidadão. Sabem que este indivíduo tem direito à

---

[2] Estes organismos disponibilizam empréstimos à luz de um rigor legal e burocrático Para a sua aplicação, porém, impõem exigências, que, muitas vezes, representam o afrouxamento do respeito aos direitos sociais em rigor na legislação nacional. Como destaca Tommasi et al. (1996, p. 9-10): *Um ator importante, cuja influência no Brasil data da primeira metade dos anos de 1970, mas que vem modificando a natureza e a dimensão de sua influência, é o Banco Mundial. Dentre as inúmeras considerações sobre a sua forte presença nos meios educacionais, merecem destaque: a) a prevalência da lógica financeira sobre a lógica social e educacional, e b) a falácia de políticos que declaram o objetivo de elevação da qualidade do ensino, enquanto implementam a redução dos gastos públicos para a educação e mantêm-se indiferentes à carreira e ao salário do magistério.*

autonomia e liberdade (CF, art. 5º), é sujeito participativo e, portanto, como identidade, é capaz de processar, pensar, sentir, fazer, dizer e decidir no âmbito da autoconstrução permanente. É este sujeito de direito que a Constituição Brasileira reconhece como detentor do poder de exigir o acesso ao ensino obrigatório e gratuito (CF, art. 208, §1º). Exigência replicada e expressa *ipsis litteris* na Lei de Diretrizes e Bases da Educação Nacional, conformada no art. 5º, *caput*:

> O acesso ao Ensino fundamental é direito público subjetivo podendo qualquer cidadão, grupo de cidadãos, associação comunitária, organização sindical, entidade de classe ou outra legalmente constituída, e, ainda, o Ministério Público acionar o Poder Público para exigi-lo.

Este descortino do legislador brasileiro marca um avanço civilizatório e cultural e, mais do que isto, reposiciona o cidadão no núcleo essencial de seus direitos, uma vez que sem educação, não há como postular e viver a cidadania plena através do alcance dos demais direitos humanos fundamentais. A condição de sujeito ativo e ator participante na sociedade do conhecimento, estruturada sob a forma de sociedade em rede (CASTELLS, 2000), fica comprometida na ausência da educação escolar obrigatória.

Aqui convém, ressaltar o compromisso cívico e a responsabilidade pública, ainda do legislador brasileiro, que, como desdobramento do imperativo do *mínimo existencial* com aplicabilidade universal, incluiu, na nossa legislação, o conceito propulsor de *mínino social* (Lei nº 8.174/93), como um compacto de deveres e ações da iniciativa pública, em articulação com a sociedade, para acudir as necessidades básicas do cidadão, como se pode verificar:

> Art. 1º A assistência social, direito do cidadão e dever do Estado, é política de Seguridade Social não contributiva, que provê os mínimos sociais, realizada através de um conjunto de ações de iniciativa pública e da sociedade, para garantir o atendimento às necessidades básicas.

Na sociedade atual, é relevante destacar o papel dos novos sujeitos que atuam no campo da educação como direito fundamental básico. Wanderley (2010, p. 52) chama atenção para a distinção teórica entre *indivíduo, cidadão e sujeito*. Diz o sociólogo e autor:

> Um ponto central nessa análise diz respeito aos novos sujeitos que estão agindo nos meios educacionais, ora fortalecendo, ora condicionando a sociedade civil. Em outra ocasião, fiz uma distinção entre três noções teóricas muito próximas, mas que exigem precisão conceitual para evitar ambigüidades, ou seja, as noções de indivíduo, cidadão e sujeito. Por indivíduo deve-se entender um complexo biopsicossocial, ente que sintetiza pensamento e ação, objetividade e subjetividade, temporal e espiritual. No campo educacional, além da revolução em curso na biogenética, que pode conter potencialidades desconhecidos no

armazenamento de informações e em sua decodificação, também na agilidade comunicativa certamente ele será diretamente atingido, como já vem acontecendo, pela rapidez das transformações tecnológicas (mundo virtual, Internet, robótica etc.) com implicações de fundo nos processos e métodos pedagógicos.

O cidadão, por sua vez, seria o indivíduo dotado de direitos e deveres, num processo contínuo de consolidação de conquista de direitos (civis, políticos, sociais, de direitos humanos) que se dão no âmbito da humanidade, das sociedades nacionais e na trajetória de cada um, e de consolidação do princípio "direito a ter direitos", que diz respeito à conquista de novos direitos que vão sendo constituídos, tais como o da paz, de gênero, da diferença, ao meio ambiente etc.

Sujeito é algo mais complexo e refere-se ao indivíduo-cidadão que é capaz de autonomia e liberdade, de encontro de um sentido pessoal para o que diz a faz, num processo de autoconstrução permanente, na esfera individual e coletiva.

A ideia imperativa e o conceito mandatório de ensino fundamental como *direito de todos e dever do Estado*, agora selado sob a configuração formal de direito público subjetivo, reposiciona a educação básica no centro das obrigações do Estado Brasileiro e responde positivamente ao sentimento de ponderação crítica de Pontes de Miranda (1953, p. 160), já em referência à Constituição Brasileira de 1946, que não claudicou em reivindicar que

[...] o texto constitucional deveria ter ido ao direito público subjetivo, provido de ação e remédio processual, constitucionalmente caracterizado, com os pressupostos em termos claros, e ao direito dos menores em idade escolar, ao material necessário para a sua educação primária e profissional.

E arremata o ilustre jurista (*Idem*):

[...] não confundamos o direito à educação com as bolsas em Roma sob os Antoninos, ou sob Carlos Magno, ou nos séculos do poder católico. Não se trata de ato voluntário, deixados ao arbítrio do Estado ou da Igreja, mas de direitos perante o Estado, direito público subjetivo, ou, no Estado puramente socialista e igualitário, situação necessariamente criada no plano objetivo, pela estrutura mesma do Estado. A própria estatalização do ensino constitui, nos ciclos evolutivos, grau avançado de progresso. Foi o que se deu em Roma, na França. O que tem sido moroso é o processo de tal intervenção.

Esta mudança radical e socialmente relevante na Constituição-cidadã revela os avanços da luta planetária no campo dos direitos humanos e, em consequência, o processo civilizatório que, embora, muitas vezes, lento, é irreversível. Como anota Mahoney (2007, p. 112),

Fifty years after the historic promulgation of the Universal Declaration of Humnan Rights in 1948, the UN Secretary-General, Kofi Annan (1998:18) noted that "it is the universality of human rights that gives them their strength. It endows them with the power to cross any border, climb any wall, defy any force." On the same occasion, the former President of Ireland and newly appointer UN High Commissioner for Human Rights, Mary Robinson (1998:253), declared that we must learn that human rights, in their essence, are empowering."

Timely, universal, and empowering. These are three characteristcs of human rights.

29.4 Princípios-pilares do conhecimento e da educação escolar de qualidade social

Quando se põe a educação no quadro dos direitos sociais (CF, art. 6º), atribui-se a ela o caráter de direito fundamental do homem. Postos, portanto, na moldura da igualdade social objetiva, os direitos sociais, como destacam Canotilho e Vital Moreira (s/d), compactam

> [...] a individualização de uma categoria de direitos e garantias dos trabalhadores, ao lado dos de caráter pessoal e político, reveste um particular significado constitucional, de ponto em que ele traduz o abandono de uma concepção tradicional dos direitos, liberdades e garantias como direitos do homem ou do cidadão genéricos e abstratos, fazendo intervir o trabalhador (exatamente: o trabalhador subordinado) como titular de direitos de igual dignidade.

Infere-se, por conseguinte, que a educação como direito fundamental deve corresponder a três exigências concentradas, sendo uma no indivíduo, outra no cidadão e a terceira no trabalhador e, assim, formuladas:

- Exigências voltadas para o desenvolvimento pessoal.
- Exigências com base nas demandas sociais.
- Exigências decorrentes do projeto social e cultural que se pretende alcançar por via da educação escolar.

Tais exigências encontram no documento *Educação: Um tesouro a descobrir*,[3] conhecido também como Relatório para a UNESCO, da Comissão Internacional sobre Educação para o século XXI, ou, ainda, *Relatório Delors*, os caminhos necessários para acelerar e qualificar o processo de universalização da cidadania. Segundo a Unesco, a educação democrática,

---

[3] Unesco/MEC, *Educação. Um tesouro a descobrir*. Relatório para a Unesco da Comissão Internacional sobre Educação para o século XXI. São Paulo: Cortez Editora, 1998.

inclusiva e emancipadora deve ser organizada com base em quatro princípios-pilares do conhecimento, no contexto da pós-modernidade, que são respectivamente:

- Aprender a Conhecer: este tipo de conhecimento tem como objetivo o domínio do conhecimento.

- Aprender a Fazer: este tipo de conhecimento foca o avanço tecnológico que deve ser aprendido no contexto da evolução da inteligência artificial e da crescente "desmaterialização" do trabalho.

- Aprender a Viver juntos: este tipo de conhecimento realça o papel da educação para a paz, para a negociação e para o arrefecimento do alto grau de autodestruição criado pelas forças da sociedade em permanente competição. Para reduzir este risco, a educação deve utilizar duas vias complementares – a descoberta progressiva do outro e o seu reconhecimento e, ainda, a participação em projetos comuns (educação para a solidariedade).

- Aprender a Ser: este tipo de conhecimento visa a preparar o indivíduo para a autonomia intelectual, para uma visão crítica da vida e para o discernimento dos seus direitos e deveres.

29.5 As deslinearidades sociais e a educação como alavanca para a igualação de direitos

A redução das desigualdades sociais e dos níveis de pobreza não pode ocorrer sem a superação dos patamares críticos de distribuição de renda. Estes, por sua vez, somente hão de ser removidos com a educação geral da população. É precisamente neste cenário de deslinearidades sociais que se plantam os compromissos e as decisões nacionais e internacionais que posicionam a educação como dimensão do respeito à dignidade humana e como direito fundamental.

Nos termos da Decisão da Organização das Nações Unidas (ONU), os países se comprometem a atingir, antes de 2015, os Oito Objetivos do Desenvolvimento do Milênio (Resolução AG 8/09/2000) e cujo foco está na superação da pobreza e das desigualdades. O quadro de objetivos destina-se a combater as várias formas de condições sub-humanas que inibem as pessoas de optar por maior bem-estar e mostra-se, assim, disposto:

1. Erradicar a pobreza extrema e a fome.
2. Alcançar o ensino fundamental universal.
3. Promover a igualdade entre os gêneros e a autonomia da mulher.
4. Reduzir a mortalidade infantil.
5. Melhorar a saúde materna.

6. Combater o HIV/Aids, a malária e outras doenças.
7. Garantir a sustentabilidade do meio ambiente.
8. Criar uma associação mundial para o desenvolvimento.

O segundo dos objetivos é alcançar o ensino fundamental universal. Apesar deste compromisso, o direito à educação básica continua ainda fora do alcance geral da cidadania planetária. No caso da América Latina e do Brasil especificamente, há significativas malhas da população que não conseguem acesso e permanência com sucesso, na escola pública. Para intervir neste cenário, em 2007, realizou-se em Buenos Aires, Argentina, a Segunda Reunião Intergovernamental de Ministros da Educação do Projeto Regional da Educação para a América Latina e Caribe (PRELAC). Na oportunidade, os países representados se manifestaram no sentido de ratificar o compromisso internacional assumido, sem, não antes, registrar ressalvas, como se pode constatar (UNESCO, 2007, p. 11):

> Os países da América Latina e do Caribe reiteram seu compromisso e vontade política de alcançar esses objetivos para reduzir a pobreza, ampliar as oportunidades de formação e alcançar o desenvolvimento. Não foi fácil. No decorrer dos últimos anos, algumas políticas públicas implementadas pelos governos da região provocaram o surgimento de barreiras que provavelmente impedirão que alguns cumpram as metas propostas no tempo previsto.
>
> A maioria dessas barreiras provêm de políticas econômicas que, embora, em alguns casos tiveram êxito na estabilização da economia mediante o controle da inflação e do déficit fiscal e conseguiram o equilíbrio das balanças de pagamentos, ao mesmo tempo, ajudando a liberalização do comércio, não se propuseram com o mesmo nível de decisão a reduzir a pobreza e as desigualdades nos prazos acordados.

29.6 Responsabilidades do estado: equalização e qualidade

A educação de qualidade para todos deve ser entendida como um bem público e um direito humano fundamental que cabe aos Estados respeitar, promover, proteger e aperfeiçoar como oferta universal. O objetivo supremo é garantir tratamento isonômico no acesso ao conhecimento por parte da população em geral.

É marcante o esforço de países como o Brasil no sentido de ampliar as oportunidades de educação obrigatória, melhorar a infraestrutura escolar, a formação dos professores e, ainda, redesenhar novos currículos. Isto, porém, não atende inteiramente as determinações legais no que diz respeito ao acesso universal, à continuidade e ao sucesso da aprendizagem. Esta defasagem entre o legal e o real no campo da educação sinaliza para a necessidade da melhoria das políticas públicas e para o desenvolvimento de ações específicas e articuladas entre diferentes esferas administrativas, "União Federal, Estados e Municípios – para realização e alcance pleno do prescrito no art. 206, inc. VII, da Constituição Federal, ou seja, a oferta de ensino básico universal, respeitado o princípio da "garantia do padrão de qualidade."

No que pese os imensos avanços no campo das ciências e tecnologias e, ainda, a ampliação de acesso das coletividades à internet e à cultura digital em geral, é forçoso reconhecer que a melhoria de indicadores econômicos nem sempre tem significado a redução da pobreza e das desigualdades sociais. A expansão da indigência vem produzir uma fragmentação social e cultural, traduzida na ampliação do volume de exclusão e violência.

O conceito de qualidade da educação não é unívoco e seus contornos semânticos dependem do tipo de cidadão e de sociedade que cada país estabelece para formar. Genericamente, toma-se a eficácia e a eficiência como enfoques definidores do conceito. Importa dizer que , neste caso, a educação como direito social (CF, art. 6º) e como processo de desenvolvimento humano, de preparo para o exercício da cidadania e de qualificação para o trabalho (CF art. 5º), assume o caráter de produto e de serviço voltados para a satisfação dos usuários. Esta concepção, no entanto, é insuficiente e, em alguns casos, pode ser deformadora.

Pela natureza de direito fundamental e universal, a qualidade da educação detém seis dimensões convergentes e complementares, a saber:

- Dimensão do Respeito aos Direitos Individuais
- Dimensão da Relevância
- Dimensão da Pertinência
- Dimensão da Equidade
- Dimensão da Eficiência
- Dimensão da Eficácia

Na verdade, o processo de democratização da educação e da cultura situa-se no campo das responsabilidades públicas[4] do Estado. Para tanto, cabe-lhe aparelhar-se adequadamente como forma de dar concretude aos conteúdos referentes á educação na Carta Magna, na legislação ordinária, nas políticas públicas e nas ações de governo. Esta é a linha do horizonte da sociedade sem discriminação.

---

[4] O conceito de público envolve uma gama de atributos fundamentais. Segundo Raichelis (1998) e Wanderley (1992), "o público constitui-se de alguns atributos fundamentais que devem ser entendidos de modo coordenado e convergente, ou seja, nenhum deles pode ser excluído da compreensão do mesmo, incluindo: universalidade (o que é de todos), visibilidade social (transparência), controle social (critérios pactuados e monitorados pele sociedade civil), representação de interesses coletivos (Constituição de sujeitos políticos ativos), democratização (fóruns de decisão políticas ampliadas), cultura pública (construção de mediações sociopolíticas para negociação na cena visível da esfera pública) e autonomia (liberdade de pensar, decidir e agir).

29.7 Categorias atributivas da educação de qualidade como direito fundamental

Dimensão do Respeito aos Direitos Individuais

Como direito humano e bem público, a educação abre espaço às pessoas para o exercício de outros direitos humanos. Por isso, ninguém pode ficar fora dela. O exercício desse direito, porém, requer a convergência de três condições, a saber: que todos tenham acesso à educação; que, através dela, todos tenham a oportunidade de se desenvolver plenamente e, por fim, que a todos seja dada a oportunidade de continuarem aprendendo. O alcance deste conjunto de condicionalidades é que a educação de qualidade deve ser para todos e por toda a vida...

A educação como um direito de todos decorre dos princípios de respeito à vida, à qualidade humana e à cidadania qualificada. Neste sentido, leciona DI DIO (1982, p. 88):

> Admitindo-se que o direito fundamental é o direito à vida, o direito à educação surge com o seu corolário. Com efeito, quando se preserva a vida, procura-se protegê-la para que seja uma vida digna, plena, produtiva e feliz. Se assim é, a educação apresenta-se como condição dessa dignidade, plenitude, produtividade e felicidade. Preserva-se a vida sem que, ao mesmo tempo, se criem condições para que o indivíduo desenvolva e atualize todas suas potencialidades, mais do que um absurdo lógico, é uma claudicação moral. Manter-se o indivíduo vivo sem que se lhe garantam as possibilidades de realizar seus anseios naturais é assegurar uma expectativa de antemão frustrada. Mesmo porque o direito à vida não se cinge à preservação biológica, mas se estende aos valores psicológicos, sociais, políticos e morais, que, sem um mínimo de educação, não chegarão a existir para o ser humano.

Sob o ponto de vista de exequibilidade, o direito à educação funda-se nos princípios da gratuidade (CF, art 206, IV) e da obrigatoriedade (CF, art 208, I) e, complementarmente, nos direitos à não discriminação (CF, art 3º, IV) e à plena participação na vida da sociedade.

A gratuidade total da educação é exigência atendida só parcialmente. Por isso, muitas famílias assumem os gastos diretos com matrícula e, muitas vezes, os indiretos com itens como alimentação, transporte, material didático, atividades complementares como ginástica, esportes em geral, língua estrangeira etc. Além disto, há que se anotar o chamado "custo de oportunidade", produzido quando freqüentam a escola em vez de exercerem trabalho e, assim, contribuírem para a economia familiar.

No amplo cenário das sociedades democráticas e das políticas públicas inclusivas, garantir o direito à não discriminação é condição imprescindível para o exercício do direito à educação. Esta é norteada por princípios básicos aplicáveis a todos, independentemente de origem e condição. Há, porém, uma soma de direitos diferenciados, encorpados em garantias específicas, que se dirigem a coletividades minoritárias ou a populações em clara situação de vulnerabilidade. Como aponta a Unesco (2007, p. 120):

> A partir do sistema das Nações Unidas, adotaram-se diferentes Convenções e Declarações com o objetivo de assegurar a igualdade de oportunidades ao pleno exercício do direito à educação.

O direito à não discriminação é um impedimento à seleção e à exclusão de alunos. Convém registrar que estas práticas são costumeiras nos sistemas de ensino. A recorrência delas, com representarem um atentado ao direito à educação, posicionam-se como posturas limitantes da integração e da coesão social e, ainda, favorecem a presença concentrada de alunos com necessidades educacionais mais fortes em certas escolas. Esta circunstância é bastante ocorrente com populações de periferias e de zonas suburbanas com forte ausência do Estado.

Processo vigoroso de expressão da cidadania, a participação cinge-se, também, ao direito à não discriminação. Sua conformação semântica vai além da possibilidade efetiva de tomar parte no circuito amplo das atividades da vida social e irradia-se, de forma cada vez mais amplificada, como matéria de compartilhamento de decisões, seja no âmbito do cotidiano individual, seja no círculo comunitário. O chão desta dupla realidade cristaliza o direito à liberdade de expressão, previsto no art. 5º, inc. IV e IX, da Constituição Federal, e é componente essencial das sociedades democráticas.

O direito à educação caminha, sob o ponto de vista da operacionalidade legal dos sistemas de ensino, no terreno tencionado de quatro componentes conceitualmente irmanados: qualidade e equidade, de um lado, e inclusão e segregação, de outro. O binômio qualidade/equidade reúne componentes indissociáveis à medida que uma educação e uma escola de qualidade devem dispor de meios materiais e de apoio nem sempre só material para atender as necessidades individuais do aluno. Atender aqui não é apenas satisfazer, senão propiciar igualdade de condições a cada um que se apresenta, demandando oportunidades de aprendizagem e, também, de alcançar, com sucesso, o direito à educação.

Não se pode perder de vista que, para viabilizar a equidade, é imperioso buscar o equilíbrio entre igualdade (o comum) e diferenciação (o diverso). Ainda, na perspectiva da equidade, os sistemas educacionais obrigam-se a garantir equidade em dimensão triplamente convergente, a saber: no acesso (CF, art. 206, inc I), nos processos (CF, Art. 206, inc. II e III) e, ainda, nos resultados (CF, art. 205 e 214). Neste horizonte, o direito à educação supõe a oferta e organização diferenciada de escolas, de classes e de modalidades de avaliação, propiciando a que todos os alunos cheguem a resultados de aprendizagem equiparáveis e a escola não reproduza as desigualdades existentes na sociedade. Como aponta a Unesco (2007, p. 13):

> Avançar na direção de maior equidade [...] supõe desenvolver escolas mais inclusivas que acolham todas as crianças e jovens da comunidade, transformando sua

cultura e suas práticas para dar respostas às necessidades de aprendizagem de todos. O desenvolvimento de escolas inclusivas é o fundamento de sociedades mais justas e democráticas. Por sua natureza, a escola pública deve ser inclusiva e favorecer o encontro entre diversos grupos sociais.

Dimensão da Pertinência

O dever do Estado no campo educacional (CF, art. 206) estende-se ao conjunto da coletividade nacional e, portanto, tem centralidade na inclusão universal. Em decorrência, a pertinência na educação significa não apenas que ela seja relevante para a vida dos indivíduos de diferentes estratos sociais e culturais, com diferentes capacidades e interesses, mas também que esta educação, conceitual e institucionalmente organizada, oportunize que os sujeitos aprendentes se possam construir como identidades com autonomia, autogoverno e capacidade de crescente emancipação. Neste sentido, a educação escolar sistematizada (LDB, art. 1º, § 1º) tem que ser flexível em sua estrutura, o que requer trabalhar com o pluralismo de idéias e de concepções pedagógicas (LDB, art. 3º, inc. III). Somente assim, a educação, via escola, conseguirá otimizar o desenvolvimento pessoal e social do aluno e contribuir verdadeiramente para consolidar o chão da cidadania (CF, art. 1º, inc. II) e da promoção do bem de todos, sem preconceitos de qualquer natureza (CF. art. 3º, inc. IV), de acordo com os fundamentos republicanos que dão sustentação à federação brasileira.

Dimensão da Relevância

A relevância dirige-se ao que e para o que da educação. Responde, portanto, a questões de natureza teleológica. Cabe, portanto, verificar, no bojo das finalidades da oferta de educação, se estão aquelas que correspondem à gama de aspirações do conjunto da sociedade ou se, pelo contrário, as finalidades enquadradas não representam tão somente núcleos de interesse de certos grupos com domínio de poder. O enfoque da relevância no campo do direito à educação deve corresponder ao prescrito no art. 205, da Constituição Federal, e no art. 2º da Lei nº 9.394/96, Lei de Diretrizes e Bases da Educação Nacional.

O conjunto de instrumentos legais de caráter nacional e internacional, assestados para os fins da educação, circunscreve o desenvolvimento integral da personalidade como uma das atribuições marcantes das políticas públicas de educação. Certamente porque a educação com qualidade social caracteriza-se pela busca do desenvolvimento do quadro de competências requeridas para o atendimento dos desafios da sociedade do conhecimento. Hoje, não mais se fala em estímulo, resposta e reforço positivo, mas em aprendizagem significativa, mudança conceitual e construtivismo.

Aqui, semelha importante convocar o conceito de aprendizagem significativa. Esta ocorre cada vez que uma nova informação ou fragmento de conhecimento "ancora-se" em conhecimentos relevantes pré-existentes, chamados por Ausubel[5] de *subsunçores,* e hospedados na estrutura cognitiva. Portanto, novas ideias, conceitos e proposições relevantes, armazenados de forma clara e potencialmente posicionados na estrutura cognitiva do indivíduo, funcionam como ancoragem de componentes da nova aprendizagem. Estamos, assim, diante de um interessante processo de interação.

Dimensão da eficiência

Dimensão da eficácia

A garantia do padrão de qualidade, um dos princípios fundantes de ministração do ensino, explicitado na Constituição Federal, art. 206, inc. VII e refundado na Lei de Diretrizes e Bases da Educação Nacional/Lei nº 9.394/2006, art. 3º inc. IX, envolve dois atributos básicos da educação. São eles a eficácia e a eficiência.

As políticas públicas em educação e as decorrentes ações do Estado necessitam aferir permanentemente, o grau de eficácia dos resultados alcançados e enquadrá-los comparativamente nos atributos constituintes de uma educação de qualidade.

Por outro lado, os Sistemas Públicos de Ensino devem analisar a eficiência de suas operações públicas no campo educacional, verificando em que medida é respeitado o direito do cidadão de ter o seu esforço, dedicação e empenho no processo de aprendizagem, reconhecidos socialmente e retribuídos profissionalmente. Neste sentido, pode-se dizer que a eficiência longe de ser um traço economicista, é, na verdade, um imperativo que se deriva do respeito à condição e direitos individuais universais.

O tracejamento da educação no campo dos direitos fundamentais impõe, ao Estado Brasileiro, duas providências imperativas e irradiadoras no funcionamento dos sistemas de ensino e na dinâmica organizacional das escolas, a saber: estruturação da sala de aula para oferecer programas de ensino não apenas com qualidade formal, mas também com qualidade política, como base para a cidadania e, ainda, espaços pedagógicos inclusivos, capazes de ensejar o desenvolvimento individual e social dos alunos na perspectiva da emancipação de suas identidades. Estes processos, na verdade, ações institucional e humanamente qualificadoras, estão assim, explicitados na formulação da pedagogia freiriana: *a educação, qualquer que seja o nível em que se dê, se fará tão mais verdadeira, quanto mais estimule o desenvolvimento desta necessidade radical dos seres humanos a de sua expressividade* (FREIRE, 1982, p. 02).

Para atender a este duplo horizonte, a dinâmica escolar deve buscar responder, plenamente, ao campo conceitual-operativo dos deveres, balizado pelo artigo 208 da Cons-

---

[5] David P. Ausubel, teórico norte-americano, trabalha o conceito de aprendizagem significativa com base na estruturação do conhecimento. Para ele, a tarefa de aprendizagem implica relacionar, de forma não arbitrária e substantiva, não literal, uma nova informação a outras com as quais o aluno esteja familiarizado (1980, VIII).

tituição Federal e, também, ao campo organizacional-operativo da concepção escolar permeável pela inclusão e diversidade humana, balizado pelos arts. 208 a 214 da Carta Magna. O conjunto desses dispositivos tem desdobramentos específicos na LDB (Lei nº 9.394/96) e no Estatuto da Criança e do Adolescente/Capítulo IV (Do Direito à Educação/Lei nº 8.069/90).

Referências

BOAVENTURA, Edivaldo M. Um ensaio de sistematização do Direito Educacional. *Revista de Informação Legislativa*, Ano 33, nº 131, Brasília, Senado Federal, julho a setembro, 1996.

CANOTILHO, José Joaquim Gomes. *Constituição Dirigente e Vinculação do Legislador. Contributo para compreensão das normas constitucionais programáticas*. Coimbra: Coimbra Editora, 1994.

CANOTILHO, José Joaquim Gomes; MOREIRA, Vital. *Fundamentos da Constituição*. Coimbra: Coimbra Editora, s/d.

DI DIO, Renato Alberto Teodoro. *Contribuição à sistematização do Direito Educacional*. Taubaté: Universidade de Taubaté; 1982.

CASTELLS, Manuel. *A Sociedade em Rede*, A era da informação: economia, sociedade e cultura, v. I, São Paulo: Paz e Terra, 2000.

FERRAZ, Esther de Figueiredo. A importância do Direito Educacional. *Mensagem*, nº 8 (Especial sobre Direito Educacional), Fortaleza, Conselho Estadual de Educação, 1982/1983.

KRAWCZYK, Nora. A construção social das políticas educacionais no Brasil e na América Latina. O Cenário Educacional Latino-Americano no Limiar do Século XXI, *Reformas em Debate*, Krawczyk, Nora Campos, Maria Malta e Haddad, Sérgio (Org.). São Paulo: Editora Autores Associados, 2010.

MAHONEY, Jack. *The challenge of human rights. Origin. Development and Significance*, Malden: Blackwell Publishing, 2007.

MELO FILHO, Álvaro. Direito Educacional: aspectos e práticas. *Mensagem*, nº 8 (Especial sobre Direito Educacional), Fortaleza, Conselho Estadual de Educação, 1982/1983.

MELLO, Celso Antônio Bandeira de. *Curso de Direito Administrativo*, 7. ed. São Paulo: Malheiros, 1995.

MIRANDA, Francisco Cavalcanti Pontes de. *Comentários à Constituição de 1946,* São Paulo: Max Limonad, 1953.

NADER. Paulo. *Introdução ao estudo do direito*. Rio de Janeiro: Forense, 1996.

RAICHELIS, R. *Esfera pública e conselhos de Assistência Social. Caminhos da construção democrática*, São Paulo, Cortez, 1998

SARLET, Ingo. *A Eficácia dos Direitos Fundamentais*. Porto Alegre: Livraria do Advogado, 1998.

SIFUENTES, Mônica. *Direito Fundamental à Educação*. A Aplicabilidade dos direitos fundamentais. Porto Alegre: NURIA FABRIS Editora, 2009.

WANDERLEY, L. E. Os sujeitos sociais em questão. *Serviço Social e Sociedade,* nº 40, a. XIII, São Paulo: Cortez, dez/1992.

Formato   17 x 24 cm
Tipografia   Charter 10/13
Papel   Offset Sun Paper 63 g/m² (miolo)
           Supremo 250 g/m² (capa)
Número de páginas   584

Pré-impressão, impressão e acabamento

grafica@editorasantuario.com.br
www.editorasantuario.com.br
Aparecida-SP